Jürgen Martschukat

Inszeniertes Töten

Jürgen Martschukat

Inszeniertes Töten

Eine Geschichte der Todesstrafe vom 17. bis zum 19. Jahrhundert

2000

BÖHLAU VERLAG KÖLN WEIMAR WIEN

Als Habilitationsschrift auf Empfehlung des
Fachbereichs Geschichtswissenschaft der Universität Hamburg
gedruckt mit Unterstützung der Deutschen Forschungsgemeinschaft

Die Deutsche Bibliothek – CIP-Einheitsaufnahme

Martschukat, Jürgen:
Inszeniertes Töten: eine Geschichte der Todesstrafe
vom 17. bis zum 19. Jahrhundert / Jürgen Martschukat. –
Köln ; Weimar ; Wien : Böhlau, 2000
Zugl.: Hamburg, Univ., Habil.-Schr., 1999
ISBN 3-412-04700-7

Umschlagabbildung: »Enthauptung«, Kupferstich, altkoloriert, 1794,
von Clemens Kohl (1754–1807) nach einer Zeichnung
von Johann Sollerer (1747–1809), Berlin,
Slg. Archiv f. Kunst und Geschichte (Foto: AKG Berlin)

Ursulaplatz 1, D-50668 Köln
Tel. (0221) 91 39 00, Fax (0221) 91 39 011
vertrieb@boehlau.de

Druck und Bindung: Strauss Offsetdruck, Mörlenbach
Gedruckt auf chlor- und säurefreiem Papier
Printed in Germany
ISBN 3-412-04700-7

Inhalt

Vorwort

Gewalt, so betonte Umberto Eco vor wenigen Jahren in der Zeitschrift „kultuR-Revolution", sei in unserer Kultur ein ausschließlich „negatives Konzept" – jeder ist dagegen. Zugleich aber sind weite Räume des alltäglichen Lebens von verschiedensten Formen der Gewalt durchzogen, und sie wird zudem in einer Flut von Worten und Bildern permanent repräsentiert. Häufig sind wir entsetzt über gewalttätige Ereignisse, doch ebenso spüren wir, wie Gewalt eine nur schwer bestimmbare Anziehungskraft ausübt. Etwas krasser formuliert Eco, dass wir trotz unseres Entsetzens „gleichzeitig ein Vergnügen daran empfinden, Gewalttaten jeden Abend im Fernsehen zu sehen", und dies gelte sowohl für Kriegsberichte als auch für das „Schweigen der Lämmer". Gewalt, so Eco, sei auch eine „Quelle der Lust".

Umberto Eco versucht, eine Gegenwartsdiagnose zu stellen. Ich habe mich als Historiker mit einer ähnlichen Frage beschäftigt und in der Vergangenheit nach der Konstitution von Wahrnehmungs-, Denk- und Handlungsweisen gespürt, die Eco skizziert. Hierbei hat mich die Suche vor allem in das 18. und 19. Jahrhundert geführt, als Gewalt zu einem archaischen Phänomen aus vermeintlich „barbarischen" Vorzeiten erklärt wurde, das einer „zivilisierten" Kultur unwürdig erschien. Andererseits mehrten sich gerade in dieser Zeit die Zeichen, dass Gewalt eben auch als Quelle der Lust empfunden wurde. In diesem Spannungsfeld habe ich meine Aufmerksamkeit vor allem der Todesstrafe gewidmet, deren kultureller Einbindung, deren Vollzug und Repräsentation. Wie würde die obrigkeitlich verordnete Tötung eines Menschen mit den vielfältigen Wahrnehmungs- und Deutungsweisen der Gewalt korrespondieren – in einer Gesellschaft, die sich selbst als zivilisiert und kultiviert definierte?

Dies ist die Frage, die mich in den vergangenen Jahren beschäftigt hat und der ich auf den folgenden Seiten nachgehen werde. Dass ich meine Erwägungen überhaupt in Form dieses Buches abschließen konnte, ist nicht zuletzt einem ganzen Netzwerk persönlicher und institutioneller Beziehungen zu verdanken. Hier seien zunächst der Fachbereich Geschichtswissenschaft und insbesondere das Historische Seminar der Universität Hamburg mit all den Studierenden, Mitarbeitenden, Kolleginnen und Kollegen genannt, die mir ein Arbeiten in angenehmer und kreativer Atmosphäre ermöglicht haben. Mein Dank gilt auch den Mitarbeitern und Mitarbeiterinnen der Staats- und Universitätsbibliothek sowie des Staatsarchivs, die mir zumeist mit viel Geduld auch die abseitigsten Bestellwünsche zu erfüllen versucht haben. Die Deutsche Forschungsgemeinschaft hat mein Projekt durch ein Habilitandenstipendium und einen Druckkostenzuschuss großzügig unterstützt. Mein persönlicher Dank gilt so vielen Menschen, dass ich leider nicht alle namentlich nennen kann. Insbesondere möchte ich mich bei Stefan Andriopoulos, Jens Jäger, Ralf Koch, Susanne Krasmann, Olaf Kruithoff, Irene und Vera Martschukat sowie Stefanie Taschinski für die Auseinandersetzung mit meinen verwirrten Gedanken und Teilen meines Manuskriptes in den verschiedensten Stadien bedanken. Olaf Stieglitz hat meine Arbeit in ihrem gesamten Werdegang als Freund und Kollege begleitet und tatsächlich nahezu jede Zeile gelesen, die im Zusammenhang mit diesem Buch jemals verfasst worden ist. Gleiches gilt für Norbert Finzsch, der mich zudem als mein akademischer Mentor immer unterstützt und mir jederzeit beratend zur Seite gestanden hat. Den beiden sei ebenso herzlich gedankt wie Katharina Dahl, die sich nicht nur mit meiner Arbeit, sondern tags wie nachts auch noch mit meinen Launen auseinander setzen musste. Da hatten Carolina und Paula es besser – sie mussten sich nur mit meinen Launen auseinander setzen.

Jürgen Martschukat Im Mai 2000

I. Einleitung
Todesstrafe – Gewalt – Zivilisation

Am 24. November 1725 wurde in der Hansestadt Hamburg zum zweiten Mal innerhalb weniger Monate ein grausamer Raubmord entdeckt. Der Schädel des Opfers – eine ältere Frau – war eingeschlagen, der Körper wies zahlreiche Stichwunden auf. Schon bald wurde ein Soldat namens Valentin Hobold festgenommen. Hobold gestand beide Taten, und ein zeitgenössischer Kommentator betonte, es sei „allein das allsehende Auge Gottes" gewesen, das „den Thäter gar bald vor das Tage Licht zu bringen [wusste]".[1]

Valentin Hobold wurde mit dem Tod bestraft. Am 4. Februar 1726 bestieg er, zum Zeichen der besonderen Schande in „eine haarne Decke" gehüllt, vor der Wohn- und Arbeitsstätte des Scharfrichters, der »Frohnerei«, einen Karren. Auf Hobolds Brust hing ein weißer Bogen Papier und darauf die beiden Waffen, ein Messer und ein Bajonett, mit denen er die beiden Morde begangen hatte. Dann begann der Zug zum Richtplatz, und zahlreiche Menschen jeden Alters, jeden Standes und beiderlei Geschlechts säumten die Straßen. Der Täter wurde quer durch die Stadt und an den Orten seiner Verbrechen vorbeigeführt, wo ihm die Knechte des Scharfrichters mit glühenden Zangen Stücke seines Fleisches aus beiden Armen rissen, wovon „er starck blutete, und entsetzlich schriehe", wie es in dem Kommentar heißt. Am Richtplatz in der Vorstadt St. Georg angekommen, näherte sich das wohlinszenierte Spektakel seinem Höhepunkt. Auf dem sogenannten „Köpfel-Berge" „wurde er, ohne daß man ihm einen Strick um den Hals geleget, vom Altonaer Frohn beym Haaren gefasset, der Kopf zur Erden gezogen, von unten auf gerädert". Das Finale der Bestrafung begann demnach mit dem Zertrümmern der Unterschenkel, und so ließ der Tod noch einige Zeit auf sich warten. „In währender Execution hat er [...] grausam gebrüllet; dabey ihm das Blut aus den Augen geflossen. Endlich wurde er auf das Rad gesetzet", schließt der Bericht.[2]

Es lag etwa zwei Jahrzehnte zurück, dass in Hamburg eine ähnlich „scharffe Execution" vollstreckt und ein Verbrecher „von unten auf" gerädert worden war, um „das vergoßene und racheschreyende Blut" zu sühnen. Aus Anlass dieser Hinrichtung im Januar 1702 war am Schafott ein Lied feilgeboten worden. Es vermittelt einen treffenden Eindruck von Denk- und Handlungsmustern, die den ZeitgenossInnen die Darbietung eines solchen Strafspektakels nützlich, sinnvoll und notwendig erscheinen ließen:

Drumb leydet er nun billig das
Was seiner Boßheit volles Maas
Verdienet hat, denn Feuer und Raadt
Ist Straff für solche Uebelthat.

*

Ein jeder spiegle sich hier an
Und weiche von der Laster-Bahn
Die er bisher betreten hat
Und mach sich auf den Tugend-Pfad.

*

GOTT ist gerecht, das bleibet wahr
Und macht was Bös ist, offenbahr
Wer aber wohl gelebet hat
Wirds Ewig wohl belohnt aus Gnad.[3]

Annähernd 130 Jahre nach Valentin Hobold, im April 1856, starb der Drechslergeselle Johann Arnold Wilhelm Timm einen von Hamburger Gerichten angeordneten Tod. Auch Timm hatte zwei Frauen ermordet. Eine 72-jährige, verwitwete Wäscherin und deren 44-jährige Tochter hatten ihm Einlass in ihr Haus gewährt, als er vorgab, ein Hemd reinigen lassen zu wollen. Der Witwe schlug er von hinten mit einem Hammer den Schädel ein, bevor er ihre Kehle durchschnitt. Die Tochter tötete der 19-jährige nach kurzem Kampf durch zahlreiche Messerstiche. Timm raubte 100 Mark und verbrachte die Nacht in einer Gastwirtschaft und einem Bordell.[4]

Timm war der erste Straftäter in der Geschichte Hamburgs, dessen Exekution sowohl mit dem Fallbeil als auch im Hof des Zucht- und Spinnhauses vollstreckt wurde[5]. Das gesamte Gelände um den Ort der Hinrichtung war weiträumig abgesperrt, und die Pflichtzeugen unterzeichneten ein Protokoll, das am nächsten Tag im „Hamburgischen Correspondenten“ abgedruckt wurde, um die Öffentlichkeit über den Vorgang zu informieren. Eine andere Zeitung berichtete über den Tötungsakt Folgendes:

> Gestern Morgen [...] wurde der Doppelmörder Johann Arnold Wilhelm Timm vermittelst des Fallbeils schnell und sauber vom Leben zum Tode befördert. [...] Der Scharfrichter Voigt vollzog durch einen schnellen Druck auf eine Feder um 6 Uhr 10 Minuten die Hinrichtung, worauf Kopf und Rumpf sofort vor den Blicken der Anwesenden verschwanden.[6]

Der Vollzug von Todesurteilen hatte sich zwischen dem frühen 18. Jahrhundert und der Mitte des 19. Jahrhunderts offensichtlich grundlegend verändert. Das Leiden und Sterben Valentin Hobolds wurde dem Volk präsentiert, das zusammenströmte, um dessen irdisches Ende vom ersten bis zum letzten Schritt begleiten zu können. Reiche wie Arme, Männer wie Frauen, Erwachsene wie Kinder liefen herbei, um am „Theater des Schreckens“ teilzuhaben – an einer Zeremonie, die für sie und nicht zuletzt auch durch sie ausgerichtet wurde. Das Publikum beobachtete, wie der Doppelmörder an den Orten seiner Verbrechen gepeinigt, wie er auf dem Richtplatz langsam und graduiert getötet wurde und die Reste seines zertrümmerten Körpers zu guter Letzt auf einem Rad auf der Spitze eines hohen Pfahls ausgestellt wurden. Dort verblieben die Hingerichteten oft über Monate und sogar Jahre hinweg, um, wie aus dem oben zitierten Lied hervorgeht, zum Wohlverhalten zu ermahnen und die Gerechtigkeit und Allmacht Gottes zu dokumentieren.[7]

Im Gegensatz dazu wurde der Tod Johann Timms der Masse des Volkes als unmittelbar sichtbares Ereignis vorenthalten. Einige volljährige, männliche und öffentliche Ämter bekleidende Zuschauer waren ausgewählt worden, um seine Exekution stellvertretend zu bezeugen. Darüber hinaus starb der doppelte Frauenmörder des Jahres 1854 „schnell und sauber“, wie die Hamburger Nachrichten bekundeten. „Nur wenige Augenblicke nachher verschwand auch der Cadaver, und nur einige Blutspuren blieben als Zeugen der tragischen Katastrophe zurück“, fuhr die zeitgenössische Presse übereinstimmend fort.[8]

Aus einer öffentlich zelebrierten Tötung war ein Akt von größtmöglicher Diskretion geworden. Eine Hinrichtung war keine zuweilen langsame und detaillierte Malträtierung und Zerstörung eines menschlichen Körpers mehr, die einem umfassenden Publikum dargeboten wurde. Das „Fest der Martern“, um eine Formulierung Michel Foucaults zu entleihen, hatte sich in eine mehr oder minder »geheime«, schnelle, rationalisierte und effiziente Vernichtung eines Menschen gewandelt. Im Fall Valentin Hobolds war der Körper das Ziel der Strafe. Dieser wurde während der Hinrichtung zum Zeichen seiner Schuld und seiner Verbrechen, die beispielsweise an den Wunden seiner Arme und den zertrümmerten Gliedern ablesbar waren. Auch Johann Timm verlor sein Leben, indem seinem Körper Gewalt angetan wurde. Man bemühte sich nun jedoch nach Kräften, die notwendig mit einem Tötungsakt verbundene Gewalttätigkeit zu verbergen. Die ausgelösten Schmerzen wurden nicht mehr nach der Schwere der Schuld bemessen, und es galt, sie während der Tötung auf das unvermeidbare Minimum zu reduzieren. Johann Timms Körper fungierte vorrangig als Mittler der Strafe, über den die Vernichtung eines Gesellschaftsmitgliedes mit verwirkten Rechten erzwungen wurde.[9]

Bei aller Differenz haben die Ereignisse doch etwas Gemeinsames. Es ist die Tötung eines Menschen, die in beiden Fällen als probates Mittel galt, auf bestimmte Regelverstöße durch bestimmte TäterInnen strafend zu reagieren und so die jeweilige Ordnung zu stabilisieren. Doch die Kodierung dieser elementaren Form der Gewalt changiert, Kontinuität und Veränderung greifen ineinander. Dieses Zusammenspiel kennzeichnet die Genese und die Brüchigkeit eines modernen kulturellen Selbstverständnisses, das sich in Bezug auf die Gewalthaftigkeit des eigenen Daseins herausgebildet hat und dessen Grundzüge bis heute aktuell sind. Das 18. und das 19. Jahrhundert bilden in der Geschichte dieses Selbstverständnisses eine Schlüsselzeit.[10]

Vier Elemente konstituieren den Komplex »Todesstrafe und kulturelles Selbstverständnis«. Zentral ist zum einen die Konzeption des »Gemeinwesens«, die zwischen dem frühen 18. und dem fortgeschrittenen 19. Jahrhundert grundlegenden Veränderungen unterworfen war. Mit diesem Wandel gingen veränderte Definitionen von Strafe und physischer Gewalt einher, die in Hinblick auf eine sich selbst als zivilisiert definierende Kultur anwendbar und angebracht erschienen. Ein zweites zentrales Element ist die Definition des »Menschen«, und auch die Betrachtungsweise seiner Beschaffenheit durchlief eine grundlegende Wandlung. Die Beziehungen von materieller und immaterieller Existenz im »Individuum« sind im 19. Jahrhundert anders definiert worden als im frühen 18. Jahrhundert, und dies hat die Bedeutungsfacetten von physischer Gewalt und Tod und somit auch des Strafwesens maßgeblich geprägt. Das dritte Element ist das »Publikum«, das am Vollzug eines Todesurteils teilhatte. Variierende Konzeptionen des »Gemeinwesens« und des »Menschen« sowie ein veränderter Zweck von Strafe bedurften der Gegenwart eines jeweils unterschiedlich beschaffenen »Publikums« beim Vollzug einer solchen Strafe. Darüber hinaus wurden Menschengruppen und die ihnen eigene Dynamik im Laufe der Zeit unterschiedlich bewertet, und mit der Entstehung der »Massen« veränderte sich notwendig der vermeintliche Effekt, den Hinrichtungen vor Zuschauenden haben können. Die Furcht vor dem ‚verrohenden Pöbel' etablierte sich, und seit dem 18. Jahrhundert ließen zeitgenössische Forschungen zur menschlichen Wahrnehmung eine sozial stabilisierende Funktion obrigkeitlich präsentierter Gewalt in zunehmendem Maße zweifelhaft erscheinen. Ein viertes tragendes Element ist der Akt der strafenden Handlung als solcher, denn er markiert den Augenblick, in dem sich die Konzepte des »Gemeinwesens«, des »Menschen« und des »Publikums« materialisieren. Die »Technik des Tötens« und das Procedere der Exekutionen haben im betrachteten Zeitraum eine Vielzahl von Umgestaltungen durchlaufen, die zu einem unsichtbaren und anästhetischen Hinrichten tendierten. Die elementare Gewalthaftigkeit des inszenierten Tötens wurde mit einer anderen Kodierung versehen, die das Bewusstsein (re)produzierte, in einer zunehmend gewaltfreien und zivilisierten Kultur zu leben.

Mir geht es folglich nicht – oder: nicht nur – um eine Betrachtung der Todesstrafe als Instrument des Strafrechts, um die Dogmen, Rechtssätze, Statistiken oder Hinrichtungsformen. Ich möchte vielmehr grundlegende kulturelle Umdeutungen herausstellen, die sich zwischen dem frühen 18. und dem fortgeschrittenen 19. Jahrhundert um die Todesstrafe herum vollzogen haben und die in der einen oder anderen Form auch heute noch prägend für unser Selbstverständnis als aufgeklärte und moderne Kultur sind. Schließlich ist es nicht zuletzt das Paradigma der Gewaltlosigkeit, aus dem die »zivilisierte Gesellschaft« ihren Anspruch auf Universalität bezog. Ein genauer Blick soll zeigen, wie der Tod eines Menschen nicht nur in einer transzendentalen Seinsordnung, sondern auch in einer sich selbst als aufgeklärt, zivilisiert und post-barbarisch empfindenden Gesellschaft als Strafe überhaupt denk-möglich werden konnte. Mehr noch: In einer spezifischen Art des Vollzuges hat sich das planmäßige Töten eines Menschen sogar als treibende Kraft einer zivilisierten Selbstdeutung profiliert.

Eine solche Betrachtung der Todesstrafe wirft ein Licht auf das gespannte Verhältnis von physischer Gewalt, Zivilisation und moderner Gesellschaft, auf den Nexus von „Modernität und Barbarei". Insbesondere nach dem so gewalttätigen 20. Jahrhundert erscheint die »zivilisierte Gesellschaft«, die an die Vorstellung schwindender Gewalthaftigkeit gebunden ist, immer deutlicher als Trugbild.[11] Entsprechenden historischen Entwicklungsmodellen wird nunmehr zunehmend kritisch begegnet, und die These des Soziologen Norbert Elias vom „Prozeß der Zivilisation" der abendländischen Kultur wird angefochten. Elias skizziert einen forcierten „Strukturwandel von Menschen in der Richtung auf eine größere Festigung und Differenzierung ihrer Affektkontrollen" seit dem Mittelalter. Die Konsequenz sei eine sukzessive Modellierung von Selbstzwang-Apparaturen im Menschen, die – gebunden an andere, weitere historische Fundamentalprozesse – zu einem gewaltfreieren Leben in einer zivilisierteren Gesellschaft geführt habe. Zwar betont Elias wiederholt, wie sehr sich der Zivilisationsprozess an der Legierung vollziehe. Gleichwohl konstatiert er aufgrund einer Internalisierung von Verhaltensnormen eine „wirkliche" zivilisatorische Entwicklung und diagnostiziert eine relative Gewaltfreiheit des menschlichen Daseins als signifikantes Moment und konstituierendes Element der zivilisierten abendländischen Kultur.[12]

Vor allem der Ethnologe Hans Peter Duerr bestreitet vehement, dass „das Ausleben von Aggressivität und Grausamkeit und die ‚Lust' an ihnen [...] im Verlaufe des ‚Zivilisationsprozesses' tatsächlich von einer zu Selbstzwängen gewordenen ‚Unzahl von Regeln und Verboten' gebändigt und unterdrückt worden" seien.[13] Andere Kritiker setzen am Ausgangspunkt des vermeintlichen Zivilisationsprozesses an und betonen, eine weitgehend zufällige Auswahl der Quellen und deren naive Interpretation habe Elias das Zerrbild vom „wilden Mittelalter" reproduzieren lassen. Schamlosigkeit und Gewalthaftigkeit seien keineswegs Teil einer ungehemmten mittelalterlichen Alltagskultur gewesen, sondern durchaus kalkuliert, situations- und ortsgebunden und mit sozialem Sinn angereichert, wurde in den letzten Jahren von Historikern wie Gerd Schwerhoff, Robert Jütte oder Martin Dinges hervorgehoben. Ein solcher Blick entzieht der Vorstellung von einer prozesshaften Entwicklung hin zu einer gewaltfreieren Kultur das Fundament. In Einklang mit den Erfahrungen des 20. Jahrhunderts fordert er zu differenzierteren Deutungen der Gewalt in der Geschichte und zur Abkehr von teleologischen Interpretationen auf. Eine mögliche Alternative scheint die Hinwendung zu mikrohistorischen Betrachtungen, die zunächst von einer Offenheit der Geschichte ausgehen und die historisch-spezifischen Existenzbedingungen der Gewalt sowie die unterschiedlichen Formen ihrer Ausübung ergründen.[14]

Doch auch aus einer makrohistorischen Perspektive kann die Beziehung von Zivilisation und Gewalt in der Geschichte in einem anderen Licht betrachtet werden. Statt nach dem *tatsächlichen* und *wirklichen* Maß der Zivilisiertheit der einen oder der anderen Kultur zu suchen und dies mit einem Niveau mehr oder minder präzise messbarer Gewalthaftigkeit in Verbindung zu bringen, kann Zivilisiertheit als kulturelle Selbstdeutung herausgearbeitet werden, die seit dem 18. Jahrhundert zunehmend um sich gegriffen und auf verschiedene Art und Weise Wirkungsmacht entfaltet hat. In mikrohistorischer Perspektive kann dann an verschiedenen Punkten der Betrachtung aufgezeigt werden, wie Verschiebungen in relevanten Diskursen und transformierte Selbstdeutungsmuster mit veränderten Formen körperlicher Gewalt korrespondierten. In Hinblick auf die kulturellen Selbstdeutungsmuster ist die Hinrichtung eines Menschen eine besonders aussagekräftige Gewalthandlung. Dies vermögen die eingangs aufgeführten Beispiele zu verdeutlichen: In beiden Fällen waren die Tötungen „inszeniert", sie sollten jeweils der Stabilisierung der gesellschaftlichen Ordnung dienen und waren in beiden kulturellen Konfigurationen „positiv" konnotiert, soll heißen, sie wurden (vermeintlich) im Sinne der jeweils unterschiedlich beschaffenen Gemeinschaft vollzogen. Dennoch offenbart ein genauerer Blick bedeutende Differenzen, sowohl zwischen den Verfahrensweisen als auch zwischen den kulturellen Konfigurationen, in die sie eingebettet sind. Ich möchte nochmals hervorheben, dass die Herausbildung eines zivilisierten Selbstverständnisses mitnichten zum Ende der Gewalt führte. Vielmehr wurden Hinrichtungen in Übereinstimmung mit Diskursmustern, die sich bis zur Mitte des 19. Jahrhunderts etablieren sollten, schrittweise in Bereiche ausgegrenzt, in denen sie nicht – oder zumindest undeutlicher – wahrnehmbar und aus „unserem so leicht zu trübenden Blickfeld" verschwunden waren. Und: diese (Un)Sichtbarkeit der Gewalthaftigkeit hat die Vorstellung zivilisatorischer Entwicklung reproduziert und das Fortbestehen der Todesstrafe letztlich erst ermöglicht.[15]

Folglich ist »Zivilisiertheit« als ein diskursives Konstrukt zu verstehen, das die Selbstdeutung der modernen, »westlichen« Kultur maßgeblich getragen hat. Nun hat in der geistes- und sozialwissenschaftlichen Forschung der letzten Jahre kaum ein Begriff solch einen konjunkturellen Aufschwung erlebt wie der des »Diskurses«, aber auch kaum ein Begriff hat so zahlreiche Unklarheiten geschaffen.[16] Auch eine diskursanalytisch angelegte Geschichte der Gewalt verwirrt möglicherweise, scheint hier doch zunächst ein Widerspruch in sich zu liegen. Dies gilt zumal dann, wenn unter Gewalt ausdrücklich »physische Gewalt« verstanden wird, also eine Gewalt, die von Körpern an Körpern ausgeübt wird[17]. Die Verwirrung mag auf das Verständnis des Diskursbegriffes zurückzuführen sein. Häufig wird mit dem Begriff des Diskurses ein rationales Gespräch unter Fachleuten in einem herrschaftsfreien Raum assoziiert, bei dem die besseren Argumente entscheiden und Konsens herbeiführen. Ein solcher »Diskurs« schwebt in den luftigen Höhen des geistigen Daseins und hat wenig Bezug zur materiellen Existenz.[18] Greift man jedoch auf die Arbeiten Michel Foucaults zurück, so beschreibt eine Diskursanalyse eine gänzlich andere Formation.[19] Sie untersucht ein offenes Wissensfeld, das sich aus vielfältigen, miteinander verknüpften Aussagen konstituiert und das vor allem Wirkungsmächtigkeit entfaltet. Eine solche Betrachtung sucht nicht nach der Originalität und der

»Urheberschaft« einer Aussage oder nach einem äußernden Subjekt, das einer moralischen oder geistigen Vision Ausdruck verleiht. Eine Diskursanalyse ist vielmehr bestrebt, die Häufigkeit und Regularität aufzuzeigen, in der Aussagen erscheinen und somit einem Diskurs „Dichte" und Dynamik verleihen, so dass er eine gestaltende Kraft entfaltet, die sich der Kontrolle eines rationalen Subjektes entzieht. Ein solcher Diskurs ist nicht deskriptiv, sondern konstitutiv, d.h. er bringt die Dinge hervor, die er verhandelt. Judith Butler spricht in diesem Zusammenhang von einer ritualisierten Wiederholung von Normen, von einer „sich ständig wiederholenden und zitierenden Praxis, durch die der Diskurs die Wirkungen erzeugt, die er benennt". In einer Art Spirale verfestigen sich Denk- und Wahrnehmungsschemata, da, so Butler, entsprechende Lebens- und Verhaltensweisen als kulturelle Standards permanent „zitiert" werden.[20]

Ein Diskurs ist folglich nicht Spiegel von etwas Anderem, Wirklichem, sondern er ist ein dynamischer, performativer Komplex, der das menschliche Dasein gestaltet und Institutionen, Verhaltensweisen oder Lebensformen prägt. Dabei sind die »nicht-diskursiven« Elemente allerdings keinesfalls nur Effekte von Diskursen, sondern sie bringen sich als prägende Elemente wiederum in diese ein. Die sogenannten nicht-diskursiven Formationen bilden keinen nachgeordneten, sondern einen zum Diskurs *„komplementären Raum"*, um eine Formulierung von Gilles Deleuze zu entleihen. Das heißt, Lebensformen oder Institutionen prägen Diskurse, werden dort verhandelt, stabilisieren deren Aussagen oder lenken sie in eine andere Richtung, bringen Veränderungen oder kreieren neue interdiskursive Schnittmengen. Die vielfachen Verflechtungen zwischen verschiedenen Diskursen und die multiplen Einbindungen von Menschen in zahlreiche Diskurse bringen eine Vielfalt möglicher und tatsächlicher Wechselwirkungen zwischen Diskurs und Praxis hervor. Insofern wäre eine klare Zuordnung von Ursache und Wirkung, von Diskurs und Handlung grob vereinfachend. Es bestehen vielmehr Kausalnetze und Wirkungsgeflechte, die den Menschen innerhalb vorgestanzter Diskursmuster eine gewisse Freiheit in Form verschiedener Wahrnehmungs- und Handlungsoptionen eröffnen. Betont werden sollte aber nochmals, dass sich auch diese Diskursmuster nicht losgelöst von einer beispielsweise sozialen, ökonomischen oder politischen Umwelt etablieren. Die Trennung von Diskurs und Praxis ist synthetisch, da beides sich gegenseitig bedingende und beeinträchtigende Kategorien eines Komplexes sind.[21]

Wenn also Akte physischer Gewalt, wie die Räderung Valentin Hobolds oder die Enthauptung Johann Timms, zwar zunächst sicherlich nicht-diskursive Ereignisse sind, so sind sie doch diskursiv präpariert, da sie in die veränderlichen menschlichen Daseinsbedingungen und Selbstdeutungen eingebunden sind. Die Verwobenheit diskursiver und nicht-diskursiver Praktiken macht es sogar unumgänglich, Gewaltakte, die von Körpern an Körpern ausgeübt werden, und Diskurse gemeinsam zu betrachten. So kann körperliche Gewalt in der Veränderlichkeit ihrer Existenz und Bedeutung innerhalb verschiedener historischer Konfigurationen aufgespürt werden. Die unterschiedlichen Formen physischer Gewalt sowie die Orte und Zeiten ihres Auftretens werden in ihrer Produziertheit markiert, die Art ihrer Legitimierung erfasst und somit ihre kulturelle Konstituiertheit aufgezeigt. Eine solche Geschichte der Gewalt verwässert mitnichten die Unterschiede zwischen einer direkten physischen Verletzung eines Körpers und einer sprachlichen Äußerung, wie Richard Evans kürzlich angemahnt hat. Sie versinkt auch nicht in einer „Chimärenwelt aus sich selbst erzeugenden Zeichen und Diskursbühnen" oder bedient sich eines „radikalkonstruktivistisch fundierten Zynismus, der den Opfern der Gewalt noch einmal Gewalt antut". Das Gegenteil ist der Fall, denn die Dechiffrierung der Existenzbedingungen physischer Gewalt ebnet den Weg zu einer dezidierten Auseinandersetzung mit Gewalt und ihren historisch-spezifischen Ausprägungen. Eine solche Geschichte kann die veränderlichen Möglichkeitsbedingungen von Gewalt sichtbar machen, sie bricht mit der teleologischen Vorstellung der Zähmung von Gewalt, ohne gleichzeitig einer neuen Metatheorie anzuhängen, und kommt somit der Forderung weiter Teile der historischen und soziologischen Gewaltforschung nach.[22]

Eine derart konzipierte Geschichte bedarf eines mehrschichtigen Verfahrens. Um den Gegenstand »Todesstrafe« in seiner Kontinuität und seiner Veränderung zwischen dem 17. und dem 19. Jahrhundert fassen zu können, werde ich zunächst auf ein umfassendes Korpus von Texten zugreifen, die im deutschsprachigen Raum rezipiert wurden. Auf diese Weise wird das changierende Wissen um die Sanktionsform Todesstrafe eruiert, das sich in den Diskursen vor allem der Strafrechtslehre, aber auch der angrenzenden Felder konstituierte.[23] Dieses Textkorpus umfasst wissenschaftliche Schriften wie Rechtskommentare, Dissertationen und die seit dem späteren 18. Jahrhundert verbreiteten Fachzeitschriften, die durch ihre häufig interdisziplinäre Ausrichtung prägnant auf die Schnittmengen der Diskursfelder und auf diskursive Verlagerungen hinweisen.[24] Aber auch die sogenannte »Aufklärungsliteratur« ist Teil dieses Korpus. In Monographien oder längeren Essays wurden hier auf (populär-)wissenschaftliche Art Themen abgehandelt, die die »aufgeklärte Menschheit« als relevant erachtete: der Gesellschaftsvertrag, das Verhältnis von Vernunft und Gewalt, die Ästhetik des Schrecklichen oder auch das instruktive Potential der Todesstrafe.[25] In diese Quellengruppe gehören außerdem zeitgenössische Lehrbücher und Kompendien, die Aufschluss über das mehr oder minder kanonisierte Wissen geben. Durch ihre zuweilen vielfache Revision und Neuauflage vermögen sie auch, Stabilität und Wandel des etablierten Wissens aufzuzeigen. Zudem wurden die Kompendien von Verteidigern, Anklägern oder Gutachtern in den Verhandlungen konkreter Fälle vor Gericht herangezogen. Spätestens in diesem Augenblick wird die »praktische« Dimension des (mit aller Einschränkung) als »theoretisch« zu bezeichnenden Diskurses deutlich, und seine Aussagen treten auch in den Erfahrungshorizont von Menschen ein, die trotz der angeblich grassierenden Lesesucht des 18. und 19. Jahrhunderts nicht als Teil einer räsonnierenden Bildungselite bezeichnet werden können.[26] Ähnliches gilt für die Flugschriften, die im Verlauf eines Verfahrens und am Schafott selbst verkauft wurden, und für die Erzeugnisse einer zunehmend auf Sensationen ausgerichteten

Presse im 19. Jahrhundert. Darüber hinaus sind die Flugschriften und Presseartikel in der Regel im Umfeld eines konkreten Falles entstanden und stellen demnach ein unmittelbares Bindeglied zwischen textueller und praktischer Ebene dar.[27]

Nun kann die Justizpraxis in einem derart großflächigen und fragmentierten Gebiet wie dem deutschsprachigen Raum niemals mehr als exemplarisch betrachtet werden. Eine dezidierte Analyse der Beziehungen zwischen diskursiven und nicht-diskursiven Feldern bedarf daher der Beschränkung auf eine historiographisch handhabbare Größe.[28] Eine solche stellt die Hansestadt Hamburg dar. Sie ist eine abgegrenzte, aber dennoch nach außen offene und in ein weiträumiges kulturelles Umfeld integrierte politische und soziale Einheit. Sie bietet einen Rahmen, in dem sich die umfassenden kulturellen Transformationen zwischen dem 17. und dem 19. Jahrhundert gegebenenfalls auch in ihrer lokalen Spezifik erfassen lassen. So können beispielsweise der aufklärerische Impetus, das Ringen um eine neue Strafgesetzgebung, die Divergenzen zwischen kodifiziertem und angewandtem Recht, der Einfluss der Französischen Revolution sowie die Selbstfindung einer bürgerlichen Gesellschaft im Hamburger Kontext skizziert werden, ohne den Blick auf das größere Umfeld aufzugeben. Zudem ist mittlerweile deutlich geworden, dass der angebliche „Sonderfall" Hamburg weniger absonderlich ist, als es lange den Anschein hatte. Es lässt sich vielmehr das Bild einer aus Kaufleuten und Juristen konstituierten „Senatorenaristokratie" zeichnen, und es ist folglich auch im Hamburger Kontext angebracht, von „Herrschaftsträgern", von einem „Souverän", von „Obrigkeiten" oder von einer „Ordnung der Unterordnung" zu schreiben.[29] Um fixieren zu können, welche Konzepte von Verbrechen und Strafen, von Gewalt und Gemeinwesen nicht nur das Denken, sondern auch das Handeln der Menschen prägten, habe ich auf Hamburger Kriminal- und Senatsakten zurückgegriffen, auf Anklage- und Verteidigungsschriften, auf Gutachten und Zeugenaussagen, auf Debatten und Entscheidungen über das Strafrecht und dessen Umsetzung.[30]

Die Vielfalt der Wirkungsgeflechte erfordert eine Darstellung in größeren Einheiten. Nach einer Art Bestandsaufnahme, in der das frühneuzeitliche „Theatrum Poenarum", seine Akteure und seine Einbindung in eine transzendentale Seinsordnung skizziert werden, kreist jedes weitere Kapitel um ein bestimmtes Diskursfeld, das an der Transformation der Todesstrafe teilhatte. Das Verhältnis von physischer Gewalt und kultureller Selbstdefinition wird sich als Leitmotiv durch die gesamte Betrachtung ziehen und zudem in verschiedenen Bereichen ausgeführt werden, um auch diesbezüglich die Transformation der Todesstrafe in ein weiträumigeres kulturelles Umfeld einzubetten.

Im Zentrum der Betrachtungen wird zunächst der Gesellschaftsvertrag stehen. Er trat in der Mitte des 18. Jahrhunderts in eine Phase der Konjunktur ein und trug dazu bei, das Strafsystem im Allgemeinen und die Todesstrafe im Besonderen mit verändertem Sinn anzureichern. Doch am Ende des 18. Jahrhunderts stand nicht die Abschaffung der Todesstrafe, sondern deren Umdeutung als Instrument einer sich selbst als rational und menschenfreundlich definierenden

Kultur. Mit dieser Wandlung waren drei zentrale Paradigmen verbunden, die die darauffolgenden drei Kapitel bestimmen:

Erstens musste eine Tötungstechnik gefunden werden, die einer sich selbst als aufgeklärt und zivilisiert empfindenden Gesellschaft adäquat erschien. Das paradoxe Bestreben, »human« zu töten, vermengte sich mit dem Postulat bürgerlicher Gleichheit und dem Streben nach Rationalität, Effizienz sowie nach einem Tötungsakt, dessen Gewalthaftigkeit unsichtbar war. Diese Aussagen materialisierten sich im ausgehenden 18. und der ersten Hälfte des 19. Jahrhunderts im mechanischen Fallbeil.[31]

Zweitens musste die Schuld der zum Tode Verurteilten zweifelsfrei und vor allem in Hinblick auf deren individuelle Verstandes- und Gemütsbeherrschung erwiesen sein. Im Einklang mit der „Erfindung der Psychiatrie" rückten an der Wende vom 18. zum 19. Jahrhundert an Stelle der Tat die Täterinnen und Täter in das Zentrum des Interesses. In nahezu jedem Mordverfahren wurde nunmehr die Frage nach deren Zurechnungsfähigkeit gestellt und in zunehmendem Maße verneint. Gewalt bekam die Qualität des Abnormen zugeschrieben, und Gewalttaten galten unter Umständen sogar als Symptom einer „Verstandesverrückung".[32]

Drittens musste die Darbietung einer Todesstrafe kompatibel mit dem veränderten kulturellen Selbstentwurf sein. Es galt tunlichst zu vermeiden, dass die Strafvollstreckungen von den Zuschauenden als Belustigung oder auch nur als gespannte Unterhaltung empfunden wurden. Ein amüsierter »Pöbel« am Schafott, der zudem im Zweifelsfall eine wahrhaft massen-hafte Dynamik zu entfalten drohte, war ein Schreckgespenst, das sich seit der Wende zum 19. Jahrhundert im strafrechtlichen Diskurs etablierte. Letztlich wurden die Hinrichtungen den Blicken eines unbeschränkten Publikums entzogen, wie die eingangs beschriebene Exekution des Raubmörders Johann Timm im April 1856 bereits gezeigt hat.[33]

Die Geschichte der Todesstrafe hat in Deutschland unter Historikern und Historikerinnen bislang nur wenig Beachtung gefunden, und dies obschon die Geschichte von Kriminalität, Verbrechen und Strafen in den letzten Jahrzehnten eine erstaunliche Konjunktur durchlaufen hat und auch die Geschichte der Gewalt neuerdings zunehmendes Interesse erfährt.[34] Erwähnt werden soll an dieser Stelle deshalb lediglich die Arbeit von Richard J. Evans, der die „Rituals of Retribution" in Deutschland vom frühen 17. bis zum ausgehenden 20. Jahrhundert skizziert.[35] Evans jedoch begegnet der „Herausforderung der Kulturgeschichte", um das Plädoyer Hans-Ulrich Wehlers zu zitieren, weder „gedanklich elastisch", noch „nüchtern prüfend" und absolut nicht „bereitwillig anerkennend", sondern allerhöchstens „kritisch abwehrend" – vehement verfechtet er die klare Trennung von Sprache und Materialität. Folglich erfasst Evans die Todesstrafe nicht als eine Handlungsweise, die die Produktion eines zivilisierten Selbstverständnisses in all seiner Ambivalenz offenbaren kann.[36]

Und hiernach spüren die folgenden Betrachtungen. Ich möchte darstellen, wie sich menschliche Existenz und Erfahrung konstituieren, wie sie auf den konkreten diskursiven und nicht-diskursiven Praktiken einer Kultur gründen und mit den kulturellen Transformationen in der Geschichte fluktuieren. Indem ich mich der Todesstrafe im 18. und 19. Jahrhundert zuwende, zeige ich die historische Genese von Denk- und Wahrnehmungsschemata auf, die auch das Selbstverständnis unserer gegenwärtigen Kultur mitbestimmen. Dies sind vor allem Konzepte von »Vernunft« und »Zivilisation«, die seit dem 18. Jahrhundert zunehmend als Gegenstand eines modernen, den Fortschritt vorantreibenden Prozesses verstanden wurden. Die für die »zivilisierte Welt« wesensnotwendig erscheinenden Konzepte einer vernünftigen sowie die Integrität des Menschen achtenden und somit moralisch vermeintlich höherwertigen Kultur haben sich vor allem gegenüber einer als barbarisch erachteten, sinnlich geprägten Vorzeit konturiert. Die Stigmatisierung des Schmerzes und die Zähmung der Gewalt, die die sieben Todsünden als größte aller Untaten verdrängte, waren Teil eines Programms, das auf den stetigen Fortschritt der Menschheit hin zu ihrer Perfektionierung setzte. Kulturelle Gegenentwürfe dieser Zeit, wie der des Marquis de Sade, der das (heimliche) Ausleben von Lust und Gewalt bis zum Tod postuliert, blieben scheinbar subversiv. Sie verweisen jedoch auf eine Verlagerung des Gewaltphänomens im Rahmen der historischen Transformationen seit dem 18. Jahrhundert, auf eine Tabuisierung und nur vermeintliche Entsinnlichung, auf eine Fortexistenz des Tötens im Heimlichen, das nun zwar im Gewand von Vernunft und Rationalität auftrat, gleichwohl aber über eine aufgeladene Anziehungskraft verfügte und ebenso fest etablierten Diskursmustern gehorchte wie das als barbarisch charakterisierte langsame Hinrichten vor großem Publikum. Veränderte Wahrnehmungsformen und -muster sollten sich in dieser Zeit verfestigen, eine veränderte Form von Öffentlichkeit sollte sich etablieren und mit einer veränderten Form des staatlichen Tötens einhergehen, die gleichwohl die Gewissheit stützte, nun in einer neuen Ära zu leben. Insofern formuliert dieses Buch eine Kritik an der modernen Kultur, an ihrem Selbstverständnis als Höhepunkt einer zielgerichteten zivilisatorischen Entwicklung und ihrem Anspruch auf Allgemeingültigkeit. Somit positioniert sich diese Geschichte wiederum innerhalb der aufklärerischen Prinzipien, denn sie versucht, Regeln zu dechiffrieren, die menschliches Denken, Wahrnehmen und Handeln bestimmen und so verfestigt sind, dass sie als die einzig sinnstiftenden und gleichsam naturgegeben erscheinen.[37]

II. Das „Theatrum Poenarum" vom 16. bis zum 18. Jahrhundert

Benedikt Carpzov als Synonym einer transzendental begründeten Justiz

> Daß an dem *exercitio* der peinlichen Gerichte [...] und der Bestraffung der Übelthäter, dem gemeinen Wesen höchlichen und viel gelegen, wird von niemand leichtlich in Zweifel gezogen, alldieweil hierdurch die Frommen bey ihren Haab und Gütern, auch Leib und Leben geschützet, hingegen die Bösen hinweg [...] gereumet, andere von dergleichen Übelthaten und Verbrechungen abgeschrecket, und also Fried und Einigkeit allenthalben erhalten, zuförderst aber des lieben Gottes Ehre gesuchet, und sein ernster Wille vollbracht wird, dann in Warheit kein besseres Opffer dem beleidigten GOtt geleistet, noch derselbe anderer Gestalt, als durch Hinrichtung und gebürlicher Bestraffung der Missethäter versöhnet werden mag.[1]

Zu Beginn des 17. Jahrhunderts waren die Entscheidungen des Leipziger Schöppenstuhles und des Dresdner Appellationsgerichtes auf eine kaum mehr überschaubare Menge angewachsen. Über 400 Foliobände dokumentierten, wie man mit den „Bösen" umgegangen war, um die „Frommen" zu schützen und den göttlichen Willen zu vollstrecken, um mit Benedikt Carpzov zu sprechen. Carpzov war Senior des Schöppenstuhles, und er begann in dieser Zeit, die umfangreichen Materialien zu durchforsten, um eine systematisierte Handlungsanleitung für alle diejenigen zu verfassen, die mit Recht und Rechtsprechung zu schaffen hatten. Aus der gängigen Rechts- und Spruchpraxis sowie aus verschiedenen kodifizierten Quellen leitete er die „Practica nova Imperialis Saxonica rerum criminalium" sowie den „Peinlichen Inquisition- und Achts-Prozeß" her – Schriften, die all denjenigen, „welchen das Richterliche Ampt auffgetragen, und ihrer hohen Pflicht nach wider die Übelthäter zu inquiriren oblieget, ganz nötig und nützlich" sein sollten.[2] Bis zur Mitte des 18. Jahrhunderts wurden die Texte vielfach neu aufgelegt, und sie erlangten weit über den sächsischen Rechtsbereich hinaus einen annähernd kanonischen Charakter. Es war gerade die Anbindung an die praktische Rechtsprechung, die den Schriften Carpzovs über diesen langen Zeitraum hinweg in den Gerichten und bei den gutachtenden Juristenfakultäten große Autorität verlieh, so dass sie in Hinblick auf das Geflecht von Übeltaten und Strafen eine definitorische Kraft entfalten konnten.[3]

Carpzov lokalisierte den Ursprung einer Übeltat in den Abgründen menschlicher Schlechtigkeit. Es war eine verdorbene Wesensart, welche die MissetäterInnen prägte und dazu trieb, die gemeinschaftlichen Gebote zu verletzen. Doch wer diese übertrat, der hatte sich mehr zu Schulden kommen lassen, als die Schädigung der menschlichen Gemeinschaft oder eines ihrer Mitglieder. Durch ein Vergehen wurde die bestehende gesellschaftliche Ordnung missachtet und somit die Obrigkeit verhöhnt – eine Obrigkeit, die von Gott inthronisiert war. Folglich entsprach jede Übeltat einer Übertretung göttlicher Gebote und einer Verletzung der Gottheit selbst.[4]

Ein Verstoß gegen irdische und göttliche Gebote musste durch Strafe gerächt werden. Diese Rache fand ihren unmittelbaren rechtlichen Grund in säkularen Kodizes und Gebräuchen, fußte letztlich aber auf überirdischen Grundsätzen. Die von Gott eingesetzten Herrschaftsträger hatten demzufolge nicht nur das Recht, sondern sogar die Pflicht zu strafen. Selbst der höchste Fürst, „Princeps, etiam summus“, war den göttlichen Weisungen ohne den geringsten Zweifel unterworfen, weil selbst er ein von „GOTT Auserwehltes Werckzeug“ war. Gott hatte, wie es in Georg Philipp Harsdörffers „Großem Schauplatz jämmerlicher Mord-Geschichten“ aus dem 17. Jahrhundert hieß, „der Obrigkeit das Schwert in die Hand gegeben, daß sie die Frommen darmit sichern, und die Bösen züchtigen soll“. Die Obrigkeit kam einem Instrument gleich, durch das der Herr strafte, wie auch Martin Luther betont hatte, denn „die hand, die solch schwerd fueret und wuerget, ist auch als denn nicht mehr menschen hand sondern Gottes hand, und nicht der mensch sondern Gott henget, redert, entheubt, würget und krieget“.[5] Ließ die Obrigkeit trotz und sogar entgegen der göttlichen Führung Milde im Sinne einer unbegründbaren Rücksichtnahme walten, so drohte die Rache Gottes auf die menschliche Gemeinschaft niederzukommen. Denn „wird nämlich das Vergehen eines einzelnen nicht gerächt, so zürnt GOTT oft dem ganzen Volk“, indem er Seuchen, Krieg, Naturkatastrophen oder andere Plagen zur Erde schickt.[6]

Der delinquente Mensch schien verführt und benutzt vom „Meister der Mordspiele, [vom] Mörder und Lügner von Anfang: dem leidigen Satan“. Er war ein diabolisches Werk und stand als von frevelhaften Lüsten getriebenes Wesen in krassem Gegensatz zu einer sich wohlverhaltenden, gottgefälligen Gemeinschaft, und er konnte ihr das Verderben bringen, solange seine Verbrechen ungestraft und folglich auch ungesühnt blieben.[7] Gestanden die MissetäterInnen aber ihre Verfehlungen und bereuten ihre Sünden, so wandelten sie sich von stigmatisierten Wesen, die all das repräsentierten, was es zu verbannen galt, zu »Armen SünderInnen«. Auf dem Weg zum Schafott verkörperten sie eine »böse«, destruktive Gewalt, die nun »gute«, konstruktive Kraft entfaltete, wenn sie dem Herrn als „Opfer“, als „major victima“, dargebracht wurden.[8]

Der ambivalente, opfergleiche Status der Hinzurichtenden und der Hingerichteten, deren verderbendes und zugleich heilsbringendes Wesen, fand seinen Ausdruck in der Ehrfurcht und einem nach heutigen Maßstäben als abergläubisch zu bezeichnenden Verhalten, das den Umgang weiter Bevölkerungsteile mit den

»Armen SünderInnen« und der hohen Gerichtsbarkeit prägte. Nicht nur Ehrverlust und Unglück, sondern auch Schutz, Wohlstand und Gesundheit verhieß der Kontakt mit der peinlichen Justiz und ihren Objekten. Bedeutend ist in diesem Kontext eines der zeitgenössischen Axiome der medizinischen Betrachtung des toten Körpers, nämlich dass sich Spuren der Lebenskraft über den Tod hinaus im Leichnam konservierten. Insofern lag es im Rahmen einer historisch-spezifischen Logik, wenn dem Blut der Hingerichteten bis in das 19. Jahrhundert hinein eine heilende Wirkung zugewiesen wurde. Sein großes Potential als Träger der Lebenskraft war aufgrund des künstlich herbeigeführten, vorzeitigen Todes noch nicht ausgeschöpft. Sein Genuss sollte vor allem EpileptikerInnen kurieren können, da es die dämonischen Kräfte aus dem Körper vertrieb. Darüber hinaus schützte es vor Bränden, wenn die Haustüre ein wenig damit bestrichen wurde. Unterschiedliche positive Wirkungen erhoffte man sich auch vom Galgenstrick, von den Schamhaaren oder den Fingern und Daumen der Exekutierten, deren rituelle Handhabung beispielsweise den Bauern fettes Vieh und eine reiche Ernte versprach. Die magische Ausstrahlung der Hingerichteten lässt sich auch in der Hamburger Geschichte markieren. Am Anfang des 18. Jahrhunderts, so heißt es, seien Ilsabe Buncke und ihre Kumpanen „auf den hiesigen Gerichtsplatze gegangen und haben daselbst den auf dem Rade liegenden Cörpern die Daumen abgeschnitten“, um sie als Glücksbringer an die Bauersleute zu verkaufen. Ähnliches wird auch aus dem frühen 19. Jahrhundert berichtet.[9]

Analog zu der Bedeutung der MissetäterInnen repräsentierte die mit aller Härte strafende Obrigkeit eine Kraft, die durch Zerstörung bewahrte und kultivierte. Sie wurde mit einem Arzt verglichen, der bereit sein muss, ein Glied abzutrennen, um den gesamten Körper vor einer sich ausbreitenden Fäulnis zu schützen, wie Carpzov ausführte:

> Denn es ist nun einmal so, dass die Gemeinschaft durch Gift verseucht wird, so dass sie schließlich zugrundegeht, wenn nicht sofort und schnell Abhilfe geleistet wird, so wie es bei Krankheiten des Körpers geschieht. [Durch die Todesstrafe] also wird dem guten Teil der Gesellschaft geholfen, so dass nicht durch eine einzige Wunde der ganze Körper zugrunde geht, auch wenn ein Glied abzutrennen ist, da sonst das Übel nicht geheilt werden kann. Denn es ist notwendig, dass solche Wunden, die durch Verbände keine Linderung erfahren, mit Schwertern ausgemerzt werden, so wie es ein wohlbekannter Grundsatz der Ärzte ist, dass gegen außergewöhnliche Krankheiten außergewöhnliche Heilmittel eingesetzt werden müssen. So empfängt die Gemeinschaft aus der gebührenden Strafe für ein unheilbares Übel den Vorteil, dass wenigstens andere nicht von diesem angesteckt werden, wenn es einmal ausgelöscht worden ist. Man wird den Missetätern nur dann geringere Strafen geben, wenn sie geheilt werden können, und härtere, wenn dies nicht möglich ist, und es ist häufiger nützlich, ein Mehr an Strenge denn an Wohlwollen walten zu lassen.[10]

Folglich wurde an den DelinquentInnen auch ein Exempel statuiert, das nicht nur darauf ausgerichtet war, sie selber von zukünftigen Missetaten fernzuhalten, sondern vor allem darauf zielte, „die anderen von ähnlichen Sünden durch die

Furcht vor wohlbekannter Strafe abzuschrecken, damit die Übeltaten nicht zur verbreiteten Sitte werden".[11] Darüber hinaus hatten die MissetäterInnen eine Schuld auf sich geladen, die es in vielen Fällen nicht zuletzt durch körperliches Leid abzubüßen galt. Die Beziehung zur christlichen Heilslehre ist unverkennbar, denn der Schmerz ist Strafe für die Sünde und Schlüssel zur Errettung der Menschheit zugleich. So dienten die physischen Leiden nicht nur der Rache und Vergeltung, sondern sie bahnten den MissetäterInnen ebenso den Weg zum Seelenheil und verhinderten ein noch schrecklicheres Szenario in der Ewigkeit. Nur wenn sie den Schmerz als Zuchtmittel eines liebenden göttlichen Vaters hinnahmen, konnten sie ihre Verfehlungen wiedergutmachen. Nur so konnten sie zu »Armen SünderInnen« werden, und nur so konnte sowohl die Obrigkeit als auch die göttliche Instanz versöhnt sowie deren Würde und Autorität wiederhergestellt werden. Schließlich galt es, durch die Bestrafung den Fluch Gottes zu bannen, wurde doch „zuförderst [...] des lieben Gottes Ehre gesuchet, und sein ernster Wille vollbracht", damit „‚Gottes zorn und Rach [...] von der gemeynen abgewendet werde'".[12] Die peinliche Strafe sollte die ordnungsstiftende Vergeltungsmaßnahme einer souveränen Instanz sein, ein „Hülfsmittel der Mnemonik", eine regulative Gewalt, die nicht nur den göttlichen Zorn besänftigte, sondern auch die unkontrollierte Gewalt bannte und in Frieden und Fruchtbarkeit verwandelte.[13]

Sollte Strafe tatsächlich die gestörte öffentliche Ordnung wiederherstellen und abschreckend zugleich wirken, so musste sie vor den Augen der Menschen vollstreckt werden. Insbesondere der Vollzug eines Todesurteils musste in eine umfangreiche öffentliche Zeremonie eingebettet sein, um als ritualisierte Handlung innerhalb einer kulturellen Ordnung eine herrschaftsstabilisierende Funktion erfüllen zu können. Das Ritual des „Hochnothpeinlichen Halßgerichts" ging der Exekution voraus, „weil es nichts gewisseres gibt, als daß Gerichte und Straffe dem Delinquenten an den Halß gehen", wie Carpzov erklärte[14]. Von Glockengeläut angekündigt, folgte eine theatralische Darbietung mit festgelegten Dialogen zwischen Angeklagten, Schöppen, Richter und Henker, in dessen Verlauf das bisweilen in der Folterkammer ermittelte Geständnis des oder der Angeklagten öffentlich wiederholt werden musste. Während der Gerichtsschreiber schließlich das Urteil verlas, war der Richter gehalten, den Stab zu zerbrechen und den Sünder dem Scharfrichter zu übergeben, wodurch symbolisch bekräftigt werden sollte, „daß wie mit dem Stabe, auch mit des armen Sünders Leben geschehen und dasselbe verloren sei."[15]

Der Weg zum Richtplatz führte durch die Stadt und, wie auch bei Valentin Hobold, für gewöhnlich an den Orten der Missetaten vorbei. Unterwegs, so Carpzov, sollten die DelinquentInnen „von Seelsorgern getröstet und mit einem Labetrunck erquicket" werden, der jedoch keinesfalls so reichhaltig sein durfte, dass Trunkenheit die nötige Andacht ersetzte. Selbst der Henker sollte „dem armen Sünder [...] freundlich zureden, ihn trösten, zur Geduld, Glauben und Gebet vermahnen", und dies nicht zuletzt, um auch die Zuschauenden in ihrem Glauben zu bestärken.[16]

Unmittelbar vor der Exekution durften die SünderInnen ein Gebet sprechen und das umstehende Volk vor einem ähnlichen Schicksal wie dem ihren warnen. Gleiches geschah in den obrigkeitlich sanktionierten Flugschriften, die an der Richtstätte verkauft wurden. Doch die Mittel, das Publikum zu instruieren, waren mit der Tötung nicht erschöpft, denn, wie abermals Carpzov betonte, „wann eine solche Straffe an dem armen Sünder ausgeübt worden, derer Gedächtnüß zu Besserung anderer Ubelthäter, nicht so bald vergessen werden soll, [...] bleibet der eingeführten Gewonheit nach, der Cörper [...] am Galgen hencken, oder uffm Rade liegen."[17]

Die Peinliche Gerichtsordnung Kaiser Karls V. von 1532

Benedikt Carpzov hatte verschiedene Quellen herangezogen, um sein Rechtssystem zu formulieren. Eines der Fundamente bildeten verfestigte Gewohnheiten und Bräuche. Sie waren dem geschriebenen Recht durchaus gleichwertig, solange sie einer „ratio" unterlagen – einer „ratio", die im Denkgebäude Carpzovs eben auch beinhalten konnte, die Körper der Gerichteten zum Zweck der Abschreckung am Strang hängen zu lassen oder auf dem Rad auszustellen, bis sie verrottet oder von Vögeln aufgefressen waren.[18]

Niemals jedoch konnten tradierte Gebräuche rechtmäßig sein, wenn sie dem „jus divinum" widersprachen. Strafe war als Sühne für eine begangene Sünde konzipiert, Gott selber wurde als der höchste Gesetzgeber erachtet und die Heilige Schrift als Ursprung allen irdischen Rechts. Die Texte Carpzovs sind folglich übersät mit Verweisen auf die Bibel, und „die Bibel untersagt jedwede Rechtsprechung, durch die Gott missachtet wird".[19]

Die rechtsetzende Kraft Gottes reichte nach Carpzov über das Alte und das Neue Testament hinaus, indem er Gott auch als letztbegründende Instanz von nicht oder nicht eindeutig in der Bibel kodifizierten Rechten heranzog. Auf diese Weise wandte er sich gegen die noch leisen kritischen Stimmen, die bemerkten, die theokratische Konzeption der Todesstrafe sei hinfällig und nicht durch das Neue Testament zu legitimieren. Da nach Carpzov jedoch jedes Recht göttlichen Ursprungs war und das Neue Testament zudem anordnete, den von Menschen geschaffenen Gesetzen Folge zu leisten, standen die Todesstrafe und deren überirdische Legitimation in seinem Gedanken- und Rechtsgebäude außer Zweifel. Insbesondere Taten wie Mord, Ehebruch, Blasphemie, Magie und Sodomie, die Gottes Schöpfungsplan durchkreuzten und unter besonderem sakralen Schutz stehende Institutionen verletzten, mussten durch den Tod gesühnt werden, denn „wer gegen das Naturrecht sündigt, hat Gott selbst beleidigt".[20]

Nach dem „jus divinum" bildete vor allem die „Peinliche Gerichtsordnung Kaiser Karls V." (PGO) – auch „Constitutio Criminalis Carolina" genannt – den grundlegenden Baustein in Carpzovs Rechtssystem. Carpzov betonte die bindende Kraft der »Carolina«, wenngleich deren Bestimmungen, wie die Gewohnheitsrechte, nur dann akzeptiert wurden, wenn aus ihnen eine „ratio" sprach.

Doch die PGO unterlag dieser „ratio“ gleichsam per definitionem, denn folgt man Carpov, so ist „das carolinische Gesetz niemals von der notwendigen Vernunft verlassen“.[21]

Die Peinliche Gerichtsordnung war nach langer Vorbereitungszeit im Jahr 1532 auf dem Reichstag zu Regensburg verabschiedet worden, und sie sollte ihre formelle Gültigkeit mit regional unterschiedlichem Gewicht über mehr als drei Jahrhunderte behalten. Gegen Ende des 15. Jahrhunderts hatten sich beim erst kürzlich eingerichteten Reichskammergericht Klagen über unbegründete Verfahren und Verurteilungen durch Fürsten, Reichsstädte und andere Obrigkeiten bedenklich vermehrt. Ein häufig willkürliches Vorgehen gegen die sogenannten „landschädlichen Leute“, entwurzelte Ritter, vertriebene Juden, wandernde Handwerksburschen, Gaukler und Wallfahrer, die über die Wege und Straßen zogen, belastete häufig auch die Sesshaften und ließ eine Verbesserung des individuellen Schutzes vor obrigkeitlicher Gewalt angebracht erscheinen. Ein stärker formalisiertes und überregional Geltung beanspruchendes Rechtswesen tat Not. Nach länger andauernden Streitigkeiten vor allem über die Stellung eines zukünftigen Reichsrechts gegenüber den Kompetenzen der Territorialherren wurde die neue Rechts- und Gerichtsordnung schließlich angenommen. Die Carolina zielte explizit darauf ab, eine offensichtlich allgemeine Rechtsunsicherheit zu beseitigen und reichsweit ein gewisses Maß an Verlässlichkeit herzustellen. So wurde in ihrer Vorrede verkündet, dass bestehendes Recht für diejenigen zusammengefasst werden sollte, die zwar im Rechtswesen tätig waren, aber „vnsere Keyserliche recht nit gelert, erfarn, oder übung haben [...] und offter mals wider recht vnd gute vernunfft gehandelt“ haben.[22]

Die in der Carolina explizit angeprangerten Missstände umfassten ein weites Spektrum. Ausdrücklich wurde die herrschende Rechtspraxis von der willkürlichen Güterkonfiszierung bis hin zum Ehrverlust und der obrigkeitlich angeordneten Tötung ohne entsprechenden Schuldnachweis kritisiert. Überhaupt herrschten im Bereich der sogenannten »peinlichen Strafen« Unsicherheit, Unkenntnis und Willkür vor. In der Carolina wurde nun für „richter vnd vrtheiler“, die in Rechtsangelegenheiten häufig nur geringe Kenntnisse hatten, „vonn etlichen peinlichen straffen, wann vnnd wie die gedachten recht guter gewonheyt, vnd vernunfft nach geschehen sollen, gesatzt“. Zudem wurden die Gerichte angewiesen, in Zweifelsfällen bei Sachverständigen Rat einzuholen. Eine Strafe als Folge von Unrecht sollte aus „lieb der Gerechtigkeit“ ausgesprochen werden, den Missetäter oder die Missetäterin unschädlich machen und abschreckend wirken, die bestehende Ordnung wiederherstellen und somit dem Gemeinnutz dienen. Folglich war auch die private Rache aus der Rechtsordnung ausgeschlossen, die im mittelalterlichen Recht seinen Ausdruck in Wergeld und Buße gefunden hatte. Ehren-, Leib- und Lebensstrafen erlangten nun eine dominante Stellung. Das Maß an Schuld, das Menschen aufgrund ihrer Vergehen auf sich geladen hatten, sollte sich nicht zuletzt in verschiedenen Tötungsarten und mit diesen verbundenen Martern und Zeremonien ausdrücken, die peinlichst genau aufgelistet und erläutert wurden.[23]

Einerseits weisen schon die Entstehungsgeschichte und die institutionelle Verankerung der Carolina darauf hin, dass sie mehr als ein Rechtskatechismus für die ungebildeten Schöffen war, doch andererseits kann von einem bindenden Gesetz keine Rede sein. Obschon die Carolina für sich in Anspruch nahm, das peinliche Recht „inn eyn form zusammen zu ziehen“ und den Menschen den Weg zu weisen, rechtmäßig und dem „Almechtigen“ gefällig zu leben, muss sie eher als Orientierungshilfe denn als verbindliche Verordnung verstanden werden. Für die wirkungsmächtigen, aus der Gerichtspraxis abgeleiteten und diese wiederum prägenden Schriften Carpzovs war die Carolina nur eine, wenn auch wichtige, Quelle des Rechtsverständnisses. Auch gegenüber anderen Rechtsordnungen von zunächst geographisch eingeschränkter Geltung hatte sie keine Priorität. Um die regionalen Widerstände gegen ein vereinheitlichendes Reichsrecht zu überwinden, wurden die örtlichen Rechtsgebräuche in der sogenannten »salvatorischen Klausel« der Carolina sogar explizit anerkannt, solange sie nur „wohlherbracht“, „rechtmessig“ und vor allem „billich“, also angemessen waren. Doch auch wenn die Peinliche Gerichtsordnung Karls V. kein zwangsläufig bindendes, überterritoriales Recht darstellte, verkörperte sie vom 16. bis zum 18. Jahrhundert doch eine Leitlinie, die sich durch die theoretischen Schriften und Kommentare sowie die regionalen Rechtskodizes hindurchzog, in diesen adaptiert, bearbeitet und gestaltet wurde.[24]

Das Hamburger Stadtrecht vom Anfang des 17. Jahrhunderts

Wie in vielen anderen Gebieten des Heiligen Römischen Reiches wurde am Anfang des 17. Jahrhunderts auch in Hamburg die Rechtsordnung überarbeitet, um, so meinten die Stadtoberen, das Recht „zur Fortsetzung friedlichen Wesens und Erhaltung ersprießlicher Einigkeit“ wieder in eine „verständliche Richtung“ zu bringen.[25] Das Hamburger Recht war letztmals im Jahr 1497 kodifiziert worden, und es hatte im Laufe des 16. Jahrhunderts an praktischer Bedeutung verloren. Auswärtige Juristenfakultäten, die in Zweifelsfällen aufgerufen wurden, über die Gültigkeit von Rechtssprüchen zu entscheiden, bevorzugten für gewöhnlich die Regelungen des Reichsrechts. Dieses war zwar in Hamburg nicht als offizielles Recht anerkannt, doch auch die Hamburger Gesetzgebung und Gerichtspraxis zog es zunehmend als Richtschnur heran. Die Revision der Hamburger Rechtsordnung war im Oktober des Jahres 1603 vollendet. Vor allem im vierten Teil, der „von Peinlichen Sachen, Injurien, und andern zugefügten Schäden, auch Straffe und Busse“ handelte, spielte die Peinliche Gerichtsordnung Kaiser Karls V. als Vorbild und Orientierungshilfe eine maßgebliche Rolle. Daneben waren Partikulargesetzgebungen, wie die aus Lübeck oder Nürnberg, von Einfluss. Auch auf das Alte Testament wurde Bezug genommen, und im Epilog der neuen Statuten war hervorgehoben, dass „im Namen der heiligen Dreyfaltigkeit alle menschliche Satzung, Recht und Gerichte, die zu Schutz der Frommen, und Straffe der Bösen seyn verordnet, von Gott herkommen“. StraftäterInnen mussten daher nicht zuletzt zur Verantwortung gezogen werden, „‚damit GOttes Straffe, und alle böse *Blame* von dieser guten Stadt abgekehret werde'“, wie ein Ratsdekret am Ende des 17. Jahrhunderts verkündete.[26]

Bereits in den beiden folgenden Jahren wurden Korrekturen an dem revidierten Stadtrecht vorgenommen. Von dem vierten Teil, der die peinliche Gerichtsbarkeit abhandelte, hieß es allerdings, dieser solle zwar „‚etwas förmlicher gesetzet, aber doch in *substantialibus* nicht geendert'“ werden. In seinen Grundzügen behielt das Stadtrecht von 1603 für über 260 Jahre formale Gültigkeit. Die Neugestaltungen des Jahres 1711 erlangten nie Gesetzeskraft, und die Reformbemühungen des 19. Jahrhunderts sollten sich über Jahrzehnte hinziehen.[27]

Wie in den Schriften Carpzovs und der Carolina waren die Körper der MissetäterInnen auch im Hamburger Strafkatalog ein zentrales Element. Es galt durch eine öffentliche Bestrafung die individuelle Schuld zu tilgen und die Taten zu sühnen, die Vergehen zu spiegeln und somit die Abschreckung anderer potentieller TäterInnen zu gewährleisten sowie die verletzte gesellschaftliche Ordnung wiederherzustellen. Hierfür bedurfte es eines differenzierten Strafsystems, denn nur dann konnten die Körper der DelinquentInnen zu Botschaften werden, die über deren Vergehen sowie über die Allmacht und den Triumph der von Gott bestimmten und gottgefälligen Obrigkeit berichteten. Da die unterschiedlichsten Vergehen mit dem Tod bestraft wurden, waren verschiedene Formen der Tötung notwendig. Bereits die öffentlichen Urteilssprüche verwiesen auf die Art des Vergehens und sprachen ähnliche potentielle StraftäterInnen direkt an. So wurde dort der Abschreckungsgedanke explizit formuliert und der spiegelnde Charakter der spezifischen Strafe begründet. Beispielhaft soll hier Anna Margaretha Oseburg erwähnt werden, die ihren neun Monate alten Säugling ermordet hatte und am 1. Dezember 1747, so der Urteilsspruch, „andern dergleichen mit unmenschlichen Mord-Gedanken schwanger gehenden Raben-Eltern zum abschreckenden Exempel“ zur „geschärften“ Strafe des Rades verurteilt wurde. Ein weiteres Beispiel wäre der Dieb Christian Ludwig Sülau, der im Urteilsspruch der zweiten Instanz am 1. April 1746 zwar von der Strafe des Stranges freigesprochen, „dergleichen untreuen, frechen, und diebischen Dienstboten und Gesindel aber zum abschreckenden Exempel“ zu Pranger, „scharffer“ Prügelstrafe, Haft und Stadtverweis verdammt wurde. In Hinblick auf den melancholisch anmutenden Brudermörder Lucas Wiegers wurde 1747 festgehalten, er sei zwar „aus gemildertem Rechte“ nicht zu rädern, „andern dergleichen verwegenen Mördern aber, zum abschreckenden Exempel mit dem Schwerdte vom Leben zum Tode zu bringen“.[28]

Über eine Todesstrafe wurde in einem nicht öffentlichen, schriftlichen Verfahren in prinzipiell zwei Instanzen entschieden. Am Gerichtstag war zwar ein Publikum gegenwärtig, die entsprechenden Schriften wurden jedoch nurmehr verlesen. Eine Verhandlung fand nicht statt. Das Niedergericht als erste Instanz oblag der Leitung zweier Ratsmitglieder, die als »Prätoren« den Ablauf der Verfahren bestimmten und kontrollierten, ZeugInnen verhörten und das Urteil verkündeten. Ihnen saßen acht Deputierte zur Seite, die ebenso wie die Prätoren für zwei Jahre aus der Bürgerschaft bestimmt wurden und einen Rechtsgelehrten als »Präses« hatten. Die Deputierten, in der Regel Kaufleute und Juristen, hatten die Aufgabe, das Verfahren zu begleiten und das Urteil zu bestimmen. Ihre Entscheidung trafen sie, nachdem der Ankläger, der sogenannte »Fiscalis in criminalibus«, und der Verteidiger, der »Defensor«, ihre schriftlich fixierten Plädoyers verlesen hatten. Beide rekrutierten sich aus einer Gruppe von acht sogenannten »Procuratores«, deren Aufgabe es war, die beiden Parteien zu vertreten. Seit dem späten 17. Jahrhundert wurden die Prokuratoren nicht mehr durch den Rat ausgewählt, sondern deren Stellen an Rechtsgelehrte verkauft. Jedem Menschen stand eine sachkundige und kostenlose Verteidigung zu, doch oblag diese zumeist unbeliebte Aufgabe in der Regel dem Jüngsten und somit Unerfahrensten der Prokuratoren. Wer über ausreichende Mittel verfügte, der durfte seine Verteidigung auch in die Hände eines »freien« Advokaten legen. Seit dem ausgehenden 18. Jahrhundert wurden insbesondere Mordfälle gerne von Anwälten übernommen, da sie ein hohes Maß an Publizität versprachen.[29]

Jedes „peinliche“ Urteil wurde vor einer zweiten Instanz verhandelt. Das »Obergericht« war mit dem Rat der Stadt, auch »Senat« genannt, identisch und setzte sich aus zwölf Kaufleuten und zwölf Juristen zusammen. Obergerichtstag war der Freitag, und die Akten, die peinliche Klage und eine weitere Verteidigung wurden dort verlesen. Auch der oder die Angeklagte wurde gefragt, ob noch etwas hinzuzufügen sei. Schließlich verkündete das Obergericht in einem feierlichen Ritual das Urteil, bevor es nochmals vor dem Niedergericht wiederholt und der oder die Verurteilte für die letzten drei Lebenstage dem Scharfrichter übergeben wurde.[30]

Insgesamt beschloss das Obergericht in den 160 Jahren zwischen der Revision des Stadtrechts im Jahr 1603 und der Publikation von Cesare Beccarias „Dei delitti e delle pene“ im Jahr 1764 als Markstein aufklärerischer Kritik in etwa 320 Fällen den Tod der Angeklagten. Keine andere Strafart hat die zeitgenössische Konzeption der bestehenden Seinsordnung derart pointiert reproduziert, auch wenn die Todesstrafe neben Geldbußen, öffentlicher Schande, Prügel und anderen Körperstrafen, räumlicher Ausgrenzung und Freiheitsentzug nur eines von mehreren Sanktionsmitteln war. Kein anderer Strafvollzug war derart deutlich als Herrschaftssicherung, als Demonstration obrigkeitlicher Macht und göttlicher Gerechtigkeit konzipiert, kein anderer Strafvollzug hat ein so großes öffentliches Interesse hervorgerufen und ist von einem so umfassenden Publikum betrachtet worden, kein anderer Strafvollzug sollte so eingehend thematisiert werden, wie die öffentliche Hinrichtung.[31]

Auch die Haftanstalten des 17. und 18. Jahrhunderts deuten höchstens einen Gegenentwurf zur oben skizzierten Strafratio an. Selbst das in Hamburg nach dem Vorbild des Amsterdamer „Rasphuis“ bereits im Jahr 1618 gegründete „Werk- und Zuchthaus“ stellte zunächst keine wirkliche Alternative zu den Körperstrafen dar. Für viele Jahre diente das „Werk- und Zuchthaus“ keineswegs der Bestrafung oder sogar »Besserung« von als kriminell erachteten Personen im engeren Sinne und brachte kein verändertes Strafverständnis zum Ausdruck, wie es in der historischen Forschung zuweilen anklingt. Die erklärte Zielgruppe dieses Hauses bestand aus Bettlern, Vagabunden, Müßiggängern, kleineren Dieben, davongelaufenen Lehrjungen und solchen Menschen, die aufgrund ihres Lebenswandels auf Antrag ihrer Familie oder ihres Vormunds eingeliefert worden waren. Dementsprechend verkündete die „Werk- und Zuchthausordnung“ von 1622, einerseits müsse dem „‚Jammer und Elend der Armen, Nothdürfftigen und Hauß-Armen Leute'“ begegnet werden, damit eben gerade verhindert werde, dass „‚etzliche dem Hencker gar in die Hände kommen'“. Andererseits sollten „‚noch viele starcke, faule, freche, geile, gottlose, muhtwillige, ungehorsame, versoffene, Truncken-Bolde, Bier-Bälge, sowohl Frauens- als Manns-Persohnen, die in Untugend, Hurerey, Diebery, und in allerley Sünd und Schand erwachsen, und sich täglich des Bettelns vor den Thüren und auff der Strassen befleißigen'“, gesammelt, kontrolliert und durch Arbeit diszipliniert werden. Die zumeist 400 bis 700 Einsitzenden bildeten eine Mischung sozial Marginalisierter. Darunter befanden sich auch als geistesgestört erachtete Menschen, obgleich mit dem „Pesthof“ ebenfalls zu Beginn des 17. Jahrhunderts eine zuständige Einrichtung gegründet worden war.[32]

Das Werk- und Zuchthaus sollte zunächst eine Handhabe gegen soziale Unangepasstheit jeglicher Couleur bieten. Auch die Abspaltung eines separaten „Spinnhauses“ im Jahr 1669 änderte daran zunächst nichts, fungierte dieses doch primär als Bewahranstalt für Prostituierte. Als Mittel des Strafvollzuges aber sollte die »totale Institution« erst gegen Ende des 18. Jahrhunderts eine bedeutendere Rolle auszufüllen beginnen. Im 17. und 18. Jahrhundert waren die Zuchthäuser nicht als Korrektionsanstalten für als bedrohlich erachtete Straftäter und somit nicht als richtungweisende Alternative zu Körperstrafen konzipiert. Dass sie auch nicht als solche funktionierten, deuten auch die Hinrichtungszahlen für Hamburg an. Sind die Werte in der ersten Hälfte des 17. Jahrhunderts noch relativ konstant, so stiegen ab den 1660er Jahren zunächst gerade die Hinrichtungen von Dieben mit dem Strang deutlich an. Von den 1680er Jahren bis zur Mitte des 18. Jahrhunderts nahmen neben den Gesamtzahlen vor allem die drastischeren Zurschaustellungen obrigkeitlicher Tötungsmacht zu. Räderungen verbunden mit sogenannten „Schärfungen“, wie dem Reißen mit glühenden Zangen oder der Ausstellung von abgetrennten Körperteilen, erhöhten sich überproportional. Von schwindenden Strafexempeln kann folglich nicht gesprochen werden, auf einen Rückgang der Gewaltverbrechen kann noch viel weniger geschlossen werden. In Folge der Einführung von Arbeitshäusern ist demnach zunächst kein tiefgreifender Wandel des Strafvollzugs festzustellen. Auch für eine veränderte Strafraison gibt es keine deutlichen Anzeichen. So werden seit den späten 1740er Jahren zwar einige „größere“ und notorische Diebe vom Obergericht nicht zum Galgen, sondern zu Haftstrafen verurteilt. In den Urteilssprüchen heißt es allerdings, die DelinquentInnen seien vor der Inhaftierung öffentlich und körperlich zu bestrafen, nämlich am Pranger „mit Ruten scharff zu streichen“. Nicht selten war diese Darbietung von einer Brandmarkung begleitet. Nach Ablauf einer häufig 25-jährigen Haftstrafe sollten die

Verurteilten sofort, auf ewig und unter der Androhung, bei einer Rückkehr an ihrem „Höchsten gestrafet [zu] werden“, des Stadtgebietes verwiesen werden. Von dem Ziel der »Besserung« während der Haft und der Wiedereingliederung in die Gesellschaft kann folglich nicht die Rede sein.[33]

Erst im ausgehenden 18. Jahrhundert etablierte sich eine Definition von Strafe als individuelle Korrektur, und sie ging mit einer Veränderung der Werk- und Arbeitshäuser einher. Aus Sammelstellen für Randständige sollten nun, so zumindest das Konzept, Besserungsanstalten mit dem Ziel der Reintegration von Straffälligen werden. Die Reformmüdigkeit der Hamburger war allerdings noch im fortgeschrittenen 19. Jahrhundert Anlass für kritisch-ironischen Spott. Ausdrücklich begrüßte im Jahr 1823 ein auswärtiger Beobachter, dass man nun endlich auch in Hamburg die möglichen Umgestaltungen des Gefängniswesens erörterte, „und daß man von dem Wahne, als sey alles Vorhandene eben deßwegen auch vortrefflich, allmählich zurückkommt.“[34]

Doch zurück zu den Todesstrafen. Auf den folgenden Seiten werde ich den öffentlichen Vollzug von Todesurteilen in Hamburg, dessen Facetten und Häufigkeit etwas genauer beleuchten. Die meisten der Hinrichtungen wurden in dem hier betrachteten Zeitraum durch Enthauptungen vollzogen. Diese Strafe traf nahezu die Hälfte der zum Tode Verurteilten, und die Hamburger Scharfrichter schlugen 156 Mal einem Menschen, der in aufrechter Haltung verharren musste, mit einem Schwert den Kopf ab. Grundsätzlich handelte es sich bei der Enthauptung um eine »ehrenhafte« Strafe, die als solche bei nicht heimtückischen Verbrechen wie Totschlag ausgesprochen wurde. Die »Ehrenhaftigkeit« war in einer überaus ehrbewussten Epoche ein bedeutendes Charatakeristikum einer Strafe. Als zentrales Element der frühneuzeitlichen Kultur war die Ehre maßgeblich für soziale Differenzierung mit all ihren Implikationen verantwortlich. Zudem war es nicht möglich, eine bestimmte Menge Ehre durch eine einmalige Handlung anzuhäufen, zu bewahren und deren Erträge zu genießen. Ehre bedurfte der wiederholten Prüfung und permanenten Erneuerung, und dies funktionierte nur über weithin wahrnehmbare, also »öffentliche«, Präsentation. Folglich konnte in öffentlichen Handlungen und Geschehnissen auch ein Ehrverlust initiiert und beschleunigt werden, wodurch die Strafvollstreckungen vor Publikum eine weitere Bedeutungsfacette erlangten. Wie zentral die Ehrenhaftigkeit bis in den Tod hinein und sogar darüber hinaus war, kann nicht nur die Systematisierung der verschiedenen Todesstrafen andeuten. Die Begräbnisrituale bis in das ausgehende 18. und frühe 19. Jahrhundert gewähren weitere Einblicke. Dies wird ebenso an späterer Stelle ausgeführt werden wie der Aspekt der Ehrenhaftigkeit einer Todesstrafe anhand des »unehrenhaften« Erhängens.[35]

Es ist jedoch schwierig, im Fall der Enthauptung eine genaue und verlässliche Beziehung zwischen Vergehen und Strafe herzustellen. Das Kopfabschlagen diente als Todesstrafe für die unterschiedlichsten Taten. So konnte das Verbrechen der Zauberei nicht nur durch Verbrennen, sondern unter Umständen auch mit dem Schwert bestraft werden, und auch im Falle des Verrats wurde in minder schweren Fällen der »multiple« Tod durch Vierteilung in einen »singulären« Tod durch Enthauptung umgewandelt. Darüber hinaus stand die Schwertstrafe auf Seeräuberei, die meisten Fälle des Kindsmordes, sexuelle Gewalt gegen verheiratete Frauen, Jungfrauen oder Witwen sowie auf Inzest, der je nach verwandtschaftlicher Nähe ebenso mit dem Tod durch Enthaupten bestraft wurde wie die Bigamie. In der Justizpraxis wurden drei der vier in diesem Zeitraum zum Tode verurteilten BrandstifterInnen sowie alle vier zum Tode verurteilten Bigamisten enthauptet. Auch von den beiden im Jahr 1642 wegen Hexerei verurteilten Frauen wurde eine geköpft. Die andere war auch des Mordes für schuldig befunden – sie wurde gerädert und daraufhin dem Feuer übergeben. Bei lebendigem Leibe verbrannt wurden im Jahr 1657 ein der Sodomie bezichtigter Mann und 1745 der Falschmünzer Jacob Christian Schlüter, der seine Schuld durch zahlreiche Diebstähle noch vermehrt hatte. Der ebenfalls wegen Falschmünzerei verurteilte Johann Herrhold war im Jahr 1694 enthauptet worden.[36]

Dass Frauen in der Gruppe der Enthaupteten überproportional vertreten waren, ist weitgehend deliktspezifisch erklärbar, da in Hamburg auf Kindsmord, wie in dieser Zeit allgemein üblich, zumeist die Schwertstrafe ausgesprochen wurde. Unter den insgesamt 320 Hingerichteten befanden sich 73 Frauen, von denen 49 enthauptet wurden. Aus dieser Gruppe waren wiederum vierzig des Kindsmordes schuldig befunden.[37]

Insbesondere die Bestrafung des Kindsmordes in der Zeit vom 16. bis zum ausgehenden 18. Jahrhundert macht deutlich, dass individuelle Dispositionen von TäterInnen oder ein im sozialen Umfeld zu suchendes Tatmotiv bei der Strafbemessung kaum eine Rolle spielten. Die Strafe reflektierte eine Schuld, die primär in der Tat begründet war. Dennoch muss bemerkt werden, dass den TäterInnen auch gemäß der frühneuzeitlichen Rechtsordnungen unter bestimmten Bedingungen eine eingeschränkte Zurechnungsfähigkeit attestiert und eine Strafmilderung gewährt werden konnte. Ähnlich wie in der Peinlichen Gerichtsordnung Kaiser Karls V. war in den Statuten Hamburgs festgelegt, dass „unsinnige und minderjährige Todschläger [...] mit der ordentlichen Strafe verschonet" werden. Um der peinlichen Strafe gänzlich zu entgehen, bedurfte es aber eines „des Gebrauchs der Sinnen völlig beraubten Menschen", wie ein Hamburger Ankläger bemerkte. Und: Wenn die Justiz den Gemütszustand eines Missetäters als zweifelhaft anerkannte, wurde in der Regel eine entehrende und geschärfte Form der Todesstrafe in die Schwertstrafe umgewandelt. Im Jahr 1725 hatte sich beispielsweise der Krämer Daniel Gottmann, „der zuweilen traurigen und tiefsinnigen Gemüths gewesen, [...] durch den Trieb einer in ihm erregten unmenschlichen Neigung zu einer plötzlichen Ermordung seines vierjährigen Stief-Sohns reitzen lassen". Gottmann zeigte sich daraufhin selber an, und es hieß, er habe sich zum Zeitpunkt der Tat in einer „*exceptionem melancholiae*" befunden und sei dadurch „betäubet und hingerissen" gewesen. Folglich verzichtete das Obergericht auf das Rädern, das bei einer solchen Tat für gewöhnlich als angemessen erachtet wurde, wies das vom Ankläger beantragte Reißen mit glühenden Zangen zurück und verurteilte den Krämer „nach gemildertem Rechte" zur Enthauptung durch das Schwert. Ähnlich erging es dem bereits erwähnten 22-jährigen Lucas Wiegers, der, nachdem seine Pistolen versagt hatten, mit deren Kolben auf seinen am Boden liegenden Bruder Christoph einschlug, bevor er ihn mit einem herbeigeholten Messer tötete. Gleichsam auf die Debatten der forensischen Psychiatrie des frühen 19. Jahrhunderts vorgreifend, sinnierte der Anwalt, dass schon die Tat selbst ein Indiz für den Wahnsinn des Täters sei und somit strafverschonend oder zumindest strafmildernd bewertet werden müsse, da „‚die unmenschliche Ermordungs-Art so beschaffen sey, daß keiner, der auch nur einigen Gebrauch seiner Vernunft übrig behalte, solche zu verüben fähig sey'“. Dem wurde in der Urteilsbegründung entgegengehalten, dass schließlich „keine Mordthat von einem sich ganz besitzenden Menschen verübet wird, sondern immer etwas vom *Furore* sodann denselben einnimmt“. Dies mache aber einen „Todtschläger“ nicht zu einem „wirklichen *insano*, oder einem solchen Menschen, der überall nicht wisse, was er thue“. Auch Lucas Wiegers wurde „aus gemildertem Rechte“ mit dem Rad verschont, aber ebenfalls zum Tod durch Enthaupten verurteilt. Die Richter hoben ausdrücklich hervor, dass zwar auf der einen Seite eine gänzlich fehlende oder eingeschränkte Schuldfähigkeit als *„favor defensionis“* eingestuft werden müsse, es aber andererseits wichtig sei, gerade bei einem Verwandtenmord öffentlich das Vergehen zu rächen, also die Bedeutung der *„vindictae publicae“* zu demonstrieren.[38]

Die spiegelnde, rächende, abschreckende und zugleich reinigende Zielsetzung der Strafe gründete in festetablierten Diskursmustern, und so schien es zuweilen angebracht, durch „kalkulierte Unterbrechungen“, wie das Reißen mit glühenden Zangen, den Tod hinauszuzögern und das Leid zu vervielfältigen. Innerhalb der historisch-spezifischen Wahrnehmungsmuster kann es zudem auch sinnvoll erscheinen, die Körper über jeden möglichen Schmerz hinaus zu malträtieren. Der Tod an sich markierte noch nicht das Ende der Bestrafung, und es vermag nach den bisherigen Erörterungen kaum mehr zu erstaunen, dass im Jahr 1631 dem Schiffer Jochim Gercke nach der Enthauptung die Hand abgetrennt wurde. Er hatte nicht nur in der St. Nicolai Kirche, sondern sogar während der Predigt getötet. Zudem war es üblich, dass die Herrschaftsträger, wie auch von Benedikt Carpzov für notwendig befunden, den Triumph der irdischen und göttlichen Gewalt zur Schau stellten, indem abgetrennte Köpfe von MörderInnen auf Pfähle gesteckt und deren Körper nach der Räderung oder Enthauptung auf ein Rad geflochten wurden. Auch wenn DelinquentInnen während der Folter oder der noch laufenden Untersuchung starben, wurden sie in der Regel abgeurteilt, malträtiert und schimpflich begraben. Der in der Haft verstorbene und voreilig ohne Prozess auf einem Kirchhof beigesetzte Johann Alldag wurde im Jahr 1697 auf Weisung der Bürgerschaft und unter Beisein einer neugierigen Menschenmenge sogar exhumiert, damit der tote Körper vor Gericht gestellt werden konnte. Ähnlich erging es den SelbstmörderInnen, die durch ihren Suizid das monopolistische Privileg Gottes und seiner Stellvertreter auf Erden durchbrochen hatten. Wer das eigene Leben antastete, verstieß nicht nur gegen die göttliche Ordnung, sondern unterwanderte für alle sichtbar auch die Vollkommenheit der irdischen Obrigkeit, indem er oder sie sich durch die

Selbsttötung der Unterwerfung entzog. Vor allem wenn die SelbstmörderInnen vor dem Suizid noch eine andere Missetat begangen hatten, erfolgte eine weitere Bestrafung des toten Körpers, die über das schändliche Verscharren hinausging. Marcus Köhn, der zunächst seine beiden Kinder und dann sich selbst getötet hatte, wurde zum Beispiel im Jahr 1687 vor das Gericht geschleift, abgeurteilt und auf das Rad geflochten, und das gleiche geschah fast ein Jahrhundert später mit dem Mörder und Selbstmörder Johann Jakob Borchers, „denn der sinnliche Pöbel will immer Sinnliches haben", wie ein zeitgenössischer Kommentator bemerkte. Auch Borchers wurde, wie es von Seiten der Obrigkeiten hieß, „zum abschreckenden öffentlichen Schau-Exempel anderer dienend" auf das Rad gelegt. Schon Benedikt Carpzov hatte in diesem Sinne betont, dass durch einen Selbstmord „ein Verbrechen durch ein anderes vermehrt" werde und es daher „vollkommen widersinnig" sei, „einen Angeklagten, der sich selbst den Tod zugefügt hat, der Strafe zu entheben, wenn er eigentlich mit einer schwereren Strafe zu belegen wäre."[39]

Die Hinrichtung mit dem Rad und die darauffolgende Ausstellung des Körpers war in der Prozess- und Rechtsordnung für Kirchenräuber und MörderInnen aus „gefaßtem boshaftigem Vorsatz" gefordert. 33 Menschen wurden von Beginn des 17. bis zur Mitte des 18. Jahrhunderts gerädert. Außer einem Straßenräuber und einem Kirchendieb, der durch seine Tat unmittelbar gegen Gott gesündigt hatte, waren alle Geräderten des Mordes für schuldig befunden.[40] 15 der Personen waren Frauen. Besonders verwerfliche TäterInnen sollten zudem „mit glüenden Zangen angegriffen" werden. Auf diese Weise wurde dem Publikum ein hohes Maß an Schuld signalisiert, eine Schuld, die eben nur durch ein Äquivalent an körperlichem Schmerz getilgt werden konnte. Eine Möglichkeit der rein symbolischen, soll heißen nicht unmittelbar körperlich verletzenden, Schärfung für MörderInnen, die als besonders heimtückisch erachtet wurden, war das Hinausführen zum Richtplatz in einer haarnen Decke, mit wehenden Haaren und der blutverschmierten Tatwaffe um den Hals. Insgesamt war der überwiegende Teil der Räderungen (24 von 33) durch Straferweiterungen zusätzlich theatralisiert, und diese Strafverschärfungen waren nicht nur für die DelinquentInnen selbst, sondern auch für deren Familien zusätzlich entehrend. Die größte und schmerzhafteste Schärfung war jedoch das Rädern „von unten herauf", das der Scharfrichter mit dem Zerstossen der Beine und nicht mit dem Durchbrechen des Genicks begann. Wie eingangs dargelegt, hatte diese Strafe im Jahr 1726 Valentin Hobold getroffen, 1734 war sie an Franz Ulrich Giesener vollzogen worden. Ebenso erging es am 2. Mai 1735 Jürgen Hinrich Wichers, der einen „greulichen Frevelmord" an der Frau seines Bruders in deren eigenem Wohnhaus begangen hatte – eine Tat von der Art, wie sie für gewöhnlich große Aufmerksamkeit von den BewohnerInnen Hamburgs erfuhr. Wichers war in eine haarne Decke gewickelt, als er auf einem Wagen zum Richtplatz geführt wurde, und das Beil, mit dem er die Tat begangen hatte, hing um seinen Hals, wie es in derlei Fällen üblich war. Zwei Mal wurde er mit glühenden Zangen gequält, bevor die finale Prozedur näherrückte, die im Bericht des Scharfrichters an den Rat eindrücklich beschrieben wird:

> Bey der execution ward des Inquisiti rechtes Beyn zerquetschet, das linke war der Knochen recht in Stücken, an den beyden Armen waren die Knochen nahe an der Hand abgeschlagen, die Stöße auf der Brußt, welche zu 3. mahlen geschlagen, schienen zwar stark zu seyn, jedoch war die Brußt meines erachtens nicht völlig zerquetscht, in dem herumwenden, wie der Inquisitus im Genick geschlagen ward, kam der erste Stoß bei nahe an die Mitte des Haubts, und deshalb ein Loch am Kopf zu sehen war, die 2 andern Stöße kamen im Genicke; wie der actus verrichtet, ward man gewahr, daß [das Rad] zerbrochen, und der so genandte Meister Knecht nebst noch einem Frohnen arbeiteten kniend [...], imgleichen mit Niederdrückung des Haubtes und Zuhaltung der Nasen an dem Delinquenten so lange, bis der Gesang, ‚nun bitten wir den Heiligen geiste', völlig ausgesungen.[41]

Noch am selben Tag wurde der vielfache Dieb Nicolaus Simon Damman am Galgen aufgeknüpft. Die Prozedur verrichtete der ranghöchste Knecht des Scharfrichters, und sie führte angeblich nach fünf bis sechs Minuten zum Tod des Delinquenten. In Hamburg wurde ca. ein Drittel der zum Tode Verurteilten mit dem Strang hingerichtet, eine Strafe, die gemäß der Statuten Dieben und auch Diebinnen sowie Hehlern vorbehalten war. Hatten sie während des Diebstahls Waffen getragen, waren mehrfach erwischt worden oder hatten ein Diebesgut in einem Wert von über fünf ungarischen Gulden erbeutet, so drohte ihnen dieser als äußerst schändlich und unehrenhaft erachtete Tod. Zumeist wurden die Leichname als abschreckendes Beispiel am Galgen hängen gelassen, und schon im Sachsenspiegel hatte es geheißen, „man henket die Diebe in die Höhe und begräbet sie selten, auf daß sie jedermann sehen möge und dadurch erinnnert und geschreckt werde, dergleichen zu lassen“. Je höher die Verurteilten in dem Galgen aufgeknüpft wurden, und je länger die Justiz deren Körper dort hängen ließ, desto größer sollte die abschreckende Wirkung sein und desto größer war der Ehrverlust. In Hamburg wurde beispielsweise im Juni 1751 der notorische Kirchendieb Lucas Heinrich Meyer gerichtet, der zudem die Frechheit besessen hatte, „einen Armen-Block gewaltsamerweise mit einer eisernen Stange zu erbrechen“ und die Almosen zu rauben, wie es in der Urteilsschrift des Obergerichtes hieß. Meyer wurde sechs Wochen nach dem Urteilsvollzug nur deshalb vom Galgen abgenommen, weil das Umland durch wühlende Schweine in einen ruinösen Zustand versetzt worden war und die Richtstätte einer Erneuerung bedurfte. Meyers Leiche wurde im Galgenfeld verscharrt, was ein weiteres Zeichen einer besonders schändlichen Tat war und zumeist vielfach straffällig gewordene Diebe kennzeichnete. Noch drastischer war im Jahr 1714 mit dem Dieb Aaron Meyer vefahren worden. Seine körperlichen Reste hingen 1717 immer noch an dem morschen Galgen, als dieser bei Wind und Sturm umstürzte. Den überregionalen Charakter dieses Strafrituals belegen nicht nur die Schriften Carpzovs. Der Historiker Wolfgang Behringer erzählt die Geschichte des 1697 in Süddeutschland exekutierten Hans Holzklinger, der erst nach fünf Jahren vom

Galgen abgenommen wurde, als die Justiz einen anderen Verbrecher als neues warnendes Exempel aufknüpfen ließ. Deutlich zeigt das obrigkeitliche Interesse an der Ausstellung der toten Köper auch der von Richard van Dülmen zitierte Fall des Barthel Grünich, der im Jahr 1635 Schmuck aus dem Frankfurter Römer gestohlen hatte. Drei Monate nachdem Grünich gehenkt worden war, nahmen dessen Kinder den Leichnam heimlich vom Galgen ab. Der Rat der Stadt Frankfurt ließ ihn wieder aufhängen.[42]

Betrachtet man die DelinquentInnen, die im 17. und der ersten Hälfte des 18. Jahrhunderts in Hamburg am Galgen gerichtet wurden, so wird die aufgezeigte Beziehung zwischen Strafe und Vergehen bestätigt. Fast zwei Drittel (68 von 111) waren nachweislich wegen Diebstahl schuldig gesprochen, zwei wegen Tötung in Verbindung mit Diebstahl. Die Delikte der anderen Gehängten sind nicht näher bezeichnet. Insgesamt wurden in dem betrachteten Zeitraum fünf Frauen aufgeknüpft. Des weiteren ist ebenfalls in fünf Fällen eine außergewöhnliche Höhe des Galgens und somit eine außergewöhnliche Entehrung beschrieben, und jedes Mal hatten sich die DiebInnen an öffentlichem Besitz vergriffen. Dadurch wurde der Diebstahl zu einer unmittelbaren Beleidigung der Obrigkeiten, und der Rechtskundler Karl Ferdinand Hommel bemerkte dazu im zweiten Drittel des 18. Jahrhunderts, man sehe es „allen Gesetzen sogleich an den Augen an, ob die Schatzkammer dabei Gewinn oder Verlust erleidet“.[43]

Die Unterteilung der verschiedenen Todesstrafen in »ehrenhafte« und »unehrenhafte« fügt sich in das Bild einer Epoche, die als die „hohe Zeit der Ehre“ gilt. Die Malträtierung der Körper nach dem Tod der StraftäterInnen, deren Präsentation auf dem Rad oder am Galgen oder auch deren Beisetzung, das »Verscharren ganz in der Stille« in einem gesonderten Terrain, waren bedeutende Bestandteile des Strafrituals. Denn die Art und Weise, in der der „‚entseelte Cörper’“[44] zu Grabe gebracht wurde, signalisierte den sozialen Status und die Ehrenhaftigkeit des oder der Toten. Ein Blick auf die Begräbnisrituale jenseits der Strafjustiz vermag die Bedeutung des ehrenhaften Sterbens und Begrabens zu offenbaren. Die prominentesten Plätze auf den Kirchhöfen der Stadt wurden gegen teures Geld noch von den Lebenden im Voraus erworben, und die zuvor durch „Leichenbitter“ und einen „Leichenzettel“ öffentlich angekündigten Leichenbegängnisse waren häufig große Prozessionen, an denen zuweilen mehrere Tausend Menschen teilnahmen; und dies nicht nur bei Bürgern hoher Reputation. Gegen eine ihrem Rang und Stand entsprechende Vergütung wurden die Honorationen der Stadt engagiert, die in exponierter Position den Leichenzug begleiteten, wodurch der symbolische Charakter des Begräbnisses verdeutlicht wird. Bemühungen des Senats, den Aufwand und somit die verschwenderisch hohen Kosten von Begräbnissen zu verringern, blieben im gesamten 17. und 18. Jahrhundert erfolglos, denn in Tod und Begräbnis spiegelten sich Erfolg und Versagen eines ganzen Lebens. Auch die in dieser Zeit üblichen Abendbestattungen wurden mit Karossen und zahllosen Fackeln zelebriert und als letzte Gelegenheit wahrgenommen, durch, im wahrsten Sinne des Wortes, „unaufhörliche“

Bemühungen nochmals soziales Kapital zu akkumulieren und zugleich zirkulieren zu lassen – ein Sachverhalt, der auch Strafenden und Bestraften bewusst war.[45]

Wie bedeutend für die Verurteilten das Kriterium der Ehre und somit die Form der Hinrichtung und der Behandlung ihres toten Körpers war, zeigt die Exekution der beiden wahrscheinlich berühmtesten Hamburger Diebe des frühen 18. Jahrhunderts. Schon nach der Urteilsverkündung am 3. März 1724 gegen Ernst Wehr, den sogenannten Baron von Franckenberg, und seinen Kumpan Hinrich Giesecke „war ein großer Zulauff von Leuten nach der Frohnerey“ zu verzeichnen, die beobachten wollten, wie die beiden für ihre drei letzten Lebenstage in die Wohn- und Arbeitsstätte des Scharfrichters geführt wurden. Zudem kursierten zahlreiche „unter den Leuten herumgetragene falsche Histörichen“ über Leben, Wirken und Sterben der beiden Verurteilten. Wehr hatte während des Prozesses um die Gnade gebeten, durch das Schwert und nicht durch den Strang sterben zu dürfen oder zumindest nach dem Vollzug des Urteils vom Galgen abgenommen zu werden. Dies würde die Schande in Grenzen halten, die Integrität seines Körpers weitestgehend bewahren und nicht sein „Fleisch den gar zu lüstern Raben“ darbieten, die an den ausgestellten Körpern pickten und der Richtstätte auch zu dem Namen „Rabenstein“ verholfen hatten. Als dann auf dem Schafott der Scharfrichter und seine Knechte dem verurteilten Wehr sowohl einen Strick als auch eine stabile Kette um den Hals legten, beklagte sich dieser vehement, denn man „hätte ihm ja versichert, daß er nicht am Galgen behangen bleiben solte“. Der Henker antwortete darauf, in Hamburg werde immer mit Kette gehenkt, als Versicherung gegen ein Reißen des Stricks. Schließlich wurden Wehr und Giesecke vor „vielen Tausend Menschen“ am Galgen aufgeknüpft, um „die Ubelthäter zu schrecken, und die Bosheit zu unterdrücken“, wie einer Flugschrift zu entnehmen war. Eine weitere Flugschrift war in Form einer Abschiedsrede des Baron von Franckenberg gehalten. Dort ermahnte dieser die „Zuschauer unsers Schmähligen Todes“, nicht nur ihrer Schaulust zu frönen, sondern die Bestrafung auch auf sich selbst zu beziehen. Denn ihnen werde vorgeführt, dass „auf böse Thaten böser Lohn, und auf ein schlimmes Leben ein schlechtes Ende folgen müsse“, ja, sogar die göttliche Vergebung und somit das Seelenheil könne verloren gehen:

> Wir schliessen nunmehro unsere Augen, aber öffnet ihr die eurigen! Schauet uns an, als einen hellen Spiegel, der euch viele entsetzliche Laster zeiget, aber auch die gerechten Strafen derselben vorbildet. [...] Schauet endlich, wie leicht es dem allwissenden Ober-Richter der Sterblichen sey, das verborgene ans Licht zu bringen, und die Ubelthäter den Händen seiner Stathalter zu überliefern. [...] Sehet! und machet euch über unser schmäliges Ende heilsame Gedancken. Dencket nicht: Franckenberg und Gisecke sind vor allen andern Sünder gewesen, dieweil sie dieses erlitten haben; nein, untersucht vielmehr euch selbst, ob nicht Seelen vorhanden, welche nicht weniger mit groben Lastern beflecket seyn. Unsere Verbrechen sind von der Natur, daß sie von der hohen Obrigkeit müssen gestraffet werden; es gibt aber nebst diesen auch andre Laster, welche nicht eben dem weltlichen, wohl aber dem strengen göttlichen Gericht anheimfallen.

Seyd ihr klug, so reiniget eure Seelen, ihr möchtet sonst weit unglückseeliger als wir seyn, und unsere Straff eine zeitliche, die eurige aber eine ewige werden.[46]

Der Scharfrichter

Sollte eine Hinrichtung ihren tiefergreifenden Zweck erfüllen können und einen instruktiven, reinigenden Charakter erlangen, so musste sie auf jeden Fall störungslos vollstreckt werden. Das Hängen mit der Kette war eines der Mittel, möglichen Missgeschicken entgegenzuwirken. Dies gelang aber nicht immer. Benedikt Carpzov berichtet zum Beispiel von einem Fehltritt eines Scharfrichters, „der nebens seinem Knechte etwas bereuschet gewesen“, so dass er den Delinquenten zwar noch die Leiter zum Galgen hinauf schaffen konnte und „diesen auch dermassen gewürget [hat], dass wenig vernunfft mehr an ihme zu spüren gewesen“. Eine Kette habe der betrunkene Scharfrichter jedoch nicht zur Hand gehabt, und inmitten der Zeremonie sei der Strick gerissen. Dies sollte zwei Jahre nach der Exekution von Wehr und Giesecke auch in Hamburg geschehen, als Wilhelm Ackermann gehängt wurde. Offensichtlich hatte der Henker dem verunsicherten Wehr die Unwahrheit gesagt, denn auch in Hamburg wurde nicht immer eine Kette benutzt. Nochmals riss der Strick im Jahr 1736, als Cord Hülsen aufgeknüpft wurde.[47]

Eine von Missgeschicken begleitete Exekution bedeutete, dass das Strafzeremoniell mit seiner dichten Symbolik, die Herrschaft und Unterwerfung, Vergehen und Vergebung, Sünde, Sühne und Gerechtigkeit signalisieren sollte, möglicherweise in das Gegenteil verkehrt wurde. Sie drohte semiotische Räume zu offenbaren, die von den Zuschauenden vermehrt mit alternativen Bedeutungen gefüllt werden konnten. Dementsprechend bargen Fehlleistungen der Scharfrichter auch immer die Gefahr, dass sich das Publikum echauffierte und es einen Eklat gab. Misslang eine Hinrichtung, geriet die Beziehung zwischen Obrigkeit und Volk ins Wanken, die durch das Strafzeremoniell eigentlich hätte stabilisiert werden sollen.[48]

Größter Gefahrenherd waren allerdings weniger die Hinrichtungen mit dem Strang oder dem Rad, sondern vielmehr die Enthauptungen mit dem Schwert, die schwierig zu vollziehen waren. Der Akt des manuellen Köpfens stellte hohe Anforderungen an die Treffsicherheit, das Geschick und die körperliche Konstitution des Scharfrichters, und es kam vor, dass sich ältere Henker bei Schwerthinrichtungen von Kollegen aus den Nachbargemeinden vertreten ließen. Hierbei kam ihnen zugute, dass die Scharfrichter im Umkreis gewöhnlich zur Verwandtschaft gehörten, da das seit dem 16. Jahrhundert institutionaliserte Scharfrichteramt in der Regel in der Familie blieb und die Familien eines Großraumes untereinander die Ehen schlossen. Zudem lässt sich zumindest für das spätere 18. Jahrhundert eine wachsende Geldnot unter den Henkern aufzeigen, so dass sie meist gerne bereit waren, gegen eine entsprechende Aufwandsentschädigung eine Hinrichtung in der Nachbarschaft vorzunehmen. Manchmal, nachdem ein schwächerer oder älterer Henker, wie in Hamburg in den 1750er Jahren, „sein Amt abermals sehr schlecht verrichtet" hatte, veranlassten ihn die besorgten Obrigkeiten, die nächste Enthauptung aus der Hand zu geben.[49]

Auch bei der gescheiterten Hinrichtung des Schuhmacherknechtes Johann Kardener im Jahr 1639 hatte der Scharfrichter Valentin Matz zum wiederholten Male versagt. Kardener hatte sieben Jahre zuvor seinen Schwager erstochen und präsentierte sich als überaus reumütiger Sünder, als er zum Richtplatz geführt wurde. Nachdem er sich von allen Umstehenden verabschiedet hatte, umarmte er den Scharfrichter mit der Bitte, sein Amt wohl zu verrichten. Matz, der seit einem Fehlschlag einige Jahre zuvor ohnehin als weichmütig und unsicher galt, war angeblich zu Tränen gerührt. Er war offensichtlich so verwirrt, dass er Kardeners Hals zwei Mal verfehlte. Das Vok rumorte, und der Scharfrichter verbarg sich vor dem wütenden Publikum unter der Richtstätte. Der folgende Tumult forderte Tote und Verletzte, und das Militär konnte selbst mit mehreren Hundertschaften und trotz scharfen Feuers die Unruhen nicht sofort unterbinden. Matz hatte sich zwar mit Mühe und Not in die Stadt retten können, seines Amtes wurde er aber enthoben.[50]

Paradoxerweise war ausgerechnet der Scharfrichter, in Norddeutschland auch »Büttel« genannt, das gefährdetste Element im „Theater des Schreckens" – freilich nach den »Armen SünderInnen«. Dies dokumentiert nicht zuletzt der umfangreiche Sicherheitsaufwand, der auch zu dessen Schutz vor einem eventuell aufgebrachten Publikum betrieben wurde. Schon in der Peinlichen Gerichtsordnung Kaiser Karls V. war dazu angehalten worden, den Zuschauenden „bei leib vnd gut [zu] gebieten, dem nachrichter keynerley verhinderung zuthun, auch ob im mißling nit handt anzulegen". Auch Benedikt Carpzov und die Hamburger Obrigkeiten hatten wiederholt gemahnt, den Büttel ungestört und unversehrt nach-richten zu lassen. Dennoch zeigen Exekutionen wie die Johann Kardeners, dass vor allem die Enthauptungen ein Risiko bargen. Auch wenn nach solchen Fehlschlägen die Entlassung, angesichts eines aufgebrachten und gefährlichen Publikums, noch eine der geringeren Konsequenzen für den Scharfrichter darstellte, so darf deren Tragweite doch nicht unterschätzt werden. Von Valentin Matz heißt es zwar, dass er sich nach dem Ende seiner Tätigkeit als Scharfrichter „mit Viehkurieren sehr gut ernährte". Tiermedizinische wie auch chirurgische »Nebentätigkeiten« waren unter den Scharfrichtern durchaus verbreitet, denn diese hatten im Zuge ihrer Arbeit Kenntnisse über Körper erworben, die durchaus gewinnbringend in Heiltätigkeiten eingebracht werden konnten. Trotz alledem blieb eine Amtsenthebung problematisch, denn der Scharfrichter wie auch seine Anverwandten und Nachkommen galten bis in das 19. Jahrhundert hinein als »unehrlich«. Die »Unehrlichkeit« hatte zum einen eine juristische Dimension, und Scharfrichter waren aus den Zünften oder vom Bürgerrecht ausgeschlossen oder als Nutznießer von Testamenten, Schenkungen etc. leichter anfechtbar. Die soziale Dimension der »Unehrlichkeit« umfasste eine Stigmatisierung und Marginalisierung, weshalb sich ein Scharfrichter beispielsweise in Gaststätten nur an einen bestimmten Tisch setzen durfte oder auch einen ausschließlich für ihn bestimmten Krug besaß. In Memmingen im Allgäu galt angeblich sogar die Kuh des Henkers als anrüchig, und sie wurde niemals gemeinsam mit dem anderen Vieh auf die Alm getrieben. Letztlich können die soziale und die juristische Ausgrenzung freilich kaum voneinander getrennt werden. Auch wenn, wie u.a. Jutta Nowosadtko gezeigt hat, die Unehrlichkeit eine schwer fassbare und unscharfe Kategorie bleibt und nicht zwangsläufig eine materielle Randständigkeit mit sich brachte, blieben »ehrliche« Berufsfelder den Scharfrichtern und ihren Nachkommen vorenthalten. Daran änderten zunächst auch entgegengerichtete Reichsgesetze und kaiserliche Erlasse des 18. Jahrhunderts nur wenig, eine Ehrlichkeit der scharfrichterlichen Nachkommen konnte nicht erzwungen werden. Es blieb dabei, dass auch in Hamburg regelrechte Dynastien wie die der Asmusens (Asthusens) oder der Hennings entstanden, die sich durch Eheschließungen um ein Kerngebiet herum ausbreiteten und das Scharfrichtergeschäft über Generationen in ihrer Hand behielten. Obwohl die Marginalisierung der Scharfrichter im Norden des Alten Reichs weniger ausgeprägt war als im Süden, waren der Scharfrichter und dessen Gehilfen auch in Hamburg bis in den Tod hinein anrüchig. So bargen deren Beerdigungen im 17. und 18. Jahrhundert Probleme. Sie gingen für gewöhnlich ohne die ansonsten mehr oder minder übliche Prozession vonstatten, deren Ausmaße zentral waren für das Ansehen und die Ehrenhaftigkeit des Toten und seines sozialen Umfeldes. Im Jahr 1703 war es der Witwe Engel N. Asmusen sogar kaum gelungen, Totengräber zu finden, die den Leichnam ihres verstorbenen Mannes Ismael zu bestatten bereit waren.[51]

Nicht nur der Fron, sondern auch all das, was er berührt hatte oder mit seinem Tagewerk verbunden war, galt als anrüchig. Beispielsweise war der Aufbau einer neuen Richtstätte ein schwieriges Unterfangen, und oft begaben sich die Handwerker erst an die Arbeit, wenn alle Kollegen aus dem Umkreis zugegen waren und ein Bürgermeister, ein Rats- oder Gerichtsherr das Bauholz berührt und somit für ehrlich erklärt hatte. Schon in der Carolina werden Bemühungen deutlich, diese Tradition zu durchbrechen und durch ein Losverfahren in Gegenwart aller Handwerksleute einige für den Aufbau oder die Reparatur der Richtstätte zu bestimmen. So gedachte man, die „großen unzimlichen vnkosten" in Grenzen zu halten, zugleich aber die Möglichkeit der Ausgrenzung derjenigen Zimmerleute, die am Aufbau des Galgens beteiligt waren, im Keim zu ersticken. Die Bemühungen, durch kodifizierte Rechtssätze den verfestigten Gebräuchen entgegenzuwirken, waren jedoch wenig erfolgreich. Für das Jahr 1680 ist beschrieben, wie die Hamburger Zimmerer erst dann mit dem Bau eines Galgens begannen, als ein Ratsherr das Werkzeug in die Hand genommen hatte. Auch 1717 tat der Bürgermeister den ersten Axthieb. Viele „Ceremonien" begleiteten eine solche Arbeit, sämtliche Handwerksleute beteiligten sich, und am Ende wurde für gewöhnlich ein Stadtfest gefeiert.[52]

Die Aufgaben des Frones umfassten die Folter, die Versorgung der DelinquentInnen, die in seinem Arbeits- und Dienstgebäude, der „Frohnerey", auf ihre Bestrafung warteten, sowie der Vollzug der peinlichen Urteile. Die Entsorgung des toten Viehs als Teil des Aufgabenbereiches übernahm ein sogenannter Abdecker. Dies brachte dem Scharfrichter nicht zuletzt die tiermedizinischen Kenntnisse, die dem oben genannten Valentin Matz nach seiner Entlassung ein Auskommen sicherten. Darüber hinaus war der Scharfrichter aktiv an den Zeremonien des öffentlichen Gerichtstages und des vorangehenden Gassenrechts beteiligt. Das Gassenrecht wurde in Hamburg bis zum ausgehenden 18. Jahrhundert gehegt und markierte den Anfang jedes peinlichen Prozesses. In einem streng ritualisierten Verfahren unter der Beschwörung traditioneller, formelhafter Wendungen wurde der Körper der Opfer dem Gericht zur Besichtigung vorgelegt und öffentlich beklagt. Auf diese Weise wurde die Tat für alle sichtbar, deren Wahrheit ans Licht gebracht und dem Verfahren eine Verbindlichkeit verliehen. Es galt nicht nur, Abscheu gegen das Verbrechen zu erregen, sondern vor allem, die peinliche Klage gegen den Täter oder die Täterin vor der Bevölkerung zu legitimieren und zu versichern, dass die gottgegebene Obrigkeit eine ordentliche Bestrafung erreichen würde.[53]

Dass der Scharfrichter an solchen Zeremonien teilnahm, die die Würde der Gerichtsbarkeit präsentierten, verdeutlicht abermals, wie schwierig die Kategorien »Ehre« und »Unehrenhaftigkeit« zu fassen sind. Ähnliches gilt für seine Befugnis, Verträge zu schließen, denn die Rechte und Pflichten des Frohns waren vertraglich festgehalten, und er hatte sie von der Stadtkämmerei erworben. Sie ließ ihm ein jährliches Entgelt für einen Teil seiner Leistungen zukommen, und er versprach im Gegenzug, seine offiziellen Aufgaben „fleissig, gehorsam, getreu, auffwertig und ernsthafft“, wie es „einem rechtschaffenen Frohnen und Scharff-Richter gebühret“, zu erfüllen.[54]

Ebenso wie die geschäftlichen Kontakte waren offensichtlich auch die medizinischen Aktivitäten eines Scharfrichters von seiner Unehrlichkeit unbelastet. Tier- und humanmedizinische Nebentätigkeiten waren, wie bereits erwähnt, durchaus üblich. Einerseits rührte die heilsstiftende Fähigkeit des Scharfrichters in den Augen der Bevölkerung sicherlich aus dessen Stellung im „theatrum poenarum“. Der Umgang mit den Gepeinigten und den Hingerichteten, die in den ritualisierten Strafvollstreckungen die ambivalente Rolle des infizierten Gliedes und des heilsbringenden Opfers zugleich einnahmen, scheint hier maßgeblich gewesen zu sein. Andererseits hatten die Scharfrichter schlechthin außergewöhnliche Möglichkeiten, anatomische Kenntnisse und, durch den Betrieb der Abdeckerei, tiermedizinisch wertvolle Erfahrungen zu sammeln. Folglich fungierten viele Scharfrichter zumeist offiziell toleriert als Wundärzte oder Chirurgen, und erst in der von Aufklärung und Romantik geprägten Wahrnehmung des 19. und 20. Jahrhunderts schleichen die Besucher des heilenden Henkers nachts und heimlich durch die Gassen, um an dessen Hintertür zu klopfen. Zuweilen scheint die medizinische Tätigkeit sogar die Hauptbeschäftigung im Leben der Scharfrichter gewesen zu sein, und seit dem 18. Jahrhundert ließen sich deren Nachkommen vermehrt im ärztlichen Berufsfeld nieder. Zugleich formte sich allerdings mit der Verwissenschaftlichung und der Akademisierung der Heilberufe sowie mit der Etablierung einer „medicinischen Policey“ eine zunehmende Skepsis gegenüber den primär auf Erfahrung und tradierten Gebräuchen beruhenden Heilkünsten der Büttel. „Manches Unglück“ würden sie „durch ihre Pfuschereyen anrichten“, lautete ein typischer Kommentar in den 1760er Jahren, und die Menschen sollten besser „einen vernünftigen Arzt um Rath fragen“, anstatt sich in die Hände eines Büttels zu begeben, der sich zumeist „schlecht erwählter Hausmittel und zugleich allerley abergläubischer Gebräuche“ bediene. Dass ihre heilberuflichen Tätigkeiten nicht zuletzt von den Obrigkeiten immer weniger akzeptiert und sie mehr und mehr als „Pfuscher“ angesehen wurden, dürfte nicht zuletzt auch zu der finanziellen Krise vieler Scharfrichter in der zweiten Hälfte des 18. Jahrhunderts beigetragen haben.[55]

Die Fronerei lag in Hamburg in der Stadt. Nachts war das Gebäude bewacht, denn hier warteten in neun Schlafkojen zuweilen 19 Gefangene auf ihre Bestrafung. Vor dem Haus stand der sogenannte »Kaak«, an dem der Fron die Prügelstrafen und nicht-tödlichen Körperstrafen vor den Augen eines für gewöhnlich großen Publikums vollzog, während die Todesurteile auf der Richtstätte außerhalb der Stadt vollstreckt wurden. Im Keller des Hauses befand sich die Folterkammer, wo in Gegenwart der beiden Gerichtsherren, eines Schreibers und eines städtischen Arztes die »peinliche«, also schmerzhafte Frage gestellt wurde, um »störrische« Angeklagte mittels körperlicher Gewalt zu einem Geständnis zu bewegen.[56]

Das Geständnis und die Folter

Das Geständnis war ein zentraler und nahezu unerlässlicher Schritt auf dem Weg zu einer Verurteilung. Im Geständnis trafen sich erstmals Schuld und Vergebung, denn nur eine Schuld, die eingestanden und somit »wahr« geworden war, konnte gebüßt und getilgt werden. Es befreite die DelinquentInnen von der Lüge und eröffnete ihnen die Möglichkeit, sich vor der Vollstreckung des Urteils mit Gott zu versöhnen. Ein Geständnis war somit mehr als ein simples Eingeständnis eines Verbrechens, es kam eher einer ersten Form der Beichte gleich. Es legte den Grundstein sowohl für die gelungene Inszenierung eines Strafrituals als auch für den Weg der MissetäterInnen zum Seelenheil.[57]

Eine derart zentrale Rolle konnte das Geständnis in der Rechtsordnung nur erlangen, nachdem sich seit dem 12. Jahrhundert das »Gewissen« als selbstreflexive Instanz über die Klöster hinaus zu verfestigen begonnen hatte. Bezeichnend ist in diesem Zusammenhang das jeweils etablierte Konzept des Jüngsten Tages. Zunächst war der Jüngste Tag als kollektiver Höllensturz der Verdammten und als Tag des kollektiven Aufstiegs der Erwählten in das Paradies verstanden worden. Erst seit dem 12. Jahrhundert verfestigte sich stattdessen die Vorstellung eines individuellen, die Leistungen und Taten eines jeden einzelnen Menschen beurteilenden Gerichts. Im frühen 13. Jahrhundert wurden das

Bußsakrament, die Beichte und ihre Techniken verbindlich geregelt, was in der historischen Forschung als bedeutender Schritt auf dem Weg zur Etablierung eines individuellen Gewissens bewertet wird. Mit der deutlicher institutionalisierten Beichte wird eine selbstreflexive Instanz zu einem zentralen Element der Weltordnung, denn sie gewinnt als Bedingung der Erlösung eine überragende Bedeutung für das Dasein innerhalb der gottgewollten Seinsordnung. Das Bestreben, Gott wohlgefällig zu sein, konnte nicht allein durch äußere Anpassung an kirchliche Gebote erfüllt werden, sondern es bedurfte auch der inneren Einkehr, Besinnung und Selbsterkenntnis. Nur die regelmäßige Bekenntnis von Sünde und die Vergegenwärtigung subjektiver Schuld konnten Absolution verschaffen und somit den einzelnen Menschen der göttlichen Gnade teilhaftig werden lassen. Vor allem im letzten Moment der irdischen Existenz galt es durch die Einsicht und Bekenntnis der eigenen Schuld alle Sünden zu tilgen, mit Gott ins Reine zu kommen und sich so die Gelegenheit zu eröffnen, dessen Barmherzigkeit zu erfahren und das ewige Heil zu erlangen.[58]

Einen zunehmende Betonung menschlicher Individualität ist für die Zeit ab dem 12. Jahrhundert von der Historiographie in den verschiedensten Daseinsbereichen markiert worden. Jacques Le Goff hat zwar nicht die Erfindung des Fegefeuers, aber doch eine immense Verfestigung dieser Konzeption auf das 12. Jahrhundert datiert. Das »purgatorium« ist ein intermediäres Jenseits, für bestimmte Tote ein Ort und eine Phase der Prüfung, die zwar durch die Fürbitten der Lebenden verkürzt werden kann, letztlich aber für jeden einzelnen Menschen verschieden ist und in dessen eigener Verantwortung liegt. Somit ist die Zeit des Fegefeuers, die Gott im Augenblick des irdischen Todes bestimmt, eine ganz und gar individuelle und von der eigenen Lebensführung bestimmte Zeit.[59]

Auch autobiographische, von Selbstreflexion getragene Schriftzeugnisse sind seit dieser Zeit vermehrt überliefert. Petrus Abaelardus' „Historia calamitatum mearum“ aus den 1130er Jahren gilt als eine der ersten Quellen dieser Art. Auch in der bildenden Kunst begann schon bald eine bis zu diesem Zeitpunkt eher stereotypisierte Darstellung des Menschen einer mehr individualisierten Präsentation zu weichen, bis in der Renaissance Porträts und Selbstporträts ebenso wie Autobiographien inflationär zunahmen. Im Rechtsbereich ist es eben der Begriff des »Geständnisses«, der erst im 13. Jahrhundert als „Anerkennen bestimmter Handlungen und Gedanken als der eigenen“ definiert wurde und seit dieser Zeit in der Gerichtsbarkeit eine zentrale Rolle einzunehmen begann. Sicherlich war die Beziehung von Gerichtsbarkeit, Geständnis und legitimierter Gewaltanwendung nicht neu. Doch erst in einem Umfeld, in dem sich eine menschliche Individualität zu verfestigen und sich der Selbstbezug des Bewusstseins zu einer zentralen Figur zu entwickeln begonnen hatte, konnte das Geständnis ebenso wie die Beichte in dieser selbstreflexiven Dimension und als Bedingung der Erlösung eine neue Qualität gewinnen. In einer göttlich begründeten Rechtsordnung war zwischen Geständnis und Beichte qualitativ nur schwerlich zu differenzieren. Zwar wurde die Heilsnotwendigkeit der Beichte im 16. Jahrhundert im Zuge der Reformation bestritten, doch änderte dies nichts daran, dass im Gefolge der

Prädestinationslehre die Selbstreflexivität, der Bezug zum eigenen Gewissen, auch in reformierten Regionen der Schlüssel weltlichen und ewigen Glücks blieb. Die Mönchsmoral kehrte sich im Protestantismus von einem außerweltlichem Lebensideal in einen jeden Laien verpflichtenden Anspruch um. Auch die zentralen Rollen von Geständnis und reuigen SünderInnen im peinlichen juristischen Verfahren waren in den reformierten Regionen des europäischen Festlandes ebenso gegeben wie in den katholischen, und die Folter war ebenfalls ein konfessionsunabhängiges Mittel, um durch den physischen Schmerz die Wahrheit in Form eines Geständnisses zu produzieren.[60]

Dementsprechend war der Kern jeder Verurteilung seit der Peinlichen Gerichtsordnung Kaiser Karls V. das Schuldeingeständnis des oder der Angeklagten. Ein Urteilsspruch war zwar auch aufgrund hinreichender Indizien und der Aussage von mindestens zwei glaubhaften ZeugInnen zulässig, blieb aber immer unbefriedigend. Folglich schien es angebracht, die weniger redewilligen Angeklagten „peinlich zu befragen", also unter der Anwendung körperlicher Gewalt zu verhören, wenn Hinweise einen Verdacht derart deutlich anzeigten, dass man glaubte, von ihrer Schuld ausgehen zu können.[61]

Die Tortur war zumindest in der Theorie graduiert und an Regeln gebunden, die die Produktion »zweifelsfreier« Wahrheit gewährleisten sollten. Es galt zu vermeiden, dass die Gepeinigten die Umstände der Missetat aus den Fragen herleiten und dergestalt ein fingiertes Geständnis abliefern konnten, um dem Schmerz ein Ende zu bereiten. Der Tathergang musste aus deren Antworten selbst entnommen werden können, und gleichfalls waren Suggestivfragen nicht zulässig. Die einzelnen Schritte der Tortur waren festgelegt und deren Vollzug sollte protokolliert werden. Carpzov empfahl zudem, bei der Anwendung der Folter „auch die bequeme Zeit des Tages in acht zu haben und nicht alsobald nach dem Mittages oder Abend-Essen die scharffe Frage vorzunehmen, sondern [...] zu warten, auff daß nicht durch Umbwendung des vollen Magens armen *inquisito* mehr und schwerere Marter zugezogen werde".[62]

Den Vorverurteilten wurde folglich nicht Schmerz um des Schmerzes Willen zugefügt, sondern es sollte ihnen über die graduierte Peinigung die Wahrheit entlockt und somit der Weg zur individuellen und kollektiven Reinigung gebahnt werden. Die Körper der Verhörten müssen somit als instrumentalisierte Körper verstanden werden, und die Folter bildete das Mittel, so Alois Hahn, „den Leib als Geisel gegen das Bewußtsein einzusetzen". Eine solche Interpretation bedeutet jedoch keineswegs zu verschleiern oder gar abzustreiten, „daß es wirkliche, quälende Schmerzen [sind], die der Folterer seinem Opfer zufügt", wie Elaine Scarry betont hat. Auch wird nicht ignoriert, dass der derart objektivierte Schmerz als Symbol der obrigkeitlichen Macht fungierte und den Gepeinigten als grotesk übersteigerte Empfindung das Ende aller Empfindungen durch den Tod ankündigte. Dennoch ist es möglich, den Körper als Funktionsträger zu sehen, der in einem komplexen System irdischer und göttlicher Gerechtigkeit eine zentrale Rolle spielte. Gerade aufgrund seiner Empfindsamkeit, gerade weil mit einem „wirklichen, schmerzempfindlichen Körper" umgegangen wurde, schien die geordnete und graduierte Zufügung von Schmerz als Prüfstein der Wahrheit und somit der Vergebung und des Seelenheils einer gewissen Logik zu unterliegen. Wie sehr der Körper durch den Schmerz zum Maß der Wahrheit wurde, zeigt sich in aller Deutlichkeit, wenn in der Carolina wortwörtlich von einem „arm“ die Rede ist, „den man fragen will“ – es ist demnach der Körper, der spricht! Dass es obligatorisch war, das Geständnis gebührende Zeit nach der Tortur von den Gefolterten öffentlich wiederholen zu lassen, kann einerseits als ein Hinweis auf die Einsicht interpretiert werden, dass der menschliche Körper, trotz aller Vorsichtsmaßnahmen während der peinlichen Befragung, ein unsicherer Kantonist in Hinblick auf die Wahrheit ist, da er sich insbesondere unter Schmerzen eher als gefügig denn als ehrlich erweist. Andererseits war die Rückkehr in die Folterkammer nicht nur möglich, sondern sogar wahrscheinlich, wenn das Geständnis tatsächlich widerrufen wurde. Dessen öffentliche Wiederholung war demnach vor allem Teil eines Rituals, in dem die DelinquentInnen die bislang nur im Dunkel der Folterkammer eingestandene Schuld wahrhaftig machten, auf sich nahmen und derart als Instrument sozialer Stabilisierung fungierten. „Das Böse“ musste sich kundtun und öffentlich werden, „bevor es zu seiner Vollendung in der Auslöschung“ gelangen konnte, um eine Formulierung Michel Foucaults zu zitieren.[63]

Der Körper der InquisitInnen war somit das Zentrum eines Rituals, in dem sich Leid, Pein, Zwang und Forderung einerseits, Erlösung und Seelenheil andererseits trafen. Das Geständnis kam einer Beichte nahe, und es war zumindest ein erster Schritt, die Schuld zu tilgen, sich zu reinigen, von den Verfehlungen zu erlösen und dem ewigen Heil entgegenzutreten.

Die „scharfe Frage um Erkundigung der Wahrheit“ war auch in den Hamburger Statuten des Jahres 1603 verankert. Da weitere Regelungen nicht formuliert waren, galten subsidiär die Anordnungen der Carolina. Offensichtlich wurde die „scharfe Frage“ regelmäßig gestellt, um ein Geständnis zu erlangen, auch wenn die Unsicherheit der Bekenntnisse, die so errungen wurden, bereits zu Beginn des 17. Jahrhunderts ein verbreitetes Thema war.[64]

Die Folter begann mit der sogenannten Verbaltortur, d.h. mit der Vorstellung der Instrumente. Reichte dies nicht aus, um die Angeklagten gesprächig zu machen, wurden sie zunächst auf einer Bank „gemählig aufgezogen“, bevor die Daumenschrauben in Anwendung kamen. Daraufhin folgten als dritter Grad die sogenannten »Spanischen Stiefel«, in denen zunächst Arme und dann auch Beine durch das graduelle Anziehen von Schnüren zunehmend gequetscht wurden. Das letzte Mittel war das Aufziehen an den Schultern, und während der gesamten sogenannten Realtortur wurde den Gemarterten ein metallenes Instrument in Form einer Birne in den Mund gesteckt, so dass „auch inquisiti Winseln und Geschrey“ nicht so störend und „beschwerlich“ für die Gerichtsbeamten und die Folterknechte waren, um die Worte Benedikt Carpzovs zu gebrauchen. Jedoch garantierte der Hamburger Scharfrichter Hennings, dass selbst nach „dieser längsten Marter [...] ein vernünftig gefolterter Inquisit allemahl [...] föllig an die Constitution seiner vorigten Gesundheitsumstände wieder heergestellt werden [kann]“.[65]

Es kam durchaus vor, dass Angeklagte die „längste Marter" durchstanden ohne zu gestehen. Sie hatten dann, wie es z.B. im Fall Martin le Fevre im Mai 1746 hieß, „vermittelst der scharffen Frage sich gereinigt" und wurden zumeist von Schuld freigesprochen, selbst wenn hinreichende Indizien eine Verurteilung nahelegten. Häufig wurden die Gereinigten dennoch mit einer »milderen« Strafe belegt, durch die andere Delikte im Umfeld des Hauptvergehens gesühnt werden sollten.[66]

Dass die scharfe Frage in der Justizpraxis nicht immer regelhaft und gemäß der kodifizierten Bedingungen gestellt worden ist, zeigen Verhöre aus dem 17. Jahrhundert. Es ist überliefert, dass man die Angeklagten nicht selten ohne große Umschweife auf die Folterbank warf und ihnen „ganze Stücke Fleisch vom Leibe abgemartert" wurden. Im frühen 18. Jahrhundert war dann eine wachsende Kritik an dieser Praxis zu vernehmen. Zudem wurden Bestimmungen formuliert, die dem bisherigen Missbrauch der Tortur entgegenwirken sollten. So wollte man darauf pochen, die Angeklagten nach der Tortur wirklich detailliert zu befragen, um die Ergebnisse zu verifizieren. Auch sollte zwischen der peinlichen Frage und der Wiederholung des Bekenntnisses ein gebührender zeitlicher Abstand liegen, um dem oder der Gefolterten Zeit zur körperlichen und mentalen Erholung zu gewähren und somit auch eine größere Gewissheit über die Wahrhaftigkeit der Aussage zu haben. Auch die vor Beginn der Tortur eigentlich notwendige gerichtliche Anordnung, die „Inquisitin zur näheren Erforschung der Wahrheit, mit der scharffen Frage zu belegen", wurde offensichtlich nicht immer abgewartet. Unter anderem ist ein Fall aus dem Jahr 1679 bekannt, in dem der untersuchende Beamte gemeinsam mit dem Büttel Jacob Storff eine schwangere Frau so verhört hat, dass sie ihr Kind verlor. Nicht nur weil die Gefolterte ein Kind erwartet hatte, war das Vorgehen unrechtmäßig gewesen, sondern auch, weil sie ohne offizielle Aufforderung und äußerst willkürlich gefoltert worden war. Doch die Frau war hartnäckig und gestand nicht, wandte sich schließlich an das oberste Gremium der Stadt und konnte zumindest eine Bestrafung des Scharfrichters erwirken.[67]

Die Prediger und die Beichte

Neben den Scharfrichtern spielten vor allem die Prediger eine tragende Rolle im „theatrum poenarum". So wie die Scharfrichter den DelinquentInnen zuweilen ein Geständnis entlocken mussten, so hatten sich die Prediger um deren Beichte zu sorgen, damit aus den MissetäterInnen letztlich die »Armen SünderInnen« wurden, die eine instruktive und erbauliche Veranstaltung erforderte.[68]

Zuvorderst war es zum Wohlgefallen Gottes unerlässlich, aus MissetäterInnen reumütige SünderInnen zu machen. Schon die Peinliche Gerichtsordnung Kaiser Karls V. hatte angewiesen, man solle daher „pfleglich solche personen zu dem verklagten inn die gefengknuß verordnen, die jn zu guten seligen dingen vermanen", und sicherstellen, dass „er zu rechter zeit sein sünd bedenken, beklagen vnd beichten möge“. Auch Carpzov betonte, dass die Todgeweihten „ware Busse thun, sich zu Gott bekehren, und zum Tode gefasst machen“ müssen und daher eine Frist von drei Tagen zwischen der Verkündung und dem Vollzug des Urteils unverzichtbar sei. Zudem war die Wandlung des Missetäters in einen reuigen Sünder ein Gnadenwerk und somit ein eindeutiger Beweis für die Größe Gottes. Nicht zuletzt aus „christlicher Liebe und Barmherzigkeit gegen den armen Sünder“ hatte die strafende Justiz dafür zu sorgen, dass dieser nicht „ohne ware Besserung und Busse dahin sterbe und an seiner Seelen Heil und Seeligkeit Schiffbruch erleide“. Damit die Seelsorger die Todgeweihten auch tatsächlich betreuten, sollten die Verurteilten ihre letzten drei Lebenstage in einer zugänglicheren Behausung verbringen, in welche die Priester nicht „kriechen“ müssen. Ansonsten bestand laut Carpzov Grund zu der Besorgnis, dass sie möglicherweise „auch wohl gar deswegen aussenbleiben“ – eine Befürchtung, die auch Aufschluss über die Art der Unterbringung während des Verfahrens gibt. Dabei sollten nun doch täglich einer oder mehrere Gottesmänner die Gefangenen zu Reue und Busse anhalten, sie zur Beichte bewegen und ihnen das hochwürdige Sakrament reichen, sie trösten, im Glauben stärken und darauf achten, „daß der arme Sünder nicht mit Speiß und Tranck überfüllet, truncken gemacht, und von Geistlicher Andacht dadurch abgehalten und verhindert werde“. In den Kirchen sollte zudem für die Bekehrung der StraftäterInnen gebetet werden, und Carpzov forderte sogar, eine Exekution zu verschieben, wenn die Bemühungen der Prediger wider Erwarten zunächst nicht fruchteten. Wenn sie wirklich alles versucht hatten, die Seele des oder der Verurteilten „vor der ewigen Verdammnüß“ zu retten, „jedoch wann über angewandten Fleiß nichts auszurichten, [erst dann solle] mit Vollstreckung der zuerkanden Todesstraff verfahren werden“.[69]

Selbst wer „um der abscheulichsten Verbrechen willen hingerichtet“ werde, sollte nicht verloren gegeben und dazu bewogen werden, „sich von Herzen zu GOtt zu bekehren und also selig in die Ewigkeit überzugehen“. Das Engagement der Obrigkeiten rührte nicht nur aus dem Verlangen nach göttlichem Wohlgefallen und dem Seelenfrieden der »Armen SünderInnen«. Ebenso wichtig war es, den Zuschauenden ein wirklich gutes Exempel, ein Opfer als „‚Versöhnung für eure Sünde'“ zu präsentieren. Dies konnte nur durch gereinigte Todgeweihte gelingen, die eine augenscheinlich wahrhafte Veränderung des Wesens erfahren hatten.[70]

Erst diese »wahrhafte« Veränderung des Wesens und die »wirkliche« Hinwendung zu Gott stellten den zum Tode Verurteilten das Seelenheil in Aussicht, und hier lag der Schlüssel zur Produktion reumütiger SünderInnen, die ihre Rolle im „Theater des Schreckens“ den Vorstellungen der Regisseure entsprechend spielten und somit eine instruktive Veranstaltung ermöglichten. Kein Schwert, kein Galgen, kein Rad und kein Scheiterhaufen wurde als so quälend erachtet wie der Verzicht auf das Seelenheil. Der irdische Tod war für die ZeitgenossInnen ein rein körperlicher Vorgang, und in deren Denkgebäude gab es tieferliegende Sphären menschlicher Existenz, die nicht direkt vom Tod betroffen waren. In den Worten René Descartes' war „‚ich‘ eine Substanz [...], die zum Sein keines

Ortes bedarf, noch von irgendeinem materiellen Dinge abhängt, so daß dieses ‚Ich', d.h. die Seele [...], völlig verschieden ist vom Körper, [...] und daß sie, selbst wenn er nicht wäre, doch nicht aufhörte, alles das zu sein, was sie ist".[71] Der gerechte und zornige Gott zeigte sich von seiner tröstenden Seite, indem er den SünderInnen die Möglichkeit zur Bekehrung und zum ewigen Leben bot. So war das häufig langwierige und qualvolle Hinrichtungszeremoniell auf einen Zwischenschritt reduziert, und selbst der Königsmörder Ravaillac wurde nach einer achtzehn Tage währenden Marter erdrosselt, „‚damit seine Seele nicht verzweifle und verloren gehe'". Die Aussicht auf das Seelenheil konnte MissetäterInnen hervorbringen, die die zeitlichen Leiden auf dem Schafott als notwendiges Übel auf dem Weg zum ewigen Leben hinnahmen und dem Publikum so vor Augen führten, „daß wo der Friede Gottes das Herz und die Sinnen umschließt [...] ein Mensch sich getrost und mit Freuden rädern und lebendig verbrennen lassen könne", wie Johann Jacob Moser im Jahr 1742 notierte. Die irdischen Qualen boten sogar erst den notwendigen Schutz vor ewigen Höllenqualen, denn „wer von der Obrigkeit ungestraffet bleibt, muß auf andre Weise von Gott [...] heimgesuchet werden", was ein Reim aus dem 17. Jahrhundert entsprechend zum Ausdruck brachte:

Tausend Felsen schwere Schmerzen
bringen endlich einen Tod:
aber jene höllen Noth
quälet der Verdammten Herzen
sonder End' in Ewigkeit
sonder aller Zeiten Zeit.

*

Besser ist hie zeitlich leiden
alle Marter, Angst und Plag'
als an jenem grossen Tag'
ewig sich vom Höchsten scheiden.
Weil der Jahre längste Zeit
kurz ist nechst der Ewigkeit![72]

Demnach repräsentierten die ÜbeltäterInnen in den Worten Carpzovs einerseits ein Geschwür, das es zu entfernen galt, um eine Infektion des ganzen Körpers zu vermeiden; andererseits sollten sie als reumütige, bußfertige, gottgefällige und letztlich obrigkeitshörige SünderInnen im finalen Moment ihres irdischen Lebens dem Publikum eine vorbildhafte Geisteshaltung präsentieren, sich, um Philippe Ariès zu paraphrasieren, in das Unvermeidliche fügen und gefasst einen „gezähmten Tod" sterben. Der Lohn war das Seelenheil, und es war vor allem der letzte Augenblick des endlichen Lebens, der über die Qualität des ewigen Daseins entschied. Doch die öffentlich zelebrierten Strafvollstreckungen standen ihrem Ziel, die Zuschauenden zu einer einwandfreien Lebensführung zu veranlassen, aufgrund ihrer Konezption zumindest partiell selbst im Weg, und nicht umsonst kursierte im Volksmund das Sprichwort „lustig gelebt und selig gestorben: heißt dem Teufel die Rechnung verdorben“. Die obrigkeitliche Macht, die in der öffentlichen Hinrichtung als vollkommene Macht über Leben und Tod demonstriert werden sollte, relativierte sich in Folge der Prämissen der Veranstaltung selbst. Denn die SünderInnen zeigten sich im Augenblick des Todes zwar reumütig, waren jedoch erst durch das Tauschangebot des viel gewichtigeren ewigen Lebens präpariert worden. Dem irdischen Tötungsakt mangelte es somit am Charakter der Endgültigkeit, weil die tötende Obrigkeit gezwungen war, das ewige Glück zu versprechen. Dies konnte dem inszenierten Tod einen Teil seines furchteinflößenden Charakters und der peinlichen Justiz einen Teil ihrer Schlagkraft nehmen.[73] Das destabilisierende Moment dieses Konzeptes sollte in der zweiten Hälfte des 18. Jahrhunderts in aller Klarheit zu Tage treten, als Fälle, in denen „aus Lebensüberdruß“ gemordet worden war, deutlich zunahmen. Im Gegensatz zum Selbstmord, der in seiner Sündenhaftigkeit nicht mehr gesühnt werden konnte und somit Höllenqualen nach sich zog, garantierte die Ermordung eines anderen Menschen die bestmögliche priesterliche Betreuung und somit auch das Seelenheil, solange nur Demut und eine reumütige Sinneshaltung an den Tag gelegt wurden.[74]

Die Begleitung der Todgeweihten durch Gottesmänner war im Spätmittelalter zu einem Bestandteil des Hinrichtungszeremoniells geworden. In Hamburg hatte man im ersten Viertel des 15. Jahrhunderts begonnen, den DelinquentInnen durch ein vergittertes Fenster im ersten Stock beim Eintritt in den Kreuzgang der Domkirche die Monstranz zu zeigen, den Glauben vorzubeten und den Ablass vorzusagen. Die Kirchenordnung des Jahres 1529 verzeichnete Bestimmungen über die Seelsorge an todgeweihten „‚misdederen'“. Die Sorge um die „Seelenwohlfahrt der zum Tode Verurtheilten“ wurde aber schon bald zu einem derart umfassenden Auftrag, dass die Betreuung vom Moment der Urteilsverkündung bis zum Moment der Tötung von einem einzigen Geistlichen nicht mehr geleistet werden konnte. Dieser wurde in seiner Aufgabe, wie auch in der Carolina und von Carpzov gefordert, zumindest von einem „Candidaten des Ministerii“ unterstützt. Uwe Danker betont, dass die Rundumversorgung der »Armen SünderInnen« im Rahmen des Tötungsrituals konfessionsunabhängig gewesen sei, und Peter Brandt legt in seiner Studie über die evangelische Strafgefangenenseelsorge dar, dass Sündenerkenntnis und Heilszusage auch in der lutherischen Konzeption die Strafe für den Verurteilten sinnvoll werden ließen und die tröstende göttliche Vergebung versprachen. Den Darlegungen Dankers ist zumindest für die Zeit bis zum letzten Drittel des 18. Jahrhunderts zuzustimmen, als die Morde aus „Lebensüberdruß“ zunahmen und eine Auseinandersetzung über die Begleitung durch Prediger bis zum Schafott auslösten. Im Zuge der Debatten erhielten konfessionsabhängige Aussagen ein größeres Gewicht im Diskurs um die Todesstrafe und deren Vollzug.[75]

Der Dienst der Prediger begann spätestens am Freitag nachmittag nach der Urteilsverkündung. Die Handlungsabläufe der folgenden Tage waren in Hamburg bis zum Moment der Exekution nahezu minutiös durchgeplant. Sie begannen mit dem Singen eines Liedes, worauf ein Gespräch über die Tat und die Reue folgte, welches wiederum von einem Lied beschlossen wurde. Der Sonnabend war mit Gebeten, Gesang und Gesprächen gefüllt, wodurch der Sünder am Morgen des Sonntags bereit sein sollte, die Beichte abzulegen, die Predigt anzuhören und die Sakramente zu empfangen. Bei diesem sonntäglichen Gottesdienst war der Beetsaal der Fronerei zumeist zum Zerbersten mit Menschen gefüllt. Der Nachmittag war wieder von Gesprächen bestimmt, und der Montag, der Tag der Exekution, begann mit einer genau festgelegten Abfolge von Gebeten und erbaulichen Liedern, bis schließlich, „wenn die Glocke 12. schlägt, der Prediger mit dem Delinqu[enten] herunter auf die Diehle gehet, auf welcher Del[inquent] nochmals kniend das V[ater] U[nser] betet und die Benedict. empfängt, darauf [...] hinaus geführet wird", wie der Hamburger Ordnung bei Ausführung eines Delinquenten zu entnehmen war.[76] Dann wurde den MissetäterInnen zum wiederholten Mal die Beichte abgenommen, bevor sie die Absolution erteilt bekamen. Mindestens ein Prediger begleitete sie auf dem Weg zum Schafott, saß mit auf dem Wagen, in dem sie manchmal gefahren wurden, und gehörte zu den Personen, die offiziell auf der Plattform der Richtstätte zugelassen waren. Schon während der Zug das Steintor passierte, hatte ein Sänger ein Lied angestimmt, und unmittelbar nach dem Vollzug der Exekution sang dieser „Nun bitten wir den H[eiligen] G[eiste]", bevor laut das „V[ater] U[nser]" gebetet wurde. Die Präsentation eines schuldbelasteten, zugleich aber auch gereinigten und somit im körperlichen Leid befreiten Sünders wurde in den Flugschriften, die während der Exekution verkauft wurden, nochmals aufgearbeitet und durch erbauliche Verse bestärkt, wie es zum Beispiel bei der Tötung von Ilsabe Buncke und ihren KumpanInnen im Jahr 1702 der Fall war:

Drum leyde ich nun mit Geduldt
Was ich durch solche [Missetaten] hab verschuldt;
Ein jeder spieg'le sich an mir
Und hüte sich mit Fleiß dafür.

*

Mit Zangen werde ich gezwickt,
Hätt' ich mich besser angeschickt
So wär ich frey von solcher Pein
Nun aber kans nicht anders seyn.

*

Durchs Rad ist mir der Tod beschert
Des Grabes ist der Leib nicht wehrt
Der wird verbrannt durchs Feuer heut
Die Asche in die Luft gestreut.

*

GOtt aber dem ja keine Lust
An des GOttlosen Todt bewußt,
Ich kehre mich nun ganz zu Dir
Laß Gnade widerfahren mir.[77]

Das Publikum und das Militär

Mit einem »Bluturteil« und dessen Vollzug war ein großer militärischer Aufwand verbunden. Obgleich bedrohliche Unruhen während des „Theaters des Schreckens“ nur äußerst selten aufkamen, hatten sich die wenigen Ausschreitungen des Publikums doch tief in das obrigkeitliche Gedächtnis eingebrannt. Die Besorgnis um den gesicherten Ablauf der Prozedur war jedenfalls präsent, und die Allgegenwart des Militärs war ein Mittel, herrschaftliche Stärke zu demonstrieren. Es musste unbedingt vermieden werden, dass am Hinrichtungstag statt obrigkeitlicher Glorie die Hässlichkeit eines Volkes sichtbar wurde, das die Strafzeremonie gegen die etablierte Ordnung wandte und seine eigene Geschichte schrieb.[78]

Daher wurde schon am Freitag, dem Tag der Urteilsverkündung, ein Offizier mit fünf Unteroffizieren und fünfzig Mann „nach dem Richthause commandirt, um dort Ordnung zu halten, wenn der Delinquent sein Urtheil empfangen hat“. Dieser wurde dann von der halben Mannschaft zur Fronerei begleitet, wo er (oder sie) die letzten drei Lebenstage verbrachte. Auch wurde bereits zu diesem Zeitpunkt ein Offizier bestimmt, „welcher die Bürger zu behandeln versteht“. Am Morgen des folgenden Montags, dem Tag der Urteilsvollstreckung, sammelten sich ein Major, zwei Capitaine, fünf Lieutnants, dreißig Unteroffiziere und 360 bewaffnete Mann auf dem Schweinemarkt. Zudem waren zwischen dreißig und fünfzig Kavalleristen zugegen. Ca. 25 Soldaten und einige Reiter schützten die Fronerei, und vier Mann wachten vorübergehend bei dem Konvent auf der Steinstraße, „zum abhalten der Leute, weil dem Delinquenten dort zu trinken angeboten wird“. Auch befanden sich bereits zwischen vierzig und sechzig Soldaten mit ca. zehn Reitern auf dem Richtplatz, „um denselben von Wagens und anderem Fuhrwerk ledig zu halten“. Um 10.30 Uhr marschierte die ganze Truppe schließlich zum sogenannten »Köppelberg« in die Vorstadt St. Georg, wohin „die Hamburger alles, was sie in der Stadt nicht anbringen wollten oder konnten, [...] hinausgewiesen haben“, wenn man einem Chronisten des frühen 19. Jahrhunderts Glauben schenken mag. Das Steintor wurde von zahlreichen Soldaten besetzt, die die Waffen zu präsentieren hatten, wenn die Prozession passierte. Danach wurde das Tor verriegelt, und die Wachtruppe schloss sich dem Zug an, der von einem Unteroffizier und zwei Reitern angeführt wurde. Der Delinquent oder die Delinquentin, der Scharfrichter und der Prediger waren von Gerichts- und Amtspersonal umgeben und von Kavallerie und Fußtruppen besonders geschützt, worauf die Stadtoberen mit Nachdruck beharrten.[79]

Auf dem Richtplatz angekommen formierte das Militär an dessen äußerer Grenze einen Kreis. In der Mitte des Platzes befand sich der »Köppelberg«, ein 17 Fuß hohes, teils gemauertes, teils hölzernes Gerüst in Form eines Kegelstumpfes. Der Bau war von einem wassergefüllten Graben umgeben, über den eine Zugbrücke führte. Über die Treppe hinauf zum Blutgerüst durfte niemand steigen außer den DelinquentInnen, dem Scharfrichter mit seinen Knechten, dem Prediger mit dem „ihm assistirenden Studiosen“ und einiger weiterer Repräsentanten der Obrigkeit. Trotz ausgeprägter Sicherungsmaßnahmen war der Andrang derjenigen groß, die sich kein Detail der Exekution entgehen lassen und alles aus nächster Nähe beobachten wollten, um „die gebrochnen Augen, die Todten-Blässe, die zitternden Glieder, die Verzuckungen, die Todesangst des Missethäters“ sehen zu können. Die Auftritte der peinlichen Justiz waren offensichtlich eine zugkräftige und zerstreuende Attraktion, denn die Stadtwachen in Hamburg mussten ermahnt werden, „künftighin an Sonn- und Festtägen, imgleichen wenn in hiesiger Nachbarschaft Executionen oder Jahrmärkte gehalten werden“, keinesfalls ihre Posten zu verlassen und sich nicht in Zivilkleidung oder in Wirtshäusern erwischen zu lassen. Regelmäßig wurden die BewohnerInnen daran erinnert, dass bei Strafvollstreckungen der Fron und das weitere Justizpersonal weder behindert noch beleidigt werden durften. Vor allem wurde gemahnt, dass „viel Hinderniß und Unordnung dahero entstehe, daß verschiedene Leute über die Brücke mit auf das Rondeel, woselbsten die Execution geschehen soll, dringen“. Schließlich sahen sich die Stadtherren sogar genötigt, solches Betragen mit Leib- und Lebensstrafen zu bedrohen und das Militär wiederholt zu ermahnen, niemanden auf den Köppelberg zu lassen, der dort nicht hingehörte.[80]

Folglich schienen Ehrfurcht und Respekt, die von Teilen der Bevölkerung dem göttlichen Gericht und dem Tod entgegengebracht wurden, zuweilen nicht den Vorstellungen der Obrigkeit entsprochen zu haben. Auf derartige Dissonanzen verweist auch die Kritik des Rats am Betragen bei Begräbnissen und Todesfeiern. Die Bevölkerung schien den Friedhof weniger als Garten des Friedens und der Ruhe zu definieren, sondern durchaus als einen „Tummelplatz“, als „Ort der Begegnungen und Zerstreuungen“. Die immer wieder seit dem 13. Jahrhundert dokumentierten Bemühungen, ein ehrfurchtsvolleres Gebaren auf den Ruhestätten der Toten zu erzwingen, zeigten offensichtlich nur wenig Erfolg. Noch im frühen 18. Jahrhundert beklagte der Rat Hamburgs, dass auf den Kirchhöfen und während der Begräbnisfeiern Menschen in narrenähnlichen Kostümen und „mit rauchenden Tobacks-Pfeifen“ umherliefen, Fensterscheiben einwarfen und die Kirchhöfe besudelten. Es wurde nicht nur geraucht, sondern auch getrunken, gepöbelt und geschnorrt, so dass sich der Rat genötigt sah, derartiges Betragen wiederholt zu missbilligen, davor zu warnen und Halseisen und Haftstrafen anzudrohen.[81]

Ähnlich wie die Leichenbegängnisse galten auch die sogeannten „Stäupungen“ am Kaak vor der Fronerei und die öffentlichen Todesstrafen am Stadtrand als „Volks-Feeten“ oder Vergnügen des „‚gemeinen Mannes’“, bei denen die Menschen die Fenster besetzten, die Dächer der umliegenden Häuser belagerten und angeblich jeden einzelnen Schlag laut mitzählten.[82] Das Publikum, das zu diesen Anlässen zusammenströmte, schien jedenfalls der Kontrolle und Lenkung zu bedürfen, und die Stadtherren waren erst dann wieder beruhigt, wenn das Spektakel vorüber war. Bis zum bitteren Ende musste das Militär Präsenz zeigen. Zog sich die Strafzeremonie in die Länge, da zum Beispiel „nach geschehener Execution der Cörper auf ein Rad geflochten werden soll", so lautete die Anordnung, eine ausreichend große Truppe „nach dem gehörigen Orte [zu detachiren], daselbst des Frohns Verrichtung zu decken". Der Auftrag der Sicherheitskräfte war eindeutig, „zur Abkehrung des Gedränges der Zuschauer" an der Richtstätte zu verharren, um für „Ordnung und Ruhe zu sorgen, und daselbst zu bleiben, bis die Execution vorbei ist und die Volksmaße sich verliehrt". Zuguterletzt wurde der Henker, „wie allezeit gewöhnlich gewesen", unter militärischem Schutz zurück in die Stadt geleitet.[83]

Das Justiz-Schauspiel und die Lust an der Gewalt – Teil 1

Dass die Menschen in Massen zu den Justizspektakeln strömten, ist unbestritten. Immer wieder ist in den Justizakten, den Rechtsordnungen und in den literarischen sowie rechtskundlichen Erörterungen von einem großen Publikum die Rede, das nicht bloß bei bevorstehenden Exekutionen zusammenlief, sondern immer dann, wenn ein Opfer oder ein Täter bzw. eine Täterin präsentiert wurde, auch wenn es sich nur um die Hegung des Gassenrechtes, die Überführung in die Fronerei oder den letzten Gottesdienst vor der Exekution handelte. Auch die Folterinstrumente wurden Neugierigen vom Fron gegen Eintritt gezeigt, bis der Rat der Stadt Hamburg diesem Nebengeschäft des Scharfrichters im Jahr 1787 Einhalt gebot. Sogar die Exhumierung eines Leichnams durch die Justiz war eine solche Attraktion, dass sie im Jahr 1697, „um Auflauf und das spectaculöse Anschauen zu vermeiden", in die Abendstunden verlegt worden war. Dennoch versammelten sich Hunderte von Menschen, und als dann verkündet wurde, dass von einer Bestrafung des exhumierten Körpers abgesehen und dieser wieder auf einen Kirchhof gebracht werde, echauffierte sich ein Teil der Menge, griff die Träger, die Nachtwachen und die Gerichtsdiener an, entriss ihnen den Sarg und warf ihn zu Boden. Weiter heisst es in einem zeitgenössischen Bericht, die Leute „traten ihn entzwey, und wurffen den Sarg mit dem Cörper von der Zolln-Brücke hinunter auf das Eis, und in das Wasser; Allda er bis auf den Mittag liegen blieb, daß ihn viele 1000. Menschen sehen konnten".[84]

Bei den Strafvollstreckungen selber war die Anwesenheit eines möglichst großen Publikums aber nicht nur erwünscht, sondern sogar zwingend notwendig, denn hier fand eine Form der Kommunikation zwischen Obrigkeit und Bevölkerung statt. Zum einen musste das in einem geheimen Verfahren ermittelte Urteil dem Volk mitgeteilt und von diesem angenommen werden. Zum anderen war die Strafvollstreckung der Moment, in dem sich die obrigkeitliche Justiz als

Vermittlerin göttlicher Gerechtigkeit präsentierte und somit das gesellschaftliche (Un)Gleichgewicht zu stabilisieren bzw. wiederherzustellen bestrebt war. Dies konnte nur dann gelingen, wenn ein möglichst umfassendes Publikum zugegen war, welches das Spektakel wahrnehmen konnte. Wie jedoch bereits zu sehen war, wurde nicht die strafende Obrigkeit, sondern Gott selbst als Quelle allen Rechts erachtet: Gott hatte das Vergehen entdeckt und den Täter oder die Täterin enttarnt, Gott hatte die gerechte Strafe ausgesprochen, und Gott konnte letztlich verzeihen sowie Gnade und Seelenheil gewähren. Diese Konzeption verfestigte sich durch die verschiedensten Verordnungen, durch Formeln in der Rechtsprechung, durch Rechtskommentare und durch die mit obrigkeitlicher Sanktion verkauften Flugschriften am Schafott; sie verfestigte sich ebenfalls durch menschliches Handeln, durch die Einwirkung der Prediger, die zentrale Position von Geständnis und Beichte sowie die Präsentation eines reuigen und „gottgefälligen" Sünders, um die obigen Darlegungen kurz zusammenzufassen. Die weltliche Justiz operierte als durch göttliche Anordnung legitimierte Statthalterin, die den Willen des „Ober-Richters" ausführen musste, wollte sie verhindern, dass der Zorn Gottes auf das ganze Volk niederkam. Insofern erfüllten die Hinzurichtenden, wie auf den vorangehenden Seiten dargelegt, auch die Rolle des heilbringenden Opfers, das einerseits als das »Andere« die zerstörerische, destruktive Gewalt verkörperte, andererseits im Moment der eigenen Destruktion die regulative, konstruktive Gewalt repräsentierte. Im Körper der Verurteilten materialisierte sich „die Wahrheit des Verbrechens", manifestierte sich das Vergehen selbst sowie auch der „Triumph der Justiz", der „von allen zur Kenntnis genommen werden [musste]". Dieser Körper signalisierte nicht nur das Maß der Schuld, sondern war zugleich Zeichen einer göttlichen Gerechtigkeit, die zwar Tribut und Reue für irdische Vergehen forderte, dann aber das Seelenheil gewährte. Die peinliche Strafe ist demnach sicherlich auch als „politisches Ritual" zu verstehen, als „Zeremonie, in der sich die Macht manifestiert", wie Foucault geschrieben hat. In einer kulturellen Ordnung, die auf dem Apriori der Gottgegebenheit von Recht, Gesetz, Strafe, Schmerz, Vergebung, politischer Ordnung und Herrschaft beruht und auf dieser Grundlage die erfahrbare Wirklichkeit konstruiert, muss die Restituierung der obrigkeitlichen Macht durch die Marter am Körper der Verurteilten allerdings als sinnvolle Form der Wiederherstellung von Gerechtigkeit erscheinen. Der von der Gewalt gezeichnete Körper war eine Art Metacode der Wahrheit, Zeugnis einer transzendentalen Realität und Bestätigung der daraus hergeleiteten Ordnung zugleich. Er war „untrüglicher Beweis höchster Majestät" in zweifachem Sinne, und die öffentliche Hinrichtung verfestigte eine allseits bekannte Glaubenswahrheit durch ein Maximum an Anschaulichkeit.[85]

In den MissetäterInnen sollten sich die ZuschauerInnen „spiegeln", sollten nicht nur von ähnlichen Vergehen abgeschreckt, sondern sich ihrer eigenen Verfehlungen gewahr werden, sich von diesen reinigen und dergestalt geläutert einen besseren Weg einschlagen. Das Konzept der Reflexion war in die Urteilssprüche, in die Schafottliteratur und in die Körper der Verurteilten eingeschrieben. Die zeremonielle, gewalttätige Zerstörung eines delinquenten Menschen sollte demnach über die individuelle und kollektive Reinigung eine gesellschaftliche Stabilität herbeiführen. Zu diesem Zweck wurden die »Armen SünderInnen« wie ein Opfer in einer feierlichen Prozession an den Stellen ihrer Missetaten vorbei durch die Stadt geführt, ähnlich dem »pharmakós« im antiken Griechenland, das auf diese Weise das Übel anziehen sollte, damit es mit ihm vernichtet werden konnte und eine »katharsis« möglich wurde. Als man in der antiken Welt die Opferriten verwarf, wurde der Bühnenraum zum Produktionsort der Katharsis, und es war das tragische Schauspiel, das eine solche Funktion reklamierte und zur Reinigung der Affekte und zur gesellschaftlichen Balance führen sollte. Die Tragödie förderte demnach die Ausprägung tugendhafter Fertigkeiten durch das auf der Bühne präsentierte Geschehen, durch die Bestrafung normverletzender Figuren, und sie sollte bewirken, dass, so die „Poetik“ des Aristoteles, auf Seiten des Publikums Mitleid in Furcht um das eigene Heil umschlägt. Die intendierte Wirkung der Tragödie, die angestrebte Katharsis, hat somit zweifelsohne frappierende Ähnlichkeit mit der angestrebten Wirkung einer öffentlichen Hinrichtung.[86]

Wenn Jacob Döbler im Jahr 1697 die Strafjustiz als „Theatrum Poenarum“, als „Schauplatz derer Leibes- und Lebensstrafen“, betitelte, so verdeutlicht dies eine Wahrnehmung, die die theatralen Aspekte eines zeitgenössischen Phänomens pointiert. Döbler folgte mit der Adaption der Theatermetapher durchaus einem Leitbild des 17. Jahrhunderts, und er signalisierte, dass der Schauplatz, also das Schafott ebenso wie die Schaubühne, ganz einfach ein „Ort [ist], auf dem sich etwas des Zeigens würdiges ereignet“. Das Moment der Präsentation wird somit ausdrücklich in den Vordergrund gestellt. Doch Döbler nahm derart nicht nur auf die präsentative Gemeinsamkeit zwischen Schau- und Strafbühne, zwischen Schein und Sein Bezug, er konnte darüber hinaus auch auf inhaltliche Ähnlichkeiten von Strafliturgie und barockem Theater verweisen.[87] Schließlich zielte das Trauerspiel zu den Zeiten Jakob Döblers, Benedikt Carpzovs und Georg Philipp Harsdörffers explizit darauf ab, „ein gerechter Richter [zu] seyn“, weshalb nicht nur die „grausamsten Laster“ vorgestellt und die „Tugend belohnet“, sondern auch ein „Gemälde schrecklicher Straffen“ gezeichnet wurden. So präsentierten die Dramatiker des 17. Jahrhunderts neben dem „Königlichen willen“ primär Leid und Gewalt, also „Todtschlägen, verzweiffelungen, Kinder- vnd Vätermörden, brande, blutschanden, kriege vnd auffruhr, klagen, heulen, seuffzen vnd dergleichen“. Abscheulichkeit, Strenge und hoheitliche Größe waren die beherrschenden Themen, und die Tragödie wurde „alß ein bequemes mittel menschliche Gemütter von allerhand vnartigen vnd schädlichen Neigunge zu säubern gerühmet“.[88]

Alle Möglichkeiten und Mittel wurden ausgeschöpft, um die angestrebte Reinigung herbeizuführen. Zunächst galt es, sich des Interesses der Zuschauenden zu versichern. Dies schien gewiss, wenn das Publikum in den Zustand des »Staunens« versetzt werden konnte. Gemäß der zeitgenössischen Rezeptionslehre folgte der »Affekt« des »Staunens« einer Konfrontation der Betrachtenden mit etwas Außerordentlichem, das deren gespannte Aufmerksamkeit hervorrief, noch bevor sie über die positive oder negative Besetzung des betrachteten Gegenstandes entschieden hatten und sich dessen euphorischer oder disphorischer Wirkung gewahr waren. An die staunend-aufmerksame Beobachtung von gewalttätigen Darbietungen konnte sich einerseits ein abhärtender Effekt anschließen, wenn nämlich großes Leid von den Protagonisten märtyrerhaft erduldet wurde und sich deren Leidensfähigkeit auf die Zuschauenden übertrug. Andererseits wurde derartigen Präsentationen eine »generalpräventive« Wirkung zugeschrieben, sofern die exemplarische Bestrafung von Missetaten gezeigt wurde. Die Unmissverständlichkeit der Vorführungen wurde nicht von moralisch-ethischen oder »zivilisatorisch« motivierten Hemmungen beeinträchtigt, sondern maximal möglicher Wirklichkeitsschein und Authentizität der auf der Bühne dargestellten Gewalt wurden angepeilt – mit einem Spiel „von moralischer und ästhetischer Bedenkenlosigkeit, wie sie noch niemand erlebt hat", um eine Einschätzung Richard Alewyns zu zitieren. Konkret konnte dies bedeuten, dass verwerfliche Figuren im entscheidenden Augenblick von Puppen dargestellt wurden, die mit Fleisch, Blut und Knochen gefüllt waren und auf der Bühne von Hunden zerrissen wurden. Ähnlich dem Festival der Martern auf dem Schafott folgte eine moralische Belehrung, da den Theatermachern kein Publikum aufnahmebereiter erschien als ein schockiertes Publikum.[89]

Viele der Techniken, die beherrscht werden mussten, um den selbstgestellten Anforderungen gerecht zu werden und vor allem den Moment des Todes, wenn alle Schönfärberei „als Dunst verschwindet", in seiner ungeschminkten Wahrheit, Echtheit und Vielschichtigkeit zu präsentieren, waren in der zweiten Hälfte des 16. Jahrhunderts von den italienischen und englischen Wanderbühnen in den deutschsprachigen Raum hineingetragen worden. Die Schau- und Sensationsbedürfnisse des Publikums wurden durch die Spektakularität der Darstellung, durch Artistik und Akrobatik, durch eine Vereinfachung des dramatischen Stoffes zugunsten von Spannung und Aktion, durch Obszönitäten und Komik sowie durch Blut und Mord kreiiert und erfüllt zugleich. Technische Feinheiten, wie mit Blut gefüllte Schweinsblasen, die im rechten Augenblick zu platzen hatten, vervollkommneten die illusionistischen Bühnendarstellungen, die äußerst beliebt waren und das Publikum über Stunden zu fesseln vermochten. Rituelle, grausame Tötungen oder möglichst authentische Leidenssezenen, wie die einer an Händen und Füßen geketteten und über einem Feuer hängenden Figur, gehörten zum barocken Bühnenalltag. Häufig wies schon der Titel der Stücke darauf hin, dass zahlreiche Tote zu erwarten waren, die häufig auf phantasievolle Art und Weise gemeuchelt worden waren.[90]

Mahnungen, es sei im Trauerspiel „aber damit nicht ausgemacht, daß man allein suche, die Menschen zu belustigen oder zu schrecken", indem man Gewalt auf der Bühne darstellte, waren bereits im 17. Jahrhundert zu vernehmen. Im beginnenden 18. Jahrhundert wurde in zunehmendem Maße bemerkt, dass Schrecken und Freude zu eng beieinander lägen, als dass sie klar von einander getrennt werden könnten. Bestes Beispiel für die Symbiose dieser Affekte war der seit dieser Zeit äußerst prominente und zunächst im Salzburgischen angesiedelte Hanswurst. Er trieb bald allerorten unter den verschiedensten Namen seine Späße mit Toten und Leichenteilen und amüsierte dabei sich und das Publikum köstlich, so dass sich die Gewaltdarstellungen in aller Deutlichkeit als Lustquelle profilierten.[91]

Der prickelnder Reiz von Gewalt etablierte sich nun als Topos, und er wird in den folgenden Kapiteln dieser Untersuchung immer wieder aufgegriffen werden. In den 1720er Jahren schrieb der Historiker Jean-Baptiste Dubos, es rufe im Menschen von Natur aus und „ganz maschinenmäßig" eine heftige Gemütsbewegung hervor, andere Menschen in Gefahr zu sehen. Zugleich konstatierte Dubos jedoch, eine solche Erregung sei äußerst vielschichtig, denn wenn sie die Zuschauenden einerseits auch quäle, so übe sie andererseits doch einen starken Reiz und somit eine „anzügliche" Anziehungskraft auf diese aus, denn: „Man läuft in allen Ländern haufenweise, [...] gräßliche Schauspiele anzusehen". Gefahr, Risiko und Qual verliehen Ereignissen eine ungeheure Attraktivität, und Dubos bemerkte erläuternd, dass die allgemeine Begeisterung für die ausgefeilten, langsamen Tötungen der Gladiatoren im alten Rom dazu geführt hatte, der Fähigkeit zu töten eine ästhetische Qualität zuzuschreiben, sie zu einer Kunst zu erheben. Die Gefährdung und das Leid anderer übten offensichtlich eine große Faszination aus – eine Faszination, die aus Staunen und Neugierde, Schrecken und Mitleiden herrührte. Um diese faszinierende und „anzügliche", diese „heftige Gemüthsbewegung" zu erfahren, strömten die Massen nicht nur zu den Theatervorstellungen, sondern, so Dubos, „haufenweise [...] nach der Hinrichtung eines Menschen auf dem Schafotte, welcher der Strenge der Gesetze aufgeopfert, und durch die entsetzlichen Martern zum Tode gebracht wird".[92]

Die Exekution als Attraktion, die Erfahrung von Angst als Lust, „die Angst als Genuß ohne Risiko" bei Veranstaltungen wie der schrittweisen, graduierten Zersplitterung von Körpern, wie sie auch auf den vorangehenden Seiten beschrieben worden sind, wurde nun immer intensiver diskutiert. Dass es ein *„fremdes* Unglück" sein musste, „daß Menschen zusammenlaufen, um sich Tod und Gefahren anderer anzusehen", hatte Thomas Hobbes bereits in der Mitte des 17. Jahrhunderts betont. Etwa ein Jahrhundert darauf hob Adam Smith die Beziehung zwischen der persönlichen Distanz zum gewalttätigen Geschehen und dem Maß der emotionalen Betroffenheit hervor, indem er behauptete, dass man bereit sei, Hunderte von Millionen fremde Menschen zu opfern, wenn so der Verlust des eigenen kleinen Fingers, „dieses erbärmliche Mißgeschick", verhindert werden könne. Im Gleichzug erhob Edmund Burke die unmittelbare Betroffenheit der BetrachterInnen gar zum entscheidenden Kriterium nicht nur für das Maß der Indifferenz, sondern sogar des Frohsinns und Vergnügens, welche die Präsentation von Gewalt und der damit einhergehende Schrecken bereiten können:

> Ich bin überzeugt, daß in uns bei den wirklichen Unglücksfällen und Schmerzen andrer Menschen ein gewisser Grad von Frohsein vorhanden ist – und zwar kein geringer. Denn solange dieser Affekt [...] uns nicht veranlaßt, gewisse Objekte zu meiden; solange er uns im Gegenteil reizt, uns ihnen zu nähern, und uns veranlaßt, bei ihnen zu verweilen: solange bin ich überzeugt, daß wir froh sind oder ein Vergnügen dieser oder

> jener Art haben müssen, wenn wir solche Objekte betrachten. [...] Denn Schrecken ist eine Leidenschaft, die immer dann Frohsein hervorruft, wenn sie uns nicht zu sehr bedrängt; und Mitleid ist eine Leidenschaft, die mit Vergnügen verbunden ist, weil sie aus Liebe und gesellschaftlicher Zuneigung entspringt.[93]

Schon die Macher des barocken Theaters hatten die Nähe des Dargebotenen zur Wirklichkeit zum Maß der möglichen Faszination erhoben. Burke spitzte diese Aussage zu, indem er betonte, dass Leiden und Schmerz als Fiktion im Theater für das Publikum niemals so attraktiv sein könnten wie die Realität:

> Man lasse an irgendeinem Tage die erhabenste und eindrucksvollste unserer Tragödien aufführen; man wähle dazu die beliebtesten Schauspieler, man spare keine Kosten an Ausstattung und Dekoration; man vereinige die höchsten Anstrengungen von Dichtkunst, Malerei und Musik; und dann, wenn alle Zuschauer versammelt sind, gerade in dem Augenblicke, in dem die Gemüter vor Erwartung aufs höchste gespannt sind, lasse man bekannt werden, daß auf dem benachbarten Platz ein Staatsverbrecher von hohem Stande sogleich enthauptet werde: augenblicklich wird die Leere des Theaters die relative Schwäche der nachahmenden Künste beweisen.[94]

Dennoch wurde dem Theater auch im 18. Jahrhundert eine ordnende Kraft unterstellt. Gotthold Ephraim Lessing, der seit dem Jahr 1767 als Dramaturg am Hamburger Nationaltheater tätig war, nannte das Schauspiel in seiner „Hamburgischen Dramaturgie" sogar ein „Supplement der Gesetze", wodurch ihm die höchste Würde verliehen werde. Tragödie und Hinrichtung wurden nun dezidierter zueinander in Beziehung gesetzt, um die Wirkungsweise sowohl von fiktiven als auch von wirklichen Gewaltdarbietungen zu erhellen. Die oben bereits beschriebene menschliche „Lüsternheit nach dem Übel", die „dunkle Sehnsucht nach dem Genusse des Schmerzens" ließ zunehmend Zweifel an einem kathartischen Effekt aufkommen. Die Ambivalenz von präsentierter Gewalt fasste Johann Wolfgang Goethes „Wilhelm Meister" gegen Ende des 18. Jahrhunderts in folgende Worte:

> Wie viel Tausende werden unwiderstehlich nach einer Exekution, die sie verabscheuen, hingerissen, wie ängstet sich die Brust der Menge für den Übeltäter, und wie viele würden unbefriedigt nach Hause gehen, wenn er begnadigt würde und ihm der Kopf sitzen bliebe? Das sprudelnde Blut, das den bleichen Nacken des Schuldigen färbt, besprengt die Einbildungskraft der Zuschauer mit unauslöschlichen Flecken; schaudernd, lüstern blickt die Seele wieder nach Jahren zu dem Gerüste hinauf, läßt alle fürchterlichen Umstände wieder vor sich erscheinen und scheut es, sich selbst zu gestehen, daß sie sich an dem gräßlichen Schauspiele weidet.[95]

In Anbetracht der Darlegungen erscheinen Versuche der gegenwärtigen Historiographie, die Empfindungen und das Verhalten des Publikums mit einem oder wenigen Attributen zu beschreiben und entweder hasserfüllt oder sadistisch oder mitleidig oder unterwürfig zu nennen, *cum grano salis* formuliert, unergiebig. Gleiches gilt für die Auseinandersetzung über ein karnevaleskes Element der öffentlichen Hinrichtung. Wenn der Karneval tatsächlich als vorübergehende Umkehrung der gesellschaftlichen Ordnung durch eine Parodierung der Wirklichkeit definiert werden kann, da im Narrengewand Unsagbares sagbar und Herrschaft kritisierbar wird, dann ist dessen Ähnlichkeit zu den öffentlichen Strafspektakeln sicherlich gering. Andererseits ist es zweifelhaft, ob der Karneval in seiner Funktion und Wirkungsweise nicht überfordert und überbewertet wird, wenn er als spielerisch-spektakulärer Ausdruck einer scharfen, herrschaftskritischen Satire oder gar eines grundlegenden Sozialkonflikts definiert wird. Der Historiker Jacques Heers betont, der Karneval habe sich häufig „im Rahmen eines großen, meist zweckfreien Volksvergüngens“ bewegt und das Element der Unordnung sei meist erst durch das Gedränge und die erregte Stimmung der zumindest partiell alkoholisierten Menschen ins Spiel gekommen. Das Treiben werde dann durch eine um Distinktion und Herrschaftssicherheit bemühte Obrigkeit stigmatisiert und eventuell verboten. Andererseits gilt es wiederum zu bemerken, dass die öffentliche Hinrichtung ebenso wie der Karneval oder das Schauspiel Teile einer volkstümlichen Festkultur waren, in deren Zug nicht zuletzt der monopolistische Anspruch der Herrschaftsträger auf die Definition der symbolischen Zeichen und somit der kulturellen Ordnung in Frage gestellt werden konnte. Hier traten die semiotische Instabilität von Veranstaltungen, die als konstruktiv konzipiert waren, und die Möglichkeiten der Bevölkerung, sich in der „Kunst des Handelns“ zu üben und dem Transport von Bedeutung im Dienst der Macht zumindest ein Schnippchen zu schlagen, deutlich zu Tage. Dass es sich nicht um bewusst vom Publikum inszenierte Abläufe handeln muss, bedarf kaum der Erwähnung. Zuletzt sollte noch betont werden, dass auch der in diesem Kontext so oft zitierte Michael Bachtin um eine genaue Differenzierung der verschiedenen Ausdrucksformen volkstümlichen Amüsements bemüht ist und hervorhebt, die Darstellung des Todes habe bis zum 19. Jahrhundert auch ein komisches Moment gehabt. Die Anziehungskraft derartiger Motive habe ich in den kurzen Ausführungen zum barocken Theater, dem Verhältnis von Leid und Frohsinn und der Freude an präsentierter Gewalt gegen andere herausgestellt.[96]

Jenseits der historiographischen Debatten über das wirkliche Verhalten des Publikums am Schafott, dessen wirkliche Empfindungen und die wirkliche Wirkung der Strafvollstreckungen, jenseits der Suche nach einem eventuell vorhandenen karnevalesken Element gilt es jedoch hervorzuheben, dass seit dem frühen 18. Jahrhundert ein neugieriges Publikum, das begierig ist, sich an der Strafe der anderen zu ergötzen, zunehmend als abstoßend und verwerflich empfunden wurde. Ein blutrünstiges Publikum, das die vermittelten Symbole anders deutete, als von den Herrschenden vorgegeben, und das als solches bereits ein subversiver Kommentar zum formalisierten Strafritual war, verdichtete sich als Aussage im Diskurs um die Todesstrafe. Die Empfindung, die Friedrich Schiller schließlich „angenehmes Grauen“ und „schauerliche Lust“ nennen sollte, wurde in den verschiedensten Arten von Texten thematisiert. Im Verlauf des 18. Jahrhunderts mündete eine Ästhetik des Schrecklichen und eine Lust an jeglicher

Form der Leidenschaft in der Kategorie des »Erhabenen«, die als positive Wendung des gespannten Gewaltkonsums beschrieben werden kann. Die Lust an der Gewalt und das »Erhabene« werden in den folgenden Kapiteln immer wieder aufgegriffen und genauer gefasst werden.[97]

Es sollte bereits an dieser Stelle angedeutet werden, dass die Urheber der plakativ gewaltverdammenden Texte eine Faszination an derartigen Vergnügungen von sich wiesen und damit begannen, ein Gefallen an dem gewaltsamen Tod anderer auf einen stigmatisierten Schafott-Pöbel zu projizieren oder als Relikt aus vergangenen, „barbarischen“ Zeiten zu beschreiben. Sie konstruierten ein uniformes, blutrünstiges »niederes Volk« bar jeglicher Differenzierung. Dabei standen gerade die Urheber dieser Charakterisierungen in der ersten Reihe oder nahmen als Autoren eine solche Position zumindest fiktiv ein, um ihre (fiktiven) Beobachtungen en detail beschreiben zu können. Zudem war die Lektüre von Schafott-Literatur ebensowenig wie der Besuch von Exekutionen ausschließlich das zweifelhafte Vergnügen des „gemeinen Mannes“. Als ein Beispiel soll hier nur auf die sich über mehrere Stunden hinstreckende Vierteilung des Robert François-Damiens im Paris des Jahres 1757 hingewiesen werden, die ganz offensichtlich eine willkommene Ablenkung für die von Lotterie und Spiel gelangweilten gehobenen Kreise der Stadt gewesen zu sein scheint.[98]

Die verschiedenen Hinweise auf ein drängelndes Publikum, das die Aktivität auf dem Schafott aus nächster Nähe beobachten wollte, lassen ebenso wie die Gewalttätigkeit des barocken Theaters den Schluss zu, dass von der Präsentation physischer Gewalt auch in den Zeiten Kaiser Karls V. und Benedikt Carpzovs eine gewisse Anziehungskraft ausgegangen ist. Zum Topos wurde der Lustgewinn durch den Konsum von Gewalt jedoch erst, als im Verlauf des 18. Jahrhunderts Vernunft und Empfindsamkeit als prägende Eigenschaften des menschlichen Individuums konzipiert wurden. Ein, um Heinz Kittsteiner zu paraphrasieren, »religiöses« Gewissen, das darauf ausgerichtet war, im entscheidenden Augenblick frei von Schuld vor Gott zu stehen, gewährte einem »moralischen« Gewissen zunehmenden Raum, das deutlicher nach innen gewandt war und ein kontrolliertes, von praktischer Vernunft geleitetes und »gutes« Leben erzeugen sollte. Stellvertretend für eine Vielzahl von Texten, die diesen Wandel (re)produzierten, soll hier nur der Hamburger „Patriot“ genannt werden, eine der erfolgreichsten moralischen Wochenschriften des frühen 18. Jahrhunderts. Letztlich führte, wie auch Jürgen Rathje festgestellt hat, der „Patriot“ mit seiner LeserInnenschaft ein Gespräch über Barbarei und Zivilisation, und er propagierte die praktische Vernunft als moralische Autorität und die permanente Verantwortung des Einzelnen für das Wohl der Gesamtheit. In diesem Kontext wurden individuell wie gesellschaftlich akzeptable Gefühlsregungen redefiniert und kultiviert, und das Anziehende der Gewalt zu verspüren war fortan negativ besetzt und wurde von einem schlechten Gewissen begleitet. Eine solche Anziehungskraft wirken zu lassen, schien zunächst der Antipode von vernunftgeleitetem und empfindsamem Verhalten.[99]

Ohnehin war der beobachtende, rezipierende Mensch in das Zentrum des Interesses gerückt, und die gesamte sinnliche Wahrnehmung wurde nun als Grundfeste menschlicher Erfahrung und Wesensart definiert. Wegbereitend waren nicht zuletzt medizinische Erwägungen seit dem späteren 17. Jahrhundert gewesen, die Skepsis gegenüber einer mechanistischen Konzeption des menschlichen Körpers formuliert hatten. Ein verstärktes Interesse am Nervensystem hatte sich manifestiert – einem empfindsamen System, das Impulse von den Endungen, den Rezeptoren, bis in das Gehirn und die Seele transportierte. Peripherie und Körperinneres standen miteinander in Kontakt, denn „die Seele gelangt durch den Nervensaft, der mit dem Gehirn innigst verbunden ist, [...] zum Bewußtseyn der Empfindungen“, wie es so oder ähnlich in den gängigen zeitgenössischen Abhandlungen über die Empfindungen hieß.[100] Sehen, Hören und Fühlen banden das „Denken“ und die physische „Ausdehnung“ untrennbar aneinander, und ein bis zu diesem Zeitraum innerhalb der Konzepte menschlicher Existenz etablierter Leib-Seele-Dualismus schien folglich keinen Sinn zu ergeben. Die beiden nach Descartes voneinander geschiedenen Seinsweisen geistiger und materieller Existenz verschmolzen nun im Menschen, wobei die durch die Körperhülle markierte Grenze zwischen Sichtbarem und Unsichtbaren zu bröckeln begann. Die Kontaktstellen der »inneren« zur »äußeren« Welt waren die Organe der sinnlichen Wahrnehmung, und die Zeichen, die sie übermittelten, prägten folglich das Wesen eines jeden Menschen. Ein „poetisches Grauen“ zu empfinden war auf der Grundlage einer solchen Wahrnehmungskonzeption individuell wie kulturell gefährlich, und eine solche Empfindung konnte keineswegs dazu führen, sich eines gereinigten Selbst zu versichern. Die Lust an textuell und visuell vermittelter Gewalt war verwirrend und konnte kaum dazu anhalten, moralische Werturteile auf der Basis sinnlicher Wahrnehmung zu fällen, also im Sinne des Moralphilosophen Francis Hutcheson solche Gegenstände „‚unmittelbar gut'“ zu nennen, „,die geschickt sind, [...] Vergnügen zu erregen'“.[101]

Zusammenfassend ist festzuhalten, dass eine Verlagerung der Gewichte einsetzen und der Begründungszusammenhang eines Strafwesens aufgebrochen werden sollte, das auf der Untrennbarkeit von weltlicher und göttlicher Gerechtigkeit, auf Sinnlichkeit, Schmerz und Abschreckung basierte. Strafrechtstheorie, Rechtsordnungen und Justizpraxis hatten seit dem beginnenden 16. Jahrhundert ein peinliches Strafwesen modelliert, dessen „redlichkeit“, „billichkeit“ und „gute vernunfft“ aus der Beschwichtigung Gottes sowie der abschreckenden und reinigenden Wirkung präsentierten Leids herrührten und das dergestalt eine transzendental hergeleitete gesellschaftliche Ordnung verfestigte. Auf der Basis dieser Prämissen schien es einer durchaus schon im 16. Jahrhundert eingeforderten „ratio“ zu unterliegen, den Körper durch das Zufügen kalkulierter Schmerzen und Verstümmelungen zum Maß der Schuld zu erheben, und auf Basis dieser Prämissen schien es durchaus »vernünftig« zu sein, den Körper unter Umständen auf dem Rad oder am Galgen auszustellen, bis er verrottet war. Die hier angesprochene Rationalität sollte jedoch nicht als wissenschaftliches Erkenntnisideal moderner Prägung übersetzt werden, da hiermit allzuhäufig eine

Bedingungslosigkeit und »objektive« Schlüssigkeit von Argumenten assoziiert wird. Vielmehr sollte schon bis hierhin deutlich geworden sein, dass Begriffe wie »vernünftig« oder auch »rational« Attribute von Äußerungen und Deutungen sind, die auf der Basis diskursiv vermittelter Wahrheits- und Wirklichkeitskonstruktionen innerhalb einer kulturellen Ordnung nachvollziehbar sind und Sinn ergeben oder zu ergeben scheinen. Diese Wahrheitskonstruktionen bilden das Fundament für die Welt- und Lebensweisheiten. Durch deren ständige Zitation verfestigt sich deren, in einem spezifischen historischen und sozio-kulturellen Milieu gültige, Bedeutung, woraus wiederum eine Stabilisierung des Fundamentes der jeweiligen Ordnung resultiert. Insofern kann auch von einer, im Sinne Judith Butlers, „performativen" Rechtskonstruktion des 16. bis 18. Jahrhunderts gesprochen werden, die erst dann den Charakter der Irrationalität annehmen konnte, als die ihr zu Grunde liegende Ordnung aufzuweichen begann. Mit der zunehmenden Akzentuierung menschlicher Individualität und der Redefinition menschlicher Wahrnehmungsstrukturen ist die transzendental hergeleitete Ordnung ins Wanken geraten. Untrennbar damit verwoben waren die Erörterungen zur Vertragsgesellschaft seit dem 17. Jahrhundert, durch die eine gottgegebene Macht der Obrigkeiten letztendlich ebenso fragwürdig erscheinen sollte wie die theokratische Begründung der Todesstrafe. Etwa in der Mitte des 18. Jahrhunderts berührten sich die Zweifel an der Todesstrafe als Ausdruck göttlichen Willens und an deren abschreckendem Charakter, und die Skepsis begann, eine intensivere Wirkungsmacht zu entfalten. Auf dieser Überschneidung wird der Akzent des folgenden Kapitels liegen.[102]

Ebenso wie das barocke Theater nun aufgrund seines „Hangs zur Grausamkeit" als „widerwärtig" bezeichnet wurde, da es „alle Arten von Tortur und Hinrichtungen [...] in wohllautenden Versen" auf der Bühne präsentierte, und es unvorstellbar wurde, „wie Leser oder gar Zuschauer solchen empörenden Anblick ertragen konnten", sollte der Name Benedikt Carpzov ab der zweiten Hälfte des 18. Jahrhunderts zum Synonym für eine theokratische und blutrünstige Rechtstheorie und -praxis werden. Schon bald war für die meisten Verfasser rechtstheoretischer Schriften die „Welt Carpzovs" gleichbedeutend mit der Herrschaft eines „tyrannischen Gottes, der durch Blut besänftigt werden muß". Mit Carpzov sollte ein Szenario obrigkeitlich verordneter „Grausamkeiten" assoziiert werden, die „aus einer wohlgeordneten Justizverfassung zu verbannen" seien. Nicht zuletzt der Mailänder Aufklärer Cesare Beccaria beschrieb die carpzovschen Rechtssätze als „Abfälle der barbarischsten Zeitalter" und war bemüht, sich des Aufbruches in eine neue Lebenswelt zu versichern, indem er die Legende schürte, Carpzov habe an 20.000 Todesurteilen mitgewirkt.[103]

III. Vertragsgesellschaft und Todesstrafe

Ein doppelter Giftmord im Jahr 1790

> Es läßt sich aus der menschlichen Natur selbst darthun, daß jede Hinrichtung mehr Uebel als Nutzen stiftet.[1]

Dieser generellen Kritik des Hamburger Aufklärers August Friedrich Cranz an der Praxis der Hinrichtungen lag ein konkreter Anlass zu Grunde, nämlich die bevorstehende Exekution Deborah Traubs. Schon über drei Jahre hatte sich die Verhandlung hingezogen, als das Hamburger Obergericht am 1. Februar 1793 endgültig entschied, die junge Frau habe „bey vollkommenem Verstande und völligem Bewußtseyn“ Rattengift in eine Biersuppe gemischt und die bei ihr lebende Schwiegermutter unabsichtlich und die Schwägerin absichtlich ermordet. Der Richterspruch der ersten Instanz auf Tötung durch das Rad wurde durch dieses Urteil zwar gemildert, es wurde aber dennoch befunden, Deborah Traub „ihr zur wohlverdienten Strafe, und anderen dergleichen heimtückischen Giftmischern und vorsetzlichen Mörderinnen zum abschreckenden Exempel in einer haarnen Decke nach dem Gerichts-Platz hinaus zu führen, daselbst mit dem Schwerdt vom Leben zum Tode zu bringen, und demnächst den Körper an der Gerichts-Stätte zu verscharren“.[2]

Verschiedene Faktoren hatten den Fall Traub zu einem Gegenstand ausgeprägter öffentlicher Diskussion werden zu lassen. Zunächst einmal hatte sich die Verhandlung über einen außergewöhnlich langen Zeitraum erstreckt. Eine Schwangerschaft der jungen Frau hatte dazu geführt, dass der Beginn des peinlichen Prozesses bis nach der Geburt des Kindes verschoben worden war. Darüber hinaus hatte der Ablauf eines solchen Prozesses in den vorangegangenen Dekaden an Komplexität zugelegt. Gutachten verschiedenster Art hatten an Bedeutung gewonnen und die Befragung von Fachleuten hatte begonnen, die Prozesse in die Länge zu ziehen. Im Fall der 23-jährigen »Giftmörderin« hatten die Verwandten der Angeklagten gemeinsam mit dem äußerst umtriebigen Anwalt mehrere ärztliche Stellungnahmen und Atteste über deren Gemütszustand beigebracht. Zudem wurden ZeugInnen unterschiedlichster Provenienz vernommen. Die Ermittlungen reichten bis nach Berlin, wo die einflussreiche und angesehene Familie der Angeklagten lebte, und einer ihrer Nachbarn aus den illustren Kreisen der Stadt bekundete, dass er Deborah Traub „nach ihrem äußerlichen Betragen für melancholisch halte; indem sie bey schlimmer Witterung mit einem Buche in der Hand sich der Luft exponirte, mit starren Augen bald gen Himmel, bald stillstehend auf die Erde sah".[3]

Seit einigen Jahren wurde mit wachsender Besorgnis eine „unter allen Ständen und unter allen Altern zum Stekkenpferde gewordene Lesewuth" diagnostiziert, von der es hieß, sie sei eine Gefahr für das Gemüt und könne zu nicht unbedenklichen Schäden führen. Auch aus Hamburg waren derartige Stimmen zu vernehmen, und bereits eine Beobachtung wie die des Berliner Nachbarn gab Anlass zu der Annahme, die Angeklagte könnte an einer „an Wahnsinn gränzenden Melancholie" leiden. Bestärkt wurde diese Diagnose durch ein offensichtlich fehlendes Mordmotiv, lebte Deborah Traub doch einvernehmlich mit der Mutter ihres Mannes zusammen und aß täglich gemeinsam mit ihrer Schwägerin und ihrem Bruder zu Mittag. Somit waren für den Anwalt Deborah Traubs alle Voraussetzungen gegeben, auf eine mangelnde Zurechnungsfähigkeit seiner Mandantin zu plädieren. Er hob hervor, es sei „Wahnsinn, ein Verbrechen ohne alle Motive zu verüben; denn der venünftige Verbrecher hat wenigstens Motive zur Bosheit".[4]

Doch auch über diesen spezifischen Fall hinaus wurde Kritik an dem nun allgemein gewachsenen Aufwand von Mordprozessen geübt. Nur wenige Jahre vor Deborah Traub hatte Maria Catharina Wächtler die Hamburger von Februar 1786 bis zum November 1788 in Atem gehalten. Einerseits korrespondierten die ausgedehnten Verhandlungen mit einem wachsenden Interesse auf Seiten des Publikums. Es erfreute sich an den Flugschriften, die regelmäßig über die neuesten Entwicklungen im Prozess Wächtler berichteten. Andererseits waren ob der Langwierigkeit der Justiz „unruhige Stimmen des Murrens" zu vernehmen, weshalb sich der Rat Hamburgs in den 1790er Jahren bemühte, die Verfahren wieder zu beschleunigen.[5] Im Fall Traub wurde von so manchem Populisten das große Engagement des Anwalts für eine „Giftmörderin, Verwandtenmörderin und Jüdin" als hauptverantwortlich für die Prozesslänge erachtet und durch den Verweis auf dessen Geldgier zu diskreditieren versucht. Einige Äußerungen sind im Kontext der Debatte über die Stellung der jüdischen Bevölkerung in Hamburg zu sehen, die sich seit den frühen 1790er Jahren verschärfte. So hieß es beispielsweise, mit Sicherheit sei Bestechung im Spiel, wenn eine gutsituierte Familie jüdischen Glaubens in einen Prozess involviert sei, und „jetzt soll die Haut eines offenbaren Ungeheuers erhalten werden, und das alles weil Louisd'or gespendet werden". Als einige Jahre zuvor drei Christen wegen Mordes an einem „Juden-Burschen" vor Gericht standen, habe sich niemand derart zur Verteidigung aufgedrängt. August Cranz, als einer der Fürsprecher Deborah Traubs, wurde als „loser fleischgesinnter Vogel" tituliert, dessen „fieberhafter Anfall von allzu großer Menschenliebe" durch die Jugend und Schönheit der Delinquentin ausgelöst worden sei.[6]

Cranz operierte als erklärter Gegner der Todesstrafe innerhalb eines strafrechtlichen Diskurses, der sich seit der Mitte des 18. Jahrhunderts stark verändert hatte. Neue Aussagen hatten sich etabliert oder waren gerade im Begriff, dies zu tun. Da wäre erstens der Hinweis auf die mögliche Unzurechnungsfähigkeit einer

Mörderin zu registrieren, der im Fall Traub äußerst nuanciert ausgearbeitet wurde. Er signalisiert eine Verlagerung der Untersuchungsgewichte von der Tat zur Täterin. Dadurch verkomplizierte und verlängerte sich zwar das Verfahren, doch eine sicherere Klärung der Schuldfrage jenseits des Geständnisses erschien vielen Zeitgenossen des ausgehenden 18. Jahrhunderts von zunehmender Bedeutung. In der ersten Hälfte des 19. Jahrhunderts sollten sich die Konzepte der Schuldunfähigkeit, der Melancholie und Manie weiter verfestigen, wodurch sich auch die Wahrnehmung und Handhabung der Todesstrafe veränderte.[7]

Zweitens konstatierte Cranz, dass „Richtersprüche über Leben und Tod, die mit der kältesten Überlegung gefället werden", im Gegensatz zu so manchem Mord, den sie bestrafen sollten, ganz und gar ohne nachvollziehbares Motiv waren. Denn das Ziel von Gesetzeswerken und Strafen war nun nicht mehr die Wiederherstellung göttlicher Gerechtigkeit, sondern die Sicherung von Leben und Eigentum, die Maximierung der Gesamtwohlfahrt der Menschen, die sich zu einem Gemeinwesen zusammengeschlossen hatten. Insofern, so Cranz, widersprächen „Todesstrafen und Bluturtheile" dem Sinn und Zweck menschlicher Organisation.[8]

Drittens hieß es, mit dem Fortschritt der Zivilisation müsse zwangsläufig ein Rückgang gewalttätiger Sanktionen verbunden sein. Der Patron der Peinlichen Gerichtsordnung von 1532, Kaiser Karl V., sei mit „Schlachtopfern" vertraut gewesen. Daher sei es ihm leichtgefallen und »natürlich« vorgekommen, Todesstrafen festzusetzen und „vielfache Martern [anzuordnen], welche die Menschlichkeit entehren". Nun entsprächen die Gesetze „jenes barbarischen, bis auf uns noch hier und da fortwirkenden Jahrhunderts" aber alten „Fesseln", die „menschliche Richter" knebelten. Da „mit der Zeit die rohen Völker gesitteter, und mehr kultivirt" geworden seien, komme eine „weniger rauhe" Gesetzgebung den „Bedürfnissen mehr gebildeter Nationen" nach. Todesstrafen, Folter, Gewalt und Barbarei auf der einen Seite, und Kultur, Bildung, Menschlichkeit und »milde« (= nicht Gewalt gegen Körper verordnende) Gesetze auf der anderen Seite gegeneinander abzugrenzen, war Teil eines sich profilierenden zivilisierten Bewusstseins, das die „Bedürfnisse mehr gebildeter Nationen" repräsentierte. Darüber hinaus galt diese Polarisierung als Folge eines historischen Prozesses, der temporäre Verirrungen der vergangenen Jahrhunderte beseitigte. Eine Abneigung gegen tödliche und blutige Strafen sei dem menschlichen Wesen eigen, da sie, so Cranz, „jedes unverdorbene Naturgefühl empören". Je körperkonzentrierter das Strafsystem eines Gemeinwesens demnach war, desto weiter waren dessen Mitglieder vom Status »Mensch« entfernt.[9]

Viertens betonte Cranz, entbehrten Todesstrafen jeglichen praktischen Nutzens, da sie nicht dazu beitrugen, Kapitalverbrechen zu verhindern, sondern sogar zu diesen verleiteten. Es sei eine mittlerweile hinlänglich bekannte Erkenntnis, dass unter dem Galgen gestohlen werde und das »Theater des Schreckens« Blut und Gewalt im Alltag banalisiere und institutionalisiere, denn „je mehr der Mensch auf die eine oder die andere Weise Menschen tödten sieht", betonte Cranz, „je mehr verliehrt in seinen Augen der Werth des menschlichen

Lebens. Je höher von bestellten Wächtern und Beschützern der Lebenssicherheit das Leben selbst eines Mörders geachtet wird, je mehr gewinnt es bei dem rohen Haufen, je weniger wird der Mensch mit gewaltsamen Beraubungen des Lebens vertraut".[10]

Im selben Atemzug versicherte Cranz allerdings, von „Hamburgs aufgeklärten und guten Bürgern" könne kaum behauptet werden, dass ihnen „ein „Menschenopfer [...] zur Augenweide gereiche", dass der Vollzug eines Todesurteils „dem hiesigen Volke ein froheres Fest sey als die gesetzmäßige Milde". Dennoch räumte er ein, dass im Fall Traub „ein unruhiger Haufe nach Blut lechzet" und der „Freude einer Hinrichtung" entgegenblickt. Auch ein gegen Cranz polemisierender Autor betonte, so manche hätten schon „Gefallen an dem Tode des Gottlosen und ihre Freude an einer schaudervollen Hinrichtung". Nun sei der „respektable Senat" gefordert, der sich den Forderungen dieses „blutlustigen rohen Haufens" in den Weg stellen müsse. Nur so könne man zu einer vervollkommneten Zivilisation reifen und in aller Deutlichkeit zeigen, dass diejenigen, „die nach Blut dürsten, und [...] fürchten, daß ihnen ein Schauspiel entgehen könte, woran nur Satan in der Hölle seinen Spaß haben kann", in Hamburg in der Minderzahl sind und „von den Menschen, unter welchen sie leben, verabscheuet, und zu den verworfensten ihres Geschlechts gezählet werden".[11]

Demnach ertönten auch in Hamburg „Stimmen der Menschheit [...] in diesem heller werdenden Jahrhundert", die bestritten, dass die Todesstrafen „das Gute" stiften, „das sie stiften sollen". Das Konzept einer göttlichen Justiz, die vertrauensvoll in den Händen der Obrigkeiten ruhte, war offensichtlich ins Wanken geraten, und auch der Nutzen von Schafott und Rabenstein schien mittlerweile fraglich. Der Schutz des Staates und der ihn tragenden Individuen drängte als Anlass von Strafe in den Vordergrund, wie der spätere Niedergerichtsvorsitzende Ferdinand Beneke als typischer Repräsentant eines aufklärerisch engagierten Hamburger Bürgertums sinnierte. Doch damit war es nach Beneke noch nicht genug. Denn wäre die Sicherheit der Gemeinschaft das einzige Maß für die Strafen, so würde man „mit Recht [...] Martern über den Verbrecher häufen, um die Zuschauer von ähnlichen Vergehungen abzuschrecken; Damiens wäre nicht zu viel gequält, und Drakos mit Blut geschriebene Gesetze träfe kein anderer Vorwurf als der, daß sie ihren Zweck verfehlen".[12]

Dem stehe aber der Mensch als moralisches Wesen entgegen, der in die Waagschale der Gerechtigkeit geworfen werden müsse. Unbestritten gelte „der Satz, daß der Mensch zu erst an sich ist", wie Beneke betonte, und auch „der Verbrecher ist Mensch, und Zweck an sich – das ist die Zauberformel", die „einzelne Wahrheitsforscher" während der letzten fünfzig Jahre an das Licht gebracht hätten. Und selbst wenn die bestehenden Gesetze nun behutsamer angewandt würden, so hätten diese „Reflexionen" insgesamt noch „zu wenig Wurzel gefaßt". „Wohlthätige Wirkungen" ließen noch auf sich warten – „bislang", wie abermals Cranz mit voraussehendem Blick versicherte. Vehement wurde in der Hamburger Aufklärungsliteratur um die Jahrhundertwende die von Cranz prophezeite Veränderung eingefordert:

> Weg also mit den schrecklichen Gesetzen, die ein Verbrechen aufstellen, und die Strafe dafür bestimmen, weg mit den Satzungen, die Blut um Blut fordern, weg mit dem ganzen scheußlichen Gewebe der sogenannten Justiz, welches Schwerter über dem Haupte der Menschheit aufhängt, und Räder und Galgen aufrichtet, in der thörichten Einbildung, Verbrechen zu verhüten, die man dadurch nur umso mehr befördert.[13]

Cesare Beccaria, Karl Ferdinand Hommel, Joseph von Sonnenfels und die Verschiebungen des strafrechtlichen Diskurses

Etwa zur Mitte des 18. Jahrhunderts waren an verschiedenen Orten des strafrechtlichen Diskurses Schriften der „einzelnen Wahrheitsforscher" aufgetaucht, auf die Beneke seine Hoffnung stützte. Einer dieser Texte stammte von Karl Ferdinand Hommel, der die vorherrschende Konzeption von Verbrechen und Strafen im April 1765 gegenüber dem vierzehnjährigen sächsischen Kurfürsten Friedrich August III. in Frage stellte und die fürstliche Macht zu strafen nicht von Gott, sondern von den Gesetzen selbst herleitete. Als Prinzipien herrschaftlicher Fürsorge im Bereich der Justiz formulierte Hommel, dass „Härte schadet; übertriebene Gesetze werden lächerlich und am wenigsten gehalten. Todesstrafen helfen nichts. Wir haben kein charakteristisches Kennzeichen von einem göttlichen, allgemeinen positiven Gesetze. Alle Kennzeichen, welche man zeithero davon gegeben, trügen".[14]

Hommels Ausführungen ernteten damals – nach eigenem Bekunden – wenig Beifall und heftiges Kopfschütteln. Als er jedoch bald darauf die Schrift eines anonymen italienischen Verfassers über Verbrechen und Strafen entdeckte, erfuhr er seine Erwägungen bestätigt. Im Gegensatz zu seinen eigenen Bemerkungen fand er einen Text von großer Eloquenz, der vor allem nicht in der „finsteren Sprache Latiens"[15] verfasst war, die doch zu sehr an den Duktus eines Benedikt Carpzov erinnerte. Vor Hommel und dem schon bald als Cesare Beccaria identifizierten milanesischen Autoren hatten der Sizilianer Tomaso Natale und der Franzose François Toussaint ähnliche Gedanken formuliert. Auch in den „Erlangischen Anzeigen" war bereits im Jahr 1744 ein kurzer Beitrag publiziert worden, der Rache als Endzweck von Strafe in vertraglich konsolidierten, bürgerlichen Gesellschaften verwarf. Sobald der Status der „natürlichen Freyheit" überwunden war, ergaben nur Abschreckung und Besserung einen Sinn als Strafziele, die zudem für alle Mitglieder einer „Republick" verbindlich und identisch sein müssten, schrieb Johann Gottlieb Gonne in den »Anzeigen«. Zur selben Zeit wie Beccaria und Hommel trug auch der Österreicher Joseph von Sonnenfels in seinen „Grundsätzen aus der Policey, Handlung und Finanz" dazu bei, dass sich die neuen Aussagen im strafrechtlichen Diskurs zu verfestigen begannen. Ein Rechtsverständnis à la Benedikt Carpzov, das zu alledem in lateinischen Texten seinen Ausdruck fand, harmonierte schlichtweg nicht mehr mit der Verbreitung einer »aufgeklärten« Selbstwahrnehmung. Das Bewusstsein, in einer Zeit epochaler, gesamtkultureller Veränderung zu leben, in einer Phase allgemeinen Fortschritts von Vernunft, Menschlichkeit und Kultur, begann sich in der Mitte des 18. Jahrhunderts zu etablieren.[16]

In Anbetracht der veschiedenen, synchron und unabhängig voneinander auftauchenden Schriften kann kaum behauptet werden, Cesare Beccaria habe in „Dei delitti e delle pene" neue strafrechtliche Leitsätze erfunden oder die Missstände der Strafrechtspflege mit einen Streich demaskiert. Die Schrift ist in einem weiträumigen Feld von Texten zu platzieren, die ähnliche Aussagen formulierten. Beccaria markierte nur einen Punkt in einem diskursiven Raum, auch wenn seine Schrift in der Folgezeit außergewöhnlich stark rezipiert wurde, denn „alles schwazte von Verbrechen und Strafen, von der Grausamkeit der Todesstrafen und der Tortur", wie der kritische J.E.F. Schall nicht ohne Zynismus bemerkte. „Tausend Rosen und Lilien [hat] die bewundernde Welt dem Marquis von Beccaria zugeworfen", schrieb andererseits Hommel nicht ohne Neid, denn aus einer Vielzahl von Schriften war es eben insbesondere Beccarias Text, der von der Toskana über Hamburg und Altona bis nach Russland, von Mailand über Frankreich bis nach Nordamerika gelesen und gelobt wurde. Schon wenige Jahre nach der ersten Veröffentlichung war „Dei delitti e delle pene" in zwanzig verschiedene europäische Sprachen übersetzt. Von Zarin Katharina II. wurde Beccaria hofiert, in den nordamerikanischen Kolonien wurde die Schrift als Serie in Zeitungen publiziert, im Jahr 1770 im Prozess um das »Boston Massacre« zitiert, und Thomas Jefferson übertrug seitenlange Passagen in sein Tagebuch.[17]

Der erste deutschsprachige Rezensent hob im „Altonaischen gelehrten Mercurius" emphatisch hervor, das Büchlein sei „edel" und „nachdrücklich" gehalten, von „Herzhaftigkeit" und „Menschenliebe" geprägt. Die aufklärerischen Kreise in Hamburg und Umgebung waren so begeistert, dass die „Schweitzerische Societät" in Altona die „ruhmwürdige Bemühung eines Philosophen, der die Menschheit vertheidiget, und Wahrheit und Mitleiden den Herzen der Gewaltigen einzuflössen versucht", mit einem Preis ehrte. Die wahrscheinlich erste deutschsprachige Übersetzung wurde im Jahr 1766 ebenfalls in Hamburg publiziert, wo sich die aufklärerische Bewegung abermals im Aufwind befand und „Gemeinwohl" und „Gemeinnützigkeit" zu *den* Schlagworten der kommenden Jahrzehnte werden sollten. Schließlich, so hieß es wahrscheinlich aus der Feder Albrecht Wittenbergs, eine der markantesten Figuren unter Hamburgs Aufklärern, handelte es sich bei dem Buch Beccarias um ein Werk, an dessen Bedeutung und Notwendigkeit wohl niemand zweifeln könne, denn „obzwar zu unsern Zeiten viele Vorurtheile durch das Licht einer gründlichen Philosophie vertrieben sind, hat man sich doch bis itzt noch nicht unterstanden, die Irrthümer, welche in den peinlichen Halsgerichtsstuben seit Jahrhunderten herrschen, zu bestreiten, und die Grausamkeiten, welche in denselben ausgeübet werden, zu hemmen. Man höret die Menschheit seufzen und ißt unempfindlich dabei".[18]

Die Verehrung, die Cesare Beccaria zuteil wurde, nahm stellenweise paradoxe Formen an, wurde er doch gar als „Sokrates unserer Zeit“ bezeichnet, „dem die künftige Welt Bildsäulen setzen und aus Pflicht der Dankbarkeit Altäre bauen wird“. Ausgerechnet Beccaria, der vehement die Trennung irdischer und göttlicher Vergehen und Gerichtsbarkeit, die Trennung weltlicher und geistlicher Sphären einklagte, wurde zuweilen auf die Stufe eines Heiligen erhoben. Doch seine Forderungen brachten ihm nicht nur Lob und Verehrung, sondern auch Kritik, Verachtung und sogar Hass ein. Von dem Venezianer Ferdinando Facchinei ist er als „wahnwitzig“, als „zügelloser Satiriker“, der „Übelkeit und Brechen erregt“, beschimpft worden. Die Arbeit selber titulierte Facchinei als „gottlos“ und „schmähsüchtig“. Ob Beccarias Schrift nun Lobpreisung oder Häme, positive oder negative Kritik entgegengebracht wurde, festzuhalten bleibt, dass sie als Teil eines diskursiven Feldes betrachtet werden muss, das in Bewegung geraten war. Zwar blieben die Äußerungen Beccarias in der Folgezeit umstritten und umkämpft, doch auch in den skeptisch bis zynischen und im Sinne der bestehenden Rechtsordnung gehaltenen Texten wurden sie zitiert oder paraphrasiert, und somit waren sie allseits präsent. Christian Gottlieb Gmelin vermag dies in seinen „Grundsäzen der Gesezgebung über Verbrechen und Strafen“ exemplarisch zu demonstrieren, wenn er sich über den „allgemeinen Modeton“ auslässt, „welchen heut zu Tag jeder Schriftsteller annehmen muß, der von dem Publikum gut aufgenommen und von den Kritikern nicht mishandelt werden will“. Dann nämlich könne man nicht anders, als „über die gegenwärtige Verfassung unserer peinlichen Gesetzgebung, über das erbärmlichste Chaos von Unsinn und Grausamkeit seine Galle ergiessen, über Vorurteile unserer Vorfahren und ihrer kleinmüthigen Nachahmer lästern, und wider Todesstrafen und Folter, wider die häßliche Misgeburt der Unwissenheit und Grausamkeit zu Felde ziehen“.[19]

Zur Säkularisierung des Strafrechts

Die Säkularisierung des Strafrechts war bereits seit dem beginnenden 17. Jahrhundert vereinzelt propagiert worden, doch die Trennung von weltlicher und göttlicher Gerechtigkeit sollte nun erst zu einem Hauptcharakteristikum der Strafrechtstheorie werden. Am Ende des 18. Jahrhunderts konnte der Staatsrechtler Johann Adam Bergk schließlich festhalten, dass „der ganze Inhalt also jeder Religion [...] dem Gebiete des Staats entzogen [ist], und jede Festsetzung einer Norm, an die er die religiösen Subjekte binden will, ist rechtswidrig, zugleich aber auch unnütz und fruchtlos“. Karl Hommel bezeichnete „Gottes Gerichte und menschliche Gerichte“ als „heterogene Dinge“, die „so schwerlich wie Wasser und Oel mit einander zu vermischen [sind], weil ihre Bestandteile und ihre Quellen verschiedentlich sind.“[20]

Das Plädoyer Beccarias und seiner Zeitgenossen für „eine allgemeine Theorie der menschlichen Gesetzgebung von den Verbrechen und den Strafen“ war durch Schriftsteller wie Hugo Grotius, Samuel Pufendorf oder auch Charles de

Montesquieu vorbereitet worden und erfreute sich im späteren 18. Jahrhundert weitestgehender Akzeptanz. Die Rechtskunde nahm einen wissenschaftlichen Charakter an, und das Bemühen, ein ihr eigenes, rationales, systematisches und allgemeingültiges Regelwerk zu entwickeln, stellte sie auf eine Stufe mit Geometrie, Handel oder Arzneikunst. Folglich schien es nicht mehr zu leugnen, dass universelle, »natürliche« Rechtsgrundsätze existieren mussten und ein solcher „Nordstern und Leitfaden für alle Gesetzbücher des peinlichen Verfahrens bei den Heiden, den Christen und den Muselmännern" lediglich der Ausformulierung harrte.[21]

Der christliche Gott als Rechtsbegründung, die Gleichsetzung von Verbrechen und Sünde im Sinne Benedikt Carpzovs schien antiquiert, und auf textueller Ebene wurde kaum mehr bestritten, dass „die Bestrafung der Sünde auf die Kanzel, nicht aber auf den Richtplatz gehört". Die Kategorie »Sünde« wurde nun auf innerweltlichem Terrain von der »Schicklichkeit« verdrängt, und eine kirchlich-religiöse Normenkontrolle war zur Zeit Beccarias bereits seit einigen Jahren um weltliche Instanzen wie die moralischen Wochenschriften erweitert. Beispielsweise hatten sich die Herausgeber des Hamburger „Patrioten", der als einer der größten publizistischen Erfolge der ersten Hälfte des 18. Jahrhunderts gilt, auf die Fahnen geschrieben, „nach der blossen gesunden Vernunfft die Tugend als etwas schönes und die Laster als etwas häßliches abzuschildern". Der neue »Idealtyp« war ein beständig über sich und seine Handlungen reflektierender Mensch, der einer „klugen, aus der gesunden Vernunft fliessenden Sitten-Lehre" anhing und sich tugendhaft verhielt. Zumindest im aufklärerischen Selbstverständnis schien dies durchaus nicht in Widerspruch zu der notwendigen Gottesfurcht zu stehen, weil „unmöglich etwas von GOTT kommen kann, das den Sonnen-klaren Aussprüchen der Vernunfft wahrhafftig zuwider ist".[22]

Nun möchte ich keineswegs behaupten, dass eine glaubensabhängige von einer vernunftautonomen Haltung abgelöst wurde. Wie auch Peter Pütz in seiner Arbeit über die deutsche Aufklärung betont, prägten ein Miteinander und Mischformen beider Positionen das Bild. Dennoch erschien Tugend immer deutlicher als eine Funktion von Lebensführung, menschlicher Leistung und praktischer Vernunft, und weniger von Frömmigkeit. Innerhalb dieses Feldes umbewerteter Verantwortlichkeiten und Zuordnungen sollte es möglich werden, moralisch-sittliche Verhaltensregeln und gerichtliche Verfahren auf theoretischer Ebene klar und deutlich zu trennen. Zum Beispiel war der Verlust des sozialen Respektes in den Augen Hommels eine legitime Konsequenz »unsittlichen« Verhaltens, die bürgerlichen Rechte durften jedoch keinesfalls beschnitten werden, denn „es kann etwas schändlich, es kann etwas sündlich und doch bürgerlich kein Verbrechen sein. *Mensch*, *Bürger* und *Christ* sind drei unterschiedliche Begriffe".[23]

Die dogmatische Begründung der Todesstrafe hatte an Kraft verloren. Immer seltener wurden das erste Buch Moses (9.6) und andere Bibelpassagen bemüht, um die Rechtsgültigkeit und die Legitimität der Todesstrafe nicht nur für Totschlag, sondern auch für Homosexualität, Ehebruch, Inzest oder Menschenraub zu belegen. Selbst die Aufklärungstheologie war bestrebt, die Rechtsgebote des Alten Testamentes zu relativieren und als historisch und geographisch bedingt auszuweisen. So betonte Johann David Michaelis, „GOtt selbst überließ es der Einsicht des Volkes [Israel], welche Gewalt der König haben, oder nicht haben sollte, [...] weil sich hier nichts allgemein und für alle Zeiten als das Beste angeben läßt, sondern zur einen Zeit mehr, zur anderen weniger Gewalt der Krone dem Ganzen des Staats zuträglich seyn wird". Der zornige und strafende Gott wurde zunehmend in den Bereich des Aberglaubens gerückt, der einer wachsenden Zivilisierung und Menschenliebe widersprach. Ganz im Gegenteil hieß es, „der Allerhöchste" habe „an Grausamkeiten keinen Wohlgefallen, wie einige Zorntheologen vermeint haben. Er vergibt dem bußfertigen Sünder, wenn er auch nicht geköpft wird, und tut dieser keine Buße, so wird das vom Richter vergossenen Blut die Sünde nicht abwaschen".[24]

Nicht mehr die Allmacht Gottes, sondern der „Staatskörper" wurde nun herangezogen, um einen Ursprung von Recht und Gesetz zu fixieren. In diesem Sinne konnte auch das souveräne Recht zu töten nicht mehr gottgegeben sein. Die Macht der irdischen Obrigkeiten über Leben und Tod war nun durch die Subjekte ihrer Herrschaft begrenzt, sie entsprang sogar aus deren Verbund. Da dieser Verbund als historisch gewachsene Größe verstanden wurde, mussten folglich auch die Rechtsvorstellungen historisierbar sein. Daher war einem ehemals auf Zeitlosigkeit gründenden Dogma die Basis entzogen, und ein anonymer Hamburger Autor betonte, es gebe „keine festen Grundsätze, alles richtet sich blos nach Zeiten und Sitten". Recht und Gesetz erschienen nicht mehr als gottgegebene, unveränderliche Wirklichkeit, sondern vielmehr als nützliche Konstruktion, die „nichts anderes [war], als das unvermeidliche Band, um die partikularen Interessen vereint zu halten, welche sonst in den vormaligen Zustand der Ungeselligkeit zurückfallen würden". Folgerichtig galten auch der Tugend- und der Lasterkanon nicht mehr als unveränderlich, sondern bestimmte menschliche Handlungsweisen wurden vielmehr erst durch die Rechtsordnungen als tugend- oder lasterhaft definiert. Nun, da Recht und Gesetz wie auch Tugend und Laster ihres ontologischen Charakters enthoben waren, konnten sie als Mittel obrigkeitlicher Herrschaftssicherung verstanden und kritisiert werden. Anstatt die Menschen als „Opfer" einem „Despotismus darzubringen", sollten das Gesetz und die Justiz nun dazu beitragen, das Wohl der Menschen zu fördern, und das nur wenig später vor allem von Jeremy Bentham popularisierte »größtmögliche Glück der größten Zahl« wurde zum Ziel einer jedweden Rechtsordnung erklärt. Die adäquaten Mittel waren, so meinte man, vom jeweils spezifischen Entwicklungsstadium einer Kultur abhängig. Und wenn Karl Hommel schließlich versicherte, „daß Gott am Hängen und Köpfen kein Wohlgefallen trage", so tat er dies mit der Gewissheit, dass letztlich selbst das jeweils vorherrschende Bild Gottes vom Menschen kreiert werde, denn, wie Hommel schrieb, „wir Menschen bilden öfter Gott nach uns". Das Konzept eines göttlichen Tyrannen sollte jedenfalls der Vergangenheit angehören, weil es mit einer nach Aufklärung und Zivilisation strebenden Gemeinschaft nicht kompatibel war. Es galt nun sogar ganz im Gegenteil, „grausame Strafdrohung [zu] mäßigen, damit wir Gott nicht gerade dadurch mißfallen, daß wir sein Wohlgefallen erlangen wollen". Der aus individuellen Körpern konstituierte Staatskörper, der nun Quelle und Ziel des Rechts zugleich war, forderte weder Sühne, noch lechzte er nach Blut. Vielmehr waren Verbrechen und Strafen für ihn wie „Gift und Gegengift", und auch ein Antidot musste genau dosiert sein, sollte es dem Körper nicht schaden. Zur effizienten Förderung des Gemeinwohls bedurfte es eines philosophischen Arztes, der eine Symptomatologie des sozialen Körpers entwarf, es bedurfte eines Wissenschaftlers, der „vorzüglich das Volk, das er mit Gesetzen versehen will, aufs allergenaueste und eben so gut als der Arzt die Natur des Kranken kennen [muss], den er heilen will".[25]

Das in der Theorie vergleichsweise ausdifferenzierte Modell »Mensch – Bürger – GläubigeR« hatte in der Rechtspraxis des 18. Jahrhunderts zunächst jedoch kaum Fuß fassen können. In den geltenden Strafrechtsordnungen waren beispielsweise „Sodomiterei" oder „Blutschande" nach wie vor als Verbrechen kodifiziert und wurden keineswegs ausschließlich vor dem Jüngsten Gericht verhandelt. In der Mitte des 18. Jahrhunderts wurden in Hamburg zum Beispiel die Geschwister Moll, die in „Blut-Schande" gelebt hatten, „anderm dergleichen schandbar-unzüchtigen und leichtfertigen Gesindel zum abschreckenden Exempel" am Pranger mit Ruten geschlagen, danach für zwölf bzw. 15 Jahre im Spinnhaus verwahrt und anschließend aus der Stadt verwiesen. Etwa zu der Zeit, als Jochim und Johanna Moll ihre Haftstrafen verbüßt hatten, lag Beccarias Schrift erstmals in Hamburger Bücherstuben, und ihr wurde „eine weitläufige Erkenntnis und gründliche Einsicht, [...] Herzhaftigkeit und Menschenliebe" attestiert.[26] In dieser punktuellen Koinzidenz wird die Differenz zwischen Rechtstheorie und Justizpraxis deutlich. Insbesondere die Disparität der immer noch bestehenden Gesetze, welche „die Menschheit zum gefühllosesten, unbedeutendsten Geschöpf herabwürdigen", und der selbstempfundenen Kultiviert- und Zivilisiertheit war ein schwerwiegendes Problem. Denn trotz aller Aufgeklärtheit erschien der Bürger in den Gesetzeskodizes „im Verhältnis gegen den Staat als ein Insekt, welches der tödtet, dem es durch sumsen und stechen beschwerlich fällt". Das Plädoyer gegen ein vermeintlich willkürliches Töten entsprang jedoch keinesfalls einem reinen Altruismus. Es war vielmehr das Bedürfnis, sich von der Vergangenheit abzulösen, das die Forderung nach einem „für unsere milden Zeiten passenden Gesezbuch" laut werden ließ. Wollte man den eigenen Ansprüchen gerecht werden, so musste der „Nebel des Altherthums" verdunsten, denn „auf der einen Seite alte Barbarey, und auf der anderen möglichste Cultur" – das harmonierte nicht miteinander. Selbst Benedikt Carpzov und Karl V. würden „erschrecken", betonte unter anderem Johann Beseke, „wenn sie in unser erleuchteteres, durch Religion, Schulen, öffentliche Anstalten, Wissenschaften verbessertes Zeitalter wieder eintreten sollten", und immer noch die alten Halsgerichtsordnungen vorfänden. Und „würden sie nicht selbst", im Angesicht der kulturellen Entwicklung, „ihre Grausamkeit verdammen, mit welcher sie so viele Menschen-Quaalen niedergeschrieben haben? Würden sie nicht uns als thörichte

Nachkommen vor dem Richterstuhl unserer eigenen gesunden Vernunft anklagen?"[27]

Die „Schärfe der Geseze" wurde in der Körperlichkeit des Strafwesens bemessen, und sie galt den Zeitgenossen als „Spiegel" und somit „getreuster Abdruck des Volkszustandes und des Geistes der Staatsverwaltung", wie es in dem Journal „Hamburg und Altona" hieß. Sie galt sogar als „Barometer", welches mit wissenschaftlicher Präzision erlaubte, den Grad der Vollkommenheit eines Gemeinwesens abzulesen. Insofern war es überaus unpassend in Hinblick auf das aufklärerische Selbstverständnis, wenn grausame Strafen an vielerlei Orten immer noch gebräuchlich waren – aus alter Gewohnheit und aufgrund der Kraft institutionalisierter Traditionen und Vorurteile, wie man meinte. Die „besondere Bestimmung" der abendländischen Kultur des ausgehenden 18. Jahrhunderts konnte auf diese Weise jedenfalls nicht zur Geltung kommen, und das Barometer konnte das kulturelle Hoch nicht dokumentieren. Folglich war der Ruf nach einer „von Ehrfurcht für die Menschheit" geprägten, „weisen, menschlichen und dem Geist des Zeitalters angepaßten" Gesetzgebung weithin hörbar, auf dass die Mängel der Statuten nicht „mit den Thränen und dem Blute der Menschheit benezt" würden. Eine Strafe musste *„die geringstmögliche unter den gegebenen Umständen und den Verbrechen angemessen sein"*, lautete der weitreichende Konsens.[28]

Welch einem weiten Spektrum an Strafen diese Konzeption Raum bot, zeigen unter anderem die Äußerungen Johann Besekes. Er reihte sich selber in die Gruppe derjenigen ein, die das „zarte Pflänzgen" kultivierten, das sich unter „wohlthätigen Lichtstrahlen" entwickelte, seitdem Beccaria begonnen hatte, die „Fesseln der Barbarey" zu zersprengen. Beseke sah sich innerhalb des reformerischen Umfeldes und formulierte den Anspruch, „mein Steinchen zu dem schönen Gebäude menschenfreundlicher Wohlthätigkeit mit beyzutragen". Gleichwohl war seine Selbstdefinition mit der Forderung vereinbar, einem Regentenmörder zur Strafe die Adern zu öffnen, so dass sich dieser „auf dem Gerichtsplaz zu Tode blute". Seine Ausführungen können zwar als pointiert, aber doch als exemplarisch bezeichnet werden.[29]

Bei Beseke scheint das Paradigma von Sühne und Auslöschung der Tat durch körperliches Leid fortzuleben. Doch die drastische Strafe, die er für Regentenmörder forderte, wurde nicht mehr als Ausdruck einer außerweltlich geprägten Rechtsordnung begründet. Sie erschien Beseke vielmehr als die Maßnahme, die zur Stabilisierung des Staatskörpers und der Rechtsordnung notwendig war. Das Regelwerk der Strafen musste an den Entwicklungsstand der jeweiligen Kultur angepasst sein, wobei die »Menschlichkeit« die starre Grenze setzen sollte – wie unscharf das Konzept von »Menschlichkeit« ist, zeigt die Strafe, die Beseke für Regentenmörder vorschlägt. Folglich war das »Recht« einerseits von vermeintlich allgemeingültigen Setzungen geprägt, andererseits war es als veränderlich und historisch spezifisch konzipiert. Die neue Flexibilität harmonierte mit den Vorstellungen von Entwicklung und kulturellem Fortschritt und schaffte zugleich Raum für die Berücksichtigung spezifischer Konturen. Denn obschon klare und einfache Gesetze gefordert wurden, damit Menschen sie verstehen und danach handeln und leben konnten, war es nicht auszuschließen, dass es einzelnen MissetäterInnen an der notwendigen „Beurtheilungskraft oder Freiheit des Willens“ mangelte. Folglich durften Strafen niemals ausschließlich auf dem vermeintlichen kulturellen Entwicklungsstand gründen, sondern sie mussten auch „in Rücksicht auf den einzelnen zu bestrafenden Menschen bestimmt werden“. Sie mussten „auf die besonderen Umstände jedes einzelnen Falles und also mehr auf den Urheber der bösen Handlung als auf seine Handlung selbst“ ausgerichtet sein. Die schriftlich fixierten Gesetze bedurften folglich der Überprüfung mit Blick auf den jeweiligen konkreten Fall, denn schließlich, so meinte man, seien die abscheulichsten Verbrechen häufig durch „unnatürlichen Antrieb“ bedingt. So eröffnete die Lösung aus einem transzendental begründeten Rechtssystem auch einen weiteren Raum für die Berücksichtigung individueller Dispositionen von Täterinnen und Tätern. Der Rechtskundler Josias Püttmann gab in Anlehnung an die Studien Johann Kaspar Lavaters sogar zu bedenken, man müsse in Zukunft vielleicht „die Physiognomik zu Hülfe nehmen“, um die Frage von Schuld und Unschuld überhaupt noch klären zu können.[30]

Der Gesellschaftsvertrag und die (Un)Rechtmäßigkeit der Todesstrafe

Die göttliche Begründung herrschaftlicher Macht habe mordende Tyrannen legitimiert, schrieb Viktor Barkhausen im August des Jahres 1776 im „Deutschen Museum“, einer Aufklärungszeitschrift, die auch in Hamburger Lesegesellschaften auf dem Programm stand. „Nunmehr“, fuhr Barkhausen fort, „ist es wohl ausgemacht, daß gewiß nicht unmittelbar Gott, sondern nur Macht oder List oder Vertrag und Herkommen uns die Regenten gibt“. Ein Gesellschaftsvertrag vom „Thron bis zur Hütte“ war in diesem Spektrum die bevorzugte Wahl, und das Recht zur Bestrafung von Missetaten wurde nun, wie Beccaria betonte, „auf der Notwendigkeit [gegründet], das Verwahrnis des öffentlichen Wohls gegen partikulare Anmaßung zu verteidigen“. Dass ein solcher Vertrag nicht tatsächlich geschlossen worden war, und er vielmehr einem theoretischen Modell entspach, war weitreichender Konsens. Nichtsdesotweniger bot er ein hervorragendes Instrumentarium, um Leit- und Lehrsätze über die Eigenart der Beziehungen von Menschen in Gemeinschaften aufzustellen. Karl Ferdinand Hommel konstatierte daher, dass „dergleichen Fiktionen so gut als Wahrheit sind“.[31]

Nun waren Vertragsgesellschaft und Naturzustand keine Erfindungen des 17. oder gar 18. Jahrhunderts, sondern entsprechende Konzepte lassen sich bis in die Antike zurückverfolgen. Die Lehre vom Naturzustand vor dem Gesellschaftsvertrag erlangte im Zuge der Aufklärung allerdings eine neue Qualität, da ihr eine emanzipatorische Dimension zukam. Sie wurde nun als Möglichkeit verstanden, den Menschen kategorisch außerhalb seiner gesellschaftlichen Verflechtungen zu denken und als Herr seinerselbst zu definieren. Somit waren Wege eröffnet, den Menschen als autonomen Konstrukteur seiner Welt und jedes Herrschaftsverhältnis als historisch gewachsen zu denken und seiner vermeintlichen ‚Natürlichkeit' zu entheben. Man lebe in einer Gemeinschaft „‚empfindender, reflektierender, denkender Wesen, die frei auf der Oberfläche der Erde wandeln'", die sich aus freien Stücken aneinander gebunden, „‚sich Herren gegeben [...], sich Gesetze gemacht'" hatten, verkündete zum Beispiel der Artikel „Homme" in der „Encyclopédie" Didérots und d'Alemberts. Seit dem 17. Jahrhundert steuerten die Konzeptionen von Vertrags- und Naturzustand in eine Phase historisch-spezifischer Konjunktur hinein, die vor allem in der zweiten Hälfte des 18. Jahrhunderts in einen Strom von Texten mündete, die den Vertrag als Erklärung von Gemeinschaft, Recht und Herrschaft zu einem Allgemeinplatz machten. An der Wende zum 19. Jahrhundert hatte er dann tatsächlich, wie von Hommel konstatiert, den Status einer Wahrheit erlangt.[32]

Doch auch in einer idealisierten Vertragsgesellschaft schien ständiges Predigen nicht auszureichen, um individuelle Fehltritte zu verhindern. Schon Thomas Hobbes hatte in der Mitte des 17. Jahrhunderts betont, dass die gesellschaftliche Pazifizierung nicht einzig auf einem Vertrag basieren könne, denn „bloße Worte können keine Furcht erregen; daher fördern sie die Sicherheit der Menschen allein und ohne Waffen nicht". Ein Jahrhundert nach Hobbes hob auch Cesare Beccaria hervor, dass das individuelle Recht auf die Ausübung physischer Gewalt kollektiviert und in einer Person oder Institution gebündelt werden müsse. So entstehe eine konzentrierte, mit umso größerer Schlagkraft versehene Gewalt, die auch befugt sei, „fühlbare" Strafen auszusprechen. Beccaria betonte jedoch, dass diese konzentrierte Gewalt durch das naturgegebene Streben des Individuums nach maximaler Freiheit und Glück begrenzt sei. Demnach werde im Gesellschaftsvertrag lediglich der kleinstmögliche Teil der individuellen Freiheit preisgegeben, um eben durch minimalen Verzicht einen maximalen Restbestand zu sichern, wodurch Beccaria der Vertragskonzeption Jean-Jacques Rousseaus widersprach. Grundsätzlich bestritt Beccaria, dass ein Mensch jemals sein Leben als Pfand in die Gesellschaft einbringen würde, da dies der „allergrößten Aufopferung des größten Gutes" gleichkäme. Folglich war die Todesstrafe im Rahmen eines derart konzipierten Gesellschaftsvertrages per definitionem widerrechtlich. Wieder und wieder wurde dieser Lehrsatz von den Gegnern der Todesstrafe formuliert.[33]

Die Todesstrafe wurde jedoch nicht einmütig verworfen, auch gegenläufige Aussagen konnten sich etablieren und zu einem wirkungsmächtigen Strang bündeln. Ein Hamburger Aufklärer entrüstete sich im „Deutschen Museum", auch „in dieser aufgeklärten freundlichen Zeit tritt zuweilen noch ein Biedermann auf, der dem andringenden Strom der Menschenliebe entgegensteuert". Besagte „Biedermänner" waren weithin hörbar und traten durchaus häufiger als nur „zuweilen" auf. Sie argumentierten zumeist mit dem natürlichen Selbstverteidigungsrecht der Individuen, das dem Souverän durch den Vertragsschluss übertragen werde. Aus der Anhäufung dieser Rechte resultiere die Befugnis des „Leviathan“, „das Rachschwerdt wider ihn [den Missetäter] zu zücken“. Wer die obrigkeitliche Befugnis zu töten aus der ausdrücklichen Erlaubnis der einzelnen Bürger herleiten wolle, im Zweifelsfall sie selbst zu strafen, der betreibe bloße „Sophisterei und Rechtsverdrehung“, sei verweich- und verweiblicht und lege die „Empfindelei einer affektierten Humanität“ an Tag, hieß es seit den 1770er Jahren immer häufiger. Denn, um Immanuel Kant zu zitieren, „Strafe erleidet jemand nicht, weil er *sie*, sondern weil er eine *strafbare Handlung* gewollt hat“. Niemand werde in dem Moment, in dem er den Vertrag schließt und sein Leben zum Schutz seiner leiblichen Existenz und seiner Habe verpfändet, davon ausgehen, einmal selbst von der Justiz am Leben gestraft zu werden. Dies sei aber auch nicht die Grundlage der obrigkeitlichen Strafgewalt. Vielmehr sei die Unterstützung des gesamten Rechtswesens durch die Menschen und vor allem die Übertragung des *aktiven* Rechtes, im Verteidigungs- und Sicherungsfall strafend *zu handeln*, entscheidend – und eben nicht, mit Strafe *behandelt zu werden*.[34]

Die Kollektivierung des individuellen Selbstverteidigungsrechtes konnte demnach bedeuten, dass der Staat qua Naturrecht aus Notwehr töten darf, wenn er als Ganzes oder auch nur eines seiner ihn konstituierenden Glieder in Gefahr waren.[35] Doch die Legitimation der Todesstrafe als Notwehr war zumindest widersprüchlich, da von einem Gefangenen keine unmittelbare Gefahr mehr ausging und dessen Tötung folglich ein gewalttätiger Exzess war und einer Rache in Reinform entsprach. Aber, so wurde dem entgegengehalten, es gebe zweifelsohne archaische, „triebhafte“ Menschen, „die durch kein gelinderes Mittel als durch den Tod ausser Stand gesetzt werden [können], neue Verbrechen zu begehen“. Und niemand konnte ignorieren, so sah man sich zu konstatieren gezwungen, dass es trotz allen Fortschrittes auch in aufgeklärten Kulturen noch den Typus des animalischen Menschen gab. Er bedrohte die individuelle und somit auch die kollektive Existenz, sein Leben schien dem Fortbestand der Gemeinschaft geopfert werden zu müssen, wie Josias Püttmann überaus drastisch verdeutlichte: „Giebt es nicht Menschen, die beinahe den Tiegern im Wald gleichen? Hirten, die aus Gourmandise Kinder fressen? Wirthe, die ihre Gäste mit kaltem Blute schlachten und die Schinken in Rauch hängen, Meuchelmörder, Vergifter, u.s.w.? Soll man diesen das Leben fristen, damit sie noch recht viele unschuldige Menschen morden, noch recht oft rauben und plündern können?“ In solchen Fällen, so hieß es, habe die Obrigkeit nicht nur das Recht, sondern sogar die Pflicht zu töten, da die Pflicht zur Selbsterhaltung dem Staatskörper ebenso oblag wie dem einzelnen Menschen. Der Staatskörper war die Grundlage jeder friedlichen Existenz, er war „das kollektive Leben aller Glieder der Gesellschaft“, das es zu verteidigen galt. Die Todesstrafe in der Vertragsgesellschaft war also weder als Rache einer beleidigten außerweltlichen Instanz, noch als Notwehr des attackierten Individuums legitimiert, sondern als vermeintlich ultimativer Selbstschutz der gleichsam zu einer einzigen Person verschmolzenen und in ihrer Existenz bedrohten Gemeinschaft. Nicht mehr im Namen des Herren, sondern im Namen des Volkes tötete nun die Strafgewalt.[36]

Die Rechtmäßigkeit der Todesstrafe in der Vertragsgesellschaft wurde demnach mit verschiedenen Argumenten zu belegen versucht. Erstens wurde betont, die Individuen hätten beim Eintritt in die Vertragsgesellschaft ihr Leben als Pfand eingebracht. Zweitens wurde dargelegt, die Todesstrafe sei zur Verteidigung der Gemeinschaft unverzichtbar. Ein dritter Weg, die Todesstrafe zu rechtfertigen, war die Möglichkeit unrechtmäßiger Strafen in der Vertragsgesellschaft grundsätzlich zu widerlegen. Schließlich, so lautete die Argumentation, war durch einen elementaren Verstoß gegen die gesellschaftlichen Abmachungen der Vertrag gebrochen, und die MissetäterInnen hatten sämtliche vetraglich zugesicherten Rechte verwirkt. Schon Jean-Jacques Rousseau hatte betont, dass derjenige, der die Gesetze verletzte, aufhörte, „ein Glied [des Staates] zu sein, ja er liegt sogar mit ihm im Krieg". Johann Gottlieb Fichte sollte diesen Gedankengang dreißig Jahre später konsequent fortführen und so, wie er selber meinte, „einer Menge Verwirrungen ein Ende machen". Nach Fichte gründete das Recht zu töten eben nicht auf dem Vertrag, sondern auf dessen „absoluter Nullität" in Folge eines schwerwiegenden Verbrechens. War es bei geringeren Vertragsbrüchen noch möglich, Nachsicht zu üben, so konnte nach Fichte niemand dazu verpflichtet werden, sich der unkalkulierbaren Gefahr auszusetzen, die von einem vorsätzlichen Mörder ausging. Die Folgen eines solchen Vertragsbruches waren die gänzliche Aufhebung der gesellschaftlichen Übereinkunft und die vollständige Rechtlosigkeit des delinquenten Individuums, „was nichts anderes heißt, als daß man ihn [den Missetäter] zwingt, frei zu sein", wie Rousseau geschrieben hatte. In Fichtes Augen erlaubte diese Konstellation „die willkürliche Behandlung" des oder der Abtrünnigen, und zwar „nicht, weil man ein *Recht dazu habe*, sondern, weil kein *Recht dagegen ist*; also der Verurteilte wird erklärt für eine Sache, für ein Stück Vieh. [...] Es läßt sich gar kein Grund aus dem *(äußeren) Rechte* anführen, warum ihn nicht der erste beste, dem es einfällt, ergreifen, willkürlich martern und töten sollte."[37]

Aber, so bemerkte Fichte einschränkend, es finde sich auch kein Grund *dafür*, als kultivierter Mensch einem anderen Menschen derartiges Leid zuzufügen. In Zeiten verfeinerter Kultur und Sitten werde sogar derjenige, der ein Tier martert, als „unmenschlicher Barbar" verachtet, und daher werde sich niemand dazu herablassen, entrechtete Menschen zu entleiben, erläuterte Fichte. Auch der Staat könne auf die Tötung der schwersten VerbrecherInnen aus Achtung vor sich selbst oder vor seinen Bürgern verzichten, was allerdings kaum geschehen werde, da einzig die Vernichtung dieser Menschen die Sicherheit der gesetzestreuen Allgemeinheit gewährleisten könne. Schließlich „thut der Verbrecher nichts anderes, als ein feindliches Heer", hob Theodor Schmalz hervor. „,Töte um zu Leben'", war in solchen Fällen die Maxime, nach der man zu agieren müssen glaubte, und „einer von beiden muß untergehen, und wenn man den Schuldigen zu Tode bringt, dann weniger als Bürger denn als Feind", wie es Rousseau ausgedrückt hatte. Einziger Zweck der obrigkeitlich verordneten Tötung war somit die Sicherung der Gesellschaft vor dem Aggressor. Doch obgleich die Obrigkeit in dem Zustand der Rechtlosigkeit „nicht *als Staat, sondern als stärkere physische* Macht, als bloße Naturgewalt“, handelte, verzichtete sie auf Gewaltexzesse, die in der Konzeption Fichtes nicht nur überflüssig und unvernünftig waren, sondern vor allem den verinnerlichten Werten der Zivilisation widersprachen. Die MissetäterInnen wurde schlicht und einfach mit einer Gefahr gleichgesetzt, die gebannt werden musste:

> Der Verbrecher ist dann ein schädliches Tier, das niedergeschossen, ein ausreißender Strom, der gedämmt wird, kurz, eine Naturgewalt, die durch Naturgewalt vom Staate abgetrieben wird. Sein Tod ist gar nicht Strafe, sondern nur Sicherungsmittel. Dies gibt uns die ganze Theorie der Todesstrafen. [...] Es geschieht nicht zufolge eines positiven Rechtes, sondern aus Not.[38]

Rache, Prävention und Todesstrafe

Der Diskurs um die Todesstrafe war verästelt und heterogen. Einerseits profilierte sich der Gesellschaftsvertrag als entscheidendes Instrumentarium, die Todesstrafe als Unrecht zu verstehen. Andererseits schienen ein Vertragsbruch sowie die Konzeption des kollektiven Selbstschutzes die Tötung von „Kinderfressern“, „Meuchelmördern“ und anderen Menschen, die „schädlichen Tieren“ gleichkamen, zu legitimieren. Doch nicht nur um die Rechtmäßigkeit der Todesstrafe entspann sich eine intensive Auseinandersetzung. Auch Sinn und Nutzen von Strafe erschienen in einer Gesellschaft sich selbst gehörender Menschen, die sich aus freien Stücken vereint hatten, um ihr Glück zu optimieren, in einem anderen Licht. Rechtmäßigkeit und Nutzen einer Strafe waren allerdings kaum voneinander zu trennen, da die Rechtmäßigkeit einer Strafart auch über deren Nutzen hergeleitet werden konnte. Denn „was zur Erreichung eines guten Zwecks notwendig ist, kann nicht anders als gerecht seyn“, verkündete beispielsweise die Zeitschrift „Hamburg und Altona“. Die Konzeption der Vertragsgesellschaft beschrieb zunächst solche Handlungsweisen als rechtmäßig, die die kollektive Selbstverteidigung gewährleisteten, das leibliche und materielle Dasein der Menschen sicherten und die Gesamtwohlfahrt maximierten. Innerhalb dieses Rahmens waren auch körperorientierte Strafen legitimiert, und eine Sanktion war niemals „ungerecht, schädlich oder scharf“, sofern sie unerlässlich erschien, um den Erhalt der Gesamtgesellschaft zu sichern.[39]

Folglich wurde Verbrechensprävention durch Strafe zu einem der wichtigsten Aspekte in der Auseinandersetzung. Strafe wurde nun als „politische Hemmung“ verstanden, die einem als »natürlich« erachteten Streben des Menschen nach absoluter Freiheit und maximalem Genuss im Wege stehen sollte, denn „jene der Schwere ähnliche Kraft, die uns nach unserem Wohlbefinden streben heißt, wird nur im Maße der Hindernisse, die ihr entgegenstehen, gezügelt“, wie Beccaria erläuterte. Eine solche Zügelung musste allerdings exakt so bemessen sein, dass die angedrohten „bösen Folgen der boshaften Handlung“ deren möglichen Vorteilsgewinn lediglich um eine Nuance übertrafen. Nur dann war die spezifische Strafe das adäquate Gegengewicht zu einem spezifischen Vergehen. Erstens sollte durch solch eine genaue Graduierung sichergestellt werden, dass niemals eine heftigere Strafe angedroht wurde, als unbedingt notwendig war, um vor einem bestimmten Vergehen abzuschrecken. Denn eine Sanktion, die dieses Maß überschritt, raubte den TäterInnen mehr Wohlbefinden als unumgänglich war. Somit stünde sie dem obrigkeitlichen Auftrag der Wohlfahrtsmaximierung entgegen, und die strafende Instanz selbst hätte den Vertrag missachtet. Ein Richter durfte sich demnach ähnlich wie ein Arzt „nur derjenigen Mittel [bedienen], die er zur Heilung der Krankheit für hinreichend findet, und stärkere Arzneien würden mehr verderben als gut machen". Zweitens würde eine ungenaue Bemessung der Strafen dazu führen, dass die Sanktion eines minder schweren Vergehens möglicherweise größer wäre als die eines Kapitalverbrechens. Dies würde aber die schweren Verbrechen fördern, da dann zum Beispiel kein äußerer Grund für einen Räuber gegeben wäre, sein Opfer nicht auch zu töten, um für sich selber den Schutz vor Entdeckung zu verbessern. Drittens galten Lust und Schmerz als Antriebskräfte des »Menschen«. Dieser war gleichermaßen als empfindsames wie auch als rational funktionerendes Wesen konstituiert, und er schien somit in der Lage, Vor- und Nachteile gegeneinander abzuwägen. Wenn nun der gleiche Schmerz „als Gegengewicht zu den Reizungen [verschiedener] Verbrechen" angedroht wurde, so werde ein Mensch, der gemäß der zeitgenössischen Denkmuster »normal« funktionierte, immer die Missetat verüben, die ihm bei gleichem Risiko den größten Lustgewinn verheißt. Ein effektives Strafsystem musste demzufolge exakt abgestuft und abgemessen sein und zudem penibel eingehalten werden. Dann würde, solange eine Missetat nicht aus „hitziger Leidenschaft" herrührte, ein potentieller Übeltäter zwangsläufig „das vorhandene Verbrechen unterlassen, ja er kann nicht anders, als so handeln, da es ein Grundgesetz der menschlichen Seele ist, daß sie eine Abneigung gegen eine Sache nach dem Verhältnis des Uebels, welches sie bey derselben wahrnimmt, in sich empfindet".[40]

Sollte ein solches Strafsystem erfolgreich sein, so musste jedes Vergehen mit Gewissheit auch zur Bestrafung kommen. Somit rückte die exemplarische Gewalttätigkeit als Maß für die Effizienz der Strafen weiter in den Hintergrund. Außerdem durfte die Bestrafung nicht zulange auf sich warten lassen, und sie musste einen engen Bezug zu der Missetat haben, so dass die Verbindung von Vergehen und Bestrafung eindeutig war und die Sanktion nicht zu einem bloßen „Schaustück" verkam. Bisweilen wurde eine überaus exakte inhaltliche Korrelation gefordert, was bedeuten konnte, dass beispielsweise Ehrverlust durch Ehrverlust und Diebstähle durch Geldzahlungen oder Arbeitsleistungen beglichen werden sollten.[41]

In diesem Kontext erschien es durchaus logisch, den Tod als Strafe für Mord zu fordern. Wie viele seiner Kollegen kritisierte auch der »deutsche Beccaria« Karl Hommel sein milanesisches Vorbild dafür, „daß er die Todesstrafe gänzlich abgeraten hat". Dies sei vermutlich „das Bedenklichste im ganzen Werke des Beccaria", ließ er sein Publikum wissen. Es sei nicht mehr als ausgleichende Gerechtigkeit, eine „vorsätzliche Mordthat durch eine gerichtliche Mordthat zu vergelten". Die Todesstrafe für Mord beizubehalten, war in den Augen Hommels auch mit dem Leitsatz maximal möglicher Milde kompatibel, solange die Tötung den minimal möglichen Schmerz verursachte. Daher plädierte er dafür, jede Exekution mit dem Schwert zu vollziehen.[42]

Andere Zeitgenossen erachteten die Konzeption ausgleichender Gerechtigkeit als überaus dubios, und dies nicht nur, weil sie vom Rachegedanken getragen war. Die Messbarkeit des „Auge um Auge" wurde bestritten, denn wie sollten die Gerichte urteilen, wenn etwa ein Einäugiger einem Zweiäugigen ein Auge ausgestochen hatte? Wie konnte das Leid der Furcht während der langen Wartezeit auf den gesetzlich angeordneten Tod berechnet werden? Wie sollte Ehebruch ausgeglichen werden? Mit Fragen dieser Art wurden Seiten gefüllt, und es war in dem Zirkel männlicher Debattierender Usus, mit gekünstelter Ironie zu bemerken, dass es für den Geschädigten nicht immer eine freudige Genugtuung sei, Gleiches mit Gleichem und demzufolge Ehebruch mit Ehebruch zu vergelten. Es hieß zudem, nicht nur Schönheit und erotische Ausstrahlung würden von jedem Menschen unterschiedlich bewertet, sondern auch der Tod. Und zu allem Überfluss könne gerade das Opfer des Verbrechens die ausgleichende Gerechtigkeit nicht mehr wahrnehmen, wodurch die hommelsche Forderung nach vergeltendem Tod für Tod an Schlagkraft einbüßte – und überhaupt: „Wird der Mord durch einen neuen Mord ungeschehen? Oder sollte der Staat sich nicht vielleicht schämen, der bloßen Rachsucht eines Privatmannes nachfolgen und wieder morden zu wollen?"[43]

Das Verhältnis von Verbrechen und Strafen, das ich auf den vorangehenden Seiten skizziert habe, präsentiert sich in der zweiten Hälfte des 18. Jahrhunderts als äußerst komplexes und verworrenes Geflecht. Trotz der mannigfaltigen Widersprüche und divergierenden Aussagen lässt sich aber eine grundsätzliche Verlagerung des Diskurses markieren. Die Basis des Strafrechts in der Vertragsgesellschaft waren selbstbestimmte Individuen, die sich zur Maximierung ihrer Wohlfahrt zusammengefunden hatten. Die Obrigkeit war nicht mehr von Gott, sondern von den Menschen selbst inthronisiert, und es war ihre Aufgabe, die kollektive Lebensqualität zu optimieren. Dies tat sie nicht zuletzt durch die Androhung von Strafe, die die Menschen in ihrem natürlichen Streben nach Genuss und Wohlstand auf Kosten ihrer Mitmenschen hemmen sollte. Musste eine Strafe vollzogen werden, so war sie kein Instrument zur Besänftigung eines zornigen Gottes mehr, sondern ein säkulares Instrument, das dem Schutz der Gemeinschaft dienen und deren Glückseligkeit fördern sollte. Innerhalb dieser Umdeutungen war es möglich geworden, die Tötung als Form der Strafe gänzlich zu verwerfen. Dennoch blieben Stimmen wie die Cesare Beccarias, die das Recht des Staates zu töten abstritten, letztlich die Ausnahme. Sie wurden aber heftigst debattiert und waren dadurch allseits präsent. In der Regel wurde der Tod als stärkste Waffe weiterhin geschätzt, nämlich sobald eine Bedrohung der Gemeinschaft als existenziell empfunden wurde. Folglich war die Todesstafe immer noch denk-möglich, wenn sie nun auch in einem veränderten Begründungszusammenhang stand. Die Hingerichteten waren nicht mehr die Opfer, die einem zornigen

Gott dargebracht wurden, sondern sie waren vielmehr die Opfer, die die Genuss-, Wohlstands- und Lebensmaximierung als erklärtes Ziel der Vertragsgesellschaft forderte. In diesem Sinne konnte sogar die Destruktion eines Menschen konstruktiv konnotiert sein.[44]

Zunächst jedoch, und dies propagierten auch die Befürworter der Todesstrafe, sollte alles getan werden, „die Quelle des Uebels zu verstopfen", um beispielhaft Peter von Schüren zu zitieren: „Man greife das Uebel bey der Wurzel an, und die verderblichen Folgen davon lassen von selbst nach; man suche die Ursachen der Krankheit zu heben, wenn man dem Kranken eine dauerhafte Gesundheit verschaffen will, nur blos ihren Wirkungen entgegen arbeiten, ist die Krankheit auf einige Zeit zurückhalten, aber nicht heilen". Die Tugendhaftigkeit der Gesellschaft musste also gefördert werden, und zwar durch die Verbesserung der Erziehung, durch eine wohldurchdachte Organisation des Staates und durch vorbildliches Verhalten der führenden Gesellschaftskreise. Die Wenigsten gingen allerdings so weit wie der Hamburger Helferich Peter Sturz 1776 im „Deutschen Museum" und ein anonymer Autor mit exakt der gleichen Formulierung etwa 25 Jahre darauf in dem Journal „Hamburg und Altona". Sturz erklärte soziale Ungleichheit selbst zur Quelle des Übels und folgerte, dass ein Todesurteil keinesfalls im Verhältnis zur Missetat stehe, „wenn ein Elender [...] am Ueberfluß des Reichen ein wenig genagt hat". Allgemein wurde jedoch keine radikale Umverteilung des Wohlstandes gefordert, sondern vielmehr ein philanthropisches Engagement gegen Armut und Sittenlosigkeit. Erst wenn es nicht gelang, durch Unterricht und Fürsorge ein »gesundes« Gemeinwesen und eine stabile Ordnung zu schaffen, sollte Strafe wirksam werden, um diejenigen „zum Guten zu lenken, die sich durch Grundsäzze der Menschenliebe und der Geselligkeit nicht leiten lassen".[45]

Zudem handelte die Obrigkeit nicht mehr gemäß der herrschenden Paradigmen, wenn sie dem Gemeinwesen leichtfertig und „schlechterdings zur Ehre Gottes" ein produktives Mitglied und einen potentiellen Schwerarbeiter raubte. Wenn sie dem Kollektiv ein „Glied entriß, das ihm jetzt [in Ketten] nicht nur unschädlich ist, sondern auf vielerley Weise nützlich werden kann", so zerstörte sie das entscheidende Wachstumspotential des Gemeinwesens, und die rhetorische Frage zirkulierte, wozu eine Strafe gut sein könne, die niemanden bessere. Doch selbst für den Fall, dass eine Todesstrafe als unumgänglich erachtet werden sollte, kursierten Erwägungen, die StraftäterInnen „wenigstens auf eine der Gesellschaft nützlichere Weise aus dem Leben [zu] bringen". So regte Viktor Barkhausen im „Deutschen Museum" an, die Todgeweihten an Ärzte zu übergeben, um „sie durch medizinische Experimente zu tödten und ihre Wissenschaft zu vervollkommnen und geschickter zu werden, andern Bürgern das Leben oder Gesundheit zu erhalten".[46]

Der forschende und kurierende Mediziner war nur eines von vielen Bildern aus der Arzneikunde, die sich in der strafrechtlichen Literatur wachsender Prominenz erfreuten, wenn es galt, Strafen und deren Wirkung zu beschreiben. StraftäterInnen wurden zunehmend als Symptom eines insgesamt kranken

Staatskörpers wahrgenommen, und gleiches galt insbesondere auch für die grausamen, verstümmelnden Strafen. Bermerkenswert ist dieses Bild vor allem, weil sich im zeitgenössischen Wissen der Körper zunehmend als Spiegel der Seele etablierte. Körper und Seele waren durch ein „unsichtbares Band" miteinander verknüpft, wodurch sie gestaltend aufeinander einwirkten, schrieb zum Beispiel der Leipziger Philosophieprofessor Carl Wieland im Jahr 1783. Auf den Staatskörper übertragen bedeutete diese Interdependenz von materieller und geistiger Existenz, dass drastische und sichtbare Strafen Symptom eines krankhaften Innenlebens waren, dass, um eine Formulierung William Blackstones zu zitieren, „grausame und blutige Gesetze ein schlimmeres Kennzeichen sind, das eine Krankheit des Staats verräth, oder wenigstens von der Schwäche seiner Verfassung zeigt".[47]

Eine Obrigkeit, die sich bevorzugt auf die Todesstrafe stützte, um ihre Herrschaft zu sichern, war wie ein Wundarzt aus vergangenen Zeiten, der ein kränkelndes Glied vorschnell aus Faulheit amputierte. „Die große Kunst der Wundarzneykunde" bestehe dahingegen „im Erhalten, nicht im Abnehmen oder Zerstören der kranken Theile des menschlichen Körpers", betonte der auch in Deutschland vielgelesene Benjamin Rush. Die Obrigkeiten forderte er auf, „in dieser Absicht die Geschicklichkeit und Menschlichkeit der Heilkunst nachzuahmen" und durch eine eingehende Beschäftigung mit dem Staatskörper positiv auf dessen gesundheitliche Konstitution und auf dessen Seelenleben zu wirken.[48]

Fürsorge und Pflege lauteten die Postulate obrigkeitlicher Aktivität. Folglich hatte sich auch die Bestimmung der Strafen verändert. Sie mussten „Werkzeuge der Gerechtigkeit" sein und durften niemals zu „Werkzeugen des Hasses gegen Verbrecher und Lasterhafte" werden, die in einer „wider den Verbrecher auszuübenden Rache" mündeten. „Eitel Rache" war nicht nur willkürlich und schädlich für das Kollektiv, sondern auch unter „allen menschlichen Begierden die niederträchtigste und wider die erste Hauptregel des Christentums". Sie entehrte vor allem den Rächenden und führte letztlich zurück in die „Barbarei". Dort fand man sich gemeinsam mit „weggeworfenen, feigherzigen, asiatischen Seelen" wieder, die „einer tauben Nuß halber die Köpfe herunter[schlagen]", und mit „amerikanischen Wilden", die ihre Gefangenen „zerfleischen".[49]

„Strafe darf nicht Rache sein", lautete letztlich die Formel, die eine paradigmatische Verbindlichkeit erlangte und auch von den meisten Fürsprechern der Todesstrafe getragen wurde. Die strafende Macht war in einer Vertragsgesellschaft gehalten, weise, rational und menschenfreundlich zu handeln. Von der durchaus als »natürlich« erachteten Leidenschaft, Lust an der Gewalt und dem Leid anderer zu verspüren, eben „ein Vergnügen daran [zu] finden, in den Eingeweiden seines Feindes zu wühlen, ihn unter tausend Martern sterben zu sehen", dürfe sich gerade der Gesetzgeber nicht überwältigen lassen, mahnten die Strafrechtler. Peinliche Strafen, „die die Glieder zerstümmeln, den Körper lähmen, [...] die dem Menschen unerträgliche Marter [...] verursachen", waren wider das Gebot der Menschlichkeit, verminderten die Gesamtwohlfahrt und waren zu alledem schlichtweg überflüssig. Denn wie schon Montesquieu im

„Geist der Gesetze" festgestellt hatte, war in „freiern Staaten" das Ende des Lebens ohnehin gefürchteter als der Tod und die mit ihm verbundene Ungewissheit. Somit waren in der Vertragsgesellschaft „Strafen, wodurch einer ohne weiteres ums Leben kommt, schon an sich wirksam genug".[50]

Das Ende des Lebens als Strafe aber grundsätzlich zu verdammen und von seiner »Grausamkeit« zu sprechen, wenn das Wohl des Gemeinwesens auf dem Spiel stehe, sei schlechthin die Folge einer „gezwungenen Modeempfindelei, welche oft die Vernunft bei Seite leget", kritisierte der Rechtskundler Christian Gmelin im Jahr 1785. Auf eine überspannte, geradezu als krankhaft deklarierte Ausprägung der »Empfindsamkeit« wurde von Befürwortern der Todesstrafe nicht selten verwiesen, um deren Gegner zu diskreditieren. „Wahre Empfindsamkeit" wurde von „faselnder Empfindelei" abgegrenzt, von der es hieß, sie habe sich in den 1770er Jahren „,wie ein Nervenfieber'" über Deutschland ausgebreitet. Der Ästhetiker Johann Christoph König sprach sogar von der „Pest der Empfindelei, welche in unserer heutigen jungen Welt grassirt". Auch die sich in dieser Zeit zunehmend abzeichnenden Geschlechterstereotype wurden aufgegriffen, hieß es doch, „das Weib, geboren zum Dulden", dürfe empfindsamer sein als „der Man, der zum tätigern Leben in einem größeren Wirkungskreise bestimt ist". Die völlige Verdammung der Todesstrafen wurde folglich als Zeichen eines übertrieben „empfindsamen Herzens" und als „Beweis eines schwachen unmännlichen Charakters" verspottet. Im Gegensatz zu dem effeminierten Empfindelnden, den man „ächzen und jammern" hört und dessen „erkünstelte Tränen die gleisnerischen Wangen herab[fließen]", „ermannet" sich der empfindsame, aber doch vernünftig-kontrollierte und selbstbeherrschte Mann, „bekämpft seine Gefühle" und „drengt in dem Innersten seines Herzens sie zusammen", so dass er „für den gemeinen Beobachter so ganz das Ansehen eines Kalten" hat. Demnach war ein weniger „empfindelnder" und dafür um so »männlicherer« Strafrechtler im Gegensatz zu seinem »verweich-« und »verweiblichten« Kollegen in der Lage, das Wohl der Gesellschaft über seine eigenen Gefühle zu stellen und mannhaft das Leid zu ertragen, das ihm der gesetzliche Tod eines anderen Menschen verursachte. Darüber hinaus wurde hervorgehoben, eine Todesstrafe sei ganz und gar nicht unmenschlich, wie so oft angeprangert werde. Es sei ganz im Gegenteil die Menschlichkeit, die es zuweilen unumgänglich mache, bestimmten Menschen das Leben zu nehmen, um rechtschaffene Mitmenschen zu schützen.[51]

Abschreckung und Todesstrafe

Ein Todesurteil wirkte in Hinblick auf die Bestraften definitiv präventiv, denn die Hingerichteten konnten nach dem Urteilsvollzug kein Verbrechen mehr begehen. Das „Theater des Schreckens" war jedoch nicht nur auf diejenigen ausgerichtet, die wegen eines Verbrechens gestraft wurden, sondern auch auf die

Zuschauenden. Sie sollten geläutert und davon abgeschreckt werden, eine solche oder ähnliche Missetat zu begehen. Seit der Mitte des 18. Jahrhunderts häuften sich aber Kritik und Zweifel an der generalpräventiven Qualität öffentlich vollzogener Todesstrafen. Zum einen war es, vor dem Hintergrund eines rekonzipierten Individuums, mehr als fraglich, ob ein Mensch instrumentalisiert werden durfte, um die anderen zu bändigen. Darüber hinaus erschien es nun ebenso fraglich, ob die Menschen im Allgemeinen und die Zuschauenden am Schafott im Besonderen von dieser Art der Darbietung überhaupt gebändigt werden konnten – ob sie sich eben (ab)schrecken ließen.

Die Äußerungen, die zur abschreckenden Wirkung der Todesstrafe formuliert wurden, waren mannigfaltig. Das eine Extrem markierten Texte wie die von Johann Christian Quistorp oder Josias Püttmann, die vom abschreckenden Effekt der Todesstrafe ausgingen und dessen absolute Priorität behaupteten. Das andere Extrem kann unter dem Schlagwort »philanthropisches Paradigma« gefasst werden, das verkündete, „Härte, Zwang, Furcht der Strafen sind die ächten Mittel nicht, Menschen zu beherrschen, [...] Liebe mildert und erweichet rohe Gemüther, Zwang verhärtet und erbittert sie nur“.[52]

Es war innerhalb der zeitgenössischen Diskursmuster jedoch durchaus möglich, auf der einen Seite die Todesstrafe zu unterstützen, und auf der anderen Seite ein philanthropisch-pädagogisches Engagement an den Tag zu legen. Zu diesem Zweck mussten die Aspekte von Abschreckung, Erbauung und Besserung der Zuschauenden in der Tötung eines unverbesserlichen Missetäters verschmelzen und ganz im Sinne der aristotelischen Dramentheorie eine „heilsame Erschütterung“ in deren „Seelen“ hervorrufen. Dies, so Julius von Soden, könne nur durch das „Ausserordentliche, Ungewöhnliche und Oeffentliche“ erreicht werden. „Die Vollziehung [...] besonders der Todesurtheile“, fuhr von Soden fort, „muß von Menschenliebe athmen: Strafe ist nicht Rache, und die Gesetzgebung darf die Thräne des Mitleids in die Wunden fließen lassen, die sie schlagen muß. Denn entweder hört der Verbrecher nicht auf, ein Glied der Gesellschaft zu seyn, und seine Strafe versöhnt sie, oder sie muß ihm und seinen Mitbürgern fühlen lassen, daß der Verlust eines Glieds für die Gesellschaft ein schmerzliches Gefühl ist“.[53]

Ob es tatsächlich möglich ist, durch Aufregung abzuschrecken und zu bessern, war eine äußerst umstrittene Frage. Es mehrten sich Stimmen, die daran zweifelten, dass öffentliche Hinrichtungen tatsächlich präventiv wirkten und verhindern konnten, dass Unholde „in eure Häuser fallen und eure Weiber und Töchter schänden“. Neben dem Bild des rationalen Individuums, das Vor- und Nachteile gegeneiner abwägt und sich dann vernunftgesteuert gegen ein Verbrechen entschied, stand das Bild des triebgesteuerten Wesens, das kurzfristig dachte und nach unmittelbarem Vorteil und Genuss strebte. In der Wahrnehmung eines solchen Menschen befinde sich die Möglichkeit des eigenen Todes in weiter Ferne. Die Beobachtung fremden Leids würde keine wirkliche Sorge um das eigene Wohl auslösen und deshalb auch nicht zu einer Reinigung der Affekte führen. Die für eine Katharsis entscheidende Transformation im Inneren der Zuschauenden bliebe somit aus.[54]

Sogar das Gegenteil einer moralischen Besserung war zu befürchten, „weil vom selben Geist der Barbarei, der die Hand des Gesetzgebers führte, auch die des Mörders gelenkt wird". Folglich, so hieß es, rief die Grausamkeit des Strafvollzuges nicht eine gesteigerte Affektkontrolle hervor, sondern sie erhöhte die allgemeine Gewaltbereitschaft. Folglich wirkte die Justiz aktiv im Zivilisationsprozess, sie galt als Motor der Zivilisation und ihrer äußerlichen Wahrnehmbarkeit. Die Reduktion der Gewalt auf dem Schafott war nicht nur notwendige Folge des zivilisatorischen Prozesses, sondern vielmehr ein Impuls des kulturellen Wandels hin zu gemilderten Sitten und einer verringerten Gewalttätigkeit. Es sei nachweisbar, dass töten nicht durch töten diskreditiert werden könne, sondern »salonfähig« gemacht werde, da dort, wo am meisten gerädert auch am meisten gemordet werde. Es galt demnach als beobachtbar und als „ausgemachte Wahrheit", dass öffentlich präsentierte Gewalt (in Form von Körperstrafen) „durch ihren Einfluß auf die Gesellschaft die Verbrechen ausbreitet", da sie der Phantasie potentieller MissetäterInnen erst auf die Sprünge half. Dass die Straftheater „Menschen schlimmer machen", konnte angeblich schon ein Blick auf die kleinen Kinder zeigen, die „zum Zeitvertreib in ihren Spielen Henken und Köpfen nachahmen, wo diese sehr geläufig sind".[55]

Doch das Szenario wurde noch düsterer. Nicht nur in Hinblick auf das Publikum fürchtete man, es würde förmlich aufgesogen in die Spirale von Strafen und Verbrechen, die paradoxerweise erst im grausamen Straftheater ihren Anfang gefunden hatte. Auch die Gerichtsbarkeit selbst schien in diesem Zirkel gefangen, denn anders meinte man nicht erklären zu können, dass „Carpzov allenthalben so grausam entscheidet". Schließlich sei auch er ein Mensch mit einer „natürlichen und angeborenen Empfindsamkeit" gewesen. Dass er „gleichwohl in Deutschland immer noch als Leitstern" gelte, obschon „die Sitten, das Klima [sowie] die besondern Verhältnisse der Nazion" hinreichende Indizien einer kulturellen und zivilisatorischen Entwicklung hergäben, war nun das wirklich Fatale für das aufklärerische Empfinden. Schließlich galt es, sich von der dunklen Vorzeit zu unterscheiden, den fortgeschrittenen Entwicklungsstand auch tatsächlich zu dokumentieren, mit dem falschen Leitsatz »Ordnung durch Gewalt« zu brechen und dergestalt dem Selbstverständnis einer zivilisierten Gesellschaft gerecht zu werden. Und Johann Beseke betonte in seinem „Versuch zu einem vollständigen Gesetzesplan für Verbrechen und Strafen", dass „Gesezze, welche das grobe Gepräge des Alterthums tragen [und] Grausamkeit gegen einen jeden aushauchen, der die fürchtbaren Grenzen derselben betritt, sich nicht für ein Volk schicken, welches durch mildes Clima, durch Cultur der Denkart und der Sitten zu sanfteren Gefühlen gewöhnt ist; sie geben vielmehr Gelegenheit zur Verderbniß der Nation, und verhärten allmählig Gemüther, die vielmehr fühlbarer und lenksamer werden sollten".[56]

Die Ambivalenz, die bei der Lektüre derartiger Plädoyers mitgedacht werden muss, ist nicht nur im Falle Besekes offenbar, der sich zwar als aufgeklärter Wissenschaftler empfand, zugleich aber ein vehementer Befürworter von Körperstrafen und geschärften Todesstrafen war. Auch Hommel, der den nachhaltigen Einfluss Benedikt Carpzovs beklagte, sprach im Rahmen seiner Gerichtstätigkeit

Todesurteile aus. In seiner Beccaria-Übersetzung sah er sich allerdings genötigt kundzutun, dass er nach peinlichen Urteilen regelmäßig an Schlaflosigkeit leide. Auf diese Weise dokumentierte er nicht nur, welch enge Fesseln ihm die „gesetzlichen Vorschriften jenes barbarischen, bis auf uns noch hier und da fortwirkenden Jahrhunderts" anlegten. Er präsentierte sich auch als einer der bedauernswerten „menschlichen Richter", die unter diesen Fesseln „seufzten" und somit zum Kreis der zivilisierten Subjekte gehörten.[57]

Das Maß der Toleranz für Grausamkeiten galt demnach als von »alltäglichen« Erfahrungen und Gewohnheiten bestimmt. Vielen der schreibenden Zeitgenossen war dies eine Gewissheit mit dem Status einer naturwissenschaftlich abgesicherten Erkenntnis, hieß es doch, die menschliche Wesensart und die Affinität zur Gewalt passe sich „wie ein flüssiger Körper stets dem Niveau der [...] umgebenden Gegenstände" an. Problematisch war, dass Körperstrafen nicht nur einen vermeintlichen Mangel zivilisatorischen Fortschritts offensichtlich machten, sondern auch, „daß nach hundert Jahren grausamer Strafe das Rädern nicht abschreckender ist als einst das Gefängnis". Eine auf Abschreckung bauende Justiz schien somit notwendig zum Scheitern verurteilt, da sie qua Naturgesetz nicht dauerhaft erfolgreich sein konnte, denn „wer oft Blut fließen und Knochen zerschlagen sieht, wird es zuletzt fast ungerührt ansehen lernen". Eine wachsende Apathie gegenüber Exzessen der Gewalt wurde am Anfang des 19. Jahrhunderts auch im Journal „Hamburg und Altona" moniert. „Als der erste Mensch im gerichtlichen Pomp auf dem Rade zerschmettert ward", so wurde gemutmaßt, habe das gesamte Publikum „gewiß vor Entsezzen und Abscheu" gebebt. Nun jedoch sei man „endlich an diesen blutigen Aufzug [gewöhnt]. Jetzt seufzen noch zuweilen einige alte gutherzige Matronen, wenn ein Mörder geköpft, oder ein Dieb gehangen wird – man wiederhole die Executionen nur oft, und selbst die Weiber, mit ihren feinern Nerven, werden den Dieb eben so gleichgültig hinaufziehen sehen, als ein Eimer Wasser aus dem Brunnen gewunden wird."[58]

Die Gewohnheit, meinte man, mache den Menschen „so erstaunlich hart und gefühllos", dass er „beim Zerschmettern der Menschenknochen gerade so viel empfinde, als wenn Pfeifenstiele zerknikt werden". Sie könne aber auch ein „ebenso weiches und empfindliches" Wesen kreieren. Nicht nur die Justiz, sondern das ganze menschliche Dasein dokumentiere die Macht der Gewohnheit, betonte Heinrich Vezin in der „Berlinischen Monatsschrift" vom Oktober 1795 in einem Artikel über die Lebensstrafen:

> Das gelinde behandelte Kind wird vor einem harten Worte mehr zurückbeben, als das täglich gepeitschte vor der Ruthe. So wie ein Glas Madeira dem, der an hitzigere Getränke gewöhnt ist, den Magen erkältet, so brennet es in den Eingeweiden des Wassertrinkers. Ein Spaziergang, der das Blut des von seinem Lehnstuhle unzertrennlichen Hypochondristen gewaltsam durcheinander schüttelt, wird bei dem, welcher an heftige Bewegungen gewohnt ist, ganz ohne Wirkung bleiben. – Gelindere Strafen müssen also, wenn der Gesetzgeber erst den Ton des Volks gestimmt, oder nur verhindert hat, daß dieser nicht überspannt worden, eben so viel Abschreckendes als im entgegengesetzten Falle die Todesstrafe haben.[59]

Zum Sinnbild par excellence für eine gescheiterte Abschreckungskonzeption avancierte der unter dem Galgen stehlende Dieb. Seit der Mitte des 18. Jahrhunderts streifte er durch Texte jeglicher Couleur und verdichtete sich so sehr, dass an der Realitätsnähe der Beobachtung nicht mehr gezweifelt wurde. Wer einen Dieb hängen sehen will, dem empfahl ein „wohlmeinender" Karl Hommel, die „Taschen zuzuknöpfen und die Uhr zu Hause zu lassen". Denn inmitten eines von der Hinrichtung faszinierten Publikums tummelte sich der »Langfinger«, der untrügerisch dokumentierte, dass es auch allgemein an der nötigen Ehrfurcht vor dem „Justizspektakel" mangelte und die Kunst der Regierung sich folglich durch mehr auszeichnen musste, als durch drakonische Strafen.[60]

Auch diejenigen, welche sich trotz aller selbsterklärter Aufgeklärtheit für das Konzept »Abschreckung durch Körperstrafen« aussprachen, bezweifelten nicht, dass unter dem Hochgericht gestohlen wurde. Sie stritten jedoch ab, dass der Diebstahl unter dem Galgen ein untrügerisches Zeichen für eine generell mangelnde Abschreckung der Todesstrafe auf den Großteil des Publikums sei. Schließlich sei und bleibe der Tod *„das fürchterlichste von allen fürchterlichen Dingen*", denn „die blosse Vorstellung desselben macht schon unsere ganze Empfindlichkeit rege". Allein die Existenz der Todesstrafe seit Menschengedenken beweise, dass sie die „vollkommenste aller Strafen" sei. An dieser „unwidersprechlichen Wahrheit" könnten auch die in den „Studierstuben" erdachten, weltfremden und realitätsfernen Lehrsätze nichts ändern, denn nur wer das Leben noch besitze, könne dessen Vorteile genießen. Die Kraft der Todesvorstellung manifestiere sich hinlänglich in dem Kampf, den auch ein „siechender Greis" noch um das Leben ficht. Und selbst „die elendsten Menschen, Menschen auf dem Rade sterbend, werden noch um Hülf zum Leben rufen", betonte Franz von Siardi in seiner Schrift über die Todesstafe: „Verwundete werden lieber schneidende Messer bis an das Ingeweid denn den Tod erdulden. – Eher werden sich Menschen selbst vor Hunger angreifen und Menschenblut als den Giftbecher trinken".[61]

Die vermeintlich alle anderen Empfindungen überbietende Todesfurcht ermöglichte es sogar, kulturellen Fortschritt und die Wirksamkeit der Todesstrafe in eine produktive Beziehung zu setzen. Von den Menschen in einer zivilisierten Gesellschaft hieß es, sie seien feiner besaitet und empfänden ihr Dasein intensiver als die „Barbaren". Dieser Sachverhalt vermehre die mit dem Tod verbundenen Ängste und somit naturgemäß die Wirksamkeit der Todesdrohung durch die Justiz. Dieser Effekt werde durch den selteneren Vollzug von Todesstrafen in gereifteren Kulturen noch vervielfacht. In dieser Interpretation harmonierte das Abschreckungskonzept durchaus mit dem Postulat, die geringstmögliche Grausamkeit gegen die Körper der Verurteilten auszuüben. Denn wenn das „Spektakel der Strafen" tatsächlich präventiv wirkte, reduzierte es das kriminelle Potential und verhinderte Verbrechen. Dies müsse notwendig zu einem Rückgang der Darbietungen auf dem Schafott führen. Dadurch werde wiederum die Sensibilisierung des Volkes gefördert, weshalb die peinliche Justiz an Wirksamkeit gewinne. In letzter Konsequenz waren vor diesem Hintergrund sogar Schaugepränge und geschärfte Strafen nützlich und legitimiert. Sie führten gemäß der hier entwickelten Logik zu einem Rückgang der Gewaltkriminalität, da sie in den Zirkel von kollektiver und individueller Zivilisierung eingebunden waren und ihn beschleunigten.[62]

Bis zur Mitte des 18. Jahrhunderts war der Tod als abschreckendste aller möglichen Strafen nahezu unbestritten gewesen. Es war „eine der ausgemachtesten Wahrheiten", dass die Angst vor dem Tod „eine in die menschliche Natur verwebte Empfindung" ist, und der „Dürftige [...] auf faulem Stroh" scheute ihn ebensosehr wie der „reiche Schlemmer auf seidnen Polstern". Doch seit den 1760er Jahren hatten alternative Entwürfe begonnen, ein wachsendes Terrain im Diskurs um die Todesstrafe zu besetzen. Aus verschiedenen Gründen wurde neben der Unrechtmäßigkeit auch die mangelnde Abschreckung der Todesstrafe behauptet.[63] Der verordnete Tod entspreche weniger einem „beständigen System, wie das Gesetz es sein muß", als vielmehr einem „vorübergehenden Wutausbruch" der Obrigkeit, lautete die Kritik. Sein Eindruck erschöpfe sich in einem einzigen und kurzen Augenblick. Durch die Androhung einer angsterfüllten Viertelstunde, die das Ende eines zumeist erbärmlichen Lebens ankündigte, könne kaum der Neigung entgegengewirkt werden, sich die tägliche Mühsal durch verbrecherische Taten zu erleichtern. Darüber hinaus werde der verordnete Tod durch religiöse Verheißungen seines furchteinflößenden Charakters beraubt, und die DelinquentInnen erführen durch zumindest einige mitleidige ZuschauerInnen weitere Linderung und Trost. Doch nicht nur für die MissetäterInnen, auch für das Publikum selbst sei die Todesstrafe aufgrund der Kürze ihres Vollzugs wenig beeindruckend. Zudem sei sie ein äußerst ineffizientes Instrument zur Maximierung der kollektiven Wohlfahrt, da jede Veranstaltung zur Zementierung des Gesellschaftsvertrages zunächst ein Verbrechen und somit eine Minderung des Allgemeinwohls voraussetze. Im Gegensatz dazu sei eine Verurteilung zu lebenslanger und öffentlicher Zwangsarbeit wesentlich effektiver. Hier genüge „ein einziges Verbrechen", um beständig vor den Folgen einer unüberlegten Handlung warnen zu können, und dies mache auf das Publikum „einen doch wohl tieferen Eindruck als der Anblick einer Hinrichtung, die eher verhärtet als bessert".[64]

Darüber hinaus wurden Verbrechen zumeist als Folge von Leidenschaft oder als Folge von Faulheit und Habgier erachtet, und gerade auf die letzteren Eigenschaften seien lebenslange Kettenhaft und Zwangsarbeit die passenden Antworten. Dem stellten Verfechter der Todesstrafe besagte unübertreffliche Bedrohlichkeit des Todesszenarios entgegen. Schließlich sei „ein lebendiger Körper" die Grundbedingung für den „Genuß der Wollust". Und somit bot die lebenslange Arbeits- und Haftstrafe die Chance, zumindest ein klein wenig wolllüstig zu sein, sich an die Hoffnung auf Flucht zu klammern und so das eigene Leid zu ertragen. Außerdem sei das Gefängnis nicht wesentlich schlimmer, als das ohnehin äußerst karge Leben der mittellosen Bevölkerung. Aus alledem ging hervor, dass Arbeitsstrafe und Kettenhaft als Mittel der Abschreckung eher wirkungslos seien, betonten die Kritiker. Die Gefängnisse böten im Gegensatz zu dem Leben in Freiheit sogar einen gesicherten Unterhalt.[65]

Die Verfechter der Todesstrafe verwiesen zudem auf den Gewöhnungseffekt. Dauerhafte Eindrücke verlören an Intensität, dies gelte für Schönheit wie für Schrecken gleichermaßen, und es sei allgemein bekannt, dass sich der Ehemann ebenso an die Schönheit seiner Gattin gewöhne wie der Seemann an den Schrecken der stürmischen See. Insofern stimme der „Anblick eines Menschen, welcher in Fesseln, bey schlechter Kost und untermischten Schlägen, die schwereste Arbeit anhaltend verrichten muß", das Publikum zwar traurig, übertreffe den „schrecklichen Anblick einer öffentlichen Hinrichtung" aber keineswegs an Wirksamkeit. Man müsse nur selten genug hinrichten, so dass keine Gewöhnung eintritt und das Schauspiel des Todes nicht „verhärtend" wirkt.[66]

Zu allem Überfluss trug der Zustand so mancher Haftanstalt dazu bei, den Philanthropismus der Abolitionisten von innen heraus auszuhöhlen. Kritiker hoben hervor, die Haftanstalten seien die Hölle auf Erden und die Verurteilten hausten dort „in dunklen unterirdischen Behältnissen gleich wilden Thieren in Höhlen". Folglich konnte Beccarias Äußerung, die Gefängnisstrafe sei „für den Leib des Schuldigen [...] so wenig qualvoll wie möglich", vehement widersprochen werden. Befürworter der Todesstrafe nutzten die Kritik an den Gefängnissen für ihre Zwecke, indem sie eine Hinrichtung zu einem humanitären Gnadenakt stilisierten. Es sei weniger grausam, einen Menschen zu töten, als „menschliche und bedauernswürdige Wesen der Kälte, dem Hunger, dem Ungeziefer, den giftigen Dünsten fauler Luft Preis zu geben, und sie Jahre lang in scheußlichen Höhlen [...] schmachten [...] zu lassen". Ein menschliches Wesen in einem Gefängnis zu peinigen und zu erniedrigen, schien an Grausamkeit nicht zu übertreffen, und nicht selten mündete die Gefängnisstrafe „in schauervollen Scenen der verzweifelnden Bosheit". Im Gegensatz dazu schien es den „Pflichten der Menschenliebe" weit eher zu entsprechen, einen Menschen schnell zu töten. „Betrachtet man die Lebensstrafen aus diesem Gesichtspunkte", bemerkte der Philosoph Ernst Wieland im Jahr 1783, „so sind sie [...] für den Verbrecher selbst eine Wohlthat, weil sie ihn von den Qualen einer härtern und langwierigen Strafe befreien". Somit erschien die Todesstrafe bei schweren Verbrechen sogar als geringstmögliches Übel, das zur Wiederherstellung der gemeinschaftlichen Sicherheit notwendig war, und, fuhr Wieland fort, „es kann also nicht wahre Menschenliebe, sondern nur eine übel angebrachte Weichherzigkeit seyn, die den Gesetzgeber über die Zulässigkeit der Todesstrafe zweifelhaft macht".[67]

Darüber hinaus genügten die Verurteilten in den „dunklen unterirdischen Behältnissen" kaum dem Anspruch kollektiver Abschreckung, weil sie schlechthin nur selten jemand zu Gesicht bekam. Auch wenn seit der Mitte des 18. Jahrhunderts zuweilen eingeworfen wurde, dass insbesondere hinter verschlossenen Türen stattfindende Ereignisse die Vorstellungskraft heftiger anregen und die Gemüter heftiger erregen, so war es doch immer noch weitreichender Konsens, dass Abschreckung durch Strafe die Sichtbarkeit ihres Vollzugs bedingte.[68] Häufig wurde die vermeintliche Notwendigkeit der publikumswirksamen Darbietungen mit dem Anflug eines gewissen Bedauerns formuliert, war es doch »leider« eine für gewöhnlich als »Pöbel« oder »gemeiner Haufen« titulierte Bevölkerungsgruppe, die Justizspektakel auch in einer aufgeklärten Gesellschaft notwendig machte. Seine Grenze sollte das Bemühen um Abschreckung und Generalprävention im Menschen an sich finden, der als „ein von edlem Geiste beseelter Körper“ definiert wurde, als „ein Wesen, das noch zu höherer, ewig dauernder Vollkommenheit bestimmt ist – Ein Herr der Erde, ununterworfen der Willkühr eines Mitmenschen“. Ein solcher Mensch, und dies betonten auch die Verfechter der Todesstrafe, durfte nicht instrumentalisiert werden, er durfte nicht „geschlachtet“ werden, „um den Saamen der Tugend bei mir aufgehend und wachsend zu machen“. Obschon der „Acker“ der Tugendhaftigkeit also nicht „mit fremdem Menschenblute gedünkt werden“ sollte, meinte man doch, Hinrichtungen zum Wohl des Gemeinwesens vollstrecken zu können. Bedingung war, dass die Todesstrafe als notwendig, sogar als unumgänglich erschien, und ihr Vollzug keinesfalls einen Lustgewinn bei den Strafenden oder den Zuschauenden hervorrief. Ganz im Gegenteil, man sollte „zittern“ vor Bedrückung und Furcht „bey dem bloßen Gedanken“, dass ein Mensch „gepeitscht, verstümmelt, gemartert, den Raben zur Speise ausgelegt“ wird. Christian Porsch fasste die Erwägungen in seiner Schrift über die Wirksamkeit verschiedener Strafen aus dem Jahr 1769 pointiert zusammen:

> Eine unnöthige und übermäßige Vergiessung des Menschenbluts, eine unnütze Verschwendung derer Martern und Peinen, welche nicht aus Nothwendigkeit und des allgemeinen Bestens wegen, sondern aus Lust und Wohlgefallen an Quaalen, auferlegt werden, dies nennt man Grausamkeiten. Man kann dahero diejenige Gesetzgebung nicht grausam heissen, welche die Todesstrafe in ihrer gehörigen Maasse anwendet, das ist, nicht öfterer, als es die Ruhe und Sicherheit des gemeinen Wesens erfordert und nicht mit mehr Schmerzen und Martern, als hinreichend sind, um Furcht und Schrecken für das Verbrechen beyzubringen.[69]

Einerseits war es also das definierte Ziel des öffentlichen Strafspektaktels, „Furcht und Schrecken für das Verbrechen beyzubringen“, andererseits durften die Verurteilten nicht mehr leiden, als unbedingt notwendig war, um dieses Ziel zu erreichen. Im Gegensatz zu einem zornigen Gott, der durch das Leid der Sünder besänftigt werden musste, war das Publikum am Schafott nicht allsehend. Dies eröffnete die Möglichkeit, die Strafspektakel so zu inszenieren, dass den Körpern der Verurteilten nicht unbedingt wirkliche Schmerzen verursacht wurden, sondern dass die Zuschauenden vielmehr *glaubten*, es würden *tatsächlich* Schmerzen zugefügt. Durch die Präsentation fingierter Grausamkeit konnte zugleich abgeschreckt und dem Anspruch einer vermeintlich menschenfreundlichen (im Sinne von schmerzlosen) und zivilisierten Bestrafung entsprochen werden. So wurde zum Beispiel der Scharfrichter angehalten, die zu rädernden DeliquentInnen vor der eigentlichen Strafvollstreckung heimlich zu strangulieren. Darüber hinaus erschien es auch durchaus legitim, Strafverschärfungen wie „die Auflegung der Glieder aufs Rad, die Aufsteckung des Kopfs auf den

Pfahl, das Verbrennen“ beizubehalten, weil sie nach dem Tod vollzogen wurden und „das Schauerliche, das Abschreckende vermehren, ohne der Menschheit neue Leiden aufzulegen. Die Viertheilung, das Lebendig begraben, das Zwicken mit glühenden Zangen sind Strafen, die den Gefühlen der Menschlichkeit widerstreben und Abscheu verdienen“.[70]

Doch auch hier, wie kaum anders zu erwarten, sprachen die Fachleute keineswegs mit einer Stimme. Auch das Schaugepränge und postmortale Strafzeremonien standen in der Kritik. Es hieß nicht nur, dass die abschreckende Wirkung mit der Zeit verpuffte, sondern auch, dass sich die Obrigkeit und die Gesetze durch die „Scheusale des Galgens, des Rades und der zerfleischten Gerippe“ diskreditierten. „Wahrlich ein schöner Putz des Landes!“ seien die „Denkmäler vormaliger Barbarei der Wenden und Goten“, rief Karl Hommel entrüstet aus und betonte, die Justiz betreibe hier einen wirkungslosen, aber die „Menschheit entehrenden Prunk“. Und dies alles geschehe im Auftrag vermeintlich „weiser Amtspersonen und ernster Priester“, die „mit gleichgültiger Ruhe [...], mit unempfindsamer Kälte und vielleicht sogar mit geheimem Gefallen an der eigenen Autorität“ beobachteten, „wie ein elender Mensch in Erwartung des tödlichen Streichs die letzten Ängste aussteht“. Dass derartige Veranstaltungen nicht zur Festigung der gesellschaftlichen Ordnung und zum Respekt vor Recht und Justiz beitragen konnten, lag in den Augen vieler Rechtskundler und Staatswissenschaftler auf der Hand.[71]

Der Diskurs um die Todesstrafe und deren abschreckende Wirkung bot Raum für eine Vielzahl von Deutungsweisen. Die möglichen Lesarten der Darbietungen auf dem Schafott reichten von einer Strafe, die Ehrfurcht und Rechtshörigkeit zementierte, über eine Wohltat sogar für die Bestraften bis hin zur Diskreditierung der Obrigkeit, die offensichtlich Lust an der Gewalt und ihrer eigenen Autorität empfand. Doch nicht nur den Regisseuren der Inszenierung, sondern auch dem Publikum wurde nachgesagt, dass „ihnen das Zuschauen bei solchen grausamen Zerfleischungen [...] eine ganz behagliche Unterhaltung ist“. Zu allem Überfluss war es insbesondere „der verdorbene Pöbel“, „jene Classe von Menschenseelen, in denen der Keim zu Mördern liegt“, von dem es hieß, er könne bei Strafveranstaltungen seine Neugierde umso besser befriedigen, je ausgefeilter die Grausamkeiten inszeniert waren. Der Hinweis auf eine breitgefächerte Bevölkerung, die sich die Hinrichtungen anschaute, war die Ausnahme. Und ob es „mit Verachtung gemischtes Mitleid“ war, das von einer Exekution hervorgerufen wurde, oder ob der rechtschaffene Bürger „die Geschichte wie ein schreckhaftes Mährchen zur Unterhaltung seiner Neugierde“ weitererzählte, bevor er sie endgültig vergaß – eine die Vertragsgesellschaft festigende Reaktion war beides nicht. Auf jeden Fall wurden nun Zweifel an den Körperstrafen, ihrem öffentlichen Vollzug und ihrer angeblich stabilisierenden Wirkung gehegt. Die Zweifler haderten mit der Instrumentalisierung von Menschen, mit der Selbst-Diskreditierung der Obrigkeit und einer angeblich nach Blut geifernden Menge. Menschen, die andere Menschen, die „mit denselben Sinnen und folglich denselben Leidenschaften begabt [waren], mit überlegter

Förmlichkeit und unter langsamen Qualen zur Augenweide für eine fanatische Menge zerfleischen ließen", ergaben ein Bild, das sich kaum in eine vermeintlich zivilisierte, selbstbeherrschte, menschenfreundliche und gewaltfeindliche Kultur einfügen ließ.[72]

Todesstrafen in der zweiten Hälfte des 18. Jahrhunderts

Der eingangs dieses Kapitels skizzierte »doppelte Giftmord« des Jahres 1790 hat angedeutet, dass sich die Todesstrafe während der zweiten Hälfte des 18. Jahrhunderts nicht nur auf der textuellen Ebene, sondern auch in der Justizpraxis im Umbruch befand. Spannungen und Widersprüche markierten das Feld, und die Gerichts- und Urteilspraxis war äußerst uneindeutig. So wurde Deborah Traub zwar hingerichtet, aber angesichts der Schwere der Tat und angesichts des Umstandes, dass die Statuten des Jahres 1603 immer noch Geltung beanspruchten, auf eine Art, die innerhalb des historisch-spezifischen Kontextes als »mild« zu erachten ist. Die Umstände ihrer Tat hätten genügend Gründe für die traditionelle Inszenierung eines Tötungsrituals geboten, da die Delinquentin nach Befinden des Gerichts mit Gift, also so heimtückisch wie nur möglich, zwei Verwandte getötet hatte, die mit ihr unter einem Dach gelebt bzw. regelmäßig ihre Gastfreundschaft genossen hatten[73]. Daher wurde die Strafe auch mit Schärfungen versehen, die allerdings so bemessen waren, dass sie der Delinquentin keine körperlichen Schmerzen verursachen konnten. Ob dies nun darauf zurückzuführen ist, dass der rührige Anwalt nachdrücklich die Schuldunfähigkeit seiner Mandantin zu beweisen versucht hatte, oder ob andere kulturelle Transformationen hier nachhaltig wirkten, lässt sich aus den Akten nicht eindeutig entnehmen.

Nun wäre es kaum möglich, eine Uneindeutigkeit der Justizpraxis zu behaupten, wenn sich diese anhand eines einzigen Falles erschöpfend charakterisieren ließe. Ein genauerer Blick ist vonnöten. Zunächst wird deutlich, dass in Hamburg sowohl in den 1760er als auch in den 1790er Jahren angemahnt wurde, wie wenig erleuchtet die „Halsgerichtsstuben" seien. Ferdinand Beneke bemerkte, von „wohltäthigen Wirkungen" des aufklärerischen Schrifttums sei nicht allzuviel zu spüren. Sehr wohl gespürt werden konnte allerdings eine Sensibilisierung der Obrigkeit in Hinblick auf die äußerst eingeschränkte Wirksamkeit der vorherrschenden Strafkonzeption, die besonders deutlich im Fall des Kindsmordes zu Tage trat. Hier wurde einerseits versucht, deutlicher der sozialen Dimension des Tat gerecht zu werden, die gesellschaftliche Verteufelung unehelicher Kinder anzugehen und die sich ihrer Verantwortung entziehenden männlichen Erzeuger stärker in die Pflicht zu nehmen. Zudem wurde der Verheimlichung von Schwangerschaften und den vermeintlichen Totgeburten stärker entgegengewirkt, um auch so der drastischen Zunahme des Kindsmordes zu begegnen. Ärztliche Gutachten, die bekunden sollten, ob das Kind wirklich schon tot zur Welt gekommen sei, bekamen ein höheres Gewicht beigemessen. Man zeigte also das Bemühen, die potentiell produktive Bevölkerung stärker zu kontrollieren, um die „Quelle des Uebels" zu verstopfen, und nicht zuletzt weil der klassische Kindsmord zunehmend in sozialen Kategorien verortet wurde, wurde er seit den 1780er Jahren auch in Hamburg immer seltener mit dem Tod bestraft.[74]

Ist einerseits im Fall des Kindsmordes eine Distanzierung von der Abschreckungskonzeption markierbar, so kann doch andererseits kaum behauptet werden, dass die Obrigkeit mit einer grundsätzlichen Veränderung des Strafwesens reagierte, als sie tiefere Risse im bestehenden Konzept wahrzunehmen begann. Vielmehr waren Drohgebärden innerhalb der herrschenden Ordnung die Reaktion. Die Zügel sollten angezogen und die Strafgewalt als systematisch, unabwendbar und frei von jeglicher Willkür präsentiert werden. Im Oktober des Jahres 1777 verkündete der Hamburger Rat, dass von nun an wegen der zahlreichen „frevelhaften" Mordtaten der letzten Zeit zwecks „Aufrechthaltung der allgemeinen Sicherheit" die gesetzlich gegebenen Strafmöglichkeiten vollends ausgeschöpft würden. „Künftighin", so hieß es, werde „die allen fürsetzlichen und boshaften Mördern bestimmte Todes-Strafe, dem Befinden nach, sowohl noch vor deren wirklicher Vollziehung durch Reissen mit glühenden Zangen, Schleifung zur Gerichts-Stäte und andere, zum Abschrecken so frevelhafter und die Todes-Strafe selbst kaum achtender Unmenschen gereichende, höchst schmerzhafte Vorbereitungen als nach erfolgter Hinrichtung durch Auflegung des Körpers aufs Rad oder Hinwerfung auf den Schind-Anger dergestalt geschärfet und erschweret".[75]

Insgesamt waren von der Mitte der 1760er Jahre bis zu diesem Erlass am Ende der 1770er Jahre 14 Todesurteile vollstreckt worden. Abgesehen von drei Dieben, die am Galgen endeten, war in diesem Zeitraum das Schwert das einzige Instrument zum Vollzug von Exekutionen gewesen. In fünf Fällen waren die Enthauptungen symbolisch geschärft worden, indem die Verurteilten mit fliegenden Haaren, in eine haarne Decke gehüllt und zuweilen mit dem Mordinstrument um den Hals zum Richtplatz geführt wurden. Ein einziges Mal, im Jahr 1774, wurde der Körper einer Mörderin nach der Enthauptung auf das Rad geflochten und ihr Kopf auf einen Pfahl gesteckt. In der Zeit nach dem Dekret sollte die Zahl der Exekutionen insgesamt sogar abnehmen, obgleich öffentliche Hinrichtungen weiterhin so regelmäßig vollzogen wurden, dass sie als Teil des hamburgischen Lebens bezeichnet werden können. Zudem sollte, ganz wie in der Verordnung von 1777 gefordert, das Rad tatsächlich eine Renaissance erleben. Von den 22 Hingerichteten zwischen den Jahren 1777 und 1812, als infolge der französischen Besatzung für drei Jahre mit der Guillotine exekutiert wurde, beendeten acht, zumindest für die Augen des Publikums, ihr Leben durch die Stöße des Rades. Drei Diebe starben am Galgen. Zehn Mal waren die Exekutionen von symbolischen Schärfungen begleitet, obgleich selbst das Obergericht meinte, dass diese „ohnedem keinen sonderlichen Eindruck mehr auf den Pöbel" machten. Niemals aber wurden solche Schärfungen ausgesprochen, die den Verurteilten zusätzliche Schmerzen verursachten: eine Räderung »von unten« oder das Reißen mit glühenden Zangen wurde nicht mehr vollzogen, obschon dies vom

Rat angedroht worden war. Ganz im Gegenteil wurde dem Büttel geheißen, die »Armen SünderInnen« „vor der Zerstoßung ihrer Glieder mit dem Rade *insgeheim* zu erwürgen“, also so, dass es das Publikum nicht bemerkte. Das Ziel des Räderns war nicht mehr, „‚daß [...] der Delinquent gemartert werde, als daß vielmehr an ihm ein affreuses Exempel anderen zum Abscheu geschehen soll'“, wie Friedrich II. von Preußen bereits im Jahr 1749 formuliert hatte. Die Maxime lautete offensichtlich: Abschreckung des Publikums durch eine nicht zu häufige, aber regelmäßige obrigkeitliche Inszenierung von partiell simulierter Gewalt gegen die DelinquentInnen, ohne diese über Gebühr leiden zu lassen.[76]

Mord aus „Lebensüberdruß“

Die Konzeption von Strafe als Präsentation obrigkeitlicher und göttlicher Herrschaft, als sühnender und somit individuell wie kollektiv reinigender Ausgleich eines Verbrechens wurde seit den 1760er Jahren in eine weitere Krise gestürzt, die deutlich nicht-diskursiv markierbar ist. Ich habe zuvor bereits angedeutet, dass in Zeiten zunehmender »religiöser Schwärmerei«, so Karl Hommel, „tägliche Beispiele“ von Menschen zu konstatieren waren, die aus „Lebens-Überdruß“ töteten, um dann einen Freitod durch die Hand des Henkers zu sterben. Auf diese Weise umgingen sie den verwerflichen Suizid und konnten das Seelenheil erlangen, was »gewöhnlichen« SelbstmörderInnen nie und nimmer vergönnt war. Die Lebensüberdrüssigen wählten ein Kind als Opfer, da ein solches noch frei von Sünde war und das Seelenheil erlangen konnte, auch ohne unmittelbar vor dem Tod Buße zu tun. Töteten sie einen erwachsenen Menschen, so schickten sie diesen mit ziemlicher Sicherheit in die ewige Verdammnis, da er keine Gelegenheit hatte, vor dem Tod die Sünden zu bereuen. Den TäterInnen aber war durch die öffentliche Hinrichtung eine optimale seelsorgerische Begleitung bis zum bitteren Ende auf dem Schafott garantiert. Die Tötung eines Kindes war für so manchen Lebensmüden zum sichersten Weg geworden, bewusst mit einer mühseligen Existenz abzuschließen und gewiss „mit einem bußfertigen Herzen die Welt [zu] verlassen“. Mithin hatte sich die Produktion reumütiger SünderInnen durch das Versprechen des Seelenheils und die priesterliche Begleitung zum Schafott sehr wohl als instruktiv für die Zuschauenden erwiesen, nur eben nicht in der anvisierten Form. Die Zeremonien der peinlichen Strafjustiz instruierten nicht (nur) zu Wohlverhalten, sondern (auch) zum „mittelbaren Selbstmord“, wie Hommel den „Mord aus Lebensüberdruß“ nannte. Sie schürten „die brennende Begierde“, „eine öffentliche Todesstrafe auszustehen, um desto sicherer in den Himmel zu gelangen“. Bei Menschen mit einer solchen „durch verkehrte Frömmigkeit entzündeten Phantasie“ konnten die vom Rat der Stadt Hamburg im Jahr 1777 angekündigten Strafschärfungen keineswegs abschreckend wirken, da die Schärfe der Strafe ganz im Gegenteil die „schwärmerische Einfalt“ nur anheizte, wie man bemerkt zu haben meinte. Es sei vielmehr der bessere Weg, betonten Hommel und andere, derart verwirrten

Menschen als Strafe das Leben aufzuerlegen, da es nachweisbar sei, „daß dergleichen Gedanken bei schwachen und einfältigen Gemütern auch daher entstanden, [...] wenn sie bei dem Gepränge einer Exekution die rührende Vorbereitung durch Geistliche mit angesehen haben, sie möchten doch ebenso selig, ebenso wohl zubereitet, als dieser abgetane Sünder sterben, welcher gewiß das Himmelreich ererbte".[77]

Die »Strafe des Lebens« wurde nicht als einzige Möglichkeit gehandelt, dem Problem des „mittelbaren Selbstmordes" beizukommen. Es lag nahe, das obrigkeitliche Töten anders zu inszenieren. Bereits in den 1760er Jahren wurden Zweifel laut, ob es „rathsam" sei, „Missethäter durch Geistliche zum Tode vorbereiten und zur Hinrichtung begleiten zu lassen". Schließlich würden so „Erzbösewichte" gegenüber gesetzestreuen Gläubigen bevorzugt, denn selbst „die ärgsten Schelme, Spitzbuben und Mörder können den Himmel nicht verfehlen, wenn sie es nur so arg gemacht haben, daß Galgen, Schwerdt oder Rad ihnen zugeurtheilt werden. Denn so bald das Urtheil des Todes über einen Missethäter gefället worden, eilen Geistliche zu ihm".[78]

Von beflissenen Geistlichen wurde behauptet, sie könnten ihre Arbeit so erfolgreich verrichten, dass sich die MissetäterInnen nicht nur zu »Armen SünderInnen« wandelten, sondern sogar „den Tag der Hinrichtung gleich einem Tage der Hochzeit mit Ungeduld" erwarteten. Wer seine Exekution allerdings als Triumphzug erlebe, mache kaum den abschreckenden Eindruck eines „bejammernswürdigen Elenden". Immer wieder wurde angemahnt, dass letztlich der Endzweck der öffentlichen Bestrafung verloren zu gehen drohe, „wenn der Missethäter unter [solchen] Umständen stirbt, die eine Art von Bewunderung und Achtung erwecken". „Was ist aber hiervon der nächste Erfolg?", fragte der Hamburger Pastor Christoph Sturm in der Mitte der 1780er Jahre rhetorisch, um seine Frage sofort selbst zu beantworten: „Der ganze Eindruck, den öffentliche Hinrichtungen zum Schröcken der Verbrecher und zur Aufrechterhaltung der allgemeinen Sicherheit auf das Volk haben sollen, gehet verloren".[79]

Ein wahres Dilemma hatte sich aufgetan. Einerseits war die strafende Obrigkeit lediglich befugt, den Menschen in seinem zeitlichen Dasein und somit ausschließlich den Körper zu bestrafen. Zur Rettung der Seele musste alles in ihrer Macht stehende getan werden. Andererseits hatte sich die seelsorgerische Betreuung der Verurteilten bis zum Moment ihres Todes als destabilisierende Komponente entlarvt. Dem Publikum wurde dadurch derart plastisch eine Relativität der Strafe vor Augen geführt, dass die Malträtierung der Körper für so manche schwärmerische und lebensüberdrüssige Person sogar zu einer Verheißung werden konnte. Insbesondere aus Berlin und Hamburg waren nun laute Stimmen zu vernehmen, welche die Absolution zur Errettung der Seele während der allerletzten Atemzüge als Instrument eines nach politischer Macht strebenden Katholizismus verurteilten. Der Ursprung dieses Rituals lag in vorreformierten Zeiten und wurde nun als Aberglaube diffamiert, den man in reformierten Regionen seit dem 16. Jahrhundert hinter sich gelassen zu haben meinte. Es erschien an der Zeit, endlich auch diese „schwärmerische und unnütze

Gewohnheit“ über Bord zu werfen, wie der Hamburger Hauptpastor Sturm betonte. Zur Rettung der Seele konnte alles Nötige auch in der Fronerei vor der Ausführung zum Schafott geleistet werden. Wer bis zum finalen Moment nicht bekehrt war, dem war es ohnehin nicht Ernst mit dem Bedürfnis, die Sünden zu bereuen. Zudem machten die unzähligen ZuschauerInnen, „in deren Minen bald Leichtsinn und Neugier, bald Mitleiden und Wehmuth ausgedrückt ist“, einen seriösen Beistand auf dem letzten Weg sowieso unmöglich. Darüber hinaus hatten die DelinquentInnen zumeist Monate in Dunkelheit und Einsamkeit dahin vegetiert, was deren Verwirrung im entscheidenden Augenblick, wenn sie einem „tosenden“ Publikum gegenübertraten, noch vergrößerte. Es erschien den Zeitgenossen mehr als fraglich, ob angesichts chaotischer Szenen auf dem Weg zum Schafott die Begleitung der Verurteilten durch Prediger einen Sinn ergab. Diejenigen, die dies meinten, „bedenken nicht den Leichtsinn und die wilde Unbändigkeit des großen Haufen, der, wie es die Erfahrung lehret, nie ausschweifender ist, als wenn ein Missethäter zum Tode geführet wird“, kritisierte abermals Pastor Sturm: „Sie bedenken den Lärm nicht, der aus dem Zusammenfluß der Menschen aller Art entsteht, und wodurch es unmöglich wird, daß [die Menschen] von dem noch so lauten und deutlichen Zuspruch des Predigers etwas hören, geschweige denn verstehen können: sie bedenken endlich nicht, daß die Absicht des Pöbels nicht dahin geht, um etwas Gutes zu hören, und also gerührt und erbauet zu werden, sondern nur um etwas Neues zu sehen und seine Neugier, selbst oft auf Unkosten des Menschengefühls, zu befriedigen. Der Prediger ist bey der Hinausführung des Missethäters in den Augen des großen Haufens [...] nur eine zum Trauerspiel erforderliche Person, die angegafft und bey welcher flüchtig untersucht wird, ob sie ihre Rolle gut oder schlecht spielt.“[80]

Was galt es nun zu verändern, um den „unter uns seit einiger Zeit so schrecklich wütenden Mordgeiste zu steuern und durch die Vollziehung der bürgerlichen Strafen einen bleibenden Eindruck in den Gemüthern der Zuschauer zu befördern“, lautete die pressierende Frage. Schließlich hatte selbst der antiaufklärerische Hauptpastor von St. Katharinen in Hamburg, Johann Melchior Goeze, eingestanden, dass eine allzu feierliche Prozession dazu führen könne, dass sich schwache Gemüter ein ähnliches Procedere herbeiwünschten. Der orthodoxe und streitlustige Goeze, der in den Debatten um eine aufgeklärte Theologie als Verfechter einer überlebten Welt aufgetreten war, hatte sich auch in dieser Frage lautstark zu Wort gemeldet und vehement für eine prinzipiell positive Wirkung der Prediger und für eine sichtbare Kirche gestritten. So war und blieb in den Augen Goezes oberstes Gebot der „Natur, der Menschenliebe und des Christentums“, auch „dem größten Verbrecher“ die Ehrerbietung als Mensch zu erweisen und das ewige Glück zu sichern. Nichtsdestoweniger schien die seelsorgerische Begleitung bis zum Moment des physischen Todes dem Zweck der Todesstrafe in Vertragsgesellschaften entgegenzustehen, nämlich „Ruhe und Sicherheit, Ordnung und Wohlstand in der menschlichen Gesellschaft zu erhalten und zu befördern“. Dies konnte nur dann erreicht werden, wenn die Todesstrafe sowohl von den Hinzurichtenden als auch vom Publikum als „wirkliche Strafe“, als „wirklicher Verlust“ und nicht als „Wohlthat“ empfunden wurde. Das Fazit der etwa zwei Jahrzehnte schwelenden Auseinandersetzung lautete, dass „die Predigerbegleitung hierbey zweckwidrig ist“.[81]

Wie zweckwidrig die Predigerbegleitung war, hatte im Jahr 1772 Anna Catharina Knurschen verdeutlicht, als sie ein Nachbarskind tötete, um „mittelbaren Selbstmord“ zu begehen. Ähnliches taten im darauf folgenden Jahr Sophie Margarethe Dittmers und ein weiteres Jahr später Anna Catharina Herlitsch. 1777 war es Ilsabe Catharina Kolhen alias Kuhls, die wahllos ein dreieinhalbjähriges Mädchen ergriff und ihm die Kehle durchtrennte. Karl Hommel bezeichnete den mittelbaren Selbstmord als „Gift“, das „meist [von] schwachen Weibspersonen von einfältiger Erziehung“ in die Gesellschaft injiziert wurde. Er argumentierte im Rahmen der Geschlechterstereotype, denn mit dem mittelbaren Selbstmord wurden die »weiblichen« Attribute der Willenlosigkeit, Hilflosigkeit, Abhängigkeit und Schwäche assoziiert. Das für weite Bevölkerungskreise sozial und ökonomisch nur schwer zu meisternde Leben konnte jedoch nicht nur für das »schwache Geschlecht« zu einer unerträglichen Last werden.[82] Lebensüberdrüssige Männer verdeutlichten, wie wichtig insbesondere in einer sozial schwierigen Situation Zuwendung und emotionale Unterstützung für die Lebensfähigkeit auch des »starken Geschlechtes« waren. Mitnichten demonstrierte der 34-jährige, vielfache Vater Nicolaus Christian Carstens »männliche« Willenskraft, Zielstrebigkeit und Selbständigkeit, als er Anfang der 1780er Jahre bald nach dem Tod seiner Frau seinem jüngsten Kind aus „Unmuth und Verzweiflung“ und, wie er selber sagte, von der blanken Angst getrieben mit einem Schermesser die Kehle durchschnitt. Als im Jahr 1784 der durch einen „Hang zur Trunkenheit“ derangierte und entmutigte Hans Jacob Bey ein fremdes Kind auf dem Stadtdeich ergriff und tötete, war in Hamburg die Debatte über die Begleitung der Todgeweihten durch Prediger bereits in vollem Gange. Zwei Jahre darauf ermordete Anton Lorenz Ammon „von seinem Gram gleichsam überwältiget“ sein erst acht Tage altes Kind. Er hatte auf diese Weise, so das Ratsprotokoll, die „im eingewurzelten Vorurtheil des Pöbels weniger strafbare Art des Selbstmordes“ begangen, was auch der Angeklagte selbst im sogenannten „summarischen Verhör“ hervorhob: „Er habe sich entschlossen, das junge Kind umzubringen, damit er auch aus der Welt könne, [und] er bäte hiermit gehorsamst um eine baldige und gnädige Todesstrafe“.[83]

Der 29-jährige arbeitslose Krautkrämergeselle hatte den Tod der Kindsmutter nicht verwinden können, auch wenn diese in den Augen des Anklägers eine „liederliche Frauensperson“ war. Anna Maria Mallenberg war bereits Mutter einer dreizehnjährigen Tochter und hatte mit Ammon unverheiratet zusammengelebt, was in den unteren Schichten aufgrund der Kosten einer Heirat durchaus nicht unüblich war. Am 26. Juni des Jahres 1786 tötete Ammon gegen 18.30 Uhr in angetrunkenem Zustand sein Neugeborenes, weil er der Probleme nicht Herr werden konnte und sich nicht einmal in der Lage sah, das Begräbnis seiner verstorbenen Partnerin zu bezahlen. Die 61-jährige »Schwiegermutter« Anna Maria Geerkens lief daraufhin schreiend auf die Straße, während der Täter oben in der

Kammer auf die so alarmierte Wache wartete. Für den Ankläger war Ammon „ein neuer trauriger Beweis, in welches Elend der Müßiggang, eine ausschweifende Lebens-Art und der Umgang mit schlechten Leuten“ führen können. Für das Obergericht war er ein „mittelbarer Selbstmörder“, der zum Tod durch das Schwert verurteilt wurde.[84]

Als Ammon zu seiner Enthauptung schritt, hatte die Hamburger Obrigkeit bereits auf den sich „unter dem gemeinen Volke“ ausbreitenden Wunsch, „auf eine gleich erbauliche und selige Art [wie die »Armen SünderInnen«] aus der Welt zu gehen“, reagiert. Den Tod weiterer unschuldiger Kinder galt es zu verhindern, wie es in einem Ratsprotokoll aus dem Juni 1784 hieß. Nicht nur in publizierten Texten, sondern auch in den Akten findet sich das Stereotyp des sinnlichen Pöbels, der dazu neigte, „nur auf das äußere zu sehen und sich den daraus entstehenden Eindrücken zu überlassen“. Daher musste der Rat beschließen, zumindest in solchen Fällen, in denen eine Boshaftigkeit oder ein Lebensüberdruss der TäterInnen festgestellt wurde, den publikumswirksamen Teil der Zeremonie zu modifizieren: „Nur das *Hinausführen* eines Missethäters, [...], das öffentliche Zureden, das Händeauflegen und Einsegnen des Predigers an der Gerichts-Stäte, das der größte Theil des gemeinen Haufens nicht anders ansieht und ansehen kann als einen öffentlich ertheilten *Freybrief*, wodurch die Seele des Missethäters schnurgrade zum Himmel auffahren müßte, bleibe künftighin weg, und *wird wegbleiben müssen*, wenn anders mehrere Unglücksfälle, wovon in den letzten Jahren nur gar zu häufige Beyspiele vorgekommen sind, verhütet werden sollen“.[85]

Die Hamburger Prediger befürchteten, die Änderungen des Exekutionsverfahrens könnten als Folge ihres Versagens verstanden werden. Sie baten den Rat der Stadt nahezu flehentlich, die BewohnerInnen über die »wahren« Gründe zu informieren. Das „Toben der Zuschauer auf dem Wege zum Gerichtsplatz“ sollte in einer offiziellen Erklärung als Ursache für die augenscheinliche Fruchtlosigkeit der priesterlichen Bemühungen gekennzeichnet werden. Aus dieser Bitte sprach die Sorge um die eigene Reputation. Die Seelsorge bis zum Beginn des öffentlichen Spektakels sollte in Zukunft, wie von den Priestern erbeten, unverändert fortgeführt werden, und die letzte Segnung fand nun hinter verschlossenen Türen statt.[86]

Anton Ammon bewältigte seinen letzten Gang ohne seelsorgerische Betreuung. Gleiches ist für die „Mannsmörderin“ Maria Catharina Wächtler zwei Jahre nach Ammon oder für den Dieb Johann Daniel Gäthmann weitere neun Jahre später dokumentiert. Die Strafkonzeption göttlicher Gerechtigkeit war von den MörderInnen aus Lebensüberdruss ad absurdum geführt worden, und dies kam nun in der Inszenierung des Tötens zum Ausdruck. Bemerkenswert ist, dass bereits während der Verhandlungen im Fall Ammon moniert wurde, die „Entfernung der Geistlichen von den Richtplätzen“ zeige nicht die „erwünschte Folge“. Eine einfache Veränderung des Verfahrens schien nicht ausreichend zu sein, um den „Zweck aller Strafen, [nämlich] künftige Verhinderung von Verbrechen“, zu erreichen. Eine „Schärfung der Todesstrafe durch heftige Martern“

erachtete der Rat Hamburgs mittlerweile jedoch als noch sinnloser. Sie wäre „der Menschlichkeit und den gemilderten Sitten des Jahrhunderts“ zuwider und gegenüber schwermütigen VerbrecherInnen besonders ineffizient, da ihnen von Seiten des Publikums ein überaus großes Mitleid entgegengebracht wurde.[87]

Ohne Zweifel eine Posse?

Die Auseinandersetzungen um die seelsorgerische Betreuung der Verurteilten zeigen, wie einem tobenden, sinnlichen und zugleich mitleidigen „Haufen“ archaischen Gemüts die Verantwortung für die mangelnde Seriosität und Durchschlagskraft der öffentlichen Hinrichtungen zugewiesen wurde. Doch nicht nur das Publikum, auch Darsteller im »Theater des Schreckens« ließen im ausklingenden 18. Jahrhundert zuweilen die notwendige Ernsthaftigkeit vermissen. So drohte einmal mehr der instruktive Charakter der Todesstrafen unterwandert zu werden, die dadurch zu einem Risiko für die Stabilität der sozialen Ordnung wurden.

Georg Philipp Wilhelm Hennings war Ende des Jahres 1769 in Hamburg vom Meisterknecht zum Scharfrichter aufgestiegen, und er hatte schon häufiger Anlass zu Klagen gegeben. Der Ruf einer gewissen Nachlässigkeit hing ihm an, da er sich mehr seinen Nebengeschäften wie dem Handel mit Pferdehäuten widmete. Zudem pflegte er das Heu direkt neben dem Kamin in der Fronerei zu lagern, das Gebetszimmer war dort zumeist schlecht oder gar nicht beheizt, und nicht zuletzt konnten mehrfach Gefangene aus seiner Obhut entkommen.[88]

Schon seit den 1750er Jahren war die Hennings-Dynastie von chronischen Geldsorgen geplagt. Kleinere Zugeständnisse des Rats, wie zum Beispiel zehn Reichstaler auch für die Entsorgung der Leichname von SelbstmörderInnen in Rechnung stellen zu dürfen, schufen insgesamt wenig Abhilfe. Im August des Jahres 1790 pachtete Georg Hennings dann von der Stadtkämmerei für zunächst fünf Jahre das Gelände um den Köppelberg, um dort ein wenig Landwirtschaft und Gemüseanbau zu betreiben. Den Richtplatz würde er für etwaige Exekutionen auf eigene Kosten entsprechend herrichten, sicherte der Scharfrichter zu.[89]

Als am Morgen des 4. Februar 1793 das Dragonerkommando und die Infanterie aufmarschieren wollten, um bei der bevorstehenden Exekution Deborah Traubs für „die Erhaltung der nöthigen Ordnung“ zu sorgen, befand sich der Richtplatz allerdings in einem Zustand, der dies kaum ermöglichte. Wie Oberleutnant Sternberg bereits am nächsten Tag voller Zorn an seinen Vorgesetzten schrieb, hatte der Scharfrichter Gräben und Zäune derart um seine Gärten gezogen, „daß die Dragoner nur in 1. Glied halten können und doch noch immer zu befürchten [ist], daß bey der geringsten Bewegung eines Pferdes dasselbe nebst dem Reiter in den Graben stürtzen könne, wodurch zu besorgen [ist], daß Mann und Pferd Schaden leiden“. Darüber hinaus sei zu befürchten, „daß bey einem [...] entstehenden Tumult die Dragoner durch diesen gar zu sehr eingeschränkten Platz fast nicht vermögend sind, ihre Schuldigkeit zu thun".[90]

Der Oberkommandant trug den Vorwurf an den Rat weiter, und auch er betonte, dass „Mann und Pferd bei irgendeiner unerwarteten Bewegung des Pöbels Gefahr gelaufen [wären], in den Graben zu stürzen". Es sei den Truppen somit unmöglich gemacht worden, im Zweifelsfall ihrer Pflicht nachzukommen. Selbst der Transport der toten Deborah Traub zum Galgenfeld, wo der Leichnam verscharrt werden sollte, geriet zur Farce. Zunächst mussten die Knechte des Frons herbeigerufen werden, um einen Zaun einzureißen und so den Weg frei zu machen. Sämtliche Mitglieder des Leichenzuges samt militärischer Begleitung mussten „über den Graben springen und den damaligen tiefen Morast des eingeschlossenen Feldes durchwaten", bis sie endlich die anvisierte Stelle erreichten.[91]

Eine konkret bedrohliche Dimension erhielt dieses Szenario der Unregelmäßigkeit vor allem durch einen weiteren Zwischenfall. Der ja als nachlässig bekannte Scharfrichter Georg Philipp Wilhelm Hennings hatte auf eigene Verantwortung, aber gleichwohl mit Erlaubnis des Rats, seinen Sohn als Vertreter seinerselbst zum Vollzug der Enthauptung gesandt. Dem damals gerade 21-jährigen Wilhelm Heinrich Martin Hennings schien es noch an dem notwendigen Bekanntheitsgrad zu mangeln. Zumindest hat einer der Soldaten den Scharfrichter-Vertreter nicht erkannt und versucht, ihn als »Nicht-Funktionsträger« am Betreten des Schafotts zu hindern. Der hitzköpfige junge Hennings habe den Soldaten „vor die Brust und zurück gestoßen und gegen selbigen den Degen zu ziehen gedroht", beschwerte sich der kommandierende Major beim Rat. Als folgenschwer hätte sich das Betragen des Frons entpuppen können, da der „Soldat mit seinem Gewehr den ihm unbekannten zur Befolgung des Befehls hätte zwingen und leicht in der Hitze über die erlittene Behandlung es auf eine Art hätte thun können, die den Frohn zur Vollziehung seines damaligen Geschäfts unthüchtig gemacht hätte".[92]

Die in der Exekution Deborah Traubs gebündelten Ungereimtheiten, Nachlässigkeiten und Zufälle verdeutlichen, auf welch brüchigem Grund die Sicherheit und die Wirkungsweise der öffentlichen Strafvollstreckungen ruhte. Die Episode endete übrigens trotz der Beschwerden und Auseinandersetzungen mit einer Fortsetzung des Pachtvertrages für den Scharfrichter. Hennings musste lediglich zusagen, das Gelände nur als Weidegrund zu nutzen und es im Bedarfsfall auch wirklich in einen adäquaten Zustand zu versetzen.[93]

Zehn Jahre darauf verschwand die Richtstätte ohnehin aus St. Georg. Die Stadt war gewachsen, der bisherige Hinrichtungsplatz war mittlerweile von Gebäuden gesäumt und offensichtlich gab es einige ernsthafte Interessenten für das Gelände. Da kam der baufällige Zustand des Köppelberges gerade recht, von dem es Anfang des 19. Jahrhunderts hieß, „daß ohne eine daran vorzunehmende beträchtliche Reperatur keine Execution darauf vorgenommen werden könne". So wurde etwas weiter außerhalb der Stadt eine neue Plattform errichtet, und nicht unwesentlich für diese Entscheidung war, dass „die Zuschauer [...] auf dem [neuen] Burgfelde viel mehr Platz [haben] als beym jetzigen Köpfelberge".

Scharfrichter Hennings betonte zwar, dass für ihn vom Publikum keine Gefahr ausginge. Dennoch war ihm etwas mulmig zumute, als der Zimmerer plante, die neue Plattform nur in einer Höhe von 12 statt 17 Fuß zu errichten und auf den mit Wasser gefüllten Graben und die Zugbrücke ganz zu verzichten. Den Einwänden des Scharfrichters wurde Gehör geschenkt, und als im Mai 1807 der Mörder Johann Wallgrün gerädert wurde, sah der neue Köppelberg auf dem geräumigeren Borgfeld genauso aus wie der alte in St. Georg. Das Publikum war zur Premiere offensichtlich bester Stimmung, und es konnte Wallgrün trotz des verschärften Wachpersonals anrempeln und sogar zu Boden werfen.[94]

Der Fall Wächtler und das Ende der Folter in Hamburg

Wenn eine frühneuzeitliche Körperstrafe vollzogen wurde, materialisierte sich auf dem Schafott vor einem unbeschränkten Publikum im Körper der Verurteilten die Wahrheit – die Wahrheit des Verbrechens wie auch die Wahrheit eines weisen, gerechten, allmächtigen Gottes und einer ebensolchen Obrigkeit als seiner irdischen Stellvertreterin. Wie zu sehen war, wurde das bestehende Strafwesen in der zweiten Hälfte des 18. Jahrhunderts in Frage gestellt, das Konzept einer von freien Individuen begründeten Vertragsgesellschaft etablierte sich und die stabilisierende Wirkung der öffentlichen Strafexempel erschien aus verschiedenen Gründen zweifelhaft. Ein körperfokussiertes Strafsystem wurde mehr und mehr als archaisches Residuum einer barbarischen Vergangenheit empfunden. Im frühneuzeitlichen Rechtssystem war der Schmerz jedoch nicht erst mit der eigentlichen Strafvollstreckung als „Prüfstein der Wahrheit" funktionalisiert worden. Schon während des Verfahrens spürte die Justiz „in den Muskeln und Nerven eines elenden Menschen" nach der Wahrheit, um Cesare Beccaria zu zitieren. In der Mitte des 18. Jahrhunderts war es trotz reformerischer Ansätze, zum Beispiel durch Friedrich II., durchaus üblich, mit Hilfe der Folter Schuld oder Unschuld bestimmen zu wollen, und es war ebenso üblich, die Schuldlosigkeit und Reinigung der Gefolterten als erwiesen zu erachten, falls sie auch unter Daumenschrauben und Spanischen Stiefeln das Geständnis verweigerten. Kaum ein halbes Jahrhundert später galten dieses Verfahren und die daran gebundenen Vorstellungen als weitgehend absurd. Die Aussagen, die in dieser Zeit unter anderem Joseph von Sonnenfels formulierte, waren allerdings nicht unbedingt neu, sondern ähnlich bereits im 17. und frühen 18. Jahrhundert zu hören und vor allem zu lesen gewesen. Im ausgehenden 18. Jahrhundert standen sie jedoch innerhalb einer veränderten kulturellen Konfiguration und, spezieller, in einem transformierten strafrechtlichen Feld. Nun konnten solche Aussagen eine höhere Dichte erlangen und Wirkungsmacht entfalten.[95]

Die Gegner der Folter waren um äußerste Glaubwürdigkeit bemüht, was im zeitgenössischen Kontext in der Regel bedeutete, dass sie ihre Argumente männlich-rational vorbrachten, also frei von „Empfindelei" und „mit der kalten Gleichgültigkeit eines Rechtsgelehrten, der seine Blicke von den Zückungen der

Gepeinigten abwendet, sein Ohr vor ihrem Wimmern verschlüßt". Zunächst wurde kritisiert, dass ein erfoltertes Geständnis als Konsequenz äußeren Zwangs überaus unzuverlässig und nicht viel mehr als die Beruhigung einer sorglosen Justiz sei. Es beweise keinerlei Schuld, sondern nur, dass die Geständigen „der Gewalt der Streckung, der Schraubung, der mannigfältigen Marterarten nicht mehr widerstehen" konnten. Demzufolge hatte die Folter als „Zeichen des vorzüglichen Zutrauens auf Gewalt" maßgeblichen Anteil an der Diskreditierung der darauffolgenden Strafe. Diese konnte keinesfalls als „Folge des erwiesenen Lasters" gelten, wenn sie auf einem erzwungenen Geständnis basierte. War es letztlich eine mindere Leidensfähigkeit der Gefolterten, die eine Strafe nach sich zog, so konnte auch die Lossprechung von Schuld und Strafe nicht als „Folge der erwiesenen Unschuld, sondern der stärkeren Sehnen und einer grössern Entschlossenheit" betrachtet werden.[96]

Vor diesem Hintergrund schien die Folter nicht nur unsicher in Hinblick auf die Wahrheit, sondern auch mit einem unmittelbar destabilisierenden Effekt auf die gesellschaftliche Ordnung verbunden zu sein. Schließlich produzierte sie nicht nur Fehlurteile, sondern es wurden ausgerechnet diejenigen protegiert, „welche die Schwärze der Seele mit der Stärke des Körpers vereinen" und somit die größte Gefahr für das Gemeinwesen darstellten. Der feinfühligere, zivilisiertere und gesetzestreue Bürger jedoch werde durch die Existenz einer derartigen Einrichtung Gefahren unterworfen, die bei weitem diejenigen übertrafen, denen er sich durch den Bürgervertrag zu entziehen gedacht hatte. Mancher Mensch werde gar zum mittelbaren Selbstmord gezwungen, wenn er trotz der eigenen Unschuld nur aus Verzweiflung und Angst vor diesem „barbarischen Mittel" und den Schmerzen ein Verbrechen gestehe. Der Tod Unschuldiger und die systematische Bevorteilung der als körperlich widerstandsfähiger geltenden Gewalttäter könne nicht im Sinne einer Gesellschaft sein, die nach der Maximierung des kollektiven Wohlbefindens strebe, befand Joseph von Sonnenfels. Auf diese Weise werde ein Trugbild allgemeinen Wohls errichtet, das „jenen furchtbaren und verabscheuten Götzen [gleicht], welche nur durch das Blut der Unschuldigen versöhnet werden wollten".[97]

Die »peinliche Frage« wurde nicht nur als unmenschlich und unklug, sondern auch als widerrechtlich kritisiert, da sie eine vom Unschuldsgrundsatz abweichende Züchtigung zur Erpressung einer »Wahrheit« darstellte. Gegen Ende des 18. Jahrhunderts bestand diesbezüglich ein weitreichender Konsens. In der Gerichtspraxis war sie in Preußen bereits seit dem Jahr 1740 bzw. 1754 abgeschafft, und bis zur Jahrhundertwende folgten in weiten Teilen Europas ähnliche Schritte. Selbst die wenigen, die die Folter unter spezifischen Umständen immer noch als legitimiert erachteten, konzedierten, dass durch die »scharfe Frage« der „Unwißenheit, der Barbarei, der Unmenschlichkeit und Willkühr" ein Raum eröffnet werde. In diesem Raum entfalteten sich in den ausgehenden 1780er Jahren auch die Fälle der beiden letzten »scharf gefragten« Personen Hamburgs, der Mannsmörderin Maria Catharina Wächtler und des Diebes Jochim Hinrich Petersen.[98]

Vor allem die „berüchtigte Mannsmörderin“ Wächtler hatte für viel Aufregung gesorgt, und ihr Fall kann nicht zuletzt als Indiz für die um sich greifende »Lese-« und »Sensationssucht« herangezogen werden. Die Untersuchung war von einer publizistischen Aufbereitung begleitet, die in neue Dimensionen vorstieß. Alle entscheidenden Dokumente des Verfahrens wurden in Druck gegeben, und wöchentlich bzw. alle 14 Tage berichteten Fortsetzungsflugblätter über Aussagen, Zeugenverhöre und weitere Entwicklungen. Es hieß, sämtliche BewohnerInnen Hamburgs kannten die Geschichte in- und auswendig, die erstmals an das Licht kam, als der Kutscher Klaus Eggers im Februar 1786 anzeigte, nicht weit von Lütjensee auf der Landstraße nach Lübeck sei „ein in Matten geschlagener Packen gefunden worden, worin ein aufs grausamste ermordeter Mensch männlichen Geschlechts gelegen [habe]“. Der verstümmelte Körper und der abgetrennte Kopf, dem zudem Nase und Ohren abgeschnitten worden waren, wurden recht schnell dem seit einiger Zeit vermissten Kaufmann Joseph Adolph Wächtler zugeordnet und von dessen Witwe identifiziert. Prekär war die Lage für die Witwe, da sie sich einige Tage zuvor mit schweren Paketen bestückt auf eine Reise nach Lübeck begeben hatte, auf halbem Wege aufgrund eines „affectirten Uebelbefindens“ umgekehrt und ohne die Pakete wieder in Hamburg angekommen war. Zudem hatte sie sich kurz vor dem mysteriösen Verschwinden ihres Gatten vom Schlachter Leopold ein Hackebeil geliehen. Auch wenn die gutachtenden Ärzte aussagten, die Hände und der Kopf des Opfers seien mit einer außergewöhnlich scharfen Klinge abgeschnitten und nicht abgehackt worden, wurde das Ausleihen des Beils doch als Indiz für die Mordgedanken der Wächtler gewertet. Schwerer noch wogen die verschiedenen Aussagen anderer Zeuginnen und Zeugen. Da war die Köchin, die behauptete, sie habe in einem Sack in der Kammer neben dem Schlafzimmer ganz deutlich Hände und Kopf gefühlt und sich daran sogar mit Blut beschmiert. Da war die Wäscherin, die bezeugte, dass die Wächtler außergewöhnlich blutiges Bettzeug zum Reinigen gebracht und mit einem „weiblichen Zufall“ erklärt habe. Da war der Arbeitsmann, der angab, er habe bereits beim Schnüren der Pakete einen Verdacht aufkommen spüren. Und zuguterletzt war da noch die siebenjährige Tochter der Angeklagten, die nachts beobachtet haben wollte, wie die Mutter mit einem Hammer zwei Mal auf den Kopf des Vaters geschlagen und ihm dann mit dessen etwa 30 cm langen und fünf cm breiten Papiermesser die Gurgel abgeschnitten habe. Als dieser sich noch wehren wollte, habe sie ihm die Decke über den Kopf gezogen und ihn verbluten lassen, daraufhin einen anderen Mann hereingerufen, der ihr half, den toten Körper zu entsorgen. Die scheibchenweise bekannt werdenden, äußerst spektakulären Tatumstände und die verschiedenen Aussagen der ZeugInnen machten Maria Catharina Wächtler peu à peu zu einer lokalen Berühmtheit, so dass „sich das Volk haufenweise vor ihrem Hause versammelte. Es murmelte anfänglich, und sagte zuletzt laut: ‚die Frau hat ihren Mann umgebracht, und in einem Packen auf der Lübecker Poststraße hingeworfen.‘“[99]

Auch an einem Motiv für die Tat und an der notwendigen »Gesinnung« schien es der „Wächtlerin“ nicht zu mangeln. Schon in Berlin hatten sie und ihr damaliger Freund, späterer Gatte und verstorbener Ehemann ohne Trauschein und priesterlichen Segen zusammengelebt, was sie augenscheinlich bereits als potentielle Mörderin kennzeichnete. Die beiden waren in der Hoffnung nach Hamburg gekommen, hier ein schnelles Glück machen zu können. Es hieß, Joseph Wächtler habe es mit dubiosen und nicht immer legalen Geschäften versucht und seine Frau dabei finanziell äußerst knapp gehalten. Er war dem Alkohol und dem Spiel verfallen, und sie wurde als temperamentvolle, „feurige“ und „zu Ausschweifungen geneigte“ Person beschrieben, die ein lockeres und lustbetontes Leben liebte. So erschien es nur konsequent und logisch, dass sie angeblich versucht hatte, hinter dem Rücken ihres Gatten mit dessen Waren Geschäfte zu betreiben, um ihr Verhältnis mit dem Friseur und Perückenmacher Schultz auch ausgiebig und mit dem entsprechenden Luxus genießen zu können.[100]

Die Indizien gegen die Ehegattin hatten sich innerhalb kürzester Zeit so verdichtet, dass sie die Hauptverdächtige war. Zunächst wurde sie in ihrem eigenen Haus in Gewahrsam genommen und bewacht, und sie musste „wegen des vielen Pöbels [...] in einem Wagen zum Verhör gefahret werden“. Obgleich sie vor allem durch die Aussage ihres eigenen Kindes belastet wurde, leugnete sie ihre Schuld beharrlich. Ein wegen des fehlenden Geständnisses »mildes« Urteil gegen die mutmaßliche Mannsmörderin konnte nicht zuletzt wegen des großen öffentlichen Interesses kaum hingenommen werden. Folglich entschied das Obergericht, die hinreichend Verdächtige „zum näheren Geständniße der Wahrheit mit der scharfen Frage zu belegen“, obgleich dies ein „in Hamburg durch vieljährigen Nichtgebrauch stillschweigend abgeschaftes Mittel“ war, wie ein Kritiker der Entscheidung bemerkte.[101]

Heftig wurde in der „aufgeklärten“ Bevölkerung der Stadt diskutiert, und auch im Umfeld des Falles Wächtler wurde angemahnt, die Tortur sei ein verwerfliches Mittel, dessen Erfolg ausschließlich von der körperlichen Verfasstheit der Gefolterten abhänge. Die Wächtler schien jedenfalls eher schwach zu sein, denn sie gab bereits nach dem Anlegen der Daumenschrauben an, ein gewisser Färber Kuhn habe gegen Geld und Heiratsversprechen den Mord für sie begangen. Nicht nur, dass die Angeklagte die Aussage recht bald nach der Tortur widerrief, auch in der Öffentlichkeit wurde deren Glaubwürdigkeit sofort bezweifelt. Zum einen wurde der Fall seit nahezu zwei Jahren verhandelt, zum anderen war seit fast sechs Wochen bekannt, dass man die Verdächtige der Tortur zu unterwerfen gedachte. Welcher Schuldige würde sich unter diesen Umständen überhaupt noch in Hamburg aufhalten, war die eher rhetorische Frage, die gestellt wurde, als man besagten Kuhn festnahm. Die Konsequenz lag auf der Hand: „Es ist also wol nichts von der Tortur zu erwarten, wol aber zu befürchten, daß unschuldige Personen durch ihre Angabe in Angst gesetzt und beschimpft werden“.[102]

Spätestens mit der peinlichen Befragung begann der Fall Wächtler einem turbulenten Schaustück zu gleichen. Die sich ständig ändernden Aussagen der Angeklagten wurden regelmäßig und en detail publiziert und kommentiert,

„nicht [...], um bloß die Neugierde des Publicums zu befriedigen, sondern die zu belehren, die mit philosophischen Augen die Welt und die Handlungen der Menschen beobachten wollen", wie der Herausgeber des „Archivs der Schwaermerey" versicherte. In der Folterkammer gestand die Angeklagte recht bald, Kuhn nur beschuldigt zu haben, weil sie ihn in Russland wähnte, und bat darum, als nun geständige Alleintäterin »milde« behandelt und nicht mit glühenden Zangen gemartert oder von unten auf gerädert zu werden. Die falsche Beschuldigung schien der eindeutige Beweis für die Unmenschlichkeit, Unsicherheit und Fehlerhaftigkeit „dieses von der Düsterheit und Barbarey vergangener Jahrhunderte zeugenden Beweismittels" zu sein. Die Folter produzierte nicht nur „verstümmelte Körper", sondern sie trug auch die völlige Ungewissheit in das Rechtssystem hinein. Derartige Stimmen erhielten weitere Nahrung, als sich die Angeklagte in den kommenden Monaten wieder „bockig" und „vestockt" zeigte, zwischen Zusammenbruch und Aufsässigkeit schwankte und ihr Geständnis widerrief. Die wenigen Befürworter der peinlichen Frage verloren zunehmend an Boden, auch wenn die Angeklagte zuweilen der Prototyp der reuelosen Täterin zu sein schien. Einerseits setzte sie bei ihren öffentlichen Auftritten eine „freche Miene" auf und bediente sich „spöttischer Reden". Andererseits wurde auch berichtet, sie habe geweint, als ihre Verteidigung vorgetragen wurde, und „sie schien über den ganzen Vorgang gerührt zu seyn". Ihr Verhalten sicherte ihr „überall eine Menge Menschen in den Strassen, welche sie durchpassiren mußte". Das Publikum strömte regelmäßig zusammen, um die Hauptfigur in dem Stück über die „weit und breit bekannt gewordene Mannsmordthat" zu sehen.[103]

Letztlich wurde Maria Catharina Wächtler im November des Jahres 1788 auch ohne ein endgültiges Geständnis wegen „boshafter", „grausamer", „unmenschlicher", „hinterlistiger" und „heimlich verübter" Ermordung ihres Ehemannes dazu verurteilt, in einer haarnen Decke und mit fliegenden Haaren zum Gerichtsplatz hinausgeführt und dort mit dem Rad von oben herab vom Leben zum Tode gebracht zu werden. Wie bereits an anderer Stelle erwähnt, wurde dem Scharfrichter angeordnet, die Frau vor der Räderung heimlich zu strangulieren, „denn so sehr empfindet man das Barbarische der Strafe des Rades", wie der Rechtskundler Claude Pastoret formuliert hatte. Sämtliche Bemühungen, doch noch ein glaubwürdiges Geständnis von ihr zu erlangen, scheiterten auch nach dem Urteilsspruch. Am Montag, „kurz vor der Hinausführung nach dem Gerichts-Plaze", gestand sie zwar dem Priester, die alleinige Mörderin ihres Mannes zu sein. Andererseits erzählte man sich, in ihren letzten Worten gegenüber einem Mitgefangenen habe sie die Hoffnung geäußert, der wahre Täter möge bald gefasst werden.[104]

Der Fall Wächtler avancierte zu einem Modellstück der peinlichen Strafgerichtsbarkeit des ausgehenden 18. Jahrhunderts. Die Justiz war bemüht, sich von ihren Traditionen zu lösen, und verhielt sich zurückhaltend in Hinblick auf ein Gerichtsprocedere, das die mutmaßliche Missetäterin durch die Folter zu überführen versuchte. Die obrigkeitlichen Verfahrensmöglichkeiten waren jedoch begrenzt, und als es unumgänglich schien, griff man doch auf das Mittel der »scharfen Frage« zurück – auf ein Mittel, das als „eines Kannibalen würdig" stigmatisiert war. Ähnlich verhielt es sich auch mit dem Urteil und dessen Vollzug. In den Strafforderungen des Anklägers und den Urteilsbegründungen wurde zwar auf die Peinliche Gerichtsordnung und die Schriften Benedikt Carpzovs verwiesen. Andererseits hieß es dort aber, dass eine eingehende und wiederholte Prüfung des Falles vonnöten sei, „da das Leben eines Menschen unstreitig von der äußersten Wichtigkeit ist". In Hinblick auf die Sanktion selbst wurde allerdings kaum bezweifelt, dass die Wächtler „ihr zur wohlverdienten Strafe und andern dergleichen rachsüchtigen, mordgesinnten und pflichtvergessenen Ehefrauen zum warnenden und abschreckenden Exempel" den Tod erleiden musste. Andererseits hieß es, niemandem sei „mit der Marter eines zum Tode verurtheilten gedient", weshalb die Räderung von oben herab vollzogen und die Missetäterin vor dem Strafvollzug heimlich erwürgt wurde, so dass „nur das abschreckende Beispiel für das Publikum übrig bleibt", wie ein Zeitgenosse im Jahr 1787 über die Praxis der Räderung meinte. Die Begleitung durch einen Prediger bis zum Schafott wurde unterbunden, und auf die Ausstellung des toten Körpers auf dem Rad verzichtet. Als letzter Delinquent war der Frauenmörder Henning Wöllmer fast auf den Tag genau acht Jahre zuvor auf das Rad geflochten worden. Nahezu drei Monate hatten die Reste seines Körpers dort gelegen, bis der Rat der Stadt Hamburg aus, wie es in den Akten heißt, „echter Milde und Menschenfreundlichkeit" der Bitte des Amtmannes Braun aus Wilhelmsburg nachkam, die „schon mehrentheils verfrorenen und verwitterten Ueberreste des getödteten Leichnahms [...] aus dem Element der Luft hinwegzunehmen". Braun hatte für die Mutter des bei den meisten „wahrscheinlich längst vergessenen hingerichteten Wöllmer" gesprochen. Sie verliere jedesmal die Fassung, wenn sie wegen ihres Geschäftes nach Hamburg reisen und „die auf dem öffentlichen Richtplatz noch unverscharrt in der Luft befindlichen Überreste [ihres Sohnes] betrachten" müsse, schrieb Braun. Wöllmer sollte der letzte Missetäter bleiben, der in Hamburg nach der Exekution auf das Rad geflochten wurde.[105]

Doch zurück zum Fall Wächtler, dem ähnlicher Modellcharakter in Hinblick auf dessen öffentliche Rezeption attestiert werden kann. Stimmen, die die Tortur als „zwar unsanftes, aber bey einem abgefeimten Bösewicht und hartnäckigen Inquisiten zur Erörterung der Wahrheit absolut nothwendiges Mittel des peinlichen Rechtes" definierten, waren kaum mehr zu vernehmen. Die beständig wechselnden Aussagen der gefolterten Wächtler und die damit verbundene Beschuldigung eines Schuldlosen trugen ihren Teil dazu bei, die peinliche Frage nicht nur aus Gründen der „natürlichen Billigkeit", sondern auch als Mittel zur Ergründung der Wahrheit zu verwerfen. Zudem schien der Fall Wächtler den HamburgerInnen par excellence zu demonstrieren, dass ein lasterhaftes, von Spiel, Trunk und der Suche nach Lustgewinn geprägtes Leben übel enden musste. Auch die Aufforderung an die BewohnerInnen der Stadt, zu beten, *„daß doch dieses in unsern aufgeklärten Zeiten die letzte Blutschuld in Hamburg sey"*, bewegte sich durchaus im Spektrum des zeitgenössischen Selbstverständnisses.

Gleiches kann von der »medialen« Begeisterung und der Gier des Publikums nach regelmäßiger, detaillierter und originalgetreuer Berichterstattung über den Verlauf des Prozesses gesagt werden, die nur von einem unverstellten Blick auf die mutmaßliche Täterin selbst gekrönt werden konnte. Die Lust am Schrecklichen war unverkennbar. Der Mythos Maria Catharina Wächtler sollte in der Folgezeit fortleben. Einerseits wurde sie als „geile" und lustsuchende Mannsmörderin „feurigen" Temperaments beschrieben, die ihren Buhler mit einer „goldenen Uhr" köderte, andererseits weinte sie vor Rührung im Gerichtssaal und hoffte angeblich noch im Moment ihres eigenen Todes auf die Entdeckung des Mörders ihres Gatten. Einerseits bat sie flehentlich um einen Tod ohne jedes körperliche Leid, und schon der Anblick der Daumenschrauben hatte ihr dermaßen das Fürchten gelehrt, dass sie alles gestand, was man von ihr hören wollte. Andererseits hieß es, sie sei dem Publikum mit frechem Mienenspiel begegnet, sei munter zum Richtplatz gegangen, habe in der Steinstraße vor dem Konvent noch einen Römer Wein getrunken und auf dem Richtplatz selbst habe sie das Gerüst „in genauen Augenschein genommen, das Rad selbst in die Höhe gehoben, und sogar gefragt, ob sie richtig läge" – dies hatte bis dahin noch kein Delinquent, geschweige denn eine Delinquentin, gewagt. So ist es nicht verwunderlich, dass nicht nur die ZeitgenossInnen auf den Fall Wächtler und dessen Hauptdarstellerin versessen waren. Selbst nahezu ein Jahrhundert später beschäftigte er populärwissenschaftliche Fallsammlungen wie den „Neuen Pitaval" und faszinierte Romanautoren, die Maria Wächtler in das Zentrum ihrer Geschichte stellen wollten.[106]

Eine anonyme Strategie

Der Fall Wächtler verdeutlicht die komplexen Verknüpfungen diskursiver und nicht-diskursiver Elemente, die zunächst keinerlei Ordnung im Sinne einer klar definierbaren Struktur erkennen lassen. Die unterschiedlichsten Aussagen über Todesstrafe und körperfokussiertes Strafsystem trafen aufeinander. Auf der einen Seite wurden Würde und Unverletzlichkeit des Körpers postuliert, der sich in den Diskursen als Bedingung für die Existenz einer menschlichen Seele verfestigt hatte. Es war mittlerweile als denk-möglich etabliert, „daß das, was wir Seele nennen, wie das Stundenzeigen einer Uhr, nichts anderes als der Effekt gewisser Formen und Zusammensetzungen der Materie sey". Folglich würde auf dem Schafott mit dem Körper auch die Seele sterben. Auf der anderen Seite war es in diesem veränderten diskursiven Feld nach wie vor möglich anzuregen, Körper zu verstümmeln, um abzuschrecken und die Wahrheit zu erkunden. Die Ränder des Feldes wurden auch gegen Ende des 18. Jahrhunderts von Extrempositionen markiert – über drei Jahrzehnte nach den ersten Schriften Beccarias, von Sonnenfels' und Hommels, als so mancher Autor bereits das endgültig „*letzte Wort* über diesen Gegenstand" der Todesstrafe für sich reklamierte. So forderte Justus Gruner im Jahr 1799 die noch zögernden „Regenten und

Gesetzgeber Europens“ auf, „das unglückliche Recht der Todesstrafen zu den Trümmern zerstörter Vorurtheile“ zu werfen. Nur dann könne „die Abendsonne des scheidenden Jahrhunderts, die so ungeheure Massen von Blut und Leichen bescheint, sanft auf das Glück hernieder [glänzen], das Eure Wahrheits- und Gerechtigkeitsliebe den Nationen schaft“. Gruners konsequent abolitionistische Haltung machte ihn allerdings zu einer Randfigur, und er war sich dessen durchaus bewusst. Ebenso selten war das andere Extrem geworden, das hier durch einen Text Johann Heynigs aus dem Jahr 1797 verdeutlicht werden soll, nämlich die vormals verbreitete Todesstrafe als ein „der Mode unseres entnervten Jahrhunderts gebrachtes Opfer“ zu beklagen und zu fordern, „Mörder [...] nach abgelegtem Geständnis auf eine ihrer Gräuelthat gemäße Art zu bestrafen und so den Schandfleck zu tilgen, den sie [...] angeworfen haben! Kommt, kommt ihr Bewohner [...] von allen Orten und Enden her, versammlet euch Iung und Alt, wenn die Mörder [...] zerknirscht und von der Erde mit allen Qualen weg vertilgt werden!“[107]

Trotz der innerdiskursiven Spannungen schien sich gegen Ende des 18. Jahrhunderts eine bestimmte Aussagenkonstellation deutlicher als andere zu verdichten. Es formierte sich eine »anonyme Strategie«, die die diskursive Heterogenität in einem gewissen Maß koordinierte. Unter »Strategie« soll hier die Verdichtung einer bestimmten Gruppe von Aussagen innerhalb eines Feldes verstanden werden, das verschiedene Möglichkeiten eröffnet hatte. Zwei Aspekte gilt es hervorzuheben. Erstens ist die Strategie insofern anonym, als dass „man nicht mehr zu sagen wüßte, wer sie entworfen hat“. Es kann niemand fixiert werden, der als »Stratege« und »Erfinder« einer solchen Strategie bestimmt werden könnte. Zweitens hat sich die Strategie im Zusammenspiel von Diskursen und Praktiken herausgebildet. Die Justizpraxis, in der sich unterschiedliche Aussagen des Diskurses materialisierten, bildete die Schnittstelle von Textualität und handelnden Subjekten. Dort erfuhr der Diskurs eine Vervielfachung seiner Wirkungsmacht, da er sich von der Textualität löste und in Lebensbereiche vordrang, in denen sich die Menschen weitgehend unabhängig von Alter, Stand oder Geschlecht bewegten. Zudem sind die Praktiken dem Diskurs keineswegs „äußerlich“. Sie sind keine „störenden“, sondern durchweg „bildende Elemente“, die zur Verdichtung eines Diskurses beitragen und mithin die Richtung prägen, in die sich ein dynamisches Diskursfeld bewegt.[108]

Die Verdichtung von Aussagen lässt sich in einer Reihe strafrechtlicher und philosophischer »Lehrbücher« fixieren, die sämtlich um die Wende vom 18. zum 19. Jahrhundert publiziert wurden. Zu dieser Zeit galt die Auseinandersetzung über die Todesstrafe bereits als alter „Zankapfel der Rechtslehre und Politiker“. Die Lehrbücher repräsentierten einen mittlerweile herausgebildeten Werte- und Wissenskanon. Sie zeichneten sich sowohl durch eine weitreichende Rezeption der umfassenden Literatur als auch durch eine starke multiplikatorische Wirkung aus, da sie an Schulen und Universitäten, in Gerichtsstuben und Anwaltskanzleien herangezogen wurden. In der Regel nahmen diese Werke für sich in Anspruch, nicht mehr Thesen einer laufenden Debatte zu diskutieren, sondern in ihrer Herausbildung abgeschlossene Erkenntnisse und somit feststehende Wahrheiten zu verkünden. Zu diesen Arbeiten können beispielsweise Ernst Ferdinand Kleins „Grundsätze der natürlichen Rechtswissenschaft“, Paul Johann Anselm Feuerbachs „Lehrbuch des gemeinen in Deutschland geltenden Peinlichen Rechts“ oder Karl August Tittmanns „Grundlinien der Strafrechtswissenschaft“ gezählt werden. In der ersten Hälfte des 19. Jahrhunderts sollten diese Schriften Standardwerke bleiben.[109]

Für Klein, Tittmann und die meisten ihrer Kollegen stand es außer Zweifel, dass das obrigkeitliche Recht zu strafen nicht gottgegeben war, sondern seinen Urspurng im Menschen fand. Von den Individuen war dieses Recht, ganz gleich, ob in einem konkreten Akt oder sinnbildlich, auf den Staat nur übertragen worden, um ein Maximum an Freiheit zu gewinnen und somit die Erfüllung des „naturgegebenen“ Auftrags des Menschen zur Vervollkommnung seinerselbst zu ermöglichen. Auf dem Gesellschaftsvertrag beruhte die Aufgabe der Obrigkeit, entsprechende Regeln über das Verhalten zu formulieren und zu überwachen. Schließlich war in den Worten Feuerbachs „der Zweck [des Staates] die Errichtung eines rechtlichen Zustandes, der Schutz der wechselseytigen Freyheit Aller“. Strafe hatte sich demnach von einem transzendental begründeten Ritual zu einer äußerst rationalen Angelegenheit gewandelt, zu schlicht und einfach „demjenigen sinnlichen Übel, welches dem Urheber einer Störung des Freiheitsgebietes nach Vorschrift des Rechtsgesetzes zugefügt wird“. Dies war ein Leit- und Lehrsatz, der auch in Schulbüchern und Rechtskatechismen verkündet wurde, und diese Konzeption säkularisierter Gerechtigkeit sollte sich auch in Rechtsordnungen, wie dem preußischen »Allgemeinen Landrecht« von 1794, verfestigen.[110]

War hiermit noch wenig über das Instrument »Strafe« und deren Vollzugstechnik gesagt, so war doch eindeutig, dass Strafe nicht mehr Übel als notwendig verursachen durfte. Nur dann konnte sie der Maximierung der kollektiven Wohlfahrt dienen. Innerhalb dieses Rahmens war nicht nur für Karl Tittmann unstrittig, dass es sehr wohl „ein Recht gebe, den Störer des Freiheitsgebietes unter gewissen Umständen sogar am Leben zu strafen“. Schließlich diente dieses Recht des Staates zu töten der „Erhaltung des Lebens, des Wohls und der Glückseligkeit eines jeden“ Einzelnen und somit der Gemeinschaft. Bei aller Menschlichkeit, die aus der Opposition zur Todesstrafe spreche, müsse man sich doch „wider den eigenen Willen der Macht der Wahrheit“ beugen und zu deren Verteidigung durchringen, wie aus den Kreisen der so zahlreichen „gefühlsmäßigen Gegner“, aber verstandesmäßigen Befürworter der Todesstrafe zu vernehmen war. „Hat er gemordet, so muß er sterben. Es giebt hier kein Surrogat zur Befriedigung der Gerechtigkeit“, kann in den Worten Immanuel Kants ein Substrat des Diskurses gefaßt werden.[111]

Die peinliche Gesetzgebung war in der zweiten Hälfte des 18. Jahrhunderts ohne Zweifel ein vieldiskutierter Gegenstand. Wenn jedoch behauptet wurde, dass „unter der Losung des Beccaria ein vermischtes Heer von Rechtsgelehrten und Schwäzern, von Philosophen und Empfindlern sich sammelte, um [...] der

Todesstrafe [...] die Fehde anzukündigen" und vor allem dass „eine beinahe allgemeine Stimme [...] wider die Rechtmäßigkeit der Todesstrafen [eiferte]", so ist dies doch übertrieben. Ganz im Gegenteil hatten sich bis zur Jahrhundertwende vor allem die Stimmen Gehör verschafft, die eben bei aller Menschlichkeit und Vernunft und mit allem Bedauern eine Notwendigkeit, Nützlichkeit und Rechtmäßigkeit der Todesstrafe postulierten. In diesem Sinne formulierte auch der Hamburger Advokat und Notar Valentin Friedrich Hofmann, „der seit einer gewissen Epoche, hin und wieder, angenommene Grundsatz der Gelindigkeit im Bestrafen ist zwar sehr menschlich, [...] kann [aber] sehr üble Folgen für den Staat haben, [...] und [er ist] in dieser Rücksicht [...] für die öffentliche Sicherheit eher nachtheilig als zur Erhaltung derselben dienlich".[112]

Die Tötung vermeintlich gesellschaftsgefährdender Elemente war durch die Auseinandersetzung mit dem bestehenden Strafrechtssystem bei aller Kritik an der Todesstrafe nachhaltig legitimiert worden. Daran haben auch die Reformen und Reformbemühungen in Preußen, Russland, Schweden, der Toskana und Österreich nichts ändern können. Folgt man den Aussagen der meisten Texte, so war den Herrschern nicht nur das Recht gegeben, sondern sogar „die Pflicht auferlegt, manchen Verbrecher am Leben zu strafen". Es käme einer „Rebellion gegen das allgemeine Wohl" gleich, „dem Staate gefährliche, verhärtete und unverbesserliche Verbrecher [...] aus falschem Mitleiden [zu] schonen". Die auf diese Weise legitimierte Tötung „unverbesserlicher Verbrecher" im Namen der Menschlichkeit und der Kultivierung des Lebens wurde nicht als Widerspruch gesehen zu dem unbestrittenen und unabänderlichen menschlichen Wert, den man nun auch in den größten MissetäterInnen erkannte. Die Wertschätzung des Menschen an sich untersagte allerdings dessen Instrumentalisierung auf dem Schafott und eine mehr als unbedingt notwendige und schmerzhafte Malträtierung des Körpers.[113]

Durch die Notwendigkeit, die Sicherheit des Kollektivs vor dem delinquenten Individuum zu gewährleisten, schien die Todesstrafe gerechtfertigt, allerdings ohne „jenes traurige Gepränge, welches die Hinrichtung eines Missethäters zu einem unterhaltenden Schauspiel für Müssiggänger und Neugierige macht". Darüber hinaus, so betonte u.a. Gallus Kleinschrod in seinem Handbuch, seien pompöse und geschärfte Exekutionen schlecht für das Ansehen des Staates, der Obrigkeiten und der Justiz: „Der Regent muß durch einfache Todesstrafe und deren seltene Anwendung beweisen, wie schwer es ihm fällt, Menschenblut zu vergießen. Auch ist der Eindruck schädlich, den qualifizierte Todesstrafen machen. Da diese so oft von Tyrannen mißbraucht wurden, so denkt man bey ihrer Vollziehung bloß an die Grausamkeit der Strafe; man denkt mehr an die Macht, womit sie der Regent durchsetzt, als an das Recht, und den Zweck, warum gestraft wird: man wird gegen die Rechtmäßigkeit der Todesstrafen überhaupt mistrauisch".[114]

Ein »Festival der Martern« schien folglich wider die okzidentale, zivilisierte Menschheit zu sein und die Herrscher in den Augen der Bevölkerung sogar diskreditieren zu können. Ein die Körper instrumentalisierendes, gewalttätiges

Szenario auf dem Schafott entsprach nicht dem Selbstverständnis der vermeintlich fortschrittlichen, aufgeklärten und zivilisierten Kultur. Diese hatte sich eigentlich mit Grausen von derartigen Szenen abzuwenden, zumal sie sich und ihren Entwicklungsstand nicht zuletzt über die Form ihrer Strafjustiz definierte. Ein offensichtlich fasziniertes Publikum am Schafott machte es daher notwendig, eine Lust an der Gewalt auf einen Pöbel oder »gemeinen Haufen« zu projizieren, der noch nicht den entsprechenden zivilisatorischen Entwicklungsschritt vollzogen hatte und »den Wilden« in Asien und Amerika nahestand. Dergestalt war es möglich, zwischen dem »eigentlichen« – also dem »eigenen« – zivilisatorischen Status der Reformer und dem des Publikums am Schafott zu unterscheiden.[115]

Die Differenz zwischen dem aufgeklärten Beobachter und dem als »tiergleich« skizzierten Pöbel war eher künstlich denn wirklich, wie später noch erläutert werden wird. Zunächst aber offenbarte die zumindest diskursive Wirklichkeit eines »gemeinen Haufens«, der das Schafott umlagerte, mehrere Wege, den Fortbestand des strafrechtlichen Instruments »Todesstrafe« zu sichern. Zum einen trug er dazu bei, der Abschreckungstheorie im Textkörper sowie in der Justizpraxis eine hohe Langlebigkeit zu verleihen. Trotz aller Aufgeklärtheit und trotz aller Menschlichkeit galten solche Strafexempel als legitimiert, die nicht zuletzt der Abschreckung des immer noch »unzivilisierten Pöbels« dienen sollten. Das Paradigma der Menschlichkeit erlaubte allerdings nur Strafen solcher Art, die dem Publikum eine schreckliche Peinigung lediglich vorgaukelten, ohne tatsächlich erhöhte körperliche Schmerzen bei den Verurteilten zu verursachen – denn solche Strafen seien mittlerweile durch „Menschlichkeit und Weisheit [...] ausser Gebrauch“, wie Feuerbach betonte. Räderungen von oben herab schienen beispielsweise zunächst weiterhin legitim und fruchtbar zu sein, solange sie nur sparsam dosiert wurden. Sie rangierten nicht unter den geschärften Todesstrafen, da sie keine zusätzlichen Schmerzen verursachten – zumal dann nicht, wenn die MissetäterInnen vor der Exekution stranguliert wurden.[116]

Anders äußerten sich diejenigen, die im Sinne Montesquieus in einer freiheitlichen Gesellschaft das Ende des Lebens als größtes aller Übel skizzierten, jegliche ausgefeilte Präsentation von körperlicher Gewalt aber als verwerflich und kontraproduktiv thematisierten. Johan Jakob Cella formulierte einen gegen Ende des 18. Jahrhunderts weithin akzeptierten Leitsatz äußerst pointiert, indem er betonte, die Todesstrafe sei „das non plus ultra menschlicher Strafgerechtigkeit, das äusserste unter allen Uebeln, was der Mensch zu seiner Selbstvertheidigung gegen seinen Mitmenschen sich erlauben darf, da durch Entziehung des Lebens dem Sterblichen alles geraubt wird, was er verlieren kann“.[117]

In diesem Gedankengebäude war das Sterben so bedrohlich, nicht weil die Ungewissheit des Todes bevorstand, sondern vielmehr weil es das Leben auf Erden beendete. Weil das Ende des Lebens an Schrecklichkeit gar nicht mehr zu überbieten war, konnte beim Vollzug einer Todesstrafe auf sämtliche Schärfungen verzichtet werden, ganz gleich, ob realiter oder simuliert. Außerdem war die Präsentation von als exzessiv erachteter Gewalt ohnehin in Verruf geraten. Die Zuschauenden erhöhten ihr Aggressions- und Gewaltpotential durch deren

Beobachtung, anstatt gesetzestreuer und friedfertiger zu werden. Darüber hinaus, und auch dies hatten bereits Montesquieu und Beccaria postuliert, galt „das Maß der Strafen [als] dem Zustand der Nation entsprechend". Folglich musste die »Zivilisierung« der Gesellschaft und deren »vermehrte Empfindsamkeit« in einer Verminderung der strafenden Gewalttätigkeit ihren Ausdruck finden. Gewalt gegen Körper auf der Bühne verachte mithin nicht nur den „Charakter der Menschheit", sie verachte nicht nur den Menschen als „Selbstzweck", der „nie Andern zum bloßen Mittel dienen", der nie leiden dürfe, „damit *andere* fröhlich seyn können". Gewalt gegen Körper auf der Bühne präge darüber hinaus „dem menschlichen Gemüthe" „Blutgier und Rachgier ein, die keine Grenzen kennen". Allerdings, um es nochmals in aller Deutlichkeit zu betonen, war es für die meisten Zeitgenossen miteinander vereinbar, ob der fortgeschrittenen Zivilisiertheit nach „menschenfreundlichen" Gesetzen und „milden" Strafen zu rufen, zugleich aber die Todesstrafe gegen solche Individuen zu fordern, die die Vertragsgesellschaft zu gefährden schienen. Stimmen, die die staatlich angeordnete Tötung mit aller Konsequenz und Deutlichkeit als „gesetzlich gemachtes Unrecht" und somit als Zeichen herrschaftlicher „Verderbtheit" beschrieben, waren letztlich kaum hörbar. In der Regel waren Äußerungen wie die des Philosophen Karl Heydenreich zu vernehmen, der als Substrat der langjährigen Debatten die Legitimität der Todesstrafe sowie deren unzweifelhafte Wirksamkeit bei sparsamer Dosierung verkündete. Zielgerichtet körperliches Leid zu verursachen, lehnte Heydenreich jedoch aus pragmatischen wie ethischen Gründen ab. Er wähnte sich in einer zivilisierteren Welt, wenn er betonte, dass der „Tod mit unmenschlichen Quaalen verknüpft als Abschreckungsmittel nicht allgemein gewollt werden kann, denn die Anwendung einer solchen Strafe zieht Verunedlung der Gesinnung und Verwilderung der Gemüther nach sich. Nicht zu gedenken, dass sie ihren Zweck auch deshalb nicht erreicht, weil Vorstellungen, welche das Gefühl abstumpfen, am Ende auch nicht mehr abschrecken".[118]

Die Lust an der Gewalt – Teil 2

Das Wort »Blut« und auch ein „mit unmenschlichen Quaalen" verbundener Tod habe „etwas Schandhaftes an sich, weshalb Dichter und Redner es lieben, weil so gleich der Schall die Einbildungskraft erhitzt", betonte Karl Hommel. Die geradezu magnetische Wirkung von Gewalt war, wie im letzten Kapitel bereits angedeutet, jedoch nicht nur den Lyrikern aufgefallen. Allerorten wurde der Frage nachgegangen, weshalb die Schmerzen anderer eine solch große Anziehungskraft besaßen und deren Beobachtung eine gewisse Befriedigung, ja sogar einen gewissen Grad des Vergnügens hervorrufen könne. Auch der Hamburger Aufklärer Johann Joachim Eschenburg hatte dieses Symptom beobachtet, und der Hamburger Pastor Johann Melchior Goeze kritisierte die Schaubühne als Quelle des Lasters und begründete die Freude an Trauerspielen durch die „verderbliche Wollust bei den Leiden Andrer'". Physisches Leid als Vorstufe vom „Ende aller Dinge" trug offensichtlich etwas „Grausendes [...] und doch auch etwas Anziehendes" in sich, wie Immanuel Kant hervorhob. Und der Tod als Zeichen unabänderlicher Endlichkeit berge einerseits eine ungeheure Realitätsnähe, andererseits aber auch das Undenk- und Unvorstellbare. Die Nähe des Todes zu spüren und dessen Schrecken und Totalität wirklich, und sei es nur für den Bruchteil einer Sekunde, zu empfinden, die Furcht dann aber durch das Wissen um die eigene Distanz überwinden zu können – das schien es zu sein, was die Beobachtung eines fremden Todes so anziehend machte. Der fremde Tod vereint die vollkommene Grenzsituation und deren gleichzeitige Überwindung in sich, und „man kann nicht aufhören, sein zurückgeschrecktes Auge immer wiederum darauf zu wenden". Der Schrecken wurde somit im Verlauf des 18. Jahrhunderts neben dem Angenehmen, dem Guten und dem Schönen immer deutlicher als eine Quelle der Lust wahrgenommen. Dass dieser vierte Born der Lust keineswegs nur in den unteren Schichten wirkte, hatte u.a. der Aufklärer Friedrich Nicolai während seiner Reisen beobachten können. Auch Friedrich Schiller attestierte nicht nur den sozial Schwächergestellten eine „schauerliche Lust" bei der Beobachtung von Mord und Totschlag auf der Bühne. Er betrachtete es im Gegenteil als „eine *allgemeine* Erscheinung in unsrer *Natur*, daß uns das Traurige, das Schreckliche, das Schauderhafte selbst, mit unwiderstehlichem Zauber an sich lockt, daß wir uns von den Auftritten des Jammers, des Entsetzens mit gleichen Kräften weggestoßen und wieder angezogen fühlen".[119]

Nichtsdestoweniger diagnostizierten die weitaus meisten der zeitgenössischen Texte einen gespannten Gewaltkonsum nur auf Seiten eines archaischen Pöbels. Nur gelegentlich lassen sich Hinweise entdecken auf ein „sowohl am äußern als innern Zuschnitt gemischtes Publikum [...], und auch das zärtere, weichlichere weibliche Geschlecht fehlte nicht, um dieses Volksfest – bunter zu machen". Solche kritischen Beschreibungen eines heterogenen Publikums am Schafott waren die Ausnahme. In der Regel diente die abfällige Skizze anstößiger Publikumsreaktionen einer schreibenden, aufgeklärten, neuen »Elite« zur Profilierung eines spezifischen (Selbst)Bewusstseins. Über die Benennung der eigenen Empfindungen auf der einen Seite und des Verhaltens der »Anderen« bei der Beobachtung von Gewalt auf der anderen Seite wurde eine Differenz zum »frivolen Pöbel« geschaffen. Zwar galt die magische Anziehungskraft des Schrecklichen und Schauderhaften als »natürlich« und somit als anthropologische Konstante, doch der Umgang mit diesem Phänomen konnte variieren. Folgt man den Theoretikern von Dubos bis Kant, so konnte die rationale Überwindung des Affektes die pure sinnliche Lust an der Gewalt in eine »erhabene« Empfindung transformieren. Und wer mittels des Verstandes zu durchdringen vermochte, was die Präsenz physischer Gewalt in seinem Tiefsten auslöste, schien fähig, sich auf eine neue Stufe der Selbstkontrolle zu erheben. Mit dem Erhabenen konstruierte das zeitgenössische Schrifttum die »kultürliche« Überwindung eines »natürlichen« Phänomens, die nur aufgeklärten Menschen – besser: Männern – möglich war. So konnte ein gleichermaßen rationales wie empfindsames Wesen vorgetragen werden, das sich deutlich von der ungeschminkten Freude am passiven Konsum von körperlicher Gewalt abgrenzte.[120]

Die Stigmatisierung der Gewalt als Freudenspenderin der »Unzivilisierten« war äußerst vereinfachend. Schließlich war im Konzept des Erhabenen das Leid anderer die Voraussetzung, die eigene Kultiviertheit und die eigene Erhabenheit empfinden zu können. Nur zuweilen waren Stimmen zu vernehmen, die anmahnten, die öffentlichen Strafen eröffneten für die Gebildeten, Empfindsamen und Zivilisierten „das Feld, ihre Talente zu üben, und andere von ihren Fertigkeiten zu überzeugen". Zudem war bemerkt worden, dass auch auf Seiten der »empfindsamen« Kritiker eine gewisse Lust an Schmerz und Leid vorhanden war. Die zahllosen detaillierten und graphischen Beschreibungen der Leiden der DelinquentInnen vor, während und nach den Martern, die Inflation an Berichten über Missetaten und Verbrechen ebenso wie über Gerichtsverfahren mit maximal möglicher Authentizität, wie in den Fällen Traub oder Wächtler, sprechen eindeutig dafür. Es wäre auch unzutreffend, die Vielzahl der Texte im Sinne einer »räsonierenden Öffentlichkeit« ausschließlich als Signal einer umfassender politisierten und demokratisierten Gesellschaft zu interpretieren. Das große Interesse an den Verfahren der peinlichen Justiz kann als Sensationslust gepaart mit Selbstgefälligkeit gelesen werden, da sich Produzenten wie RezipientInnen dieser Texte ergötzten an der eigenen Vernunft und Tugendhaftigkeit, die sie im Mitleid für die Opfer, der »Ablehnung« der Gewalt und der eigenen »Andersartigkeit« erkannten. Treffend charakterisiert die Historikerin Karen Halttunen das unterschwellige und heimliche Begehren nach dem Leid und den Qualen anderer als Ausdruck einer sich herausbildenden »Pornographie des Schmerzes«, die an dieser Stelle nochmals durch ein Beispiel aus den „Ephemeriden der Menschheit" aus dem Jahr 1784 illustriert werden soll. Auch hier werden die Qualen eines Bestraften mit dem Hinweis auf die Ergriffenheit des Beobachters dargestellt – Qualen, die sogar so unvorstellbar sind, dass der Ort des Geschehens nur in einer nicht hinreichend zivilisierten Welt liegen kann, nämlich in den ehemaligen englischen Kolonien in Amerika. Der Beobachter dokumentiert in seiner Beschreibung Grauen und Faszination, Ablehnung und Anziehung:

> Plötzlich gewahrt' ich nun einen aufgehängten und sterbenden Neger. Noch schaudr' ich, wenn ich mich dieses grauenvollen Beispiels erinnere. Die Vögel hatten ihm die Augen ausgehackt, die Wangen entfleischt, die Arme an verschiedenen Stellen zerfressen. Sein Körper war mit Wunden überdeckt, das Blut trof überall vom selbigen, und färbte die Erde unter ihm. Kaum hatten die Vögel ihren Platz verlassen, so stürzten Wolken von Insekten auf den Leib dieses Unglücklichen, und hefteten sich an seine zerrissenen Muskeln, deren Blut sie aussogen. Das meinige erstarrte in meinen Adern; ich zitterte, ich blieb unbeweglich, indem ich das Schicksal dieses Elenden anstarrte.[121]

Doch auch vor der eigenen Haustüre gab es genügend Geschichten und Begebenheiten, welche die LeserInnen in eine wohlige Furcht versetzen konnten. Da wäre zum einen der Hamburger Deserteur, der sich am Anfang des 19. Jahrhunderts auf dem Großen Neumarkt der Strafe des Gassenlaufens unterwerfen musste. Der Bericht über seine Qualen stammte angeblich aus erster Hand, behauptete der »schockierte« Verfasser doch, Zeuge dieses „blutigen Aufzuges" gewesen zu sein. Er ist um ein Maximum an Authentizität bemüht, auch wenn es, wie er zugleich bedauernd und das Publikum bezichtigend versichert, „nicht gut möglich [war], dicht an den Schauplatz zu kommen, so sehr drängten sich die Menschen, diesem Trauerspiel recht nahe zu seyn". Zudem waren „die Fenster aller umliegenden Häuser von dem untersten Stock bis ins oberste [...] gestopft voll Zuschauer, um einen Menschen martern zu sehen, und das Angstgeschrei eines mit Ruthen Gepeitschten zu hören". Auch er hatte vor Ort „eine zahllose Menge *aus allen Ständen*" registriert, die sich am Leid ergötzte. Dennoch bezeichnete der Verfasser öffentliche Strafspektakel im selben Atemzug als „Pöbelfeste". So konnten Faszination und gespannte Lektüre solcher Berichte einhergehen mit der Distanzierung von gewalt- und lustfrönenden Unterschichten. Ein weiteres Beispiel für die schauerliche Lust der lesenden Kreise ist die Geschichte des Gassennamens »Mördergang«, die ebenfalls in dem Aufklärungsjournal „Hamburg und Altona" erzählt wurde. Wie der Verfasser erläutert, sei der Name auf einen vor etwa 120 Jahren geschehenen Ritual- und Raubmord zurückzuführen, der dann en detail und in all seiner Grausamkeit beschrieben wird: nämlich wie dem Opfer heiße Erbsen in den Schlund geschüttet wurden, um es zu ersticken; wie der Tote zerhackt und in einen Sack gestopft wurde, um ihn zu beseitigen; wie ... . Der Hinweis des Verfassers am Ende der Erzählung, er habe „seit [seiner] Kindheit nie ohne Erinnerung an diese Geschichte und ohne Fieberschauer durch diesen Mördergang" gehen können, klingt geradezu wie eine Anleitung zur künstlichen Kreation eines wohligen Schauers.[122]

Voyeurismus ging zweifelsohne Hand in Hand mit der Stigmatisierung von Gewalt und Leid. Von der Suche der LeserInnen nach künstlich kreierter, emotionaler Erregung, die mit einer gewissen Selbstbefriedigung einherging, zehrten schon in der Mitte des 18. Jahrhunderts explizit fiktive Texte wie etwa Samuel Richardsons Romane „Pamela" und „Clarissa", aber auch Sophie von La Roches „Geschichte des Fräuleins von Sternheim" von 1771 oder der drei Jahre darauf erstmals publizierte „Werther" Johann Wolfgang Goethes. Vor allem der Einblick in die intimsten Leiden eines Menschen gab der empfindsamen Leserschaft eine Chance zur Profilierung, Selbstbestätigung und Befriedigung. Die Herausbildung dieser Art von Voyeurismus ging auch einher mit der Kreation eines anderen Textgenres, das gegen Ende des 18. Jahrhunderts sexuelle Viktimisierung, physische und psychische Tortur ebenso ungeschminkt in den Vordergrund stellte wie nacktes Fleisch. Die moderne Form der pornographischen Literatur war »erfunden«. Zwar hatten sexuell explizite Darlegungen bereits vor dem ausgehenden 18. Jahrhundert existiert. Diese hatten zumeist jedoch in einem weiteren inhaltlichen Umfeld gestanden, fungierten zum Beispiel als Instrument einer Herrschaftskritik oder als Ratgeber. Folgt man Lynn Hunt oder Peter Wagner, so war der entscheidende Unterschied im ausgehenden 18. Jahrhundert, dass Erregung und sexuelle Stimulation nun zum definierten und einzigen Ziel dieses Genres wurden. Körperliche Gewalt wurde in diesem Kontext zu einem derart dominanten Faktor, dass schließlich sogar von der „flagellomania“ des 19. Jahrhunderts gesprochen werden kann. Wenn solche Schriften weiterhin als politisch gefährlich erachtet und indiziert wurden, obgleich ihnen das herrschaftskritische Moment abhanden gekommen war, so lag dies an der moralischen Verwerflichkeit und sozialen Gefährlichkeit, die manche ZeitgenossInnen in ihnen entdeckten. Sexualität und Moralität waren auch in einer säkularisierten Kultur ein Politikum, sie waren im Sinne einer fortpflanzungsorientierten und an der Förderung ihres Humankapitals ausgerichteten Gemeinschaft durch und durch politisiert. Dass sich öffentliche Brandmarkung und privater Konsum von stigmatisierten Formen der Sexualität nicht ausschließen, braucht nicht erläutert zu werden. Dieses augenscheinliche Paradoxon ist ganz im Gegenteil eine Existenzbedingung des Genres, da es von der heimliche Lust am Konsum des Verbotenen lebt.[123]

Am Schnittpunkt von Rationalität, Empfindsamkeit und Gewaltverherrlichung stand zweifelsohne der Marquis de Sade, der sich nicht zuletzt bei dem Elend von Pamela und Clarissa Anregungen für die Leidenswege seiner „Justine“ geholt hatte. Wie bereits gezeigt, war das Spektakel des Leidens im ausgehenden 18. Jahrhundert nicht nur zu einer dominierenden Konvention der Pornographie, sondern auch der plakativ gewaltverdammenden Texte geworden. Nirgendwo ist die Doppelbödigkeit der Dichotomisierung von Lust und Gewalt pointierter und präziser entlarvt als in den de sadeschen Schriften, denn hier wird im Namen des Begehrens die Zerstörung des Körpers als Ort der Lust zum Kult erhoben. Das ganze wird zudem in ein aufklärerisches, rationalistisches Gewand gehüllt und mit einem Wahrheitsanspruch versehen, da de Sade seine Texte zumindest partiell in eine medizinische Terminologie gekleidet hat, also in die Sprache der wissenschaftlichen Königsdisziplin des 18. Jahrhunderts. Wenn nun in Anlehnung an Peter Wagner Pornographie als Darstellung einer erregenden Handlung mit bewusster Verletzung moralischer und sozialer Tabus definiert wird, so wurde eine derartige Erotisierung von Gewalt sowohl auf der Bühne als auch in Texten erst als Folge einer kulturellen Transformation möglich, in deren Verlauf Gewalt und Schmerz als verboten und obszön definiert wurden. So entstanden erst die im Sinne der skizzierten Entwicklung unverzichtbaren Tabus, „denn“, wie ein Hamburger Aufklärer formulierte, „bekannt ist es, daß alles Verbotene reizt, und um so mehr reizt, je schwerer es verboten ist“; oder wie es in de Sades „Justine“ heißt: „Alles, was nicht verbrecherisch ist, ist langweilig“.[124]

Zudem müssen de Sades »Libertins« als Kinder der aufgeklärten, empfindsamen Kultur ihrer Zeit gelesen werden. In der Tat bezieht sich beispielsweise der »Freidenker« Bandole, als er der in seiner Gewalt befindlichen Justine seine Gedankenwelt erläutert, auf eine Körper–Seele-Konzeption, die sich nicht zuletzt in den Diskursen aufklärerischer »Empfindsamkeit« formiert hatte. Bandole betont, wie so mancher strafrechtliche Reformer, die Untrennbarkeit von Körper und Seele, wenn er hervorhebt, dass „Kenntnis von der Außenwelt“ nur über die Sinne und somit das Medium des Körpers gewonnen werden kann. „Gekettet an die Materie [...] fügt sich die [sogenannte] Seele körperlichen

Ursachen", und letztlich ist die Seele für de Sade und seine Freidenker „nichts anderes als der Inbegriff unserer Sinne, das Leben, die Vereinigung aller Bewegungen des Körpers, sodaß mit dem Tod des Körpers [...] auch die Seele stirbt". Sinnliche Wahrnehmung war folglich für das Freidenkertum ebenso wie für die Empfindsamkeit ein Hauptelement menschlicher Seinsweise, galt doch für beide Seiten die vom Rechtstheoretiker Adam Bergk pointiert formulierte Erkenntnis, dass „die Persönlichkeit [eines Menschen] nicht anders wirksam [ist] als durch einen Körper". Auch argumentiert beispielsweise Carl Friedrich Pockels, der zeitweilige Herausgeber des „Magazins für Erfahrungsseelenkunde", auf den Grundfesten desselben Sinne-Körper-Seele-Verhältnisses wie de Sades Freidenker Bandole, wenn er die Hypochondrie als Konsequenz „‚eines sinnlich empfindsamen Charakters'" beschreibt, „‚wodurch die Kräfte des Leibes geschwächt, und die der Seele eben dadurch abgestumpft worden sind'". Ähnlich artikuliert sich auch die Empfindsamkeit der »Libertins«, nämlich in der Fähigkeit zur Lustempfindung – einer gesteigerten Lustempfindung, die allerdings, ebenso wie die erhabene Empfindung, die Qualen anderer voraussetzt. Erst wenn die Aufklärer im Gegensatz zu den Libertins Verzweiflung über die Zerstörung menschlicher Körper artikulierten, konnte die eigene Zivilisiert- und Kultiviertheit empfunden und in vollen Zügen ausgekostet werden. Folglich kann die Auseinandersetzung mit der obrigkeitlich angeordneten Tötung im späten 18. Jahrhundert auch als ein Instrument interpretiert werden, das aufgrund des Gewalttabus auf Seiten der reformerischen Zirkel die lustvolle Empfindung einer eigenen moralisch-sensiblen Erhöhung ermöglichte. Der Unterschied zu den Freidenkern de Sades ist, dass diese ungeschminkt der erotisierenden Wirkung und der Freude an der mittlerweile tabuisierten Aggression und am Leid anderer anhingen.[125]

Fragen »zweifelhafter« Sexualität hatten um die Wende vom 18. zum 19. Jahrhundert auch in den öffentlichen Debatten in Hamburg einen prominenten Platz eingenommen. Die Kritik an den ausufernden „thierischen Bedürfnissen" war umfassend. So mancher Zeitgenosse mokierte sich über den angeblich zunehmenden Geschlechtstrieb, der jetzt „mit weit mehr Oeffentlichkeit oder Schaamlosigkeit" zur Schau getragen werde. Dieser Geschlechtstrieb wurde nicht zuletzt darauf zurückgeführt, dass „einige Gegenden der Stadt [...] von Anstalten" zu dessen Befreidigung nur so „wimmeln" und „dieser Feind der vaterstädtischen Sittlichkeit – folglich der Feind des vaterstädtischen Glükkes – [...] jetzt so ganz öffentlich sein verderbliches Wesen treibt". Nicht nur hinter ihren Fenstern und in ihren offenen Haustüren zeigten sich „die Schamlosen", sondern auch auf der Straße in der Gegend ihrer Wohnungen, „halb nakkend, um durch dieses, für jedes feine Gefühl verächtliche Aushängeschild die vorbeigehenden Mannspersonen in ihre wollüstige, giftverbreitende Arme zu lokken".[126]

„Über die zunehmende Anzahl und Frechheit der feilen Mädchen in Hamburg" wurde zwar geklagt, jedoch ohne darüber zu vergessen, die Standorte und unterschiedlichen Qualitäten der Hamburger Prostituierten ebenso en detail zu erläutern wie die Spielregeln und Preise der verschiedenen Etablissements.

Schließlich verspürte man auch Stolz, in einer Stadt zu leben, die „Klein Paris“ genannt wurde, und der Dammthorwall, die kleine Drehbahn und die „sogenante Reperbahn“ auf dem Hamburger Berg, dem heutigen St. Pauli, waren bereits vor 200 Jahren aufgrund ihrer Amüsierbetriebe für Männer verschiedenster Schichten weit über die Stadtgrenzen hinaus bekannt. Für den Verfall der öffentlichen Sitten wurde jedoch vor allem die mit der Französischen Revolution und den napoleonischen Kriegen wachsende Zahl von EmigrantInnen verantwortlich gemacht, „denn für jeden guten, fleißigen, nüzlichen Fremden kamen, mäßig gerechnet, zwanzig Taugenichts, Müßiggänger, Schwelger, Weichlinge“, die „ihre Untugenden säeten“. Andererseits jedoch wurde die „Pariser Civilisation“ Hamburgs nicht ganz ohne Faszination beschrieben, und luftig bekleidete Frauen, die den Männern lieblich-käuflich in das Ohr säuselten, repräsentierten ebenso wie nach Knoblauch duftende Gasthöfe eine Art französisch-weltstädtisches Flair. So spricht aus den Texten dieser Zeit eine äußerst ambivalente Ablehnung der Prostituierten. Letztlich dominiert eine Art Faszination und Anziehungskraft, die sie und ihr horizontales Gewerbe auf den aufgeklärten und empfindsamen Mann ausübten, „denn schließlich hat sich Hamburgs Sittlichkeit zu einem solchen Grade verschlimmert, daß das Gemählde davon Schaudern erregt“. Es störte jedoch offensichtlich, dass sie nun »allseits« optisch präsent waren und dass generell „aus Ausschweifungen, man nennt sie Galanterien, kein Geheimnis [mehr] gemacht“ wurde. Dementsprechend wurde, mit einer gehörigen Portion Faszination, »kritisch« thematisiert, wie die Prostituierten aus den Orten der Verborgenheit herausgetreten waren und sogar den Prachtboulevard namens »Jungfernstieg« in der Mittagszeit „zum Paradeplatz aller Mädchen, die von der Nicht-Jungfernschaft leben“, umfunktionierten. Das „Buhlen“ dieser Frauen auf offener Straße wurde im Jahr 1807 schließlich verboten und die Prostitution, amtlich toleriert, aus dem Blickfeld der Öffentlichkeit heraus in mehr oder minder kontrollierte Bordelle verlagert. Fleischliche Begierden waren ebenso tabuisiert und somit verschärft erotisiert wie Gewalt gegen Körper. Die Interdependenzen dieser beiden Felder sind unverkennbar, und beide hatten aus der öffentlichen Wahrnehmung zu verschwinden. Die nackten und geschundenen Körper der Bestraften waren vermehrt zu einem Zeichen der Unsittlichkeit denn der Wahrheit von Missetaten und herrschaftlicher Macht geworden, wie auch die Äußerung eines Hamburger Gegners der „Leibes- und Lebensstrafen“ zu erkennen gibt. Dieser erachtete es als „überhaupt eine für erwachsene Menschen unsittliche Strafe, Theile des Körpers zu entblößen, die gewöhnlich mit Kleidern bedekt sind, und diese mit Ruthen zu peitschen“. Bemerkenswert ist die Erwähnung der Rute, des zeitgenössischen Symbols erotisierter Gewalt schlechthin.[127]

Ein Fazit

Bei aller Vielschichtigkeit des Diskurses gilt festzuhalten, dass sich für die zweite Hälfte des 18. Jahrhunderts eine Modifizierung des Strafkonzeptes fixieren lässt, die sich Hand in Hand mit einem veränderten Selbstverständnis des Menschen als empfindsamem wie gleichermaßen rationalem und sich selbst gestaltenden Wesen herausbildete. Gerade im Kontext von Empfindsamkeit, Rationalität und Schaffenskraft galt es das Strafwesen zu verorten, das nun von der Mission getragen war, ein „besseres Menschengeschlecht" hervorzubringen. Folglich wurde der Verbrechensprävention eine gesteigerte Bedeutung beigemessen. Vorbildliches Verhalten der höheren Schichten galt ebenso wie die Kreation lebensbejahender Umstände als geeignetes Mittel zur Verbrechensverhütung – dies war „so gewiß, als Stärke des Körpers der Unterthanen eine vorzügliche Bedingung des Wohls des Staats ist", wie Karl Heydenreich konstatierte. Das Bild einer wechselseitigen Abhängigkeit von individuellem und kollektivem Körper hatte an Prominenz gewonnen. Nicht zuletzt in diesem Zuge waren diejenigen aus dem Zentrum an den Rand des strafrechtlichen Diskurses gerückt, die in Hinblick auf Strafe und Verbrechensprävention „das Uebergewicht der Nützlichkeit und Zweckmäßigkeit noch immer auf Seiten der körperlichen Leiden" zu finden meinten. Es war letztlich allerdings nur wenig umstritten, dass es Fälle gab, in denen präventive Bemühungen jeglicher Art versagt hatten und der Gesellschaftsvertrag bewusst missachtet worden war. Solche RechtsbrecherInnen mussten unter Umständen auch sterben, wenn es die Qualität ihrer Tat zu erfordern schien, denn: „Die Todesstrafe ist zur allgemeinen Verhütung gewisser Klassen von Verbrechen nothwendig", wie der Rechtswissenschaftler Martin Aschenbrenner den fast allgemeinen Konsens formulierte. Vollkommener Abolitionismus galt im ausgehenden 18. Jahrhundert als Indiz übertriebener Empfindsamkeit und unmännlicher, krankhafter »Empfindelei«, war demnach in einem männlich dominierten Diskurs als Zeichen eines verweiblichten, charakterschwachen Mannes weitestgehend diskreditiert. Es war jedoch ebenso verpönt, die MissetäterInnen Qualen leiden zu lassen. Schließlich empfand man den Menschen nun als Repräsentation einer Körper–Seele-Verschmelzung, und es galt zudem als „eines der größten Verdienste unseres Zeitalters [...], daß wir uns scheuen, Menschenblut zu vergießen". Das Ziel war nun nicht mehr, das Verbrechen durch spezifische Schmerzen zu tilgen, sondern eine allgemeine Gerechtigkeit wiederherzustellen und eine von den delinquenten Individuen ausgehende Gefahr auszuschalten. So wie der Schmerz ein Verbrechen nicht mehr auslöschen konnte, schienen die gequälten Leiber auf dem Schafott nicht den aufgeklärten Paradigmen zu entsprechen. Wer sich an dem Leid seiner Mitmenschen öffentlich erfreute, war selber als unkultiviertes Überbleibsel aus barbarischen Zeiten, als Außenseiter und Pöbel stigmatisiert, der den Zug der fortschreitenden Zivilisation offensichtlich verpasst hatte. Das Strafrecht war somit der „Lackmustest aufgeklärten Denkens", und männlich-rationale Selbstkontrolle bedingte nicht zuletzt, von gewalttätigen Racheexzessen Abstand zu nehmen. Ich habe darauf hingewiesen, dass innerhalb dieses Denk- und Wahrnehmungsgebäudes die Tabuisierung mit einer Erotisierung der Gewalt einherging. Es wäre falsch, die Lust an der Gewalt als »Erfindung« des späteren 18. Jahrhunderts zu beschreiben. Ohne Zweifel aber hat sie in dieser Zeit neue Höhen erklommen und neue Ausprägungen geformt. Die Diskursivierung hat der Gewalt im 18. Jahrhundert eine neue Gestalt der Heimlichkeit zu verleihen begonnen. Den aufgeklärten, empfindsamen und vermeintlich gewaltfeindlichen Zirkeln kam in dieser Transformation eine tragende Rolle zu.[128]

Doch es war nicht nur „die Mehrheit der Stimmen sachverständiger Männer", die den „sichersten Probierstein des Wahren und Falschen" bildete, wie der Rechtskundler Josias Püttmann, freilich selber einer dieser „sachverständigen Männer", erklärte[129]. Die neue Strafkonzeption bildete sich nicht nur in theoretischen Schriften heraus, sondern in Einklang mit punktuellen Veränderungen der Strafpraxis. Im Verhältnis von Theorie und Praxis ist weder eine Vor- noch eine Nachzeitigkeit solcher Art auszumachen, dass eine deutliche Kausalität behauptet werden könnte. Vielmehr lässt sich eine „Simultaneität" von Diskursivem und Nicht-Diskursivem, von »Theorie« und »Lebenswelt« erkennen[130]. Anton Lorenz Ammon, Sophie Margarethe Dittmers, Ilsabe Katharina Kolhen, Nicolaus Christian Carstens und all die anderen lebensüberdrüssigen, »mittelbaren SelbstmörderInnen« operierten innerhalb eines Geflechts von Aussagen, welches ihnen nicht zuletzt durch die, beobachtbare, Justizpraxis vermittelt worden war. Aufgrund ihrer eigenen Handlungen sowie aufgrund der von ihnen initiierten Aktivitäten der strafenden Justiz trugen die »mittelbaren SelbstmörderInnen« wiederum zur Verfestigung bestimmter Aussagen des Diskurses bei. Sie operierten innerhalb eines Systems, dessen Sinnstiftung maßgeblich durch die regelmäßigen Vorführungen auf dem Schafott vonstatten ging. Durch diese Vorführungen wurde nicht nur die Allmacht Gottes und der Obrigkeit demonstriert, sondern unter anderem auch, wie innerhalb der vorgegebenen kulturellen Ordnung durch eigenen Impuls das irdische Leben mit der Gewissheit beendet werden konnte, nicht auch das ewige Leben zu verlieren. Die ausgefeilte priesterliche Seelsorge war hierfür eine Art Garantie. Zugleich aber waren Ammon und die anderen untrennbar in einen Diskurs verwoben, der im Begriff war, dieses Denk- und Handlungssystem neu zu bestimmen. Sie selber gehörten schließlich zu den deutlichsten Zeichen der Unzulänglichkeiten dieses Systems.

Ähnliches kann von Deborah Traub oder Maria Catharina Wächtler gesagt werden. Sie befanden sich im Schnittfeld von schmerzhafter Wahrheitsfindung und ritualisierter Abschreckung auf der einen Seite sowie von Konzepten individueller Schuldfähigkeit, minimierter körperlicher Qual und eines »blutrünstigen Pöbels« auf der anderen Seite. So wurde Maria Wächtler zwar gefoltert, verdichtete zugleich aber auch die Aussagen über die Unzulänglichkeit dieses Mittels. Sie wurde zwar zum Schafott geführt, aber ohne geistlichen Beistand. Sie wurde zwar gerädert, zuvor jedoch heimlich erwürgt. Und Deborah Traub wurde zwar für schuldfähig erklärt, jedoch von der vollen Gewalt der Justiz verschont (indem sie zwar wegen Giftmordes hingerichtet wurde, aber »nur« durch das Schwert). Die Exekutionen Maria Wächtlers und Deborah Traubs waren zwar als erbauliche Veranstaltungen gedacht, verdeutlichten aber in den Augen der Obrigkeit und der schreibenden Zunft deren chaotische und destabilisierende Komponente. Diese fand nicht zuletzt in einem drängelnden, lüsternen »Haufen« ebenso wie in einer mehr sensationsheischenden denn raisonierenden Leserschaft und einem zudem mehr schlecht als recht organisierten Procedere ihren Ausdruck.

Zusammenfassend und vorausschauend zugleich lassen sich nun in Hinblick auf die Todesstrafe und deren Vollzug drei zentrale Aspekte herausstellen, die in den darauffolgenden Jahrzehnten an Profil gewinnen sollten. Der Tod solcher MissetäterInnen, die den Charakter und die Gefährlichkeit eines „Tiegers im Wald“ verkörperten, schien der Mehrheit der Zeitgenossen weiterhin unumgänglich zu sein. Deren Tötung sollte allerdings vonstatten gehen, ohne dass die Paradigmen einer vermeintlich zivilisierten, also vernünftigen, weitestgehend gewaltfreien, aber dennoch männlich-tatkräftigen Kultur, verletzt wurden. Dies bedeutete erstens, dass die Exekutionen so schmerzfrei und rational wie möglich vollzogen werden mussten. Zweitens musste die Schuld der MissetäterInnen, auch im Sinne ihrer individuellen Schuldfähigkeit, ohne jeden Zweifel und ebenfalls ohne das Hilfsmittel körperlicher Leiden nachgewiesen werden. Drittens galt es zu vermeiden, dass am Schafott ein feierndes, amüsiertes und sich an der Tötung weidendes Publikum auftrat. Diesen drei Aspekten werde ich in den folgenden Kapiteln nachgehen. Zunächst soll verdeutlicht werden, wie sich der Modus der Tötung als Maß für die Menschlichkeit der Strafe und somit der Zivilisiert- und Kultiviertheit der Gesellschaft profilierte.[131]

IV. Die Technisierung des Tötens

Gescheiterte Enthauptungen

In den ersten Monaten des Jahres 1720 durchlebte der Scharfrichter Schmael eine schwierige Zeit. Zunächst erhielt er vom Rat Hamburgs den Auftrag, am 22. Januar eine Frau namens Margret Jartz zu enthaupten, weil sie ihr Kind in einen Siel geworfen hatte. Schmaels Leistung genügte jedoch kaum den Ansprüchen, die im frühen 18. Jahrhundert an einen professionellen Henker gestellt wurden, wie ein zeitgenössischer Chronist notierte: „Im Richten aber That der Scharffrichter einen fehl hieb, und hieb sie in die Rechte Schulter, daß sie solches mit einem Starcken ‚Au' beschrie". Es ergab sich ein kurzer Moment der Verwirrung, doch „der Scharffrichter Recollogierte so bald und hieb ihr mit dem andern Streich den Kopf herunter". Nur wenige Monate darauf, am 15. April 1720, wurde Schmael geheißen, dem Soldaten Johann Hinselman den Kopf abzuschlagen, weil dieser „daraußen vor dem Millernthor im Duel einen Kerl erstochen" hatte. Diesmal kam der Scharfrichter mit zwei Streichen nicht aus, „er that ueber 3. Hiebe ehe der Kopff herunter kam, daher er mit einige Steinwürffe zu Hause begleitet wurde", wie derselbe Chronist nüchtern bemerkte.[1]

Wie in den vorangegangenen Kapiteln erläutert, war ein Versagen des Scharfrichters schon in der Peinlichen Gerichtsordnung Kaiser Karls V. aus dem Jahr 1532 thematisiert. Ganz im Sinne der Carolina hatte auch der Hamburger Rat im Verlauf des 17. und 18. Jahrhunderts mehrfach angeordnet, der Henker möge in der Ausübung seiner Pflichten nicht behindert werden, selbst wenn dieser „wider Vermuthen einen Fehler begehen sollte". Bereits aus den frühen Dekaden des 17. Jahrhunderts wird berichtet, dem Hamburger Scharfrichter Valentin Matz seien derartige Fehler häufiger unterlaufen, da er leicht zu rühren gewesen sei. Wirklich unvorbereitet konnten zittrige Scharfrichter und misslungene Enthauptungen spätestens im 18. Jahrhundert niemanden treffen, galt es doch als allgemein bekannt, dass „Menschen-Blut [...] auch den stärckesten und behertzesten Menschen zum Mitleiden bewegen [kann]".[2]

In der zweiten Hälfte des 18. Jahrhunderts wurden Fehlschläge von Scharfrichtern vermehrt als eminent dringliches Problem wahrgenommen. Die Obrigkeiten bemühten sich deutlicher als zuvor, steuernd einzugreifen, und Verordnungen, die lediglich das Betragen des Publikums zu reglementieren versuchten, schienen den Ansprüchen nicht mehr zu genügen. Beispielhaft ist die Korrespondenz zwischen dem Hamburger Scharfrichter Franz Wilhelm Hennings und dem Rat kurz nach der Jahrhundertmitte. Schon Anfang des Jahres 1751, vor der

Enthauptung Hein Clas Schölermanns, hatte der altgediente Hennings zu erkennen gegeben, dass er für die bevorstehende Schwerthinrichtung an einer Vertretung interessiert sei. Zweieinhalb Jahre später, im Juli 1753, findet sich in einem Ratsprotokoll die Notiz, der ältliche und für eine Enthauptung wohl nicht mehr mit den nötigen Körperkräften ausgestattete Scharfrichter habe „am abgewichenen Montage [bei der Hinrichtung Maria Dorothea Heidmanns] sein Amt abermals sehr schlecht verrichtet“. Durch das wiederholte Versagen sahen sich die Stadtoberen genötigt, eine Veränderung der instabilen Situation herbeizuführen. Sie forderten Hennings auf, sich im Fall einer Enthauptung von einem seiner Vettern aus Mölln oder Glückstadt vertreten zu lassen und trotz seiner chronischen Geldsorgen zumindest für die Reise- und Verpflegungskosten des Ersatzmannes aufzukommen.[3]

Für die darauffolgenden Jahre wurde eine solche Vertretung organisiert. Wieder auf Drängen des Rats übernahm im Februar 1765 Jochim Michael Marquard Hennings aus dem circa 50 Kilometer entfernten Glückstadt an der Elbe kommissarisch die gesamten Scharfrichtergeschäfte in der Hansestadt Hamburg, „da der Frans Wilhelm Hennings, wegen seiner schwachen Leibes-Constitution, seinen Diensten als Frohn und Scharfrichter nicht wohl mehr vorstehen kann“. Der Mann aus Glückstadt verstarb jedoch bald, und der nun noch ältere Franz Wilhelm Hennings musste sich erneut auf die Suche nach adäquatem Ersatz begeben. Mittlerweile war die nachweisliche Qualifikation, mit einem frei geschwungenen Schwert in einem glatten Schnitt den Hals eines Missetäters oder einer Missetäterin durchtrennen zu können, zum entscheidenden Kriterium für eine erfolgversprechende Bewerbung geworden. So wies der Bruder des verstorbenen Glückstädter Ersatzmannes, Hans Jürgen Hennings, in seiner Bewerbung darauf hin, dass er zwar noch nie in Hamburg eine Enthauptung vollzogen, aber „im Hannöverschen und anderen Orten verschiedene Executiones, insonderheit mit dem Schwerdte [...], mit der größten Fertigkeit allmahl glücklich verrichtet“ habe. Hierüber könne er auch einige „Attestata“ vorlegen. Diese müssen überzeugend gewesen sein, denn Hans Jürgen Hennings wurde im Oktober 1767 zum Vertreter seines Vetters bestimmt, nicht zuletzt, weil er, wie es hieß, „verschiedene Proben seiner Geschicklichkeit abgelegt hat“.[4]

Zwar war der wohlgeordnete und einwandfreie Vollzug eines Todesurteils nicht erst seit der Mitte des 18. Jahrhunderts Grundbedingung für die instruktive und ordnungsstabilisierende Wirkung einer Hinrichtung. Doch nun, im aufgeklärten Zeitalter, galt es tunlichst zu vermeiden, dass die DelinquentInnen zu „Schlachtopfern“ wurden. Ansonsten, so meinte man, würden die Hinrichtungen die „Menschlichkeit entehren“ und deren Auftraggeber auf eine Stufe mit »unzivilisierten Barbaren« rücken. Mit einer Exekution durfte keinesfalls mehr Schmerz als unvermeidbar verbunden sein. Daher waren zunächst die qualifizierten, »schmerzintensiven« Todesstrafen verworfen worden, doch nun rückte auch die vordergründig vorbildliche, weil augenscheinlich weitgehend schmerzfreie Enthauptung nach altem Muster in das Fadenkreuz der Kritik. Die Fehlschläge der Scharfrichter, die Funktionsstörungen innerhalb dieses komplexen Handlungsablaufes wurden in Strafrechtslehre und Publizistik zunehmend thematisiert, denn schließlich „[befiehlt es] die Pflicht der Menschlichkeit [...], daß man den zum Tode verurtheilten Missethätern ihre Quaal und Angst, so viel als nur immer möglich ist, verkürzen soll", wie das Fazit einer 1770 publizierten Erzählung von einem „wegen einer übel verrichteten Execution bestraften Scharfrichter" lautete.[5]

Außergewöhnlich pointiert formulierte dieses Dilemma – möglichst schmerzfreie Tötung einerseits, Fehlschläge der Scharfrichter und somit multipliziertes Leid der MissetäterInnen andererseits – Christoph Meiners im Mai 1784 in der „Berlinischen Monatsschrift". Meiners pries zunächst „glückliches Enthaupten" in emphatischen Worten als „nicht bloß die leichteste und kürzeste, sondern zugleich auch eine der weisesten und zweckmäßigsten Strafen, die man nur je auf schwere Verbrechen gesetzt hat". Die Stärke des Enthauptens sei zweifelsfrei, dass es „dem Leidenden die möglichst kleine Marter verursacht", zugleich aber „auf die Umstehenden die stärksten und dauerndsten Eindrücke" mache: „Das unvergeßliche Geräusch, das von dem tödtlichen durch den Hals fahrenden Eisen hervorgebracht wird, das fürchterliche Rauschen und Spritzen des kochenden Bluts, die plötzliche Entseelung eines Körpers, der sich vor wenigen Augenblikken gleich andern bewegte, die scheußliche Todesblässe, die sich auf dem verbluteten Gesichte zeigt, endlich die gräßliche Verstümmelung des entseelten Leichnams prägen sich tiefer und unauslöschlicher ein, als die Bilder von andern langsamern und qualvollern Todesarten".[6]

Meiners sah sich jedoch genötigt, von „glücklichem", im Sinne von »gelungenem«, Enthaupten zu schreiben, war er doch kürzlich persönlich Zeuge von Fehlschlägen der Scharfrichter gewesen. So war die „plötzliche Entseelung eines Körpers", die normalerweise angeblich schneller und schmerzloser als so manche Krankheit vonstatten ging, in eine „scheußliche Metzelei" ausgeartet. Noch vor wenigen Jahren, glaubte Meiners versichern zu können, sei dies sehr selten geschehen, und die Scharfrichter hätten die imaginäre Linie am Hals eines Menschen so sicher getroffen, „als wenn man nach dem Halse einer totden Larve gezielt hätte". Jedoch in Zeiten einer sich vervollkommnenden Kultur, in Zeiten „aufgeklärter und gesitteter Menschen", würden auch die großen Verbrechen seltener und die Scharfrichter demzufolge ungeübter und „menschlicher" werden. So könne dann der eine saubere Schlag doch in einen vielfachen und qualvollen Tod ausarten, und „in den Zeiten der Aufklärung und Verfeinerung" bestünden demzufolge noch immer Unsitten, die aus den „Zeiten der Barbarei oder der höchsten Verderbniß der menschlichen Natur" entstammten. „Und wie häufig ist diese Scene!", hieß es entrüstet an einer anderen Stelle der strafrechtlichen Literatur. Schreckliche Folgen habe diese „Scene", die aus dem Verlass auf unkalkulierbare Faktoren herrührte: „Man vervielfältigt die Schrecken des Todes der Unglücklichen", erläuterte abermals Christoph Meiners: „Man quält die Zuschauer, die meistens von einer sehr verzeihlichen Neugierde [...] herbeigezogen werden, mit dem gräßlichen Schauspiel von Martern, womit die Augen und Gemüther kultivierter Menschen ewig verschont bleiben sollten".[7]

Meiners prangerte nicht nur die gängige Praxis der Strafjustiz an, sondern er formulierte auch einen Lösungsvorschlag. Angeblich hatte er den Wunsch, die Technik der Enthauptung zu perfektionieren, seit langem gehegt. Bereits ein mit der Schwerkraft geführtes Handbeil stelle einen „großen und unläugbaren“ Fortschritt gegenüber dem horizontalen Schwertschwung mit seinem äußerst schwierigen Handlungsablauf dar, meinte Meiners. Doch auch das Beil berge immer noch unzeitgemäße Unsicherheiten und sei „noch einer großen und unserer Aufklärung und Menschlichkeit würdigen Verbesserung fähig“, denn schließlich müsse man Delinquenten auch „der Möglichkeit der Gefahr entziehen, eines martervollen nicht bloß einfachen Todes zu sterben. [... Und es] soll doch Beispiele geben, daß ein einziger Streich [mit dem Beil] nicht hinreicht, das Haupt von dem übrigen Körper zu trennen. Dieser Gefahr und der Nothwendigkeit, Menschenhände zum Würgen zu brauchen, würde man entgehen, wenn man das rächende Beil von einem unfehlbaren und gefühllosen Gewichte oder [einer] Maschine treiben liesse“.[8]

Acht Jahre nach Meiners Schrift wurde auf der Place de Grève im revolutionären Paris erstmals der Kopf eines Menschen durch das neue mechanische Fallbeil abgetrennt. Die Enthauptung des Straßenräubers Jacques Nicolas Pelletier im April 1792 leitete eine Ära in der Geschichte der Todesstrafe ein, in der sich im zeitgenössischen Verständnis Rationalität, Gleichheit und vor allem Menschlichkeit im Vollzug der Todesstrafe etablierten, sich gleichsam in Form einer Maschine materialisierten.[9]

Durch seine Visibilität, seine Präsenz auf Plätzen in Paris, Brüssel, Köln, Mainz, Hamburg und anderen Städten besaß das Fallbeil, das nach seinem »Erfinder« Joseph Ignace Guillotin benannt wurde, ein großes Potential, die Aussagen der strafrechtlichen und staatstheoretischen Diskursfelder an weite Bevölkerungskreise zu übermitteln. Gerade in materialisierter Form können Aussagen immense Wirkungsmacht entfalten, da sie als Teil der zeitgenössischen materiellen Kultur die Ebene der Textualität verlassen und als „handgreifliche, konkrete Philosophie“ das Alltagsleben der Menschen sicht- und fühlbar durchdringen. Als zunächst nicht-diskursives Element sollte die Enthauptungsmaschine jedoch nicht nur ein Effekt des strafrechtlichen Diskurses bleiben, sondern sie zeigte nachhaltige Rückwirkungen auf der textuellen Ebene. Der vor allem von einer intellektuellen Elite getragene »theoretische« Diskurs wurde durch die Guillotine beschleunigt, und es kam vor allem im rechtswissenschaftlichen und im medizinischen Bereich, aber auch in der Publizistik zu einer ausgeprägten Auseinandersetzung mit der maschinisierten Tötung. Die Bedeutungsfacetten der Enthauptungsmaschine rührten aus vielfachen diskursiven und nicht-diskursiven Verknüpfungen her, und sie wurden geformt und vermehrt. Vor allem in Folge der »Schreckensherrschaft« während der Französischen Revolution und in Folge der von Medizinern geäußerten Zweifel am schnellen Tod durch Enthauptung haftete recht bald ein Stigma an der Tötungsmaschine. Es bildete sich ein wechselhaftes Bild des mechanisierten Todes, das ich im Folgenden auffächern werde.[10]

Perfektion und Schrecken: Das Erhabene der Guillotine

Am 1. Dezember 1789 hielt der Arzt und Abgeordnete des dritten Standes, Joseph Guillotin, eine Rede vor der Nationalversammlung in Paris. In seiner Ansprache forderte er, das Strafrecht des Ancien Régime zu reformieren und im Falle eines Todesurteils alle Betroffenen gleich zu behandeln, indem man sie grundsätzlich enthauptete. Das Abtrennen des Kopfes sollte „‚mit Hilfe einer einfachen Mechanik'" vollzogen werden. Die Berichte verkündeten später, Guillotin habe den Abgeordneten versprochen, ihnen „‚mit dieser Maschine [...] in einem Augenblick das Haupt von den Schultern herabtanzen zu lassen, ohne daß Sie auch nur das geringste spüren'". Derselbe Joseph Guillotin, der nun eine schmerzfreie Hinrichtung propagierte, hatte noch wenige Jahre zuvor angeregt, Kriminelle zu nutzen, um die Tollwut zu studieren. Was sei schon ein kleiner Biss im Vergleich zu den Qualen einer Räderung, gab er zu bedenken – auch wenn Tollwut zu einem langsamen und schmerzhaften Tod durch Atemnot bei vollem Bewusstsein führt. Nun pries er eine Tötung an, welche die Betroffenen höchstens „‚eine leichte Frische am Hals'" empfinden lasse. Es heißt, die Mitglieder der Nationalversammlung hätten mit Applaus und Gelächter auf die Ankündigung Guillotins reagiert. Hätten die Herren deren prophetischen Charakter erkannt, so wäre ihnen das Gelächter im wahrsten Sinne des Wortes im Hals stecken geblieben, und die Abstimmungen der folgenden zweieinhalb Jahre wären so manches Mal sicherlich anders verlaufen.[11]

Joseph Guillotin bewegte sich innerhalb des gleichen diskursiven Feldes wie die oben zitierten Johann Eisenhart und Christoph Meiners. Es galt, einen Weg zu finden, das Leben zu nehmen ohne jede Empfindung, „alle Rechte [zu rauben], ohne Leiden zu machen", um sich der Worte Michel Foucaults zu bedienen. Durch eine nach physikalischen Gesetzen einwandfrei funktionierende Maschine sollte nicht nur die Gleichheit zwischen allen Menschen repräsentiert werden, auch der Schmerz in der vermutlich schmerzhaftesten Institution des Ancien Régime sollte gegen Null konvergieren. Das Schauspiel des Schmerzes, das durch kalkulierte Unterbrechungen den Tod verzögert und das Leid vervielfältigt hatte, sollte nun einer Hinrichtung weichen, die „eher das Leben als den Körper betrifft", um nochmals Foucault zu zitieren. Der am 25. September 1791 in Frankreich formulierte Strafkodex war ganz im Sinne von Montesquieus Erwägungen zur Todesstrafe in „gemäßigten Staaten" gehalten, wenn es dort hieß: „Die Todesstrafe soll in einem bloßen Lebensverluste bestehen, also mit keiner Marter verbunden, und vermittelst der Enthauptung vollzogen werden".[12]

Dennoch bestanden innerhalb der Französischen Nationalversammlung immer noch Bedenken hinsichtlich der Maschinisierung der Todesstrafe. Die meisten Zweifel konnten durch ein Gutachten des Sekretärs der chirurgischen Akademie, Antoine Louis, ausgeräumt werden. Der Arzt formulierte in seiner Expertise eine ähnliche Skepsis hinsichtlich der Enthauptung mit dem Schwert wie Christoph Meiners acht Jahre zuvor. Durch menschliches Versagen könne sie ein „entsetzliches Erlebnis“ für das Publikum werden und eine „scheußlichere Strafe für die Verbrecher, als der Verlust des Lebens an sich“. Louis’ Stellungnahme verdeutlicht in Inhalt und Duktus den Anspruch der Rationalität, dem es gerecht zu werden galt, wenn man sich mit dem staatlich verordneten Tod befasste. Nach einer kurzen Abhandlung über die Form der Klinge fuhr er fort:

> Wenn wir die Struktur des Nackens studieren, mit der Verzahnung der Wirbel, die aus einer Reihe von Knochen bestehen, deren verbindende Gelenke nicht ohne weiteres zu erkennen sind, wird uns klar, daß eine schnelle und vollkommene Abtrennung nicht möglich ist, wenn man mit dieser Aufgabe Menschen betraut, deren Geschicklichkeit aus moralischen und physischen Gründen nicht immer dieselbe sein kann. Für eine vollkommene Prozedur ist es absolut notwendig, sich eines unveränderlichen Werkzeugs zu bedienen, dessen Kraft und Wirkung sich genau bestimmen lassen. [...] Der Körper des Verbrechers wird mit dem Gesicht nach unten zwischen zwei Pfosten gelegt, die oben durch einen Querbalken verbunden sind, von dem ein konvexes Beil mittels einer Auslösevorrichtung auf den Nacken des Mannes niederstürzt. Der obere Teil des Instruments soll stark und schwer genug sein, um wie das Gerät zu wirken, das zum Einrammen von Pfählen verwandt wird. Es ist bekannt, daß die Wucht noch mit der Fallgeschwindigkeit zunimmt. Die Konstruktion einer solchen Maschine ist sehr einfach, ihre Wirkung einwandfrei [... Sie steht] im Einklang mit Geist und Absicht des neuen Gesetzes.[13]

Ganz im Sinne des Chirurgen hatte auch der Henker von Paris, Charles Henri Sanson, zur manuellen Enthauptung Position bezogen. Den größten Risikofaktor verortete er freilich nicht auf Seiten der ausführenden Person, sondern bei den weniger standhaften Verurteilten. Angesichts der in solchen revolutionären Zeiten häufiger anstehenden Mehrfachenthauptungen prophezeite er wegen „‚der ungeheuren Menge des verspritzenden Blutes [...] einen Kampf und ein Gemetzel’“ auf dem Schafott. Folgerichtig hielt Sanson es für „‚unerläßlich, [...] den Verurteilten während der Hinrichtung in einer unbeweglichen Lage’“ zu fixieren, sollte den „‚humanitären Bestrebungen der Nationalversammlung’“ Rechnung getragen werden. Ein weiteres, äußerst kritisches Moment war in den Augen des Fachmannes die Qualität der Klingen, denn nach jeder Exekution war das „‚schartig gewordene Schwert’“ unbrauchbar und musste vor dem folgenden Einsatz zunächst geschärft werden.[14]

Die Expertisen müssen überzeugend gewesen sein, da die Konstruktion der Maschine nun in die Wege geleitet und sogar als besonders dringliches Projekt eingestuft wurde. Der Bau war mit einigen Schwierigkeiten behaftet, und unter anderem war die Form der Klinge noch umstritten. Ein Mythos besagt, deren Optimierung sei die Idee König Ludwigs XVI. gewesen, der Anfang März 1792 in einem Gespräch mit Louis, Guillotin und Sanson anstelle der konvexen eine schräge Klinge angeregt habe. Letztlich stand das Messer also „gegen den Horizont geneigt, worin eigentlich die Feinheit dieses großen Schneidegedankens besteht, und wodurch der Hieb in einen Schnitt verwandelt wird“, wie der deutsche Physiker Georg Christoph Lichtenberg in einem Brief an den Göttinger Philosophieprofessor Jeremias David Reuß betonte. Lichtenberg war derart begeistert von der Schnitttechnik, dass er eine überaus detaillierte Beschreibung mit einer Handskizze illustrierte. Die Tests mit Strohballen, Tierkörpern und menschlichen Leichen aus dem Hospital von Bicêtre verliefen Anfang 1792 insgesamt erfolgreich. Die anfängliche Besorgnis einiger Abgeordneter der Nationalversammlung, das Volk könne durch den Anblick des blutigen Schauspiels verrohen, war nun zerstreut, denn die Köpfe, so lange sie nicht wieder aus dem Korb hervor geholt wurden, um das Publikum zu beeindrucken, verschwanden wie auch die toten Körper der Gerichteten fast ebenso schnell aus dem Blickfeld, wie die Klinge fiel. Diese wurde aus Sicherheitsgründen mit einem zusätzlichen Gewicht beschwert, und schon bald befand sich die Guillotine im Einsatz.[15]

Zur ersten Guillotinierung wurden außergewöhnliche Sicherheitsmaßnahmen getroffen, denn man erwartete einen immensen Andrang neugieriger Menschen. Die Reaktionen der Bevölkerung waren gemischt. Einerseits enttäuschte die Maschine die Massen, da eben kein detailliertes, sich über Stunden erstreckendes Schauspiel mehr geboten wurde, wie es noch in den 1780er Jahren bei den Räderungen und Verbrennungen eines Sodomiters, eines Diebes und Brandstifters und eines Vatermörders der Fall gewesen war. Die Lust des Volkes an derlei Veranstaltungen war im Zuge der Revolutionsdebatten über die Todesstrafe kritisiert worden, und freilich wurde auch das Ancien Régime attackiert, da es den niederen, triebhaften Angewohnheiten nur zu gerne entgegengekommen sei, um seine eigene Position zu festigen; und: „De ces habitudes [basses], la plus méprisable est celle de plaisanter sur les supplices". In einem zeitgenössischen Bericht über die erste Guillotinierung hieß es ganz in diesem Sinne, die Leute hätten sich unmittelbar danach zerstreut und singend die Rückkehr der vorrevolutionären Strafjustiz gefordert. Letztlich wussten bereits die ersten Kommentatoren das Missfallen des Publikums ganz simpel zu deuten: „‚Le peuple [...] n'avait rien vu; la chose était trop rapide'". Durch die Guillotine war der Tod keine langsam Spannung aufbauende Tragödie mehr, kein Schlachtfeld um die Seele, er schien reduziert auf ein rein körperliches Faktum. In dieser neuen Zeit, in der die Todesstrafe „kein auf Abschreckung anderer ausgelegtes Schauspiel" mehr sein durfte, sondern als „bloßes Instrument der Gerechtigkeit" der simplen Beraubung des Lebens diente, war die maschinisierte Enthauptung die augenscheinlich perfekte Exekutionsform. Und obschon die Tötung noch im öffentlichen Raum inszeniert wurde, war der eigentliche Akt aufgrund der Geschwindigkeit der Prozedur und der Bauart der Maschine dem Blick der Zuschauenden bereits weitestgehend entzogen. Die Guillotine reduzierte die Sichtbarkeit konkreter menschlicher Gewaltanwendung auf ein Minimum.[16]

Doch auf der anderen Seite fesselte die Maschine das Publikum. Die neue technische Errungenschaft zur maschinisierten Abtrennung von Köpfen stand am Ende eines Jahrhunderts, das der Historiker Michel Vovelle als die „Blütezeit des Werkzeugs" beschreibt. Das Tötungswerkzeug arbeitete nahezu perfekt, und abgesehen von einigen wenigen anfänglichen Misserfolgen war das Problem eines unpräzise und unsauber durchtrennten Halses nicht mehr existent. Und gerade von der Geschwindigkeit, Regelmäßigkeit und Präzision, mit der die Guillotine funktionierte, ging auch eine ungeheure Faszination aus. Das gespannte Interesse fand in einer wachsenden Rekordbegeisterung der Bevölkerung seinen Ausdruck, und Zeitgenossen diskutierten, ob es „ohne die Leichtigkeit, mit der die Guillotine arbeitete, möglich gewesen wäre, das Volk in der blutdürstigen Stimmung zu erhalten". Ein früher Meilenstein in diesem Zusammenhang war im Jahr 1793 die Enthauptung von 21 Girondisten in weniger als 38 Minuten. Ein Zeitgenosse spricht sogar von 22 Deputierten, die „sämtlich binnen dreizehn Minuten auf derselben Guillotine hingerichtet [wurden], obschon man immer erst den Leichnam beseitigen, das Instrument reinigen und das Messer in die Höhe ziehen mußte", und: „Kann es eine schnellere Hinrichtung geben, als diese?". Zweifelsohne ging die Arbeit mit einer Effizienz vonstatten, die beeindruckte und die ohne die technologische Perfektion gar nicht hätte erreicht werden können.[17]

Die Begeisterung für die Enthauptungsmaschine wird auch durch deren weitreichende Präsenz im alltäglichen Leben reflektiert. Bereits 1793 war die Miniaturguillotine weit verbreitet. Aus Mahagoni gefertigt fand man sie auf den Tischen der besseren Salons, so dass die Gäste sie zum Schneiden von Brot oder Früchten benutzen konnten. Auch diente sie zur Enthauptung kleiner Puppen, aus denen dann ein parfümierter roter Saft sprudelte, in den die Damen und Herren ihre Taschentücher tupften. Als Mausefalle, zum Hühnerköpfen oder zur Freude und Unterhaltung der Kinder war die kleine Enthauptungsmaschine über Frankreich hinaus beliebt, wie unter anderem die Bitte Johann Wolfgang Goethes an seine Mutter in Frankfurt zeigt, ein solches Spielzeug doch für seinen fünfjährigen Sohn zu besorgen. Auch zierte eine noch kleinere Version der Enthauptungsmaschine die Ohrläppchen der Damen oder dekorierte als Brosche deren Revers.[18]

Aber nicht nur Enttäuschung und Begeisterung begleiteten die Guillotine, die im Volksmund der Franzosen auch „die patriotische Rasierklinge" genannt wurde. Als Komplementär zur weit verbreiteten Faszination löste sie Furcht und Schauder aus, und an dem schnellen, unsichtbaren, unpersönlichen und »sterilen« Tod haftete bald das Stigma der Barbarei und Obszönität. Durch die Geschwindigkeit, mit der die beschwerte Schneide aus etwa fünf Metern Höhe herunter rauschte, durch das surrende Begleitgeräusch, das in einem klackenden Stoß abschloss, war die allumfassende Macht des Todes in einen einzigen und darüber hinaus auch noch nahezu unsichtbaren Augenblick komprimiert. Den weniger als eine Sekunde dauernden Sturz der Klinge, die den Hals „ohne sich im mindesten merklich aufzuhalten" in einem Bruchteil dieses Teils einer Sekunde „durchdringt", beschrieben die Zeitgenossen mit dem Bild eines Blitzstrahles. Somit haftete an der Enthauptungsmaschine nicht nur das Stigma des barbarisch Obszönen, sondern sie verkörperte auch das schreckenerregende Potential der Naturgewalt, das nun durch technischen Fortschritt seiner allgemeinen Gefährlichkeit beraubt war. Darüber hinaus war die Gefahr des Unkontrollierbaren nicht nur abgewendet, sondern sogar in Präzision und Geschwindigkeit transformiert worden und konnte nun vom Menschen kontrolliert eingesetzt werden.

Die Dimension des entscheidenden Augenblickes, des finalen Momentes wie der Vergänglichkeit der menschlichen Existenz fand in der Guillotine ihre räumliche und allseits sichtbare Verkörperung. Sie war schreckenerregend und faszinierend zugleich, denn sie strahlte eine technische Magie aus und war der Garant eines zuverlässigen, unfassbar schnellen Todes. Sie verkörperte eine schauderhafte Bedrohung von Leib und Leben, welche die menschliche Ohnmacht zu vergegenwärtigen schien, und war zugleich das Produkt menschlicher Vernunft und Empfindsamkeit. Und als ZuschauerIn konnte man sich der Faszination der tödlichen Bedrohung mit der Gewissheit unterwerfen, zumindest am Ende dieses Tages doch noch einmal davongekommen zu sein. Gerade das Prickeln und die Überwindung dieser, wie im Jahr 1719 von Jean-Baptiste Dubos formuliert, „ganz maschinenmäßig“ hervorgerufenen, den Menschen eigentlich quälenden Gemütsbewegung von Leid und Ohnmacht machte deren Anziehungskraft aus. Die Domestizierung des eigentlich Unkontrollierbaren, des Naturgewaltigen, durch die Fähigkeiten menschlicher Vernunft verlieh der mechanisierten Tötung das Potential zur Vermittlung einer wahrhaft »erhabenen« Empfindung. Im Konzept des Erhabenen waren seit dem frühen 18. Jahrhundert die perzeptive Ambivalenz, die Faszination des Schrecklichen und deren rationale Kontrolle gefasst worden. In der Tötungsmaschine hatte es sein modernes, technisiertes Gewand gefunden.[19]

Welch eine fesselnde Faszination die technische Perfektion des künstlich herbeigeführten Todes in der „Blütezeit des Werkzeugs“ ausstrahlte, mögen die zahlreichen und überaus detaillierten Skizzen der Enthauptungsmaschine verdeutlichen, die auch über Frankreich hinaus verbreitet waren. Häufig waren sie von akribischen Erläuterungen begleitet:

> A und B sind zwei starke, viereckige, oben durch den Querbalken C – verbundene Pfeiler, welche an den zwei inneren, einander gegenüber befindlichen Seiten mit einer Rille (Fuge) d d – versehen sind, damit in diesen beiden perpendiculären Rillen, der oben im Ringe e – an einem starken Tau hängende sehr schwere Block F – dessen obere Hälfte g=h aus festem Holze, die untere Hälfte h=i hingegen aus einem, auf beiden Seiten (man sehe über Fig. 7. den Durchschnitt dieses Eisens lit. O) hohl gekehlten und mit einer sehr scharfen Schneide versehenen Eisen besteht, senkrecht in des Querholzes L – horizontale Rille K – in deren Mitte ein doppelter halber Mond zum Festhalten des Kopfes angebracht ist, hineinfallen könne, um den daselbst hingestreckten Hals eines Verurtheilten schnell zu durchschneiden, sobald nur der im Pfeiler B – bewegliche eiserne Haken M – nach dem Tau oberwärts hin, umgedreht wird, wodurch das Tau, welches bisher in der Krümmung dieses Hakens festgehalten wurde, sogleich losfährt, und der daran hängende Block F – durch seine große Schwere und Schärfe, die Enthauptung bewirken muß.[20]

Auch der Hamburger Reisende F.J.L. Meyer zeigte sich von der Guillotine beeindruckt, als er am Anfang des 19. Jahrhunderts Paris besuchte. Folgt man seinen Erörterungen, so wurde er zufällig Zeuge einer mechanisierten Enthauptung, denn er ging in die „cité“, „ohne dass ich ahnete, welche Blutscene mir bevorstand". Dennoch versorgt er die LeserInnen seines Reiseberichts mit Details über das Aussehen der Guillotine, deren Ausmaße und Höhe sowie das Gewicht der Klinge. Auch das Publikum, das er von seinem Fensterplatz aus sicherer Entfernung beobachtet, ist ihm einige Zeilen wert. Es suche sich zu amüsieren, schreibt er, ganz gleich „ob in wenigen Augenbliken vor seinen Augen Köpfe unter dem Beil fallen sollen, oder ob es den Anfang eines Possenspiels erwartet". Den stärksten Eindruck scheint auf Meyer aber die Geschwindigkeit gemacht zu haben, die die furchteinflößende und naturgewaltige Bedrohlichkeit dieser technologischen Perfektion unpersönlicher und nahezu steriler Gewalt versinnbildlichte, und der Hamburger Reisende kommentierte abschließend: „Die Schnelligkeit der Hinrichtung ist's allein, was erschüttert. Kein Faden zerreißt schneller, als jetzt der Tod hier das Leben verschlingt".[21]

Entfalten konnte die Guillotine die volle Kraft ihrer zerstörerischen Präzision während der Schreckensherrschaft, als „zum Wohl des Volkes [...] große Mittel und furchtbare Maßnahmen" erforderlich schienen, wie Georges Danton im März 1793 prophezeite. Die angestrebte gesellschaftliche Umstrukturierung brachte tägliche und nahezu unzählbare Hinrichtungen mit sich. Schon im Juni 1793 schrieb ein zum Tode Verurteilter kurz vor seinem Ende, ganz Frankreich gleiche mittlerweile „einem einzigen Blutgerüst", und es sei „kaum glaublich, wie geschwind die Guillotine hier arbeitet: bis zu 12, 15, 20 Menschen auf einmal – im Handumdrehen, fertig, aus; es gibt keine schönere Erfindung auf der Welt für einen Scharfrichter". Der Höhepunkt der Hinrichtungswelle sollte jedoch noch fast ein ganzes Jahr auf sich warten lassen, und sogar die zunächst begeisterten BesucherInnen der Enthauptungen, die sogenannten „Kannibalen" und „Guillotinen-Ableckerinnen", waren schließlich angeekelt von dem Blutstrom, der in der Grube unter dem Schafott nicht mehr versickern konnte. Der täglich vorbeiziehende Henkerskarren, die sich verschlechternden Gesundheitsbedingungen und der unerträgliche Gestank des verrottenden Blutes, an dem sich umherstreunende Hunde labten, führten zu vielfachen Protesten der Bürgerinnen und Bürger, die in der Nähe des Schafotts oder an der Wegstrecke lebten. Das Haus könne man nicht mehr verlassen, hieß es in einem Augenzeugenbericht, „ohne die Guillotine oder die, die sie besteigen müssen, zu sehen"; und weiter: „Dieser Anblick wird die Kinder grausam machen, und bei den schwangeren Frauen sind Mißgeburten zu befürchten: Kreaturen, die am Hals gezeichnet oder starr wie Statuen auf die Welt kommen infolge der schrecklichen Eindrücke ihrer Mütter angesichts dieser Szenen". Tatsächlich berichtete der besagte Hamburger Reisende Meyer von roten, blutähnlichen Flecken am Körper des Kindes seiner Wirtin, die während der »Terreur« in Umständen gewesen war. Die seriellen Enthauptungen während der Schreckenszeit dokumentierten demnach nicht nur, wie schnell und schmerzfrei eine derartige »Notwendigkeit« wie der Vollzug der Todesstrafe in aufgeklärten und vernünftigen Zeiten erledigt werden konnte. Sie dokumentierten eben auch, welche Exzesse möglich waren, wenn die Hinrichtungen nicht nur rational, sondern auch rationell vollzogen wurden. Die Aura humanitärer Reform und politischer Befreiung, welche die Guillotine nicht zuletzt durch die Enthauptung Ludwigs XVI. noch umgeben hatte, war ergänzt worden durch das Stigma blutrünstigen Schreckens mit einer zerstörerischen Wirkung auf das Wohl und das Wesen der Bevölkerung. Ähnlich meinte auch der Arzt Cabanis, der an der Konstruktion der Guillotine beteiligt war, deren Abbild ziere nun das Banner der Tyrannei. Die Zuschauenden auf der Place de Grève konnten sich mittlerweile kaum mehr in Sicherheit wähnen, während sie eine Enthauptung beobachteten, denn das Fallbeil konnte nun *wirklich* jeden treffen. Selbst der letztmögliche Rest einer Distanz zwischen BeobachterInnen und Beobachtetem schien sich in Unschärfe zu verlieren. Die Guillotine war zur „machine infernale" geworden, zum Zeichen einer politisierten und automatisierten Tötungsmaschinerie, in der die angestrebte Menschlichkeit verloren gegangen war. Das „face à face" und „corps à corps" im Augenblick des Todes schien mittlerweile regelrecht vermisst zu werden.[22]

Die intensive Nutzung der Enthauptungsmaschine während der Schreckensherrschaft beeinträchtigte auch das Urteil deutscher Strafrechtler und Aufklärer. Sie waren sich so einig wie nur möglich, dass „diese Maschine durch den Mißbrauch, welcher damit einige Zeit lang, in Frankreich getrieben worden ist, den Deutschen verhaßt geworden", wie es 1797 in einem rechtswissenschaftlichen Journal hieß. Der anonym veröffentlichte Artikel stammte vermutlich aus der Feder Georg Christoph Lichtenbergs, der sich bereits im Sommer 1794 ob seiner Enttäuschung über den Verlauf der Revolution in Sarkasmus geflüchtet hatte und staunte, „daß doch noch niemand im Konvent den Vorschlag getan die Guillotinierten zu essen". Die zunächst uneingeschränkte Begeisterung, die beispielsweise der eingangs zitierte Christoph Meiners 1784 oder auch Lichtenberg für eine Enthauptungsmaschine geäußert hatten, war einer beträchtlichen Skepsis gewichen. So hieß es in Gallus Kleinschrods „Systematischer Entwicklung der Grundbegriffe und Grundwahrheiten des peinlichen Rechts" aus der Mitte der 1790er Jahre, man schaudere trotz der vorbildlichen Funktionalität und Humanität der Guillotine „freylich vor diesem Namen zurück, wenn man den ungeheuren Mißbrauch überlegt, den Tyranney und Blutdurst in unsern Tagen mit diesem Instrumente trieb". Die Maschine als Medium perfekter Kontrolle versinnbildlichte nun unkontrollierte Gewalttätigkeit. Die Blutströme der Französischen Revolution wurden mit ihr assoziiert, und sie disharmonierte daher mit dem Selbstverständnis einer aufgeklärten Kultur, in der Gewalt als Verirrung galt. Schließlich erachteten es selbst prinzipielle Befürworter der Todesstrafe als eine der größten Errungenschaften des aufgeklärten Zeitalters, „daß wir jetzt die Todesstrafen so selten als möglich zu machen suchen, daß wir uns scheuen, Menschenblut zu vergießen". Für den anerkannten Rechtswissenschaftler Kleinschrod war es eine der „Grundwahrheiten" des peinlichen Rechts, dass „der Regent durch einfache Todesstrafe und deren seltene Anwendung beweisen muß, wie schwer es ihm fällt, Menschenblut zu vergießen".[23]

Über die Lebens- und Leidensfähigkeit eines abgetrennten Kopfes

Trotz aller Kritik galt die Enthauptungsmaschine bis zur Mitte der 1790er Jahre zweifelsohne als bestmögliche Tötungstechnik, denn sie war „mit langer Schneide, großem Gewicht und hohem Falle, gewiß das sanfteste Mittel, um den Kopf vom Rumpfe zu trennen", wie abermals Lichtenberg geschrieben hatte. Die maschinisierte Enthauptung als solche entsprach somit den Anforderungen einer Zeit, in der „die Vollziehung der Urtheile, besonders der Todesurtheile, von Menschenliebe athmen muß", wie beispielsweise Julius von Sodens „Geist der peinlichen Gesetzgebung Teutschlands" aus dem Jahr 1792 zu entnehmen war. Ein Garant für die „ohnfehlbare Entleibung", für die Geschmeidigkeit, mit der die Maschine funktionierte, war das penibel durchdachte Detail der schrägen Klinge. Sie sicherte den reibungslosen Ablauf einer »menschenfreundlichen Enthauptung« und versicherte den DelinquentInnen die sanfteste Form aller möglichen Tötungsarten. Lichtenberg erläuterte die Schnittechnik und die „praktische Mechanik" der modernen Guillotine im „Göttinger Taschenkalender" von 1795: „Das Beil hackt und klemmt; das Schwert hackt und schneidet [...]; die Schere klemmt und schneidet; die Säge, das schmerzhafteste Werkzeug unter allen, zerreißt durch Dehnung und schneidet; die Guillotine allein schneidet im eigentlichen Verstande".[24]

Der Leidende, so Lichtenberg weiter, sterbe „freilich" auch durch den Schnitt mit einer anders geformten Klinge in einem einzigen Augenblick, solange nur „die Maschine kräftig genug ist", aber: „Die Schmerzen dieses Augenblicks haben ihre Grade". Doch im Jahr 1795 tauchten verschiedene Stimmen auf, die bezweifelten, dass „die Schmerzen dieses [einen, einzigen] Augenblicks" als entscheidendes Kriterium für eine sanfte Exekution herangezogen werden konnten. Gerade die angebliche Miniminierung des Leidens, die angebliche Plötzlichkeit, mit der nach Christoph Meiners die „Entseelung eines Körpers" in Folge einer (maschinisierten) Enthauptung vonstatten ging, inspirierte auch außerhalb des juristischen Diskurses zu einer eingehenden Beschäftigung mit den Qualen des Köpfens. Vor allem Mediziner, die Fachleute der Körper, begannen nun, mit brennendem Interesse und großer Leidenschaft eine neue, bedeutende Frage zu diskutieren: Lebt der Kopf der MissetäterInnen noch für einige Zeit nach der Enthauptung?[25]

Eine Art Initialzündung dieser Debatte waren die Wangen Charlotte Cordays. Die junge Frau war im Sommer 1793 aus der Provinz nach Paris gekommen, um Jean-Paul Marat zu ermorden, den sie als Hauptverantwortlichen der »Terreur« ansah. Wenn ihre Tat auch nicht von dauerhafter politischer Wirkung war, so verursachte sie doch große Aufregung. Es war allerdings nicht nur die Ermordung des in der Badewanne dahinsiechenden Marat, die für Unruhe sorgte, auch die Bestrafung Charlotte Cordays war ein im wahrsten Sinne des Wortes »merkwürdiges« Ereignis. Denn offensichtlich zeigten Charlottes Wangen nach der Enthauptung keine „scheussliche Todesblässe", sondern sie erröteten noch viel scheußlicher vor Scham und Ärger, nachdem ein Henkersgehilfe den abgetrennten Kopf geohrfeigt hatte. Der Medizinprofessor Jean Joseph Sue bezeugte aus angeblich eigener Beobachtung, dass Charlotte Cordays Kopf, lange nachdem er „vom Rumpf getrennt worden war", den „Ausdruck unmißverständlicher Entrüstung" verriet: „Beide Wangen waren wahrnehmbar gerötet. [...] Man kann nicht argumentieren, daß der Schlag dieses Erröten verursachte, denn man kann die Wangen von Toten schlagen, ohne diese Wirkung zu erzielen; sie verfärben sich niemals. Überdies hatte der Schlag nur eine Wange getroffen, trotzdem verfärbte sich auch die andere Wange".[26]

Charlottes errötete Wangen verdichteten eine Debatte, deren Anfänge weit in die Zeit vor der Guillotine zurückreichten. Der Glaube an die lebenden Körper der Toten zirkulierte bereits seit Jahrhunderten. Aus dem Bereich der Strafjustiz waren vor allem „Exempel von Gehangenen, die wieder lebendig geworden sind", verbreitet, wie es in Jean Jacques Bruhiers „Abhandlung von der Ungewißheit der Kennzeichen des Todes" aus der Mitte des 18. Jahrhunderts hieß. Während der Revolutionszeit kursierte die Geschichte eines Enthaupteten aus dem beginnenden 18. Jahrhundert, dessen Kopf und Körper, mit gewissem Erfolg, durch eine Operation wieder vereint worden waren. Auch kam angeblich bereits im Jahr 1776 ein gewisser Pierre Gautier nach sorgsamen Überlegungen zu dem Schluss, dass der abgetrennte Kopf noch für einige Sekunden fähig sei, zu denken und zu fühlen. Gautier fand jedoch kaum Gehör, und erst knapp zwanzig Jahre später sollten sich derartige Aussagen im medizinischen und im strafrechtlichen Diskurs etablieren können.[27]

Wenn auch nicht alle dem Bericht von den erröteten Wangen Charlotte Cordays Glauben schenkten und so mancher sogar behauptete, konkret anderes gesehen zu haben, inspirierte er doch den deutschen Anatom Samuel Thomas von Soemmerring und den Schweizer Publizisten Konrad Engelbert Oelsner zu einem regen Gedankenaustausch über die Lebens- und Leidensfähigkeit eines abgetrennten Kopfes. Oelsner zweifelte kein Jota an der Schamesröte der cordayschen Wangen, habe doch auch er, wie er meinte, dergleichen schon oft beobachten können. Und selbst wenn sich die Leidenszeit de facto auch nur über wenige Sekunden erstrecken sollte, so sei die Leidensempfindung eines Menschen, der sich gleichsam im Moment des eigenen Todes seiner eigenen Existenz bewusst sei, doch unübertroffen, wie Oelsner betonte. Ein Tötungsverfahren, das eine solche Situation herbeiführe, sei daher mit einer sich selbst als zivilisiert empfindenden Kultur inkompatibel.[28]

Ein Brief Soemmerrings an Oelsner wurde nach dem Ende der »Terreur« im „Magasin encyclopédique", im „Moniteur universel" und bald darauf auch in mehreren deutschsprachigen Versionen publiziert. Unter anderem erschien Soemmerrings Text auch in dem von Oelsner selbst herausgegeben Journal „Klio". Dessen Titelblatt hatte kurz zuvor das Konterfei der Charlotte Corday geziert, die geradezu wie eine Heldin verehrt wurde. Es war eben die 24-jährige Frau aus Caen gewesen, welche die Revolution und deren erstrebenswerte Errungenschaften zu retten versucht hatte. In den Augen des Hamburger Aufklärers

Friedrich Gottlieb Klopstock war ihre Tat nicht Mord, sondern „‚Notwehr im Namen des Vaterlandes'". In der Tragödie „Charlotte Corday" von der Hamburgerin Christine Westphalen aus dem Jahr 1804 hieß es über das „Ungeheuer" Marat und dessen Mörderin, „er starb im Bad', von einer kühnen Hand/ Von einer weiblichen, mit Muth durchstochen/ Ein Engel war es, der den Dienst uns lieh". Dass ausgerechnet die von so vielen verehrte und als heroisch erachtete Attentäterin Marats die Guillotine in Verruf brachte, indem sie, selbst im Moment des Todes noch ganz dem Bild der »holden Weiblichkeit« entsprechend, angeblich vor Scham errötete, trug nicht unwesentlich zum weit verbreiteten Corday-Fieber und zur Langlebigkeit ihres Mythos bei, wie auch die dritte Szene des letzten Aktes im Corday-Drama zeigt:

Sie lächelte – ein Engel neben Henkern –
Mit unbeschreiblich sanfter, hoher Ruhe.
Dieselbe hohe Ruh' umgab sie, da,
Als sie die Schreckens-Bühne nun bestieg.
Man sah selbst oben – sage, wer begreift's! –
Die Rosen ihrer Wangen nicht erbleichen.
Sie wurde blaß,
  als sie das Messer traf –
Und wieder roth –
        o unerhörte That![29]

Soemmerring jedenfalls verwies zur Erklärung dieses Phänomens auf »Tatsachen«, die jeder verstünde, der auch nur das geringste Wissen über den menschlichen Körper besitze. Für „ächte Physiologen" sei unbestritten, dass das Gefühlszentrum „in der Feuchtigkeit der Hirnhöhlen" zu lokalisieren sei, wie er es ein Jahr später in seinem Buch „Ueber das Organ der Seele" spezifizierte. Dieses Gehirn funktioniere ohne Zweifel noch, so lange die Blutversorgung nur teilweise oder kurzfristig unterbrochen sei. Um seiner Argumentation eine stabile Grundlage zu verleihen, zitierte Soemmering in seinem Artikel Beispiele von abgetrennten Köpfen, die Grimassen schnitten oder mit den Zähnen knirschten. Seine Darstellung kulminierte in der Annahme, diese Köpfe könnten sogar sprechen, wenn Luft in den Stimmbändern zirkulierte. „Ein schönes Schneiden!", echauffierte sich der Anatom, und er formulierte eine vernichtende Kritik an der Enthauptung im allgemeinen und der mechanisierten Hinrichtungen im besonderen. Er verteufelte die Guillotine ob der schrecklichen Todesangst ihrer Opfer, ihrer ekelerregenden Erscheinung, der grausamen Ketten, des hässlichen Haarschnittes und der unmoralischen Nacktheit der Opfer, der zerstörten Körper und des verachteten und blutverschmierten Henkers. Sie sei „un genre de mort horrible", denn nicht nur die Tötung an sich sei im Gegensatz zu den bisherigen Annahmen überdurchschnittlich schmerzerregend, weil der Schnitt durch eine extrem sensible Körperpartie erfolgte. Die größte Qual sei die fortdauernde Existenz des Individuums nach der Zerstörung des Körpers, denn: „La tête conserve sa force vitale, long-temps après être séparée du corps. [...] Aussi long-temps que le cerveau conserve sa force vitale, le supplicié a le senitment de son existence“. In den Augen Soemmerings war die mechanisierte Enthauptung eine perfide Angelegenheit, die die Brutalität der vorrevolutionären Körperstrafen bei weitem übertraf. Das mechanische Fallbeil wurde nicht mehr als Botschafter einer humanitären Kultur und als Zeichen der vollendeten Aufklärung, sondern als brutales Instrument einer blutrünstigen und grausamen Justiz in einer blutrünstigen und grausamen Gesellschaft beschrieben. Alle, fuhr Soemmerring fort, hätten die barbarischen Schlachtopfer sehen können, die Infamie, die die Menschheit entehrte, ein Spektakel, wie es sonst nicht einmal unter den Wilden stattfinde: „Et ce sont des républicains qui les donnent et qui y assistent!!!“[30]

Soemmerrings wissenschaftliche Argumente riefen ebenso wie sein harscher Angriff auf die Französische Republik scharfe Reaktionen vor allem seiner Pariser Kollegen hervor – Reaktionen, die auch in Deutschland registriert wurden. George Cabanis, Jean Baptiste François Léveillé, Jean Sédillot und der an der Place de Grève mit Blick auf das Schafott wohnende Felix Lepelletier stellten Soemmerrings medizinische Glaubwürdigkeit in Frage. Sie erinnerten mahnend an den Unterschied zwischen der Fortexistenz der menschlichen Seele und rein physiologischen Nervenzuckungen, zwischen Sensibilität und Irritabilität. Schmerz und insbesondere Gefühle erklärten sie durch das Zusammenwirken verschiedenster Körperfunktionen. Die Debatte über den Zeitpunkt des Todes und die Menschenfreundlichkeit der maschinisierten Enthauptung war nun endgültig in Gang, und die entscheidende Frage sollte sich auch im deutschsprachigen Diskurs entfalten: Wenn der abgetrennte Kopf wirklich noch lebendig war, konnte es dann etwas Grausameres geben, als ein funktionierendes Bewusstsein in einem zerstörten Körper? Konnte es etwas Gequälteres geben, als ein menschliches Wesen, das um seinen eigenen Tod weiß?[31]

Im deutschsprachigen Raum wird die Auseinandersetzung über den humansten Weg der Tötung delinquenter Individuen in dem spannungsreichen Kontakt Soemmerrings und Lichtenbergs sichtbar. Zudem hatte Georg Wedekind, der ebenso wie Soemmering ehemals in Mainz tätig gewesen war, sofort auf die Darlegungen im „Moniteur“ reagiert. Wedekind war, wie er wenig später die LeserInnen des Aufklärungsjournals „Humaniora“ wissen ließ, nun als Arzt in einem Straßburger Militärhospital tätig und qualifizierte sich somit als Fachmann für Wunden, Schmerz und Tod. Wedekind meinte, der Beitrag Soemmerrings mit den einleitenden Bemerkungen Oelsners sei der gedankliche Erguss zweier Revolutionsfeinde, die natürlich auch Feinde der Guillotine sein müssten, so „wie die Kinder Feinde der Ruthe sind“. Wenn nun aber „die Unschädlichmachung eines schädlichen Bürgers“ notwendig werde, sei das Guillotinieren gewiss die „leichteste und sicherste Todesart [...] unter allen bekannten, [...], so eilig, so fabrikmässig [...] es auch oft damit hergieng“. Allein der blitzartige Blutverlust im Kopf führe sofort zu Ohnmacht und Empfindungslosigkeit. Auch der Schnitt verursache keine Schmerzen, denn glatte Wunden schmerzten nur dann, wenn sie entzündet seien. Und das für die Zuschauenden angeblich so grauenerregende Verfahren der Guillotinierungen sei, vor allem im Vergleich zu Rad und Galgen, nicht der Rede Wert, erläuterte Wedekind, denn „bei uns wird der Hingerichtete aufs schnellste dem Anblick des Publikums entzogen und das tödtliche Instrument beseitigt".[32]

Nicht nur Wedekind, Soemmerring und Lichtenberg, auch viele andere Stimmen meldeten sich im deutschsprachigen Raum zu Wort. Einmütig stimmte man den Worten des Arztes Carl Friedrich Clossius zu, dass „der Schritt von dem Daseyn zu der Vernichtung schon schröcklich genug ist", und dieser daher „so wenig als möglich schmerzhaft und langdauernd, sondern so schnell vorübergehend, als es nur geschehen kann" vollzogen werden solle. Clossius' Kollege, Carl Eschenmayer, ergänzte, derjenige, der über die sanfteste Form des Vollzuges urteilen müsse, sei der Arzt. Schließlich, so betonte er explizit, sei das beim Vollzug der Todesstrafe hervorgerufene Leid Maßstab für die Kulturstufe eines Volkes, und die kompetente Beurteilung dieser Frage müsse selbstredend den Spezialisten überlassen werden. Doch wenn es auch als gewiss galt, dass man jeden Delinquenten und jede Delinquentin „die Wohlthat einer leichten und geschwinden Hinrichtung genießen lassen" müsse, fand man in den folgenden Jahren keinen Konsens über die maschinisierte Enthauptung. Selbst die verschiedenen Verweise auf Tierversuche und auf Verurteilte, die noch nach der Tötung einen Schritt taten oder sogar „nach Verlust des Kopfs von dem Stuhl aufstunden", brachten keine Klarheit. Es hieß einerseits, ein Verdrehen der Augen, ein Zucken der Gesichtsmuskeln oder die Bewegungen des Mundes zeigten eindeutig Lebenskraft im Kopf, doch andererseits konnten diese Zeichen auch als Folgen von Irritabilität, und nicht von Sensibilität, oder gar als „eine aus Uebung zurückgebliebene Fertigkeit" des Körpers gelesen werden. Die Skepsis hinsichtlich der sanftesten und geschwindesten Form der Tötung blieb – eine Skepsis, die man sich in Hinblick auf den hohen Einsatz des kulturellen Selbstverständnisses nicht leisten konnte.[33]

Soemmerring selbst bevorzugte das Erhängen. Diese Strafe schien jedoch den wenigsten (kontinental-europäischen) ZeitgenossInnen befriedigend, obschon zuweilen zu lesen war, sobald sich die Schlinge fest genug um den Hals schließe, werde man in „den angenehmen Zustand eines Schlummernden versetzt". Doch auch auf den britischen Inseln, wo der Strick das übliche Hinrichtungsinstrument war, schwelte seit Jahrzehnten eine Debatte über Möglichkeiten, den Strafvollzug zu perfektionieren und den Tod sanfter zu gestalten. Ärzte wie der Anatomieprofessor Alexander Monro aus Edinburgh gehörten zu den treibenden Kräften. Ein neuer Galgen vor dem Newgate-Gefängnis in London strahlte zunächst, ähnlich wie die Guillotine, eine große technische Faszination aus. Dies zeigt nicht zuletzt eine lange und detaillierte Beschreibung des neuen Gerüstes aus dem Jahr 1783, in der die gesteigerte Schnelligkeit der Bewegung hervorgehoben wurde, mit der die Verurteilten wesentlich schmerzloser in den Tod stürzten denn auf dem alten Gerüst in Tyburn. Augenscheinlich schmerzerfüllte Konvulsionen der Sterbenden blieben jedoch eine Alltäglichkeit.[34]

Letztlich kann es kaum verwundern – um auf den Kontinent zurückzukehren –, dass zunächst unter Medizinern über völlig neue, alternative Tötungsmethoden nachgedacht wurde. Wenn das menschliche Bewusstsein und das menschliche Wesen tatsächlich im Gehirn zu lokalisieren waren, dann galt es zu erörtern, wie im Namen der „Menschlichkeit" eine Todesart gefunden werden kann, „in welcher der Todes-Streich und die gänzliche Zerstörung von dem natürlichen Bau des Hirns [...] zusammentreffen". Diese Notwendigkeit bestand, „so lange [auch nur] die Möglichkeit eines Ueberrestes von Gefühlen, und der Einwirkung äusserer Reize, der Kälte, der Luft, des Windes in den noch lebenden Kopf bei nicht angetastetem Hirn nicht durch unumstößliche Gründe geläugnet werden kann", wie es hieß. Es schien erforderlich, den Kopf durch einen einzigen Schlag vollständig zu zertrümmern, und dass in den Augen der Zeitgenossen nur eine Maschine derartiges leisten könnte, lag auf der Hand. Doch auch dies schien zweifelhaft, denn „ein Instrument [zu] erfinden, das die Hirnsubstanz unmittelbar trifft", galt als kaum möglich. Denn, wie der Mediziner Eschenmayer betonte, „schon der äußerst mannigfaltige Bau der Schädelknochen an verschiedenen Menschen" machte die Treffgenauigkeit zu einem Problem und erregte zurecht „ein Mistrauen gegen diese Todesart". Zudem müsste „eine Quetschung der Hirnsubstanz bis auf die innersten Stamina der Markfasern gehen, wenn wir sicher seyn sollen, daß der Ort getroffen werde, wo der Zusammenfluß aller Nerven oder wo das Seelenorgan wohne; diß ist aber eine Zumuthung, der eine menschliche Vorrichtung und Zurüstung kaum gewachsen seyn würde".[35]

Experimente auf dem Schafott

> Die Methode zu Experimentieren sey folgende: Sobald der Kopf abgehauen ist, bringe man ihn an den bestimmten Ort; die Augenbinde, welche keinen Knopf, sondern nur eine Umschlingung haben darf (oder besonders dazu bereitet ist), muß zuerst hurtig gelöst, (aber nicht herabgerissen) werden: sind die Augen geschlossen, so rufe man: ‚N.N. kennst du mich? Sieh mich an!'; dann bewege man (im Fall er die Augenlider offen hätte) die Finger vor seinen Augen anfänglich ohne, letztlich aber mit Berührung der Augenliderhaare; dann greife man ihm sogar in die offenen Augen, oder bringe ihm eine Holzfaser schnell an die Horn- oder Bindehaut. Auch kann man einen Laufkäfer, der sich nicht todt stellt, bey den Flügeln halten, und seine Füße auf der Nase gegen die Augen hin sich bewegen lassen. Viele Köpfe haben die Augen sogleich nach dem Ablösen der Binde offen: bey diesen halte man sich mit dem Zurufen nicht lange auf; es ist in diesem Falle rathsamer, die anderen Versuche nicht zu versäumen: denn schwerlich wird irgendein Menschenkopf angetroffen werden, der nach der Enthauptung länger als zwey Minuten deutliche Zeichen von Empfindung zu geben vermag.[36]

Als der Mediziner Franz Paula von Gruithuisen im Jahr 1808 diese Verfahrensanleitung schrieb, waren bereits eine Reihe von Experimenten mit den Köpfen von Enthaupteten auf dem Schafott durchgeführt worden. Die Protagonisten hofften, dass ihre Versuche endlich „den Pfad zeigen, welcher ins Reich der neuen Wahrheit führt", also herauszufinden, wie es tatsächlich um die Empfindungen eines abgetrennten Kopfes bestellt ist. Die Zielvorgaben und die Art der Untersuchungen waren von den soemmerringschen Erläuterungen vorstrukturiert. Es wurde nach schmerzverzerrter Gesichtsmuskulatur, nach knirschenden Zähnen, sich hin und her bewegenden Augen und nach Stöhn- und Sprechbemühungen gesucht.[37]

Einer der ersten, der diesen experimentellen „Pfad" zur „Wahrheit" beschritt, war der von den Theorien Soemmerrings faszinierte Johann Wendt aus Breslau. Der Mediziner operierte innerhalb des Beziehungsgeflechtes von »Zivilisationsprozess«, Wissenschaften und Strafrecht. Er strebte als Forscher danach, „durch fleißige Beobachtungen, und genaue Versuche [...] den Wissenschaften die Vollkommenheit [zu] geben, deren sie fähig sind", und er hoffte, so zu einer „apodictischen Gewißheit" über ein möglicherweise fortexistierendes Bewusstsein in den Köpfen der Enthaupteten zu gelangen. Dadurch würde die experimentelle Medizin „wesentlichen Einfluß auf die Criminal=Gesetze aller cultivierten Länder" nehmen. Und schließlich sei der Vollzug der Todesstrafe und das dadurch ausgelöste Leid der Sterbenden je nach „Sitten, Gebräuchen" und vor allem der „mehr, oder minder verfeinerten Kultur verschieden". Insofern saß der Arzt als Fachmann für körperliches Leid nicht nur auf dem „Richterstuhl", wie Dr. Johann Wendt explizit konstatierte, sondern war auch eine entscheidende Kraft auf dem Weg zur kulturellen Perfektion. Er half, eine Divergenz von Barbarei und Zivilisation zu produzieren, die an der Vollzugstechnik der Todesstrafe und den damit verbundenen Schmerzen gemessen wurde.[38]

Am Morgen des 25. Februar 1803 hatte Johann Wendt auf dem hinteren Teil des Schafotts vor einigen aufgeregten Ärzten bereits seine Theorien erläutert, als der Delinquent Martin von Troer um 9.15 Uhr seinen letzten Gang antrat. Unmittelbar nachdem der Scharfrichter einen außergewöhnlich glatten Schwertstreich getan hatte, griff Wendt sich von Troers Kopf und begann mit galvanischen Experimenten, beobachtete dessen Augen, als er den Kopf in das Sonnenlicht drehte, und rief mehrfach „Troer" in dessen Ohr. Folgt man Wendts Bericht, so gab es nicht eine einzige Stimulation, auf die der Kopf nicht reagierte; er versuchte, genau wie von Soemmerring gemutmaßt, sogar zu sprechen. Der Chirurg fuhr fort: „Als ich nämlich das Rückenmark reizte, schloß er krampfhaft das Auge, biß die Zähne zusammen, und zuckend näherten sich die Backenmuskeln dem untern Augenlide. Ich steckte den Finger in den Mund des Unglücklichen, und die Zähne drückten meine Finger merklich".[39]

Die Prozedur erreichte ihren grotesken Höhepunkt, als von Troers Kopf angeblich so heftig auf den Finger eines ärztlichen Kollegen biss, dass dieser ihn nicht aus dem Mund des Delinquenten herausziehen konnte. Wendts Bericht besagt, die Lebenszeichen hätten nach insgesamt knapp drei Minuten nachgelassen. Von Troers Reaktionen hatten die maschinelle und die manuelle Enthauptung in den Augen des Mediziners endgültig diskreditiert, denn „gegen die Gefühle des Schmerzens in einem solchen Kopfe, der plötzlich aus allen seinen bisherigen Verhältnissen gerissen ist, ist der Schmerz beim Radebrechen noch Barmherzigkeit".[40]

Wendts Experimente sollten kein Einzelfall bleiben. Ähnliche Versuche unternahmen noch im Jahr 1803 Soemmerrings Schüler Jakob Fidelis Ackermann und die Mitglieder der sogenannten „Medizinischen Privatgesellschaft" zu Mainz mit den Köpfen des berühmt-berüchtigten Räubers Jean Bückler, alias »Schinderhannes«, und mehreren seiner Kumpanen. Auch in Landshut fand, noch bevor der Bericht Johann Wendts publiziert war, eine solche Veranstaltung statt. Als der Hofrat H.M. von Leveling in Begleitung des besagten Mediziners Franz von Gruithuisen dem Kopf des enthaupteten „Bauernburschen" im Beichtkämmerchen „‚Forster! Kennst Du mich?'" zurief, regierte dieser ähnlich wie von Troer: „Sogleich that er die Augen auf, und schien sich nach der Seite hin umsehen zu wollen, von woher der Zuruf kam". Eindeutige Lebenszeichen ließen aber rasch nach, so dass ein sicheres Ergebnis nicht ermittelt werden konnte. Ein weiteres Versuchsobjekt zeigte gar keine Reaktion. Im Gegensatz dazu haben ein Prediger namens Bährens und ein Arzt namens Müller in Schwerte in Westfalen Erstaunliches am Kopf des Straßenräubers und Mörders Bechtold beobachten können. Die Forscher ließen verlauten, die auch nach der Enthauptung unruhigen Augen Bechtolds drückten Schmerzen aus, seine Lippen bewegten sich und sprachen sogar pantomimisch Worte. Acht Minuten lang sollen sich Empfindung und Leben in dem abgetrennten Haupt gezeigt haben – eine „fast unglaublich lange Zeit", wie selbst wohlwollende Stimmen meinten.[41]

Die Versuche mit den Köpfen von Enthaupteten hatten zu unterschiedlichen Ergebnissen geführt, und die Gewissheit, die Wendt hatte gewinnen wollen, war mitnichten „apodictisch". Stabilisiert hatte sich aber eine allgemeine Ungewissheit in Hinblick auf die »Menschenfreundlichkeit« des Köpfens. Hierzu hatten nicht zuletzt auch die Ergebnisse zahlloser Tierversuche beigetragen, die unter anderem Soemmering, Sue oder von Gruithuisen durchgeführt und publiziert hatten. Eine allgemeine Verunsicherung erfasste jetzt auch Rechtswissenschaftler, die nun über alternative Tötungsmethoden nachzusinnen begannen. Zum einen kursierte der Vorschlag, zumindest am bestehenden Verfahren zu feilen und den Schmerz des Schnittes zu dämmen, indem man ein wohltemperiertes Schwert ebenso wie die Hälse der Opfer mit ungesalzener Butter bestrich. Fortschrittlicher war sicher, die Vorschläge der Mediziner aufzugreifen und eine alternative, wirklich sofort wirkende Tötungsmaschine zu entwickeln, „wodurch der Kopf des Hingerichteten in einem Augenblicke so zermalmt würde, daß eine Möglichkeit fortgesetzten Bewußtseyns nicht gedacht werden könne", wie der etablierte Rechtswissenschaftler Ernst Ferdinand Klein im Jahr 1804 im „Neuen Archiv des Criminalrechts" betonte.[42]

Von Gruithuisen regte den Bau einer komplexeren und technisch ausgefeilteren Tötungsmaschine an, nämlich einer „Guillotine, welche durch den Kopf selbst ein Beil so führte, daß die beyden Markschenkel des grossen Gehirns in der varolischen Brücke abgeschnitten würden, damit der Centralursprung des fünften Paares der Gehirnnerven zerstört werde: ein anderes Beil kann durch den Hals und, wenn man will, ein drittes durch die Wirbelsäule der Brust gehen, damit das Rückenmark und das Herz, oder wenigstens die Aorta irgendwo, der schnelleren Verblutung wegen, zertheilt werde, doch so, daß der Kopf und der Rumpf ganz bleibt, der Hals aber gänzlich abgehauen wird". Es war offensichtlich, dass an der optischen Aufbereitung beider Verfahren gefeilt werden musste, wollte man diese einem Publikum präsentieren können. Bei öffentlichen Hinrichtungen und in einer zivilisierten Kultur schien es nicht angebracht, die Verurteilten zu zerstückeln oder gar regelrecht zu atomisieren.[43]

Die Vorschläge einer mit dem »wirklichen Leben« befassten medizinischen und rechtswissenschafltichen Forschung waren derart bizarr, dass Texte des literarischen Genres, die die maschinisierte Enthauptung und ihre Folgeerscheinungen verhandelten, kaum »phantastischer« erscheinen. Die Grenze zwischen »wirklichkeitsnaher Wissenschaft« und »fiktiver Literatur« verschwimmt bis zur Unkenntlichkeit. So bewegen sich die Worte, die Georg Büchner den zum Tode Verurteilten Danton zum Henker sprechen lässt, als dieser die letzte Umarmung seines ebenfalls todgeweihten Freundes zu unterbinden versucht, sicherlich im Bereich der Fiktion. An sich erscheint es im zeitgenössischen Kontext allerdings längst nicht mehr denk-unmöglich, wenn Danton den Scharfrichter fragt: „Willst du grausamer seyn als der Tod? Kannst du verhindern, daß unsere Köpfe sich auf dem Boden des Korbes küssen?". Wenn Victor Hugo den Todeskandidaten in „Die letzten Tage eines Verurteilten" daran zweifeln lässt, „daß man zuletzt nicht mehr leidet", und wenn dieser fragt, ob „man je gehört [habe], daß der blutende Kopf sich am Rande des Todes aufrichtete und dem Volke zurief: Das tut nicht weh!", so schrieb Hugo hier innerhalb desselben diskursiven Feldes wie Samuel Thomas von Soemmerring und dessen forschende Kollegen. Der Erfüllung des Traumes, mittels verabredeter Signale mit dem zum Tode Verurteilten zu einer größeren Gewissheit über die Empfindungsfähigkeit der abgetrennten Köpfe gelangen zu können, haben sich die Wissenschaftler schließlich erst in der Literatur annähern können. Doch auch als in Villiers de L'Isle-Adams Erzählung „Das Geheimnis um das Schafott" aus dem Jahr 1883 das Augenlid des enthaupteten Arztes Le Pommerais zuckt, ist diese Bewegung uneindeutig und für dessen Kollegen Dr. Velpeau nicht in der notwendigen Klarheit als das vereinbarte Zeichen des mehrfachen Zwinkerns interpretierbar. Und was immer der Kopf Le Pommerais' mit seinem rechten Augenlid getan haben mag, es rangiert außerhalb der konventionellen kulturellen Codes, um Clifford Geertz zu paraphrasieren – und die brennende Frage über die Empfindung in abgetrennten Köpfen verblieb auch in der Literatur unbeantwortet. Eindeutiger in Hinblick auf die Überlebensfähigkeit der Häupter war sechzig Jahre zuvor Washington Irving gewesen. Er erzählte in den „Tales of a Traveller" die Geschichte des Göttinger Studenten Gottfried Wolfgang, der am Fuß der Guillotine die Frau seiner Träume trifft. Noch in derselben Nacht gewährt er der verlassenen Frau Unterschlupf, und die beiden versprechen sich ewige Liebe. Am folgenden Morgen muss Wolfgang feststellen, dass seine Angebetete am Vortag guillotiniert worden war. Schließlich wurden ab den 1840er Jahren Seriengeschichten über die Mysterien von Paris publiziert, deren Verfasser Eugène Sue niemand anderer war als der Sohn des Mediziners, den die errötenden Wangen der Charlotte Corday so sehr beschäftigt hatten. Die Phantasmen all dieser Erzählungen sind nicht weit entfernt von den Erfahrungen, über die zum Beispiel der Psychiater Philippe Pinel berichtete. In seiner „Abhandlung über Geistesverwirrung oder Manie" erzählt er, unter seinen Patienten sei ein Pariser Uhrmacher gewesen, der in der Vorstellung lebte, nach seiner fälschlichen Enthauptung sei ihm der Kopf auf richterliche Anordnung hin wieder angebracht worden. Leider habe man dabei sein eigenes Haupt mit dem eines anderen Geköpften verwechselt. Folgt man den zeitgenössischen medizinischen Kenntnissen, hätte der Uhrmacher durchaus Grund zur Freude gehabt. Denn Pinels deutscher Kollege Georg Heinrich Masius, Professor in Rostock, erläuterte 1823 in seinem „Handbuch der gerichtlichen Arzneiwissenschaft", dass „der Kopf eines Enthaupteten mit dem Rumpfe eines andern durch einen feuchten Leiter verbunden und in die Kälte gelegt, [...] extensiv größere Phänomene [gab], als Kopf und Rumpf eines und desselben Enthaupteten". Insofern ist auch Mary Shelleys Erzählung von Dr. Frankenstein und seiner aus verschiedenen Leichenteilen geschaffenen Kreatur nicht weit von der medizinischen Forschung ihrer Zeit entfernt.[44]

In der bildenden Kunst setzte sich vor allem der belgische Maler Antoine Wiertz mit der mechanisierten Enthauptung auseinander. Im Jahr 1855 malte er das Bild eines abgetrennten Kopfes, das im Abbildungsteil dieses Buches zu sehen ist. Vier Jahre darauf formulierte er in Form eines großflächigen Triptychons eine weitere massive Kritik an der vermeintlich humanen Tötung durch die Guillotine. Das Kunstwerk zeigt, wie sich die »Gedanken und Visionen« eines Geköpften in der ersten, zweiten und dritten Minute nach der Guillotinierung in einem Strudel von Bildern verlieren.[45]

Hamburg und die Französische Revolution

Die medizinischen Erörterungen über den Tod durch Enthauptung im Allgemeinen und zur Guillotine im Besonderen waren an der Hansestadt Hamburg nicht spurlos vorüber gezogen. Auch dort wurde die beunruhigende Vorstellung diskutiert, dass das Leben nicht unmittelbar nach der Zerteilung des Körpers beendet sei. Nicht zuletzt die Versuche auf dem Schafott hätten dies nachgewiesen, betonte Dr. Wilhelm Ritter im Jahr 1806 in „Hamburg und Altona", der „Zeitschrift zur Geschichte der Zeit, der Sitten und des Geschmacks".[46]

Darüber hinaus verfestigte sich die Befürchtung, dass der Vollzug der Todesstrafe zur Geringschätzung des Lebens unter den Menschen führe. Dies hätten vor allem die massenhaften Hinrichtungen während der »Terreur« verdeutlicht, hieß es im Jahr 1803 ebenfalls in „Hamburg und Altona". Schließlich gingen „die Verurtheilten [in Paris] zuletzt selbst so leichtsinnig dahin, als wenn sie eine Theaterrolle zu spielen hätten". Eine solche „Gleichgültigkeit" gegenüber dem Leben drohe auch in Hamburg, sollten Todesurteile „öfter" vollstreckt werden. Häufig seien diese nicht mehr als „das Gespräch eines Tages; einige Sekunden schauert Mancher zusammen und die größere Volksmenge freut sich, daß sie einen arbeitslosen Tag hat, wo sie ein Schauspiel unentgeldlich sehen kann".[47]

Die strafrechtlichen Errungenschaften der Französischen Revolution hatten offensichtlich nicht mehr den besten Ruf, als im November 1806 die napoleonischen Truppen die nun ehemals »freie« Hansestadt Hamburg besetzten. Dabei hatten viele Hanseaten die Pariser Erhebung gegen das Ancien Régime zunächst mit Zustimmung und Sympathie begrüßt, denn in der Französischen Revolution schien die Aufklärung ihre Erfüllung gefunden zu haben. Als illustratives Indiz wird in der Geschichtsschreibung häufig der 14. Juli 1790 herangezogen, als in großbürgerlichem Kreise im Garten des Hauses Sieveking der erste Jahrestag des Sturmes auf die Bastille gefeiert wurde. Das aufwendige, sogenannte »Harvestehuder Freiheitsfest« sollte schließlich zu einem Modell bürgerlicher Festkultur werden. Die Stimmung in den illustren Zirkeln kippte zunächst durch den Prozess und die Hinrichtung König Ludwigs XVI., die in deren Augen das verträgliche Maß an Radikaliät überschritt. Die bald darauf beginnende Schreckenszeit tat ihr übriges, und auch in Hamburg galt Charlotte Corday als „‚edle Mörderin Marats'".[48]

Andererseits bestand für die Hamburger Kaufleute zunächst Grund zur Zufriedenheit mit dem Verlauf der Revolution, weil sie die Handelsstadt in der letzten Dekade des 18. Jahrhunderts in die zumindest oberflächlich wohlhabendste Phase ihrer Geschichte führte. Aufgrund der internationalen Auseinandersetzungen vervielfachte sich der Umschlag des Hafens in den frühen 1790er Jahren. Eine traditionell »geschickte« Neutralitätspolitik ermöglichte es den Hanseaten, ernsthafte Konflikte zu vermeiden und allseits gute Geschäftsverbindungen zu pflegen. Die Stadt an der Elbe verblieb neben London das einzige Handelszentrum in den nördlichen Gefilden Europas und war ein Knotenpunkt internationaler Warenströme. Klagen über mangelnde Lagerkapazitäten waren nahezu an der Tagesordnung, und die Jahre nach 1795 gelten als Zeit volkswirtschaftlicher Blüte. Zudem hatte eine wachsende Zahl französischer Flüchtlinge die Kultur der »Noblesse« importiert, die sich in den gehobenen Kreisen der Stadt zunehmender Beliebtheit erfreute. Französisch-höfischer Lebensstil war im Hamburger Bürgertum äußerst populär – wesentlich populärer als die Ideale der Revolution und aufständische Radikalität, sei diese daheim oder in Paris spürbar. Auf der anderen Seite notierte die Chronik von Johann Gustav Gallois „unerhört" steigende Kornpreise schon für die Zeit unmittelbar nach Ausbruch der Revolution und vor allem für die Jahre nach 1794 Mieterhöhungen, die „eine Theuerung unter dem Proletariate verursachten". Über die Hälfte der hansestädtischen Bevölkerung profitierte von den Handelsströmen nicht, sie litt sogar unter deren Folgen. Drei große Sozialproteste entfalteten sich im Hamburg der frühen 1790er Jahre. Den führenden Kreisen der Stadt dienten sie als vermeintlicher Beweis, dass Aufruhr der unteren Schichten in Gewalt und Chaos mündete. Auch wenn die Streikaktionen und Unruhen von jeweils verschiedenen Motiven und Gruppen getragen wurden, so vereinten sich die Protestler in den Augen des bürgerlichen Beobachters doch unter dem Stigma des von Branntwein trunkenen »Pöbels«. Der Verlauf der Französischen Revolution und der lokalen Sozialproteste gab den Angehörigen des Hamburger Bürgertums letztlich Zeugnis davon, dass man selber unter der besten aller möglichen Verfassungen lebte und weder einen autokratischen Herrscher noch eine Volksregierung gutheißen sollte.[49]

Das Jahr 1798 markierte in der politisch-ökonomischen Entwicklung einen Wendepunkt, denn, so Gallois in seiner Chronik, „in diesem Jahre begannen die französischen Erpressungsversuche gegen unsere Stadt". Die Aufnahme französischer EmigrantInnen sowie die nach allen Seiten, und insbesondere nach England, offene Handelspolitik boten Napoleon Rechtfertigung genug, in unregelmäßigen Abständen Zahlungen von den Hamburgern zu fordern, um das gute Einvernehmen zu sichern. In dem sich beständig verschärfenden europäischen Konflikt erhöhte sich der diplomatische und der militärische Druck auf die Handelsmetropole von vielen Seiten, und binnen eines guten Jahres war das gesamte Wirtschaftsleben in eine tiefe Rezession gestürzt. Der Einzug der französischen Truppen am 19. November 1806 erschien zunächst wie der Höhepunkt dieser achtjährigen Krisenzeit.[50]

Die Lage spitzte sich jedoch weiter zu. Die Soldaten der französischen Armee wurden bei der Bevölkerung untergebracht, und mit der Zeit gab „die Anhäufung der Truppen in unserer Stadt [Anlass], auch die Sahl-, Buden- und Kellerbewohner mit Einquartierung zu belegen". Bis zum Ende der Besatzungszeit im Jahr 1814 sollte die Einquartierung und Verpflegung der mehr als 13.000 Soldaten nicht nur ein weiteres wirtschaftliches, sondern auch ein psychologisches Problem bleiben. Briefe aus der Bevölkerung beklagten sowohl das „unerträgliche Joch" der französischen Herrschaft als auch die Degradierung zum „Sclaven". Zudem wurde unmittelbar nach Beginn der Besatzung die Kontinentalsperre verhängt. Die Blockade der britischen Inseln bedeutete das endgültige Ende des Handels. Englische Güter wurden rücksichtslos beschlagnahmt. Ein erster Höhepunkt war Ende 1810, als in Zeiten existentieller Not die bei Hausdurchsuchungen konfiszierten Waren angeblich britischer Herkunft öffentlich auf Scheiterhaufen verbrannt wurden.[51]

Zudem bekamen die BewohnerInnen der Stadt ständig steigende Abgaben auferlegt, da die Tribute, die Frankreich forderte, finanziert werden mussten. Hamburg bewegte sich in dieser Zeit „vom Welt- zum Schleichhandel", wie Detlef Zunker geschrieben hat, und im norddeutschen Küstengebiet sollen etwa 100.000 Menschen im Schmuggelgewerbe tätig gewesen sein. Doch auch der Schmuggel konnte die allgemeine Not nur wenig lindern. Konsequenz war allerdings eine noch rigidere Kontrolle von Ausweispapieren an den Stadttoren und eine Androhung zunehmend drakonischer Strafen bis hin zur Todesstrafe für Schmuggler. Als Napoleon im Jahr 1810 schließlich die systematische Ausnutzung aller Ressourcen für den europäischen Krieg notwendig erschien, ließ er am Ende des Jahres dem Rat der Stadt deren vollständige Eingliederung in das französische Imperium mitteilen, und, so ein zeitgenössischer Kommentar, „‚die Senatoren [...] fielen fast in Ohnmacht'".[52]

Hamburg wurde zur Hauptstadt der „Bouches de l'Elbe" ernannt, doch mit der Integration in das Kaiserreich verbesserte sich die Situation keineswegs. Die

Einquartierungen französischer Soldaten verschärften sich, und junge Männer aus dem neuen Departement versuchten der Zwangsverpflichtung in Napoleons Armee durch Flucht und Selbstverstümmelungen zu entkommen. Die Jahre unter der Herrschaft des als „Corsisch-Französischer Wütherich" verschrieenen Napoleon wurden als Beweis dafür empfunden, „daß die wildesten Thiere nicht so furchtbar gegen einander zu wüthen vermögen, als Menschen gegen Menschen, sobald diese ihre Macht und ihre Kräfte so frech mißbrauchen". Der Abzug der französischen und der vielbejubelte Einmarsch der russischen Truppen im März 1813 sollte nur ein kurzes Intermezzo bleiben. Bereits im Mai kehrte die französische Armee zurück, und das letzte Jahr im Kaiserreich sollte die Hamburger endgültig traumatisieren. Die Stadt wurde nun vollends geplündert und befestigt. Vor allem die BewohnerInnen der Vorstädte wurden aus ihren Häusern vertrieben, die von den französischen Truppen teilweise niedergerissen und abgebrannt wurden, um ein freies Schussfeld zu schaffen. Und während die HamburgerInnen im klirrend kalten Winter 1813/14 unter Hunger, Not und Obdachlosigkeit litten und zahlreiche Menschen aus der Stadt fliehen mussten, verbrachten die Kommandeure der Besatzungsarmee in den Augen zeitgenössischer Kommentatoren ihre Zeit damit, „mit feilen Dirnen sich herumzubalgen".[53]

Mit der Integration in das Kaiserreich kamen auch die französischen Institutionen nach Hamburg. Die Verwaltung und das Justizwesen wurden neu strukturiert, mündlich und öffentlich verhandelnde Geschworenengerichte traten an die Stelle des schon im vorangegangenen Jahrhundert häufiger kritisierten, aufwendigen und langwierigen schriftlichen und geheimen Verfahrens. Das „den Hamburgern neue Schauspiel der Guillotine" wurde auf dem Pferdemarkt aufgeführt.[54]

Der tiefe Sturz aus den Höhen der Prosperität, zumindest in Teilen der Bevölkerung, in die Niederungen einer sich kollektiv als »versklavt« empfindenden Einwohnerschaft machte den Schmuggel zur weithin einzigen Möglichkeit, die materielle Lebenssituation erträglicher zu gestalten. Zudem wurde er zum Zeichen eines letzten Überrestes subversiver Autarkie. Der Schleichhandel barg zugleich ein großes Potential für Konflikte mit der Besatzungsmacht, die ihre Strafgewalt eindrücklich demonstrierte. Es waren nicht zuletzt die Strafen, die Frankreich als Besatzungsmacht anordnete und vollzog, die in den Augen der Hamburger jede Art französischer Gerichtsbarkeit diskreditierten. Die zeitgenössischen Kommentare jedenfalls differenzierten kaum zwischen den strafenden Handlungen der Besatzer und der reformierten Kriminalgerichtsbarkeit. Es waren schlichtweg »die Franzosen«, die am 6. November des Jahres 1811 einen Schiffer auf dem Heiligengeistfeld standrechtlich erschossen, weil er Flüchtlinge nach Helgoland gebracht hatte. Es waren auch »die Franzosen«, die am 28. November des darauffolgenden Jahres zwei Bremer Schmuggler, die nach ihrer Entdeckung einige Zöllner verwundet hatten, zum Tod verurteilten und bald darauf in Lüneburg richteten. Kaum einen Monat darauf wurde ein Hamburger, der sich weigerte Schmuggler zu denunzieren, von »den Franzosen« zu zehn Jahren Zwangsarbeit, Brandmarkung und Pranger verurteilt. Es waren »die Franzosen«, die in der Nacht nach den Unruhen im Februar 1813 sechs Personen herausgriffen und nach einem Schnellverfahren mit dem Tod bestraften. Und es waren ebenso »die Franzosen«, die neben Marie Sophie Dahlern auch deren Bruder Gottlieb Homann wegen Mordes auf dem Hamburger Pferdemarkt guillotinieren ließen, obgleich zumindest Homann fortwährend seine Unschuld beteuerte.[55]

Der Dahlern–Homann-Fall „erregte in Hamburg sowohl als hernach in Bremen das allgemeinste Aufsehen", wie A.H. von Post, Richter am Tribunal erster Instanz in Bremen, schrieb. Erstens weckte das Verbrechen großes Interesse, war dessen „Schauplatz" doch eine der „Höhlen des Lasters, aus welchen sich Pest, Jammer und Elend aller Art, wie aus Pandorens Büchse, in die menschliche Gesellschaft verbreiten". Zweitens wurden die »Tumore« der Kriminalität, die in Folge dieser »Krankheiten« der Armut und Prostitution wucherten, in einem mündlichen, öffentlichen Prozess vor Geschworenen verhandelt, und drittens wurde das Urteil durch eine maschinisierte Enthauptung vollzogen. Im Verlauf des Prozesses hatten sich verschiedene Spannungen ergeben. Erstens wurde aufgrund eines Verfahrensfehlers im Umgang mit der Jury ein bereits gefälltes Todesurteil des zuständigen Hamburger Gerichtshofes aufgehoben und der Fall nach Bremen weitergegeben. Zweitens wurden die Bordellwirtin Marie Sophie Dahlern und ihr Bruder Gottlieb Homann von dem dortigen Gericht aufgrund von Indizien und der Aussage einer „unglaubwürdigen und höchst verdächtigen", weil „betrunkenen Person von schlechtem Lebenswandel" zum Tod verurteilt. Einer der beteiligten Richter wertete dies als Beweis für den „Vorzug der öffentlichen, mündlichen Verhandlungen", denn nun könne sich das Gericht selber ein Bild von den jeweiligen ZeugInnen machen und besser über deren Glaubwürdigkeit entscheiden. In einer anderen Stellungnahme hieß es im Gegensatz dazu ebenfalls bereits im Jahr 1813 kritisch, „der Tiefnachdenkende [werde] sich kaum von diesen geglaubten Vorzügen überzeugen können". Der Autor Christian Kosegarten betonte, tägliche Stimmungen, individuelle Launen und das jeweilige Betragen des Angeklagten seien „nichts als ungewisse Mittel für das Recht", leiteten aber die Urteilsfindung der juristisch ungebildeten Jury. Den professionellen Richter binde im Gegensatz dazu „Ehre und Amt", er habe die notwendige Erfahrung, da er „ans Nachdenken über solche Gegenstände gewöhnt" sei. Im stillen Studium der Akten herrsche „mehr Gewissheit, mehr Wahrheit, und das Leben eines Menschen kann nie vom Zufall abhängen".[56]

Im Fall Dahlern-Homann war besagter „Zufall" personifiziert in der „zum Trunke geneigten" Prostituierten Anna Catharina Ruß, die in dem Etablissement der Marie Sophie Dahlern auf dem berühmt-berüchtigten Hamburger Berg als einziges Mädchen die Kunden anlockte und versorgte. Anna Ruß hatte auch den aus dem ländlichen Eppendorf kommenden Gärtner Hinze in das Haus geholt – angeblich mehr gezerrt denn gelockt. Von Post beschreibt Hinze als „stillen, fleißigen, sparsamen Mann, der keine Schenken oder liederliche Häuser zu besuchen pflegte, dem Trunke nicht ergeben, zu Streit und Schlägereien durchaus nicht geneigt war", und der sich auf dem Hamburger Berg im heutigen St. Pauli nur aufhielt, weil er etwas Geschäftliches zu erledigen hatte. Dass Hinze in dem durchaus als „liederliches Haus" zu bezeichnenden Bordell der Dahlern ein Bier getrunken, der Hure Ruß insgesamt sieben Schnäpse ausgegeben und sich mit ihr im Hinterzimmer vergnügt hatte, bevor er erschlagen wurde, wird vom Verfasser ignoriert. Jedenfalls hatte Anna Ruß beobachten können, wie es nach ihren Liebesdiensten zu einem Streit zwischen Hinze, der laut Beschreibung „schlechten, zänkischen, heftigen" und gierigen Dahlern und deren Bruder Gottlieb Homann gekommen sei. Die Geschwister versuchten, wie sie es nach Zeugenaussagen häufiger taten, mehr Geld aus der Tasche des Kunden zu ziehen, als für die erbrachten Leistungen angemessen gewesen wäre. Die Zeugin will, wie sie mehrfach erklärte, gesehen haben, wie es im Verlauf des Streits zu Handgreiflichkeiten kam, und angeblich schlugen Gottlieb Homann mit einen Rohr und Marie Sophie Dahlern mit der stumpfen Seite eines Beils auf den Gärtner ein. Die herbeigerufenen „Policeyagenten" fanden ihn „in der Wohnstube zwischen dem Fenster und der Stubenthüre auf einem Stuhle hinter dem Tische sitzend", „den Kopf mit der einen Hand auf den Tisch gestützt, sprachlos, voller Blut, und mit gespaltetem Kopfe". Das „visum repertum" der Physici Schulze und Rambach beschrieb einen „Kranken ohne Besinnung und sprachlos; der ganze ziemlich dicke Hirnschädel [war] von einem Ohr zum andern durch zwei Hiebe mit einem harten stumpfen Körper eingeschlagen; diese Wunde absolut tödtlich, und ein so starkes Extravasat auf dem Gehirn befindlich, daß davon die ganze rechte Seite des Körpers gelähmt war. Vor der Stirn fanden sich Zeichen von zwei heftigen Stockschlägen, nämlich breite Striemen mit untergelaufenem Blute".[57]

Nicht nur das ärztliche Gutachten, auch Indizien und die Aussagen anderer ZeugInnen bestätigten die Worte der Ruß. Den verschiedenen Unschuldsbekundungen der Bordellwirtin wurde letztlich kein Glauben geschenkt, und ihre Verleumdungen anderer, angeblicher Täter erwiesen sich allesamt als haltlos. An der Schuld Homanns jedoch, den Kunden geschlagen, beraubt und „dem Urheber der tödtlichen Verwundung [...] in Vollziehung derselben beigestanden" zu haben, verblieb ein letzter Zweifel – ein langwieriger Zweifel, der auch das Prinzip einer mündlichen Verhandlung vor einer Jury diskreditierte. Homanns Beteuerungen sollten sich in den Erinnerungen der ZeitgenossInnen festsetzen und dazu beitragen, die institutionellen Ergebnisse der Revolution mit einem weiteren Stigma zu markieren. In den folgenden Jahrzehnten tauchte Homann mehrfach und an prominenter Stelle in verschiedenen Diskursen, in Fachliteratur und Publizistik auf. Zuweilen hieß es sogar, auch seine Schwester habe bis zum »schnellen« Ende ihre Unschuld behauptet, und das Urteil sei letztlich sogar als Fehler bewiesen worden. Noch in der etwa fünfzig Jahre später von Gallois verfassten Chronik ist zu lesen, Homann habe selbst auf dem Schafott „fortwährend" „ich bin unschuldig" geschrien. Der Fall nährte die Zweifel an Verfahren und Straftechniken, die an sich als fortschrittlich erachtet wurden, aber von Frankreich exportiert und schon allein aus diesem Grund in schlechter Erinnerung geblieben waren.[58]

Der Mord an dem Eppendorfer Gärtner Hinze war nur das strafrechtliche Detail in einem Ensemble von Faktoren, die der Abneigung gegen Institutionen und Praktiken französischer Provenienz in Hamburg eine große Langlebigkeit verliehen. In einer Stadt, deren führende Kreise von Stolz auf ihre Verfassung erfüllt waren, die seit mehr als zwei Jahrhunderten mit demselben Rechtssystem operierte und die traditionell in dem Ruf stand, den gegenwärtigen Zustand der Angelegenheiten als kaum verbesserungsfähig zu erachten, hatten die mit Gewalt oktroyierten Veränderungen keine Chance auf einen Fortbestand nach dem Ende der Fremdherrschaft. Um diese Fremdherrschaft treffend beschreiben zu können, musste augenscheinlich auf ein Vokabular zurückgegriffen werden, wie es in den reformerischen Schriften des 18. Jahrhunderts zirkulierte, wenn die Schrecken und die »Barbarei« der frühneuzeitlichen Strafjustiz angeprangert wurden. In der zeitgenössischen Erinnerung wurden die französischen Besatzer als „Henkersknechte" bar jeder Kultur und Zivilisation bezeichnet, die mit einer „teuflischen Bosheit [vorgingen], vor deren Ausübung selbst die kalte Hand des verruchtesten Raubmörders anstehen möchte!" Ihre Handlungen gegen die hilflosen HamburgerInnen vollbrachten die Besatzer „mit einer solchen Zügellosigkeit, die man vergeblich unter den rohesten Völkern suchen wird". „Gepeinigt" verbrachten die BewohnerInnen der Stadt dreieinhalb Jahre „unter schmählichem Joche", und die französische Justiz kreierte „unerhörte Greuelscenen", indem sie auf einem „verabscheuungswürdigen Blutgericht" ihre „Schlachtopfer" produzierte. Vor allem der Dezember 1813 wurde als „eine ununterbrochene Kette von Greuelscenen" empfunden, „vor welchen selbst der gefühllose, rohe Mensch zurückschaudern muß, so daß der Christmonat des Jahres 1813, ohne Uebertreibung, ein Martermonat genannt werden kann". Folgt man den Darlegungen von Johann Michaelis aus dem Jahr 1838, so verspürte selbst das „verhärtetste Gemüth" eine innigste Dankbarkeit über das Ende der Franzosenzeit, mit dem „bürgerliche Rechte und Freiheit" wiedergewonnen waren. So ist es keineswegs erstaunlich, dass unmittelbar nach dem Abzug der französischen Truppen im Mai 1814 die Rückkehr zum alten System eingeleitet wurde, obgleich es genügend Anzeichen gab, dass sich die vorrevolutionären Herrschaftsstrukturen auch in Hamburg überlebt hatten. Aufgrund der traumatischen Erfahrung der französischen Besatzung wurde im Bereich von Recht und Justiz die Freiheitsidee an eine frühneuzeitliche Rechtsordnung gebunden, die sich durch die Französische Revolution und deren Folgeerscheinungen zunächst eher konsolidiert hatte, als dass sie geschwächt worden wäre. Eine Reform der Rechtsordnung sollte jedenfalls lange auf sich warten lassen, und noch in den 1850er Jahren hatte die Guillotine in Hamburg mit ihrem Ruf als Reminiszenz an die Besatzungszeit zu kämpfen. Hinzu gesellte sich das fortwährende Stigma der Guillotine aus den Zeiten der »Terreur«, und so muss das Rheinland letztlich als Ausnahme gelten, wenn es die von der französischen Besatzungsmacht geschaffenen Veränderungen beibehielt.[59]

Catharina Susanne Seeps und Hamburgs Rückkehr zur alten Ordnung

Die Prozessakten im ersten strafrechtlich registrierten Mordfall nach der französischen Besatzung lesen sich, als hätten die »Franzosenzeit« und die mit ihr einhergegangenen Reformen nie stattgefunden. Sie beschreiben den Fall der sechzigjährigen Witwe Catharina Susanne Seeps, die mit ihrer ebenfalls verwitweten und etwa zehn Jahre älteren Schwägerin Agneta Engel in dauerndem Streit lebte. Zumeist war das kärglich bemessene Auskommen der Auslöser von Auseinandersetzungen. Obgleich es noch nicht einmal ausreichte, um die Miete zu bezahlen, weigerte sich die Witwe Engel angeblich beharrlich, einen Beitrag zum Lebensunterhalt zu leisten. Am frühen Morgen des 18. Oktober 1815 schlich Catharina Seeps mit einem Beil in der Hand zum Bett ihrer noch schlafenden Schwägerin, und sie war ihrer eigenen Aussage zufolge vom Mordgedanken ganz besessen. Der Arzt, der wenig später die Leiche der Engel zu untersuchen hatte, notierte in seinem Protokoll, das Zimmer sei voll von Blut gewesen, und es hätten sich „zum Theil bis ins Gehirn dringende Wunden" am Kopf der Toten befunden. Der Fall war nicht besonders kompliziert, und nur die Tatsache, dass gemäß des ärztlich-psychiatrischen Gutachtens die „Verstandeskräfte" der Täterin „wenig entwickelt" waren, zog die Angelegenheit etwas in die Länge. Letztendlich wurde der Beschuldigten aber „keine Spur von einer heftigen leidenschaftlichen Stimmung, nur eine Art von Stumpfsinn" attestiert. Auch sei, wie die Verantwortlichen hervorhoben, kein „Ueberdruß des Lebens" als Anlass der Tat bemerkbar. Folglich hieß es in dem Niedergerichtsurteil vom 12. Juli 1816, Catharina Susanne Seeps habe „unter kaltem Blute ihre Schwägerin erschlagen". In dem Urteilsspruch wurde betont, dass aufgrund der Art des Verbrechens eigentlich die Strafe des Rades angemessen sei. Da die Schuldige aber bislang nicht straffällig gewesen und nie mit der Obrigkeit in Konflikt geraten war, könne auf die geschärfte Form der Todesstrafe verzichtet werden. Es wurde vom Niedergericht beschlossen und vom Obergericht am 30. August 1816 bestätigt, dass die Täterin „ihr zur wohlverdienten Strafe, andern heimtückischen, verstockten und mörderischen Gemüthern aber zum abschreckenden Beispiele mit einer haarnen Decke und fliegenden Haaren zum Richtplatz zu führen, und mit dem Schwerdt vom Leben zum Tode zu bringen sey".[60]

Nun lag die letzte Exekution vor der französischen Besatzung aber doch schon eine etwas längere und äußerst ereignisreiche Zeit zurück, so dass sich die alten und neuen Hamburger Obrigkeiten in Hinblick auf die Urteilsvollstreckung genötigt sahen, das traditionelle Procedere zumindest noch einmal explizit in Erinnerung zu rufen. Die Angelegenheit pressierte ein wenig, denn, wie in einem der Ratsprotokolle angemahnt wurde, „wir haben eine Delinquentin, die nächstens ins Niedergericht eingebracht wird, und die wahrscheinlich mit dem Tode bestraft werden wird". Man bediente sich aller Fachleute, derer man habhaft werden konnte, um das vorrevolutionäre »Theater des Schreckens« zu rekonstruieren. Die Möglichkeit einer grundlegenden Veränderung des Verfahrens wurde höchstens angedacht, und Stimmen, die gemahnt hatten, aus dem althergebrachten Justizwesen schössen „Mängel gleich einer Giftpflanze“ empor, wurde letztlich kaum Gehör geschenkt. Nur geringere, bereits vor der »Franzosenzeit« erwogene und partiell vollzogene Umgestaltungen der Tradition wurden umgesetzt. So betonte der Senat unmittelbar vor Beginn der Untersuchungen im Oktober 1815, es werde darauf verzichtet, „das sonst gewöhnliche Gassenrecht“ zu hegen. De facto war dies ohnehin bereits seit den späten 1780er Jahren abgeschafft. Die Bürgermeisterdiener wurden endlich davon befreit, den Zug begleiten zu müssen. Ansonsten kam man aber überein, es weitestgehend „bei der alten Sitte [zu be]lassen“. Auf einen öffentlichen Gottesdienst in der Fronerei vor der Exekution wurde verzichtet, und zudem wurde streng darauf geachtet, „daß mit dem Einlaß von Menschen in die Frohnerei kein auffallender Wucher getrieben werde“. Die Delinquentin erfuhr, wie es immer üblich gewesen war, öffentlich in einer aufwendigen Inszenierung von dem Urteil und trat den Gang zum traditionellen Richtplatz unter umfangreicher offizieller Begleitung sowie unter dem Schutz des Militärs an. Dort wurde das Urteil wie ehemals mit dem Schwert und weiterhin auf einem fixen Gerüst mit gemauertem Fundament vollzogen, weil, wie man meinte, „ein transportables nicht fest und nicht hoch genug [wäre], um den Delinquenten vor den Insulten des Pöbels sicher zu halten“. Darüber hinaus wurden ebenfalls nach eingehender Beratung über das traditionelle Verfahren umfassende Sicherheitskräfte abkommandiert, um „den Zudrang der Volksmaße so viel möglich zurück zu halten [...] und überhaupt jeder Unordnung zu wehren“. Das Militär war geheißen, unbedingt Präsenz zu zeigen, „bis die Execution vorbei ist und die Volksmaße sich verliehrt“. Insgesamt ist der Kommentar des Historikers Ernst Baasch, die vorrevolutionären Traditionen seien „‚sorgsam in das Maschinen-Zeitalter hinübergenommen worden'“, mit Blick auf das Hinrichtungsverfahren außergewöhnlich treffend.[61]

Ratsam erschien es den Stadtoberen auch, wieder einen Galgen errichten zu lassen, denn „man glaubt allgemein, daß durch die Errichtung desselben, liederliches Gesindel abgeschreckt und von hier entfernt werden wird“, wie einem Ratsprotokoll zu entnehmen ist. Ernsthaft wurde die Angelegenheit allerdings erst im Dezember 1816 betrieben, nachdem „ein gewisser Frey“ vom Niedergericht zum Tod durch den Strang verurteilt worden war.[62]

Die Rehabilitation der maschinisierten Enthauptung

Die Kodizes und Verfahrensweisen der Strafjustiz hatten sich als vergleichsweise stabil erwiesen, obgleich die zugrundeliegende kulturelle Ordnung seit der Mitte des 18. Jahrhunderts mannigfaltigen Verlagerungen unterworfen worden war. Zunächst nicht-diskursive Ereignisse sowie deren Diskursivierung in Folge der Französischen Revolution hatten maßgeblich dazu beigetragen. Sie standen der

Etablierung der Guillotine außerhalb des konkreten französischen Einflussgebietes im Weg. Die traumatische Erfahrung der Fremdherrschaft kam in Hamburg als weiterer Faktor hinzu.

Ein vermeintlich »menschenfreundlicher« Vollzug der Todesstrafe blieb allerdings ein dringliches Anliegen. Das Leid der MissetäterInnen war nicht mehr erstrebt, sondern gefürchtet, und eine Brutalisierung des Publikums durch die Strafspektakel musste unbedingt vermieden werden. Nicht zuletzt aus diesem Grund verblieben die von Medizinern und Rechtswissenschaftlern entworfenen Pläne zum Bau einer Maschine, die den menschlichen Kopf in Sekundenschnelle zertrümmern würde, im Bereich der Theorie. Die Todesstrafe erschien den meisten Zeitgenossen aber, wie im vorigen Kapitel dargelegt, als unentbehrlich für einen geordneten Staat, und es war weitreichender Konsens, dass sie als „wohlverdienter Lohn des ruchlosen Bösewichts“ den „gesunden“ Teil der Gesellschaft schützte. Welcher Tötungsart sollte sich eine Gesellschaft nun bedienen, die sich selbst als aufgeklärt, rational und menschenfreundlich erachtete? Schließlich galten das Ertränken, Vierteilen, Verbrennen, Rädern und selbst das Erhängen, das „den Unglücklichen [...] einem 24stündigen und längern Todeskampf Preis giebt“, mittlerweile als eine „Versündigung gegen die Menschen=Natur und gegen die, selbst im Verbrecher nicht zu verkennende, Menschenwürde“. Es sei, um nur ein Beispiel zu nennen, „häufig der Fall, daß ein Geräderter bis zum anderen Tage unter Todesqualen fortlebe“ – und die Gesellschaft leide mit. Derartige Peinigungen waren Strafen aus „rohen Zeitaltern“, und „die meisten derselben sind in dem Strome fortschreitender Cultur untergegangen“, wie Georg Böhmer in den frühen 1820er Jahren schrieb. Da aber eine schmerzlose Art der Tötung nicht existiere, müsse die größtmögliche Annäherung an das hehre Ziel, zu töten „ohne Leiden zu machen“, angestrebt werden. Folglich, so konstatierte Böhmer in seiner Studie „Ueber die Wahl der Todesstrafen“, „dürfte diejenige Todesstrafe die vorzüglichste seyn, welche sich dem obersten Grundsatze der Humanität *am innigsten* anschließt, und, jedes mit dem Begriff eines gesetzlichen Todes *nicht unumgängliche* Uebel vermeidend, *die meisten* Rücksichten für den Verbrecher, für dessen Familie, für den Vollzieher des Urtheils, für die Zeugen dieser Vollziehung und für das Ganze der Staatsgesellschaft vereinigt“. Zumindest auf einer textuellen Ebene war die Rehabilitation der Enthauptungsmaschine bereits in vollem Gange.[63]

Die Kriterien zur Begutachtung eines möglichen Vollstreckungsmodus waren mannigfaltig, aber keineswegs neu. Zum ersten war die Sicherheit und Gewissheit des Vollzugs eminent wichtig, „wenn man [...] nicht Gefahr laufen will, Hinrichtungen in Metzeln ausarten zu lassen“. Zweitens galt es, für einen raschen Todeseintritt zu sorgen, denn „langsam hinrichten heißt die Todesstrafe vervielfältigen“. Schließlich war es „nicht eigentlich auf Peinigung [...] bei dem furchtbaren Streich angesehen, sondern auf Tod“, und alles darüber hinausgehende galt als pure Rache und somit als unrechtmäßig. Auch durfte ein blutiges Schauspiel nicht aufgrund „zu großer Nachgiebigkeit gegen die Volksmeinung“ inszeniert werden, denn letztlich schien es gewiss, dass auf „eine ungerechte und unmoralische Weise Gerechtigkeit und Moralität" nicht verbreitet werden können. Zudem herrschte weitestgehend Einigkeit, dass, wie im Folgenden von Christian Steltzer in Anlehnung an Montesquieu formuliert, „das Warnende, das Abschreckende, kurz, das Einwürkende für die Vorstellung des Volks aus dem Tod kömmt; alles Uebrige würkt schlecht, und wohl gar verkehrt" – oder wie Ernst Klein schon im Jahr 1805 lakonisch notiert hatte: „Tod bleibt Tod, er sey schmerzhaft oder nicht". Zudem wurde ermahnt, auch an den empfindsamen Teil des Publikums sowie an den Henker zu denken, wenn man die Grausamkeit von Strafen und deren Wirkung diskutierte. Und über alledem thronte die Staatsgemeinschaft, die sich in einer zivilisierten Kultur als Korrelat menschlicher Vernunft verstand und der Rachlust und dem Wohlgefallen an Qualen anderer entsagen musste. Folglich waren auch solche Strafen verpönt, mit denen die Ausstellung der Toten einherging, weil sie nicht nur „durch ihre physischen Folgen die Luft der Umgegend vergiften", sondern auch „der Rohigkeit und dem krassesten Aberglauben Nahrung bieten".[64]

Die Konsequenzen lagen auf der Hand. Wie schon der eingangs dieses Kapitels zitierte Christoph Meiners im Jahr 1784 kundgetan hatte, schien es die Enthauptung zu sein, die „unter allen Todesstrafen diejenige [ist], welche sich der Beobachtung in einem vorzüglichen Grade empfiehlt". Die Erfahrung der Jahrhunderte hatte jedoch gezeigt, dass Fehlschläge der Scharfrichter unvermeidbar waren. Als Folge einer ganz und gar »natürlichen Erschütterung« des Scharfrichters, die mittlerweile als genuin menschliche Reaktion auf seine grausame Handlung erachtet wurde, konnten die Fehlschläge verhängnissvolle Konsequenzen haben, indem sie der Volksjustiz den Weg bereiteten. So wurden die Strafvollstreckungen in das Gegenteil einer ordnungsstabilisierenden Darbietung verkehrt, und sie bedrohten das herrschaftliche Gewaltmonopol, denn „um einen Fehlgriff [...] zu rügen, greift ein einzelner Volkshaufe in die Räder der Staatsverwaltung ein" und rüttelt an der gesellschaftlichen Ordnung. Die Lösung war, in einer zivilisierten und geordneten Kultur das Köpfen „mit mathematischer Gewißheit nach den Gesetzen der Mechanik zu berechnen; Ungeschicklichkeit, böser Wille, Zufälle aller Art seyen möglichst davon ausgeschlossen".[65]

Sollte sich das mechanisierte Köpfen etablieren können, mussten die seit der Schreckenszeit und den erröteten Wangen Charlotte Cordays zementierten Stigmata entkräftet werden. Die Zweifel am unmittelbaren Tod durch Enthauptung wurden nun als Folgen „medizinischer Ueberverfeinerung" verspottet und ganz im Stil der Unterscheidung zwischen rechter »Empfindsamkeit« und übertriebener »Empfindelei« unwirsch beiseite geräumt. Überhaupt war die von Soemmerring angestoßene Debatte zwischenzeitlich in den Hintergrund getreten. Nach einer längeren Zeit der Stille meldete sich im Jahr 1830 mit Georg Wedekind ein Arzt zu Wort, der bereits in den 1790er Jahren die medizinischen Implikationen der maschinisierten Enthauptung erörtert hatte. In der „Zeitschrift für Staatsarzneikunde", einem anerkannten medizinischen Fachorgan, konnte Wedekind die Tötung mit der Guillotine als „zweckmäßig und mild", „unschmerzhaft" und „civilisiert" bezeichnen, ohne auch nur den geringsten

Widerspruch von Seiten seiner Kollegen zu provozieren. Die gleichsam durch einen Knopfdruck eingeleitete, sofortige Blutleere des Gehirns führe zum unmittelbaren Tod, jede andere Art der Hinrichtung sei „für die Sittlichkeit von keinen guten Folgen“ und dem „Zustande unserer Civilisation“ nicht angemessen. Nur das maschinisierte Köpfen war in den Augen Wedekinds klinisch sauber und diskret, manuelle Verrichtungen im Gegensatz dazu gefährlich, grausam, „eine abscheuliche Uebung im Felde der Humanität“ und „civilisierter Nationen unwürdig“.[66]

Hartnäckiger hielt sich die „leidenschaftliche Befangenheit“ der Französischen Revolution. Sie hatte der Guillotine, die an sich in „ausgezeichnetem Grade den Forderungen von der Vernunft und Menschlichkeit huldigt“, einige Steine in den Weg gelegt. Doch nach drei Jahrzehnten konnte diese Frucht „menschenfreundlichen Eifers“ auch durch den Missbrauch während der »Terreur« nicht mehr disqualifiziert werden – denn, so wurde bemerkt, wenn ein Tötungsinstrument auf diese Weise unbrauchbar würde, dann dürfte die Todesstrafe gar nicht mehr vollstreckt werden. Darüber hinaus wurde die Französische Revolution auf einen marginalen Einschnitt in der Geschichte der Enthauptungsmaschine reduziert. Hatten schon Joseph Guillotin und Antoine Louis auf die Prototypen eines mechanischen Fallbeils in England, Italien und Frankreich hingewiesen, so wurde dieses Tötungsinstrument, dessen Vollkommenheit den „Blick des Kenners und des Menschenfreundes fesselt“, nun mit einer im wesentlichen deutschen Geschichte und vor allem mit einem deutschen »Ursprung« versehen. Zahlreiche Texte wurden aufgegriffen, die auf den Einsatz von Köpfmaschinen bereits in Böhmen, im obersächsischen Raum und im ehemals deutschen, dann aber belgischen Dendermonde für das 12. und 13. Jahrhundert verwiesen. In Norddeutschland war die sogenannte »Diele« seit dem 14. Jahrhundert mehr oder weniger verbreitet, in Kärnten, Schwaben und anderen deutschen Gebieten war sie als Privileg Adliger seit dem 15. Jahrhundert im Einsatz. Auf diese Zeit datierte man auch die älteste bekannte Abbildung einer Enthauptungsmaschine in einer Tür der großen Ratsstube in Lüneburg. Neben vielen anderen Abbildungen fand man auch in einer Frankfurter Bibelausgabe von 1551 das Bild einer „teutschen Guillotine“, der die „neufranzösische“ zum Verwechseln ähnlich schien. „Unter dem Geklirr der Waffen“ sei demnach während der Revolutionskriege ein Instrument ursprünglich deutscher Gerechtigkeitspflege „auf Teutschen Boden zurückgeführt“ worden, das vor allem von fremdländischen Kräften, nämlich dem sich seit dem 15. Jahrhundert ausbreitenden römischen Recht, zeitweise vertrieben worden sei, wie in der „Kritischen Geschichte der Guillotine“ zu lesen war. Nun hatten Fallbeile auch außerhalb des deutschen Raumes schon vor der Französischen Revolution existiert, nämlich als »Mannaja« in Italien, als »maiden« im „Königreich der Angelsachsen“ oder als »doloire« in Frankreich. Dies wurde auf die engen Kontakte zu „Germanischen Völkerschaften“ zurückgeführt, und das Land der Revolution war schließlich „durch Abstammung und Politik mit Teutschland verschwistert“. Joseph Guillotin jedenfalls hatte diesem ursprünglich „germanischen“ Instrument nur einige

„Schnörkeleien *à la françoise*“ [sic] hinzugefügt, wie die deutschen Zeitgenossen meinten. Ihm verblieb lediglich die Ehre, „mit menschenfreundlicher Wärme“ „sein Vaterland, und mit demselben das horchende Europa, zuerst wieder auf dieses Werkzeug der Hinrichtung *aufmerksam [gemacht zu haben]*“. Dessen Siegeszug schien unabwendbar, denn der „immer weiter sich verbreitende Geist ächter Humanität in der Geschichte unseres Zeitalters“ werde notwendig dazu führen, „daß noch vor dem Ablauf dieses Jahrhunderts alle christlichen Staaten von Europa [...] jede andere Hinrichtungsart gegen [...] die Köpfmaschine [...] vertauschen werden“.[67]

Ein Fazit

Endlich hatte sich auch bezüglich des Vollzuges der Todesstrafe eine anonyme Strategie profiliert, die eine ungeheure Dynamik entfaltet und die Kompatibilität der Todesstrafe mit dem Selbstverständnis als vernunftgeleitete, menschenfreundliche und zivilisierte Kultur in greifbare Nähe gerückt hatte. Ein bedeutender Eckstein dieser Strategie war die Enthauptungsmaschine, und schon Lichtenberg hatte gemeint, „wenn also die Justiz ein für allemal köpfen will und soll, so weiß ich in Wahrheit nichts Sinnreicheres, als die Guillotine“. Die maschinisierte Hinrichtung hatte sich trotz aller Rückschläge als in nahezu allen Belangen geeigneter Weg etablieren können, die Differenz zwischen Todesstrafe und »Zivilisation« gegen Null konvergieren zu lassen. Es war abermals Georg Wilhelm Böhmer, der im Jahr 1822 betonte, dass es „kaum einer Bemerkung“ bedürfe, „wie sehr endlich durch ein Verfahren, das von der reinsten Menschlichkeit eingegeben, jede unedle Nebenrücksicht, jedes entgegenstehende Herkommen als seiner unwürdig verachtet, die allgemeine Staatsvernunft geehrt und das Fortschreiten der Civilisation befördert werden“. Folglich leistete das mechanische Fallbeil sogar einen elementaren Beitrag zur Profilierung einer zivilisierten Kultur, und, fuhr Böhmer fort, „mit Entschlossenheit kann der Staat bei Schandthaten erster Größe auch darum die Todesstrafe festhalten, weil die fragliche Form ihm selbst hier die Menschlichkeit der Vollziehung verbürgt“.[68]

Durch eine „menschliche Art der Vollziehung“ schien es endlich möglich, den „gesetzlichen Tod“ auch in der selbsternannten zivilisierten Kultur als Lehrstück zu inszenieren, demonstrierte er doch, dass „barbarische oder an Barbarei grenzende Strafen“ ein Relikt der finsteren Vergangenheit waren. Nun, so betonte Gottlob Schulze im „Leitfaden der Entwicklung der philosophischen Prinzipien des peinlichen und bürgerlichen Rechts“, könne „nur blinde Anhänglichkeit an das Hergebrachte dafür sprechen, die Vollziehung der Todesstrafe durch die unsichere Hand eines Menschen und nicht vielmehr durch eine, den Todesstreich schnell und sicher ausführende Maschine vollbringen zu lassen“.[69]

Wie zu sehen war, tat man sich in Hamburg allerdings schwer, vom „Hergebrachten“ in der Strafjustiz zu lassen. Die traumatische Erfahrung der »Franzosenzeit« hatte „die blinde Anhänglichkeit“ der Hanseaten verfestigt. Als im

Jahr 1822 Christian Mathias Pingel enthauptet werden sollte, weil er den Koch des Spinnhauses ermordet hatte, stand die Mechanisierung des Strafvollzugs überhaupt nicht zur Debatte, obschon das Scharfrichteramt just in dieser Zeit nicht besetzt war und es an adäquatem Ersatz für den kürzlich verstorbenen Scharfrichter Hennings mangelte. Um den Posten bemühte sich dessen zwanzigjähriger Sohn, und Hennings Junior betonte, er habe zwar „noch keine Execution vorgenommen", es jedoch an „Vorübungen [...] nicht fehlen lassen". Zudem verkündete er, sein Körper und sein Wille seien „fest genug, mein Muth und mein Vertrauen zu mir selbst sind so begründet, daß ich ein Fehlschlagen der Exekution fast unmöglich halte". Nicht zuletzt aus Mangel an sachkundiger und erfahrener Konkurrenz bekam der sogar noch minderjährige H.J. Theodor Hennings den Auftrag zur Enthauptung des Mathias Pingel. Seine Aufgabe sollte er mit Erfolg bewältigen, so dass er im Sommer des Jahres 1823 die Scharfrichterstelle auf Dauer zugesprochen bekam. Um selbige hatte sich Hennings mit gestärktem Selbstbewusstsein beworben, denn, wie er schrieb, „ich glaube, Manches für mich anführen zu können und namentlich glaube ich durch die Art, wie ich die Execution an dem Inquisiten Pingel verrichtet habe, gezeigt zu haben, daß ich dem Amte [...] gewachsen sey. Ohne mich rühmen zu wollen, kann ich versichern, daß die von mir vorgenommene Execution eine sehr schwere war, daß ich dabey Gelegenheit hatte, Muth, Kraft und Geistesgegenwart, die Haupterfordernisse meines Standes zu zeigen".[70]

Scharfrichter, die diese „Haupterfordernisse [ihres] Standes zu zeigen" in der Lage waren, sollten in der Folgezeit immer seltener werden. Theodor Hennings verstarb zum Leid der Hamburger Obrigkeiten jung, und bereits die Wahl seines Nachfolgers gestaltete sich äußerst schwierig. Unter den zwölf Bewerbern drängte sich kein in Enthauptungen besonders sachkundiger Kandidat auf, so dass die Entscheidung schließlich zugunsten des Hamburger Pferdehändlers Raphael Voigt fiel. Voigt hatte bereits seit fünfzehn Jahren im Hause der Hennings gelebt und war ein versierter Abdecker, verstand sich aber nicht auf den Vollzug von Todesurteilen. Folglich musste sich der Senat wieder auf die Suche nach einem kompetenten Enthaupter begeben, als im Jahr 1841 der Raubmörder Johann Christian Pfleging geköpft werden sollte. Voigt war nicht im Stande, diese Aufgabe sicher befriedigend zu erfüllen. Das Feld der Bewerber war diesmal noch ärmer an Qualifikation und Qualität, denn mit angeblich nur einer einzigen Ausnahme wurden die Enthauptungen in den umliegenden Städten samt und sonders mit dem Beil vollzogen. Lediglich der Scharfrichter Eichenfeldt aus Schwerin konnte ein entsprechendes Gutachten über seine Künste im freien Schwertschwung beilegen. Dort hieß es allerdings wenig vertrauenerweckend, dass „der Christ. Wilhelm Eichenfeldt die Hinrichtung der Delinquentin Siggelkau mittelst Schwerdt am 15. April 1814 [sic!] glücklich und zur völligen Zufriedenheit des Amts durch einen und denselben Hieb vollführt und dadurch sein Meisterstück gut verrichtet hat. Es wird vom Polizei Amte hinzugefügt, daß dasselbe den Eichenfeldt noch für rüstig und fähig genug halte, diese Execution nochmals zu vollführen".[71]

Die weitere Suche nach einem Scharfrichter mit Zeugnissen jüngeren Datums blieb erfolglos, so dass der Senat erwog, das Todesurteil qua Begnadigungsrecht in eine Haftstrafe umzuwandeln. So ließe sich den vielen „Verwicklungen und Verlegenheiten des vorliegen Falls auf die einfachste und zugleich am wenigsten präjudicierliche Weise ein Ende machen“. Es beunruhigte die Obrigkeiten nicht nur, dass Pfleging die Tat beharrlich leugnete. Auch hatten etwa fünfzig Bürger in einer Petition gefordert, „daß recht bald der verfassungsmäßige Beschluß zu Wege gebracht werden möge, daß an die Stelle der beiden hier üblichen Arten der Hinrichtungen durch das Rad und durch das Schwerdt diejenige des sicher und quallos tödtenden Fallbeils gesetzt werden möge“. Darüber hinaus verursachte es den Ratsherren besonderes Unbehagen, „daß in Beziehung auf die Hinrichtung selbst sich Schwierigkeiten zeigten“, denn „wir haben keinen Scharfrichter, dem die Verrichtung anvertraut werden könnte“, wie es resigniert hieß.[72]

Johann Pflegings bereits bestätigtes Todesurteil wurde in eine 25-jährige Spinnhausstrafe geändert, und auch in Hamburg begann nun, die »endgültige« Installation der maschinisierten Tötung ihren – wenn auch langsamen – Lauf zu nehmen. Ein vom Senat in Auftrag gegebenes Gutachten besagte, die Guillotine sei zwar durch die Französische Revolution in vielerlei Hinsicht in Verruf geraten, mittlerweile aber bestehe doch Einigkeit, dass sie von allen Arten der Todesstrafe der Humanität am nächsten komme – und die Todesstrafe müsse ja ohne Zweifel so „quallos wie möglich“ vollzogen werden. „Nur der Charakter der Gerechtigkeit“ dürfe mit der staatlich angeordneten Tötung assoziiert werden, keinesfalls jedoch Rachsucht und Grausamkeit. Daher sei die Enthauptung nicht nur in den Rheinprovinzen, sondern mittlerweile auch in Baden und Hessen mechanisiert. Das Obergericht und der Senat der Hansestadt Hamburg schlossen sich dem Gutachten an und ließen am 8. und 11. April 1842 ganz im Stile Georg Wilhelm Böhmers und anderer Strafrechtswissenschaftler verlautbaren, dass, wenn „der Staat aus Nothwehr und um dem Gesetze die nöthige Achtung zu verschaffen, in die traurige Nothwendigkeit versetzt ist, zu der äußersten Strafe der Lebensentziehung zu schraiten, so beschränke man sich darauf, diese Strafe auf die einfachste und möglichst quallose Weise in Ausführung zu bringen. [... Daher] wird proponiert das Fallbeil als allein gesetzliche Todesstrafe in allen nicht militairischen Straffällen zu bestimmen und von aller Schärfung der Todesstrafe zu abstrahiren“.[73]

Es sollte noch über eine weitere Dekade dauern, bis der Vorschlag in die Praxis umgesetzt wurde und die maschinisierte Enthauptung auch in Hamburg institutionalisiert war. Doch auch in der Mitte der 1850er Jahre waren noch Stimmen zu vernehmen, die mit offensichtlich begründeter Hoffnung auf Erfolg gegen die Einführung der Guillotine ankämpften, indem sie diese als „jene wieder aufgefrischte Erbschaft aus der Belagerungszeit“ und als „Kopfschneidemaschine nach dem Muster der verrufenen Revolutionsguillotine“ titulierten. Der Dahlern-Homann-Fall und auch die Berichte Johann Wendts über die Fortexistenz des Bewusstseins in den Köpfen Enthaupteter wurden von der Hamburger Presse hervorgeholt. Dennoch war im April 1856 der erste Einsatz dieser „Kopfschneidemaschine“ seit der Franzosenzeit unabwendbar, denn die Forderung nach schmerzloser und »menschenfreundlicher« Tötung hatte sich auch in Hamburg festgesetzt. Darüber hinaus galt es, die ausgefeilte Präsentation obrigkeitlich verordneter Gewalttaten für ein umfassendes Publikum zu umgehen. Es musste endlich eine Inszenierung des Tötens gewählt werden, die den zeitgenössischen Ansprüchen genügte. Darauf werde ich insbesondere im letzten Kapitel meiner Betrachtungen dezidiert eingehen.[74]

V. Die Todesstrafe und das (un)vernünftige Individuum

Verbrechen und Vernunft im ausgehenden 18. Jahrhundert

Es war zu sehen, wie sich eine Technik der obrigkeitlich verordneten Tötung etablierte, die den Erfordernissen einer zivilisierten Kultur zu entsprechen schien. Die Mechanisierung der Hinrichtung ermöglichte ein äußerst zuverlässiges, schnelles, kaum sichtbares und vermeintlich schmerzfreies Töten, das den Anforderungen der Humanität, Rationalität und Zivilisiertheit zu entsprechen schien. So war es möglich, im Vollzug der Todesstrafe das Selbstverständnis als menschenfreundliche und rationale Individuen in einer zivilisierten Gemeinschaft bestätigt zu finden. Doch nicht nur das Tötungsverfahren, auch die Urteilsfindung veränderte sich im Zuge der kulturellen Transformationen. Dies betraf zunächst die Art der Rechtsbrüche, die als todeswürdig erachtet wurden. Ich habe bereits darauf verwiesen, dass Diebe und Räuber kaum mehr als existentielle Bedrohung der Gemeinschaft wahrgenommen wurden. In Hamburg wurde im April des Jahres 1806 letztmalig ein Dieb gehenkt, und es hieß, der verurteilte J.F. Sander sei gemäß der Gallschen Schädelvermessung mit einem außergewöhnlichen „Diebs-Schlau-Rauf- und Mordsinn“ ausgestattet. Zwölf Jahre darauf ließ man den notorischen Einbrecher Balthasar Köster mit dem Leben davonkommen, obwohl er unmittelbar nach einer fünfjährigen Haftstrafe „fünf zum Theil bedeutende Diebstähle“ begangen hatte.[1]

Zu Beginn des 19. Jahrhunderts war die Vielzahl todeswürdiger Taten aus den Zeiten Benedikt Carpzovs in der Justizpraxis weitestgehend auf die *bewusste* Tötung reduziert. Doch gerade das Bewusstsein, das ein Täter oder einer Täterin von der eigenen Tat hatte, erwies sich in einer Rechtsgemeinschaft, die sich selbst als von Vernunft durchdrungen empfand, in zunehmendem Maße als problematisch. Insbesondere das mögliche Motiv für einen Mord musste in den Zeiten der Vernunft und Menschenliebe nachdenklich stimmen. Seit einigen Jahrzehnten hatte es, auch in Hamburg, immer häufiger geheißen, ein solches Verbrechen könne niemals „von einem sich ganz besitzenden Menschen verübet“ werden, war es doch „zu unnatürlich, zu empörend“.[2]

Dass Erwägungen dieser Art überhaupt denk-möglich waren, gründete nicht zuletzt auf einer zunehmenden Fokussierung menschlicher Individualität. Die »Entdeckung des Individuums« reicht bis in das 12. Jahrhundert zurück, und sie spiegelte sich auch in den frühneuzeitlichen Rechtskodizes. Die Wahrheitsfindung durch Selbstthematisierung und die zentrale Bedeutung, die das Schuldeingeständnis im strafrechtlichen Verfahren einnahm, müssen im Kontext einer intensivierten Selbstreflexion und Subjektfindung der Menschen verstanden werden. Auch Grenzen der Schuldfähigkeit wurden innerhalb der vorrevolutionären Rechtsordnungen abgesteckt, und sie dokumentieren, dass von einem menschlichen Individuum ausgegangen wurde, das für sein Handeln verantwortlich war. So hieß es in der Peinlichen Gerichtsordnung von 1532, das Urteil über einen Missetäter (oder eine Missetäterin), „der seiner jugent oder anderer gebrechlicheyt halben [...] seyner synn nit hett", sollte erst nach der Konsultation fachlich kompetenter Gutachter gefällt werden. Die Entscheidungsbefugnis verblieb aber in den Händen der Richter, auch wenn bereits im 17. Jahrhundert die medizinische Fachliteratur verkündete, nur ein Arzt könne über Vernunft oder Wahnsinn eines Missetäters urteilen. Keine Krankheit sei schwieriger zu bestimmen als der Wahnsinn, schrieb Paul Zacchia in seinen „Quaestiones medico-legales", und nur einem medizinisch geschulten Auge sei es möglich, mit Gewissheit zwischen den Handlungen wahnsinniger und vernünftiger Menschen zu unterscheiden.[3]

Demnach wurden bereits vor dem ausgehenden 18. Jahrhundert Erwägungen über die persönlichen Dispositionen der TäterInnen angestellt. Dennoch kann mit Fug und Recht behauptet werden, dass der Fokus des frühneuzeitlichen Rechtswesens auf der Tat, und nicht auf den TäterInnen und deren Selbstbestimmtheit lag. Wie zu sehen war, entsprach in den Zeiten Karls V. oder Benedikt Carpzovs ein Verstoß gegen die Regeln gesellschaftlichen Zusammenlebens einer Missachtung der Obrigkeiten und einer Beleidigung Gottes. Die gottgegebene Ordnung geriet durch ein Verbrechen in Unordnung, und die Tat als solche musste durch ein Äquivalent an physischem Leid ausgelöscht werden, um den Zorn Gottes zu beschwichtigen und die gesellschaftliche Ordnung der Unterordnung wiederherstellen zu können. Demzufolge eröffnete sich im Kontext dieses Rechtsverständnisses nur ein kleiner Raum für menschliche Individualität, und dies sollte sich bis zum späteren 18. Jahrhundert kaum ändern. Noch zu den Zeiten Beccarias wurde in den Hamburger Gerichten betont, gerade im Fall eines Tötungsdeliktes sei das Interesse an öffentlicher Rache und Wiedergutmachung so groß, dass eine Bestrafung schlechthin stattfinden müsse. Ein Mensch müsse schon „des Gebrauchs der Sinnen völlig beraubt" sein, wenn von Strafe gänzlich abgesehen werden sollte. Nicht unüblich war allerdings die Umwandlung der Sanktion, z.B. vom Tod durch das Rad zum Tod durch das Schwert.[4]

Erst als sich der Gesellschaftsvertrag als Ausgangspunkt der Erwägungen über menschliches Zusammenleben etablierte, wurden die TäterInnen und deren Individualität zu einem zentralen Element des Rechtswesens. Deutlich hebt sich der Wahnsinn vom Hintergrund der Vertragsgesellschaft ab, denn nun dominierte das Konzept rational handelnder Menschen, deren »natürlicher« Antrieb es ist, ihre eigene Lebenssituation zu optimieren. Die bürgerliche Gesellschaft sei eine Vereinigung vernünftiger menschlicher Wesen mit dem Ziel, einen „rechtlichen Zustand" herbeizuführen, der „den Schutz der wechselseitigen Freyheit aller“ garantiere, schrieb beispielsweise Paul Johann Anselm von Feuerbach im Jahr 1801 im „Lehrbuch des peinlichen Rechts“.[5]

Aus der Säkularisierung der Gesellschaftskonzeption ergaben sich mehrere Konsequenzen. Erstens schöpfte das Strafwesen seine Autorität nicht mehr aus der göttlichen Weisung, sondern aus den rational handelnden Subjekten selbst, die einen kleinen Teil ihrer individuellen Freiheit aufgegeben hatten, um auf diese Weise einen größtmöglichen Teil sichern zu können. Insofern durfte der Nachteil einer Strafe den möglichen Vorteil eines Regelverstoßes nur um ein Quentchen übertreffen, um präventiv wirken zu können, ohne die Rechte des Einzelnen mehr als unbedingt notwendig zu beschränken. Unter den Prämissen, dass jede Untat zur Bestrafung kommt und der Mensch tatsächlich ein rational handelndes und »natürlicherweise« nach maximalem Vorteil strebendes Wesen ist, musste *jeder* Gesetzesverstoß per definitionem irrational und widernatürlich erscheinen. Schließlich konnte der Vorteil, den man durch ein Verbrechen zu gewinnen hoffte, den Nachteil der Strafe niemals übertreffen. Wie verfestigt dieses Denkgebäude war, zeigen zahlreiche zeitgenössische Texte, die nicht nur von einer kleinen Schar von Spezialisten gelesen wurden, sondern weit verbreitet waren. Beispielsweise verkündete die Zeitschrift „Hamburg und Altona“ im Jahr 1803 wie selbstverständlich, „freilich [sei] jedes Verbrechen Verstandesverwirrung, welches in der menschlichen Gesellschaft gegen die Gesezze unternommen wird und die gesellschaftliche Sicherheit stört“.[6]

Zweitens war Prävention zum Hauptzweck von Strafe avanciert, individuell wie kollektiv. Die Konzeption von Strafe als hemmende Kraft ging von rational funktionierenden Individuen aus, die tatsächlich in der Lage sind, Vor- und Nachteile ihrer Handlungen gegeneinander abzuwägen. Eine weitere Grundannahme war, dass sich die Gesellschaftsmitglieder beim Vertragsabschluss über das Strafwesen verständigt und somit auch eingewilligt haben, im Zweifelsfall selber gestraft zu werden. Nicht zuletzt aus diesem Grund erklärte Cesare Beccaria die Todesstrafe zum Unrecht, da niemand, der Herr der eigenen Vernunft sei, die Wahrscheinlichkeit des eigenen Todes auch nur im geringsten erhöhe.[7]

Vor diesem Hintergrund schien es unerlässlich, nach der wirklichen Willensfreiheit, den prinzipiell zunächst unverständlichen Motiven und dem mysteriösen Wesen der mordenden MissetäterInnen zu fragen. Sollte ein Mensch, der getötet hatte, nicht gemäß der Kriterien der Rationalität funktionieren und die Vor- und Nachteile von Verbrechen und Strafe nicht gegeneinander abwägen (können), so entzog er sich den Richtlinien der Vernunft, war nicht mündig oder eben nicht zurechnungsfähig. In einem solchen Fall schien Strafe in den Augen einer großen Zahl von Zeitgenossen nicht nur unsinnig, sondern auch wider die Menschlichkeit einer zivilisierten Kultur, und die besagte nicht zuletzt, dass „eine unglückliche Wahnsinnige Erbarmen verdient“. Denn „gottlob“, wie der Anwalt der mutmaßlichen Giftmörderin Deborah Traub im Januar 1793 den Hamburger Gerichten zu suggerieren versuchte, war man „von den fürchterlichen Zeiten längst zurück, wo blinder Gerechtigkeits-Eifer den Richter versteinerte, und Blut seine Losung war, in der vorgefaßten Meinung, er thue Gott einen Dienst daran".[8]

Wie jedoch eingangs des zweiten Kapitels zu sehen war, hatte Deborah Traub in den Augen der Hamburger Gerichte kein „Erbarmen" verdient. Ohnehin kann der Fall der jungen Giftmörderin für die Wende vom 18. zum 19. Jahrhundert und den Umgang des Rechtsapparates mit möglicherweise unvernünftigen TäterInnen als beispielhaft herangezogen werden. Das große Engagement ihres Anwalts habe ich bereits beschrieben. Zudem ist vor allem bemerkenswert, dass er und von ihm beigebrachte Zeugen betonten, die Angeklagte „in dem kläglichen Gemüths-Zustand völlig verwirrter Ideen *gesehen*" zu haben. Die visuelle Wahrnehmbarkeit des angeblichen Wahnsinns war für die mögliche Anerkennung seiner Existenz von zentraler Bedeutung.[9]

Während der traubsche Fall verhandelt wurde, schrieb Johann Schaumann seine überaus kritischen „Ideen zu einer Kriminalpsychologie" nieder. Er betonte, ein großer Mangel der Rechtspflege liege darin begründet, dass man „die jungen Kriminalisten zwar die *Verbrechen*, aber nicht die *Verbrecher* kennen lehrt". Diese Kritik signalisiert eine einsetzende Verlagerung der Gewichte, die sich auch im Fall Traub abzeichnete. Das Bestreben, das Wesen der Tat auch über die Täterin oder den Täter zu ergründen, vermehrte sich unverkennbar, wobei die Verteidigung als treibende Kraft in Erscheinung trat. Den Anwälten standen zunehmend psychologisierende Studien über Verbrechen und Verbrecher zur Verfügung, und somit die ersten Fragmente eines Instrumentariums, das in den folgenden Jahrzehnten immens anwachsen sollte. Doch auch das Urteil im Fall Traub war typisch für die Zeit der Jahrhundertwende. Letztlich kam das Gericht zu dem Schluss, die Angeklagte habe „bey vollkommenem Verstande und völligem Bewußtseyn" ihre beiden Verwandten getötet, auch wenn das Motiv für die Tat nicht ergründet werden könne. Beide Instanzen sprachen ein Todesurteil aus, und das Obergericht entschied, die vom Niedergericht ausgesprochene Strafe des Rades in die des Schwertes zu mildern.[10]

Ähnlich war ein Jahrzehnt zuvor der Prozess des Kindermörders Nicolaus Christian Carstens verlaufen. Einerseits bezog sich die Justiz auf die wissenschaftliche Literatur aus dem frühen 18. Jahrhundert und meinte, den Missetäter unmöglich „pro Melancholia erklären" zu können – er habe „bey *fast* [!] völligem Bewußtseyn aus bloßem Unmuth" sein jüngstes Kind getötet. Andererseits wurden diffuse Zeichen von Schwermut anerkannt, und die Tatsache, dass das Wort „fast" nachträglich in das Ratsprotokoll eingefügt wurde, ist ein untrügliches Zeichen der obrigkeitlichen Unsicherheit. Auch im Prozess gegen den Kindermörder Lorenz Anton Ammon wurde dem Plädoyer des Verteidigers nachgegangen, der, ohne sich auf wissenschaftliche Literatur zu stützen, meinte, sein Mandant sei zum Tatzeitpunkt „aller Ueberlegung unfähig gewesen" und könne somit „nicht als vorsetzlicher Mörder, der die verübte That mit freiem Willen und Bewußtseyn seiner Sinnen verübet, bestrafet werden". Die Gerichte kamen jedoch zu dem Schluss, der Täter sei zwar von „irrigen Vorstellungen" geleitet gewesen, doch der unverkennbare „Überdruß des Lebens" sei keineswegs „hinlänglicher Beweiß der Melancholie oder des Wahnsinns". Außerdem wurde mit Hinweis auf die Schriften Carpzovs und seines »Anhängers« Quistorp betont, dass nicht jede Missetat aus Verzweiflung sofort durch Melancholie entschuldigt werden könne. Auch Ammon wurde mit dem Schwert getötet.[11]

Doch auch in der Justizpraxis des späten 18. Jahrhunderts gab es Ausnahmen von der Regel. Eine solche war die Untersuchung gegen Elisabeth Jentzen. Sie hatte, wie sie im Verhör selber betonte, ohne „besondere Ursache" ein Kind getötet, und „es sey ihr gleichgültig gewesen, an welchem Kinde sie die That verüben wolle; ja, dieses Kind sey ihr sehr lieb gewesen; sie habe keinen Zank oder Verdruß mit dessen Eltern gehabt; [auch] kein Ueberdruß des Lebens habe sie dazu bewogen". Die befragten Zeugen und Zeuginnen sagten aus, „daß die Inquisitinn vorhinn jederzeit munder und heiter von Gemüthe und nie schwermüthig gewesen sey". In der obergerichtlichen Stellungnahme relativierte Senator Schulze die Bedeutung dieser Äußerungen jedoch, indem er betonte, hieraus gehe keineswegs hervor, „in welchem Zustande sie *während der That*, bey welcher selbige geständlich nicht gegenwärtig gewesen, sich befunden habe". Es sei jedenfalls aktenkundig, dass Elisabeth Jentzen sich *„nach der begangenen That* in einem hohen Grade der Betäubung, Schwäche, Gedanken- und Sinnlosigkeit befunden habe, mithin daß sie ihrer Sinne *bey* der Begehung der selben für nicht mächtig zu halten sey". Eine tiefere Ursache der Tat fand der Oberrichter einzig und allein in der individuellen, aber nicht selbstverschuldeten Disposition der Täterin, „in der durch kränkliche Beschaffenheit ihres Körpers damals bewürckten gänzlichen Zerrüttung ihrer Vernunft". Elisabeth Jentzen wurde im Jahr 1790 zu „lebenswieriger sicherer Verwahrung" verurteilt. Die Urteilsbegründung wie auch das richterliche Selbstverständnis des Senators Schulze müssen für die Justizpraxis des ausgehenden 18. Jahrhunderts als geradezu visionär bezeichnet werden, denn er betonte, er halte es für „die Pflicht eines menschlich denkenden Criminal Richters, mit Sorgfalt und Eifer in den peinlichen Acten Gründe aufzusuchen, um die Strafe eines durch seine verübte That und durch sein Gewissen schon ohnehin gepeinigten Missethäters, so viel möglich, mildern zu können. Noch dringender ist diese Pflicht, wenn, wie im gegenwärtigen Falle, es auf eine Todes-Strafe ankömt".[12]

Die Tat Elisabeth Jentzens kann als einer der Fälle gelten, deren Erörterung und Systematisierung in den ersten Dekaden des 19. Jahrhunderts zu veränderten Definitionen von Wahnsinn, Gemütskrankheiten und Strafe beigetragen haben. Ich werde nun skizzieren, wie sich der medizinische und der rechtswissenschaftliche Diskurs verschoben und neue Schnittmengen bildeten, die sich im Zusammenspiel mit Missetaten und Urteilsfindungen in der Justizpraxis verfestigten. Die Wahrnehmung der Todesstrafe wie auch deren Anwendung veränderte sich im Zug dieser Transformationen merklich.

Der »Verborgene Wahnsinn«

Versuche, den Wahnsinn genauer zu fassen und zu kategorisieren, waren seit Beginn des 17. Jahrhunderts vermehrt unternommen worden. Im Zuge dieser Bestrebungen war auch ein periodischer Wahnsinn mit sogenannten „freyen Zwischenzeiten" beschrieben worden, in denen die Kranken offensichtlich ihres Verstandes mächtig waren, die Krankheit mithin nicht »gesehen« werden konnte. Doch auch in der Arbeit des Engländers Thomas Arnold, die im Jahr 1784 erstmals im deutschen Sprachraum publiziert wurde und während der darauffolgenden Jahre zu einem Standardwerk avancierte, nahmen die nicht permanenten Formen des Wahnsinns nur eine vergleichsweise untergeordnete Stellung ein. Bis zum Ende des 18. Jahrhunderts blieb äußerlich wahrnehmbares, ungewöhnliches Verhalten das vorrangige Kennzeichen einer Verstandesverwirrung.[13]

In der Folgezeit sollte die Sichtbarkeit des Wahnsinns als maßgebliches Zeichen seiner Existenz an Bedeutung einbüßen. Gerade die freien Zwischenzeiten, in denen die Wahnsinnigen durchaus vernünftig erschienen, und die mögliche Verborgenheit der Krankheit wurden zu den dominierenden Topoi einer Debatte über Wahnsinn, Verbrechen und Strafe. Ein sowohl in den medizinischen als auch in den juristischen Schriften häufig zitierter Fixpunkt waren Ernst Platners „Quaestiones medicinae forensis" aus dem Jahr 1797. Dort beschrieb Platner ein Krankheitsbild des »Verborgenen Wahnsinns«, das sich in der Literatur verfestigen und schließlich auch in der Justizpraxis einnisten sollte. Er konstatierte „eine gewisse Gattung des Wahnsinns, [...] nämlich den verborgenen und tief im Menschen verschlossenen, unvermuthet und plötzlich ausbrechenden, und hinsichtlich des Gebrauches des Gedächtnis- und Urtheils-Vermögens [...] von dem ganzen sonstigen Betragen so gleichsam abweichenden, daß er durch äussere Merkmale, eben weil Ursache und Wirkung der Krankheit tiefer versteckt liegen, weder vorausgesehen, noch, wenn er gegenwärtig ist, erkannt werden kann. *Aber*", hob Platner hervor, *„es ist dessen ungeachtet eine wirkliche Vernunft-Unfreiheit, welche gar wohl bei einem Capitalverbrecher einen nothwendigen Grund der Freisprechung von Strafe darbieten kann.* Versteckter Wahnsinn ist demnach ein Drang und Bestreben des belästigten Gemüths nach einer gewaltsamen Handlung, wobei es diese Handlung heimlich begehrt und vorbereitet, als sey sie ein Mittel zur Erleichterung und Befreiung von ihrem Drukke".[14]

Die Konsequenzen einer solchen „amentia occulta" waren mannigfaltig und verwirrend. Zwar hatten bereits Paul Zacchia im 17. Jahrhundert und Ernst Platners Vater Johannes Zacharias Platner in der Mitte des 18. Jahrhunderts die Relevanz der ärztlichen Fachkenntnisse für die Justiz betont. Die Bedeutung medizinischen Expertenwissens für eine als kompetent und gerecht erachtete Beurteilung eines Straffalles war nun jedoch auf eine neue Stufe erhoben. Zum einen war es für eine rationale Justiz in einer vernunftbegründeten Gesellschaft unumgänglich, sich wissenschaftlicher Fachkenntnisse zu bedienen. Zum anderen war eine Krankheit aufgetaucht, die kaum erkennbar und für Laien vollkommen »okkult« war, aber nichtsdestoweniger Grund genug bot, dem Täter oder der Täterin Unzurechnungsfähigkeit zu attestieren und von Strafe abzusehen. Es galt mehr denn je, sich eines Fachmanns mit geschultem Auge zu versichern, denn nur „der geübte Irrenarzt wird sehr gut einen psychisch Gesunden oder gänzlich Geheilten von einem lucidum intervallum [einer freien Zwischenzeit] unterscheiden können", wie der Gerichtsmediziner Johann Baptist Friedreich in den 1830er Jahren im arriviertesten rechtswissenschaftlichen Fachjournal betonte, um den Konflikt über medizinische und juristische Kompetenzen zu Gunsten der Ärzte zu beenden.[15]

Darüber hinaus schienen im »Verborgenen Wahnsinn« Unvernunft und Gewalt gekleidet in das Gewand äußerlicher Normalität und ausgestattet mit der Waffe einer gewissen Rationalität gemeinsam am Werk, die Ordnung der Vernunft zu durchkreuzen (schließlich konnte nach Platner die gewalttätige Handlung von den Wahnsinnigen sogar vorbereitet werden). Die plötzliche, nahezu unsichtbare und nicht vorhersehbare Gefahr durch ein wahnsinniges und zugleich äußerst gewalttätiges und bedrohliches Wesen eröffnete den medizinischen Stimmen im juristischen Diskurs einen weiten Raum. Zweifelsohne hat dazu auch das Bedürfnis beigetragen, sich des vermeintlichen Fortschrittes in der kulturellen Entwicklung zu versichern und „verborgen wahnsinnige" MissetäterInnen auch wirklich als solche zu erkennen und anzuerkennen. Nicht nur der legendäre »Befreier der Irren«, Philippe Pinel, betonte, dass „das Fortschreiten in den Kenntnissen vom Character und von der Behandlung des Wahnsinns [...] den höhern oder mindern Grad der Cultur bey verschiedenen Völkern [markiert]". Auch der Hamburger Gelehrte Johann Grohmann hob in den 1820er Jahren im „Neuen Archiv des Criminalrechts" hervor, das moderne Staatswesen könne nur dann perfektioniert werden, wenn ein tiefgreifendes Wissen vom Menschen die Entwicklungen der Gesellschaftspolitik im Allgemeinen und des Rechtswesens im Besonderen prägten: „Je mehr die Wissenschaften angebauet und mit der Rechtspflege in Verbindung gebracht werden, je mehr die Menschenkenntniß zunimmt und die Philosophie mit der Psychologie an dem Ermessen und Aufstellen der Strafgesetzgebung Theil nimmt: desto mehr wird die Menschheit und der Staat durch solche Fortschreitungen in einer der wichtigsten und lehrreichsten Angelegenheiten gewinnen".[16]

In den ersten Jahrzehnten des 19. Jahrhunderts ist das platnersche Konzept des »Verborgenen Wahnsinns« diskutiert, gedehnt und zugespitzt worden. In diesem Zeitraum, für den die historische Forschung die „Erfindung der Psychiatrie" diagnostiziert, findet sich eine immense Verdichtung forensisch-psychiatrischer Aussagen in den Feldern Medizin und Recht. Unter anderem führten die Zeitgenossen eine heftige Auseinandersetzung über das Maß der Kontrolle, die zwanghafte Gewalttäter und -täterinnen über ihren Verstand und ihren Willen auszuüben fähig seien. In diesem Disput wurden einerseits Widersprüche gegen das Postulat einer weitverbreiteten Unzurechnungsfähigkeit von Gewalttätern und Gewalttäterinnen formuliert, andererseits war die »amentia occulta«

Ernst Platners gerade durch diesen Disput in aller Munde, und das auch über die engeren Fachkreise hinaus. Das Bild von urplötzlich und augenscheinlich unmotiviert rasenden Menschen konnte somit, trotz widersprüchlicher Nuancen, einen festen Platz innerhalb der zeitgenössischen Wahrnehmung einnehmen.[17]

Ähnliche Beobachtungen wie Ernst Platner machte der bereits erwähnte Philippe Pinel im Hospital von Bicêtre. „Welche Ursache sollte ich haben", soll einmal ein Patient zu Pinel gesagt haben, „den Aufseher unseres Hospitals zu morden, der uns mit soviel Menschlichkeit behandelt? Demohngeachtet treibt es mich an, in dem Augenblicke meiner Wuth über ihn so wie über jemand anderen herzufallen, und ihm einen Dolch ins Herz zu stoßen". Im Gegensatz zu Platner meinte Pinel jedoch, die von ihm beschriebene „Wuth" sei zwar von einem „Instinkt der Raserey" gelenkt, zeichne sich aber nicht durch eine „Verrücktheit des Verstandes" aus. Diese Beobachtung habe auch ihn selbst, wie er beteuerte, „nicht wenig erstaunt".[18]

Zu denjenigen, die Pinels Diagnose von der „manie sans délire" folgten, gehörte der weit rezipierte Mediziner Johann Christian Reil ebenso wie der Psychologe Johann Christian Hoffbauer. Ähnlich wie Platner beschrieb Reil einen „automatischen Drang zur Grausamkeit", einen „blinden Trieb zu Gewaltthätigkeiten und blutdürstigen Handlungen". Aber im Gegensatz zu Platner und in Anlehnung an Pinel meinte er, „die Sinne, die Imagination und der Verstand [des Kranken] wirken wie in einem gesunden Menschen". Bei allem Für und Wider hat sich im Zuge dieser Debatte das Bild von triebgelenkten GewalttäterInnen verfestigt, die zwar womöglich ihren Verstand kontrollieren konnten, aber keinesfalls fähig waren, *ihr Verhalten* zu beherrschen. In den gefährlichen Individuen schien die Vernunft die Herrschaft über den Willen und die sinnlichen Begierden verloren zu haben, wie auch Georg Heinrich Masius meinte, als er in seinem „Lehrbuch der gerichtlichen Arzneikunde für Rechtsgelehrte" im Jahr 1811 die Debatte zusammenfasste. Darüber hinaus wurden die „verborgen Wahnsinnigen" explizit von „gesunden Menschen" abgegrenzt, ganz gleich, ob mit oder ohne Verstand. Nicht zuletzt Reil sprach von einem „Kranken", der „als Automat Grausamkeiten ausübt, ohne daß Vorstellungen der Lust oder Unlust, fixe Ideen oder Täuschungen der Einbildungskraft ihn dazu verleiten".[19]

Gerade die Komplexität und Undurchsichtigkeit des Krankheitsbildes führte auf der einen Seite zu dessen ausführlicher Thematisierung in der wissenschaftlichen Auseinandersetzung, auf der anderen Seite allerdings zu einer nur langsamen Rezeption in der Gerichtspraxis. Schließlich war ein partieller Wahnsinn verborgener Art in der gewalttätigen Variante nur schwer zu erkennen, weil er sich zunächst der sinnlichen Wahrnehmung entzog. Da nur der Mord Zeichen der Unvernunft war, zeigte sich die Diagnose schwierig und die Justiz renitent. Die plötzliche Explosion der Gewalt wurde nur selten von weiteren, deutlich markierbaren Symptomen begleitet – sie war das Wesen der Krankheit und somit häufig deren einziges Kennzeichen. Doch der »Verborgene Wahnsinn« war nicht nur ein schwer zu eruierendes Phänomen, er war zudem in einem Feld von Seelen- und Gemütskrankheiten lokalisiert, das in der Zeit nach der Jahrhundertwende an Verworrenheit und Komplexität so zugenommen hatte, dass es kaum mehr zu überblicken war. Exemplarisch soll hier die im Jahr 1818 von Johann Heinroth erstellte „Synoptische Tabelle der psychisch-krankhaften Zustände“ skizziert werden. Heinroths Systematisierung war in drei „Ordnungen“ unterteilt, diese wiederum in jeweils drei „Gattungen“, von denen jede bis zu sechs „Varietäten“ und jeweils exakt vier „Arten“ mit bis zu drei „Unterarten“ je Art vorwies. Insgesamt umfasste Heinroths Tableau 66 Zuordnungen für „psychisch-krankhafte Zustände“. Vor diesem Hintergrund musste der Stellenwert medizinischer Fachkompetenz im juristischen Verfahren fast zwangsläufig wachsen. In diesem Sinne betonte Adolph Henke in seinem „Lehrbuch der gerichtlichen Medizin“ auch für die geschulte Leserschaft, dass bei dem »Verborgenen Wahnsinn« „die gewöhnlichen Kennzeichen offenbarer Geisteszerrüttung, wie Verwirrung der Sinne, gestörtes Gedächtnis, unordentliche Folge und Verbindung der Gedanken, unpassende, widersinnige Antworten, alberne sinnlose Handlungen u.s.w. [...] gänzlich fehlen können. Der Arzt muß erwägen: daß weder der Mangel dieser Kennzeichen, noch selbst Überlegung und planmäßige Ausführung der That, völlige Erinnerung aller Umstände und richtig gegebene Antworten bei den Verhören darthun, der Mensch sey der Vernunft und Freiheit der Selbstbestimmung mächtig gewesen“.[20]

An der Definition des derart wahnsinnigen Zustands wurde weiter gefeilt, und sie begann, sich auch über die Fachkreise hinaus zu etablieren. Dem „Bedürfnis der Zeit“ schien dies zu entsprechen, wie einem Kompendium aus dem Jahr 1816 zu entnehmen war. Denn nun, in den „neuern Zeiten“, war medizinisches Fachwissen von den Seelen- und Gemütskrankheiten „für die Jurisprudenz [...] erst gehörig anerkannt“ und „von großer [...] Wichtigkeit“. In diesem Punkt herrschte Einigkeit, und Anfang der 1820er Jahre meinte man nun endlich auch in den gerichtlichen Untersuchungen ein stärkeres Bemühen bemerken zu können, „die mehr verborgenen, oder schnell vorübergehenden psychischen Krankheitszustände auszumitteln, welche leicht übersehen oder verkannt werden“. Festzuhalten bleibt, dass sich das Bild des unvernünftigen und unzurechnungsfähigen Verbrechers etwa seit der Jahrhundertwende im Zusammenspiel von Justiz und Wissenschaft veränderte, was auf die Anwendung der Todesstrafe nicht ohne Einfluss bleiben sollte.[21]

Der Familienmörder Johann Georg Rüsau

> Eine Schauder erregende That [...] zeigt, wie tief die Menschheit erniedrigt werden kann, wenn ihre Führerin, die Vernunft, sie auch nur *einen* Augenblick verläßt.[22]

Der Fall des Hamburger Familienmörders Johann Georg Rüsau stand am Anfang dieser Entwicklung. Er offenbart die Ambivalenz der Auseinandersetzung um Wahnsinn und Verbrechen eingangs des 19. Jahrhunderts, als es aufgrund der außergewöhnlichen Grausamkeit der Tat sowohl möglich war, die Unschuld des

Täters zu behaupten, als auch die Unumgänglichkeit seines Todes zu postulieren. Zahlreiche Texte widmeten sich Johann Georg Rüsau und seiner Tat. In der Regel berichteten sie voller „Schaudern und Entsetzen“ über die „in den verschiedenen Zimmern im Blute schwimmenden“ Leichen, die der ehemalige Prediger, Schullehrer, Kaufmann und angesehene Bürger der Hansestadt Hamburg zurückgelassen hatte. Rüsau hatte in der Nacht vom 14. zum 15. August 1803 seiner Ehefrau und seinen fünf Kindern die Kehlen durchgeschnitten, und eine solche Geschichte „darf in unsrer Zeitschrift nicht fehlen“, wie es in „Hamburg und Altona“ hieß. Details aus der Mordnacht wurden dem interessierten Lesepublikum reichlich geliefert, und in einer Art »Sonderheft Rüsau« war nicht nur die Tat genauestens beschrieben, sondern auch das Befinden des Täters und der zwanghafte Charakter seiner Handlung wurden (re)konstruiert. „Mit vollem Bewußtseyn“, so ist dort zu lesen, „aber auch mit voller Ueberzeugung der Nothwendigkeit und der Unvermeidlichkeit der schrecklichen That, sprang Rüsau nach vier Uhr aus dem Bette, eilte an sein Pult und nahm ein Scheermesser, das seit zwei Jahren ungebraucht darin lag, und ein französisches Einlegemesser, das er vor einem Vierteljahr hatte schleifen lassen, um es zum Brodtschneiden zu gebrauchen, heraus. Mit einem derselben schnitt er nun seiner neben ihm liegenden Gattin die Gurgel ab. Sie verschied vor seinen Augen ohne einen Laut. Er erbebte zwar vor der verübten That, aber augenblicklich kehrte sein eiserner Glaube an die Nothwendigkeit derselben zurück. Der erste Schritt war geschehen, er mußte fortfahren“.[23]

Nicht nur Rüsau, auch der ausführliche Bericht in „Hamburg und Altona“ fuhr mit der Tötung der fünf Kinder fort. Nach vollendetem Werk versuchte Rüsau vergeblich, auch seinem eigenen Leben ein Ende zu setzen, bis er schließlich von der Polizei aufgegriffen wurde, sich sofort als Täter angab und um eine schnelle Hinrichtung bat. Die Gerüchte über den Familienmord hatten sich schon am frühen Morgen in Windeseile verbreitet, und es strömten so viele Schaulustige zu dem Tatort in der Gröningerstraße 40, dass Wachen vor das Haus beordert werden mussten. Das allgemeine Interesse und die Erschütterung über die Tat waren außergewöhnlich groß, und das nicht nur, weil in einem Zug eine ganze Familie ausgelöscht worden war. Der Täter galt als ebenso gläubiger wie gebildeter Mann, der den Idealen der Aufklärung anhing. Er war ein Teil des neuen Bürgertums, das einem Selbstverständnis aufgeklärter und von Vernunft durchdrungener Zivilisiertheit verhaftet war. Auch die bildlichen Darstellungen zeigen die Vielschichtigkeit dieses Falles. Auf der einen Seite wurden Rüsau und seine Familie der Leserschaft als Teil dieser geordneten Welt präsentiert: wohlgekleidet und wohlgenährt, in der kultivierten Atmosphäre eines soliden, geordneten, reinlichen, gutbürgerlichen Haushaltes den Nachmittagskaffee einnehmend. Auf der anderen Seite wurde ein Porträt des düster dreinblickenden Missetäters verbreitet, das zudem in einen wahren Werbefeldzug eingebunden war. Eine Sonderausgabe eines Rüsau-Porträts, „von einem jungen, talentvollen Künstler während Rüsau’s Vertheidigung im Niedergerichte gezeichnet“ und anschließend „sauber in Kupfer, und zwar in punktierter Manier, gestochen“, wurde allen Leserinnen und Lesern zugesichert, die vorab bei dem Verleger Friedrich Nestler eine Kopie der angekündigten Schrift über „Rüsaus Leben und Hinrichtung" bestellten. Johann Georg Rüsau war eine Berühmtheit, und gerade die Gewalttätigkeit eines im wahrsten Sinne des Wortes ungeheuerlichen Ausmaßes von einer Person seiner Bildung und seines Standes war doppelt aufregend, doppelt verwirrend. Allerorten wurde gefragt, wie „*dieser* Mann zu der schrecklichen, schwarzen That gekommen [ist]". Die aufklärerischen Bestrebungen, einen neuen Typus Mensch zu schaffen, schienen konkret versagt zu haben, denn schließlich hatten, gab Johann Curio zu bedenken, „die hochgerühmten Vorzüge der Wissenschaften, der cultivierten Ehrliebe, der Humanität, der höheren Ausbildung einen Mann, der sich ihnen gewidmet hatte, nicht hinlänglich sichern [können], unter die Zahl elender Verbrecher herab zu sinken".[24]

Der Hamburger Schullehrer war vom etablierten Bürger zu einem der berühmt-berüchtigten Monstren mutiert, die die gemeinschaftliche Existenz gefährdeten. Seine Schuld schien ins Unermessliche gesteigert, da er nicht nur seine väterlichen Fürsorgepflichten vernachlässigt, sondern seine Schutzbefohlenen sogar getötet hatte. Daher gehörte Rüsau unzweifelhaft zu der Spezies Mensch, die gemäß des zeitgenössischen Verständnisses „durch Henkershand" sterben musste, damit „das Weib wieder sorglos schlummre an der Seite des Gatten, und der Säugling nicht den Tod empfange am Busen der Mutter". Rüsau war die personifizierte Regression zum „Barbaren". Nahezu sämtliche Formen vorzivilisierter Existenz, „Ungeheuer", „wilde Horden" und „heidnische Corsaren" wurden bemüht, um die Verwerflichkeit seiner Tat sowie die Rückständigkeit und die Gefährlichkeit seiner Person zu beschreiben. In den kursierenden Schriften hieß es zudem nicht selten, er sei sogar schlimmer als ein „wildes Tier", wie der im Folgenden zitierte Reim exemplarisch verdeutlicht:

Seine Gattin, die mit ganzem Herzen
An dem Gatten, ihrem Mörder, hängt,
Sieht er wälzen sich in Blut und Schmerzen,
Und doch wird die Brust ihm nicht beengt.
Die noch schlafenden fünf guten Kinder
Fällt er an, mit wahrer Mörderwuth,
Schlacht't verblendet sie als Opfer-Rinder,
Und besudelt sich mit eignem Blut'.
Selbst der hungerigste Tieger
Schützt die Jungen die er schlafen sieht,
Und der Mensch, der Gott erkennt, und klüger,
Wüthet gegen eigenes Geblüt?
Führt die Kinder an dem Hochgerichte,
Mahlt mit grellen Farben Rüsaus That;
Saget ihnen: daß die Weltgeschichte
Aehnliches Exempel noch nicht hat.[25]

Johann Georg Rüsau hatte offensichtlich die Sphäre aufgeklärter Vernunft verlassen, als er seine Familie tötete, und so forderte ein Teil der Zeitgenossen den Tod des Mörders. Die historisch-spezifischen Wahrnehmungs- und Denkmuster machten es aber ebenso möglich, die Schuldfähigkeit des, folgt man dem oben zitierten Vers, „verblendeten" Täters zu bezweifeln und ihn, wie sein Anwalt forderte, „den Umständen nach mit allen Strafen zu verschonen und blos als ein der menschlichen Gesellschaft zu gefährliches Glied seine übrige Lebenszeit hindurch in festem Verwahrsam zu halten". Das augenscheinlich wirre und gemäß der gerichtlichen Untersuchung vollkommen unbegründete Motiv für die Tat nährte diese Sicht der Dinge. Rüsau war von der „fixen Idee" gepeinigt, seine Familie schon bald nicht mehr ernähren zu können. Der erzwungene, gewaltsame Tod schien ihm als „Nothwendigkeit und letzte Zuflucht", seine Frau und seine Kinder vor „einem schmählichen Hungertod" zu bewahren, wie er in verschiedenen Vernehmungen zu Protokoll gab. Und obgleich die Furcht, in gänzliche Armut zu stürzen, den Menschen am Anfang des 19. Jahrhunderts durchaus als plausibler Grund erschien, in Wahnsinn zu verfallen, war diese Sorge im Fall des Hamburger Bürgers Johann Georg Rüsau in den Augen der meisten ZeitgenossInnen absurd.[26]

Dennoch ordnete der Rat sofort an, „die Untersuchung besonders mit Hinsicht auf eine fortgesetzte Beobachtung des Gemüthszustandes des Rüsau sorgfältig fortzusetzen", denn auch in Hamburg hatte man registriert, dass „die Symptome des Wahnsinns so mancherlei sind und sich auf so verschiedene Art zeigen". Gezielt wurden Zeuginnen und Zeugen nach Rüsaus Wesen befragt. Die in den Vernehmungen artikulierten Zweifel am Gemütszustand Rüsaus wurden in dem medizinischen Gutachten der Stadt-Physici bestätigt. Johann Jakob Rambach und Johann Schultze attestierten dem Verdächtigen den typischen Körperbau eines Melancholikers, und sie notierten „Spuren eines langwierigen Kummers" auf seiner Stirn. Auch glaubten sie, er sei von „einer unbezwinglichen Nothwendigkeit" getrieben worden und habe seine Tat „wie im Taumel" vollendet. Nichtsdestoweniger betonten sie, dass Rüsau während der Gespräche „nicht die geringsten Zeichen einer Geisteszerrüttung [äußerte], so daß wir ihn für jetzt seines Verstandes für vollkommen mächtig halten müssen". Der Geistes- und Gemütszustand während der Tat selbst könne letztlich einzig durch die Aussagen des Täters beurteilt werden, betonten die Mediziner. Wenn sie mit Bezug auf die Schriften Reils auch andeuteten, ein „partieller Wahnsinn" Rüsaus sei nicht auszuschließen, so war in ihren Augen die Gewalttat selbst, die von einem ansonsten vernünftig erscheinenden Menschen verübt worden war, nicht hinreichendes Zeichen eines krankhaften Zustandes. Dennoch bezeichneten die Ärzte es als „höchst wahrscheinlich", dass Rüsau „vor und während seiner Tat [...] in der Freiheit seines Begehrungsvermögens beschränkt gewesen ist".[27]

Die Gerichte zeigten sich allerdings, wie ganz am Anfang des 19. Jahrhunderts kaum anders zu erwarten, von der »spekulativen« Diagnose der Mediziner wenig beeindruckt. Ein Antrag des Anwaltes, seinen Mandanten nochmals begutachten zu lassen und dieses Mal auswärtige Fachleute zu Rate zu ziehen, wurde vom

Gericht abschlägig beantwortet. Da half es auch nicht, dass sich der Verteidiger auf die neuesten Fachkenntnisse berief, die er den Publikationen Johann Christian Reils entnommen hatte. Für das Gericht war ausreichend, dass der Angeklagte während des gesamten Verfahrens „sehr vernünftig, mit voller Besinnung und der größten Überlegung" sprach und handelte. Im Jahr 1804 genügten diese Beobachtungen, die Tat als absichtliches und mit ausreichender Selbstkontrolle begangenes Verbrechen zu deklarieren. Der Henker wurde geheißen, den „Familienmörder von Hamburg", wie Rüsau etwa sechzig Jahre später in einer Sammlung spektakulärer Verbrechen genannt werden sollte, zur „wohlverdienten Strafe und mordgesinten Ehemännern und Vätern zum abschreckenden Beispiele, mit einer haarnen Decke und einem blutigen Messer auf der Brust, auf den Richtplatz zu führen, daselbst mit dem Rade von oben ab, vom Leben zum Tode zu bringen, der Körper aber an der Gerichtsstätte zu verscharren".[28]

Die Erörterungen Ernst Platners, Philippe Pinels oder Johann Christian Reils waren im Umfeld des Falles Rüsau bemüht worden und hatten folglich unmittelbar nach ihrer Veröffentlichung in die Justizpraxis Einzug gehalten. Der Motor war abermals ein umtriebiger Anwalt gewesen, der somit einer weitverbreiteten Erwartung an seinen Berufsstand entsprach. Bereits seit längerem hatte es geheißen, es sei das „Handwerk" und die „Pflicht" der Anwälte, „ihre Clienten zu retten, wenn es auch mit den unverschämtesten Lügen geschehen sollte". Die Verteidiger schienen auf neue Erkenntnisse über die Tiefen von Gemüt und Verstand förmlich zu warten, denn sie griffen die veränderten Aussagen gierig auf, um die Strafe des Todes von ihren Mandanten abzuwenden. Ebenso wie die Seelenkunde durchlief die gerichtliche Verteidigung in den ersten beiden Jahrzehnten des 19. Jahrhunderts eines Phase ausgeprägter »Verwissenschaftlichung«. Die neuen forensisch-psychiatrischen Erwägungen hatten sich auch unter den gutachtenden Stadtphysici herumgesprochen, die jedoch bisweilen recht vorsichtig urteilten. Dies war durchaus im Sinne der Gerichte, denen sich so ein vergleichsweise großer, aber dennoch fachlich abgesegneter Handlungsspielraum eröffnete. Letztlich aber lag es ohnehin im Ermessen der Justiz, inwieweit sie dem Urteil der Mediziner Folge leistete, deren Gutachten verwarf oder durch auswärtige Sachverständige verifizieren ließ. Bislang hatten die Hamburger Gerichte zumeist nach eigenem Gutdünken entschieden, obgleich die Position des Stadt-Physicus seit den späten 1790er Jahren einer gesteigerten Bedeutung und einer stärkeren Institutionalisierung entgegensteuerte. Im Zuge des Falles Rüsau äußerte der gutachtende Physikus Rambach seinen Unmut über die Selbstherrlichkeit der Gerichte. Er monierte in einem Brief an Senator Johann Heinrich Bartels, es wäre wünschenswert, die gerichtsmedizinischen Gutachten im Zweifelsfall durch auswärtige medizinische Fakultäten prüfen zu lassen, „‚statt daß jetzt die Gerichte über das Urteil der Kunstverständigen [der Physici] selbst urtheilen'".[29]

Das von Rambach kritisierte Selbstverständnis der Gerichte stieß jedoch nicht nur auf Missfallen. In Schriften zum Fall Rüsau wurde häufig betont, dass zwar der „Menschenfreund" mit dem Täter sympathisieren dürfe, vor „den Augen des Kriminalrichters [aber] blos die That und die Strafe [steht], welche das Gesetz darüber verhängt". Die Grenzen „menschlichen" Handelns durch die Justiz seien „mit unauslöschlichen Zügen" in den Rechtskodizes verankert. Zudem, so hieß es, befinde sich letztlich „jeder Verbrecher" in dem Augenblick seiner Missetat „in einer Art von Wahnsinn", der aber vor der Todesstrafe nicht bewahren könne. Sollten VerbrecherInnen als wahnsinnig gelten, so müssten sie schon „vor, in und nach der That unwidersprechliche Beweise ihrer Geisteszerrüttung gegeben haben". Wer Rüsau für unzurechnungsfähig erkläre und somit straffrei belasse, der müsse konsequenterweise die Todesstrafe abschaffen, denn, so die rhetorische Frage, „sind nicht fast alle Mörder in gleichem Verhältnisse?" Die Hamburger Beispiele der letzten Jahre schienen die Antwort zu geben: „War nicht jener Milchhöker, der ein Mädgen ermordete, die Judenfrau, welche Mutter und Schwiegermutter vergiftete, die Tischlerfrau, welche ihr Kind ermordete, als ihr Mann auf dem Diebstahl ertappt wurde, in einem Zustande temporären Wahnsinns? Und wer kann dieses von allen Kindermörderinnen, die hier hingerichtet sind, verneinen? Selbst die Mörder des armen eingemauerten Juden hatten solche verschrobenen Begriffe, daß man ihre Handlung gleichfalls für temporären Wahnsinn erklären konnte. Sie mußten aber sämmtlich durch mehr oder weniger harte und schmähliche Todesstrafen büssen – die Wächtlern wurde sogar ohne Selbstgeständnis verurtheilt: aber jeder war überzeugt, daß sie den Mord begangen hatte, und wünschte ihr den Tod, des Exempels wegen".[30]

Mit der Feststellung, dass die meisten Mörder und Mörderinnen jenseits der Vernunft operierten, konnte sowohl gegen als auch für die Todesstrafe argumentiert werden. Die oben zitierten Erörterungen aus einer der zahlreichen Flugschriften zum Fall Rüsau sowie die Handlungsweise der Hamburger Justiz standen voll und ganz in Einklang mit so manchem zeitgenössischen Lehrbuch der Rechtskunde. Paul Johann Anselm von Feuerbach prophezeite, die Erwägungen über Strafe und Seelenkrankheiten bedeuteten das Ende „aller Criminaljustiz". Diese Einschätzung empfanden die meisten Zeitgenossen als übertrieben, doch zumindest die Abschaffung der Todesstrafe geisterte als Schreckgespenst durch die Hamburger Schriften. Dies war für viele ein überaus bedrohliches Szenario und schien, im Falle seiner Realisierung, den Boden für die Zerstörung der bürgerlichen Ordnung zu bereiten – und somit doch dem Ende „aller Criminaljustiz" gleichzukommen. Es wurde befürchtet, „daß diese Menschlichkeit Mörder schafft". Schließlich habe man „vielleicht einige tausend [...] Narren und Melancholisten" in Hamburg, deren kriminelles Potential gewaltig sei, und wenn die „erst erfahren, daß man bloß in ein Hospital gebracht wird, wenn man heimlich schleichend, wie ein Dieb in der Nacht, ein halbdutzend Menschen die Gurgel abschneidet; so werden sie künftig sich dieses Späsgen oft erlauben, statt daß sie [...] Rücksicht auf die unvermeidlichen Folgen nehmen und sich Kraft und Muth zur Ausduldung erarbeiten".[31]

In Rüsau und dessen Tat trafen sich demnach die verschiedensten Aussagen des strafrechtlichen Diskurses. Die Grenzen der Denkmöglichkeiten verschoben sich am Anfang des 19. Jahrhunderts, und das gesamte strafrechtliche Feld befand sich in Bewegung. Dies soll mit einer der fiktiven Verteidigungsschriften illustriert werden, die im Umfeld des rüsauschen Verfahrens publiziert wurden. Diese „defensiones“ können trotz – oder gerade wegen – ihrer Fiktionalität Einblicke in das facettenreiche Spektrum möglicher Erwägungen im Umfeld des Falles Rüsau eröffnen. So hieß es, allein die Abnormität eines so gewalttätigen, Schrecken erregenden Verbrechens sei mit der Wesensart eines bis dahin unbescholtenen und moralisch einwandfrei lebenden Bürgers vollkommen unvereinbar. Sie dokumentiere daher nahezu untrüglich, „daß er [der Täter] plötzlich in eine völlige Zerrüttung des Gemüths verfallen sey, und in dieser sie [die Tat] begangen habe“. Folglich *müsse* Rüsau sich einfach in einem „von Wahnsinn und völliger Gesundheit gleich weit entfernten, eigenen Zustand der Seele“ befunden haben, als er seine Familie ermordete. Einzig die noch geringen Kenntnisse des Gesetzgebers über das Gemüt und die Seele zeichneten dafür verantwortlich, dass auf ein solches Geschehen noch die Todesstrafe verhängt werde. Andererseits müsse man der Justiz zu Gute halten, dass die Disposition zu einer derartigen Gemütsverwirrung kaum fixierbar sei. Einen vielversprechenden ersten Schritt, dieses Dilemma zu beheben, habe unter anderem Franz Joseph Gall mit seinen Schädelstudien getan. Der Phrenologie eines Gall oder der Physiognomik im Stile eines Johann Kaspar Lavater wurde in diesem Kontext große Bedeutung beigemessen, weil möglicherweise anhand der „Wölbungen“ des Schädels erkennbar sei, „welchen Drang er [der Täter] zu dem begangenen Verbrechen gehabt habe“.[32]

Die Äußerungen über den Familienmörder Johann Georg Rüsau waren vielschichtig. Zutreffend bemerkten die Zeitgenossen, dass „Rüsaus blutige That“ auf Seiten der Rechtsgelehrten, Ärzte und Psychologen ein außergewöhnliches Interesse erwecken müsse, denn „alle werden in dessen Betragen Probleme finden, die nicht leicht zu lösen sind“, wie der Jurist A.C. Wolters betonte. Die Prognose sollte sich bewahrheiten, und Rüsau und seine Tat sollten für viele Jahre äußerst präsent bleiben. Zwölf Jahre nach dessen Exekution erschien Rüsau zunächst in Gottlob Schulzes Lehrbuch zur „Psychischen Anthropologie“, wo es hieß, die „große Zunahme der Seelenkrankheiten in den neueren Zeiten“ verbunden mit „menschenfreundlicher Absicht“ habe die Aufmerksamkeit auf die Natur dieser Krankheiten gelenkt. Rüsau wurde als Paradebeispiel eines an „melancholischer Verrücktheit“ leidenden Mannes präsentiert, dessen irrationale Vorstellungen sich für gewöhnlich in einem Familienmord mit anschließendem Selbstmord oder Selbstanzeige äußerten. Er wurde als „bedauernswürdiger“ Mensch und seine Hinrichtung als ein „im Rahmen der Justiz begangener Mord“ gehandelt, den auch „das Verlangen des Pöbels nach Bestrafung einer so schrecklichen That [...] nicht entschuldigen“ könne. Im Jahr 1837 tauchte der Hamburger Schullehrer abermals in der Literatur auf. In dem wahrscheinlich arriviertesten rechtsmedizinischen Journal dieser Zeit wurde er in einem Artikel über Vernunft, Verbrechen und Strafe als „jener unglückliche Rüsau“ präsentiert, der in Hamburg den Tod auf dem Schafott sterben musste, „weil ihm die Tödtung seiner Kinder imputiert wurde“. Der Gemütszustand des Täters schien zu diesem Zeitpunkt absolute Priorität vor der Tat als solcher gewonnen zu haben, wenn es um die Bemessung einer möglichen Strafe ging.[33]

Vernunft, Verbrechen und Justiz in den ersten Dekaden des 19. Jahrhunderts

Johann Georg Rüsau war nicht der einzige Gewalttäter, dessen Zurechnungsfähigkeit heftig diskutiert wurde. Der Wahnsinn schien nun um sich zu greifen, und die Taten, von denen so mancher behauptete, sie seien „in Wahnsinn geschehen“, häuften sich mit Beginn des 19. Jahrhunderts deutlich. Der Hamburger Physikus Johann Jakob Rambach notierte in seiner medizinischen Beschreibung der Hansestadt eine steigende Zahl von Betroffenen, und einige Jahre darauf hieß es mahnend, „das Vorkommen dieser problematischen Geisteszustände“ sei sogar häufiger als gemeinhin angenommen, da „nur die auffallendsten durch sie erzeugten Ereignisse ins Publikum kommen“.[34]

Eines dieser Ereignisse hatte in Hamburg im Jahr 1802 der Schiffszimmermann Johann Wilhelm Köhrse ausgelöst. Er hatte, in den Worten des Gerichtes, „gänzlich ohne veranlassende Ursache“ einen achtjährigen Nachbarsjungen ergriffen und versucht, dessen Hals zu durchtrennen. Aus der Biographie Köhrses stachen ein Jahrzehnte zurückliegender Schlag auf den Kopf hervor, ein Fieberanfall in der Karibik sowie ein eminent gestiegener Alkoholkonsum und damit einhergehende finanzielle Probleme nach der Trennung von seiner Ehefrau. Der ansonsten keineswegs verrückt erscheinende Täter gab in mehreren Verhören ganz typisch für einen »Verborgen Wahnsinnigen« zu Protokoll, er sei während des letztlich gescheiterten Mordversuches „wie betäubt“ gewesen, und er könne sich kaum mehr an das erinnern, was er in diesem Moment getan oder gesprochen habe. Das Gutachten des köhrseschen »Hausarztes« besagte, „daß diese [...] schreckliche That nur von dem vollführt werden kann, der bey einem kranken Zustand seines Körpers eine falsche Richtung seiner Seelen Kräfte erlitten hat“. Anwalt, Ankläger und Gericht kamen letztlich überein, dass der Täter „bey Verübung der That nicht seiner Sinne mächtig gewesen [ist]“ und als ein der Gemeinschaft gefährliches Glied verwahrt werden müsse.[35]

Auch wenn im Fall Köhrse der offizielle Grund für dessen »Straffreiheit« sein Geisteszustand während der Tat war, so hat der Umstand, dass das Opfer des Angriffes mit dem Leben davon kam, die Entscheidung maßgeblich beeinflusst. TäterInnen, die ihre Tat vollendeten, wurden in dieser Zeit nur selten von der Todesstrafe verschont. Beispielhaft kann hier Catharina Maria Koenig angeführt werden, die ebenso wie Köhrse ohne ersichtlichen Grund ein Kind angegriffen hatte, das eben nicht mit dem Leben davonkam. Im September 1808 tötete sie die siebenjährige Tochter ihrer Wirtin, nachdem sie den Tag und die Nacht zuvor mit dem Mädchen in inniger Freundschaft verlebt hatte. Auch in diesem Fall versuchte der Verteidiger, das Gericht davon zu überzeugen, dass die Tat allein Zeichen genug für den verborgenen und temporär ausbrechenden Wahnsinn seiner Mandantin sei, obschon – oder gerade weil – niemand, der Catharina Koenig kannte, ihr ansonsten die Vernunft absprach. Es war nicht zuletzt ein negatives Gutachten des Stadt-Physicus Schultze, welches das Gericht dazu bewog, die Täterin trotz des fehlenden Tatmotives zum Tod zu verurteilen.[36]

Im Oktober 1815 erschlug Catharina Susanne Seeps ihre Schwägerin Agneta Engel. Im Verlauf der Untersuchungen wurde ein recht ausführliches ärztliches Gutachten über den Geistes- und Gemütszustand der Täterin verfasst. Auf fünf Seiten legten die Physici Carl Steitz und Andreas Heinrich dar, die etwa 60-jährige Frau sei zwar zum Zeitpunkt der Tat von Mordgedanken ganz besessen gewesen und zeige äußerst „wenig entwickelte Verstandeskräfte", sei aber keinesfalls als wahnsinnig oder nicht für ihre Tat verantwortlich einzustufen. Auch im Fall Seeps war es, wie in den meisten anderen Fällen, der Verteidiger, der die Erwägung der Unzurechnungsfähigkeit in die Justizpraxis hineintrug. Mit „dem höchsten Grad von Abgestumpftheit und Schwäche des Geistes" seiner Mandantin gehe ein „in maschinenmäßiger, sklavischer Arbeit langsam dahinschleichendes, kummervolles Leben" einher. In dem „täglichen Ringen mit einem harten Schicksale" sinke der Mensch „zur bewußtlosen Creatur, zur Maschine herab, welche mechanisch von äußern Umständen getrieben ohne eigenen Willen und ohne Bewußtseyn arbeitet". Zudem berichtete die Angeklagte, ebenso wie der Schiffszimmermann Köhrse und wie es in Tötungsfällen mittlerweile fast üblich war, von einer Art Empfindungslosigkeit und äußerem Zwang, der sie während der Tat geleitet habe. Darüber hinaus verspürte sie unmittelbar nach der Tat einen nahezu unbändigen Trieb, sich selbst als Schuldige anzugeben – Empfindungen und Handlungen, die sie als »wahnsinnig« markieren konnten. Der Verteidiger Johann Vincent Trummer hatte einen ausgefeilten, über zwanzig Seiten umfassenden Text vorgelegt, gespickt mit Verweisen auf die neuere Literatur und etablierte ältere Texte, die im Sinne der Verteidigung gelesen und in diese eingeflochten wurden. Wenn der Defensionsschrift für Catharina Seeps letztlich auch kein Erfolg beschieden war und die Frau als „heimtückische" und „kaltblütige" Mörderin zum Tod verurteilt wurde, so dokumentiert sie doch den Weg dieses Textgenres hin zur intersubjektiven Nachvollziehbarkeit und somit zum Ideal wissenschaftlich verbriefter Objektivität. Trummers Verteidigung verweist auf eine Veränderung des gerichtlichen Verfahrens in Richtung einer umfassenden und abgesicherten Betrachtung, in deren Zentrum immer deutlicher die TäterInnen und deren persönlich-individuelles Umfeld rücken sollten.[37]

Etwa zwei Jahre später meinte auch Conrad Leviens Anwalt den zeitgenössischen Gepflogenheiten entsprechend, sein Mandant sei „ganz verrückt im Kopf" gewesen, als er am Morgen des 22. Januar 1818 über den Lebensstil seiner Tochter derart in Rage geriet, dass er ihr schließlich mit einem Beil den Schädel zertrümmerte. Die Leiche der jungen Frau steckte Levien mit Hilfe eines Bekannten in einen Sack und warf sie in einen der vielen Kanäle Hamburgs. Doch dieses Vorgehen entsprach kaum dem mittlerweile deutlicher profilierten Stereotyp des manischen Gewalttäters, der an »Verborgenem Wahnsinn« litt. Levien wurde ohne allzu große Umschweife enthauptet. Etwa zur gleichen Zeit wurde der Fall des Dienstmädchens Johanna Dorothea Wulff verhandelt, die ihrem Neugeborenen den Hals mit einem Messer halb durchtrennte. Der »klassische«

Kindsmord wurde in der Regel ohnehin nicht mehr mit dem Tod bestraft, obgleich die Statuten dies noch vorsahen. Dennoch ist der Fall Wulff in dem hier verhandelten Kontext aus verschiedenen Gründen bemerkenswert. Zum einen gab sogar der Ankläger zu bedenken, dass sich die ganze Angelegenheit „in einem milderen Lichte darstelle". Zum anderen versicherte Johanna Wulff mit Nachdruck, die Tat sei einfach „über sie gekommen", und sie sei „ganz betäubt und meiner Sinne gar nicht mächtig gewesen, denn ich weiß gar nicht, was ich gedacht habe". Der Verteidiger unterstrich, dass seine Mandantin keinesfalls mit freiem Willen oder gar mit Verstand gehandelt habe. Hätte sie ansonsten das ermordete Kind am Tatort liegen lassen, wo es sofort gefunden wurde? Die Justiz verurteilte Johanna Wulff letztlich „aus gemildertem Recht" zu einer Spinnhausstrafe von 20 Jahren. 1829 wurden ihr die verbleibenden neun Jahre der Strafe erlassen.[38]

Vier Jahre nach Johanna Wulff schnitt auch Hinrich Peter Hammann seinem Kind die Kehle durch, und zwar so, dass „der Hals dermaßen vom Kragen getrennt war, daß er nur an der Rückgrats-Haut noch festhing", wie es in den Akten heißt. Nun war Hammanns Tochter aber kein Neugeborenes, sondern bereits sechs Monate alt, und er selber war ein Mann und keine Frau. Somit hatte die Tat mit dem »klassischen« Kindsmord nichts mehr gemein. Zu einer Bestrafung des 47-jährigen Mannes konnte es aber, zumindest in lebendigem Zustand, nicht mehr kommen, denn Hammann verstarb zwei Monate nach seiner Inhaftierung an einer, so die Diagnose des Pathologen, „Entzündung der Eingeweide und darauf folgender schneller Fäulniß". Ein fiskalischer Prozess wurde gegen den verstorbenen Hammann nicht mehr eröffnet. Es war jedoch noch vierzehn Tage vor seinem Tod ein medizinisches Gutachten über den Täter erstellt worden, das wie kaum ein anderes ärztliches Schriftstück dieser Zeit das Bemühen dokumentiert, Sachverstand auszustrahlen. Über zwölf eng beschriebene Seiten erstreckte sich die Expertise des Physicus Schleiden, und er bezog sich auf die einschlägige zeitgenössische Fachliteratur wie das „Dictionnaire des sciences médicales" oder Pinels „Nosographie philosophique", die erst einige Jahre später ins Deutsche übertragen werden sollte. Der Arzt untersuchte gemäß der Vorgaben der entsprechenden Lehrbücher die Lebensgeschichte, den Körper, den Geist und das Gemüt seines Studienobjektes. Er kam zu dem Ergebnis, dass durch ausschweifende Jugend und täglichen Branntweingenuss die Grundlage für eine psychische Disposition gelegt worden war, die häufig zu einer Melancholie oder Manie führte. Dass sich diese Verstimmung des Gemüts in einem Ausbruch der Gewalt artikulierte, fügte sich ebenso in das entsprechende Krankheitsbild wie die Selbstanzeige und die äußerliche Ruhe des Täters nach der Tat. Zudem hatte Hammann gegenüber Schleiden geäußert, dass „er in der Nacht den ersten besten würde ums Leben gebracht haben", wäre ihm bei seinem eigenen Kind kein Erfolg beschieden gewesen. Der Gutachter erklärte den Täter für unzurechnungsfähig. Ob das Gericht der ärztlichen Empfehlung Folge geleistet hätte, lässt sich freilich nicht mehr herausfinden. Festhalten lässt sich jedoch, dass das Verfahren sofort nach Hammanns Tod eingestellt wurde. Dass dies auch im frühen 19. Jahrhundert nicht unbedingt üblich war, zeigt die zeremonielle Bestrafung, die an dem Leichnam des Mörders und Selbstmörders Johann Cruset im Oktober 1818, also nur vier Jahre zuvor, vollzogen worden war. Crusets Körper war zunächst in die Fronerei geschafft und dann gemäß eines entsprechenden Senatsbeschlusses „auf die Karre mit der haarnen Decke gelegt, Kopf und Hals frey gelassen, mit der Escorte und Policey-Officianten nach der Gerichtsstätte begleitet und eingescharrt [worden]".[39]

Die Beispiele zeigen, wie etwa seit der Wende vom 18. zum 19. Jahrhundert auch subtilere Formen des Wahnsinns in die Geschäfte der Justiz eindrangen. Nirgendwo aber wird die Veränderung des juristischen Verfahrens nach einer tödlichen Gewalttat so deutlich dokumentiert, wie in den Verhandlungen um die Tötung des Speisemeisters im Spinnhaus, Barthold Dietrich Ludwig Keems, durch den Gefängnisinsassen Christian Mathias Pingel in den Jahren 1821/1822. Dabei schien der Fall Pingel zunächst ganz einfach zu sein. Speisemeister Keems stand in dem Ruf, die Häftlinge des Spinnhauses zu tyrannisieren. Während des Verfahrens gegen Pingel wurden Vorwürfe gegen Keems laut, er habe die Suppe verdünnt, die Gefängnisinsassen bestohlen und sie im vergangenen Winter „von Kälte beinahe umkommen lassen", wie der Angeklagte in der Hauptvernehmung bekundete. Pingel empfand den Zustand der Haft als zunehmend unerträglich, und es scheint, als ob ihm die Aussicht auf viele weitere Jahre hinter Gittern ein absolutes Greuel gewesen sei. Nach eigenem Bekunden spielte er bereits seit längerem mit dem Gedanken, sich und seine Mitgefangenen von dem „Tyrannen" Keems „zu befreien". Und wenn ihn diese Tat sein Leben kostete, so schien es ihm gleichgültig zu sein. Am 22. März 1821 gelangte Pingel schließlich in die Nähe des Speisemeisters. Als er ihn ansprach, drohte Keems, wie erwartet, mit „Koje und Prügel". „Ich ging darauf näher auf Keems zu", fuhr Pingel im Verhör fort, und „als Keems sich von [dem Mitgefangenen] Wohlthat abwendet, wußte ich den Augenblick wahr und stieß ihm das Messer, welches ich im Busen hatte, in den Leib. In diesem Augenblicke wußte ich nicht recht, ob ich ihm wirklich den Stich gegeben hatte; es war mir, als ob meine Gedanken gänzlich weg waren; ob ich etwas gesprochen weiß ich nicht; ich erinnere mich nur, daß Keems ‚Ach Gott, ach Gott' rief".[40]

Die Stunden unmittelbar nach dem Angriff verbrachte der »Attentäter« in apathischem Zustand in einer Ecke seiner Zelle. Der Konsequenzen seines Handelns schien er sich am Tag nach seiner Tat voll und ganz bewusst, und er war sie zu tragen bereit. Ungezwungen berichtete Pingel von seinem planvollen Vorgehen und mehrfach wiederholte er seine Bereitschaft, für seine Tat in den Tod zu gehen. Auch als der Speisemeister ca. 14 Tage nach dem „Stich mit dem Brodmesser in den Unterleib" starb, betonte der Angeklagte, „daß ich nun sterben muß ist gewiß, da mir wohl bekannt ist, daß ein Mörder sterben muß; und es ist mir lieber zu sterben, als mein Leben in Gefangenschaft zuzubringen".[41]

Der Fall schien zunächst eindeutig, und das erste medizinische Gutachten aus dem Mai 1821 über den körperlichen und seelischen Zustand Christian Pingels spiegelte den Routinecharakter der Angelegenheit. Das lediglich zweieinhalb Seiten umfassende Schriftstück bekundete, Pingels Betragen während der Untersuchung zeuge „von Klarheit des Verstandes“, er habe ein „vorzügliches Gedächtnis“ und sei bis auf eine Behinderung an der rechten Hand „vollkommen gesund und in ungetrübtem Besiz [sic] seiner Körper- und Verstandeskräfte“. Auch epileptische Anfälle früherer Tage seien in den letzten Jahren nicht mehr aufgetreten. Das Gutachten schloss mit der Bemerkung, dass weder im Gemüt noch in der Physis Pingels ein Grund zu finden sei, der „die Zurechnung der That von ihm abweisen könte [sic]“. Vielmehr habe ihn ein „gänzlicher Mangel moralischer Grundsätze“ seit der frühesten Jugend in eine kriminelle Karriere hineingeführt.[42]

Der Verteidiger des Angeklagten, C. Hartung, war freilich anderer Meinung. Er legte seine Sicht der Dinge in einem Schriftstück dar, das überaus bemerkenswert ist, selbst wenn man berücksichtigt, dass psychiatrische Erörterungen ohnehin ein weiteres Terrain in den Strafverfahren eingenommen hatten. Zunächst informierte Hartung den Rat der Stadt, und somit auch das oberste Gericht, dass er die Hilfe eines Mediziners suchen werde, um eine adäquate Defensionsschrift zu erstellen. Schließlich handele es sich bei dem Fall Pingel um einen „in psychologischer Hinsicht höchst merkwürdigen Fall“, in dessen Kontext „insbesondere die Zurechnung gewaltthätiger Handlungen“ problematisiert werden müsse. Der Beistand eines Spezialisten auf diesem komplexen Gebiet versichere ihn gegen den zu erwartenden Vorwurf, „dem Angeklagten Pingel Geistesverrückung andichten zu wollen“. Das erste Ergebnis seiner und des Mediziners Bemühungen wurde dem Gericht im Dezember 1821 vorgelegt. Der Text erstreckte sich über 170 Seiten, auf denen die wissenschaftlichen Erkenntnisse über den »Verborgenen Wahnsinn« umfassend dargelegt wurden.[43]

Die Verteidigung erörterte zunächst Pingels angeborene Behinderung sowie dessen Epilepsie. Dann beschrieb sie den Lebensüberdruss des Angeklagten sowie dessen „fixe Idee“, einen „Tyrannenmord“ begehen zu müssen. Zudem bekundeten Zeugen, dass Pingel sich häufig „mißmüthig“ und „tiefsinnig“ gezeigt habe, und auch dessen „Benehmen bey und nach der That [zeigt] den Mangel an Freyheit und den Anfall von Wuth, in welchem die traurige Handlung vollführt wurde“. So habe Pingel, und dies galt als eindeutiges Indiz, unmittelbar nach dem Angriff nicht gewusst, ob er tatsächlich auf den Speisemeister eingestochen hatte, und er konnte sich auch nicht mehr daran erinnern, dass er während des Angriffes angeblich „Da, Du Hund!“ gerufen hatte. Dementsprechend sei auch das offizielle medizinische Gutachten weitgehend ohne Aussagekraft, weil es die Aktenlage vernachlässigt, sich auf eine physische Untersuchung beschränkt und dabei „nicht einmal auf das physiognomische erstreckt“ habe. Mit Verweis auf die Arbeiten Ernst Platners verwarfen der Anwalt und sein medizinischer Berater die Erkenntnisse des gerichtsärztlichen Gutachtens. Derjenige, der wisse, „daß es einen versteckten Wahnsinn giebt, welcher sich weder durch äußere Merkmale, noch durch Reden und Handeln im gewöhnlichen Leben, sondern erst durch die sorgfältige, lang fortgeführte Beobachtung und auch dann oft nur mit vieler Mühe zu erkennen giebt, der wird das Unzulängliche der von den Herren Physici hierfür angestellten Untersuchungen sofort einsehen müssen und auf das darauf begründete Resultat nur wenig Gewicht zu legen geneigt seyn".[44]

Es sei in Lehrbüchern der Forensik nachzulesen, dass es Menschen gebe, deren Verhalten einen intakten Verstand und eine funktionierende Selbstkontrolle signalisierte – Menschen, die „,passende Antworten geben, sich auf alles besinnen und Ueberlegung bey der Ausübung einer gesetzwidrigen That zeigen, dennoch durch verborgenes Irreseyn der Vernunft und Freyheit beraubt sein können'", wie ein Zitat Adolph Henkes in der Verteidigungsschrift illustrierte. Durch ein genaues Studium der Zeugenaussagen sowie des verwandtschaftlichen Hintergrundes gelangte der Verteidiger schließlich zu einer Diagnose, die in den frühen 1820er Jahren keinesfalls mehr überraschen konnte, nämlich dass Pingel an einer „partiellen Manie" leide – einer Krankheit also, die sich zuweilen nur einmal im Leben eines Betroffenen in Form einer gewalttätigen Handlung artikuliere, „denn es gibt in der That versteckte Geisteskrankheiten, deren Vorhandensein sich nur durch eine Aufsehen erregende Handlung, z.B. Selbstmord oder Mord anderer an den Tag legt".[45]

Den Bemühungen des Anwaltes und seines medizinischen Beraters war zumindest ein Teilerfolg beschieden. Bei verschiedenen Ärzten wurden nun Informationen über die gesundheitliche Vorgeschichte des Angeklagten eingeholt. Pingel war in der Vergangenheit nicht nur wegen Epilepsie, sondern unter anderem auch wegen einer Geschlechtskrankheit und der Krätze behandelt worden, wegen Krankheiten also, die im zeitgenössischen Diskurs als Symptome der Unvernunft galten. Zudem forderte das Niedergericht aufgrund der tiefschürfenden Verteidigung ein weiteres medizinisches Gutachten über den Gemütszustand Pingels an. Dieses zweite Gutachten erstreckte sich auf 22 Seiten, und es betrachtete „seinen Habitus, seine Physiognomie, seine Krankheitsanlagen". Dort wurde betont, Pingels Mutter habe zwar Anzeichen der Schwermut gezeigt, während sie ihr Kind stillte, der Vater jedoch sei erst in den Jahren nach der Geburt des Jungen zu einem gemütskranken Trinker geworden. In Folge dessen sei das Erziehungsmilieu sicherlich nicht vorbildlich gewesen, eine Neigung zum Verbrechen oder zur Gemütskrankheit sei dem Angeklagten aber nicht in die Wiege gelegt worden. Auch die verschiedenen Krankheiten Pingels konnten in den Augen der Gutachter keine langfristig wirkenden Wesensveränderungen hervorgerufen haben, und von einer vorübergehenden Epilepsie während der Pubertät hieß es ohnehin, sie wirke „eher wohlthätig als nachtheilig auf den Organismus". Auch ein Blick auf Pingels Physiognomie zeige, dass er nicht den zeitgenössischen Vorstellungen eines Gemütskranken entsprach, denn sein Körper war zwar „mager, doch nicht schwächlich, die Muskeln fest, Haltung gerade, Gang rasch. Die Farbe des Gesichtes blaß, jedoch nicht gelb und kränklich. Die Augen besonders lebhaft und beweglich, die Albuginea glänzend weiß". Sein Blick habe „anfänglich etwas lauerndes [gehabt], welches sich jedoch bei fortgeschrittener Untersuchung mit dem Inquisiten verlor. Die Augenbrauen gewölbt, nicht über die Glabella zusammengezogen, wie das bei Geisteskranken oft, bei Melancholischen immer der Fall ist; auch fehlt jenes unwillkührlich charakteristische Zittern der Augenbrauen selbst. Die Gesichtszüge lebendig, jedesmal den Eindruck aufgreifend, den seine Seele zuläßt. Puls langsam, zwischen 60 und 70 Schlägen in der Minute, an beiden Händen so wie an den Carotiden den gleichen Rhytmus beobachtend, welches bei länger andauernder Gemüthskrankheit selten der Fall ist".[46]

Folglich äußerten die Gutachter Zweifel an einer möglichen Verstandes- oder Gemütsverwirrung des Angeklagten. Diese Zweifel gründeten zudem auf einer „Lebhaftigkeit [Pingels], einer Schnelle des Urtheils, die schon bei allen Verhören an ihm bemerkt wurde" und die er auch während der Untersuchungen an den Tag gelegt habe. Darüber hinaus sei Ernst Platners Definition der „amentia occulta" ohnehin mehr als skeptisch zu beurteilen, denn „es versteht sich, daß Seelen-Krankheiten länger als bloß vorübergehende Affekte dauern müssen". Als gerichtsmedizinische Sachverständige fühlten sich die Gutachter Dr. Schleiden und Dr. Fricke „verpflichtet, [...] nur die langfristig beobachtbaren Hauptformen der Gemüthskrankheiten zu berücksichtigen, und wo möglich, die zu untersuchenden Fälle auf sie zurückzuführen". Sie kamen zu dem Schluss, „daß Angeklagter Christian Matthias Pingel als seines Verstandes mächtig, und in Beziehung seiner Handlung als zurechnungsfähig zu betrachten sey".[47]

Der Ball war zurückgespielt, der Verteidiger durfte aufgrund der veränderten Aktenlage eine weitere Defensionsschrift verfassen. Dort beharrte er zunächst auf einer familiären Anlage zur Schwermütigkeit. Er verwies explizit auf Arbeiten Johann Spurzheims und Johann Christian Reils und betonte, dass insbesondere in Verbindung mit einer unzureichenden Erziehung, wie sie im Fall Pingel zweifelsfrei dokumentiert war, „die vom Vater ererbte Disposition auch um so mehr gesteigert werden mußte. [...Und] daß Gemüthskrankheiten der Mutter auch auf die Frucht einwirken, ist eine bekannte Erfahrung". Auch die epileptischen Anfälle, die bis vor wenigen Jahren noch außergewöhnlich heftig gewesen seien, deutete der Verteidiger weiterhin als Zeichen einer problematischen Persönlichkeit seines Mandanten. Das Schwergewicht der Verteidigungsschrift lag jedoch auf einem fundierten, abermals auf der neuesten Literatur beruhenden Appell an Medizin und Rechtskunde, ihr Selbstverständnis zu überdenken. Hartung betonte in Anlehnung an Adolph Henke und mit explizitem Bezug auf den auch in Deutschland einflussreichen Engländer Alexander Crichton, dass die Medizin nicht als eine Disziplin erachtet werden dürfe, die in ihrem Erkenntnisstand abgeschlossen ist. Man müsse sich der brüchigen Grenzen medizinischen Wissens immer gewahr bleiben und als Vertreter einer aufgeklärten Wissenschaft und Justiz danach streben, diese Grenzen zu verschieben. Nicht jede Krankheit, ob psychisch oder somatisch, sei offensichtlich, was er mit einem Zitat aus der neuesten Literatur unterstrich: „„Es giebt viele Geisteskranke, die als solche nicht leicht erkannt werden. Diese Kranken können das Bild einer unverlezten Gesundheit an sich tragen, bis die Zukunft in der That es lehrt, daß sie, die so gesund bisher erschienen, an der jetzt erst entdeckten Seelenstörung schon früher litten. [...] So giebt es dann auch in der That versteckte Geisteskrankheiten, deren Vorhandenseyn sich nur durch eine Aufsehen erregende Handlung, z.B. Selbstmord, Mord anderer, an den

Tag legt, so wie es körperliche Krankheiten giebt, deren Vorhandengewesenseyn wir nur durch die Art des Sterbens selbst erkennen'".[48]

Hartung betonte, es sei letztlich gleichgültig, um welche Form einer „versteckten Geisteskrankheit" es sich genau handele. Im Kriminalfall müsse bloß gezeigt werden, „daß der Täter zur Zeit der unerlaubten, gewaltthätigen Handlung sich ohne seine Schuld in einem unfreyen Zustande befunden habe" – und dafür gebe es im Fall Pingel mehr Indizien als notwendig. Da war sein Streben zum Märtyrertum, sein Hang zur Selbstaufgabe und vor allem die Form der Äußerung, die diese nur schwerlich voneinander trennbaren Neigungen angenommen hatten. Somit wurde Pingel in der Darstellung seines Verteidigers zum »Verborgen Wahnsinnigen« par excellence. Um seine Position zu stärken, zitierte Hartung die mittlerweile als »klassisch« zu bezeichnenden Passage aus dem Text Ernst Platners, nämlich dass „,jener Gemüthszustand, wo das Licht der Vernunft abgeht'", weit verbreitet sei. Und ohne das rechte Maß an Vernunft sei „,das Erkenntnisvermögen blind, der Wille geräth auf Abwege. – Versteckter Wahnsinn, amentia occulta, ist ein solcher Gemüthszustand, durch dessen Regungen der Wille zu einer gewaltsamen Handlung angeregt wird als sey sie ein Mittel zur Befreyung und Erleichterung von ihrem Druck'".[49]

Es braucht kaum mehr erwähnt zu werden, dass der Anwalt auf die Unzurechnungsfähigkeit seines Mandanten plädierte. Alternativ verlangte er, „ein den Regeln der Kunst angemessenes Gutachten" bei einer auswärtigen medizinischen Fakultät einzuholen. Beide Forderungen wiesen die Hamburger Gerichte jedoch zurück, da sie deren Begründung als unzureichend erachteten. Einige der vorgebrachten Milderungsgründe wurden allerdings anerkannt, und Christian Mathias Pingel wurde im Oktober 1822 vom Niedergericht »nur« zum Tod durch das Schwert verurteilt. Am 11. Dezember bestätigte der Rat das Urteil, und Pingel wurde am 16. Dezember enthauptet. Es sollte der letzte Vollzug eines Todesurteils für 34 Jahre und die letzte öffentliche Hinrichtung in Hamburg überhaupt sein.[50]

Die weitere Verbreitung wahnsinniger GewalttäterInnen und die Mordmonomanie

Wie Johann Georg Rüsau sollte auch Christian Mathias Pingel Spuren in der zeitgenössischen Literatur hinterlassen. Drei Jahre nach seinem Tod tauchte er in den „Criminalistischen Beiträgen" wieder auf, die unter anderem von dem Hamburger Rats- und Obergerichtsmitglied Martin Hieronymus Hudtwalcker herausgegeben wurden und sich in Fachkreisen großen Lobes erfreuten. Hudtwalcker und dem Mitherausgeber Carl Trummer erschien Pingels Fall in Hinblick auf die „in ihrer legislatorischen Bedeutung fast nur problematische Lehre von dem verborgenen Wahnsinn merkwürdig". Sie beschrieben das Verfahren gegen Pingel en Detail, eingebettet in eine mehrseitige Skizze der medizinischen

Erörterungen von Platner bis Henke und ihrer bis zu diesem Zeitpunkt immer noch dürftigen Rezeption in rechtswissenschaftlichen Lehrbüchern. Die Darlegungen zum pingelschen Fall in den „Criminalistischen Beiträgen" sollten nicht unbemerkt bleiben. Der Hamburger Spinnhausmörder wanderte über eine weitere Erwähnung in der strafrechtlichen in die medizinische Literatur über (Un)Vernunft, Verbrechen und Strafe, und es hieß noch über zehn Jahre später in der „Zeitschrift für Staatsarzneikunde", dessen Geschichte sei in diesem Feld von großem Interesse. Der Verfasser des Artikels tat über das Vorgehen der Justiz im Fall Pingel ebenso wie über das Verfahren im Fall Rüsau seine Missbilligung kund, die er sich wissenschaftlich zu begründen bemühte.[51]

Allerorten waren seit den frühen 1820er Jahren Mörderinnen und Mörder aufgetaucht, deren Gewaltbereitschaft und Gewalttat auf ein krankes Gemüt oder einen verwirrten Verstand hinzuweisen schienen und wo „selbst schon in der Art des Mordes die hinreichende Indikation von der blinden Wuth des Verbrechers" lag. Derlei Fälle wurden in der medizinischen wie rechtswissenschaftlichen Fachliteratur ausführlich beschrieben. Auch die Zahl der gerichtsmedizinischen Gutachten hatte sich vervielfacht, und häufig wurden diese Gutachten in Fachjournalen abgedruckt. Einer der Missetäter, die von „blinder Wuth" gesteuert schienen, war zum Beispiel Marcus F., der im August des Jahres 1824 seine Mutter offensichtlich in einem Anfall von Wahn mit einer Krücke erschlagen hatte und für unzurechnungsfähig erklärt wurde. Eine andere war Auguste Strohmin, eine bis dahin unauffällige junge Frau in Kirchheim unter Teck, die von der „unseeligsten Gemüthsverwirrung" getrieben eine gute Freundin mit Beil und Messer zerstückelte, als diese nach einem sonntäglichen Vormittagskaffee mit Branntwein ihren Rausch ausschlief. Danach packte die junge Frau die notwendigsten Dinge zusammen und übergab sich der Polizei. Des weiteren war da beispielsweise die als kinderlieb bekannte Henriette Cornier, die am 4. November 1825 plötzlich und offensichtlich ohne Grund einem Mädchen den Kopf abschnitt und diesen aus dem Fenster warf. Der Fall erregte großes Aufsehen und wurde international rezipiert. Da war auch Caspar Roth, ein junger Mann mit einem „unglücklichen Hang zur Philosophie", der seinen jüngeren Bruder Remigius in die Onanie eingeführt hatte und ihn nun erschlug, um dessen Seele zu retten. Und da war Johann Christian Woyzeck, der nicht zuletzt durch Georg Büchners Adaption zu posthumer Berühmtheit gelangt ist. Woyzeck starb im August des Jahres 1824 den Tod durch das Schwert, nachdem sich die Erwägungen über seinen Gemütszustand über drei Jahre hingezogen hatten. Dabei schien sich der Fall zunächst um einen simplen Mord aus Eifersucht auf dem Grund der sozialen Pyramide zu drehen.[52]

Die Unvernunft hatte eine veränderte Qualität angenommen. Physische Gewalttätigkeit hatte sich mittlerweile „nicht bloß [als] Symptom, sondern Wesen der Krankheit" profiliert, da „die Natur des Wahnsinns in der Mordthat selbst liegt", wie der Hamburger Gelehrte Johann Grohmann formulierte. Folglich war höchste Vor- und Umsicht bei der Diagnose geboten. Die Mahnung, vor der Diagnose eines Wahnsinns ganz genau hinzusehen, war seit den ersten Tagen einer psychiatrisch orientierten Forensik immer wieder ausgesprochen worden, doch nun wurde sie immer häufiger und immer deutlicher formuliert. Schließlich galt es, die Funktionsfähigkeit der Justiz zu bewahren, wie bereits Feuerbach und andere am Anfang des Jahrhunderts angemahnt hatten. Dies bedingte, nicht für „*jedes* Verbrechen einen besonderen Trieb oder einen instinktartigen Zwang, eine Nothwendigkeit des Handelns anzunehmen", wie es unter anderem im Kontext des Falles Woyzeck hieß. Auf der einen Seite offenbart die Äußerung des Gutachters Johann Clarus eine gewisse Skepsis gegenüber der psychiatrischen Forensik, auf der anderen Seite verdeutlicht sie aber auch deren veränderten Status innerhalb der Justiz. Sie zeigt ebenso wie die zahllosen Fallbeispiele, inwieweit die Fragen über die Verstandeskontrolle von Gewalttätern und Gewalttäterinnen sich nicht nur in Medizin und Rechtswissenschaften etabliert hatten, sondern auch in die Justizpraxis eingezogen waren. Schließlich war der Komplex »(Un)Vernunft-Gewalt-Strafe« untrennbar an das Selbstverständnis der aufgeklärten, bürgerlichen Kultur gebunden, denn individuelle wie kollektive Vernunft wurden gebetsmühlenartig als Grundfesten des modernen, bürgerlichen Staates zitiert. Auf der Basis der Vernunft musste Recht gesprochen werden. Somit wurden die Grenzen der staatlichen Handlungsbefugnis durch ein menschliches Individuum markiert, das dem Maßstab der Vernunft entsprechend funktionierte. „Die Handlung oder das im Wahnsinn begangene Verbrechen" lag nicht mehr innerhalb der Sphäre des staatlichen Gewaltmonopolisten, weil es „nicht mehr Handlung des mit Bewußtseyn und nach Vernunftzwecken handelnden Wesens [war]". Sie entsprach vielmehr der eines „rasenden Hundes, der mitten in Dörfer oder Städte dringt, um seine Wuth auszulassen". Strafe aber, so betonte unter anderem der Strafrechtler Eduard Henke, ein Bruder des Mediziniers Adolph Henke, in seinem „Handbuch des Criminalrechts" aus dem Jahr 1823, kann „nur für das vernünftige Bewußtseyn im Menschen, wodurch sie als rechtliche Folge an das vorausgegangene Verbrechen geknüpft wird, Bedeutung haben, und da sie nur von dem freien Willen des Bestraften ihre Wirksamkeit entlehnen kann, so muß die objectiv auf die Verletzung des Rechts gerichtete Handlung, wenn sie mit Strafe belegt werden soll, aus der Freiheit des Handelnden abgeleitet, d.h. ihm zugerechnet werden können". Die Zurechnung, fuhr Henke fort, enthalte „im engeren und eigentlichen Sinne das Urtheil, daß eine bestimmte That in der Freiheit ihres Urhebers ihre Ursache habe. Willensfreiheit demnach ist Bedingung der Zurechnung einer Handlung, und somit ihrer Bestrafung".[53]

Kriminalgesetzgebung und Strafgerichtsbarkeit galten als Indizien kultureller Entwicklung, als Maß für Bildung und Humanität. Zwischen einer „echten" und einer „falschen Humanität" galt es jedoch zu differenzieren, und eben nicht „wahre Verbrechen [...] mit Hingerissenseyn zur Leidenschaft, mit dem Vorwand heftiger Antriebe" zu entschuldigen, wie immer wieder betont wurde. Die genaue, sachliche Untersuchung der individuellen Disposition des Täters oder der Täterin war demzufolge gefordert, denn, wie der Mediziner Franz Amelung konstatierte, „wie leicht kann hier ein Unschuldiger, ein Kranker verurtheilt werden, wie leicht findet auf der anderen Seite der Verbrecher hier eine Brücke, worauf er dem Abgrund entgehen kann". Da es aber in den ausgehenden 1820er Jahren als gesicherte Erkenntnis galt, dass es „ein weit größeres Heer von Krankheiten [gibt], die im Dunkeln schleichen, die weniger die äußern sichtbaren Krankheitsformen, als die innern wuchernden Uebel sind", war die Bestimmung der Zurechnungsfähigkeit ein zunehmend schwieriges Unterfangen.[54]

Insgesamt hatte sich seit der Jahrhundertwende aber die psychiatrische Forensik im Justizapparat etablieren können, und es war nur noch äußerst selten der Einwand zu vernehmen, dass „die Strafrechtspflege von dieser hemmenden, lähmenden Fessel der ärztlichen Begutachtung [...] ganz befreit werden müsse". Die Zurechnung war nun auch in juristischen Fachorganen definitiv als ein Hauptaspekt von Strafrechtstheorie und -praxis anerkannt. Im Gleichzug hatte sich die medizinische Teilhabe am Strafverfahren intensiviert. In der Hansestadt Hamburg war die gewichtige Rolle der Physici innerhalb des Verfahrens mittlerweile deutlicher kodifiziert. Gemäß der neuen Medizinalordnung des Jahres 1818 hatten sie das Recht und die Pflicht, die Verhörprotokolle einzusehen und die Angeklagten mehrfach zu befragen und zu beobachten. Den Ärzten war zudem die Befugnis erteilt worden, im Rahmen ihrer Gutachtertätigkeit weitere Befragungen von Zeuginnen und Zeugen zu erbitten. Später wurden sie zudem angehalten, den Hausarzt des Gemütskranken bei der Begutachtung hinzuzuziehen. 1833 wurde erstmals eine Prüfungsverordnung für die Physikatsanwärter erlassen. Nach Beschluss des Gesundheitsrates waren die Bewerber gehalten, zwei fiktive Gutachten zu erstellen, und eines der beiden musste über eine „in zweifelhaftem Gemütszustand erfolgte Erstechung" urteilen. Eine differenziertere Auflistung zweifelhafter Gemütszustände innerhalb des Strafgesetzbuches, wie sie z.B. in den Königreichen Bayern, Hannover oder Sachsen formuliert worden war, hatte es in Hamburg nicht gegeben.[55]

Die Verfestigung des Wahnsinns in der Justiz manifestierte sich schließlich in Form einer neuen Krankheit, der sogenannten »Mordmonomanie«. Zwei Gutachten des Erlanger Landgerichtsarztes Johann Küttlinger, die in der „Zeitschrift für Staatsarzneikunde" publiziert wurden, signalisieren die Etablierung einer fixierten Kategorie. Ende der 1820er Jahre hatte Küttlinger in einer Fallbeschreibung noch unscharf von „verborgener Manie", „partiellem Wahnsinn" und „unzähmbarer Mordlust" des Betrachtungsobjektes gesprochen. Nur wenige Jahre darauf beschrieb er einen ähnlichen Fall „eines wackern und unbescholtenen Mannes", der seinem geliebten Sohn die Kehle durchgeschnitten hatte. Die Tat nannte er ohne jeden Zweifel die Folge einer »Mordmonomanie«. Die „monomanie homicide" war im Jahr 1827 von dem Pinel-Schüler Dominique Esquirol als eigenständige Kategorie gefasst worden. 1831 war seine Arbeit als „Esquirol's Beobachtungen über Mord-Monomanie" in deutscher Übersetzung erschienen. Da die Mediziner auch unter dem Ruf litten, „den Verbrecher, unter dem Vorwande der Krankheit, der Strafe [...] entziehen [zu wollen]", kam ihnen die Kategorisierung und wissenschaftliche Etablierung eines derart schwierig zu fixierenden Krankheitsbildes gerade recht.[56]

Als »Monomanie« wurde eine die Zurechnung aufhebende Störung des Kranken in nur einer Beziehung bezeichnet, die sich jedoch eher auf die Kontrolle des Willens denn des Geistes oder Gemüts bezog. Unter den ohnehin schwierig zu diagnostizierenden Monomanien war die „monomanie homicide" wiederum ein außergewöhnlich komplizierter Fall. Die Betroffenen zeigten zunächst, wie schon bei Platner und Henke unter dem Stichwort »Verborgener Wahnsinn« beschrieben, keine „krankhafte Erscheinung des Geistes" und offenbarten plötzlich und zumeist ohne Vorwarnung bei offensichtlich guter Gesundheit, dass sie von einem Drang zu töten besessen waren. Der deutsche Übersetzer des Esquirol-Textes, Mathias Bluff, verwies am Ende eines Beitrages in der „Zeitschrift für Staatsarzneikunde" nochmals auf die Worte Adolph Henkes, um das Bild der Krankheit zu konturieren und dessen strafrechtliche Relevanz zu unterstreichen. So wie der „rasende Hund" Johann Grohmanns entsprach der „Maniacus" im Augenblick seiner Tat einem „reissenden Thier". Hatte es im Fall Rüsau im Jahr 1803 geheißen, solch eine Kreatur müsse getötet werden, so standen diese Menschen in (vorübergehend) animalischem Gewand nun gänzlich außerhalb der vernünftigen menschlichen Gesellschaft und ihrer Rechtsordnung. „‚Mag er kurz vorher oder nachher zur richtigen Empfindung und zum Bewußtseyn seines unglücklichen Zustandes gelangen'", zitierte Bluff Henke, „‚im Anfall selbst ist jede Fähigkeit des Widerstandes erloschen und er vollbringt die That automatisch, oder wie ein reissendes Thier, wozu der innere Drang ihn treibt'".[57]

Nahezu sofort etablierte sich die Mordmonomanie in den einschlägigen forensischen Lehrbüchern. Johann Baptist Friedreich, ein äußerst prominenter Gerichtsmediziner der 1830er und 1840er Jahre, widmete ihr in seinem 1835 erstmals publizierten „Systematischen Handbuch der gerichtlichen Psychologie" zahlreiche Seiten. Friedreich kann als treibender Vertreter einer Forensik bezeichnet werden, die sich zwar in der Medizin verortete, aber gleichermaßen in den Rechtswissenschaften gehört wurde. Als kompetenter Fachmann publizierte er in juristischen Organen, und er focht vehement für eine erweiterte medizinische Entscheidungsbefugnis innerhalb des strafrechtlichen Verfahrens. Friedreichs Kompendium war auch unter Juristen hochgelobt, schnell vergriffen und erschien bereits im Jahr 1842 in der zweiten Auflage. In den Augen Friedreichs lag der Zweck der Gerichtsmedizin in der Objektivierung der Rechtsprechung. Die Forensik betrachtete er als eine durch das aufgeklärte Rechtsbedürfnis erzeugte, mit der kulturellen Entwicklung des 19. Jahrhunderts verschmolzene Wissenschaft, welche die Ablösung der Menschen vom Aberglauben dokumentierte. Ohne psychiatrische und anthropologische Kenntnisse drohten Gesetzgebung und Rechtspflege zu „elender Barbarei" zurückzuführen, und weder Gerichtsärzte noch Juristen würden ihre Aufgaben „mit Ernst und Wahrheit" erfüllen können. In den Augen Friedreichs lag der Fokus der psychiatrischen Forensik, der Rechtspflege und somit der aufgeklärten Kultur auf dem Menschen als vernünftigem Individuum, und die zentrale Frage im Feld »Vernunft-Verbrechen-Strafe« lautete, ob „das Individuum zur Zeit der begangenen

That in einem freien, ungebundenen Seelenzustande war, es Herr seines Willens war". Ganz im Gegensatz zu einem „ungebundenen Seelenzustande" sei die Mordmonomanie „charakterisiert durch einen mehr oder minder heftigen Trieb zum Morden". Über zehn Seiten seines Buches hinweg führte er zahlreiche Fallbeispiele auf, um zu untermauern, dass „die Idee zu tödten bei ihnen eine ausschließliche Idee ist, von der sie sich nicht befreien können, eben so wie die Verrückten sich der Ideen, die sie beherrschen, nie entschlagen können". Der Mordmonomaniker habe in der Regel kein Ziel, wenn er tötet, und „er weiß nichts anders, als einen Trieb, der ihn zur Handlung bestimmte, anzugeben". Wenn solche Täterinnen oder Täter ganz im Stil der »Verborgen Wahnsinnigen« Ernst Platners zuweilen doch den Schein eines zielgerichteten und somit zumindest partiell vernünftigen Handelns erweckten, dann sei eben das Ziel von Abgründigkeit und Widersinnigkeit geprägt. Zur Bezeichnung eines solchen Krankheitsbildes wurde gar der Begriff „räsonierende Mordmonomanie" kreiert.[58]

Wie ich dargelegt habe, war Friedreich keineswegs ein vereinzelter Streiter für eine im Justizbetrieb verankerte Seelenkunde. Zu erwähnen wäre beispielsweise auch Adolph Henke, der dem Umfeld der Mordmonomanie ein umfassendes Kapitel seiner „Abhandlungen aus dem Gebiete der gerichtlichen Medicin" widmete. Henkes Wort galt ebenso wie Friedreichs sowohl in der Medizin als auch in den Rechtswissenschaften und der Justizpraxis. Unter anderem erstellte er im Auftrag des bayerischen Staatsministeriums des Inneren ein Gutachten über die Bestimmungen zur Zurechnungsfähigkeit, das in den Gesetzgebungsprozess eingehen sollte.[59]

Periodischer und verborgener Wahnsinn sowie die Mordmonomanie galten, wie es im Jahr 1846 hieß, als „so fest in der Erfahrung begründet, daß es keines weiteren Beweises bedarf; [...] die Journale über Staatsarzneikunst wimmeln von Beispielen". Freilich waren auch Warnungen zu vernehmen, man dürfe die Manien nicht zu einem Dogma erheben. Sogar von einer „leichtfertigen Pseudomonomanieenmanie" war die Rede, und eine künstliche Erzeugung „Scheinseelenkranker" wurde moniert, die nicht zuletzt die Glaubwürdigkeit ärztlicher Gutachten unterwandere. Doch selbst die kritisch-mahnenden Worte sind Indiz für die Präsenz der Manien. Selbst einflussreiche Rechtswissenschaftler wie Carl Joseph Mittermaier, die einer psychiatrischen Forensik zunächst skeptisch gegenübergestanden hatten, bezeichneten die Erkenntnisse einer ausgefeilten Gerichtsmedizin schließlich als unverzichtbar für das Strafrecht. Mittermaier schrieb im Jahr 1845 im „Archiv des Criminalrechts" gar, „man zittert, wenn man sich vorstellt, daß [...] die Zeugnisse der Wissenschaft [im Verfahren] nur als accessorisch betrachtet" würden. Als weiteres prominentes Beispiel kann Paul Johann Anselm von Feuerbach angeführt werden. Im Jahr 1825 überarbeitete er sein 1801 erstmals erschienenes Lehrbuch in Hinblick auf die „Lehre von der Zurechnung" völlig neu. Dennoch äußerte er sich zu dieser Zeit noch zurückhaltend über die „mania occulta", da sie, wie bereits erwähnt, in den Augen Feuerbachs „consequent weiterverfolgt, aller Criminaljustiz ein Ende machen würde". Weitere 22 Jahre und fünf Auflagen später plädierte Feuerbach für eine umfassende Anerkennung des »Verborgenen Wahnsinns« als die Zurechnung aufhebende Krankheit.[60]

Generell lässt sich festhalten, dass das vorübergehende Bemühen um eine noch detailliertere Klassifikation (das sich u.a. in Heinroths „Synoptischer Tabelle" des Jahres 1818 ausdrückte) an der Komplexität eines sich ständig in Bewegung befindenden Feldes scheiterte. Aufgrund eines weiterhin fehlenden allgemeingültigen psychiatrischen Ordnungsschemas setzte sich in den Rechtswissenschaften und der Strafgesetzgebung bis zu den 1850er Jahren die Praxis durch, die vagen Formulierungen in Hinblick auf Gemüts-, Verstandes- und Seelenstörungen beizubehalten. Die Zurechnung einschränkende oder gar aufhebende Faktoren wurden zumeist »lediglich« unter Oberbegriffe gefasst und die Bestimmung eines eventuell vorhandenen Krankheitsbildes explizit in die Hände von Fachgutachtern gelegt. Diese sollten, so der überregionale Trend, im Rahmen eines Gerichtsverfahrens noch ausführlicher als bislang Stellung nehmen. Die Mediziner forderten in der Mitte des 19. Jahrhunderts deutlicher als je zuvor, ihren Gutachten den Status einer gerichtlichen Entscheidung zuzuerkennen – eine Forderung, die zwar von der Justiz zurückgewiesen wurde, aber das Selbstbewusstsein und den Status der psychiatrischen Forensik dokumentiert. Das Bild einer weitgehend etablierten Psychiatrie wird abgerundet durch die Gründung der ersten dauerhaft existierenden psychiatrischen Fachzeitschrift im Jahr 1844, der „Allgemeinen Zeitschrift für Psychiatrie und psychisch-gerichtliche Medicin".[61]

Zurechnungsfähigkeit und Todesstrafe in Hamburg nach dem Fall Pingel

Auch die Hamburger Justiz operierte innerhalb des veränderten Wissens um Verstandes- und Willenskontrolle, Zurechnung und Strafe. Carl August Schlüter, Ratsherr und Mitglied des Obergerichtes, betonte im Jahr 1851, vormals sei die Frage nach dem Gemüts- und Geisteszustand der TäterInnen in den Gerichten kaum gestellt worden, und „wer nicht ganz tobsüchtig, oder so verrückt war, daß man kein verständiges Wort mit ihm reden konnte, der war zurechnungsfähig, und wurde mit voller Strafe belegt". In den letzten Jahrzehnten aber seien, so Schlüter, die von „barbarischer Grausamkeit" geprägten „Ausgeburten des Aberglaubens" zwar noch nicht von einem neuen Rechtskodex verdrängt worden, aber es habe sich doch infolge der „Theorie der neueren Zeit" eine veränderte Rechtspraxis herausgebildet. Schlüter pries die Leistungen der forensischen Psychiatrie, denn „zur Ehre der Wissenschaft und zum Nutzen der Humanität ward die Mannigfaltigkeit und geheimnisvolle Natur der Geistes-Störungen erörtert, und die wunderbaren Nüancen der Krankheiten eines zerrütteten, aber äußerlich [...] nicht als alterirt erkennbaren Gemüths ans Licht gezogen. Platner, Hencke, Esquirol und Andere erwarben sich das Verdienst, der tieferen Psychologie den Eingang in die Hallen der Criminal-Justiz eröffnet zu haben".[62]

Als Schlüter diese Zeilen schrieb, war in Hamburg seit nahezu drei Jahrzehnten keine Exekution mehr vollstreckt worden. Das Niedergericht hatte in diesem Zeitraum zwar Todesurteile ausgesprochen, die aber sämtlich in der zweiten Instanz abgeändert wurden. Häufig hatten Mediziner und deren Gutachten und Erwägungen über die Zurechnungsfähigkeit des Täters oder der Täterin eine tragende Rolle gespielt.[63]

Beispielsweise bestätigte das Obergericht im Jahr 1824, dass der über 80-jährige, trunksüchtige, „jähzornige" und „böswillige" Meinert Fischer seinen Halbbruder Ernst Lieders „im Affekt" erstochen habe. Fischer wurde nicht zum Tode verurteilt, wie der Ankläger gefordert hatte, sondern zu lebenslangem Aufenthalt im Werk- und Armenhaus.[64]

Im Jahr 1828 tötete der 28-jährige Aries de Jongh die 72-jährige Catharina Lange. Drei ärztliche Gutachten wurden im Verlauf des Verfahrens angefordert. Der familiäre Hintergrund des Angeklagten ließ eine Geistesverwirrung wahrscheinlich erscheinen. Zudem meinte Physicus Schleiden, de Jongh sei in einem religiösen Wahnsinn gefangen, da er behauptete, Gott habe ihm die Tötung der Witwe Lange befohlen. Ein weiteres Gutachten verkündete im Sinne Platners, Henkes, Esquirols und Friedreichs, „die Tötung [sei] in völliger Unfreiheit, in einem Wuthanfalle (Furor) [...] und einem Wahnsinn mit starker Willensäußerung [...] ausgeführt worden". Schon die Statur, die blasse, aber schnell wechselnde Gesichtsfarbe, die tiefliegenden Augen sowie das Mienenspiel, mithin die gesamte Physiognomie de Jonghs deute, so die Ärzte, auf eine solche Disposition hin.[65]

Im darauf folgenden Jahr erschoss der Engländer Francis Whitehead Warre seine Geliebte Hannchen Meyer mit einer Pistole. Danach versuchte er vergeblich, sich selbst mit einem Rasiermesser zu töten. Einem ersten ärztlichen Gutachten vom Februar 1829 war zu entnehmen, dass Warre als gesund an Gemüt und Verstand zu erachten sei. In einem bald darauf verfassten Krankenhausbericht hieß es, der Patient habe einen akuten Anfall der „Manie" erlitten – eine Diagnose, die durch die Vergangenheit Warres bestätigt zu werden schien. Warre war wegen „Manie" bereits in verschiedenen „lunatic asylums" in England untergebracht gewesen. In einem wiederholten Gutachten der Physici Schleiden und Ebeling aus dem Juni 1829 stand zu lesen, Warre habe eine von seinem Vater ererbte Anlage zur Gemütskrankheit, die nicht zuletzt in dem wiederholt artikulierten Bedürfnis, sich selber zu töten, ihren Ausdruck finde. Auch Francis Warre wurde für nicht zurechnungsfähig erklärt und später nach England überwiesen.[66]

Über den „körperlichen und geistigen Zustand" Johann Gottlieb Elsässers, der seinen Wirt Johann Jürgen Brandt am 27. September 1830 in dessen eigener Wohnung hinterrücks erstochen hatte, forderte der Rat ebenfalls einen medizinischen Bericht an. Da Elsässer bis zum Zeitpunkt der Tat ein unauffälliges Leben geführt hatte und einen unbescholtenen Ruf genoss, bat der Rat den Arzt explizit zu ergründen, wie Elsässers „Zustand zur Zeit der That wahrscheinlich gewesen" sei. Dr. Schleiden glaubte ermitteln zu können, dass sich der Beschuldigte zum Zeitpunkt der Tat in einem alkoholbedingten Zustand der „Gebundenheit" befunden habe, der Entschluss zum Mord aber bereits vor der Alkoholisierung gefallen sei. Der Anwalt des Angeklagten berief sich vor allem auf Texte Platners und Hoffbauers und fokussierte trotz des nicht ganz eindeutigen medizinischen Gutachtens auf die Trunkenheit seines Klienten zum Tatzeitpunkt. Da mehrere Zeugen bestätigen, dass der Angeklagte am Abend zuvor wie auch an dem betreffenden Morgen „eine ziemlich große Quantität hitziger Getränke" zu sich genommen hatte, offensichtlich volltrunken war und sich – ein untrüglicher Beweis – unmittelbar nach seiner Verhaftung auf der Wache am Großneumarkt übergeben musste, folgte das Gericht der Argumentation des Verteidigers. Elsässer wurde aufgrund „getrübten Bewußtseins" zum Tatzeitpunkt zu 15 Jahren Haft „mit seinen Kräften angemessener Arbeit" verurteilt. Am 25. August 1841 wurde er unter der Vorgabe begnadigt, sofort in seinen Heimatort Münster überzusiedeln.[67]

Im Fall des Hieronymus Anton Georg Wiemann war es das Alter von erst 16 Jahren, das herangezogen wurde, ihn der Verantwortung für den Raubmord an seinem 46-jährigen Lehrmeister Friedrich Christian Stallbohm zu entheben. Folgt man den Hamburger Statuten, so belief sich das strafmindernde Alter eigentlich auf 14 Jahre. Wiemann hatte Stallbohm, der gemäß der Akten ein „unglückliches, verkrüppeltes Geschöpf" mit einer „leidenschaftlichen, unnatürlichen und lasterhaften Begierde" war, in ihrer „gemeinschaftlichen, an der Reeperbahn gelegenen Wohnung" die Küchentreppe hinunter gestoßen. Danach stach er mit mehreren, eigens herbeigeholten Messern wiederholt auf den wehrlosen Mann ein, „wobei der Kehlkopf, die Speiseröhre und ein Gurgel-Blutgefäß des Halses durchgeschnitten worden". Wiemann verließ den Tatort, kehrte zurück, stach nochmals auf Stallbohm ein und nahm einige Gegenstände an sich, die der Getötete ihm angeblich geschenkt hatte. Letztlich wurde Hieronymus Wiemann aufgrund seiner Jugend und der „unzüchtigen Schändlichkeiten, zu welchen ihn der Ermordete verführt und noch in der Nacht vor seinem Tode gemißbraucht haben soll", im Juni 1837 zu der gemilderten Strafe von 18 Jahren Spinnhaus verurteilt. Nach zehn Jahren wurde er begnadigt und wanderte, wie vom Rat gefordert, nach Amerika aus.[68]

Im Februar 1835 schlug Johann Samuel Thomaschewsky der Witwe Anna Catharina Flöge mit einem Hammer auf den Hinterkopf. Als die Frau am Boden lag, schlug er ein zweites Mal zu, würgte und beraubte sie. Anna Flöge starb erst 26 Tage nach der Tat im Krankenhaus, doch die Obduktion, ein gerichtsmedizinisches Gutachten und eine Stellungnahme der Universität zu Berlin kamen weitgehend übereinstimmend zu dem Schluss, „daß die von dem Inquisiten Thomaschewsky der Wwe. Flöge beigebrachten Wunden [...] in dem vorliegenden Falle als die alleinige Ursache des erfolgten Todes anzusehen sind". Während der Hauptvernehmung wurde der Beschuldigte gefragt, ob er gewusst habe, „daß ein Mensch von einem Schlage mit einem solchen Hammer auf den Kopf sterben könne". Seine Antwortet lautete: „Ich habe es geglaubt". Auf die Nachfrage, was seine Absicht gewesen sei, „als er die Flöge mit dem Hammer auf den Kopf schlug", antwortete Thomaschewsky, dass er „sie todtschlagen wollte". Der Einwand des Anwaltes, sein Mandant habe an einem Wahn gelitten, der „gänzliche Geistesabwesenheit" zur Folge haben könne, war in Anbetracht dieser Aktenlage wenig erfolgversprechend. Er verdeutlicht aber, wie sehr die Frage nach dem Verstandes- und Gemütszustand des Täters nun zum Standardrepertoire eines Strafverfahrens gehörte. Bestätigt wird diese Lesart auch durch die bloße Existenz zweier vom Gericht in Auftrag gegebener medizinischer Gutachten, die daraufhin über den Angeklagten erstellt wurden – und dies bei einer Sachlage, die noch etwa fünfzehn Jahre zuvor als mehr denn eindeutig gegolten und nur ein Todesurteil zugelassen hätte. Beide Gutachten kamen nach dezidierten Darlegungen in Hinblick auf Thomaschewskys Verhalten und dessen Gemütszustand vor, während, und nach der Tat übereinstimmend zu dem eindeutigen Ergebnis, „daß Thomaschewsky sich in vollem Gebrauch seiner Verstandeskräfte befindet, und die Verantwortlichkeit für seine Handlungen übernehmen kann". Der Physicus Buck verwies sogar auf das gerade publizierte Handbuch Johann Baptist Friedreichs zur „gerichtlichen Psychologie" und machte auf diese Weise deutlich, dass er auch die neueste Literatur rezipiert hatte. Doch wie schon im Fall Pingel griff auch der Anwalt Thomaschewskys auf die Hilfe eines Mediziners zurück. Der Hamburger Arzt Philipp Schmidt war so intensiv in die Anfertigung der Verteidigungsschriften involviert, dass er behauptete, sie selber verfasst zu haben. Schmidt erachtete weitere Bemühungen, auf die Unzurechnungsfähigkeit des Angeklagten zu plädieren, in diesem Fall als aussichtslos. Daher konzentrierte er sich auf Formulierungen in dem Gutachten der Berliner Universität, die als leichte Zweifel an einer notwendig tödlichen Wirkung der Schläge Thomaschewskys gedeutet werden konnten. Das Gutachten besagte, die Wunden des Opfers hätten zwar eindeutig dessen Tod herbeigeführt, seien aber „nicht so beschaffen gewesen, daß sie *unbedingt und unter allen Umständen* den Tod zur Folge haben *mußten*". Letztlich hielt das Obergericht am 19. Mai 1837 fest, dass unklar bleibe, ob die Verletzungen notwendig zum Tod der Witwe geführt haben, und es revidierte das Todesurteil der ersten Instanz. Es verurteilte den Angeklagten zu Pranger, Prügelstrafe und 25 Jahren Spinnhaushaft. Im Sommer des Jahres 1855 wurde er vom Rat begnadigt und nach Australien geschickt. Zwar war Thomaschewskys Gemüts- und Verstandeszustand nicht ausschlaggebend dafür, dass in Hamburg abermals kein Todesurteil vollstreckt wurde. Dennoch ist bemerkenswert, dass im Mordfall Flöge insgesamt fünf medizinische Gutachten über Opfer und Täter erstellt wurden und ein Mediziner maßgeblich an der Verteidigung beteiligt war. Er hatte somit dazu beigetragen, die, wie er meinte, „sündliche menschliche Anmaasung [sic]" einer gesetzlich verhängten Tötung zu verhindern.[69]

Auch in den 1840er Jahren wurden in Hamburg zahlreiche Tötungsfälle verhandelt, jedoch niemals ein endgültiges Todesurteil gefällt.[70] Als Carl Trummer im Jahr 1848 einen „Entwurf eines Criminalgesetzbuches für die Hansestädte Hamburg, Lübeck und Bremen" verfasste, betonte er sogar, die Todesstrafe sei durch die Justizpraxis abgeschafft, und sie „*wieder einzuführen*, nachdem sie [...]

seit einer langen Reihe von Jahren nicht zur Anwendung gekommen ist, läßt sich weder aus rechtlichen und politischen, noch aus religiösen und sittlichen Gründen genügend rechtfertigen". Als schuldunfähig wollte Trummer nicht nur jene Menschen verstanden wissen, die entweder jünger als 21 Jahre alt waren oder „des Gebrauchs ihrer Vernunft völlig beraubt sind", sondern auch die Personen, die unter einer „vorübergehenden [...] Sinn- oder Verstandes-Verwirrung" litten. Drei Jahre nach Trummer äußerte sich Oberrichter Schlüter geradezu euphorisch über die „Theorie der neueren Zeit" und forderte, nun endlich „eine den Fortschritten der neueren Wissenschaften und dem jetzigen Standpunkte der Humanität angemessene gesetzliche Richtschnur zu schaffen". Schlüter kritisierte, dass noch kein kodifiziertes Ergebnis aus den scharfsinnigen Debatten zwischen „Gerichts-Ärzten" und „Criminal-Philosophen" hervorgegangen sei, obschon sich die Psychologie in der Justiz etabliert habe. Nach wie vor seien es die Richter, die nach Gutdünken über „die unendlich complicirten Erscheinungen der Gemüthszerrüttungen rücksichtlich der criminellen Imputation" entschieden, auch wenn die psychiatrische Forensik die Urteile der letzten Jahre maßgeblich geprägt habe. Nun, nach einem halben Jahrhundert der Debatten seit Ernst Platners „Quaestiones medicinae forensis", sei es an der Zeit definitiv zu bestimmen, dass „wenn Jemand die meiste Zeit ordentlich und verständig handelt, aber zu gewisser Zeit von einer mächtigen unwiderstehlichen Begier etwas Böses zu thun befallen wird [... und] ein gewaltiger unwiderstehlicher Drang zu dieser oder jener Uebelthat hervortritt [...], keine Zurechnung stattfindet; doch ist diese Person [...] für die Zeit ihres Lebens in irgend einem geeigneten Institut zu deterniren oder irgend einer zweckmäßigen, zur Sicherung genügenden Aufsicht zu unterwerfen, damit nicht nur fernerer Schaden vermieden, sondern auch dem trügerischen Mißbrauch mit dergleichen Ausreden vorgebeuget werde".[71]

Ein Fazit

Der Entwurf einer vermeintlich vernünftigen und kultivierten Gesellschaft erforderte ein ebensolches Strafwesen. Dies galt um so mehr, als dass Kriminalgesetzgebung und Strafgerichtsbarkeit als Indikator der kulturellen Entwicklungsstufe galten, als „Zeitmesser der Humanität und menschlichen Bildung". Zudem war physische Gewalt immer deutlicher als Antipode der Zivilisation markiert worden: deren Ausbruch war Zeichen einer Regression in die vorvernünftigen Zeiten der Barbarei. Mit dieser Polarisierung ging zum einen eine veränderte Betrachtung der Todesstrafe und der Art ihres Vollzuges einher; zum anderen rückten nun die als archaisch erachteten Gewalttäter und Gewalttäterinnen stärker in das Blickfeld des Interesses. Sie hatten eine Handlung begangen, die „nicht mehr Handlung des mit Bewußtseyn und nach Vernunftzwecken handelnden Wesens" war. Sie hatten, womöglich nur für einen einzigen Augenblick, nicht nach den Kriterien der Vernunft funktioniert, hatten (unverschuldet!) den Status des »Mensch-Seins« und somit die Sphäre der bürgerlichen Gesellschaft verlassen. Sie waren einem „abnormen Trieb zum Morden" erlegen. Strafe erschien in einem solchen Fall nicht nur unsinnig und wider die Vernunft, sondern auch wider die Menschlichkeit einer fortgeschrittenen Kultur, denn ohne Zurechnung konnte „nicht von einem strafbaren *Verbrechen* [die Rede sein], sondern nur von einer nicht strafbaren, *unglücklichen Begebenheit*", einer „abstracten Wirkung" einer Handlung.[72]

Vor diesem Hintergrund machte die Komplexität einer verborgenen, nur kurz aus dem Dunkel auftauchenden Krankheit die stärkere Integration fachspezifischer Kenntnisse in das Justizwesen unumgänglich. Außerdem galten die Wissenschaften als Motor und deren Einbindung in das Staatswesen als Kennzeichen wahrer kultureller Größe. Denn „nur auf diese Weise" konnte sich „die strafende Gerechtigkeit" von der „zerstörenden Form der bloßen Rache" lösen, endlich ihrer Perfektion entgegen streben und „wahrhaft gottähnlich [werden], gerade indem sie ihre menschliche Schranke erkennt". So etablierten sich die medizinisch-psychiatrischen Erwägungen Schritt für Schritt in den Rechtswissenschaften und der Justizpraxis, und Handbücher präsentierten in zunehmendem Maße in klarer und kurzer Form „die Lehre von der Zurechnungsfähigkeit bei zweifelhaften Gemüthszuständen, für Aerzte und Juristen praktisch dargestellt". Man war sich weitestgehend einig, dass „die Strafrechtswissenschaft auf die Nothwendigkeit einer vollständigen psychologischen Deduction aller problematischen Gemüthszustände angewiesen ist, um ihrem Gebäude von der Zurechnung die einzig feste Grundlage zu geben". Wurde diese Integration einerseits als ein generelles „Bedürfnis der Zeit" empfunden, so waren es andererseits konkrete, individualisierbare Positionen und Interessen, die dieses »Bedürfnis« seiner Erfüllung näher brachten. Vor allem Anwälte und Gerichtsmediziner trieben aufgrund ihrer Stellung innerhalb der Institutionen die Überschneidung medizinischer und rechtswissenschaftlicher Diskurse voran und brachten die diskursiven Schnittmengen in unmittelbare Verbindung mit der nicht-diskursiven Praxis. Die Anwälte rezipierten die Erkenntnisse und Thesen Platners, Pinels, Reils, Henkes, Esquirols, Friedreichs und anderer und griffen zuweilen – wie in den Fällen Pingel und Thomaschewsky – unmittelbar auf die Hilfe von Medizinern zurück, um ihre Verteidigungsschriften zu formulieren. Auf diese Weise reklamierten sie für sich und ihre Ausführungen seit dem frühen 19. Jahrhundert in zunehmendem Maße eine wissenschaftlich verbriefte Objektivität, die dem Ideal der Rationalität entsprach und von den rechtsprechenden Instanzen nur schwer ignoriert werden konnte. Entsprechend änderten sich Umfang und Form der Anwaltsplädoyers. Hier wurde in der Regel die neueste Literatur verarbeitet, sie strotzten vor Textverweisen und Zitaten, gewährleisteten somit intersubjektive Nachvollziehbarkeit und signalisierten den Charakter von Wissenschaftlichkeit und Wahrheit. Die Wandlung der medizinischen Gutachten in den ersten Dekaden des 19. Jahrhunderts verlief ähnlich, wenn auch weniger deutlich und abrupt.[73]

Doch nicht nur die theoretischen Schriften nahmen einen zunehmenden Raum in der Justizpraxis ein, auch die Justizpraxis nahm einen zunehmenden Raum im theoretischen Schrifttum ein. Die Diskussion von Fallbeispielen und Justizaktivitäten in der einschlägigen Fachliteratur wurde zu einem Textgenre von wachsender Bedeutung im Diskurs über Vernunft, Verbrechen und Strafe. Für einzelne Fälle, wie z.B. die Rüsaus oder Pingels, kann nicht nur die konkrete Rezeption der Fachliteratur im Zuge des Verfahrens aufgezeigt werden, sondern auch die Rezeption des Verfahrens innerhalb der Fachliteratur. Hier tritt die Verzahnung diskursiver und nicht-diskursiver Elemente deutlich zu Tage. Es gilt festzuhalten, dass die wissenschaftlich etablierte Wahrheit über Unvernunft und Verbrechen eine der Rahmenbedingungen markierte, die den Ausgang eines spezifischen Strafverfahrens innerhalb eines gewissen Spektrums von Möglichkeiten von vornherein festlegten. Das spezifische Strafverfahren selbst wanderte nun aber wiederum in Form des etablierten Textgenres »Fallbeispiel« in die theoretische Auseinandersetzung hinein und wurde nicht zuletzt aufgrund seines massenhaften Erscheinens eine prägende Kraft des Diskurses. Die Aussagen des Diskurses veränderten sich durch Rückkopplungen zur Praxis, die somit zu veränderten Rahmenbedingungen führten und den Ausgang weiterer Verfahren beeinflussten. Das Spektrum möglicher Verfahrensausgänge ist somit keine unveränderliche Größe, sondern steht in Beziehung zum aktuellen, mittelfristig veränderlichen Wissens- und Wahrheitskanon. Dass diese Mechanismen auch von den Zeitgenossen erkannt wurden, zeigt u.a. eine Äußerung des Rechtswissenschaftlers Carl Mittermaier, der betont, „nicht selten“ seien es „einzelne merkwürdige, durch die Verwicklungen der Thatsachen, durch die Persönlichkeit der Angeklagten Aufsehen erweckende Fälle, welche plötzlich in der Wissenschaft einen neuen Anstoß geben und die Gesetzgeber und Richter aufmerksam machen“.[74]

So etablierte sich in der ersten Hälfte des 19. Jahrhunderts in Texten aus Medizin und Rechtskunde, in der alltäglichen Justizpraxis wie im kollektiven Bewusstsein das Bild eines Gewalttäters, „der obzwar nicht offenbar rasend und wahnsinnig, aber doch die verborgenen Spuren eines Seelenübels an sich trägt“. Die diskursive Wirkungsmacht auch auf der Ebene »individuellen« Bewusstseins zeigt nicht zuletzt die veränderte Selbstwahrnehmung der Täterinnen und Täter, die sich in zunehmendem Maße als „wie betäubt“ im Augenblick der Tat beschrieben.[75]

Wie ich gezeigt habe, hatte sich die Anwendung der Todesstrafe mittlerweile auf den Bereich physischer Gewalttaten mit tödlichem Ausgang beschränkt, da solche Verbrechen nicht nur für die individuelle, sondern auch für die kollektive Existenz als bedrohlich wahrgenommen wurden. Eine vorsätzliche Tötung schien aber in einer Gesellschaft, die zumindest in der Theorie auf dem freiwilligen Zusammenschluss vernünftiger Individuen gründete und physische Gewalt als archaisch markiert hatte, keinen Sinn zu ergeben. Dementsprechend verlagerte sich die Zielrichtung der strafrechtlichen Untersuchung, und das Hauptaugenmerk richtete sich auf die Menschen, die eine solche Tat verübten. Die „subjective Seite“, die „psychologische Entwicklungsgeschichte des Motives einer incriminierten Handlung“ galt es zu ergründen, und man meinte nun, „die ganze Individualität eines Menschen erfassen [zu müssen], wenn man ein Urtheil über seine Handlungsweise fällen will".[76]

Dies blieb nicht ohne Auswirkung auf die Todesstrafe und deren Perzeption, denn hier war das Urteil über die Handlungsweise definitiv. Dem im ausgehenden 18. Jahrhundert gezeichneten Bild des tötenden Gewalttäters, der als »wildes Tier« nicht mehr gezähmt werden kann und daher zerstört werden *muss*, stand nun das Bild des von seiner Vernunft verlassenen und von seinen Trieben überwältigten Menschen gegenüber, dessen Gewalttat Kennzeichen einer Krankheit ist. Auch dieser »Mensch« erschien in der zeitgenössischen Wahrnehmung aufgrund seiner Irrationalität und Triebhaftigkeit als »wildes Tier«, verdiente jedoch Mitleid und bewegte sich außerhalb des strafrechtlichen Zugriffsbereiches; er „muß, um es einfach zu sagen, als ein Kranker behandelt werden, dessen Gesundheit man wieder zu gewinnen suchen [...] muß". Die „psychologische Statthaftigkeit der Todesstrafen" war nun zweifelhafter denn je, und die Fokussierung der „psychisch-genetischen Geschichte der Entwicklung des Keimes zur That, welcher den ersten Anstoß zur unheilvollen Katastrophe gab", profilierte sich als einer der Gründe für den Rückgang von Todesurteilen und ihrer Vollstreckung. Unter anderem wurde die Todesstrafe verworfen, weil es nicht zuletzt infolge des Wissens um einen »Verborgenen Wahnsinn« und die Mordmonomanie „unmöglich" schien, „das tiefe Geheimnis der Persönlichkeit" zweifelsfrei zu ergründen und „einen absolut sicheren Beweis der Schuld und der Zurechnungsfähigkeit des Thäters zu führen". Denn „mit der Frage der Zurechnung hat sich die peinliche Rechtspflege eine Aufgabe gemacht, die sie in keinem einzelnen Falle mit Sicherheit lösen kann", wie Gebhard Mehring im Jahr 1848 „die Zukunft der peinlichen Rechtspflege aus dem Standpuncte der Seelenlehre" betrachtete. Ein weiterer Grund für den Rückgang von Todesurteilen waren verdichtete Zweifel an dem instruktiven Charakter öffentlich präsentierter Gewalt sowie die Diskursivierung der zuschauenden Massen im 19. Jahrhundert. Dies wird das Thema des letzten Kapitels sein.[77]

Die »Mannsmörderin« Maria Catharina Wächtler (1786)

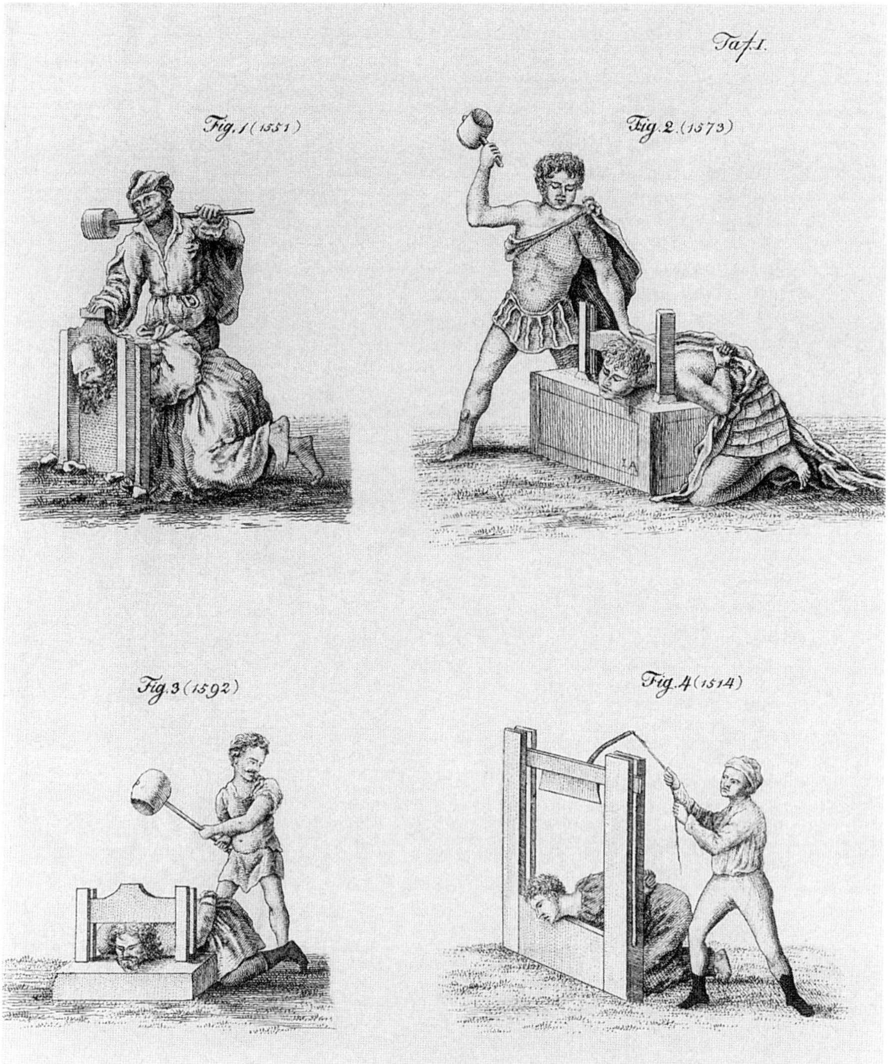

Enthauptungsmaschinen vom frühen 16. Jahrhundert bis zur Guillotine der Revolutionszeit

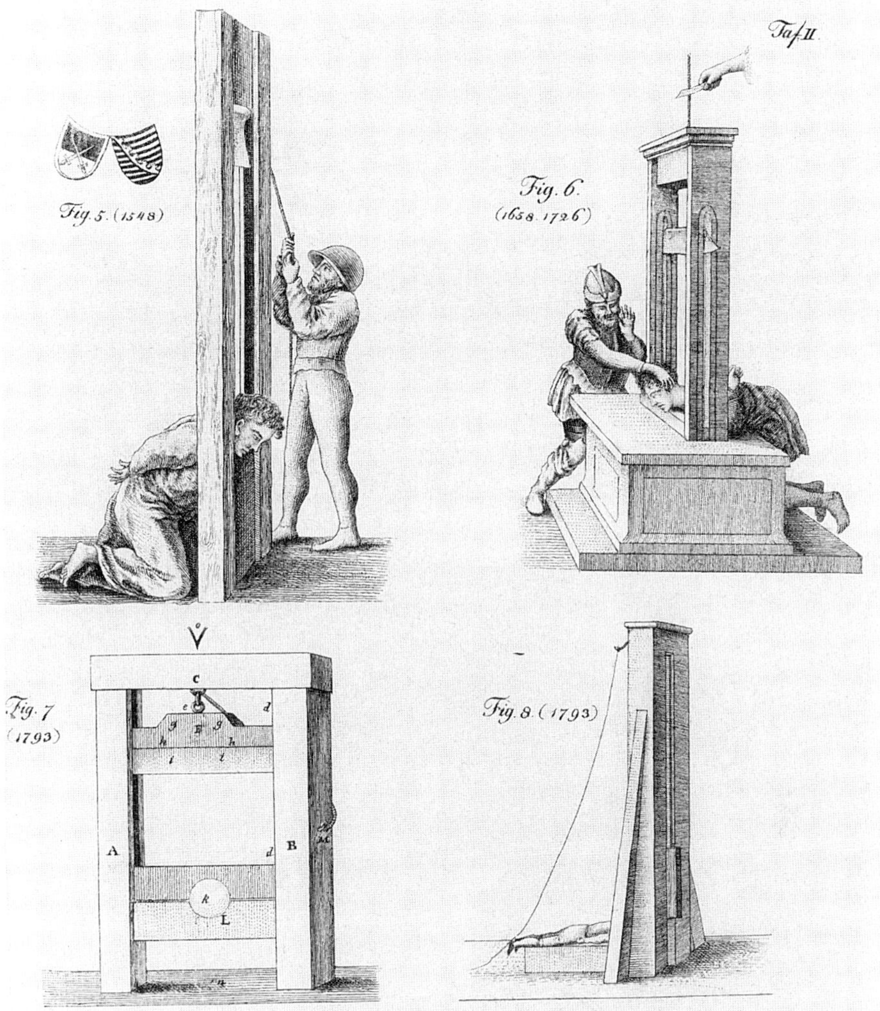
Taf. II.
Fig. 5. (1548)
Fig. 6. (1658. 1726)
Fig. 7 (1793)
Fig. 8. (1793)
V
C
A
B
L

Charlotte Corday mit leicht erröteten Wangen (1804)

»Du sollst nicht stehlen«: die Guillotine als Mausefalle

Une tête coupée,
Antoine Wiertz
(1855)

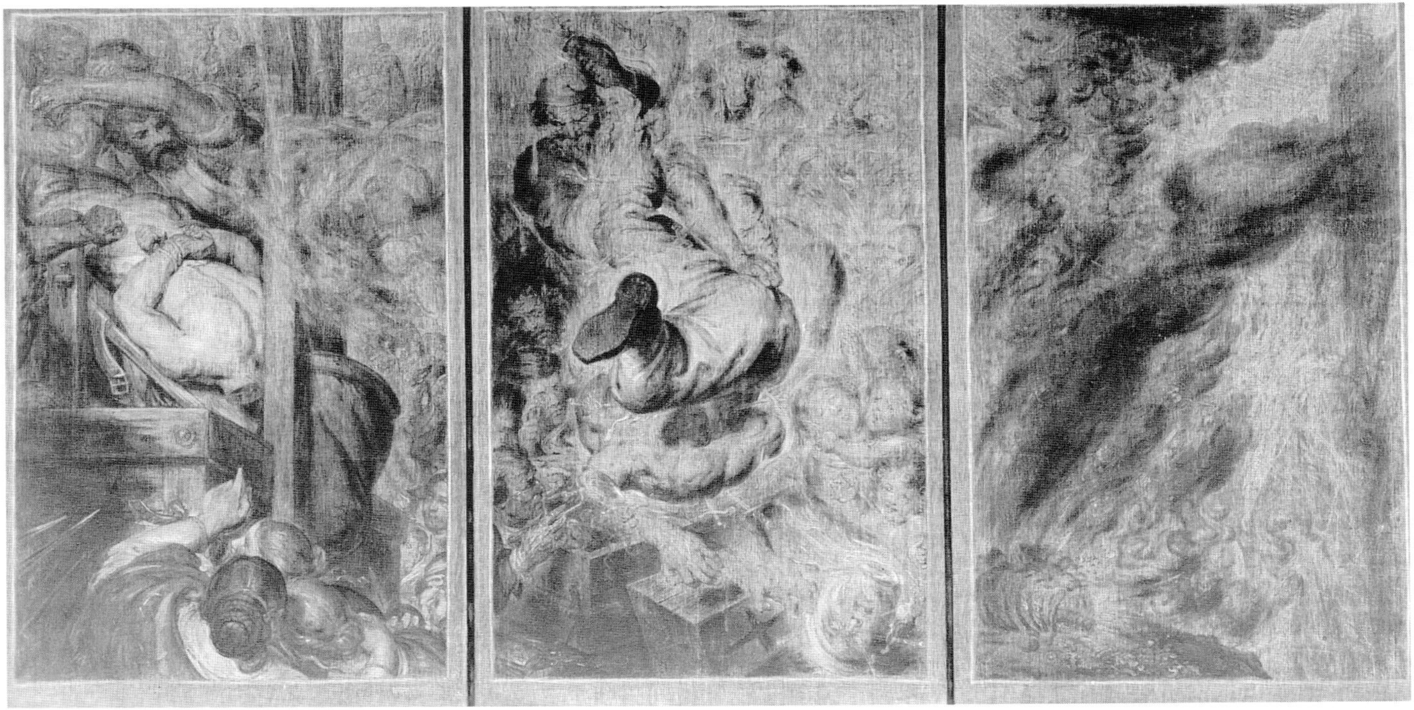

Gedanken und Visionen im Kopf eines Enthaupteten: Minute eins, zwei und drei - Pensées et visions d' une tête coupée: minute une, deux, trois, Triptychon, Antoine Wiertz (1859)

Der »Familienmörder«
Johann Georg Rüsau (1804)

Johann Georg Rüsau und Familie (1803)

Der Doppelmörder Johann Arnold Wilhelm Timm, »Von der Persönlichkeit des Mörders giebt unsere Illustration eine gelungene Zeichnung« (1854)

Leben, Thaten und Ende
des Raubmörders Wilhelm Timm,
der am 10. April 1856
durch die Guillotine in Hamburg enthauptet wurde.

Dritte Auflage. Unter Verantwortlichkeit des Verlegers. Preis 1 ß

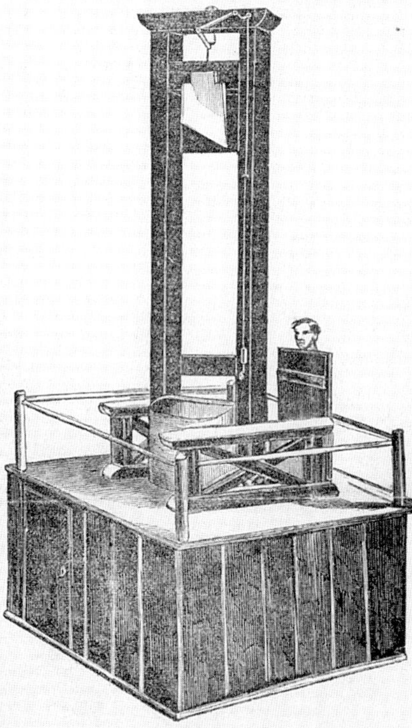

Das grausige Drama, das seit fast 2 Jahren die Gemüther beschäftigte und in fortwährender Spannung erhielt, die nur dann und wann in etwas nachließ, um bald darauf sich wiederum stärker geltend zu machen, das grausige Drama ist nun zu Ende; — der Vorhang ist gefallen. Der Raubmörder Timm ist am Donnerstag, den 10ten April mittelst der Guillotine vom Leben zum Tode gebracht worden und hat somit der bürgerlichen Gesellschaft, sowie dem Gesetze seine Schuld bezahlt. Ehe wir auf die letzten Tage und auf die letzten Stunden des jetzt vor dem höchsten Richter Erschienenen zu reden kommen, geben wir, der historischen Treue und Vollständigkeit wegen, einen Gesammtüberblick dieses Criminalfalles, der, dem Himmel sei Dank, zu den größten Seltenheiten in unserer friedlichen Vaterstadt gehört.

Johann Wilhelm Arnold Timm, am 17. Januar 1835 geboren, Sohn des hier verstorbenen Tischlermeisters Timm, erlernte die Drechslerprofession bei dem Drechslermstr. Goldschmidt im Eichholz und trat bei Beginn des Jahres 1854 bei dem Drechslermeister C. G. A. Bernimb, im Breitengange Nr. 6, in Arbeit. Ungezügelte Leidenschaften, vermuthlich auch schlechte Gesellschaften, brachten ihn in Geldverlegenheit und um sich daraus zu helfen, stieg der entsetzliche Gedanke in ihm auf, selbst zwei Menschenleben zu opfern. Im Hause des Hofes Nr. 4 des Breitenganges wohnte die Wittwe Anna Catharina Jacob, geb. Behr und deren Tochter Johanna Wilhelmine Margaretha Jacob, Wäscherinnen, die auch für Meister Bernimb wuschen und die Timm für sehr wohlhabend hielt. Am Sonntag den 7. Mai 1854, etwa um 9 Uhr Abends, nahm Timm aus der Werkstatt seines Meisters einen Hammer, eine Kneifzange und ein Messer, außerdem noch ein Vorhemd und begab sich alsdann, einen Umweg einschlagend, um nicht von den Nachbaren bemerkt zu werden, nach dem Hause der beiden genannten

Um 10 Uhr am Montag Vormittag fand er sich wieder beim Meister Bernimb ein und bat um die Er-

macher solle bis zu seiner Rückkehr warten. Dieser geht ihm indeß nach und sieht mit Staunen, wie Timm nach dem Walle eilt und dort Geld aus der Erde herholt; noch vor ihm ist er jedoch wieder in dem Weinkeller. Die Tasche voll preußischer Thaler tritt Timm nach ihm ein.

Der Schuhmacher empfängt seine Zahlung und geht. An dem Thalerstücke aber, welches er bekommen, klebt Erde!

Hiervon wird der Polizeibehörde Anzeige gemacht. Eine andere Veranlassung, ihn in Untersuchung zu ziehen, gab auch das Pfingstfest, denn an beiden Pfingst-Feiertagen verthat Timm so viel Geld, daß man mehrfach sich darüber wunderte. Befragt, wie er zu dem vielen Gelde gekommen, gebrauchte er zuerst die Ausflucht, er habe es von seinem Bruder geliehen erhalten. Bei weiterer Nachforschung ergab sich, daß ihm der Bruder allerdings etwas Geld geliehen hatte, aber nur 10 Mark und diese nicht in Thalern, sondern in Schillingen. Der Unwahrheit in seiner Aussage überführt, bediente er sich nun einer neuen Ausrede. Er wollte nämlich einem Auswanderer begegnet sein, der sich im trunkenen Zustande befunden, und dem ein Beutel voll Geld aus der Tasche gefallen sei. Dieses Geld glaubte er nehmen zu können, weil es der Betrunkene sonst doch nur verlieren und so jedenfalls um das Seinige kommen werde. Das solcher Weise vorgeblich gefundene Geld sollte in Preußischen Thalern bestanden haben; Timm hatte aber an den von ihm zu Pfingsten besuchten Orten auch mehrere Doppel-Mark-Stücke und Species ausgegeben. Da er sich also über den rechtlichen Erwerb dieser Münze nicht ausweisen konnte, war man verpflichtet, ihn festzunehmen.

Nunmehr wurde er darauf angesehen, die Wittwe Jacob bestohlen und sie und ihre Tochter getödtet zu haben. Man legte ihm sein eignes, mehr erwähntes Vorhemde zugleich mit dem zurückgelassenen Messer seines Meisters vor, und endlich wurde Dieser noch selbst herbeigerufen und ihm gegenübergestellt. So blieb denn dem Beklagten freilich nichts weiter übrig, als ein offenes Geständniß abzulegen, was er denn auch nach kurzer dreitägiger Haft, am Sonnabend, den 10. Juni, Nachmittags, in umfassendster Weise that. — Am Montag, den 28. August 1854, ward Timm in öffentlicher Criminal-Audienz dem Nieder-Gerichte zum sogenannten articulirten Verhör vorgeführt. Er erschien ziemlich kalt und unbewegt. Nach Schluß der Audienz brachte man ihn nach der Raboisenwache zurück.

Am Montag den 11. December 1854 fand vor dem Niedergerichte die Vertheidigung des Inquisiten durch seinen Defensor, Herrn Dr. Gallois, statt. Die Vertheidigung war meisterhaft und einer besseren Sache würdig. Es war Alles darin gesagt, was sich nur eben als Entschuldigungsgrund der Uebelthat sagen ließ. Am Schlusse trug der Defensor darauf an:

„Ein Wohllöbliches Niedergericht wolle den Antrag des Fiscals (Enthauptung) zurückweisen und dafür den Timm in eine angemessene Zuchthausstrafe verurtheilen."

Nach Schluß der Audienz ward der Inquisit per Droschke in Begleitung mehrerer Officianten nach seinem Arrestlocale zurückgeführt. Er unterhielt sich mit vieler Ruhe mit den ihn begleitenden Officianten.

Wilhelm Timm vor der Enthauptung, zeitgenössische Illustration

Wilhelm Timm vor dem Niedergericht in Hamburg, zeitgenössische Illustration

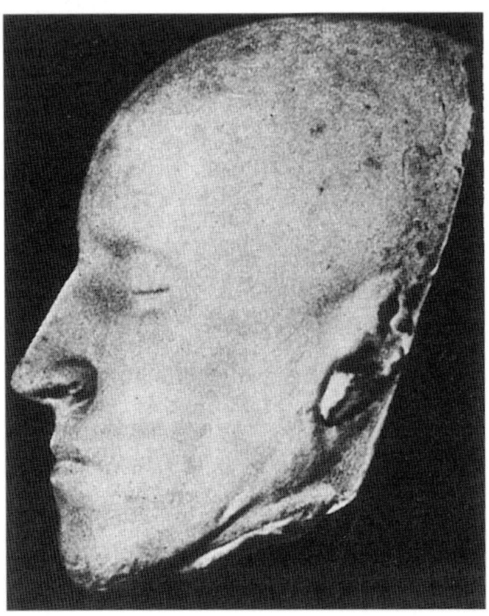

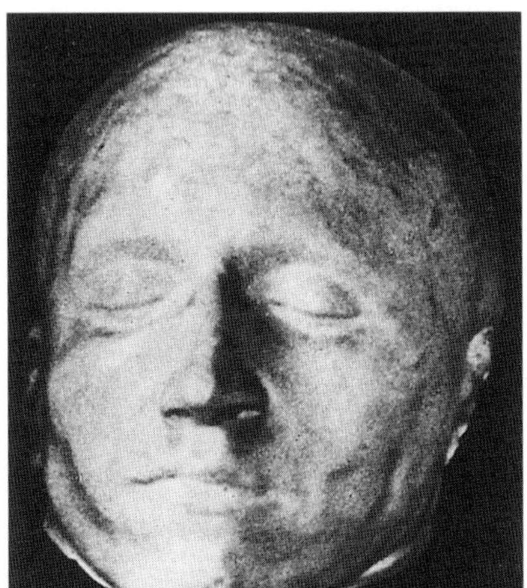

Die Totenmaske Wilhelm Timms

VI. Zur Öffentlichkeit der Hinrichtungen im 19. Jahrhundert

Die Sichtbarkeit frühneuzeitlicher Hinrichtungen

Am 8. Dezember des Jahres 1747 fällte das Hamburger Obergericht das Urteil über Lucas Wiegers. Der Angeklagte musste den Tod auf dem Schafott erleiden, obgleich die Justiz eine gewisse Gemütsverwirrung des jungen Mannes erkannte. Eine öffentliche Bestrafung und Rache, eine *„vindicta publica"*, sei, so die Urteilsbegründung, insbesondere „bey vergossenem Menschen- und zumal Bruder-Blute" unverzichtbar. An dem »Brudermörder« wurde ein allseits sichtbares Exempel statuiert, das die Zuschauenden vor ähnlichen Vergehen abhalten und zur Läuterung anhalten solle. Lucas Wiegers sollte sich vor einem möglichst großen Publikum als gestehender, reuiger »Armer Sünder« zeigen, dessen zeremonieller Tod die göttliche Instanz versöhnte, die säkulare Herrschaft stabilisierte und die ganze Stadt mit samt den dort lebenden Menschen vor größerem Unheil bewahrte. Die Bestrafung war folglich Ausdruck einer regulativen Gewalt und entsprach einer ordnungsstiftenden Vergeltungsmaßnahme. Die bestraften und nicht selten verstümmelten Körper der »Armen SünderInnen« sollten sowohl einen zornigen Gott besänftigen als auch Botschaften über die Allmacht und den Triumph der von Gott bestimmten und gottgefälligen Obrigkeit übermitteln. Die spezifische Schuld der Hinzurichtenden sowie deren Sühne spiegelte sich in den verschiedenen Tötungsarten und den begleitenden »Schärfungen«. So lag ein Leichnam manchmal tatsächlich jahrelang auf dem Rad oder hing am Galgen. Schuld und Läuterung, Abschreckung und Herrschaft waren die zentralen Aspekte eines Strafsystems, das einer Inszenierung in einer stereotypisierten und sichtbaren Zeremonie bedurfte, um allseits verständlich zu sein und seine Funktionen erfüllen zu können. Somit mussten die Strafen in der Gegenwart eines möglichst großen Publikums vollzogen werden.[1]

Trotz aller aufklärerischen Tendenzen wurde die läuternde Wirkung, die die Präsentation einer Exekution „im Herzen des gemeinen Volks" auslösen sollte, noch in der zweiten Hälfte des 18. Jahrhunderts regelmäßig gepriesen. Ob ein solcher »kathartischer« Effekt tatsächlich erzielt wurde, kann freilich kaum beantwortet werden. Unzweifelhaft steht allerdings fest, dass die Strafvollstreckungen für gewöhnlich große Menschenmengen anlockten. So wurden z.B. im Januar des Jahres 1702 Ilsabe Buncke, Maria Cäcilia Jürgens und Johann Friedrich Jähner „bey Anschauung vieler tausend Menschen" zum Köppelberg hinausgeführt und mehrfach mit glühenden Zangen malträtiert, gerädert und auf das Rad geflochten bzw. verbrannt. „Viele Tausend Menschen" beobachteten auch die Diebe Ernst Wehr und Hinrich Giesecke, als sie im März 1724 aufgeknüpft wurden, und „mehrere Tausende von Menschen" waren im März des Jahres 1804 bei der Räderung Johann Georg Rüsaus zugegen, um nur einige prominente Beispiele herauszugreifen. Die Quellen verweisen fast in jedem einzelnen Fall, sei es im 17., 18. oder 19. Jahrhundert, auf die vielen Schaulustigen, die sich bei einer Urteilsvollstreckung oder schon während eines Verfahrens immer wieder versammelten, um den Anblick eines oder einer (noch) leibhaftigen Angeklagten erhaschen zu können.[2]

Obschon ein möglichst großes Publikum von den Intendanten des »Theaters des Schreckens« gesucht und gefordert wurde, ergab sich dadurch ein Problem, nämlich die Veranstaltungen in geordneten Bahnen zu halten und die zusammenströmenden Menschen zu kontrollieren. Bereits in der Peinlichen Gerichtsordnung Kaiser Karls V. aus dem 16. oder auch in den Schriften Benedikt Carpzovs aus dem 17. Jahrhundert finden sich Hinweise auf Unruhen unter den ZuschauerInnen sowie Ermahnungen, den Scharfrichter in jedem Fall ungehindert seine Arbeit tun zu lassen. Verordnungen des Hamburger Rates verlautbarten Ähnliches. Sie zielten darauf ab, einen zu stürmischen Andrang des Publikums abzuwehren und den Fron zu schützen, damit dieser seinen Auftrag erfüllen konnte. Die Verordnungen allein waren jedoch nicht immer ausreichend, um den reibungslosen Ablauf einer Strafvollstreckung zu gewährleisten. So ist im 17. und 18. Jahrhundert zwar nicht gerade häufig, aber doch immer wieder von Ausschreitungen am Schafott die Rede. Um dem Einhalt gebieten zu können bzw. um sie von vornherein zu verhindern, wurden die Exekutionen von einem beträchtlichen militärischen Aufgebot begleitet. Die aufmarschierenden Truppen sollten nicht nur die obrigkeitliche Stärke bezeugen, sondern diese bei Bedarf unter Beweis stellen. Sie hatten auch die Funktion, den ungehinderten Ablauf der Veranstaltung sicherzustellen und das zusammenströmende Volk gegebenenfalls in seine Schranken zu verweisen. Wenn es nicht gelang, die Menschenmenge in friedliche Bahnen zu lenken, war das aus mehreren Hundertschaften bestehende Kommando gehalten, für „die nöthige Ordnung" zu sorgen und im Falle eines Tumultes seine Pflicht zu tun.[3]

Es galt demnach, Unruhen und somit eine mögliche Umdeutung der ausgesendeten Botschaft zu verhindern. Schließlich besaßen die versammelten Menschen die Möglichkeit, die geplante Demonstration obrigkeitlicher Vollkommenheit in eine Präsentation gesellschaftlicher Instabilität und Veränderlichkeit zu verwandeln. In der möglichen Differenz von Obrigkeit und Publikum liegt auch das karnevaleske Potential der öffentlichen Strafvollstreckungen begründet. Denn deren symbolischer Gehalt und ordnungsstabilisierende Wirkung konnte sich nur innerhalb eines Beziehungsgeflechts von symbolischen Formen, deren Produzenten, dem Publikum und den spezifischen Rezeptionsbedingungen entfalten. Aufgrund der individuellen Bestimmungen der RezipientInnen, ihrer Geschichte und Lebensumstände, sowie aufgrund des spezifischen Umfeldes während der Produktion und der Aufnahme der übermittelten Zeichen mussten die vom Publikum kreierten Bedeutungen keineswegs mit denen übereinstimmen, die die Obrigkeit zu produzieren beabsichtigte. Denn jeder Akt der Zeichenrezeption ist ein produktiver Akt, dessen Ergebnis niemals vollends kalkulierbar ist.[4]

Die Obrigkeiten trafen im Zeitraum vom 16. bis zum 18. Jahrhundert verschiedene weitere Maßnahmen über die militärische Präsenz hinaus, um einen Eklat zu verhindern, der aufgrund einer Inkongruenz von intendierter und tatsächlicher Bedeutungsproduktion jederzeit entstehen konnte. Doch wie vor allem im dritten Kapitel beschrieben, zeigt die Art der Maßnahmen, dass die Unruhen des Publikums nicht als Zeichen einer gänzlich verfehlten Strafkonzeption verstanden wurden. Die Autoritäten feilten lediglich an den Strafzeremonien und deren Rezeptionsbedingungen, indem sie Drohungen aussprachen und kleinere Korrekturen vornahmen. Die Aktivitäten bewegten sich somit innerhalb der etablierten Ordnung und standen keineswegs im Zeichen grundlegender Veränderung. So wurde einem randalierenden Publikum einmal mit härterer Strafe gedroht, ein anderes Mal wurde der militärische Aufwand intensiviert, ein weiteres Mal der schwächelnde Scharfrichter beurlaubt oder entlassen. Es galt, das bunte Treiben im Rahmen einer öffentlichen Bestrafung zumindest in hinnehmbaren Grenzen zu halten, wenn dessen karnevalesk-chaotischen Auswüchse auch nicht ganz unterbunden werden konnten. Die obrigkeitlichen Kontrollmaßnahmen ließen also, zunächst, die Grundfesten der körperorientierten Strafratio und des entsprechenden Strafwesens unberührt, und das Verhältnis zwischen Intendanten und Publikum des Schauspiels der Strafen war nicht von einem grundlegenden Dissens geprägt. Die Schafottunruhen offenbarten vielmehr, wie auch Gerd Schwerhoff in „Köln im Kreuzverhör" geschrieben hat, eine lediglich „partielle Nichtübereinstimmung zwischen Obrigkeit und Volk". Letztlich funktionierte Strafe bis weit in das 18. Jahrhundert hinein innerhalb eines Feldes von kulturellen Zusammenhängen und Funktionsmechanismen, deren Selbstverständlichkeit trotz aller aufklärerischer Bestrebungen nicht grundlegend angezweifelt und deren Veränderlichkeit in konkreter Form nicht gedacht werden konnte. Erst als sich, wie in den vorangegangenen Kapiteln aufgezeigt, verschiedene veränderte und neue Aussagen in den unterschiedlichen Diskursen zu verdichten begannen, setzte auch in der Strafratio eine Phase der Transformation ein. Nun wurde es zumindest denk-möglich, auch die Strafvollstreckungen in Hinblick auf die Darbietung vor einem Publikum grundlegend zu verändern. Dieser Vorgang soll in dem folgenden Kapitel aufgezeigt werden. Obschon auf den kommenden Seiten zunächst ein kurzer Blick zurück auf die vorangegangenen Abschnitte dieser Arbeit und bis in das 16. Jahrhundert hinein geworfen wird, wird der Schwerpunkt der Betrachtungen in der ersten Hälfte des 19. Jahrhunderts liegen. Am Ende dieser Phase verschwanden die Vollstreckungen der Todesurteile hinter die Mauern der Gefängnisse, wo sie von einem größeren, heterogenen Publikum eben nicht mehr beobachtet werden konnten.[5]

Die Lust an der Gewalt – Teil 3

Schon die Darbietungen des barocken Theaters weisen darauf hin, dass auch die Menschen des 16. und 17. Jahrhunderts von einer gewissen Schau- und Sensationslust getrieben wurden. Blut, Tod, Artistik, Akrobatik und Obszönitäten, gepaart mit moralischer Belehrung, waren zentrale Elemente, wobei durch darstellerische und requisitorische Technik die Illusion so wirklichkeitsnah wie nur möglich gestaltet werden sollte. In seiner Arbeit über die „Ästhetik der Gewalt“ bezeichnet Jürgen Wertheimer das Barock sogar als „einen Höhepunkt in der Geschichte der körperlichen Destruktion als Gegenstand künstlerischer Darstellung“. Mit dem Beginn des 18. Jahrhunderts tauchten nun zunehmend Schriften auf, die durch Gewaltdarstellungen hervorgerufene Schreckens- und Mitleidsaffekte explizit als eine Quelle niederer Lust zu ergründen versuchten. Der Besuch wirklicher Exekutionen sollte nunmehr als das Vergnügen des „gemeinen Mannes“ bezeichnet werden.[6]

In Hinblick auf die »Lust an der Gewalt« hieß es schon unter den Zeitgenossen, dass sich abstoßende und anziehende Wirkungen von Gewaltinszenierungen nicht notwendigerweise ausschließen. Die Frage, ob die öffentlichen Strafspektakel tatsächlich der Abschreckung der Zuschauenden gedient haben können, oder ob sie nicht vielmehr eine Quelle des Amüsements gewesen seien, dürfte weder eindeutig mit »ja«, noch mit »nein« zu beantworten sein. Einerseits scheint es kaum fraglich, dass die Darbietungen ein gewisses Maß an Schrecken und eine gewisse Sorge um das eigene körperliche Wohl hervorgerufen haben. Andererseits ist jedoch ebenso wenig zu bezweifeln, dass über Jahrhunderte hinweg ein großes Publikum zu den Orten geströmt ist, an denen Frauen und Männer zuweilen langsam und qualvoll getötet wurden. Scheut man sich nun, den Zuschauenden aufgrund ihrer puren, freiwilligen Anwesenheit einen »Gefallen« an den Veranstaltungen zu diagnostizieren, so lässt sich doch zumindest von einer starken »Affinität« sprechen. Ansonsten scheint die Frage, warum Menschen derartigen Veranstaltungen beigewohnt haben, wenn nicht aus zumindest gespanntem Interesse, kaum beantwortet werden zu können. Hilfreich kann ein kurzer Exkurs in die römische Antike sein, wo entsprechende Darbietungen als „spectaculum“ bezeichnet wurden. „Spectaculum“ steht sowohl für das »Amphitheater«, den »Schauplatz« oder das »Schauspiel« als auch für die »Augenweide«. Zudem verdeutlichen nicht nur die Langlebigkeit der Strafspektakel und derartiger Darlegungen in der Literatur, sondern auch entsprechende Abbildungen in dekorativen Mosaiken und anderen Objekten, dass die Faszination und Anziehungskraft der Gewaltdarbietungen im alten Rom spätestens seit der Kaiserzeit ein etablierter Topos war. Auch stand im Zentrum der Dramen des Lucius Anneus Seneca die nach Jürgen Wertheimer „exzessive Darstellung des pathetisch inszenierten Mordgeschehens“, und in der römischen Kaiserzeit war das Theater Ort wirklicher Tötungen von Sklaven oder Verurteilten, die in Folter- und Hinrichtungsszenen ihre letzten Rollen spielten. Auf der anderen Seite waren die Exekutionen theatralische Spektakel. In Form von

Gladiatorenkämpfen, Tierhetzen oder Massenkreuzigungen wurden sie, folgt man Paul Veynes „Brot und Spiele", als Teil der gesellschaftlichen Abmachungen von den Magistraten aus eigener Tasche finanziert und zogen die Menschen in eigens dafür errichteten Stadien in ihren Bann. Der größte dieser Spielorte, der »Circus Maximus«, bot über 250.000 Zuschauern Platz. Augustinus schreibt in seinen Bekenntnissen, schon vor Beginn der blutigen Darbietungen „flackerte überall die wildeste Lust". Die Spiele übten eine magische Kraft auf den Zuschauer aus, denn „sobald er das Blut sah, durchdrang ihn wilde Gier, konnte er sich nicht mehr abwenden, sondern war von dem Anblick wie gebannt, schlürfte Wut ein und wußte es selbst nicht, hatte seine Wonne an dem frevlen Kampf und berauschte sich an grausamer Wollust. Nun war er nicht mehr, der er gekommen war, sondern nur noch einer aus der Masse, der er sich angeschlossen".[7]

Ich möchte nun keinesfalls behaupten, dass die darauffolgenden Jahrhunderte des europäischen Mittelalters weniger grausam oder weniger blutrünstig gewesen seien. In den Diskursen jedoch verflüchtigten sich Gewalt und Grausamkeit vorübergehend, und sie sollten erst im 13. Jahrhundert wieder einen prominenten Platz einnehmen. Für diese Zeit ist auch eine intensivierte Rezeption der Texte Senecas zu notieren, die dann im späten Mittelalter und der Frühen Neuzeit ihren Höhepunkt erleben sollte. In den eingangs erwähnten Barockdramen des 16. und 17. Jahrhunderts erreichte die physische Gewalt schließlich eine ungeheure Intensität und verfestigte sich in den virulenten Diskursen.[8]

Im Verlauf des 18. Jahrhunderts profilierte sich die Gewissheit, dass durch die Beobachtung fremden, physischen Leids eine Art Grenzerfahrung durchlebt werden könne. Die Suche nach dieser Erfahrung wurde mehr und mehr als entscheidende Antriebskraft des zu Gewaltpräsentationen strömenden Publikums aufgefasst. Es herrschte weitestgehend Einigkeit, dass eine Darstellung um so stärkere Anziehungskraft ausübt, je ausgeprägter ihre Nähe zur Realität ist. Daher sei, hieß es beispielsweise bei Edmund Burke, eine wirkliche Hinrichtung immer anziehender als eine dargestellte im Theater, und möge diese auch noch so perfekt sein. Denn es war, wie der zum Tode Verurteilte Ernst Wehr im Jahr 1724 sagte, „die Begierde, an unser Straffe die Augen zu weiden", die die Menschen vor dem Schafott zusammentrieb. Andererseits galt die Gewissheit eigener körperlicher Unversehrtheit als unabdingbar und folglich die empfundene persönliche Distanz zu einem möglichst authentischen Geschehen als maßgeblich für den möglichen Lustgewinn der ZuschauerInnen bei der Beobachtung physischer Gewalt. Bis zum Ende des 18. Jahrhunderts hatte sich demnach nicht nur die empfindsame Seele, sondern auch die Lüsternheit nach dem Übel, die dunkle Sehnsucht nach dem Genuss von Schmerz und Bedrohung als deren Komplementär etabliert.[9]

Folglich darf die Kategorie der lustvollen Gewaltrezeption nicht als Gegenentwurf zur »Empfindsamkeit« verstanden werden. Zum einen operierten beide Entwürfe mit dem zeitgenössischen Modell eines Menschen, dessen »inneres« Befinden untrennbar an »äußere« Reize gebunden ist. Zum anderen galten bereits im 18. Jahrhundert die Empfindung der eigenen Empfindsamkeit und die Lust an der Gewalt nur als zwei Variationen ein und desselben Themas. In einem Artikel im „Hannöverischen Magazin“ hieß es über die öffentlichen Hinrichtungen, „die so allgemein herrschende Neigung der Menschen [...], den Martern solcher Unglücklicher zuzusehen, die in die Strafen der Criminaljustiz gefallen sind“, wird „demjenigen, der beobachten kann, schwerlich [...] verborgen geblieben sein“. Einerseits bebe dem Zuschauer „jeder Nerv bei jeglichem Streiche“, andererseits schaue er fasziniert zu. Auch die Gebildeten, Zivilisierten und Empfindsamen seien von solchen Darbietungen angezogen, denn sie fänden hier „das Felde, ihre Talente zu üben, und andere von ihren Fertigkeiten zu überzeugen“, nämlich die pure sinnliche Lust in eine Empfindung des „Erhabenen“ zu wenden. Die Anziehungskraft der Gewalt schien folglich eine „allgemeine Erscheinung“ zu sein, und Gotthold Ephraim Lessing erklärte mit einer wiederum auf Jean-Baptiste Dubos, Edmund Burke und David Hume gestützten These, dass schließlich jedwede Empfindung, ob angenehm oder unangenehm, das Bewusstsein der eigenen Existenz vermittle, und „dieses Bewußtseyn kann nicht anders als angenehm seyn. Folglich sind alle Leidenschaften, auch die allerunangenehmsten, als Leidenschaften angenehm“. Die intensivsten Regungen empfänden die Menschen gerade dann, wenn der Erhalt ihrer Existenz auf dem Spiel zu stehen scheine, wenn es eben um Leib und Leben gehe. Wie bereits angedeutet, setzte der Genuss und die positive Überwindung der empfundenen Gefahr und des Schrecklichen allerdings die eigene körperliche Sicherheit voraus, denn, um Immanuel Kant zu paraphrasieren, wer wirkliche, existentielle Furcht verspürt, kann sich nicht in der Gemütsverfassung befinden, die allgewaltige Größe des Erhabenen zu verspüren. Der Besuch einer Exekution schien somit genau die richtige Mischung aus peinvollem Erschrecken und dem Gefühl der eigenen Sicherheit zu bieten. Er kommt einer vergleichsweise entspannten Annäherung an „das Ende aller Dinge“ gleich, das ob seiner Irreversibilität undenkbar und von unumgänglicher Realität zugleich ist. Somit ist der fremde Tod ungeheuer faszinierend und bietet den zivilisierten und gebildeten Kreisen zugleich die beste aller Möglichkeiten, ihre Fähigkeit zu einer erhabenen Erfahrung zu verspüren und zu demonstrieren.[10]

Die faszinierend-erregende Qualität des Blutes und der Gewalt blieb auch unter Strafrechtlern nicht unbemerkt. Nun galten seit den Zeiten der Empfindsamkeit das innere Wesen der Menschen und deren Körperlichkeit als miteinander verschmolzen. Die Beobachtung fremden Leids war daher im ausgehenden 18. Jahrhundert nicht nur eine mögliche Quelle erhabener Erfahrung, sondern auch eine überaus bedrohliche Handlung mit potentiell äußerst negativen Folgen für den Charakter des sehenden Wesens wie auch für die gesamte Gesellschaft, da sie „die natürliche Neigung zu Grausamkeit und Blutgier“ schürte. Die Gewöhnung an und der Genuss von Grausamkeit und die individuelle wie kollektive Verrohung wurde von den Kritikern der Gewaltdarbietungen als apokalyptisches Szenario beschworen. Zudem gründete die Gesellschaft im zeitgenössischen Bewusstsein nun auf einem wechselseitigen Vertrag aller mit allen. Weder die Obrigkeit, noch das Recht, noch die »Armen SünderInnen« konnten nunmehr in der geglaubten Realität einer Gottheit begründet werden, die die bestehende Ordnung garantierte. Somit waren auch die geschundenen Körper nicht mehr der Ort des symbolischen Vollzugs einer Ordnung, sondern die Qualen und Tode der Bestraften gerieten zu einem individuellen, leidvollen Schicksal. Folglich hatten sich die Begründungszusammenhänge der Strafratio und des Strafwesens verschoben, weshalb auch eine grundlegende Veränderung der obrigkeitlich verordneten Gewalt und ihrer Präsentation möglich und sogar notwendig wurde. Bemerkenswert ist auch, dass die Affinität zu fremdem Leid in den literarischen Schriften zur Empfindsamkeit oder zum Erhabenen eher als etwas ureigen Menschliches und »Naturgegebens« verstanden wurde. In dem strafrechtlich orientierten Schrifttum überwog im Gegensatz dazu eine schicht- bzw. statusgebundene Konnotation.[11]

So hieß es beispielsweise am Ende des 18. Jahrhunderts im Kontext des Falles Deborah Traub, die Beobachtung von staatlich verordneter, körperlicher Gewalt und ein schwindender Respekt gegenüber dem menschlichen Leben stünden in einer enger Beziehung zueinander. Dass auf der Bühne präsentierte Gewalt gegen Körper „dem menschlichen Gemüthe“ grenzenlose „Blutgier und Rachgier“ förmlich einbrennen, war zu dieser Zeit eine etablierte Aussage des Diskurses. In zahlreichen Texten, ganz gleich, ob von Gegnern oder Befürwortern einer wie auch immer zu vollstreckenden Todesstrafe verfasst, wurde eine schicht- und bildungsspezifische Differenz zwischen verschiedenen Bevölkerungsgruppen hergestellt. Auf der einen Seite stand der „blutlustige, rohe Haufen“ oder auch der „verabscheuungswürdige“ „Pöbel“, für den der Vollzug eines Todesurteils eine „Freude“, ein „Fest“, ein „Schauspiel“ oder auch eine „Augenweide“ war (=„spectaculum“!): „Straßenbuben, zahlreiches weibliches Gesindel und besonders das ganze Gefolge der *Venus vulgivaga* ist in voller Bewegung“. Die Mehrzahl der zeitgenössischen Texte konstatierte, dass „Hamburgs aufgeklärte und gute Bürger“, also die Gebildeteren und Wohlhabenderen, im Gegensatz dazu den Strafspektakeln fernblieben. Fast nur der „sinnliche Pöbel“ schien demnach den Exekutionen beizuwohnen, und gerade er blieb, so hieß es, von den Geschehnissen auf dem Schafott ohnehin weitestgehend unberührt. Die einzige Regung, die diesen wenig aufgeklärten, »unkultivierten«, archaischen Menschen zugeschrieben wurde, war die „Freude“ an einem Schauspiel, an dem „nur Satan in der Hölle seinen Spaß haben kann“. Die gemäß der zeitgenössischen Schriften zu Anthropologie, Literaturtheorie, Drama und Ästhetik angeblich in der Natur des Menschen verankerte Suche nach einer (Grenz)Erfahrung war demnach in strafrechtlichen Texten zu einem satanischen Vergnügen eines gesellschaftlichen Bodensatzes geworden.[12]

Doch nicht nur auf einer textuellen Ebene, sondern auch in der Justizpraxis begann sich im späteren 18. Jahrhundert durchaus die Meinung zu verbreiten, dass die Strafvollstreckungen an abschreckender Wirkung verlören. Daher wurden die Darbietungen der öffentlichen Bestrafungen zunächst theatralisiert, damit sie noch schrecklicher wirkten, ohne dass die Schmerzen der Verurteilten vermehrt wurden[13]. Folglich wurde das Publikum in Hinblick auf die Sühne durch eine schmerzhafte Strafe getäuscht. Obgleich man sich also weiterhin an das tradierte Abschreckungsparadigma anlehnte, können diese Schritte als Zeichen der Veränderung in einem bis dahin wenig dynamischen Feld gelesen werden, da ein Teil des »wirklichen« Geschehens dem Publikum vorenthalten werden sollte. Andererseits erscheinen diese Ereignisse als Belege für die Zähflüssigkeit und Langlebigkeit der etablierten Denk- und Verfahrensschemata. Schließlich waren die Stimmen weithin hörbar, die behaupteten, das Publikum könne gar nicht derart getäuscht werden, und die Praxis der »heimlichen« Strangulierung vor einer Räderung sei allgemein bekannt. Zudem war die abschreckende Wirkung der Strafpräsentationen bereits grundsätzlich in Frage gestellt, und dies auch von Protagonisten des Verfahrens. Prediger hatten seit den späten 1760er Jahren regelmäßig von der Schwierigkeit ihrer Aufgabe berichtet, da ein „tosender Pöbel“ oder „die wilde Unbändigkeit des großen Haufens“ während einer Exekution dem Höhepunkt zustrebte. Zudem führte der Hamburger Hauptpastor Sturm bereits im Jahr 1784, gleichsam im Vorgriff auf die Massentheorien des 19. Jahrhunderts, den Kontrollverlust des Einzelnen innerhalb der großen Gruppe nicht zuletzt auf den bloßen „Zusammenfluß der Menschen“ zurück. Vom drängenden „Pöbel“, der den Vollzug der Strafen gefährde, sprachen im ausgehenden 18. Jahrhundert auch die Kommandanten der städtischen Truppen, was erhärtet, wie etabliert dieses Bild war. Auch der Hamburger Rat sollte im Verlaufe der 1780er Jahre die Erkenntnis formulieren, dass vor allem die symbolischen Schärfungen der Strafen „den Pöbel“ nicht mehr beeindrucken. Dass diese dennoch bis in das 19. Jahrhundert hinein Teil der Strafliturgie bleiben sollten, bestätigt abermals die Hartnäckigkeit fest etablierter Diskursregeln.[14]

Doch wie bereits angedeutet, wurde dem Straftheater nicht nur eine mangelnde abschreckende, sondern sogar eine verderbliche Wirkung zugeschrieben – und zwar sowohl für das Publikum als auch für die Obrigkeiten und deren Reputation. So hieß es zum einen, blutrünstige Gesetze und grausame öffentliche Strafen verschlimmerten die Menschen, „die vielmehr fühlbarer und lenksamer werden sollten“. Die körper- und schmerzorientierte, auf Abschreckung zielende und mit Visualität operierende Justiz stand der angestrebten Herausbildung einer aufgeklärten Kultur demzufolge im Wege. Darüber hinaus förderte sie in den Augen zahlreicher Zeitgenossen die Unkultiviertheit und drohte eine Obrigkeit zu diskreditieren, die sich „barbarischer“ Mittel bediente. In zunehmendem Maße schien es nun angebracht, das Volk nicht mehr „mit einem Kappzaum zu bändigen“, sondern vielmehr „mit einer Schnur zu lenken“, da Gesetzgebung und Strafwesen „dem Strome der Zeit folgen [müssen], und also kann auch die Richtigkeit ihrer Berechnungen nicht auf Ewigkeiten gründen. Auch sie müssen mit der Revoluzion der Sitten und Meinungen gleichen Schritt halten, denn auf diesen ruhen ihre Kalküls“, wie Julius von Soden im Jahr 1792 schrieb. Ein Beitrag „ueber Leibes- und Lebensstrafen“ in der Zeitschrift „Hamburg und Altona“ gibt eine in unzähligen Texten geformte Aussage über das Strafsystem als Antriebskraft der kulturellen Entwicklung in kondensierter Fassung wider. Der anonyme Autor fragt, was „dergleichen Executionen wohl anders [sind], als Pöbelfeste, der dadurch an Grausamkeit gewöhnt wird, und die, je öfter sie wiederholt werden, auch desto weniger Nuzzen schaffen. Der Mensch gewöhnt sich an Alles, an das Gute, wie an das Böse; [...]. Das sind längst anerkannte Grundsäzze, die durchaus nicht können geleugnet werden; daher bleibt es auch ausgemachte Wahrheit, daß, je mehr [öffentliche] Strafen existiren, desto mehr häufen sich Verbrechen".[15]

Positive Wirkungen der öffentlichen Strafvollstreckungen wurden gegen Ende des 18. Jahrhunderts stark bezweifelt, und Peter von Schüren fragte wie so viele andere, „wer wird hier vom Bösen abgeschreckt? [...] Was früchtet hier die Todesstrafe?" Das Problem war nicht nur, dass der »kultivierte« Teil des Publikums offenbar schockiert und abgestoßen reagierte. Es stand noch viel mehr auf dem Spiel, hieß es doch, dass „der verdorbene Pöbel" die Strafvollstreckungen um so mehr genieße, je grausamer sie seien. Und gerade er repräsentiere „jene Classe von Menschenseelen, in denen der Keim zu Mördern liegt". Und sollte sich wider Erwarten einmal ein aufgeklärter Bürger zu den Strafinszenierungen verirren, so förderten sie nur ein mit Verachtung für den Staat gepaartes Mitleid mit dem gepeinigten Opfer auf Seiten dieses „gefühlvollern, bessern Theils der Publikums". Somit schien die Präsentation der gewalttätigen Strafvollstreckungen im Sinne einer Zivilisierung und Stabilisierung der Gesellschaft nicht nur wirkungslos, sondern sogar kontraproduktiv. Derartige Veranstaltungen legten die Saat zur inneren Zerstörung der Gesellschaft, indem sie deren latent kriminellen und gewalttätigen Teil weiterhin verrohten, „an grausame Schauspiele gewöhnten, [und] so das Abschreckende der Strafe milderten".[16]

Nur äußerst selten wurde in den strafrechtlich orientierten Texten ein „gemischtes Publikum" am Schafott beschrieben. Ebenfalls äußerst selten war explizit von der Anwesenheit des „zärteren, weichlicheren, weiblichen Geschlechtes" die Rede. Doch auch in der zeitgenössischen Verhandlung des weiblichen Geschlechtes zeigt sich, wie Empfindsamkeit und die Lust nach der Gewalt in der Wahrnehmung mal bewusst, mal unbewusst Hand in Hand gingen, gab es doch andererseits das weitverbreitete Stereotyp der nach passivem Konsum von Gewaltexzessen gierenden Frau. So trug das weibliche Geschlecht zwar gegen Ende des 18. Jahrhunderts die Attribute der Schwäche, Reizbarkeit und Verführbarkeit, zeigte angeblich aber auch „einen unbezwinglichen Trieb, schreckliche Scenen, Executionen, Operationen, Wunden und dergleichen anzuschaun [und] jämmerliche Mordgeschichte zu hören – Gegenstände, denen sich der weniger weichliche Mann nicht ohne Widerwillen gegenüber sieht". Dass Adolph Freiherr von Knigge sich hier auf den bürgerlichen Mann und nicht den Pöbel bezog, versteht sich fast von selbst. Im englischen wie auch im deutschen Sprachraum war die Empfindsamkeit und das Gefallen ihrer Protagonisten an ihrer eigenen Tugendhaftigkeit zu dieser Zeit bereits etablierte Zielscheibe von Kritik und Spott. Im Zentrum entsprechender Texte stand unter anderem das Bild einer Gewalt genießenden Frau, die sich in der Spannung zwischen Leid und Lust an einem »ach so wohltuenden Schmerz« ihres Betrachtungsobjektes und vor allem ihrer selbst ergötzte. Derweil »nippte sie an einem mit menschlichem Blut gesüßten Getränk, während sie Tränen über die Leiden des jungen Werther vergoss«, um einen englischsprachigen Artikel aus dem Jahr 1796 zu paraphrasieren.[17]

Auch gemischte Reaktionen während eines solchen „Volksfestes" der Strafgerechtigkeit, also „Ausdrücke und Ausbrüche des tiefsten Abscheus wie des Mitgefühls, der Verwünschung wie der Seligsprechung", wurden kaum einmal differenziert präsentiert. Und wenn tatsächlich einmal eine „zahllose Menge *aus allen Ständen*" beschrieben wurde, die danach drängte, „einen Menschen martern zu sehen", und danach trachtete, „diesem Trauerspiel recht nahe zu seyn [...] und das Angstgeschrei eines mit Ruthen Gepeitschten zu hören", um eben mit möglichst vielen Sinnen die besagte Lust an der Gewalt verspüren zu können, wurden die öffentlichen Strafvollstreckungen zusammenfassend wiederum als „Pöbelfeste" definiert. Der »Pöbel« schien somit der typische Besucher einer solchen Veranstaltung zu sein, während dem Bürger zumeist zugestanden wurde, sich verirrt zu haben. Wenn der Hamburger Peter Helferich Sturz im „Deutschen Museum" mit kritischem Unterton kundtat, „jede Exekution wird ein Schauspiel für den Pöbel, bey welchem auch mancher feine Mann eine Erholungsstunde zubringt", so war dies letztlich im strafrechtlichen Diskurs eine Ausnahme.[18]

Die Entdeckung der Massen

Die Beschreibung der Spektakel am Schafott hatte Teil an der schichtspezifischen Differenzierung innerhalb der Vertragsgesellschaft. Da in deren theoretischer Konzeption zunächst das Ideal einer naturrechtsbedingten Gleichheit aller Menschen verankert war, war es für die führenden gesellschaftlichen Zirkel schwierig geworden, sich über die bis dahin relevanten Kriterien des Standes- und Geburtsrechts abzugrenzen. Eine gesellschaftliche Klassifizierung und Kategorisierung wurde nun auf anderen Wegen herbeigeführt. Mit der Emanzipation des Bürgertums wurden intellektuelle, moralische und politische Kategorien verstärkt zu Instrumenten sozialer Differenzierung. Neben der materiellen Vermögenssituation wurden im Verlauf des 18. Jahrhunderts Alphabetisierung, Bildung und Teilhabe an der offiziellen Kultur zu entscheidenden Kriterien für die Zugehörigkeit zu bürgerlicher Obrigkeit oder pöbelhafter Unterschicht. Der als ungebildet und durch und durch sinnlich skizzierte Pöbel wurde im zeitgenössischen Diskurs somit der notwendigen Qualitäten eines »wirklichen« Staatsbürgers enthoben und zum Gegenentwurf des über Bildung, Ehre, Verantwortungsbewusstsein, Moral, aufgeklärtes Gedankengut und Besitz verfügenden Bürgers. Dass Hamburg in dieser Hinsicht keineswegs als Sonderfall verstanden werden kann, sondern sich vielmehr in dieses Schema einfügen lässt, hat Andreas Schulz kürzlich gezeigt. Über die oben genannten Kategorien hinaus hatte sich »Reinlichkeit« seit etwa der Mitte des 18. Jahrhunderts zu einem identitätsstiftenden Moment der bürgerlichen Kultur profiliert. Äußere »Reinlichkeit« drückte nicht mehr – wie ehemals innere »Reinigkeit« – einen Zustand religiös begründeter Heilsgewissheit aus, sondern stand für Arbeit und Fleiß ebenso wie den Willen zu Ordnung, Gesundheit und Schönheit. „Sichre Merkzeichen“ des »Pöbels« jedenfalls waren, wie eines der zahlreichen Benimmbücher feststellte, „ein unreiner Mund und schmutzige Hände“, und dies implizierte mehr als äußerlichen Schmutz. Zu allem Überfluss neigte er dazu, sich in einem wilden, potentiell kriminellen Haufen ohne jegliche Regeln zu vereinen und zu bewegen. Irrationale Verhaltensweisen und unmoralische Präferenzen wurden ihm zugeschrieben, weshalb die tosende Menge am Schafott der vernunftbetonten und moralisch integeren, eben »aufgeklärten« Gesellschaft diametral gegenüberstand. Dem „gerechten Menschenfreund, dem wahrhaft aufgeklärten Mann“, der am Tage einer Exekution Trauer trägt, wurde eine »blutrünstige«, schmutzige, „ungebildete, [...] zum Denken nicht gewöhnte Menge“ entgegengesetzt. Vorzivilisierte »Wilde«, fremdländische »Barbaren«, wilde Tiere sowie ganz einfach neugierige »Müßiggänger« wurden bemüht, um dieses eben »pöbelhafte« Publikum als Atavismus zu charakterisieren. Nicht eine klar definierbare soziale Gruppe, sondern ein Milieu, das bürgerliche Ordnung und Kultur gefährdete, verbarg sich hinter dem so häufig benutzten Begriff des »Pöbels«.[19]

Auf diese Weise wurden zum einen die gesellschaftlichen Unterschiede des ausgehenden 18. und beginnenden 19. Jahrhunderts etabliert und stabilisiert. Die mittellose Bevölkerung erhielt das Stigma angeheftet, ungewaschen, unzivilisiert, irrational, gewaltverliebt und zumindest potentiell kriminell zu sein. Zum anderen konnten und mussten die ZuschauerInnen der Strafvollstreckungen nun in einem gänzlich anderen Licht gesehen werden. Nicht nur der Begriff des Pöbels war im Verlauf des 18. Jahrhunderts inhaltlich neu besetzt worden, auch der des „Publicums“ hatte eine Bedeutungsverschiebung durchlaufen. Wurde unter »Publikum« bis etwa zur Mitte des 18. Jahrhunderts vor allem eine Menschenmenge verstanden, die sich an einem frei zugänglichen Ort versammelt hatte, so trat nun das Kriterium der zeitlichen und räumlichen Vereinigung in den Hintergrund. »Publikum« bezeichnete zunehmend eine auf der Basis mittelbarer, sprachlich vermittelter Kommunikation formierte, reflektierte, eben „bürgerliche Öffentlichkeit“, wie sie Jürgen Habermas beschrieben hat. Hinter dieser begrifflichen Umwertung steht die bedeutende Rolle von Rationalität und Vernunft für den Selbstentwurf der bürgerlichen Kultur. Sie gründete auf dem Konzept der Problematisierung und Diskussion von Überzeugungen und Zusammenhängen und stand in krassem Gegensatz zu einer auf nicht-sprachlichen Elementen basierenden Kommunikation, die zudem darauf abzielte, durch ein blutiges und schmutziges Verfahren die bestehende gesellschaftliche Ordnung in einer Transzendenz zu manifestieren. Die Interpretation der Versammlungen am Schafott erfuhr damit seit dem Ende des 18. Jahrhunderts eine grundlegende Transformation. Die Menschenmenge, die sich einst als Zeugin und notwendiger Bestandteil der Restituierung einer gottgegebenen Ordnung zusammengefunden hatte, entsprach nun nicht mehr den Kriterien eines »Publikums«, denn mit einem rationalen Austausch von Argumenten hatte diese

Form der Kommunikation nichts gemein. Nun versammelte sich ein »Pöbel«, um den Exekutionen beizuwohnen. Dieser war zwar einerseits ein elementarer Bestandteil der bestehenden Ordnung, denn als Gegenbild zum Ideal der aufgeklärten, bürgerlichen Kultur stellte er eine entscheidende Komponente ihrer Selbstkonstitution dar. Andererseits repräsentierte der »Pöbel« aber den immer drohenden Rückschritt zur Barbarei und stand außerhalb sämtlicher Ordnungsschemata und Kategorien einer Welt mit vermeintlich zivilisierter, menschenfreundlicher und rationaler Ordnung. Die öffentlichen Strafen waren demnach keine Zeichen gesellschaftlicher Stabilisierung mehr, sondern sie riefen ganz im Gegenteil die Kräfte der Instabilität auf den Plan. Das Bild der Menschen auf dem Schafottplatz wurde zunehmend als offenkundiger Widerspruch zum bürgerlichen Selbstentwurf einer zivilisierten Gesellschaft empfunden.[20]

Die Furcht vor einer Volksmenge, die allein „ihrer Anzahl wegen dem Staate Gefahr bringt", war nicht ganz neu. Schon in der Mitte des 17. Jahrhunderts hatte Thomas Hobbes sie im „Leviathan" beschrieben. Ungesteuerte Volksaufläufe bargen nach Hobbes für die Obrigkeit das Risiko, das Schwert aus den Händen zu verlieren. Im Gegensatz zu den „regulären" Versammlungen, die, so Hobbes' Vergleich, der tragenden Muskulatur des (Staats)Körpers entsprachen, waren die „irregulären" Aufläufe ähnlich wie „Geschwüre, Geschwulst und Beulen, die aus der Anhäufung schädlicher Säfte [...] entstehen". Unter bestimmten Bedingungen wurde Menschenansammlungen demnach bereits vor dem 18. Jahrhundert ein destabilisierendes Potential zugewiesen. Andererseits aber waren sie notwendiger Bestandteil eines Ordnungs- und Herrschaftssystems, das seine Stabilität nicht zuletzt über die öffentliche Präsentation seiner Macht und Stärke zu erreichen suchte. Folglich weisen auch Hobbes' Darlegungen darauf hin, dass Unruhen bei Volksaufläufen in der frühneuzeitlichen Gesellschaftsordnung systemimmanente Störungen waren. Erst die Verfestigung der Aufklärungsdiskurse und der bürgerlichen Kultur im ausgehenden 18. Jahrhundert ließen Volksversammlungen, insbesondere solche, die der Beobachtung physischer Gewalt dienten, gelinde gesagt zweifelhaft erscheinen. Der »Pöbel« am Schafott wurde zur Projektionsfläche bürgerlicher Ängste und Abneigungen, zur Verkörperung all dessen, was infolge bürgerlicher Selbstdefinition gegen Ordnung und Stabilität, Vernunft, Humanität und Zivilisation zu stehen schien. Insbesondere in Folge der Französischen Revolution sollte dieser »Pöbel« einen prominenten Platz im öffentlichen Bewusstsein erlangen, einen geradezu dämonischen Charakter annehmen und zu einer »Masse« mit Eigenleben und eigener Dynamik werden. Im Sturm auf die Bastille und vor allem in den Septembermassakern des Jahres 1792 sollte die »Masse« in aller Deutlichkeit offenbaren, welche Kräfte sie zu entfalten und welche Exzesse sie voranzutreiben in der Lage war. Chaos, Formlosigkeit, Unwissenheit, Zerstörungslust, Sensationslust, Verführbarkeit durch die Gunst des Augenblicks – nahezu alle gänzlich irrationalen Impulse wurden in den aufrührerischen Massen verortet, die jederzeit und überall zu gewalttätigen Ausbrüchen bereit schienen. In der Masse verfiel der einzelne Mensch wieder in den Habitus einer Bestie, war er doch zurückgeworfen in den unzivilisierten Zustand, der im zeitgenössischen Bewusstsein vor der Konstitution der Vertragsgesellschaft geherrscht hatte. Die Herrschaft über die Leidenschaften ging dort verloren, und prägnant formulierte König Friedrich Wilhelm III. von Preußen im Jahr 1798 die obrigkeitlichen Ängste, indem er betonte, dass „‚ein einziger unruhiger Kopf den vielleicht nur aus Neugier zusammengelaufenen Haufen in Bewegung setzen und zu Unternehmungen führen kann, die die gemeine und private Sicherheit in Gefahr bringen und bei kaltem Blute von jedem einzelnen Teilnehmer selbst verabscheuet werden'".[21]

Auch wenn Volksproteste mit massendynamischem Anstrich im deutschsprachigen Raum der 1790er Jahre deutlich zunahmen, war die Bedrohung der Obrigkeiten durch derartige Aktionen im Vergleich zu Frankreich gering und sollte es bis zum Jahr 1848 auch bleiben. Der unmittelbare Einfluss der revolutionären Ereignisse in Frankreich auf das Geschehen in Deutschland ist kaum konkretisier- oder gar messbar, im obrigkeitlichen Bewusstsein jedoch verbreitete sich „‚der französische Empörungsgeist wie ein elektrischer Schlag in viele andere Gegenden'" und schien „‚fast als eine allgemeine Seuche die Welt ergreifen zu wollen'", wie es in den herrschenden Kreisen besorgt hieß. Zumindest in deren Wahrnehmung hatte sich die gefährliche »Masse« verfestigt. Sie repräsentierte jedoch nur schwer fixierbare, diffuse Ängste vor dem Ausbruch der Besitzlosen und vor allem vor der Eruption unkontrollierter Leidenschaften. Massenbildung galt als ein Phänomen kultureller und politischer Regression, weil mit ihr eine Rücknahme der Individuierung und ein zwangsläufiger Weg hin zur Unverantwortlichkeit des Einzelnen verbunden wurde. Somit erschien die Masse im 19. Jahrhundert als kulturloses, irrationales, ungeordnetes und undifferenziertes Gebilde, in dem der Einzelne regelrecht verschluckt wird. Und gerade die Förderung der Fähigkeiten und Eigenschaften der einzelnen Person wie auch die Gestaltung und Optimierung individueller Lebensführung und Leistungsfähigkeit waren Leitbilder der bürgerlichen Kultur. Die Masse jedoch schien die sie konstituierenden Individuen aufzuheben und zu einem groben Klumpen zu formen. Insofern wurde sie vorrangig als Negativum definiert, als Verlust des Subjektstatus der Individuen und als Regression in die Primitivität. Demgegenüber stand die angepeilte »Normalität«, die in der bürgerlichen Kultur einem Netz von zahllosen autonomen Individuen mit rationalem Subjektstatus entsprach. Der aufgeklärte, rationale Mensch in einem ebensolchen Kollektiv entsprach den angeblich »natürlichen« Bestimmungen des Menschen.[22]

Die zeitgenössischen Beschreibungen eines lustbestimmten, per definitionem irrationalen weil angeblich gewaltverliebten Pöbels am Schafott waren demnach Bestandteil eines Produktionsprozesses, an dessen Ende die irrationale Masse als Gegenentwurf zur von Vernunft durchdrungenen bürgerlichen Kultur stand. „Hast Du die Menge beachtet, wie sie sich an dem Tage einer öffentlichen Hinrichtung zeigte: was hast Du gehört? Was hast Du gesehen?", lautete die Frage, die in der ersten Hälfte des 19. Jahrhunderts so häufig voller Sorge gestellt wurde. Die Antwort verwies zumeist auf einen „großen Haufen", der „das Spectacel einer Hinrichtung" beobachten und ein „Volksfest" feiern wolle, das „so manche

Unordnungen“ mit sich bringe und daher wann immer möglich vermieden werden müsse. Die Masse, wurde, wie gezeigt, hierbei zumeist mit den mittellosen Bevölkerungsschichten gleichgesetzt. Der Eigendynamik und nahezu unwiderstehlichen Kraft der Masse wurde Rechnung getragen, wenn zuweilen von dem ein oder anderen Bürgerlichen die Rede war, der vorübergehend in dieser aufging und in ihr nicht nur sich, sondern auch seine Selbstkontrolle verlor. Wie etabliert dieses Perzeptionsschema seit dem ausgehenden 18. Jahrhundert war, zeigen die Berichte über die drei großen Sozialproteste in Hamburg und Altona während der 1790er Jahre. Trotz ihrer Heterogenität und der zuweilen zentralen Funktion der Gesellenschaften sahen die zeitgenössischen Beobachter in den gewaltsamen Protestaktionen das Werk eines zusammengerotteten, gewaltbereiten „Pöbels“.[23]

Systematisiert werden sollte dic Theorie der Massen erst gegen Ende des 19. Jahrhunderts durch Scipio Sighele, Gabriel Tarde und insbesondere Gustave Le Bon, von dem Georges Lefèbvre sagte, erst er habe den Terminus der Masse in die Geschichte der Französischen Revolution hineingetragen. Doch wie noch zu sehen sein wird und auch der Literaturwissenschaftler Jürgen Link in Hinblick auf die Dynamik der Massen kürzlich erörtert hat, hatten sich „jene unbewußten und rohen Massen“ Le Bons bereits in den Diskursen des gesamten 19. Jahrhunderts profiliert. Sie waren zudem bereits im 18. Jahrhundert in den Beschreibungen des »Pöbels« oder des »großen Haufens« angelegt. Insofern müssen die Schriften Gustave Le Bons als Texte verstanden werden, in denen Aussagen kondensiert wurden, die sich spätestens seit der Französischen Revolution herauskristallisierten. Zum *fin de siècle* zeichnete Le Bon die Massen in aller Schärfe als „Mikroben, welche die Auflösung geschwächter Körper oder Leichen beschleunigen“ und deren Einfluss sich ein geordnetes und stabiles Gemeinwesen so weit wie möglich entziehen müsse. Eine Masse, so Le Bon, sauge die Individuen in sich auf und überziehe sie mit einer Gleichförmigkeit, die jegliche Individualität und Rationalität ausschließe. Das „Schwinden der bewußten Persönlichkeit“ sei ein „Hauptmerkmal des Einzelnen in der Masse“, der dann „nicht mehr er selbst ist, er ist ein Automat geworden, dessen Betrieb sein Wille nicht mehr in der Gewalt hat. Allein durch die Tatsache, Glied einer Masse zu sein, steigt der Mensch also mehrere Stufen von der Leiter der Kultur hinab“. Sogar wer ansonsten ein „gebildetes Individuum“ ist, werde in der Masse zum „Triebwesen“, zum unberechenbaren, heftigen, wilden „Barbaren“, zu einem „ursprünglichen Wesen“, das leicht beeinflussbar und verführbar ist und sich „Augenblicksreizen“ hingibt.[24]

Der Divergenz zwischen den Eigenschaften der Masse und denen der rationalen und organisierten bürgerlichen Gesellschaft wurde auch im Gegensatzpaar weiblich-männlich Ausdruck verliehen. Dies wird für meine Betrachtungen der Strafvollstreckungen insbesondere deshalb von Bedeutung sein, weil gegen Mitte des 19. Jahrhunderts mit den Massen auch explizit die Frauen von der Beobachtung von Exekutionen ausgeschlossen wurden. In den folgenden Absätzen werde ich das polare Geschlechtermodell heranziehen, um die Inkompatibilität von bürgerlicher Gesellschaft und Massenaufläufen am Schafott noch schärfer fassen zu können und den bevorstehenden Ausschluss der Frauen von den Hinrichtungen zu erklären.[25]

Scipio Sighele beschrieb die Eigenschaften und Verhaltensweisen der Masse explizit als die des „Weibes", und Gabriel Tarde definierte die Masse aufgrund ihrer Launenhaftigkeit, Leichtgläubigkeit und abrupten Stimmungswechsel als weiblich, „‚sogar wenn sie, was normalerweise der Fall ist, von Männern gebildet wird'". Gustave Le Bon bemerkte zu diesem Thema nahezu lakonisch und wie selbstverständlich: „Überall sind die Massen weibisch". Denn schließlich, so Le Bon, sind Massen durch Irrationalität und Überschwang, durch eingeschränkte Erkenntnis- und Verständnisfähigkeit wie durch Triebhaftigkeit geprägt, Eigenschaften also, die „meistens bei Frauen und Kindern, also gerade bei den erregbarsten Wesen vorkommen". Zudem neigte die Masse nach Le Bon dazu, außergewöhnliche Empfindsamkeit und außergewöhnliche Grausamkeit in sich zu vereinen – eine Eigenschaft, die seit dem späteren 18. Jahrhundert insbesondere Frauen zugeschrieben wurde.[26]

Im Gegensatz zur Masse war der moderne Staat „männlichen Geschlechts" und „ein rein männliches Wesen", wie der Volkskundler Wilhelm Heinrich Riehl in den 1850er Jahren eine grundlegende Erkenntnis der letzten Dekaden zusammenfasste. Ute Frevert hat dies in ihrer Arbeit über „‚Mann und Weib, und Weib und Mann'" herausgestellt. Bereits in der zweiten Hälfte des 18. Jahrhunderts galt die „‚Eintheilung zu zwo verschiedenen Lebensarten unter den Menschen'" als zwar kritisierbare, aber dennoch nahezu unumgängliche Konsequenz einer „‚natürlichen Ordnung'". Dies hatte zumindest Elise Reimarus, die in den Worten Franklin Kopitzschs die „wichtigste weibliche Trägerin der Aufklärung in Hamburg" war, in einem fiktiven Briefwechsel zu erkennen gegeben. Jeder Versuch des weiblichen Geschlechts, „‚die weitläufigeren und mehr öffentlichen Verrichtungen in der Welt'" zu okkupieren, entsprach laut Elise Reimarus einem „‚Eingriff'" in die Naturgesetzlichkeit und führe nur zu „‚Unordnung und Unrecht'".[27]

Gegen Ende des 18. Jahrhunderts sollte Immanuel Kant zwischen verschiedenen Staatsbürgerstatus unterscheiden und ein aktives Bürgerrecht nicht nur an den Besitz von Eigentum, sondern auch an die „natürliche" Qualität des Mann-Seins binden und „alles Frauenzimmer" per definitionem ausschließen. Unter anderem hatten Jean-Jacques Rousseau und Denis Diderot ähnlich argumentiert. Vermeintlich geschlechtsspezifische Charakterzüge und Eigenschaften wurden von ihnen zum Naturgesetz erhoben und in einer umfassenden Wissenschaft vom Menschen verortet. Wenn es auch Stimmen gab, die sich bezüglich der politisch-gesellschaftlichen, bürgerrechtlichen Relevanz dieser Feststellungen kritisch äußerten, so sollte sich die Konzeption »naturgegebener« Wirkungsfelder des Mannes doch verfestigen. Das Bürgerrecht wurde im 19. Jahrhundert vornehmlich als politisches Recht verstanden und geschlechtsgebunden sogar restriktiver denn zuvor gehandhabt. Im ersten Drittel des 19. Jahrhunderts waren »Volk«, »Nation« oder »Staatsbürger« dann eindeutig männlich konnotiert, ohne dass es weiterer Reflexion bedurft hätte. Das unter anderem im Knigge des Jahres 1790 geformte Bild der Frau, auf die „größre Reizung, Verführung, Schmeicheley, Eitelkeit, Neugier, Temperament so mächtigen Einfluß“ ausübten und die daher für öffentliche Ämter ungeeignet war und vielmehr der männlichen Kontrolle und Führung bedurfte, war kaum mehr anzuzweifeln. Daran sollte auch die revolutionäre Bewegung der Jahre 1848/49 nichts ändern. Frauen als Ministerinnen oder Abgeordnete waren für die Frankfurter Nationalversammlung undenkbar, und das Frauenwahlrecht stand in Deutschland gar nicht zur Debatte. Ganz im Gegenteil förderten die erratischen Revolutionsmassen die Identifizierung der Frau mit Verhaltensmustern, die als politisch untragbar und gesellschaftlich gefährlich erachtet wurden. Es schien sich bestätigt zu haben, was Christoph Meiners bereits ein halbes Jahrhundert zuvor über die Möglichkeit sozial geordneter und stabiler Verhältnisse in Frankreich gelehrt hatte. Diese würden sich erst dann wieder einstellen, so Meiners, wenn die Französinnen „‚dem unweiblichen Umherschwärmen in den Volksversammlungen, in den Gerichten, und bei Exekutionen werden entsagt haben'“. Zumindest das Konstrukt »Mann« vereinte im Gegensatz zu dem des »Weibes« Rationalität, Offenheit und Selbstbeherrschung, Sachlichkeit, Wagemut, Verlässlichkeit, Gerechtigkeit und Durchsetzungsfähigkeit und verkörperte daher sämtliche Ideale, die dem Fortkommen der bürgerlichen Gesellschaft zuträglich waren. Somit ist es nachvollziehbar, wenn in den folgenden Jahren und Jahrzehnten regelmäßig zu lesen war, der Staat sei „unzweifelhaft ein rein männliches Wesen“ und die „‚unmittelbare Theilnahme an den Staatsgeschäften unweiblich, für den Staat gefährlich und für die Frauen verderblich'“. Eine Liste derjenigen, welche sich auf die „‚unveränderlichen natürlichen geistigen Anlagen des Weibes'“ beriefen, die eben die weibliche Unfähigkeit zu „‚logischem Raisonnement'“ und „‚methodischer Dialektik'“ behaupteten, wäre lang, wie Frevert gezeigt hat. Hier soll nur noch Heinrich von Treitschke zu Wort kommen, der die herrschende Meinung in seinen Berliner Vorlesungen unter dem Motto „‚Obrigkeit ist männlich'“ zusammenfasste und hinzufügte: „‚Das ist ein Satz, der sich eigentlich von selbst versteht'“.[28]

Die „ständige, geradezu beschwörende Wiederholung der Geschlechterstereotypen“, die unter anderem Anne-Charlotte Trepp für das frühe 19. Jahrhundert diagnostiziert hat, hat demnach maßgeblich zur Polarisierung von Masse und bürgerlicher Gesellschaft beigetragen. Insofern ist es an dieser Stelle auch unbedeutend, ob und inwieweit die bipolare Konstruktion ein getreues Abbild der sozialen Praxis der Geschlechterverhältnisse wiedergab. Wichtig für meine Betrachtungen ist nicht der historisch-spezifische Realitätsgehalt dieses Konstrukts, den Trepp teilweise vermisst. Vielmehr ist die diskursive Strategie von Bedeutung, innerhalb derer eine Dichotomie von Massen und bürgerlicher Gesellschaft über die damals dominante Vorstellung von bipolaren Geschlechtscharakteren hergestellt wurde. Der rationale, zielstrebige und doch zugleich fürsorgliche Staat stand den triebgesteuerten Massen zumindest konzeptionell ebenso diametral gegenüber wie das Konstrukt des männlichen Geschlechtes dem des weiblichen Geschlechtes.[29]

In der Masse mussten die Regeln von »männlicher« Vernunft und Selbstbeherrschung der »weiblichen« Leidenschaft und Irrationalität weichen, und daher konnte schon der leichteste Anreiz zum völligen Kontrollverlust und somit zum Rückfall in die Barbarei führen. Als potentieller Herd der Unruhe galt insbesondere visuelle Stimulation, die die sinnlich-weibliche Masse zur Entladung bringen konnte. Entsprechend hieß es bei Gustave Le Bon, nichts errege „die Phantasie des Volkes so stark wie ein Theaterstück". Besonders die Sichtbarkeit einer öffentlichen Inszenierung barg die Möglichkeit einer Eskalation der Massen. Der bürgerliche Staat lief demzufolge Gefahr, sich selber zu demontieren, wenn er zu Ereignissen wie Strafzeremonien zusammenrief, die „ein packendes Bild hervorbringen", denn, so Le Bon, „nicht die Tatsachen als solche erregen die Volksphantasie, sondern die Art und Weise, wie sie sich vollziehen".[30]

Zur Minimierung sichtbarer Gewalt auf dem Schafott am Anfang des 19. Jahrhunderts

Von der Darbietung physischer Gewalt ging, so meinten die Zeitgenossen, der entsprechende Anreiz aus, um eine Menschenmasse herbeizulocken und zu faszinieren. „Wie fürchterlich wahr!", rief man vermeintlich erschüttert, „im Entsetzlichen sucht man Vergnügen und Unterhaltung!" Es war aber offensichtlich gerade der außergewöhnliche Reiz des Stigmatisierten und Verbotenen, der die Anziehungskraft der Gewalt noch verstärkte. Dieser Reiz war »überall« ein Thema und auch im Hamburg des frühen 19. Jahrhunderts ein bekanntes Phänomen. Problematisch war zudem, dass der auf der Bühne präsentierte Strafvollzug exakt „das packende Bild" hervorbrachte, das die ZuschauerInnen zu unliebsamen Handlungen veranlassen konnte. Deren Betragen muss in den Jahrzehnten und Jahrhunderten zuvor nicht unbedingt seltener ausgelassen gewesen sein. Mittlerweile aber wurde ein solches Betragen als ungebührlich empfunden und beschrieben. Äußerungen über die „Gleichgültigkeit" oder sogar die Freude der „größeren Volksmenge" über einen freien Tag und eine kostenlos dargebotene Tragödie, die „doch immer mit komischen Episoden verwebt wird", sollten im 19. Jahrhundert jedenfalls noch an Dichte gewinnen. Es galt nun, die als negativ erachteten Auswirkungen physischer Gewalt auf das menschliche Gemüt zu umschiffen, der Verderbnis des „Charakters der Menschheit" entgegenzuwirken und der schleichenden Verrohung vorzugreifen.[31]

Die Empfindungen und Affekte der Zuschauerinnen und Zuschauer wurden zum zentralen Aspekt in den Äußerungen über die schädlichen Konsequenzen des öffentlichen Strafvollzuges. Das Publikum wurde zwar „meistens von einer sehr verzeihlichen Neugierde [...] herbeigezogen", doch eigentlich sollten „die Augen und Gemühter kultivierter Menschen mit dem gräßlichen Schauspiel von Martern ewig verschont bleiben", wie Christoph Meiners bereits 1784 geschrieben hatte. Nichtsdestoweniger wurde Abschreckung durch die Darbietung von Gewalt in Literatur und Praxis immer noch als ein bedeutender Effekt von Strafe gehandelt. Die adäquate Dosierung des präsentierten Übels war demnach schwierig zu bemessen. Einerseits sollte öffentliche Strafe die Furcht vor den Folgen einer Missetat verbreiten, andererseits deren Übermaß nicht die Verrohung des Publikums vorantreiben. Die Frage jedenfalls, „was die übrigen Staatsbürger verwirkt [haben], daß man ihnen das ekelhafte und die menschliche Natur herabwürdigende Schauspiel einer schauderhaften Strafe giebt", wurde nun immer häufiger gestellt, und, wie Ernst Ferdinand Klein betonte: „Achtung gegen das Publicum ist es daher eben sowohl als Menschlichkeit, welche grausame Strafen verbannt, und eine menschliche Gesetzgebung fordert".[32]

Auch weil „eine gebildete Nation dergleichen schreckliche Schauspiele natürlicherweise mit Abscheu betrachten, und die Obrigkeit hassen [würde], welche ihnen dergleichen Schauspiele gibt", durfte der Tod eines Verbrechers oder einer Verbrecherin nicht allzu drakonisch präsentiert werden. Aber, so hob Klein am Anfang des 19. Jahrhunderts hervor, der Tod eines kriminellen Subjektes dürfe auch nicht „in einer so reizenden Gestalt" erscheinen, dass er gar den Neid der rechtschaffenen Staatsbürger hervorrufen könne. Der Vorschlag, die Objekte der obrigkeitlichen Gewalt daher nur so kurz wie möglich „den Augen des Publici preiszugeben", sie beispielsweise in einem geschlossenen Wagen zur Richtstätte zu fahren und „nur die kurze Zeit, da sie ein- und aussteigen", den ZuschauerInnen zu präsentieren, rückte nun in den Vordergrund. Vielleicht, so sinnierte Klein im „Neuen Archiv des Criminalrechts" weiter, wäre es sogar besser, „wenn man, wie von mir und anderen schon öfters vorgeschlagen worden ist, die Hinrichtung selbst dem Anblicke des Zuschauers entzöge, und eben dadurch ihrer Einbildungskraft ein desto freyeres Spiel ließe". Schließlich, so abermals Klein, sei es „wohl genug, daß man weiß, daß die Strafe wirklich vollstreckt wird".[33]

Ernst Ferdinand Klein, Mitherausgeber des „Archivs des Criminalrechts", war, wie er ja auch selber zu erkennen gegeben hatte, nicht der erste Strafrechtstheoretiker, der die Möglichkeit erwog, den Strafvollzug den Blicken des Publikums zu entziehen. In England hatte der Friedensrichter und Romanautor Henry Fielding bereits in der Mitte des 18. Jahrhunderts ähnliche Erwägungen angestellt, als er nach den Ursachen für die Zunahme der Kriminalität forschte. Dabei kritisierte er auch den Modus der Strafvollstreckung. Fielding zufolge gereichte die öffentliche Strafe in den Augen des Publikums für nicht wenige MissetäterInnen zu einem letzten Moment der Ehre und des Ruhmes und verführte somit eher zur Nachahmung, als dass sie abschreckte. Das Theater und Spektakel um den Galgen in Tyburn kritisierte er ausführlich, und: „How far such an Example is from being an Object of Terror, especially to those for whose Use it is principally intended, I leave to the Consideration of every rational Man". Zudem, so Fielding, sei es mittlerweile hinreichend bekannt, dass im menschlichen Wesen die Empfindungen des Mitleides und des Schreckens oft Hand in Hand gingen, und dies sei zwar gut für den Dichter, aber schlecht für den Politiker. Dieser trachte schließlich danach, durch die öffentlichen Strafdarbietungen abzuschrecken, ohne Mitleid oder gar Freude und Amüsement zu erwecken. Insoweit hatte Fielding eine Kritik formuliert, wie sie sich in der zweiten Hälfte des 18. Jahrhunderts auch im deutschsprachigen Diskurs (z.B. in den Texten Karl Hommels) manifestieren sollte. Fieldings Anregung jedoch, hinter geschlossenem Vorhang zu töten, muß für das Jahr 1751 als außergewöhnlich bezeichnet werden. In Anlehnung an die Ermordung des Königs in William Shakespeares „Macbeth" sinnierte der Literat und Friedensrichter, auf diese Weise werde die Vorstellungskraft des Publikums angeregt und der Strafvollzug wirkungsvoller, auch weil die Verbrecher dann ausschließlich in der Gegenwart ihrer Feinde starben.[34]

Wie jedoch in den vorangegangen Kapiteln zu sehen war, sollte sich die kulturelle Konfiguration erst im ausgehenden 18. Jahrhundert dergestalt verändern, dass Exekutionen ohne unbeschränktes Publikum zu einer seriösen Denkmöglichkeit werden konnten. Plädoyers für unbeschränkte öffentliche Strafvollstreckungen waren dadurch aber keineswegs völlig abseitig geworden. Vielmehr nahmen sie noch immer eine äußerst prominente Position ein, was beispielsweise die Äußerungen von Hans-Ernst von Globig und Georg Huster zeigen. In ihrer preisgekrönten „Abhandlung von der Criminalgesetzgebung" aus dem Jahr 1783 hatten sie festgestellt, dass „Strafen, die im Gefängniß und heimlich ausgeübt werden, den Hauptendzweck der Abschröckung anderer verfehlen". Denn „eine Todesstrafe, welche heimlich und in der Stille vollzogen wird", mache „keinen Eindruck", wie auch Christian Gmelin zur gleichen Zeit in seinen ebenfalls von der „Ökonomischen Gesellschaft zu Bern" gewürdigten „Grundsäzen der Gesezgebung" meinte. Selbst vierzig Jahre später sprach sich zum Beispiel Conrad Roßhirt in seinem weit rezipierten „Lehrbuch des Criminalrechts" für den öffentlichen Vollzug sinnlicher Strafen gegen sinnliche Menschen aus, da dieser „stärkend, genugthuend, überzeugend" auf das Publikum wirke. Auch der Hamburger „Criminalactuar" Wilhelm Kosegarten argumentierte Mitte der 1820er Jahre im Sinne eines öffentlichen Strafvollzuges. Auf die „Reflexionen des Verstandes" sei kein Verlass, wenn es das Ziel sei, auf „den rohen, ganz sinnlichen Menschen" Einfluss zu nehmen. Sollte eine „nur einigermaßen erträgliche Sicherheit des Rechts und der Ordnung erreicht werden", so Kosegarten, „dann muß auch *psychologisch* und zwar durch *sinnliche Eindrücke* (weil Belehrung allein ebenfalls nicht hinreicht) auf den Menschen gewirkt werden". Doch Kosegarten registrierte auch, dass er gegen einen verbreiteten „Widerwillen gegen Verstümmelungen und Schärfung der Todesstrafen" im Zeitgeist anschrieb, und ebenso lässt Roßhirts Schrift erkennen, dass Befürworter eines unbeschränkt öffentlichen Strafvollzuges in den 1820er Jahren in eine deutlich defensivere Position gedrängt waren als ihre früheren Kollegen. Roßhirt empfand eindeutig die Notwendigkeit, sein Plädoyer für öffentliche Strafen zu rechtfertigen.[35]

Für den öffentlichen Strafvollzug sprach allerdings die Anrüchigkeit, mit der heimliche Strafvollstreckungen behaftet waren. Nach der Jahrhundertwende war immer noch zu lesen, eine Strafe müsse nicht nur zwecks Abschreckung, sondern auch aus Gründen der Transparenz vor den Augen der Bevölkerung vollzogen werden, um so Gerechtigkeit und ehrliche Souveränität zu vermitteln. Häufig hieß es, ein nicht-öffentlicher Vollzug von Hinrichtungen erinnere aufgrund der möglichen Willkür an eine Gesellschaftsform und ein Volk, „dessen Cultur-Zustand tief unter dem unsrigen ist". Die Auffassung, es sei „in der That eine Art von Beruhigung für die Staatsgesellschaft, daß ihr keines ihrer Mitglieder heimlich entzogen wird, daß selbst die Vollziehung des letzten tödtlichen Streichs mit der möglichst größten Öffentlichkeit geschieht", war durchaus verbreitet. Dies sollte auch in den folgenden Jahrzehnten so bleiben, denn, so der Jurist Albert Berner in den frühen 1860er Jahren, „daß die Nichtöffentlichkeit keine Empfehlung für eine Handlung der öffentlichen Gewalt sei, braucht nicht erst gesagt zu werden".[36]

Doch auch in dieser Frage hatten gegenläufige Aussagen seit einigen Jahrzehnten an Boden gewonnen. Auch hierfür zeichnete die Konzeption der Vertragsgesellschaft maßgeblich verantwortlich, die sich bis zum ausgehenden 18. Jahrhundert etabliert hatte und die Todesstrafe als kollektiven Selbstschutz gegenüber den gefährlichen Individuen erscheinen ließ. Die Befugnis des „Leviathan" zu töten konnte einerseits aus der Übertragung des individuellen Selbstverteidigungsrechtes hergeleitet werden, sie konnte andererseits durch die Auflösung des Vertrages von Seiten des Missetäters begründet werden. Auf die Nuancen der einzelnen Argumentationen bin ich im dritten Kapitel dieser Arbeit eingegangen. Folgt man den Darlegungen Johann Gottlieb Fichtes aus dem Jahr 1797, so war durch ein Verbrechen der Vertrag gebrochen und ein rechtsfreier Raum entstanden. Innerhalb dieses Vakuums war es kein übertragenes Recht mehr, sondern ausschließlich die größere »physische« Stärke im Kampf mit den MissetäterInnen, die dem Staat die Möglichkeit zu töten gewährte. Die Tötung geschah im Konzept Fichtes als Akt der Selbstverteidigung in einer Art Zweikampf zwischen dem Staat und dessen Funktionsträgern auf der einen, und den MissetäterInnen auf der anderen Seite. Der Staat tötete demnach nicht auf der Basis eines ihm verliehenen Rechtes, sondern aus Not und aufgrund seiner größeren physischen Stärke, und „was nur die Not entschuldigt, ist nichts Ehrenvolles; es muß daher, wie alles Unehrbare und doch Notwendige mit Scham und in Geheim geschehen. Werde der Missetäter im Gefängnisse erdrosselt, oder enthauptet!"[37]

Folglich war es möglich geworden, auf der Grundlage der veränderten Gesellschaftskonzeption den Ausschluss des Publikums vom Vollzug der Todesstrafen zu denken und zu fordern. Zudem galt es als selbstverständlich, dass eine auf Vernunft und Kultur gründende Gemeinschaft auch im Zustand der allgemeinen Rechtlosigkeit nicht in die Barbarei verfallen würde. Da einzig die Beseitigung des Feindes aus Sicherungsgründen erstrebenswert war, würde dessen Tod im Sinne der Zivilisation und Humanität mit einem Minimum an Schmerzen herbeigeführt. Der »staatliche« Antrieb zu einer möglichst raschen, schmerzfreien Tötung der ÜbeltäterInnen basierte in der Konzeption Fichtes demnach nicht auf vertrags- oder naturrechtlichen Bindungen, sondern einzig und allein auf internalisiertem kulturellen Fortschritt. In diesem Sinne fragte er, was denn „die Vernunft" sagen könne „zu dem Gepränge, das bei Hinrichtungen getrieben wird; oder dazu, daß man die Leiber der Hingerichteten aufhängt, auf das Rad flicht, u. dgl., – so wie die Wilden die Kopfhäute ihrer erschlagenen Feinde um sich herum aufhängen? [...] Die Todesstrafen durch Martern schärfen ist Barbarei. Der Staat wird dann ein wilder, schadenfroher rachewütender Feind, der seinen Feind vorher noch recht quält, damit er den Tod fühle".[38]

Auch in Hinblick auf die Öffentlichkeit und Publikumswirksamkeit des Strafvollzuges ist demnach eine Vielfalt und Widersprüchlichkeit von zirkulierenden Aussagen zu konstatieren. Dies entspricht dem Bild eines Diskurses im Wandel, wie es sich bereits mehrfach präsentiert hat. Wenn tradierte Konzeptionen aber auch weiterhin kursierten, so gewannen die veränderten Aussagen doch zunehmend an Gewicht. Von einer ordnungsstabilisierenden Wirkung des frühneuzeitlichen „Theaters des Schreckens" à la Benedikt Carpzov oder Jacob Döbler war nur noch äußerst selten die Rede. Statt dessen wurde vor einer Destabilisierung der Gesellschaft und einer „Verunedlung der Gesinnung und Verwilderung der Gemüther" durch die Anwendung und Darbietung solcher Strafen gewarnt. Die gänzliche Verlagerung der Strafspektakel aus dem Gesichtsfeld einer unbeschränkten Öffentlichkeit heraus war freilich noch eine eher theoretische Perspektive. Nichtsdestoweniger kann auf textueller wie auch auf praktischer Ebene ein Trend markiert werden, die Sichtbarkeit der physischen Gewalt, die zur Zerstörung menschlicher Körper schlechthin notwendig ist, zu beschränken.[39]

Ein entscheidender Schritt auf diesem Weg war die Mechanisierung der Tötung, von der es hieß, sie genüge in *allen* Belangen „den Forderungen von der Vernunft und Menschlichkeit". Das mechanische Fallbeil galt als optimales Instrument, um eben nicht nur das Leid der Hinzurichtenden, sondern auch die Aufregung der Zuschauenden zu minimieren. Sollte eine Exekution für das Publikum „lehrreich" sein, so war es schließlich essentiell, dass dessen Gefühle „nicht durch den scheußlichen Anblick mißlungener Hinrichtungen und langsamer Todes-Qualen beleidigt" oder auch befriedigt wurden, wie Georg Wilhelm Böhmer in seinen Abhandlung „Ueber die Wahl der Todesstrafe" geschrieben hatte. Am Anfang des 19. Jahrhunderts war es eine „Grundwahrheit des peinlichen Rechts", so Gallus Kleinschrod, dass das Publikum die obrigkeitlich verordneten Strafen keinesfalls als grausam empfinden durfte.[40]

Obgleich nur wenige Jahre zuvor Grausamkeiten mit dem Ziel, das Publikum zu beeindrucken, noch simuliert worden waren, wie bei Räderungen mit vorheriger heimlicher Strangulierung, galt es nun ganz im Gegenteil als entscheidende Voraussetzung für den Erhalt der Todesstrafe, die Sichtbarkeit staatlich verordneter Gewalt gegen menschliche Körper zu minimieren. Ab den 1820er Jahren erschien zu diesem Zweck die Enthauptungsmaschine zunehmend als probates Mittel, zumindest bis die Frage entschieden war, ob, so abermals Böhmer, „ein zahlreich versammelter Volkshaufe oder eine Auswahl ausdrücklich hierzu eingeladner Staatsbürger" den Vollzug einer Hinrichtung bezeugen sollte.[41]

Schon in den 1790er Jahren war in den Auseinandersetzungen um die mechanisierte Tötung betont worden, dass die Guillotine, ganz entgegen so mancher Befürchtung, nicht zur Blutlust des Volkes, sondern zur Verbreitung der Menschlichkeit und Zivilisation beitrage. Schließlich bedürfe deren „beilartiges Messer keiner Sekunde Zeit [...], um den Kopf vom Rumpfe zu trennen", wie der Mediziner Georg Wedekind in der Zeitschrift „Humaniora" und sinngemäß später nochmals in der „Zeitschrift für Staatsarzneikunde" betonte. „Das schnelle Verschwinden des in den vorhängenden Sack herabgefallenen Kopfs" mache „dem tragischen Schauspiele ein Ende [...], ohne daß auch nur ein Blutstropfen sichtbar wird", hob Wedekind hervor, und schließlich werde „der Hingerichtete aufs schnellste dem Anblick des Publikums entzogen und das tödtliche Instrument beseitiget". Insofern sei die ganze Operation „augenblicklich, ja schneller, als man es bemerken kann" beendet und die Sichtbarkeit des Strafaktes und der obrigkeitlich verordneten Gewalt auf ein Mindestmaß reduziert. Während die vorrevolutionäre Justiz die Zuschauenden vor die Möglichkeiten gestellt habe, Freude über eine gelungene Hinrichtung zu empfinden oder einer Metzelei beizuwohnen, würden durch die mechanisierte Tötung die „Kannibalenwuth" bekämpft und die Werte der „Menschenliebe und Menschenwürde" vermittelt.[42]

Darüber hinaus signalisierte das mechanische Fallbeil Ordnung, Zuverlässigkeit und Perfektion. Dass dessen Faszination und Stigma gerade aus der Eigenschaft herrührte, den fehlerfreien und absolut gewissen Tod in einem einzigen Augenblick und massenhaft herbeizuführen, ist ein anderer Aspekt, den ich bereits ausgeführt habe. Verbunden war mit der Enthauptungsmaschine jedenfalls auch die Hoffnung, sie könne bei geregelter und maßvoller Nutzung der angeblich immer zum Aufruhr bereiten Masse die Explosivität rauben. Schließlich, so sprach sich Gottlob Schulze in seinen „Prinzipien des peinlichen Rechts" für die Guillotine aus, galt es zu vermeiden, dass durch Strafexzesse auf dem Schafott „dem Pöbel, der freylich Spektakel liebt, und dem die Befriedigung der Rache Vergnügen gewährt, eine große Autorität [eingeräumt wird]". In seiner manuellen Praxis schien das „Theater des Schreckens" demnach alles andere als ein Stabilitätsgarant zu sein. Es gefährdete sogar „das Ganze der Staatsgesellschaft", da es aufgrund seiner Blutrünstigkeit, Brutalität und Unsicherheit „bei jeder Vollziehung der Anarchie Nahrungsstoff darreicht, die Herrschaft des Rechts und der Gesetze zu untergraben", wie Böhmer die weitverbreitete Sorge auf den Punkt brachte. Gelegenheiten für die irrationalen und lustbetonten Massen, die Signale der Herrschaft umzudeuten und in die Geschäfte der Obrigkeit einzugreifen, galt es zu umgehen, und nicht zu schaffen. Die Mechanisierung der Tötung entzog nun die Verstümmelung der DelinquentInnen weitestgehend den Augen des massenhaften Publikums. Auf diese Weise schien es möglich, die Aufnahme und Deutung der übermittelten Zeichen durch die Zuschauenden besser steuern, deren »Autoritätsgewinn« verhindern und der potentiellen Anarchie entgegentreten zu können. Die eingeschränkte Sichtbarkeit des eigentlichen Akts der Tötung wie auch der begleitenden Zeremonien eröffnete sich den schreibenden und im Sinne der Staatsgeschäfte handelnden

Zeitgenossen als der treffliche Weg, Todesstrafe und Hinrichtungen zu dem Stabilitätsfaktor zu machen, der sie eigentlich sein sollten. In diesen Maßnahmen schien das Potential zu liegen, die obrigkeitlich verordnete Tötung von Menschen im Sinne der bürgerlichen Zivilisation und der „allgemeinen Staatsvernunft" zu einem adäquaten und gewinnbringenden Element zu formen.[43]

Die Guillotine operierte somit am Schnittpunkt von »repräsentativer« und »bürgerlicher« – im Sinne einer mittelbaren, primär kommunikativ hergestellten – Öffentlichkeit. Jürgen Habermas, Lucian Hölscher oder auch Andreas Gestrich haben diese grundsätzliche Veränderung im Charakter der Öffentlichkeit trotz aller Widersprüche zwischen ihren Arbeiten übereinstimmend markiert. Es ist im Sinne Gestrichs davon auszugehen, dass Öffentlichkeit und Publikum, hier verstanden als zu einem spezifischen Zeitpunkt an einem spezifischen Ort versammelte Menschenmenge mit einem bestimmten Fokus, auch in vorbürgerlichen Zeiten eine politische Funktion ausübten. Da für diese Form der Öffentlichkeit die visuelle Wahrnehmbarkeit bestimmter repräsentativer Macht- und Herrschaftsinsignien schlechthin essentiell war, muss die Maschinisierung der Tötung als ein entscheidender Schritt der Hinrichtungen aus einer solchen »unmittelbareren« Öffentlichkeit heraus verstanden werden. Denn der eigentliche Akt der Tötung eines »Untertanen«, der ehemals das Kernelement einer Demonstration göttlicher Allmacht und obrigkeitlicher Stärke darstellte, war unter der Guillotine kaum mehr sichtbar. Im Vergleich zu den frühneuzeitlichen Strafspektakeln war die Gewalttätigkeit des Tötungsaktes der sinnlichen Wahrnehmung des Publikums zumindest partiell entzogen.[44]

Der Diskurs um die Todesstrafe bis zur Mitte des 19. Jahrhunderts

Im fortschreitenden 19. Jahrhundert galt die Auseinandersetzung über die Todesstrafe, wie sie seit etwa den 1750er Jahren geführt worden war, als weitgehend erschöpft, „durch wenig neue Gründe unterstützt" und nunmehr wenig dynamisch. Zumindest in Hinblick auf die naturrechtlichen und die gesellschaftstheoretischen Facetten schien dem Gesagten nichts Neues mehr hinzuzufügen zu sein. Der Gesellschaftsvertrag schien als Erklärung sozialer Beziehungen und Zusammenhänge an Faszination verloren zu haben. In der Frage über die Todesstrafe hatte er aufgrund seiner vielfältigen Interpretationsmöglichkeiten als normative Grundlage für eine eindeutige, theoretisch begründete Entscheidung versagt. Die vor allem im vorangegangenen Jahrhundert ausgefochtenen vertragstheoretisch dominierten Kämpfe über die Rechtmäßigkeit der verordneten Tötung wurden zwar als Grundstein einer allgemein positiven Entwicklung honoriert. In Hinblick auf die gegenwärtige und die zukünftige Lage wurden sie aber vor allem als von rhetorischer Effekthascherei „und einer gewissen Empfindelei" geprägter Irrweg verworfen. Nun wurde die Debatte „aus dem Gebiete der gefühlvollen Ergießungen in das Gebiet der praktischen Erwägungen verleg", und Gegner wie Befürworter der Todesstrafe empfanden sich auf dem richtigen Weg.[45]

Dementsprechend wurde weniger danach getrachtet, das, wie man meinte, meistdiskutierte Problem der Strafpolitik und des Strafrechts mit Bezug auf die unveräußerlichen Rechte eines Menschen zu entscheiden. Die Frage, ob die Todesstrafe einer zivilisierten Kultur angemessen war, und wenn ja in welcher Vollzugsart, schien nun einen anderen Lösungsansatz zu erfordern, da hier über den „Maasstab für die geistige Bildungsstufe eins Volkes – die Moralität eines Zeitalters" schlechthin verhandelt wurde. Daran gebunden war die Frage nach den Effekten und dem Nutzen der staatlich verordneten Tötung und ihrer Präsentation, die nun eindeutig in das Zentrum des Diskurses rückte. Freilich wurden weiterhin Schriften publiziert, die aus den verschiedensten Gründen mehr oder minder vehement und prinzipiell gegen die Todesstrafe fochten. Letztlich erwies sich die von der Justiz verordnete Tötung als ultimatives Zwangsmittel auch des bürgerlichen Staates jedoch abermals als äußerst beharrlich. „Der Mensch gewöhnet sich so gerne, das für unbedingt vernünftig zu halten, was er allenthalben um sich her in practischer Geltung erblickt", wurde in den ausgehenden 1830er Jahren pointiert formuliert. „Der Todesstrafe kräftigste Stütze ist ihr Vorhandensein", fügte Johann Althof im Jahr 1843 hinzu und brachte die diffuse Angst vor Veränderung und Instabilität zum Ausdruck. Man könne „in klarer Erwägung der Forderungen bürgerlicher Sicherheit ein gewisses ängstliches Gefühl nicht unterdrücken", lautete die Sorge, wenn „allmählig eine Strafart nach der anderen wegraisonniert" und der Gesetzgeber „nach einer gewissen idealisch aufgefaßten Ansicht von der menschlichen Natur [...] zu manchen Experimenten fortgezogen wird". Wie sehr die Todesstrafe als fest etabliertes Element der strafrechtlichen Praktiken empfunden wurde, lässt ein Traktat aus dem Jahr 1861 erkennen, wo es hieß, sie beweise vorzüglich, dass „Rechtsansichten, die auf alten Traditionen ruhen, schwerfällige Massen sind, die ihren Platz mit Nachdruck behaupten".[46]

Diese nahezu resignierend klingende Äußerung eines abolitionistischen Verfassers fand ihre Substanz in den meisten Texten der sogenannten strafrechtlichen „Autoritäten". Sie sprachen sich in Fachorganen sowie in ihren Hand- und Lehrbüchern fast durchgängig für den bedingten Erhalt der staatlichen Tötung aus, auch wenn eine solche Haltung zuweilen gegen ihre eigenen grundsätzlichen strafrechtstheoretischen Erwägungen war. Diese „Inconsequenz selbst der consequentesten Denker" verdeutliche jedoch die „Unentbehrlichkeit dieser Strafe", meinte Carl Hepp im Jahr 1836. Im Falle eines Mordes, „wo der Täther mit dem vollen Bewußtsein der Größe seines Verbrechens gehandelt hat", so Carl Mittermaier und auch Hepp in einer späteren Schrift, sei der gesetzliche Tod die einzige *„dieser Größe [der Tat] entsprechende* Strafe" und somit nach dem „natürlichen Rechtsgefühl" ausgleichende „Gerechtigkeit". Der Begriff der „Gerechtigkeit" wurde nur selten genauer definiert, vielmehr war es „die Empfindung [, die] sich gegen den Anblick eines Mörders [empört, und] ein allgemeines geheimes Gefühl scheint uns dessen Vertilgung zu verlangen". Dass die Todesstrafe somit den Charakter eines obrigkeitlichen Vergeltungsschlages behielt, als „veredelte Rache" fungierte und letzten Endes auch als solche gerechtfertigt wurde, tat deren Akzeptanz und Langlebigkeit keinen Abbruch mehr. Mit der Forderung nach Besserung durch Strafe wurde im Fall des vorsätzlichen Mordes bewusst gebrochen, und sogar die „göttliche Ordnung" schlich sich wieder in die Argumentationen ein. Friedrich Julius Stahl schrieb im Jahr 1841 in seiner „Philosophie des Rechts", da der Mord „das höchste Verbrechen" sei, fordere er „auch die höchste, die vollständige Vernichtung des Verbrechers, die Todesstrafe. Wer sich als Herr über das Leben aufgeworfen, der Mörder, gegen den kann die höhere Gewalt des Staates und der göttlichen Ordnung nur durch seine eigene Hinrichtung beurkundet werden".[47]

Der staatlich verordnete Tod war in einem gewissen Rahmen diskursiv legitimiert und gesetzlich fixiert, doch dessen praktische Umsetzung zeigte zunächst deutlich rückläufige Tendenzen. Die neuen Kriminalstatistiken schienen diesen Trend zu untermauern, und in den Zeiten aufblühender Empirie waren „kluge Beobachtungen statt vager Hypothesen und unbewiesener Systeme gefragt". Auch in der Strafrechtskunde folgte man diesem Postulat des belgischen Statistikers Adolphe Quételet aus dem Jahr 1829. Statistische Betrachtungen wurden vor allem von Carl Mittermaier angestellt. Nicht nur im Schwurgerichtssystem Englands und Frankreichs klafften die Zahlen von per Gesetz todeswürdigen Verbrechen und der von den Gerichten tatsächlich ausgesprochenen Todesurteile auseinander. Solches war auch in der, so die deutschen Rechtskundler, »professionelleren« und somit konsistenter handelnden deutschen Strafjustiz zu registrieren. Weiterhin lag die Anzahl der dann tatsächlich vollzogenen Exekutionen wiederum deutlich unter der Zahl der Verurteilungen. Folglich bewegte sich das Hamburger Moratorium von 1822 bis 1856 durchaus im Umfeld einer allgemeinen Entwicklung. „Überall bemerkt man das erfreuliche Streben, die Anwendung der Todesstrafe zu vermindern, nur bei den schwersten Verbrechen zu drohen, Ungerechtigkeiten zu entfernen, und die Vollstreckung zweckmäßig zu regeln", wie Mittermaier im Jahr 1836 notiert hatte. Nicht nur für die britischen Inseln, sondern auch für deutschsprachige Territorien wie z.B. die Herzogtümer Braunschweig, Hessen oder Nassau, aber auch für Bayern, Württemberg, Baden, Sachsen, Preußen und andere war man bemüht, einen solchen Trend statistisch zu untermauern. Den völligen Verzicht auf die Todesstrafe als »ultima ratio« des Gesetzes hielten jedoch, mit wenigen Ausnahmen, an diesem Punkt der kulturellen Entwicklung weder die Gesetzgeber, noch die Gerichte, noch der dominierende Part der Rechtskunde für angebracht.[48]

Im Diskurs um die Todesstrafe wurde nun insbesondere um die Frage der Abschreckung gerungen. Die Äußerungen in diesem Kontext waren keineswegs neuen Inhaltes, sondern zirkulierten bereits seit den Zeiten Cesare Beccarias. Auffallend ist, dass nun Befürworter wie Gegner der Todesstrafe die öffentliche Hinrichtung gleichermaßen als „Volksschauspiel" mit nachteiligen Wirkungen charakterisierten. Nur die Schlussfolgerungen divergierten. Neu war die Ubiquität entsprechender Äußerungen, die eine hohe Wirkungsmacht in Hinblick auf die zeitgenössischen Denk- und Handlungsmöglichkeiten signalisiert. Aus dieser Konstellation folgt, dass eine Differenzierung der Debatte um die Todesstrafe in die Lager »pro« und »contra« an diesem Punkt der Betrachtungen nicht sinnvoll ist. Gleiches kann für die Beschränkung der Öffentlichkeit von Hinrichtungen festgehalten werden. Entsprechende Aussagen verdankten ihre wachsende Präsenz im Diskurs einer »lagerübergreifenden« Thematisierung. Gegner wie Befürworter der Todesstrafe verfestigten die Möglichkeit, hinter den Gefängnismauern zu exekutieren, wenn ihre Bewertungen auch unterschiedlich waren. Diese Verschiebungen innerhalb des Diskurses um die Todesstrafe werden in den folgenden Absätzen nachgezeichnet.[49]

Die Zweifel an der stabilisierenden und abschreckenden Wirkung der öffentlichen Hinrichtungen rührten aus den bisherigen Erfahrungen und Erwägungen über die »menschliche Natur« her. Zum einen schien es „unter ausgearteten Menschen“, die ja gemäß der zeitgenössischen Vorstellungen der tödlichen Bedrohung von Seiten der Obrigkeit ganz besonders bedurften, „ein vielverbreiteter Wahn [zu sein], den Tod auf dem Schafott als einen Märtyrertod zu betrachten, als den letzten Triumph eines lasterhaften Lebens“ – als Kampf um „die Krone der Vergeltung“. Diese Feststellung war umso problematischer, als dass insbesondere die Hinzurichtenden maßgeblich zur Wirkungsweise einer öffentlich vollzogenen Strafe beitrugen, denn wie „der Verbrecher als der Akteur [...] sich nimmt oder gibt, [bestimmt] auch das Urtheil der Anschauung“, bemerkte der Hamburger Gelehrte Johann Grohmann. Schließlich, so Mittermaier, eile die neugierige „Menge“ zu einer Hinrichtung, weil sie eben „das seltene Schauspiel und die Einzelheiten des Benehmens des Verurtheilten beobachten will“. Sensationsgier und Schaulust seien weitverbreitet, und „selbst gebildete Personen, wenn Sie hören, daß Jemand auf der Straße vom Dache gefallen ist, oder schwer verwundet daliegt, drängen sich hinzu, um Alles recht genau zu beobachten“. Die Obrigkeit schien auf einem äußerst schmalen Grat zu wandeln, wenn sie das Publikum zu einer Exekutionen »einlade«, da „gerade der sinnlichste und roheste Mensch solche Strafen am meisten verachtet und gegen sie mit seiner Bravour Spott treibt“, führte Grohmann an anderer Stelle aus. Die öffentliche Hinrichtung wurde mit einer heftigen, dafür aber um so kürzeren Mutprobe für den Missetäter verglichen, von der eine geringe abschreckende Wirkung ausging. Zur Illustration zog Mittermaier das Bild eines Schuljungen heran, der sich bei einer Züchtigung standhaft zeigt, weil er sich vor seinen Klassenkameraden keine Blöße geben will. Als kollektiv disziplinierendes Instrument schien eine derart präsentierte, körperorientierte Strafe jedenfalls unwirksam zu sein. Sie trug, so die diskursiven Zuschreibungen, die Züge eines degenerierten Schaustückes mit einem unkalkulierbaren und zumeist renitenten Hauptdarsteller vor einem pöbelhaften, bestenfalls unsensiblen Publikum.[50]

Durch ein märtyrerhaftes Betragen der DelinquentInnen konnte zu allem Überfluss die Zuweisung der Attribute »gut« und »böse« an die verschiedenen

Akteure im »Theater des Schreckens« durcheinander gebracht werden. Die Obrigkeit spielte dann in den Augen des Publikums möglicherweise nicht mehr den Part der gerechten, ausgleichenden Instanz, sondern den des Aggressors, der „eine Art Rächeramt, und nicht die Thätigkeit eines Richters", ausübt und „sich mit dem Blute eines Verbrechers befleckt". Der „gesunde, geläuterte Zeitgeist" schien die Zweifel „des zu mehrerem Nachdenken gekommenen Menschen [zu nähren], wenn er die Staatsgewalt ihre Hände in das Blut eines Verbrechers tauchen sieht". Diese Konstellation musste nahezu zwangsläufig die Frage aufwerfen, „ob der Staat zu einer Handlung berechtigt sey, welche jedem Menschen schon sein inneres Gefühl verbietet". Zirkulierte schon seit der Mitte des 18. Jahrhunderts die Mahnung, die Obrigkeit könnte sich durch die Strafspektakel selbst diskreditieren und ihre eigene Position destabilisieren, so sollte diese Aussage etwa seit den 1820er Jahren äußerst präsent sein. Allenthalben hieß es nun, „das Gericht leidet hier unmittelbar durch das Schauspiel".[51]

Das Publikum galt nicht nur als blutrünstig, sondern es hieß auch, ein angeblich beständig wachsender Teil empfinde Mitleid mit dem Objekt obrigkeitlicher Gewalt. War Mitleid in den Zeiten Beccarias häufig als „krankhafte, verzärtelte Verirrung" verspottet worden, so galt eine solche Regung nun ganz im Gegenteil als Konsequenz des „wahren, gesunden Gefühls der Gerechtigkeit", als Ausdruck des „geläuterten Zeitgeistes". Es kursierten entsprechende Berichte, in denen das Publikum zwar einerseits als „schaulustig" beschrieben wurde, die Menschen den Verurteilten aber zugleich den Gang zum Schafott zu erleichtern versuchten, indem sie Blumen auf den Weg der Hinzurichtenden streuten. Conrad Samhaber beschrieb im Jahr 1831 dieses Wechselspiel von DelinquentIn und Publikum, indem er betonte, dass „die Verbrecher" zumeist einen „Ehrenpunct" daraus machen, „das Schafott mit Entschlossenheit und Trotz zu besteigen, und sie geben durch ihre Frechheit eben nicht das löblichste Beispiel. Zeigen sie aber Reue, so entlocken sie den Zuschauern Thränen, und erregen bei Ihnen mehr Abscheu gegen die Grausamkeit der Gesetze, als gegen die vom Verbrecher verübte Missethat".[52]

In wesentlich grelleren Farben als das mitleidige Publikum wurde jedoch die „Masse des Volkes" gezeichnet, die „in vollem Drängen [...] dahin wogte", „in der blinden Erwartung eines Ereignisses" zusammengetrieben, um ihrer Schaulust zu frönen und ihrer Sensationsgier nachzukommen. „Der meiste Theil der Zuschauer besteht aus Neugierigen, welchen es gleich ist, ob es ins Schauspiel oder auf den Richtplatz geht: sie wollen sehen und nicht fühlen", betonte Carl von Eschenmayer. Ein „gaffendes Publikum", fügte Johann Grohmann hinzu, warte „auf den Streich, der fallen soll"; und: „die Mehrzahl will an dem blutigen Trauerspiele gedankenlos ihre Neugierde befriedigen, der Tag der Hinrichtung wird für sie zum Tag der Freude, der Roheit und Schwelgerei", wie Friedrich Noellner während seiner Gerichtstätigkeit bemerkt zu haben meinte. Auch Carl Mittermaier verwies auf „amtliche Protokolle", die nach der vollzogenen Hinrichtung regelrechte Beifallsstürme „wie in einem Schauspiele" dokumentierten, zumal dann, wenn immer noch das manuell geschwungene Schwert und nicht das mechanische Fallbeil benutzt wurde. Wieder und wieder wurde die Roheit und Unflätigkeit einer „gaffenden, neugierigen und schäkernden Menge“ beschrieben, ein „Hinzudrängen, um schauderhafte Scenen zu sehen“. Durch das allgemeine Durcheinander könne die verbrecherische Grausamkeit und die „thierische Verwilderung“ der meisten Hinzurichtenden auch dem bedächtigeren, vernünftigeren und zivilisierteren Zuschauer gar nicht mehr bewusst werden, weil „sein Gefühl empört wird durch die rohen Zeichen der Freude oder Wuth, in welche er den [...] Pöbel [...] ausbrechen sieht“. So manifestierte sich nahezu unverrückbar, dass durch das Publikum „der Eindruck, daß die Gerechtigkeit hier gehandhabt wird, völlig verschwindet [und] Hinrichtungen keine von Verbrechen abhaltende Wirkung äußern“, wie es Mittermaier prägnant formulierte. Er betonte auch die Ambivalenz der Faszination „Todesstrafe“, die zeigt, „daß das menschliche Gemüth ein unergründliches Räthsel ist“. Während das Volk die ausführenden Organe der peinlichen Justiz einerseits meide wie der Teufel das Weihwasser, werde es andererseits vom »angenehmen Grauen« und der Blutlust gepackt, sobald der passive Konsum der Gewalt locke. Denn dann „strömen Tausende, als wenn sie zum fröhlichen Feste wanderten, an den Platz der Hinrichtung, bezahlen einen bedeutenden Preis, um recht bequem dem schrecklichen Akte zusehen zu können; und wenn am Morgen der Hinrichtung die Nachricht eintrifft, daß der Herrscher dem Zuge seines Herzens gefolgt und den Verbrecher begnadigt habe, ergießt sich die sogenannte gebildete wie die ungebildete Masse in Schmähungen, ärgerlich darüber, daß sie um ein Schauspiel betrogen worden ist“.[53]

Es galt nun als mehr denn zweifelhaft, „ob die Todesstrafe als Warnungsmittel für die Zuschauer jemals gefruchtet habe“. Doch die Kritik reichte noch weiter. Denn die Strafexempel wirkten nicht bloß magnetisch auf ein ignorantes und sensationslüsternes Publikum, sondern sie seien darüber hinaus sogar gewalt- und verbrechensfördernde Spektakel. Allerorten war zu lesen, sie „verderben den Charakter des Volks“, indem sie „die wilde Gier und Roheit der Menschenbrust nur aufwecken“. Die „bürgerliche Achtung“ und somit sämtliche kulturellen Errungenschaften des letzten Jahrhunderts drohten durch die Erziehung der Menschen zur „Unempfindsamkeit“ ausgehöhlt zu werden, lautete die Befürchtung. Nicht »erzogen«, sondern »verzogen« werde der Mensch durch diesen „Rost aus alten Zeiten“. Aus den umliegenden Städten und Dörfern werde das Volk am Tag einer Hinrichtung angelockt, und „alles verläßt seine Arbeit und strömt in großen und wilden Schwärmen herbei“. Mit der unbändigen Kraft eines Lavastromes schienen die „vom Brandweine erhitzten“, „rottierenden“ Massen dann durch die Gassen zu ziehen, und sie besetzten „Straßen, Gebäude, Bäume“. Nach der Exekution drängten sie „in die Wirtshäuser, um ihre rohen Scherze und Bemerkungen zu machen“. „Man bewirthet sich, lacht scherzt, tanzt und beschließt das moralische Schauspiel [...] auf eine sehr unmoralische Weise“, um erst gegen Abend die Stadt wieder zu verlassen. Was schon früher debattiert worden war, galt spätestens seit den 1830er Jahren als „Thatsache“, nämlich, „daß der häufige Anblick von Executionen der Todesstrafe, statt abschreckend oder warnend auf das Publicum einzuwirken, vielmehr das Gefühl der Zuschauer abstumpft, sie roh und gleichgültig macht und zuletzt den Volkscharakter demoralisirt".[54]

Eine Spirale der Gewalt schien durch deren obrigkeitlich verordnete Darbietung eröffnet zu werden. Strafe schien ihren ursprünglichen Sinn, nämlich den Zirkel von Gewalt und Gegengewalt durch den Eingriff einer äußeren Macht zu durchbrechen, verloren zu haben, da allzu oft erst „in dem Augenblicke das neue Böse geboren ward, wo das vollbrachte Böse gestraft wird". Dass „das entsittlichende Beispiel der Blutrache" vom Gesetzgeber dargeboten werde, der, „um dem Volke zu zeigen, daß es nicht grausam handeln dürfe, [...] selbst Handlungen der Grausamkeit" begeht, sei ein Paradoxon par excellence. Ähnlich wie bei einem wilden Tier, das Blut wittert, wecke „das amtliche Blutvergießen mit seinen Scheußlichkeiten ein im Menschen schlummerndes Gefühl der Rohheit". Die Todesstrafe mit ihren „blutigen Gräueln" bringe somit eine weitverbreitete „sinnlich-sittliche Apathie" hervor und sei maßgeblich dafür verantwortlich, „daß fast immer unmittelbar nach einer empörenden Mordthat in der größeren Volksmasse ein Verlangen nach dem Blute des Mörders laut wird". Gibt der Staat nun wiederum „dem Wuthausbruch des Pöbels" nach, lässt sich „von einem so rohen Elemente bestimmen" und fügt sich gehorsam „dem wilden Volksgeschrei ‚kreuzige, kreuzige!'", so hat er sich „zum Pöbel herabgesetzt", sich zum „willigen Organ seiner fleischlichen Gelüste" machen lassen, und die archaische Masse hat die Geschicke der bürgerlichen Gesellschaft endgültig in die Hand genommen. Seinen Ausgangspunkt finde dieser Prozess in der öffentlich zelebrierten, staatlich verordneten Tötung. Denn „mit dem *leiblichen* Leben der Missethäter wird zugleich das *sittliche* Leben des Volkes getödtet" – ein Vorgang, den Georg Friedrich Schlatter schließlich im Jahr 1857 als den „Fluch der Todesstrafe" bezeichnete. Ausdrücklich wurde die Regression der Gesellschaft in einen Zustand beklagt, der die Züge einer vorzivilisierten Gemeinschaft trage und die Kontraproduktivität der öffentlich vollstreckten Todesstrafe unzweifelhaft dokumentiere. Deren Konsequenzen wurden als ebenso bedauerlich wie gefährlich erachtet. Um sie treffend beschreiben zu können, zitierte Karl Hepp den Pädagogen und Sozialreformer Johann Heinrich Pestalozzi, der beklagte, wie „‚in unsern Tagen bei unserem Volk [...] das Herz der Menschen viel roher und theilnehmungsloser geworden, als es unter den Alten war. Man sieht jetzt dem Hinrichten oft so kalt und ungerührt zu, als man dem Schlachten eines unvernünftigen Viehes zusieht. Man macht sich nichts mehr daraus. Darum werden auch die Verbrecher umsonst getödtet. Ihr Tod hilft nichts, beweist nichts als wie gering der Werth eines Menschen in den Augen unserer Zeit ist'".[55]

Durch das neue Instrument der Kriminalstatistik glaubte man, die Folgen der öffentlichen Hinrichtungen sogar konkret messen zu können. Dies war Anfang der 1830er Jahre noch nicht möglich gewesen, als beispielsweise Conrad Samhaber über die umgekehrte Proportionalität drakonischer Strafen und schwerer Verbrechen noch mutmaßen musste. Er formulierte jedoch die vage Hoffnung, dass „statistische Tabellen über die verübten Verbrechen gewiß nachweisen würden, daß die Schwereren unter der Herrschaft gelinder Gesetze nicht so häufig sind, als dort, wo draconische Strenge die Gesetze dictiret hat". Bereits wenig später meinte man, das seit langem bemühte Bild des unter dem Galgen stehlenden Diebes und des am Schafott mit der Mordlust infizierten Gewalttäters endlich »wissenschaftlich-seriös« verifizieren zu können. Eine hohe Zahl an Diebstählen während und eine wachsende Mordrate nach einer Hinrichtung galten nun als bewiesene Tatsachen, die „in den criminalistischen Tabellen" statistisch überpüfbar waren. Darüber hinaus war dokumentiert, dass nahezu alle zum Tode Verurteilten bereits mindestens einmal bei einer Exekution zugegen gewesen waren oder gar in ihrer Verwandtschaft Hingerichtete zu beklagen hatten. Weiterhin schienen die „schwärmerischen Köpfe, denen das Feierliche [einer Exekution] gefällt", durch den öffentlichen Urteilsvollzug kreiert und zu einer zusätzlichen Gefahr für die Sicherheit des Gemeinwesen zu werden.[56]

Die Strafvollstreckungen vor unbeschränktem Publikum galten demnach als Irrweg, der nicht zur ersehnten gesellschaftlichen Stabilität führen konnte. Edouard Ducpetiaux charakterisierte sie als blutrünstige Form des Kabaretts, die die zeitgenössische Kultur entwürdigte und zertrümmerte. Dabei könnte es doch so einfach sein, sich die »weiblich-passiven« Charakterzüge der Volksmasse zunutze zu machen und sie in die entsprechende Form zu gießen, wie Heinrich Zöpfl 1839 in einer Denkschrift anregte. Es sei einleuchtend, dass eine Obrigkeit, die „ein Volk edel, frei und groß von Gesinnung haben will, es für das Edle, Große, Schöne und Gute, für Tugend und Freiheit *erziehen* muß", und, so meinte Zöpfl weiter: „Das Volk hebt sich nie selbst – aber es hat die Fähigkeit dazu, gehoben zu werden". Insofern sei es an der Zeit, endgültig die „Banden der Barbarei" zu zerreißen und mit einer Epoche in der Geschichte der Menschheit zu brechen, „in der das Gefühl für Recht und Unrecht noch in thierischer Stumpfheit schlummert". Die Achtung vor dem Gesetz könne „in dem Bewußtsein der Masse" aber wohl kaum geschaffen werden, indem man einen „Blutstrahl [durch] das Richterschwerdt von Zeit zu Zeit vom Schaffote aufsteigen läßt". Denn der roh-sinnliche Naturzustand galt als elementarer Widerspruch zur bürgerlichen Gesellschaft, war doch angeblich „mit zunehmender Cultur [...] eine Verfeinerung der sinnlichen Genüsse" verbunden. Diesem Nexus galt es nun endlich gerecht zu werden, meinte der Hamburger Jurist Carl Trummer. Die fleischlich gesonnenen ZuschauerInnen mussten durch zielgerichtete Erziehung, durch Steuerung von oben auf den rechten Weg gebracht werden. In einer Kultur allerdings, „wo Dasjenige, was ein dichter Schleier bedecken sollte, täglich vor den Augen des Publikums auf der Bühne dargestellt wird", schien es unmöglich, die allgemeine Zivilisierung voranzutreiben, hieß es im Jahr 1837 im „Archiv des Criminalrechts". Sowohl die Konstruktion eines philanthropischen Selbstbildes der etablierten Zirkel als auch deren purer Selbstschutz forderten demnach eine Veränderung der Strafjustiz. In einer wahrhaft fortgeschrittenen Kultur mit wahrhaft zivilisierten und vernunftgesteuerten Menschen mussten „alle Erscheinungen der sichtbaren Welt ihre richtige Stelle" einnehmen.[57]

Dies galt freilich auch für den Vollzug von Todesurteilen. Wenn es nur um die Beseitigung einer Gefahr oder um die Vergeltung einer Schuld ging, so konnte den Verurteilten der Tod auch ohne großes Publikum beigebracht werden, wie bereits seit einigen Jahrzehnten zuweilen zu vernehmen war. Die Strafspektakel beschworen jedoch den selbst inszenierten Untergang der bürgerlichen Gesellschaften, denn die archaische „wilde Lust“ schlummerte immer noch „bei Tausenden“, und „wehe uns, wenn wir sie wecken!“ Um die „nachtheiligen Folgen“ von Exekutionen vermeiden zu können, „ist neuerdings der Vorschlag einer *geheimen* Vollstreckung der Todesstrafe gemacht“ worden, schrieb Carl Hepp im Jahr 1836. Einige Jahre später ergänzte er, dass „gerade in unsern Tagen der nur zu oft bei Hinrichtungen getriebene Unfug bei vielen Menschenfreunden längst den Gedanken einer Beschränkung der absoluten Öffentlichkeit hervorgerufen hat“. Den Sympathie- und Mitleidsbekundungen für die Verurteilten könne auf diesem Weg ebenso entgegengewirkt werden wie der zunehmenden Verrohung des Volkes, skizzierte Mittermaier 1834. Zudem gab es in diesem Zeitraum in der ausländischen Justizpraxis bereits einige Präzedenzfälle. In mehreren US-amerikanischen Bundesstaaten wurden seit der Mitte der 1830er Jahre Todesurteile vor ausgewähltem Publikum vollzogen. Einige Beamte sowie geladene Zeugen beurkundeten die Vollstreckungen, die dann über die Presse bekannt gegeben wurden.[58]

Es wurde konzediert, eine derartige Praxis könne in Hinblick auf die mannigfaltigen Probleme eine „gewisse Abhülfe“ schaffen. Zuweilen wurde die sogenannte „Intramuram-Hinrichtung“ auch als erster Schritt auf dem Weg zur Abschaffung der Todesstrafe bezeichnet. Andererseits wurde kritisiert, „Abschlagszahlung“ dürften im Kampf um „das Princip der Menschlichkeit und des Rechts“ nicht hingenommen werden. Zudem wurde weiterhin bemängelt, „die Nichtöffentlichkeit“ sei ohne Zweifel „keine Empfehlung für eine Handlung der öffentlichen Gewalt“. Auch Mittermaier hatte sich in den 1830er Jahren noch skeptisch gegenüber dem Vollzug der Todesstrafe „im Geheimen“ geäußert. Eine solche Regelung gebe „Mißtrauen und mannigfaltigen Besorgnissen Raum“, und sie lasse „durch die Heimlichkeit der Exekution ein gewisses Schamgefühl“ erkennen. Und auf eine eventuelle Empfindsamkeit der Pflichtzeugen würde in einem solchen Verfahren auch keine Rücksicht genommen.[59]

Anfang der 1860er Jahre war die Skepsis verwässert. Grundsätzliche Einwände gegen die Nicht-Öffentlichkeit waren mittlerweile von minderer Bedeutung, und nur noch selten wurde kritisiert, dass sich der Henker „vor dem Publikum verkriecht, um, in einer Zeit der Öffentlichkeit, sein Opfer im Geheimen zu töten“. Eine Korrelation von Gewaltverbrechen und öffentlich vollzogenen Todesstrafen wurde nun in englischen, US-amerikanischen, französischen, italienischen und deutschen Texten eindeutig fixiert. Die „Unwirksamkeit der Todesstrafe“ als Abschreckung galt als erwiesen, und die negativen Erfahrungen „von der Nachtheiligkeit öffentlicher Executionen für die Moralität des Volkes [...] haben die Regierungen in neuerer Zeit bestimmt, die Hinrichtungen der Missethäter im Geheimen vollziehen zu lassen“. In Preußen, Württemberg,

Altenburg, Sachsen, Hessen, Baden und auch in Hamburg wurden die Urteile nun „in einem geschlossenen Raume unter Zuziehung einer Anzahl Urkundspersonen“ vollstreckt. Ausschließlich männliche und volljährige Amtsträger, Verwandte der Verurteilten, Mediziner sowie zuweilen auch eine „aus den verschiedenen Volksclassen auszuwählende Anzahl reiferer Zuschauer“ durfte in den genannten Regionen das staatlich verordnete Sterben noch beobachten. Für eine Abschaffung der Todesstrafe, so lautete das Credo, müsse noch „ein viel höherer Grad allgemeiner Bildung und Gesittung vorausgesetzt werden, als derjenige ist, auf welchem die größere Masse des Volkes sich dermalen befindet und wahrscheinlich noch längere Zeit befinden wird“. Kritisch wurde nun vor allem auf die ausgeprägte Berichterstattung über spezifische Exekutionen verwiesen, die dem Lesepublikum auch bei nicht-öffentlichen Hinrichtungen einen Eindruck von der Grausamkeit der Todesstrafe vermittele. „Trotzdem“, so Mittermaier im Jahr 1862, „ist nicht zu läugnen, daß durch Ausschluß der Oeffentlichkeit manche schädliche Wirkungen der Todesstrafe beseitigt werden können“. Auf den folgenden Seiten werde ich genauer zeigen, wie die diskursiven Verschiebungen mit der Hamburger Strafrechtspflege korrespondierten. Zu diesem Zweck gilt es zunächst in das frühe 19. Jahrhundert zurückzukehren.[60]

Hamburg und die Sichtbarkeit der Todesstrafe seit dem Ende der französischen Besatzung

Catharina Susanne Seeps war der erste Mensch, der in Hamburg nach dem Ende der französischen Besatzung den Tod auf dem Schafott erwartete. Erstmals seit über sieben Jahren musste der Rat am 1. September 1816 ein Großereignis dieser Art organisieren, und die „Unordnung“ einer wilden „Volksmaße“ wollte man unbedingt vermeiden. Am Tag der Exekution wurden zahlreiche Truppen aufgeboten, und zuvor war ein neues, großes „Blutgerüst“ mit stabilem Fundament errichtet worden, da den Ratsherren „ein transportables [Gerüst] nicht fest und nicht hoch genug [schien], um den Delinquenten vor den Insulten des Pöbels sicher zu halten“. Schließlich erinnerte man sich noch des Raubmörders Johann Wallgrün, der im Jahr 1807 vom Publikum geschlagen und sogar zu Boden geworfen worden war, obwohl zahlreiche Soldaten den Weg zum Schafott hatten sichern sollen.[61]

Die Vorbereitungen der Exekution zeigen, wie ambivalent das „Theater des Schreckens“ nun wahrgenommen wurde. Auf der einen Seite war ein drängender „Pöbel“ allgegenwärtig. Die Strafvollstreckungen wie auch jede andere Gelegenheit, eine (noch) leibhaftige Delinquentin zu sehen, schienen ihn anzulocken, und offensichtlich waren viele Menschen bereit, für einen Blick in die Fronerei entsprechend zu bezahlen. Die Obrigkeit war bemüht, derartige Auswüchse zu unterbinden und auch dem „auffallenden Wucher“, der mit einer Todeskandidatin getrieben werden konnte, Einhalt zu gebieten. Auf der anderen Seite vertraute man nach wie vor auf eine abschreckende Wirkung von peinlicher Justiz und Hochgericht auf „liederliches Gesindel“. Die rechtschaffenen Bewohner der Stadt sollten jedoch von derartigen Assoziationen verschont bleiben. Dementsprechend entschied man auch, den Ort der körperlichen Züchtigungen zu verlegen, denn um den sogenannten „Kaak“ herum hatte sich in den letzten Jahren eine zumindest ansehnliche Wohngegend entwickelt, und „es ist doch nicht zu leugnen, daß es unangenehm und schauerlich ist, einen solchen Exekutions Platz unter seinen Fenstern zu haben“. Das traditionelle Procedere einer Hinrichtung wurde allerdings kaum verändert, und es war offensichtlich nicht zu »unaufgeklärt«, Catharina Seeps zum Zeichen ihrer besonderen Schuld in eine „haarne Decke“ hüllen und mit „fliegenden Haaren“ zum Schafott führen zu lassen.[62]

In den folgenden Jahren sollte der reibungslose Ablauf einer öffentlichen Strafvollstreckung ein prominentes Thema bleiben. Wie im Kapitel über die „Technisierung des Tötens“ zu sehen war, erlangte es abermals im Jahr 1822 zentrale Bedeutung, als für die Enthauptung Christian Mathias Pingels kein kompetenter Scharfrichter zur Verfügung stand. Mangels schlagkräftiger Alternativen aus dem Umland wurde der erst zwanzigjährige Sohn des kürzlich verstorbenen Henkers ernannt. Als auch der junge Theodor Hennings bald darauf unerwartet verstarb, wurde der in Strafvollstreckungen unerfahrene Hamburger Pferdehändler Raphael Voigt zu dessen Nachfolger ernannt. Dies signalisiert, dass der Vollzug von Strafen unter den Aufgaben des Frones mittlerweile nachrangig war. Voigt durfte zudem seine Bürgerrechte behalten, was die Entmystifizierung dieses Amtes dokumentiert.[63]

Als Voigt 1830 mit dem Scharfrichter- und Abdeckeramt betraut wurde, war in Hamburg bereits seit acht Jahren keine Exekution mehr vollstreckt worden. Eine Auseinandersetzung zwischen den renommierten Hamburger Rechtskundlern Carl Trummer und Carl Wilhelm Asher vermag zu offenbaren, wie eng die regionalen Entwicklungen mit dem überregionalen Diskurs verflochten waren. Asher bemängelte zunächst, dass „die früheren Strafgesetze ungenügend und unanwendbar, und daß keine andern an ihre Stelle getreten sind, geschweige denn solche, die den Forderungen der Zeit genügen und den Fortschritten der Wissenschaft und Kenntnisse entsprächen“. Überall, so meinte er mit Bezug auf die Todesstrafe, höre man laute Stimmen tönen, „daß vor der Weisheit unserer neuen Einrichtungen und Gesetze alles Alte ziemlich unbedingt weichen müsse“. Ein neuer Kodex sei erforderlich, der den „Gefühlen der Völker“ entspreche und den Gebrauch der Todesstrafe auch explizit auf die schwersten Verbrechen einschränke. Denn, so Asher, Kodex und Justizpraxis bedürften der Kohärenz, um Rechtsunsicherheiten zu vermeiden, und er betonte, es sei die Zeit gekommen, wo „auch wir hinter dem Zeitalter nicht zurückbleiben dürfen“. Carl Trummer mahnte im Gegensatz dazu mit Blick auf die Rechtspraxis zur Geduld „im lieben Hamburg, das sonst seinem Zeitalter nicht voranzueilen pflegt, und mit seiner Criminalgesetzgebung seit 1603 gefeiert hat“. Die gegenwärtige Phase allgemeiner Entwicklung und großer Umbrüche dürfe durch vorschnelle Schritte nicht abgebrochen werden, und Trummer flehte seine Leserschaft förmlich an, es „um des Himmels willen beim Alten [zu] lassen, laßt uns die alten Gesetze mit der Fackel der Wissenschaft erhellen, die Heilmittel des Gerichtsgebrauchs, die Einflüsse der Praxis, die sich doch wahrlich nicht wegdisputiren läßt, nicht verschmähen". Mit Blick auf eben diese Praxis der letzten Jahre charakterisierte Trummer die Todesstrafe „als eine verzweifelte, in unserem jetzigen Rechtszustande dann und wann noch unerläßliche äußere Radicalcur in einzelnen Ausnahmefällen". Für die nahe Zukunft prognostizierte er jedoch deren endgültiges Verschwinden. Dies, um auf Raphael Voigt zurückzukommen, ließe es legitim erscheinen, einen Pferdehändler zum Henker zu machen.[64]

Wie sehr die Hamburger Obrigkeiten in den 1830er und 1840er Jahren bemüht waren, den Vollzug eines Todesurteils zu umgehen, habe ich am Ende des letzten Kapitels nachgezeichnet. Als weiteres Indiz für die sukzessiv schwindende Bedeutung, die einer peinlichen Rechtspflege alten Stils beigemessen wurde, mögen die Debatten um die Fronerei herangezogen werden, die im Großen Brand Hamburgs vom Mai 1842 zerstört worden war. Auf deren Wiederaufbau wurde letztlich verzichtet, weil der Rat meinte, Körperstrafen wie Brandmarkung, Staupenschlag oder Pranger seien ohnehin de facto abgeschafft. Und sollte es tatsächlich mal wieder einen Todeskandidaten geben, so könne dieser bis zur Exekution auch im Gefängnis statt in der Fronerei verweilen, hieß es im Rat. Zudem würden so, und dies war ein überzeugendes Argument, der mittlerweile allseits gefürchtete Zug zum Richtplatz quer durch die Stadt verkürzt und das Spektakel verringert.[65]

Ein gutes Jahr vor der Entscheidung, die Fronerei nicht wieder aufzubauen, war über Johann Christoph Pfleging entschieden worden, dessen Fall ich bereits im Kapitel über das mechanische Fallbeil aufgegriffen habe. Die Möglichkeit, dass in Hamburg nochmals ein Todesurteil nach alter Fasson vollzogen werden würde, schien nach dem langen Verfahren um den Mörder der 72-jährigen Witwe Ahrens nicht mehr zu bestehen. Die Hamburger Gerichte hatten eine Exekution gezielt umgangen und Pfleging zwar nicht begnadigt, aber die eigentlich unvermeidbar scheinende Todesstrafe in eine 25-jährige Zuchthausstrafe umgewandelt.[66]

Der Angeklagte hatte zunächst ohne Umschweife gestanden, der fast erblindeten Witwe Ahrens den Mund zugehalten und mit einem Hammer den Kopf eingeschlagen zu haben, um sie zu berauben. Später verlegte er sich aber auf ein „beharrliches Läugnen" seiner Schuld. Im Rat der Stadt hieß es nun, durch die veränderte Aussage des Angeklagten gehöre der Fall Pfleging, der zunächst als der eindeutigste aller möglichen Raubmorde gegolten hatte, „in rechtlicher Hinsicht nicht zu den ganz unbedenklichen und über jeden Zweifel erhabenen". In einer Zeit, „in welcher die große Frage über die Zulässigkeit von Todesstrafen sich mehr und mehr dafür zu lösen angefangen, daß deren allmählige factische Abschaffung das empfehlenswertheste sei", fürchteten die Ratsmitglieder, dass in Ermangelung eines Schuldeingeständnisses „die Vollziehung der Todesstrafe einen der beabsichtigten Wirkung ganz entgegengesetzten Eindruck hervorbringen könnte". Darüber hinaus war nicht abzustreiten, „daß in Beziehung auf die Hinrichtung selbst sich Schwierigkeiten zeigten".[67]

Da wäre erstens der nun äußerst missliche Umstand zu nennen, dass der Hamburger Fron und Abdecker Voigt nicht die Fähigkeit besaß, mit dem Schwert zu exekutieren. Einen kompetenten Ersatzmann zu beschaffen, war mittlerweile nahezu unmöglich, denn die letzten Enthauptungen im Umland waren mit dem Beil ausgeführt worden. Auch der letztlich einzige Bewerber, Christian Eichenfeldt aus Schwerin, hatte nur wenig vertrauenerweckende Zeugnisse vorzuweisen, die auf einer nahezu drei Jahrzehnte zurückliegenden Hinrichtung gründeten. Da schien ein Fehlschlag wahrscheinlich, und den wollte und konnte man sich nicht leisten. Der Anblick eines solchen Geschehens wäre unerträglich und degenerierend gewesen, die möglichen Konsequenzen gar furchteinflößend und bedrohlich.[68]

Zweitens war der Richtplatz keineswegs in dem entsprechenden Zustand für eine Exekution. Baumaterialien und Schutt waren dort gelagert, und es war zu befürchten, dass das Publikum auf die Steinhaufen hinaufkletterte, um das Geschehen besser beobachten zu können. Die Gefahr, dass ZuschauerInnen stolperten, abrutschten, stürzten, sich verletzten und die Massen somit in Bewegung gerieten, schien im wahrsten Sinne des Wortes gegeben.[69]

Drittens hatten sich auch Hamburger Bürger zu Wort gemeldet und um Pflegings Begnadigung gebeten. In einem weiteren Schreiben von „größtentheils Rechtsgelehrten" wurde die „Beseitigung des Schaugepränges bei Hinrichtungen" erbeten. Das Fallbeil sollte auf der Basis eines verfassungsgemäße Beschlusses nun endlich Rad und Schwert ablösen, lautete die Forderung.[70]

Nun wurden alle Räder in Bewegung gesetzt. Nicht noch einmal sollte ein Todesurteil an solchen Schwierigkeiten scheitern. Der Rat ließ Gutachten über das Fallbeil einholen und der erste Polizeiherr wurde aufgefordert, dem Obergericht möglichst rasch über realisierbare Veränderungen des Hinrichtungsverfahrens zu berichten. Eine ausführliche Stellungnahme kam zu dem Schluss, dass das mechanische Fallbeil nun definitiv als das humanste Tötungsinstrument gelte und gegen dessen Einführung in Hamburg auch von der Bürgerschaft kein elementarer Widerspruch mehr zu erwarten sei. Die traumatischen Erfahrungen der „Franzosenzeit" schienen in den Hintergrund getreten zu sein. Zudem, so hieß es in dem Gutachten, habe man schlechthin „keinen Scharfrichter, dem die Verrichtung [einer manuellen Enthauptung] anvertraut werden könnte". Vorrangig war jedenfalls, betonten die Gutachter, dass ein wie auch immer zusammengesetztes Publikum mit einer Exekution keinesfalls Rachsucht und Grausamkeit assoziieren dürfe. „Nur den Charakter der Gerechtigkeit" gelte es zu vermitteln, und in diesem Sinne hielten sie fest, dass „hinsichtlich der Tageszeit der Execution, der Art der Hinausführung des Verbrechers, des dabey stattfindenden Schaugepränges so wie hinsichtlich der Sichtbarkeit des eigentlichen Acts der Enthauptung sich manches ändern lassen und zu ändern wünschenswert seyn wird, damit nicht wie bisher die Execution wie ein belustigendes Schauspiel betrachtet und der Tag der Hinrichtung wie ein großer Feyertag für die geringere Volksklasse angesehen werde". Noch am selben Tag schloss sich das Obergericht dem Gutachten an und sprach sich für das Fallbeil „als allein gesetzliche Todesstrafe" aus.[71]

Die Reformbemühungen konkretisierten sich zusehends. Im November 1843 wurde eine Rat- und Bürgerdeputation ins Leben gerufen, um eine generelle Umgestaltung des Hamburger Justizwesens in die Wege zu leiten. Eine untergeordnete Kommission erhielt den Auftrag, ein neues Kriminalgesetzbuch zu entwickeln. Die Verhandlungen über die Todesstrafe verdeutlichen die Wirkungsmächtigkeit des verdichteten strafrechtlichen Diskurses, denn die drei zentralen Fragen, die in der Kommission diskutiert wurden, drehten sich um das Für und Wider der Todesstrafe als solcher, um den Modus ihrer Vollstreckung und um den Grad ihrer Öffentlichkeit.[72]

Der vierköpfigen Subkommission gehörten unter anderem Martin Hieronymus Hudtwalcker und Carl Trummer an. Trummer war das einzige Mitglied der Kommission, das sich bedingungslos gegen die Todesstrafe als Teil eines reformierten Kriminalgesetzbuches aussprach. Er betonte, aufgrund der Justizpraxis der letzten beiden Dekaden müsse von deren „Wiedereinführung", und nicht deren „Beibehaltung" die Rede sein. Die inhaltliche Auseinandersetzung wurde jedoch nicht weiter ausgeführt, da die grundsätzlichen Argumente für und wider die Todesstrafe als bekannt vorausgesetzt wurden. Letztlich entschied man gegen das Votum Trummers, die Todesstrafe „abermalen noch nicht aufheben zu können" und hielt fest, dass sie „in unserem Criminalcodex nicht zu entbehren, und namentlich beim Morde anzudrohen sei". Mahnend wurde darauf hingewiesen, der Rat solle nicht zu extensiv von seinem Begnadigungsrecht Gebrauch machen, da ansonsten „die Auctorität [des neuen Gesetzes] gründlich erschüttert" werde. Dass in der Vollstreckung der Todesurteile das „früher üblich gewesene Gepränge" abgeschafft und ein zu großes Gedränge vermieden werden müsse, war mittlerweile selbstverständlich. Zwar konnte sich die Subkommission nicht dazu durchringen, geheime Strafvollstreckungen zu empfehlen, doch sie sprach sich zwecks Vermeidung chaotischer Zustände für Exekutionen in nüchternem Stil „in einer frühen Tagesstunde" aus. Somit fügte sich das abschließende Votum der Kommission eindeutig in die diskursiven Verlagerungen der letzten Jahrzehnte, zumal es sich gegen „die Enthauptung durch das Schwert" aussprach, da sie einer „geschärfte Todesstrafe" gleichkommen könne: „So proponirt die Subcommission in ihrer obigen Majorität [...]: *Die Todesstrafe wird durch Enthauptung mittels des Fallbeiles öffentlich vollzogen*".[73]

Im November 1845 schloß sich die Rat- und Bürgerdeputation den Vorschlägen der Subkommission an. Mit sieben gegen vier Stimmen sprach man sich dafür aus, die Todesstrafe beizubehalten. Daraufhin wurde „einhellig [für] die Hinrichtung mittelst des Fallbeils" votiert, und „neun gegen zwei Stimmen entschieden sich für die öffentliche Vollstreckung der Todesstrafe".[74]

Man war also Mitte der 1840er Jahre nicht bereit, die Todesstrafe gänzlich zu verwerfen. Allerdings wurden im Verlauf der Debatten Zweifel an diesem strafrechtlichem Instrument artikuliert, und es bestand vor allem Einigkeit, dass die Strafvollstreckungen modifiziert werden müssen. Die öffentliche Exekution befand sich in einer Krise. Mit der Deutschen Revolution von 1848/49 sollte diese Krise in einer vorübergehenden Affinität zur Abschaffung der Todesstrafe kulminieren, wie Richard Evans zutreffend bemerkt hat. Hamburg blieb, wie die meisten anderen Hoheitsgebiete Deutschlands, von dieser Entwicklung nicht unberührt. Die Debatten in der Frankfurter Paulskirche über die Abschaffung der Todesstrafe bestätigen die vielfältigen Verästelungen des Diskurses im Verlauf des 19. Jahrhunderts. Letztlich wurde mit 288 : 146 Stimmen dafür votiert, die Todesstrafe zur moralischen Erhebung des Volkes abzuschaffen. Die Gespräche waren von einer gescheiterten Abschreckungskonzeption dominiert, doch auch eine tiefsitzende Angst vor dem Pöbel konnten die überwiegend bürgerlichen, wohlhabenden und gebildeten Mitglieder der Nationalversammlung kaum verbergen. Im Frühjahr 1849 folgten den Frankfurter Vorgaben in weiten Teilen Deutschlands Entwürfe zu Partikulargesetzgebungen, die verkündeten, die Todesstrafe abzuschaffen.[75]

Einen ersten, entsprechenden „Entwurf eines Criminalgesetzbuches für die Hansestädte Hamburg, Lübeck und Bremen" formulierte Carl Trummer sogar bereits im Jahr 1848. Wie erwartet betonte er, die Todesstrafe sei de facto seit über einem Vierteljahrhundert nicht mehr existent, und sie „wieder einzuführen [...] läßt sich weder aus rechtlichen und politischen, noch aus religiösen und sittlichen Gründen genügend rechtfertigen". Trummers Schriftstück diente in Hamburg als Vorlage für den entsprechenden „Entwurf des Justiz-Ausschusses der constituirenden Versammlung" des Jahres 1849, der Zuchthaus, Gefängnis und Geldstrafe als „zulässige allgemeine Strafarten" festhielt. Erläuternd wurde im Sinne Trummers und der Nationalversammlung ausgeführt, dass „die von den Grundrechten abgeschaffte Todesstrafe [...] bei uns schon seit einer langen Reihen von Jahren nicht mehr zur Anwendung gekommen [ist]. Ihre Stelle wurde [...] nach constanter Praxis auch für Raubmord und die schwersten Fälle von Brandstiftung durch eine Zuchthausstrafe von fünfundzwanzig Jahren ersetzt".[76]

Was jedoch zunächst wie ein Sieg des Abolitionismus anmutete, täuschte. Wie Richard Evans und Bernhard Düsing gezeigt haben, sollten die post-revolutionären Gesetzgebungen mit wenigen Ausnahmen schon bald wieder außer Kraft gesetzt werden oder niemals wirklich in Kraft treten. In Preußen wurde sogar wieder die Strafe des Rades ausgesprochen, wenn auch nicht vollstreckt. Paradoxerweise schien gerade die Revolution die Samen der Anarchie und Immoralität wieder ausgesät zu haben, wie unter anderem Wilhelm Heinrich Riehl in seiner Schrift über „die bürgerliche Gesellschaft" aus dem Jahr 1851 betonte. In den Jahren nach der Revolution waren an vielerlei Orten vermehrt MissetäterInnen aufgetaucht, deren Vergehen man nur durch den Tod adäquat bestrafen zu können meinte, und den tragenden Kräften der bürgerlichen Gesellschaft erschien die Todesstrafe zur Aufrechterhaltung von Stabilität und Sicherheit, wie sie mit Bedauern bekundeten, immer noch unverzichtbar. In diesem Sinne war auch der 1851 erstellte Gesetzentwurf für Hamburg gehalten. Der Ratsherr und Oberrichter Carl August Schlüter beschrieb das alte Kriminalgesetzbuch in einem Kommentar als mittelalterliche „Ausgeburt des Aberglaubens", das „an Unvollständigkeit, Abgerissenheit, unvernünftiger Maaßbestimmung und barbarischer Grausamkeit seines Gleichen" suche. Daher sei dessen Revision eine „tief empfundene Nothwendigkeit". „Die Theorie der neueren Zeit sowie die Praxis jedes einzelnen Criminal-Richters" hätten zudem über diesen Kodex aus den Zeiten Karls V. „längst den Stab gebrochen". Doch Schlüter mahnte zur Vor- und Umsicht und betonte, dass man „zwar zur Zeit noch der abschreckenden Einwirkung der Todesstrafe nicht ganz entbehren zu können meinte, doch aber eigentlich vor dieser strengen Procedur zurückschauderte". Sollte ein neues Kriminalgesetzbuch aber tatsächlich „Glanz und Segen" über die Stadt bringen, so dürfe „eine Strafrechtspraxis [...] ohne formelle gesetzliche Sanktion", wie sie in den letzten Jahrzehnten üblich gewesen sei, nicht mehr toleriert werden. Wenn die Todesstrafe also kodifiziert wurde, so musste sie auch tatsächlich vollstreckt werden. Deren Anwendung sei daher „auf so wenig Fälle als möglich, nämlich auf die allerschwersten Fälle" zu beschränken. Für den vorsätzlichen Mord sei die Todesstrafe ohne Zweifel angemessen, weil sie „das Analogon [...] der absichtlichen, vorbedachten Zerstörung eines Menschenlebens" darstelle. Die „Doppelseitigkeit des Gegenstandes" sei jedoch evident, betonte Schlüter, denn „ist in dem neuen Gesetze die Todesstrafe aufgenommen, so wird sie im nächsten betreffenden Falle zu exequiren seyn, während man sonst mit Erfolg eingewandt hätte, daß seit 1822 keine Capital-Pön mehr stattgefunden, und daß der Einfluß dieser Gelindigkeit auf die Moralität des Volks [...] nicht nachtheilig gewirkt habe. Es wird also, nach Aufrichtung einer ordentlichen gesetzlichen Norm, der Verbrecher zum Tode geführet werden wegen des Buchstabens, nicht wegen wesentlicher Anforderung der Natur der Sache".[77]

Die erste Exekution in Hamburg nach 34 Jahren: Johann Arnold Wilhelm Timm, 1856

Am Abend des 7. Mai 1854 nahm sich der 19-jährige Drechslergeselle Johann Arnold Wilhelm Timm gegen 21 Uhr ein Messer, einen Hammer, eine Kneifzange und ein Hemd aus der Werkstatt seines Meisters. Er ging zum Nachbarhaus der ihm bekannten Wäscherin Anna Catharina Jacob und deren Tochter Johanna Wilhelmine Jacob im Hof des Breitengang 4. Unter dem Vorwand, das Hemd waschen lassen zu wollen, erlangte er Zutritt. Kaum war Timm im Haus, schlug er der 72-jährigen Witwe von hinten mit dem Hammer auf den Kopf, um ihr darauf mit dem Messer die Kehle durchzuschneiden. Die wegen der Geräusche herbeigeeilte 44-jährige Tochter tötete er nach kurzem Kampf. Timm reinigte sich, warf sein blutverschmiertes Hemd unter einen Schrank, stahl 100 Mark, ließ andere Wertgegenstände liegen und verließ das Haus. Von dort aus ging er zunächst in eine Gastwirtschaft, den Rest der Nacht verbrachte er in einem Bordell im Ebräergang. Am nächsten Morgen fand er sich gegen 10 Uhr an seinem Arbeitsplatz ein.[78]

Die vielen Schaulustigen, die sogar über die Mauer in den Hof geklettert waren, um so nah wie möglich an den Tatort zu gelangen, und die nachlässig arbeitende Polizei hatten zahlreiche Spuren des Verbrechens verwischt und die Ermittlungen erschwert. Da Timm wenig Unordnung und viele Wertgegenstände hinterlassen hatte, glaubte zunächst niemand an einen Raubmord, und die Theorien eines Familienzwistes oder doppelten Selbstmordes kursierten. Auch ein hinter dem Schrank gefundenes Herren-Vorhemd mit „sehr starken Schweißspuren, namentlich am Halse zeigend [...] und frischen, noch nassen Blutflecken an der Innenseite“ schürte in einer Wäscherei keinen großen Verdacht. Auch waren, selbst über entsprechende Aufrufe in den Tagesblättern, keine ZeugInnen aufzutreiben, die genaueres über die Ereignisse des besagten Abends hätten berichten können. So führten die Nachforschungen erst nach einigen Tagen zu Timm, als dessen Meister das im Stadthaus ausgestellte Tatmesser als sein eigenes und das Hemd als das seines Gesellen identifizierte. Bald bestätigten Zeugen, dass „der Geselle in letzter Zeit etwas locker gelebt hat“. Ende Mai konzentrierte sich die Untersuchung auf Timm, der bei der ersten schärferen Vernehmung zusammenbrach und „schluchzend“ einräumte: „Ja, ich habe es gethan. [...] Ich habe die beiden Frauen ermordet. [...] Die beiden Jacobs. [...] Ganz allein“. Anfang Juli wurde die offizielle gerichtliche Untersuchung eingeleitet und am 21. Juli 1854 die peinliche Klage wegen doppelten Raubmordes eröffnet.[79]

Johann Timms Verbrechen schien dem „allerschwersten Fall“ zu entsprechen, von dem Carl Schlüter geschrieben hatte. Die Zeitungen boten täglich Lesestoff über den „geheimnisvollen Doppelmord“, das „grauenhafte Schauspiel“, „das gräßliche Drama, welches seit Montag Morgen die ganze Stadt in Alarm setzte“, und allerorten wurden nun „schleichende Meuchelmörder“ vermutet. Zugleich gerieten die Auftritte des nach Presseberichten immer „bestialisch“ und „diabolisch“ lächelnden Timm zu öffentlichen Spektakeln, die ausführlich in den Hamburger Journalen kommentiert wurden. „Besonders junge Frauenzimmer“ legten angeblich einen „Heroismus der Neugier“ an den Tag, und die Menschenmenge versuchte sogar, den Wagen aufzuhalten, mit dem Timm vom Stadthaus zur Wache gefahren wurde. Vor allem die „scheußlichen Einzelheiten von Timm's Gräuelthat“ wie „zersprengte Schädel“ und ähnliches sowie „die Befriedigung der sinnlichen Lüste des jugendlichen Verbrechers“ fesselten das Publikum. Viele Artikel waren bemüht, sich den Anstrich einer kritischen Haltung gegenüber der öffentlichen Sensationsgier zu verleihen. Nichtsdestoweniger berichteten auch als »seriös« erachtete Presseorgane in reißerischen Worten über die „von verruchter Hand abgeschlachteten“ Frauen im Breitengang. Die Darstellungen waren voller „haarsträubender Details“, die unabhängig von ihrem Wahrheitsgehalt „gierig gelesen“ wurden und die „frivolen Speculationen“ im Publikum anheizten, wie der „Hamburgische Correspondent“ im Juni 1854 festhielt, bevor er sich aus der Berichterstattung über den Fall Timm zurückzog. Bis zu diesem Zeitpunkt war auch im Correspondent von der „blutigen Catastrophe“ und „klaffenden Wunden“ an Hälsen, die „bis zum Halsknochen durchgeschnitten“ waren, die Rede. Die Presse schürte die Neugier der

Menschen in der Stadt, und sie leistete ihren Beitrag zu dem Empfinden vieler Zeitgenossen, Timm verkörpere exakt den „viehisch rohen“ Verbrecher, und das „Analogon“ seiner Tat könne nur der Tod sein.[80]

Ein neues Kriminalgesetzbuch war jedoch immer noch nicht erlassen worden, und Timm und die Stimmung in der Stadt schürten die Notwendigkeit zu handeln. Als der Rat die offizielle gerichtliche Untersuchung einleitete, begann er sofort mit durchaus als fieberhaft zu bezeichnenden Bemühungen, einen neuen Exekutionsmodus gesetzlich zu verankern. Da demnächst, so hieß es explizit, wahrscheinlich eine Hinrichtung anstehe, seien solche Bemühungen nun endlich einmal sinnvoll und erfolgversprechend. Eine vierköpfige Kommission unter Leitung von Martin Hieronymus Hudtwalcker begann, die notwendigen Informationen einzuholen und zu bündeln. Zwei Tage später lag bereits das erste Gutachten vor, bald darauf gingen Schreiben über das Verfahren nicht-öffentlicher Hinrichtungen aus Berlin und Braunschweig ein. Nach kurzer, aber intensiver Arbeit empfahl die Kommission, die etwaige Exekution im Innenhof des Zuchthauses vor ausgewählten Zeugen mit einem mechanischen Fallbeil zu vollstrecken. Schließlich hatte die Scharfrichtertätigkeit keinerlei Rolle mehr gespielt, als im September 1852 die Stelle des Frons erneut vergeben worden war, und es war im Rat sogar erwogen worden, das Amt schlicht und einfach an den Kandidaten mit den geringsten finanziellen Forderungen zu vergeben. Als qualifizierter Abdecker war Georg Eduard Voigt seinem Vater im Amt gefolgt.[81]

Die Kommission hatte aus Köln ein Modell und eine genaue Beschreibung der Hinrichtungsmaschine erbeten. Der Text des Kölner Scharfrichters Nicolaus Hamel war zwar bereits dreißig Jahre alt, signalisierte aber exakt die Sicherheit, Sauberkeit, Schnelligkeit und Diskretion des mechanischen Fallbeils, die die Hamburger Stadtherren sich erhofften. Hamel hatte erläutert, wie nach der Enthauptung sowohl der Kopf als auch der Körper des Hingerichteten automatisch in einen Raum unter dem Schafott gelangen, wo sie sogleich in einen Sarg gelegt und entsorgt werden. Zudem war die beschriebene Maschine mit einer Blende versehen, die dazu diente, „dem Verurtheilten den Anblick des Messers zu ersparen“.[82]

Der Hamburger Oberbauaufseher Doelke versicherte, es sei kein Problem, ein solches Gerät binnen kurzer Zeit so zu konstruieren, dass es „ohne viel Mühe“ in einer Nacht auf- und wieder abgebaut werden könne. In rasender Geschwindigkeit wurde nun die Gesetzesvorlage erarbeitet und von den entsprechenden Gremien verabschiedet. Am 20. Oktober 1854 trat die neue „Verordnung über die Vollziehung von Todesstrafen“ in der Hansestadt Hamburg in Kraft. Die Verordnung wurde mit den „vielfachen bei öffentlichen Hinrichtungen vorzüglich in großen Städten vorkommenden Unzuträglichkeiten“ begründet, die bekanntlich „zuerst in mehreren nordamerikanischen Staaten, dann auch mehrfach in Deutschland dahin geführt [haben], die unbeschränkte Oeffentlichkeit der Hinrichtungen abzuschaffen, und dieselben an einem abgeschlossenen Orte in Gegenwart von Zeugen vollziehen zu lassen“. Der entsprechende Beschluss für Hamburg lautete wie folgt:

1. Die bisher hieselbst gesetzlich vorgeschriebenen verschiedenen Arten der Todesstrafe werden abgeschafft; an ihre Stelle tritt in allen Fällen das Fallbeil.
2. Ein rechtskräftig erkanntes Todesurteil wird in der Regel binnen acht Tagen vollstreckt. Die Vollziehung desselben erfolgt in einem abgeschlossenen Raume, woselbst dem Publikum der Zugang nicht gestattet ist.[83]

Der Charakter der Öffentlichkeit sollte durch eine Mischung von verpflichteten und freiwilligen Zeugen gewahrt bleiben. Außer dem „benöthigten Polizeipersonal“ mussten zwei Mitglieder des Obergerichtes, zwei des Niedergerichtes, zwei der Gefängnisleitung sowie der Kriminalaktuar gegenwärtig sein. Diese sieben Pflichtzeugen mussten auch das vom Aktuar erstellte Protokoll unterzeichnen, das am folgenden Tag im Amtsblatt, dem „Hamburgischen Correspondenten“, publiziert wurde. Darüber hinaus war die Anwesenheit eines Geistlichen, des Verteidigers sowie dreier Verwandter des Delinquenten statthaft. Somit wurden Todesstrafen nun in einer vollends veränderten Inszenierung exekutiert. Erstens war der Vollzug nahezu gänzlich entsakralisiert. Ein Detail, das den säkularen Charakter der Prozedur verdeutlicht, ist ein Schreiben des Seniors der Hamburger Prediger. Dort sprach er den weltlichen Obrigkeiten unterwürfig seinen „anerkennenden Dank“ für deren Einwilligung aus, dem Delinquenten „auch noch in den letzten Augenblicken beistehen“ zu dürfen. Zweitens fand die Tötung nun so schnell und so diskret wie nur irgend möglich statt. Das unbeschränkte Publikum, das in der zeitgenössischen Wahrnehmung einer blutlustigen und zumindest potentiell staatszersetzenden Masse entsprach, war per obrigkeitlichem Dekret von dem Verfahren ausgeschlossen. Die Beobachtung der Hinrichtung war nun das Privileg einer nach geschlechts- und standesspezifischen Kriterien zusammengesetzten Gruppe, von der man zu wissen meinte, dass deren charakterliche Stabilität durch die Beobachtung physischer Gewalt nicht gefährdet werden könne. Sämtliche Zeugen mußten volljährig und männlichen Geschlechts sein. Bis auf die Verwandten des Verurteilten waren sie allesamt Träger öffentlicher Ämter und somit per definitionem Teil der bürgerlichen Oberschicht. Sie repräsentierten den Staat, der ja bekanntermaßen im Gegensatz zur wogenden, instabilen und weiblichen Masse vernünftig, zivilisiert und männlichen Geschlechts war. Die unbeschränkte Öffentlichkeit wurde durch das geschriebene Wort hergestellt und die Masse somit ihres destabilisierenden Potentials beraubt.[84]

Mit aller Macht wurde daran gearbeitet, die neue Verordnung auch praktisch umsetzen zu können. Der Bau der Maschine ging zügig voran, und am Dienstag, den 23. Januar 1855 wurde ihre Funktionsfähigkeit an einer Leiche getestet. Neugierige drängten sich am Tor des Bauhofes, und sie versuchten sogar, „ihre absonderliche Schaulust gewaltsamer Weise zu befriedigen“. Die Presse erging sich abermals in sensationslüsternen Details. Im „Freischütz“ vom 25. Januar 1855 hieß es, „die Kraft dieses Fallbeiles soll so enorm sein, daß es nicht bloß einen, sondern eine ganze Reihe von Köpfen hintereinander unfehlbar abschneiden würde“. Nach den erfolgreichen Tests wurde das mechanische Fallbeil, so der „Freischütz“, abermals „geölt“ und sofort in das Zuchthaus gebracht. Zu diesem Zeitpunkt war die Verhandlung um Timm noch in vollem Gange. Die erste Defension seines Verteidigers Johann Gustav Gallois war gerade erst verlesen worden, und die zweite befand sich noch in Vorbereitung.[85]

In dem Fall des Raubmörders Timm, dessen gerichtlicher Verhandlung, dem Für und Wider von Anklage und Verteidigung sowie der Vollstreckung der Strafe lassen sich sämtliche Diskursstränge bündeln, die sich in den vorangegangen einhundert Jahren etabliert hatten. Erstens ergab sich ein Widerstreit zwischen der selbstempfundenen Humanität und einer vermeintlich großen Gefahr für die Gesellschaft. Timm schien der archaische Mensch schlechthin zu sein, der eben nicht ausgesprochen organisiert, arbeitsam und fleißig war, sondern zuweilen ganze Tage in Gaststätten vergeudete, sich dem Trunk und der Hurerei hingab und dessen Tatmotiv, in den Worten des Anklägers, „eine ausnahmsweise Festigkeit, Gefährlichkeit und Ruchlosigkeit des verbrecherischen Willens" dokumentierte. Er hatte das Verbrechen begangen, um seine versetzte Kleidung auslösen zu können, wofür er 21 Mark benötigte – einhundert Mark raubte er schließlich von seinen Opfern. Der Tod eines solchen Missetäters erschien trotz allen kulturellen Fortschrittes unvermeidbar. Auch die Appelle des Verteidigers Gallois an „die wohlmotivierte Milde eines Menschenalters" sowie dessen Mahnungen, selbst sein Mandant habe „noch doppelt heilige Rechte an die Humanität" und gereiche als Lebender zum Juwel in einer „kostbaren Perlenkrone auf dem Grab eines geschiedenen Würdenträgers", operierten innerhalb des strafrechtlichen Diskurses, wie er sich seit der Mitte des 18. Jahrhunderts entfaltet hatte. An dem Urteil konnten die Appelle aber ebenso wenig ändern wie das Gnadengesuch der Mutter Johanna Timm, das ebenfalls Gallois verfasst hatte, da sie des Schreibens nicht mächtig war. Ihr Flehen um „*Güte*" und „*Humanität*", die die Staatsgewalt „als sittliche Ideen zur Verwirklichung bringen" müsse, blieb ohne konkrete Wirkung. Auch die dramatische Skizze des mütterlichen Leids, das ihr während der Exekution bevorstehe, zog keine gerichtliche Milde nach sich. Der Vollzug des Urteils werde zu dem Moment, „da Alles unter ihr zusammenbricht, Welt u. Menschen, die Nacht des Todes oder des Wahnsinns zieht herauf, diese hoffnungsbare Öde der Seele, nur unterbrochen von dem Gemurmel: Seht da, die Mutter des Mörders, des Hingerichteten!"[86]

Zudem wurde beschlossen, Johann Timm „mittels Enthauptung vom Leben zum Tode" zu bringen, womit der zweite Diskursstrang dieser Arbeit angesprochen ist. Die Angelegenheit musste den zeitgenössischen Erfordernissen entsprechend so schnell, sicher und reibungslos wie möglich erledigt werden. Zudem hieß es erstmals in dem hier betrachteten Zeitraum im Urteil, der Delinquent sei „in Gemäßheit des Gesetzes" und nicht „andern zum Exempel" zu töten. Das mechanische Fallbeil war, wie gezeigt, nun ohne Zweifel auch in den Augen der Hamburger das adäquate und in Hinblick auf die Qualitäten des Scharfrichters zudem das einzig mögliche Instrument, diesen Ansprüchen gerecht zu werden. Dennoch versuchte Timms Verteidiger, die einzig mögliche Exekutionstechnik durch den Verweis auf das „Blutbeil der Guillotine" zu diskreditieren. Freilich verfolgte Gallois das Ziel, die Tötung seines Mandanten zu verhindern, als er auf die „Erbauung einer Kopfschneidemaschine nach dem Muster der verrufenen Revolutionsguillotine" hinwies und sich über die Geschmacklosigkeit der „sofort vorgenommenen Prüfung gedachter Maschine mittels Strohbündeln, Hammeln und sogar einer Leiche" mokierte. Die neue Verordnung über den Vollzug von Todesstrafen kritisierte er mit Nachdruck als *„Gesetz nach dem revolutionären Vorbilde Frankreichs"* und die Guillotine als *„wieder aufgefrischten Erbschaft aus der Belagerungszeit* und restaurierte Antiquaille aus dem vertrödelten Rödingschen Museum". Doch Gallois beließ es nicht bei den Anspielungen auf die traumatische Franzosenzeit. Er mahnte auch mehrfach an, dass es „viel *entehrender* und *gefühlloser* [ist], einen Menschen wie eine todte Sache auf ein Brett zu schnallen und unter eine Maschine zur mechanischen Abthuung zu schieben, als ihn durch Menschenhand vom Leben zum Tode bringen zu lassen". Diese Aussage kursierte zwar auch in anderen Texten, doch es mangelte ihr an Dichte. Sowohl der Ankläger als auch die Gerichte erinnerten überzeugend daran, dass die Alternative zu einer mechanischen Exekution nur der Vollzug einer Todesstrafe nach den Statuten aus dem Jahr 1603 sein könne. Somit würde Timm infolge seiner Verbrechen die Strafe des Rades erwarten, und bei „objectiver richterlicher Erwägung, welche Vollziehungsart nach vernünftigem Ermessen für die gelindere zu halten sei", beantwortete sich diese Frage von selbst. An der mechanisierten Hinrichtung als sicherster und »humanster« Form der obrigkeitlich verordneten Tötung war auch in der Hamburger Justiz nicht mehr zu rütteln – jedenfalls nicht mit Erfolg.[87]

Auch der Gemütszustand des Missetäters wurde während des Verfahrens intensiv verhandelt, wodurch der dritte Schwerpunkt meiner Gesamtdarstellung ins Spiel kommt. Ein medizinisches Gutachten war routinemäßig erstellt worden, und der Mediziner Dr. Buck bekundete dort nicht nur, dass „Timm psychisch durchaus gesund sey, und an keinerley Geistesstörung leide", sondern auch explizit, dass er „vor, während, und nach der That nicht an einer solchen gelitten habe, die seine volle Zurechnungsfähigkeit bezweifeln [ließe]". Der Ankläger betonte ausdrücklich, Timm habe die Tat „in vollständig zurechnungsfähigem Zustande" begangen. Der Verteidiger sah dies anders und versuchte, den Geistes- und Gemütszustand seines Mandaten als Trumpfkarte zu spielen. In ärmlichen Verhältnissen habe die Familie Timm ihr Dasein gefristet, und sowohl der früh verstorbene Vater als auch die Mutter seien Zeit ihres Lebens von Krankheiten betroffen gewesen. Der Angeklagte selber habe während seiner Kindheit ein „hitziges Fieber" und eine Gehirnkrankheit erlitten, die sein Wohlbefinden von Zeit zu Zeit immer noch beeinträchtige. Als entscheidend skizzierte Gallois jedoch vor allem den Augenblick, in dem Timm, durch die Armenschule nur mangelhaft vorbereitet, mit etwa 18 Jahren die Verantwortung für sein eigenes Leben übernehmen musste. „Jeglicher reellen Kenntnisse fast bar, das Gemüth unaufgeschlossen für das Hohe, Edle, Aechtmenschliche, den Kopf voll auswendig gelernten sogenannten Christentums, von dem das Herz nichts weiß, ohne

Grundsätze der Sittlichkeit, ohne Ahndung der höheren Aufgabe des Menschenlebens, also auch ohne jegliche Achtung fremder Individualität, wie leider unsere niedrigen Schulen eine solche Erscheinung begünstigen, in das Leben aufs Gerathewohl hineingestoßen, jedem Zufalle und jeder bösartigen Speculation schutzlos preisgegeben," sei er erst zu diesem Zeitpunkt auf die schiefe Bahn geraten und von seinen Spießgesellen zu Nachtschwärmerei, Hurerei und Verschuldung verführt worden. So wurde der von Willensschwäche Geprägte zum „Spielball seiner Verhältnisse, Umgebungen und Erlebnisse, seiner augenblicklich auftauchenden Gelüste". Die Geldnot plagte ihn an dem schicksalhaften Sonntag, und aus purer Verzweiflung habe Timm sich schon tagsüber in der Gaststätte „Nölting" dem Trunk ergeben, so dass er, „kein habitueller Trinker", zwar nicht so betrunken gewesen sei, „daß er seiner Sinne unmächtig ist, aber doch so weit benebelt, daß er fühlt, ungewöhnlich getrunken zu haben".[88]

Als ihm dann, leicht angetrunken und von Habsucht, Spielsucht und Eitelkeit gepackt, der Hof der Witwe Jacob aufgefallen sei, „jagen sich Pläne auf Pläne in dem immer verwirrteren Gehirn". Den ersten Mord habe er wie von einem „in ihm weilenden Dämon" getrieben begangen, „der *Zufall* zwingt ihn auf der abschüssigen Bahn zur zweiten Unthat". So nahm „das Verbrechen das Gewand [...] der *Nothwendigkeit*, einer *Consequenz* an", und abermals führte „ein *Dämon* [...] seine Hand zu dem verlorenen Messer", mit dem er schließlich die Tochter tötete. In wohlgemerkt „blinder Wuth" stach er noch mehrfach auf sein Opfer ein, bis das Klopfen eines Kunden an der Tür der Wäscherei zu dem Ereignis wird, das den in vorübergehenden Wahnsinn verfallenen Timm aus seiner Besinnungslosigkeit erweckt. „In natürlicher Ideenverbindung" habe er dann versucht, die Spuren des Verbrechens zu verschleiern. In den Darlegungen des Verteidigers erschien das Verbrechen somit als unvermeidbare Konsequenz einer von äußeren und inneren Faktoren getragenen Konstellation. Timm habe sich in einer Lage befunden, die sich seiner persönlichen Kontrolle als menschlichem Individuum entzog. Die äußeren Umstände, die Persönlichkeit und die Jugend des Täters, verbunden mit seelischer Unreife, warf Gallois in die Waagschale, in der Hoffnung, „die Einsicht des Strafrichters in Anspruch nehmen zu können". In diesem Kontext wurde in den Worten des Verteidigers vor allem das Tatmotiv, das der Ankläger als niedrig und widerwärtig skizziert hatte, zum Zeichen der mangelnden Schuld des Angeklagten. Das eklatante Missverhältnis zwischen Ziel und Mittel präsentierte er als untrügliches Indiz der Unzurechnungsfähigkeit des Täters, denn: „Ist es überhaupt die That eines geistig Reifen, zwei Menschen zu morden, um 21 Mark zu dem Zwecke zu rauben, damit der Thäter sein versetztes Zeug einlösen könne?" So wurde letztlich, wie bei der Mordmonomanie, die Tat selbst zum Zeichen der Unvernunft des Täters, und „das muß jedem sofort aus dem Gräßlichen seiner That einleuchten, wenn er bedenken will, daß es die *erste* böse That des Inquisiten gewesen ist, und so ist eine Erklärung dieser Erscheinung psychologisch überhaupt möglich".[89]

Doch die Richter waren diesmal nicht gewillt, dem Plädoyer auf Unzurechnungsfähigkeit zu folgen. Sie befanden, dass die Umstände der Tat „nirgends die

Möglichkeit für eine die Strafbarkeit mildernde Beurtheilung gewähren [und] daß die volle Verantwortlichkeit des Angeklagten für die ihn treffende Schuld nach den Acten nicht zu bezweifeln ist". Auch das Obergericht entschied, die Tat dokumentiere keinesfalls eine Gemütsstörung des Missetäters, sondern allenfalls dessen Gefühlskälte und Ruchlosigkeit, und es bestätigte das Todesurteil.[90]

Die Klarheit, mit der die Gerichte das Todesurteil im Visier hatten, gründete nicht zuletzt auf der neuen Verordnung über den Strafvollzug. Die visuelle Wahrnehmbarkeit der Exekution, also der vierte Hauptaspekt meiner Betrachtungen, steht im Zentrum des Falles Timm. Erst die neue Verordnung machte es der Justiz möglich, wieder töten zu lassen. Die vorangegangenen dreißig Jahre hatte die Strafgerichtsbarkeit in einer Art Vakuum operiert. Die Justizpraxis dieser Zeit hatte verdeutlicht, dass die Statuten von 1603 zumindest de facto keine Gültigkeit mehr besaßen. Seit einigen Dekaden war es die „personelle criminalistische Wissenschaft und Ueberzeugung" der Richter, die „das Gesetz bildet, nach welchem der Verbrecher sein Urtheil empfängt", meinte Timms Verteidiger. Folglich, betonte Gallois auch in Anlehnung an Carl Trummer, legten sämtliche gerichtlich verhandelten Mordfälle seit Christian Mathias Pingel den Schluss nahe, „daß seit 1822 [...] die Todesstrafe in Hamburg durch Gerichtsgebrauch und Praxis abgeschafft ist". Die Einzelfälle bewiesen die bewusste Entscheidung für eine mildere Justizpraxis, und im Jahr 1840 war im Fall Rebekka Lüttau, die wegen der Tötung ihres kleinen Kindes vor Gericht gestanden hatte, der Verzicht auf ein Todesurteil sogar explizit mit dem allgemein „gemilderten Rechte" begründet worden. Folglich war die neue Verordnung über die Todesstrafe keineswegs „‚Ausdruck des wirklichen, allgemeinen Wissens und Willens des betreffenden Volkes'", wie es das Recht in den Worten des Juristen Christian Köstlin eigentlich zu sein hatte. Die Verordnung vom Oktober 1854 greife ganz im Gegenteil einer entsprechenden Kodifizierung der bisherigen, gemilderten Jutizpraxis vor, indem sie ein neues Gesetzbuch ohne Todesstrafe verhindere.[91]

Zudem bestritt Gustav Gallois in Hinblick auf seinen Mandaten die Rechtmäßigkeit des neuen Gesetzes, da es rückwirkend angewendet werden müsse. Eine solche Praktik sei nur dann zulässig, wenn sie eine Milderung für den Verurteilten herbeiführe, argumentierte der Anwalt abermals mit Verweis auf Köstlins Standardwerk der Rechtskunde. Und dass „die neue Intramuramhinrichtung eine Schärfung und keine Milderung der alten Schwerthinrichtung involviert", schien für Gallois sonnenklar. Denn nicht nur die „mechanische Abthuung" unter der Guillotine, sondern auch „der Ausschluß der unbedingten Oeffentlichkeit enthält eine bei der alten Verfahrungsweise nicht vorhanden gewesene Demüthigung und Erniedrigung des Inquisiten, besonders in moralischer Beziehung. Sich auf einem Hofe, vor den Augen der nach seinem Tode lüsternen Richter, im Geheimen, dem Volke verborgen, maschinenmäßig abthun zu lassen, ist [...] eine viel entwürdigendere Procedur als die öffentliche Hinrichtung, bei welcher der Sünder mit dem Bewußtsein als Mensch [...] stirbt. Der dem Tode [...] geweihte Mensch hofft in der ihn begleitenden Volksmenge ein theilnehmendes Gefühl zu erregen, das ihn auf seinem letzten Lebenswege stärken wird, er fühlt bei der ihm entgegenschimmernden Thräne des Mitleids, daß er noch ein Mensch sei, und das irdische Mitgefühl erfüllt ihn mit der freudigen Zuversicht, daß er nach vollbrachter Sühne, mit gereinigter und verklärter Seele, indem er sein Höchstes dahingegeben, bei dem Allbarmherzigen eine Stätte finden werde".[92]

Abermals sind es die Darlegungen eines Verteidigers, die verdeutlichen, wie Diskurse Argumentations- und Handlungsoptionen eröffnen. Es ist nicht verwunderlich, dass der Ankläger auf der Basis anderer Aussagen des Diskurses argumentierte und betonte, die „Beschränkung der Öffentlichkeit bei Vollziehung der Todesstrafe ist als eine Linderung anzusehen, indem sie den Delinquenten von der Schmach befreit, durch seine Hinrichtung einer neugierigen Zuschauermasse ein Schauspiel zu bereiten". Gallois wiederum sah genau die Beschränkung der zuschauenden Öffentlichkeit sowie die allgemeine öffentliche Erregung als eigentliche Wegbereiter des Todesurteils an. Ähnlich wie in vielen spektakulären Mordfällen zuvor war das Publikum mobilisiert, und es hieß, „nie seit Menschengedenken" habe „eine That so den Abscheu der Mitbürger" erregt, wie der Mord an der Witwe Jacob und ihrer Tochter. Rache schien somit unumgänglich, doch man habe angefangen, betonte Gallois mit Verweis auf die strafrechtliche Fachliteratur, „sich der öffentlichen Hinrichtungen zu schämen und die Nachtheile derselben anzuerkennen". Der Senat habe aber nicht den Mut aufgebracht, auch „ihre Aufhebung auszusprechen". Ganz im Gegenteil seien „auch ampl. Senatus und die Behörden von dieser Aufregung und Erbitterung hingerissen" worden, die im Zusammenspiel mit der neuen Gesetzgebung das Urteil gleichsam vorweggenommen habe. An Johann Timm werde schlicht und einfach ein Exempel statuiert, so dass die Todesstrafe in verändertem Gewand endlich nach Hamburg zurückkehren könne. *„Das Gesetz über die geheime Vollziehung der Hinrichtung [wurde] durch den Timmschen Fall veranlaßt und zunächst für ihn gegeben, in den ersten Tagen des brennenden Zornes – cum ira et studio – entworfen und beantragt"*, betonte Gallois ausdrücklich. Als solches bot es eine probate Lösung für das Problem »Todesstrafe«, da es sämtliche Bedenken hinsichtlich des demoralisierenden Spektakels und der praktischen Unfähigkeit, das Urteil sicher zu vollstrecken, beseitigte. Nachdem das Gesetz initiiert und ratifiziert worden sei, sei es dem Rat der Stadt als „Legislator und höchster Kriminalrichter in Einer Person" schlechthin unmöglich, Timm den Tod zu ersparen. Die Entscheidung, hinter den Gefängnismauern zu exekutieren, sei letztlich der Schlüssel zum Fortbestand der Todesstrafe, und Gallois fasste prägnant zusammen, dass „jeder denkende Mensch nämlich in Hamburg und zweifelsohne der ganze Hohe Senat eine *öffentliche* Hinrichtung als einen zur Demoralisation des Volkes führenden und der gegenwärtigen Zeitbildung widerstreitenden Act angesehen haben würde – hätte man nur die Wahl gehabt zwischen einer Begnadigung des Inquisiten und der öffentlichen Hinrichtung desselben, so *konnte* nur jene erfolgen; das weiß ganz Hamburg!"[93]

Auch die Lust an der Gewalt, als fünfter Schwerpunkt meiner Betrachtungen, war im Fall Timm allgegenwärtig. Bereits die ersten polizeilichen Untersuchungen wurden von Schaulustigen gestört, die entgegen der Anweisungen auf das jacobsche Gelände drängten, über Mauern kletterten und Spuren verwischten. Tausende von Menschen strömten zu der Beerdigung der beiden ermordeten Frauen, die seit dem 7. Mai 1854 im Blickpunkt des allgemeinen Interesses standen. Die lokale Presse verfolgte die Geschehnisse und Ermittlungen intensiv, und als Timm endlich als Täter entdeckt war, „da ging natürlich durch die erwartungsvoll hoch gespannten Gemüther des Publicums eine heiße Erbitterung gegen den frechen Mörder" – eine Erbitterung und Aufregung, die auch die Polizei und die Behörden nicht unberührt zu lassen schien. Angeblich aus erster Hand erhielten die „Berichterstatter der Klatsch-, Skandal- und sonstigen Tagesblätter auch Kenntnis von den Geständnissen des Inquisiten, die dergestalt zum stehenden Thema der öffentlichen Unterhaltung in Privat-, Geschäftszimmern, Wirtshäusern und Bureaus wurden". Auch „Lügen" und „Anekdoten der unverschämtesten Art" wurden in den „grellsten Farben" geschildert, so dass Gallois die Berichte über seinen Mandanten gar als „atmosphärische Injektionen" des Hasses in die Blutbahnen der Gerichtsherren erachtete. Die Einführung der Guillotine war, so Gallois, ebenfalls „auf höchst widerliche Weise" in der Presse nachgezeichnet worden. Ein allgemeines Klima der Blutlust schien sich in diesen Monaten auf die Hansestadt Hamburg gelegt zu haben, und ein einstimmiges Rachegeschrei gegen „den gefühllosen Bösewicht" sei erhoben worden. Timm war das prominenteste Thema des Stadtklatsches, und angeblich schwatzten selbst die Kinder in der Schule über ihn. Sogar explizit wurden Lust und Gewalt im Fall Timm miteinander verknüpft. Johann Wilhelm Christern beschrieb unter dem Pseudonym Baron von Rosenburg „die hamburgische Prostitution, in Biographien, Skizzen u. Genrebildern" und erzielte mit seinen Geschichten hohe Auflagen. Christern ließ es sich nicht nehmen, von der Berühmtheit Timms zu profitieren. In eine düstere, furchteinflößende Gegend der Stadt, so gab er vor, habe er sich von einem Freund führen lassen, um das Freudenmädchen zu besuchen, „in deren Armen der junge, vor gut einem Jahre hingerichtete Doppelmörder Wilhelm Timm seine Nacht nach vollbrachter blutiger That verschwelgt habe". Das Mädchen, das „zur Zeit der Schauderthat eine gewisse Berühmtheit erlangt [hatte]", habe den beiden höchstpersönlich über eine außergewöhnlich „wilde und ausgelassene Genußsucht" Timms in jener Nacht berichtet. „Mich schauderte", trieb der Verfasser die Erregung auf die Spitze, „ich fühlte mich unbehaglich und bat meinen Freund, aufzubrechen".[94]

Doch auch kritische Stimmen über einen „blutigen und mittelalterlich finstren Vorgang", der die „aufgeklärte Denkungsart unsrer gesamten Bürgerschaft" womöglich kränken könnte, waren zu vernehmen. Schockierend sei, so hieß es in einem offenen Brief an Verteidiger Gallois, „daß eine Hinrichtung gleichsam in der Mitte und Umgebung der Bürgerschaft vorgehen soll". Das Problem schien allerdings weniger die staatlich verordnete Tötung eines Menschen als solche zu sein, sondern vielmehr die Lage des Detentionshauses, in dem die

Exekution vollzogen werden sollte. Nicht wie in Berlin in der Vorstadt Moabit, sondern zentral und in den besseren Vierteln gelegen sei es, „und ist es da für die gebildeten und noblen Familien des Hamburger Alsterdamm's und der Ferdinand- oder Herrmannsstraße noch nicht genug, daß sie das Gebäude der Züchtlinge unmittelbar vor Augen haben, sollen fein und zart gebildete Gemüther auch noch die Vorstellung haben, daß ihnen gegenüber, wenige Schritte von ihnen entfernt, eine blutige Hinrichtung stattfindet?“[95]

Die Vergewisserung der eigenen Zivilisiertheit war ohnehin prominent im Für und Wider des Falles Timm. Ein Gnadengesuch zirkulierte unter den Hamburger Bürgern, und es hieß in dem besagten offenen Brief an Gallois, „auch der Aermste und Kleinste“ möge dieses doch unterschreiben, damit deutlich werde, „daß in Hamburg's Bürgern kein Gefühl der Rache lebt“. Schließlich war es eine eindrucksvolle Demonstration der eigenen Philanthropie, dieses Gesuch zu unterstützen, und dies, obschon man sich darüber im Klaren war, dass sich im Fall Timm „leider nach Jahren der Milde die Nothwendigkeit wieder gezeigt hat, einmal ein Exempel zu statuieren! Die Cultur der Zeit hat, ach! das Volk noch nicht so belebt, als unser Fortschritt es sich träumen läßt!“ Dreihundert in der Regel hochgestellte Hamburger Bürger setzten ihre Namen unter das besagte Gnadengesuch, mehr denn je zuvor. Sie alle zeigten sich „einig in dem Wunsche, daß unsere friedliche Stadt auch dieses Mal mit einem blutigen Acte verschont werde, vor dem sie durch die mildwaltende Justiz unserer höchsten Behörde mehr als dreißig Jahre hindurch bewahrt geblieben ist“.[96]

Es sollte jedoch nicht gelingen, „die ehrwürdige freie Stadt“ vollends „rein zu erhalten vom Blute der Übelthäter“. Zielstrebig wurde die erste Exekution eines Missetäters nach über drei Jahrzehnten in die Wege geleitet. Das mechanische Fallbeil wurde in das Gefängnis gebracht, der Hof für einen reibungslosen Urteilsvollzug entsprechend umgestaltet. Für den 5. April 1856 war die Exekution angesetzt. Der Gefangene selber war es, der, wie es in der Zeitung „Freischütz“ hieß, „den Schluß des von ihm begonnen blutigen Dramas“ hinausschob. Er überrumpelte am Abend vor der geplanten Hinrichtung seinen Wärter und gelangte durch das unvergitterte Fenster einer Vorratskammer ins Freie, und der Verfasser des Artikels philosophierte, „das verstümmelte Thier bietet das Aeußerste auf, sein irdisches Dasein zu retten“. Als Timm jedoch aus der zweiten Etage auf die Straße sprang, brach er sich das Bein und blieb regungslos liegen. Noch in derselben Nacht trat der Rat zusammen, verschob die Exekution und beschloss wenige Tage später mit dem Segen eines ärztlichen Attestes, das Urteil baldmöglichst und vor der Genesung des Missetäters zu vollstrecken. Der neue Termin war der Morgen des 10. April.[97]

Von nun an lief alles reibungslos. Timm wurde besser bewacht, die Stadt befand sich ohnehin in einer Art Ausnahmezustand. Die Wache und das Zuchthaus waren mit Polizei und Wachpersonal ebenso besetzt wie das Rathaus, und Infanterie und Kavallerie befanden sich im Einsatz. Die Straßen um das Spinnhaus selbst waren vom Militär weiträumig abgesperrt, wodurch einige Neugierige angelockt wurden. Der Todeskandidat verbrachte seine letzte Nacht diesmal bereits im Spinnhaus, und nicht auf der Wache. In besagter letzter Nacht machte Timm kaum den Eindruck, als hätte er im Falle eines unbeschränkten Publikums ein instruktives Beispiel abgeliefert, denn „den Delinquenten scherte die ganze Sache nicht, und er weinte auch keine Thräne", wie Polizeisergeant Böhler bekundete. Böhlers detailliert notierte Eindrücke der letzten Stunden Johann Arnold Wilhelm Timms bestätigten offensichtlich die Notwendigkeit, Todesstrafen vor ausgewählten Zuschauern zu vollstrecken. So weigerte sich Timm, am Abend zu beten, und sogar am Morgen der Exekution sprach er das „Vaterunser" nicht. Statt dessen trank er des nachts Kaffee und Limonade, „genoß ein Butterbrot" und rauchte „mit rechtem Wohlbehagen" vier Zigarren binnen weniger Stunden. Dass seine Enthauptung mechanisch vollzogen werden sollte, freute ihn, und er „bemerkte noch, das sei schön, das schmerze nicht". Über Seelenwanderung wie auch über den Scharfrichter Voigt machte Timm angeblich sogar Scherze. Von Voigt meinte er, er habe – obschon eine Maschine dessen Arbeit erledige – gewiss nicht genügend Courage, an der Schnüre zu ziehen und so das Messer in Bewegung zu setzen. Dann werde er diese Aufgabe eben persönlich übernehmen müssen. Ohnehin war Timm sehr mit der Maschine beschäftigt, und „er sprach fast durchgängig von seiner Hinrichtung, [...], ob und wie schwer das Messer, oder Beil, sei, und ob es auch recht dünne, und wie groß wohl die Höhe, von wo es herunterfalle, sein könne". Nur gegen 5.00 Uhr morgens wurde er kurzfristig still und die Augen mehrfach wässrig. Gewaschen und gekämmt wurde Timm dann wegen seines gebrochenen Beines „auf einem dazu hergerichteten Stuhle rücklings zur Treppe am Schafott getragen, woselbst er hingesetzt sich flüchtig das Schafott besah".[98]

Die Klinge selbst, die ihn so sehr interessiert hatte, konnte er jedoch nicht begutachten, denn sie war durch eine Blende eigens vor seinen Blicken verborgen worden. Die anderen Häftlinge konnten noch nicht einmal das Schafott sehen, denn vor den zum Gefängnishof führenden Zellenfenstern waren Vorhänge angebracht. Nur das Wachpersonal, der Pfarrer und die sieben Pflichtzeugen waren zugegen, als Timm um Punkt 6.00 Uhr in den Gefängnishof getragen wurde. Sie konnten als einzige das Verfahren beobachten, doch selbst für sie fand der eigentliche Akt der Tötung so weit wie möglich im Verborgenen statt. Die privaten Aufzeichnungen von Martin Hieronymus Hudtwalcker, der als einer von zwei Oberrichtern zugegen war, zeugen eindrucksvoll von der Diskretion der neuen Methode: „Die Maschine war so aufgestellt, daß der Kopf des Delinquenten nach der zu dem Hof führenden Seite des Zuchthauses zu liegen kam; die Zeugen standen auf dem Vorplatze, und sahen nichts von dem übrigen Körper des Hinzurichtenden. Das Fallbeil trennte den Kopf desselben augenblicklich vom Rumpfe, und es fiel der Kopf sogleich nach dem Unterstand des Gerüstes in einen Sack. Hierauf ward das von dem Actuar Dr. Gobert schon vorher niedergeschriebene Protokoll im Herrenzimmer von den Zeugen und vom Actuar unterschrieben, worauf alles auseinanderging".[99]

„Um 6 Uhr 11 Minuten war die Execution beendet", schloss Sergeant Böhler seinen Bericht. Am folgenden Tag wurde der erste Vollzug eines Todesurteils in

Hamburg nach über dreißig Jahren im „Amtlichen Teil" des „Hamburgischen Correspondenten" in Form einer kurzen „Bekanntmachung" der Öffentlichkeit offiziell verkündet. Die lokale Presse berichtete ausführlich über das Ereignis in all seinen Facetten. Die Zeitung „Reform", die sich selbst als „Volksblatt" bezeichnete, konnte ihre Leserschaft sogar mit Details bedienen, die von der Perfektion der neuen Methode zeugten, gleichzeitig aber Schauder erregten. Unter der fettgedruckten Überschrift „Timm's Kopf" hieß es, „wir hatten Gelegenheit, bei einem Freunde einen getreue Abbildung des Timm'schen Hauptes zu sehen, die nach der Exekution [...] gemacht ist. Das Haupte ist unmittelbar unter dem Kinnladen vom Halse getrennt. Die Züge verrathen keinerlei Schmerz, sind ruhig und fast unverändert. Das einzig auffallende an demselben ist das Haar, das wie Borsten zu Berge steht".[100]

VII. Schlussbemerkungen

Die Geschichte der Todesstrafe, die mit der Beschreibung der öffentlich zelebrierten Malträtierung und Räderung des doppelten Frauenmörders Valentin Hobold im Jahr 1726 begonnen hat, nähert sich ihrem Ende. Über einen Zeitraum von 130 Jahren und länger ist die gesetzlich verordnete Tötung bis zur diskreten, mechanisierten Enthauptung des doppelten Frauenmörders Johann Arnold Wilhelm Timm entfaltet worden. Dabei hat sich »der Diskurs um die Todesstrafe« als ein vielschichtiges und integriertes Gebilde herauskristallisiert, das seine Impulse keinesfalls ausschließlich aus der Strafrechtslehre empfangen hat. Vielmehr ließ sich ein Geflecht verschiedener Diskursfelder auffächern, das im Laufe der Zeit mannigfaltigen Transformationen unterworfen war. Freilich ist es unmöglich, sämtliche Diskursfelder aufzuzeigen, die die Konturen des Gegenstandes »Todesstrafe« zeichnen und mit Inhalten füllen. Folglich habe ich verschiedenste Transformationen des betrachteten Zeitraumes vernachlässigt, obschon sie für den Untersuchungsgegenstand von Belang sind. Man hätte sicherlich, um nur zwei von vielen möglichen Komplexen herauszugreifen, den Übergang zu einer marktorientierten Wirtschaftsordnung und einer kapitalistischen Produktionsweise oder auch sich profilierende pädagogische Konzepte berücksichtigen und deren Wirkungsmacht auf das Strafwesen zeigen können. Ich hielt es jedoch für sinnvoll, das eigentliche Objekt der Betrachtung in seiner Vielschichtigkeit erscheinen zu lassen, ohne dabei den Fokus zu verlieren, und habe daher meine Darstellungen auf die diskursiven Felder zugeschnitten, die aus unmittelbar um die Todesstrafe kreisenden Texten am prominentesten hervortraten. Dies waren vorrangig Staatstheorie, Medizin, Psychologie und Ästhetik, wenn von ausdifferenzierten Bereichen hier auch nicht die Rede sein kann, diese also niemals klar voneinander zu trennen sind. Als Leitmotiv zog sich das Verhältnis von Gewalt und aufgeklärtem, zivilisiertem kulturellen Selbstentwurf durch die Betrachtungen. So habe ich eine Geschichte der Todesstrafe geschrieben, die verdeutlicht, wie sich die Ausübung physischer Gewalt und ein kultiviertes Selbstverständnis in einem Zusammenspiel von Diskursen und Praktiken kompatibel gestaltet haben.

In dieser Geschichte der Todesstrafe war zu sehen, wie Diskurse historisch spezifische Wahrnehmungs- und Denkmöglichkeiten konstituieren, wenn sich deren Aussagen entsprechend verdichten. Es ist deutlich geworden, dass eine an Michel Foucaults Diskursveständnis orientierte Geschichtsschreibung keineswegs in den luftigen Höhen zeitgenössischer theoretischer Erwägungen verharrt. Sie kann ganz im Gegenteil offenbaren, wie diskursiv konstituierte Wahrnehmungs- und Denkmöglichkeiten und konkrete menschliche Handlungen untrennbar aneinander gebunden sind und sich gegenseitig prägen. Diskursive und nicht-diskursive Bereiche sind sogar derart eng miteinander verzahnt, dass deren Trennung zwar analytisch hilfreich und insoweit auch sinnvoll sein kann, letztlich aber doch als synthetisch erachtet werden muss. Die Betrachtungen haben zudem gezeigt, dass innerhalb eines Diskurses nicht von Homogenität oder einem spannungsfreien Geflecht die Rede sein kann. Widersprüche und Reibungspunkte sind gerade aufgrund der vielfältigen Überlagerungen verschiedener Diskursfelder und aufgrund der unterschiedlichen Standpunkte der sich in den Diskurs einschreibenden Menschen zahlreich vorhanden. Uneindeutigkeit und diskursive Wirkungsmächtigkeit schließen sich jedoch keineswegs aus. Gerade expliziter Widerspruch kann zur Verfestigung eines Konzeptes in der zeitgenössischen Wahrnehmung führen. Dies haben beispielsweise die überaus heterogenen Debatten um die Vertragsgesellschaft oder um die Frage der Zurechnung und den »Verborgenen Wahnsinn« gezeigt. Trotz ausgeprägter Divergenzen war letztlich an der Existenz dieser Phänomene in der zeitgenössischen Wahrnehmung und an deren Einfluss auf die Todesstrafe als theoretisches Konzept und praktische Handlung nicht mehr zu rütteln. Ein weiteres Beispiel ist die Kennzeichnung körperlicher Gewalt als »barbarisch«, die die Lust am Konsum von Gewalt als Gegenstand der Betrachtung und des Wissens erst konstituiert und ihr so eine immense Präsenz verliehen hat.

Im Folgenden werde ich die inhaltlichen Linien der Untersuchung in aller Kürze zusammenfassen. Wenn Valentin Hobold an den Orten seiner Verbrechen vorbeigeführt und dort gemartert wurde, bevor man sein zeitliches Ende auf dem Schafott langsam und leidvoll besiegelte, so war dies innerhalb des historisch-spezifischen Denk- und Handlungsrahmens einer transzendental hergeleiteten Seinsordnung durchaus nachvollziehbar und erschien den ZeitgenossInnen sinnvoll. Gleiches gilt für die Gegenwart eines weder durch Geschlecht, noch durch Alter, Stand oder Bildungsgrad eingeschränkten Publikums, denn *alle* sollten der Sühne der Tat sowie der göttlichen Größe und Allmacht Gewahr werden, sie fürchten und ehren zugleich. Degenerierende Effekte konnten der Präsentation und der Wahrnehmung physischer Gewalt innerhalb dieser kulturellen Konfiguration kaum zugeschrieben werden.

Verschiebungen in unterschiedlichen Diskursfeldern und Veränderungen in der Justizpraxis führten vor allem seit der Mitte des 18. Jahrhunderts zunehmend zu Rissen in diesem Denk- und Handlungsgebäude. Die menschliche Wahrnehmungsweise wurde neu bestimmt, und sinnlich vermittelte Eindrücke galten nun als prägend für den individuellen wie kollektiven Charakter. Zudem gewannen Individualität, Selbstbestimmung und der Gesellschaftsvertrag an Prominenz. Die Konzepte eines göttlich vermittelten Herrschaftsanspruchs und einer Reinigung durch die Rezeption physischer Gewalt erschienen somit ebenso obsolet wie die theokratische Begründung der Todesstrafe. Der frühneuzeitlichen Inszenierung des Tötens war schlechthin die Basis entzogen, und erst innerhalb der veränderten Verknüpfungen konnte sie den Charakter von Irrationalität und »blutrünstiger Barbarei« annehmen. Schließlich galt es, sich des Aufbruches in ein neues Zeitalter und eine neue Lebenswelt zu versichern und das Strafwesen, das Christoph Link treffend den „Lackmustest aufgeklärten Denkens" genannt hat, in ein Umfeld von Vernunft, Empfindsamkeit, Menschenfreundlichkeit und Schaffenskraft einzubetten.[1]

Besserung und Prävention sollten als Strafziele nun Priorität gewinnen. Dennoch blieb die Todesstrafe als ultimative Waffe des Gesetzes erhalten. Schrankenloser Abolitionismus galt letztlich, trotz auch gegenläufiger Äußerungen, als übersteigert empfindsam und unmännlich, als unangemessen und unvernünftig und nicht zuletzt auch als gefährlich. „Hat er gemordet, so muß er sterben", kann der weitreichende Konsens eines vielschichtigen und heterogenen Diskurses an der Wende vom 18. zum 19. Jahrhundert in den Worten Immanuel Kants gefasst werden. Eine graduierte Peinigung zur Beschwichtigung eines zornigen Gottes war allerdings wider die diskursiv konstruierten Grundsätze einer aufgeklärten Kultur, und physische Gewalt trug nun das Stigma des »Archaischen« und »Barbarischen«. Einzig das Leben der Verurteilten galt es zu beenden – und das so »vernünftig«, »menschenfreundlich«, »schmerzfrei« und »zivilisiert« wie möglich. Somit mutierte die Todesstrafe zu einem Paradoxon par excellence. In dem finalen Akt physischer Gewalt, der zur Tötung unumgänglich ist, manifestierte sich der Drang, selbige zu tabuisieren und zu verbannen, um den selbstgestellten Anspruch der Zivilisiertheit bestätigt zu wissen.[2]

Das Paradigma der Todesstrafe als ausgleichende Gerechtigkeit und gesellschaftlicher Selbstschutz gegenüber einer Mörderin oder einem Mörder erfuhr eine Einschränkung, die ebenfalls auf den Konzepten von »Vernunft« und »Humanität« sowie auf der Fokussierung menschlicher Individualität gründete. Das mögliche Objekt der angeordneten Tötung rückte in den ersten Dekaden des 19. Jahrhunderts vermehrt in das Zentrum des Interesses, und es erschien den Zeitgenossen mehr als fraglich, ob die mordenden Gewalttäter und -täterinnen überhaupt nach den Axiomen einer aufgeklärten, zivilisierten Kultur funktionierten und somit nach ihnen behandelt werden durften. Schließlich hatten sie mit ihrer Tat verdeutlicht, dass sie im Zeitalter der »Barbarei« verharrten oder einen Schritt zurück in dessen Richtung gegangen waren. Das gefährliche »wilde Tier« wandelte sich in der zeitgenössischen Wahrnehmung zu einer zwar immer noch gefährlichen, aber bemitleidenswerten und schuldlosen Kreatur. Die nackte Tat büßte als Maß für die Strafe an Bedeutung ein. Sie fungierte vielmehr als Indikator eines bestimmten Tätertypus, der mehr und mehr in das Fadenkreuz der Untersuchung geriet. In Teilen der Fachwissenschaft konnten sich Verbrechen im Allgemeinen und der Mord im Besonderen sogar als grundsätzlich krankhafte und somit Unzurechnungsfähigkeit indizierende Handlung profilieren. Wenn sich dieses Konzept in Reinform auch niemals in der Justizpraxis etablieren konnte, so hielten entsprechende medizinisch-psychiatrische Fachkenntnisse doch Einzug in die Gerichtsstuben. Der Nachweis individueller Schuldfähigkeit wurde zu einem zentralen Element der Verfahren, zumal dann, wenn an deren Ende ein irreversibles Todesurteil stehen konnte. Dass „die

Strafrechtswissenschaft auf die Nothwendigkeit einer vollständigen psychologischen Deduction aller problematischen Gemüthszustände angewiesen ist", stand in der Mitte des 19. Jahrhunderts außer Zweifel. Und nicht nur in der Fachliteratur, auch in Presse und Publizistik hatte sich das Bild des Verbrechers als „moralisch Krankem" verfestigt.[3]

Wurde nun trotz des tendenziell pathologischen Charakters des Verbrechers von der Justiz auf »Tod« entschieden, so schien in der, so Michel Vovelle, „Blütezeit des Werkzeuges" nur eine Maschine in der Lage, das Urteil mit der notwendigen Präzision zu vollziehen. Das mechanische Fallbeil arbeitete reibungslos, und die maschinisierte Enthauptung galt nicht nur als der sicherste, sondern auch als der „sanfteste" Weg zu töten. Spätestens als die Revolutionswirren und die »Terreur« einige Dekaden zurücklagen, konnte sich das mechanische Fallbeil nicht nur als Repräsentation von Humanität und Schmerzlosigkeit, sondern auch von Systematik und Ordnung etablieren. Aufgrund seiner Schnelligkeit und »Sauberkeit« stand es für das Bestreben, den eigentlichen Akt der Tötung zu sterilisieren und der Wahrnehmung des Publikums zu entziehen. In der ersten Hälfte des 19. Jahrhunderts wurde das mechanische Fallbeil zu schlechthin *dem* Sinnbild des staatlich angeordneten Todes in einer vernünftigen und menschenfreundlichen Kultur, auch wenn dessen Akzeptanz in der Justizpraxis des deutschsprachigen Raumes mancherorts eine Weile auf sich warten ließ.[4]

Doch die Mechanisierung und Beschleunigung des Hinrichtungsaktes war nur ein Schritt, die staatlich verordnete Tötung vor den Zuschauenden zu verbergen. Obgleich Zuschauer und Zuschauerinnen jeglicher Couleur seit ewigen Zeiten in Scharen zu den Strafvollstreckungen geströmt waren, war das Publikum erst seit dem 18. Jahrhundert in das Zentrum der Betrachtungen gerückt. Im Gleichschritt mit einer veränderten gesellschaftlichen Selbstdefinition, neu bestimmten menschlichen Wahrnehmungsstrukturen und der Stigmatisierung von Gewalt schienen diejenigen, die dem Schauspiel des Sterbens beiwohnten, nun von archaischem Charakter zu sein, der sich durch den Besuch derartiger Veranstaltungen weiter verfestigte. Ähnlich wie die Menschen, die Gewalttaten verübten, erfuhren die Menschen, die voller Neugierde Gewalttaten beobachteten, einen »Rückfall« in die längst überwunden gewünschten Zeiten der »Barbarei«. Unabhängig von seiner tatsächlichen Zusammensetzung und seinen tatsächlichen Empfindungen wurde das Publikum als »wilde Horde« und niederer »Pöbel« skizziert, das sich treiben ließ von seinem Begehren nach purer sinnlicher Lust durch den Konsum physischer Gewalt und nach dem Erlebnis einer Grenzerfahrung in persönlicher Sicherheit, die der auf dem Schafott präsentierte Tod bieten konnte. Das Publikum am Schafott stand für das Ungebildete, Triebhafte und Irrationale, eben für das Weibliche, das es im Selbstentwurf der bürgerlichen Gesellschaft hinter sich zu lassen, auf jeden Fall aber von den Geschäften des Staates auszuschließen galt. Denn die Teilhabe an diesen Geschäften bedingte ausgeprägte Vernunft, starke Selbstkontrolle und das rechte Maß an Empfindsamkeit. Nur wer diese Kriterien erfüllte, war entsprechend der zeitgenössischen

Vorstellungen in der Lage, den „unwiderstehlichen Zauber“ und die „natürliche“, gleichsam magnetische Anziehungskraft des Schrecklichen mittels der Vernunft zu überwinden und sogar in produktive Kräfte umzusetzen. Denn wenn aus der Betrachtung des Schrecklichen die Vernunft als Siegerin über die Sinne hervorging, so wurde die im Menschen und dessen Werk verkörperte göttliche Größe spürbar und somit die menschliche Gemeinschaft ihrer Vollkommenheit näher gebracht. Frauen, Kinder und der »Pöbel« waren in den zeitgenössischen Diskursen als VertreterInnen zumindest eingeschränkter Vernunft markiert, und sie mussten demzufolge von den Exekutionen ferngehalten werden. Zu dieser Konstruktion gesellte sich eine zunächst latente, dann aber verdichtete Furcht vor einer massen-haften Dynamik des »Pöbels«. Von einer Stabilisierung der gesellschaftlichen Ordnung und einer Reproduktion ihrer Paradigmen durch die Präsentation obrigkeitlich-staatlicher Größe in Form öffentlicher Strafvollstreckungen konnte keinesfalls mehr die Rede sein. Vielmehr schienen derartige Veranstaltungen ein destabilisierendes Potential zu beinhalten, ja, sie konnten gar „der Anarchie Nahrungsstoff darreichen, die Herrschaft des Rechts und der Gesetze zu untergraben“, wie Georg Böhmer die weitverbreitete Sorge in den frühen 1820er Jahren zum Ausdruck brachte.[5]

Die Konsequenz von »stigmatisierter Gewalt«, »krankhaftem Verbrecher« und »archaischem Publikum« war nicht die Abschaffung der Todesstrafe, die sich als fest etabliert erwies, als „schwerfällige Masse, die ihren Platz mit Nachdruck behauptet“, wie Albert Berner im Jahr 1861 meinte. Vielmehr erfolgte eine veränderte Inszenierung des Tötens durch dessen Verschiebung in Räume, die einem unbeschränkten Publikum unzugänglich waren, denn „es ist nicht zu leugnen, daß durch Ausschluß der Oeffentlichkeit manche schädliche Wirkungen der Todesstrafe beseitigt werden können“, wie Mittermaier im Jahr 1862 hervorhob.[6]

Die Verbannung der Gewalt aus dem Lichtkegel in das Dunkel ist als Strategie in all ihrer Ambivalenz ausgeführt worden. Die Tabuisierung der Gewalt funktionierte nicht über das Schweigen, sondern über deren diskursive Aktivierung, weshalb sich nicht zuletzt auch die Möglichkeit des Lustgewinns durch Gewaltkonsum als Topos etablierte. Zur Illustration »widerwärtiger« Grausamkeiten wurde eine Vielzahl »schrecklich schöner« und äußerst graphischer Details bemüht, und es boten sich mehr Möglichkeiten denn je zum »ungefährlichen« Konsum körperlicher Gewalt und somit zum Erlebnis eines „angenehmen Grauens“. Gepaart mit dem Charakter des Verbotenen hatte das Faszinosum der Grenzerfahrung »Gewalt« Konjunktur. Im Jahr 1854 erschien es einem kommerziellen Betreiber beispielsweise sogar rentabel, eine Extrafahrt des Dampfschiffes »Pilot« von Hamburg in das nahegelegene Stade an der Elbe anzubieten, um die Vielzahl der Interessierten zur Enthauptung des Raubmörders Stock zu schiffen. Darüber hinaus war es erst der Konsum von Gewalt und der dabei ausgelöste Schauer, der es ermöglichte, die eigene Zivilisiertheit, Empfindsam- und Höherwertigkeit zu empfinden und zu demonstrieren. Die Verteufelung physischer Gewalt geschah folglich nicht als Selbstzweck, sondern war Teil der

Selbstinszenierung einer neuen »Elite«, die sich vor allem über ihre Empfindsamkeit, ihren sozialen Status, ihr Rationalitätspotential und nicht zuletzt auch über ihr Geschlecht definierte. Die Berichterstattung über den timmschen Raubmord in der Hamburger Zeitung „Freischütz" kann dies nochmals illustrieren. Das oberflächliche Signal der Reportagen und Kommentare ist ein Abgestoßensein vom Exzess der Gewalt. Es hieß, „unsere Feder sträubt sich zwar, noch einmal sich in Blut zu tauchen", aber ein weiterer dezidierter Bericht folgte. Schon die Terminologie signalisiert eine magnetische Kraft des Verbrechens und das Bestreben, etwas Faszinierendes in diesem Ereignis spürbar werden zu lassen. „Das Gräßliche dieses Anblicks" der beiden Leichen und des Tatortes, die Schnitte durch den Hals „von furchtbarer Tiefe" und vieles mehr wird en Detail beschrieben, und es wird nicht vergessen zu erwähnen, dass die Treppenstufen im Hause der Jacobs-Frauen „mit Blut überströmt und ganz schlüpfrig durch dasselbe" waren. Denn die Schar der RezipientInnen und „besonders junge Frauenzimmer" warteten „um so gieriger der Fortsetzung lauernd, um so gespannter harrend, je scheußlicher die Einzelheiten von Timm's Gräuelthat sich gestalteten", wie es in einem Wochenüberblick des „Freischütz" bezeichnenderweise unter der Überschrift „Brot und Schauspiele" hieß.[7]

Nun wurde im Bereich der Strafvollstreckungen nach einem Heimlichkeitsparadigma gehandelt, das sich in diesen Kontext der Tabuisierung von Gewalt fügt. Die staatlich verordnete körperliche Gewalt zur Tötung angeblich existentiell gefährlicher VerbrecherInnen wurde der Sphäre des unmittelbar Sichtbaren und allgemein Zugänglichen entzogen. Norbert Elias hat diese „Figur des Aussonderns, dieses ‚Hinter-die-Kulissen-Verlegen' des peinlich Gewordenen" als typisch bezeichnet „für den ganzen Vorgang dessen, was wir ‚Zivilisation' nennen". Im Sinne von Elias können die ausschließlich männlichen, staatlichen Funktionsträger als „Spezialisten" der sinnlichen Wahrnehmung und ihrer geistigen Verarbeitung bezeichnet werden. Sie übernahmen nun die Aufgabe, den Akt der Tötung stellvertretend für ein unbeschränktes Publikum zu beobachten. Doch die Geschichte, die auf den vorangegangenen Seiten skizziert worden ist, hat gezeigt, dass die Verlegung der Hinrichtungen hinter die Gefängnismauern mehr impliziert als eine Verschiebung „des peinlich Gewordenen hinter die Kulissen des gesellschaftlichen Lebens" aufgrund einer Triebmodulation im Sinne von Elias. Wie zu lesen war, war die Präsentation staatlich verordneter, physischer Gewalt innerhalb der veränderten kulturellen Rahmenbedingungen unmöglich geworden. Die Exekutionen galten nun einerseits als verrohend, »barbarisch« und der aufgeklärten Kultur unwürdig, andererseits trugen sie in den Augen der Zeitgenossen zuweilen weiterhin das Signum der Notwendigkeit. Ein wahres Dilemma hatte sich ergeben, und man war in einer Konfiguration augenscheinlich unvereinbarer Positionen gefangen. Die Verschiebung der nun schnell und einwandfrei vollzogenen Hinrichtungen hinter die Gefängnismauern führte aus diesem Dilemma heraus. Nun wandte sich „die fortgeschrittene Civilisation vom Henkerbeil ab", indem sie die Möglichkeit ausräumte, hinzuschauen, wenn es tatsächlich in Aktion trat. Somit war eine Konstruktion geschaffen worden, welche die Kompatibilität von Todesstrafe und zivilisiertem Selbstentwurf ermöglichte. Insofern war der blutige Akt verlagert worden an einen Ort, der die Möglichkeit bietet, das zunächst unvereinbar Scheinende zusammenzuführen, das Unmögliche möglich werden zu lassen. An diesem „anderen Ort" findet sich eine Vielzahl der aufgefächerten Diskurse gebündelt. Somit war der Gefängnishof als Ort nicht-öffentlicher Hinrichtungen zwar räumlich ausgegrenzt, zugleich aber, um Michel Foucault zu zitieren, „in die Einrichtung der Gesellschaft hineingezeichnet". Es handelt sich um einen Ort, der die staatlich verordnete Gewalt als stigmatisiert präsentiert, das Stigma produziert und unterwandert zugleich – ein Ort, wo eben „die wirklichen Plätze innerhalb der Kultur gleichzeitig repräsentiert, bestritten und gewendet sind". Darüber hinaus ist die staatlich verordnete Tötung nicht bloß ausgelagert worden. Sie ist auf eine, in den Worten Umberto Ecos, „Insel der Gewalt" verschoben worden, und erst diese Verschiebung hat sie wieder legitimiert und ihre weitere Existenz gesichert. Insofern ist wirkliche, physische Gewalt in Form von Tötungsakten diskursiv produziert worden. So herrschte schon im Vorfeld des timmschen Todesurteils Konsens, dass eine öffentliche Hinrichtung niemals würde statt finden können, und dass „das gräßliche Schauspiel einer Hinrichtung" in Hamburg nur in Form einer „Geheim-Execution" geboten werden konnte.[8]

Die konstitutive Kraft dieses »anderen Ortes« verdeutlicht der Fall Johann Ludwig August Parent, mit dessen Skizze ich nun schließen werde. Viereinhalb Jahre nach Timm beschritt der 24-jährige Mann den Weg zum Schafott. In der Nacht vom 3. zum 4. September 1859 hatte er die 61-jährige Witwe Josua Löb erstochen, um einen Taler zu erbeuten, den er als ein Schmiergeld für eine Anstellung benötigte. Parent war seit sechs Monaten ohne Arbeit und eigenes Einkommen gewesen, nachdem er seinen Militärdienst beendet hatte.[9]

Parent hatte einen Raubmord begangen, und er konnte somit aufgrund seiner Tat in die Kategorie derjenigen Menschen eingeordnet werden, deren Tötung den Zeitgenossen notwendig und gerecht erschien. Auch die Appelle seines Anwaltes Carl Stammann an die Hamburger Gerichte, „beseelt vom Geiste wahrer Milde und Humanität", wie es einer zivilisierten Kultur gebührte und in Hamburg Tradition hatte, „unsere Vaterstadt vor der Abgabe eines mit Blut geschriebenen Erkenntnisses" zu bewahren, fruchteten nicht. In den Augen der Justiz hatte Parent „eine wehrlose, ihm freundlich gesinnte Frau mit hartnäckiger Grausamkeit ermordet", und das Motiv stand „freilich in einem auffallenden Mißverhältnisse zu einem so verabscheuungswürdigen Verbrechen".[10]

Die Bestimmtheit der gerichtlichen Entscheidung mag vor dem Hintergrund der Hamburger Justizpraxis seit den frühen 1820er Jahren zunächst verwundern. Zudem war es zweifelhaft, inwieweit das Bild Parents dem des archaischen, meuchelmordenden, unverbesserlichen und die Existenz der Vertragsgesellschaft gefährdenden Gewalttäters entsprach. Bis auf zwei kleine Diebstähle war er zuvor niemals straffällig gewesen. Er war, auch in den Augen der Gerichte, kein Herumtreiber, war arbeitsam, fleißig, nachweislich bemüht, eine Anstellung zu finden, und hatte einen guten Leumund. Sogar besagtes Tatmotiv, Geld zu rauben, um eine Anstellung zu erhalten, kann in diesem Kontext gesehen werden. Nach der Verhaftung brach Parent förmlich zusammen, gestand und bereute seine Tat, zeigte sich niedergeschlagen und „war so erschüttert, daß das erste Verhör in der Wohnung der Löb aus diesem Grunde abgebrochen werden mußte", wie der Anwalt betonte. Darüber hinaus gab es Hinweise auf die persönliche Situation und den Gemütszustand des Täters während der Tat, die im zeitgenössischen Verständnis Anlass genug gewesen wären, zumindest dessen volle Schuldfähigkeit zu bezweifeln. Unehelich geboren, ohne Vater und zumeist bei Pflegeeltern und weitestgehend ohne Religionsunterricht aufgewachsen, zudem, in den Worten seines Verteidigers, „grenzenlos dumm [..., so dass] von Schlauheit, Verschlagenheit oder irgendeiner sonstigen auch nur niederen Verstandesfunktion bei ihm kaum die Rede [sein konnte]", war Parent durch eine Verkettung unglücklicher Umstände zum Mörder geworden. Von ungefähr drei Litern Bier, wie er selber sagte, leicht „schwiemelig" und bedrückt von seiner Arbeitslosigkeit, besuchte er die mit ihm bekannte Josua Löb. Als er sah, wie die Witwe aus den Händen einer Kundin einen Geldbetrag entgegennahm, da wurde er, so der Anwalt, „von einem unwiderstehlichen Drange ergriffen, sich in dessen Besitz zu setzen", „mit einem Worte, er handelt wie im Taumel. Nachdem einmal der Gedanke in ihm erwacht ist, die Löb zu ermorden, konzentriert sich seine ganze Willenskraft auf die Ausführung dieses Vorhabens".[11]

Eine Reihe gänzlich irrationaler Verhaltensweisen nach der Tat konnte aufgeführt werden, um die These des Anwalts zu bestätigen. Dies galt auch für das Missverhältnis von Motiv und Tat, von Ziel und Mittel, das nicht nur als Signal eines außergewöhnlich brutalen und hemmungslosen Täters, sondern auch als Zeichen einer Verstandesstörung gelesen werden konnte. Selbstbewusst hatte Stammann im Resümee seiner ersten Verteidigungsschrift festgehalten, ein Todesurteil könne aufgrund der „völlig verwahrlosten Erziehung des Parent, seiner trüben Gemütsstimmung, der erhobenen Bedenken gegen die volle Zurechnungsfähigkeit desselben vor, bei und selbst nach der Begehung des Mordes, sowie der Bestätigung seiner Reue durch Ablegung eines offenen Geständnisses seiner Schuld" unmöglich gefällt werden. Die „Strafmilderungsgründe", betonte der Anwalt, seien so etabliert und „gewichtig", dass eine Skizze der traditionell humanitären Hamburger Rechtspraxis eigentlich gar nicht mehr von Nöten sei.[12]

Doch die Gerichte ließen sich nicht beeindrucken. Verzweifelt zog Anwalt Stammann am 10. Dezember 1860 in einem Gnadengesuch die letzten Register. Dort reproduzierte er zahlreiche Aussagen des Diskurses um die Todesstrafe aus den letzten einhundert Jahren. Zweifelsohne sei sein Mandant „nicht so tief entsittlicht und gesunken, daß eine Besserung völlig ausgeschlossen wäre", denn „die gesammten Acten ergeben kein einziges Moment, welches auf eine Verwilderung des Gemüths, auf sittliche Verworfenheit vor Begehung des Mordes schließen ließen!" Und alle Strafrechtstheoretiker seien sich unabhängig von ihrer grundsätzlichen Haltung zur Todesstrafe einig, „daß es in solchen Fällen den Anforderungen der Humanität entspricht, wie es den Prinzipien des Rechtes und der Gerechtigkeit nicht zuwiderläuft, wenn dem Verbrecher im Wege der Gnade das Leben geschenkt wird". Stammann appellierte an das Gewissen der Senatoren, als er beinahe rhetorisch die „rein menschliche Frage" stellte, ob sein Mandant wirklich dem archaischen Gewalttäter entspreche und „nur durch die Vernichtung seiner Individualität dem verletzten Rechte Genüge geschehen würde". Oder sollte der Rat, als Institution mit dem Gnadenrecht, nicht doch das „unerbittliche Recht mit den Grundsätzen wahrer Billigkeit und Humanität in Einklang bringen"? Er wusste auch um das Bedürfnis der obersten Stadtherren, sich selbst als zivilisiert, aufgeklärt und empfindsam zu bestätigen, da er fragte, ob es nicht „wahrlich [...] ein befriedigenderes Bewußtsein [ist], Gnade geübt, als durch seinen Machtspruch einen Mitmenschen aufs Blutgerüst gebracht zu haben!"[13]

Doch Stammann hatte auch die Zeichen der Zeit erkannt. Es war offensichtlich, dass die Justiz aufgrund der neuen „Verordnung über die Vollziehung von Todesstrafen" aus dem Oktober 1854 an Handlungsfähigkeit gewonnen hatte, und er betonte, „daß man den Parent gewiß heut zu Tage in Hamburg nicht öffentlich würde hinrichten lassen". Nur der „Umstand allein [...], daß eine rationelle Art der Vollstreckung von Todesurtheilen gesetzlich eingeführt worden", mache die Exekution seines Mandaten überhaupt möglich. Ein „älterer Rechtsgelehrter", schob der Verteidiger ein, habe prophezeit, „‚Timm wird Parent den Hals brechen'".[14]

Es ist bekannt, dass der erfahrene Kollege Recht behalten sollte, denn seit der „Neuen Verordnung" aus dem Oktober 1854 und dem Fall Timm wurden die Hinrichtungen verborgen vor den Augen eines unbeschränkten Publikums vollstreckt. Insofern kann man auch behaupten, dass die Stadt mit „einem blutigen Acte verschont" wurde, worum über 300 Bürger in einem Gnadengesuch für besagten Johann Timm gebeten hatten. Die Wogen hatten sich seit dem Fall Timm jedoch geglättet, und für Parent engagierten sich zunächst nur zwölf, später noch 45 weitere Bürger mit ihrer Unterschrift. Die Hinrichtung Johann Ludwig August Parents wurde am 13. Dezember 1860 „um 8 Uhr vorschriftsmäßig vollzogen", wie es in einer Aktennotiz heißt. Einer der Zeugen brach unter Krämpfen zusammen. Wie schon bei Johann Timm geschehen und wie es von nun an üblich sein sollte, wurde von dem Gesicht des Hingerichteten zur materiellen Dokumentation des verborgenen Vorgangs eine Totenmaske genommen. Knapp neun Jahre nach Parents Enthauptung, am 1. Oktober 1869, trat im Zuge der Hamburger Verfassungsreform nach 263 Jahren ein neues Kriminalgesetzbuch in Kraft. Der Tod war dort als Strafe für das Verbrechen des Mordes verankert. Dies war nur möglich, weil der konkrete Akt staatlich verordneter, physischer Gewaltanwendung von finaler Qualität an einen Ort verschoben worden war, wo er, um nochmals Michel Foucault zu zitieren, „zugleich geschützt und versteckt ist, ausgelagert, ohne ins Freie gesetzt zu sein".[15]

Was den meisten Zeitgenossen und allen Zeitgenossinnen Johann Timms und Johann Parents verwehrt war, ist heute wieder möglich. Problemlos kann man das Fähnlein der Zivilisation und Gewaltfeindlichkeit schwenken und sich trotzdem einem endlosen visuellen Tötungsszenario hingeben. Die Perfektion medialer Präsentationstechniken macht es möglich. Der anscheinend unbändige Drang, die tötende Gewalt so real wie nur möglich sichtbar zu machen, manifestierte sich schon an der Wende vom 19. zum 20. Jahrhundert, als Thomas Edison die tödliche Wirkungsmächtigkeit des elektrischen Stromes auf Zelluloid bannte. Doch die „perfekte" Hinrichtung des Mörders von US-Präsident William McKinley, Leon F. Czolgosz, war nachgestellt. Mit Bildern der ersten elektrischen Exekutionen hätte man kaum die Fähigkeit der modernen Gesellschaft, „zivilisiert" und „human" zu töten, unter Beweis stellen können. Dies hat sich im Laufe des 20. Jahrhunderts kaum verändert und auch immer wieder zivilisatorisch motivierte Kritik am Elektrischen Stuhl als Exekutionsmethode hervorgerufen. Mittlerweile, seit den 1980er Jahren, ist das elektrische Hinrichten weitgehend der tödlichen Injektion gewichen, die nun „zivilisierter", „humaner" und diskreter erscheint. Die Tötungstechnik erforderte eine Anpassung an die jeweils etablierten Diskursmuster, in die die Reproduktion des zivilisierten Selbstverständnisses eingebettet werden konnte. Entscheidend war und ist hier vor allem eine Gewalthaftigkeit des Tötens, die am äußeren Zustand des toten Körpers ablesbar scheint. Und schließlich bleibt der Körper des Hingerichteten bei der Giftspritze mit Gewissheit äußerlich unversehrt und signalisiert so die vermeintliche Fähigkeit, gewaltlos zu töten. Doch andererseits ist gerade den Exekutionen, die die Gewalthaftigkeit des staatlich verordneten Sterbens deutlich werden lassen, immer wieder die größte Aufmerksamkeit widerfahren. Und auch die Authentizität, die Nähe zur Wirklichkeit, die schon im 18. Jahrhundert als bedeutendes Kriterium für die Faszinationskraft eines solchen Ereignisses galt, ist nicht zuletzt für die Intensität der öffentlichen Rezeption von Exekutionsdarstellungen maßgeblich. Dies signalisiert die Popularität des heimlich geschossenen Fotos von Ruth Snyder während ihrer Hinrichtung im Jahr 1928 ebenso wie die Aufregung um die Fotos des am 8. Juli 1999 auf dem Elektrischen Stuhl exekutierten Allen Lee Davis. Einige Millionen Menschen haben die Webseite des Obersten Gerichtshofes des Staates Florida angewählt, um die Fotos des blutbeschmierten und aufgedunsenen Mannes zu sehen. Mittlerweile sind die letzten Bilder von Allen Lee Davis auch unter anderen Internet-Adressen abrufbar. Ohnehin scheint die Diskussion über die Präsentation einer Hinrichtung im Fernsehen mittlerweile überholt. Nicht nur, dass seit Jahren entsprechende, freilich „illegale", Videofilme zirkulieren, sondern insbesondere das Internet als ein „anderer Ort", als eine neue Form von Öffentlichkeit, die zumindest keine geographischen Grenzen mehr kennt, macht die Teilhabe an staatlich verordneten Tötungen möglich – und dies in privater Atmosphäre und inkognito. Häufig unter dem Deckmäntelchen der Aufklärungsarbeit werden auf verschiedenen Webseiten virtuelle Touren durch den Todestrakt bis in die Hinrichtungskammer geboten, die einer technisch perfektionierten Version der Geschichte des Hamburger Gassennamens „Mördergang" gleichen, die die Aufklärungszeitschrift „Hamburg und Altona" im Jahr 1803 beschrieben hat. Und zum Abschluss kann man sich Detailaufnahmen verschmorter Leichenteile auf den Bildschirm laden. Allen Lee Davis ist beileibe nicht der einzige Hingerichtete, dessen Bilder zirkulieren.[16]

Es wäre fahrlässig, die gegenwärtige Faszination an der Gewalt und den Glauben an die Möglichkeit zivilisierten Tötens als Spezifikum einer US-amerikanischen Kultur abzutun, die fernab jenseits des Atlantik liegt und deren kulturelle Deutungsmuster von Frontiererfahrung und Wildem Westen geprägt sind. Dies vermögen nicht nur die Grenzenlosigkeit des „World Wide Web", ein Blick auf das hiesige Videoangebot oder in das Kino- und Fernsehprogramm zu verdeutlichen, die uns sekündlich mit Gewalt und Tod berieseln. Auch die Todesstrafe selbst ist in vielen westeuropäischen Staaten erst in den letzten beiden Jahrzehnten aus den Strafgesetzbüchern verbannt worden. Dass ein staatlich verordnetes Töten wegen des historischen Vermächtnisses des Holocaust in Deutschland besonderes Unbehagen auslöst, bedarf kaum einer weiteren Erläuterung. Dennoch hat die Zustimmung zur Todesstafe auch hier, vor allem nach Sexualmorden an Kindern, immer wieder Konjunktur. In einer „repräsentativen" Umfrage sprachen sich kürzlich 55% der Befragten für die Hinrichtung von KindsmörderInnen aus. Der Ruf nach härterer Bestrafung ist regelmäßig zu vernehmen, und auch eine substantielle Kritik an der Tötungsmaschinerie in den USA wird nur dann wirklich lautstark artikuliert, wenn eine größere Nähe zu den Todeskandidaten markiert werden kann und das eigene Profil auf dem Spiel steht, wie es beispielsweise bei den beiden deutschstämmigen LaGrand-Brüdern im Frühjahr 1999 der Fall war. Zugleich ist festzustellen, dass nicht zuletzt die Presseorgane, die sich in solchen Fällen am engagiertesten zeigen, ihre Kritik am US-amerikanischen Rechtssystem auch dann mit einem Bild des Elektrischen Stuhls garnieren, wenn die Todesstrafe unmittelbar gar nicht zur Debatte steht. Die Aufmerksamkeit des Publikums wird so jedenfalls gesichert.[17] Festzuhalten bleibt, dass die Transformation vom öffentlich zelebrierten „Theater des Schreckens" hin zur vermeintlich diskreten und schnellen Exekution von Todeskandidaten und -kandidatinnen Schlaglichter auf ein Verhältnis von Gewalt und zivilisiertem Selbstverständnis geworfen hat, das bis in unsere Gegenwart hinein virulent ist.

Anmerkungen

I. Einleitung: Todesstrafe – Gewalt – Zivilisation

1 M. Steltzner, Beschluß des Versuchs einer zuverlässigen Nachricht, Bd. 5 (1739), 671f.

2 Steltzner, Bd. 5, 673.

3 Der Bestraffte Mord. Hamburg 1702; darin auch: Acta In Sachen Fiscalis in Criminalibus ex officio Inquirentis und Anklägers contra M.C. Jurgens/A.I. Buncke/J.F. Jähner, Gefangene, Inquisiten und peinlich Angeklagte. Anno 1701/1702; vgl. zu Ilsabe Buncke M. Lindemann, Die Jungfer Heinrich, in: O. Ulbricht (Hg.), Von Huren und Rabenmüttern. Köln/Weimar/Wien 1995, 259–279.

4 StAH, 331-2, P-K, Serie Vii, Lit. AA (1854), No. 460: J.W.A. Timm: Zweifacher Raubmord (im Folgenden: StAH Timm); siehe auch R. Wosnik, Beiträge zur Hamburgischen Kriminalgeschichte, Bd. 1,2. Hamburg 1926, 74–187.

5 Nur während der französischen Besatzung 1811–14 war zwischenzeitlich mit der Guillotine exekutiert worden.

6 Hamburger Nachrichten und Hamburgischer Correspondent, Amtsteil, beide 11. April 1856.

7 In Hinblick auf die Rolle und Funktion des Publikums bei öffentlichen Strafvollstreckungen wird seit einigen Jahren eine intensive Debatte geführt; die zentrale Interpretation, die ein aktives Publikum in den Mittelpunkt einer Exekution stellt und diese als karnevaleskes Ereignis liest, ist T. Laqueur, Crowds, Carnival and the State in English Executions, in: A.L. Beier u.a. (Hg.), The First Modern Society. Cambridge 1989, 305-355; konstruktiv kritisiert worden ist Laqueurs Darlegung u.a. von V.A.C. Gatrell, The Hanging Tree. Oxford 1994; eine ausgewogene Darstellung bieten: P. Lake/M. Questier, Agency, Appropriation and Rhetoric under the Gallows, in: PP 153 (1996), 64–107; J. Martschukat, Die öffentliche Hinrichtung, in: KrimJ 27 (1995), 186-208; siehe auch die Beiträge zur Theatralität öffentlicher Strafen von C. Zelle, Strafen und Schrecken, in: Jahrbuch der Schiller Gesellschaft 28 (1984), 76-103; ders., Über den Grund des Vergnügens an schrecklichen Gegenständen, in: P. Gendolla/C. Zelle (Hg.), Schönheit und Schrecken. Heidelberg 1990, 55-91. Vom „Theater" der Strafen ist in zahllosen zeitgenössischen Darstellungen die Rede, z.B. bei J. Döbler, Theatrum Poenarum suppliciorum et executionum criminalium. Sondershausen/Leipzig 1693-1697; siehe aus der Literatur R. van Dülmen, Theater des Schreckens. München [3]1988, oder ders., Das Schauspiel des Todes, in: Ders./ N. Schindler (Hg.), Volkskultur. Frankfurt/M. 1984, 203–245.

8 „Wenige Augenblicke" in Hamburgischer Correspondent, 11. April 1856.

9 M. Foucault, Überwachen und Strafen. Frankfurt/M. 1994 (1975), 44. Aus den Bemühungen, den Körper und dessen gewaltsame Zerstörung in der Hinrichtungszeremonie zu verbergen, sollte jedoch nicht vorschnell auf eine reduzierte Bedeutung von Körperlichkeit in der Gesellschaft des fortgeschrittenen 19. Jahrhunderts geschlossen werden. Gerade das Verbergen der Körper auf dem Schafott könnte deren aufgeladene Bedeutung signalisieren. Foucault hat dieses Argument in Hinblick auf die Sexualität im bürgerlichen Zeitalter entwickelt; vgl. Foucault, Sexualität und Wahrheit, Bd. 1: Der Wille zum Wissen. Frankfurt/M. 1983 (1976).

10 D. Garland, Punishment and Modern Society. Chicago, IL 1990, betont den hohen kulturellen und symbolischen Gehalt moderner Straftechniken; gegen eine evolutionäre Interpretation des Strafrechts seit der Mitte des 18. Jahrhunderts wendet sich W. Naucke, Die Modernisierung des Strafrechts durch Beccaria, in: G. Deimling (Hg.), Cesare Beccaria. Heidelberg 1989, 37-53.

11 Die Texte und Sammelbände, auf die ich mich im Folgenden v.a. beziehen werde, sind: J. Nieraad, Die Spur der Gewalt. Lüneburg 1994; T. Lindenberger/A. Lüdtke (Hg.), Physische Gewalt. Frankfurt/M. 1995, insb. deren Einleitung, 7-38; Sonderheft zu Gewalt von traverse Heft 1 (1995); P. Gay, Kult der Gewalt. München 1996 (1993); M. Miller/H.-G. Soeffner (Hg.), Modernität und Barbarei. Frankfurt/M. ^{2}1996, dort zur »gewaltfreien« Moderne u.a. Zygmunt Baumann, Gewalt – modern und postmodern, 36–67; W. Sofsky, Traktat über die Gewalt. Frankfurt/M. 1996; T. von Trotha/Michael Schwab-Trapp, Logiken der Gewalt, in: Mittelweg 36 5,6 (1996), 56–64; S. Krasmann/S. Scheerer (Hg.), Die Gewalt in der Kriminologie. Weinheim 1997; T. von Trotha (Hg.), Soziologie der Gewalt. Opladen/Wiesbaden 1997.

12 N. Elias, Über den Prozeß der Zivilisation. Frankfurt/M. ^{19}1995 (^{2}1969), insb. Bd. 1, xi, 161ff., 265, Bd. 2, 322, 421ff., 427, 347: „Diese Zivilisation ist das unterscheidende und Überlegenheit gebende Kennzeichen der Okzidentalen"; P. Spierenburg, Faces of Violence, in: Journal of Social History 1994, 701–716; einen kritischen Überblick (auch über die einschlägige Literatur) bietet G. Schwerhoff, Zivilisationsprozeß und Geschichtswissenschaft, in: HZ 266 (1998), 561–605.

13 H.P. Duerr, Der Mythos vom Zivilisationsprozeß. Frankfurt/M. ^{2}1993, insb. Bd. 3: Obszönität und Gewalt, 9–31, wo Duerr ausführlich zu der Debatte um seine Elias-Kritik Stellung nimmt; Duer moniert, durch den „Prozeß der Zivilisation" würden Unterwerfung und Kolonisation „theoretisch abgesegnet", da er das Bild des weniger triebgehemmten Menschen vergangener und fremder Kulturen bestärke und die zivilisatorische Überlegenheit der Okzidentalen postuliere; vgl. insb. 20, 29 für die Zitate; vgl. als Überblick N. Finzsch, Elias, Foucault, Oestreich, in: N. Finzsch/R. Jütte (Hg.), Institutions of Confinement. Oxford/New York 1997, 3–16, insb. 8; vgl. W. Bonß, Gewalt als gesellschaftliches Problem, in: Miller/Soeffner, 68–80.

14 Schwerhoff, Zivilisationsprozeß, 576f., 581ff.; R. Jütte, Anmerkungen zu einer Semiotik der Nacktheit, in: K. Schreiner/N. Schnitzler (Hg.), Gepeinigt, begehrt, vergessen. München 1992, 109-129, insb. 118ff.; vgl. auch R. van Krieken, Violence, Self-Discipline and Modernity: in: The Sociological Review 37 (1989), 193–218; M. Dinges, Gewalt und Zivilisationsprozeß, in: traverse Heft 1 (1995), 70–82; Lindenberger/Lüdtke, 7–38; zusammenfassend auch G. Schwerhoff, Aktenkundig und gerichtsnotorisch. Tübingen 1999, 112–130.

15 S. Krasmann, Andere Orte der Gewalt, in: Dies./Scheerer, 85-102, 100; U. Eco, Über Gewalt, Semiotiker und Onanisten, in: kultuRRevolution 31 (1995), 10–13, 11; vgl. zum »Paradoxon Todesstrafe« in der modernen Kultur J. Simon, Gewalt, Rache und Risiko, in: von Trotha, 279-301.

16 Hier eine Auswahl von äußerst heterogenen Texten zur historiographischen Debatte um Diskurse und Postmoderne: L. Stone, History and Post-Modernism, in: PP 131 (1991), 217f.; vgl. die Antworten von P. Joyce/C. Kelly in PP 133 (1991), 204–213, die Rückantwort von L. Stone in PP 135 (1992), 189–194, die Stellungnahme von G.M. Spiegel, ebd., 194–208, deren Artikel „History, Historicism, and Social Logic of the Text in the Middle Ages" (in: Speculum 65 (1990), 59–86, auch gekürzt in C. Conrad/M. Kessel (Hg.), Geschichte schreiben in der Postmoderne. Stuttgart 1994, 161–202) eine Art Initialzündung für diese Debatte bildete; kritisch sind auch E. Hanisch, Die linguistische Wende, in: Hardtwig/Wehler (Hg.), Kulturgeschichte Heute. Göttingen 1996, 212–230, und R.J. Evans, Rituals of Retribution. Oxford/New York 1996; vgl. meine Rezension in: 1999 12,4 (1997), 121–124, mit einer Entgegnung von Evans, 124–129; J. Martschukat, Antwort an Richard Evans: Anmerkungen zu einer Geschichtsschreibung nach Michel

Foucault, in: 1999 13,2 (1998), 249–252; vgl. R.J. Evans, In Defence of History. London 1997; vgl. zur Vielfalt des Diskursbegriffes u.a. P. Schöttler, Wer hat Angst vor dem „linguistic turn"? In: GG 23 (1997), 134–151, 135, 142, und P. Sarasin, Subjekte, Diskurse, Körper, in: Hardtwig/Wehler, 131–164; vgl. zur neuen Kulturgeschichte U. Daniel, Clio unter Kulturschock – I, in: GWU 48,4 (1997), 195–219, Teil II in: GWU 48,5/6 (1997), 259–278; T. Mergel/T. Welskopp (Hg.), Geschichte zwischen Kultur und Gesellschaft. München 1997; C. Conrad/M. Kessel, Blickwechsel, in: Dies. (Hg.), Kultur & Geschichte. Stuttgart 1998, 9–40; H.-U. Wehler, Die Herausforderung der Kulturgeschichte. München 1998.

17 Evans, Entgegnung, 126; eine Waffe oder ein anderes Tötungsinstrument wird im Sinne Sofskys, 27–44, als Verlängerung des Körpers verstanden.

18 Vgl. J. Habermas, Theorie des kommunikativen Handelns. Frankfurt/M. [4]1987 (1981); Habermas, Der philosophische Diskurs der Moderne. Frankfurt/M. 1985; Habermas, Erläuterungen zur Diskursethik. Frankfurt/M. 1991; Habermas, Faktizität und Geltung. Frankfurt/M. 1992; M. Kelly (Hg.), Critique and Power. Cambridge, MA/London [2]1995; vgl. L. Febvre, Leur histoire et la nôtre (1938), in: Ders., Combats pour l'Histoire. Paris [2]1965, 276–283; R. Chartier, Geistesgeschichte oder histoire des mentalités? In: D. LaCapra/S. L. Kaplan (Hg.), Geschichte denken. Frankfurt/M. 1989 (1982), 21.

19 Die Geschichte der deutschen Foucault-Rezeption zeigen M. Dinges, Michel Foucault's Impact on the German Historiography, in: Finzsch/Jütte, 155–174; Dinges, The Reception of Michel Foucault's Ideas in German Historiography, in: C. Jones/R. Porter (Hg.), Reassessing Foucault. London 1994, 181–212; D.J.K. Peukert, Die Unordnung der Dinge, in: F. Ewald/B. Waldenfels (Hg.), Spiele der Wahrheit. Frankfurt/M. 1991, 320–333.

20 Vgl. M. Foucault, Archäologie des Wissens. Frankfurt/M. [6]1994 (1969), insb. 74, 100, Kap. II zum Diskurs, Kap. III zur Aussage; Foucault, Die Ordnung des Diskurses. München 1974 (1972), insb. 24ff.; Foucault, Deuxième entretien avec Michel Foucault (Juni 1967), in: R. Bellour, Le livre des autres. Paris 1971, 195; M. Mahon, Foucault's Nitzschean Genealogy. Albany, NY 1992, 103; Foucault, La poussière et le nuage, in: M. Perrot (Hg.), L'impossible prison. Paris 1980, 29–39, insb. 33f.; vgl. G. Deleuze, Foucault. Frankfurt/M. [2]1995 (1986), 9–36; H.L. Dreyfus/P. Rabinow, Michel Foucault. Weinheim [2]1994 (1982), 69ff.; M. Poster, Die Zukunft nach Foucault, in: LaCapra/Kaplan, 143–159; P. Veyne, Foucault. Frankfurt/M. 1992 (1978); P. O'Brien, Michel Foucault's History of Culture, in: L. Hunt (Hg.), The New Cultural History. Berkeley, CA/Los Angeles 1989, 25–46; U. Brieler, Foucaults Geschichte, in: GG 24,2 (1998), 248–282; H. Bublitz, Foucaults Archäologie des kulturellen Unbewußten. Frankfurt/M./New York 1999. J. Butler, Körper von Gewicht. Berlin 1995 (1993), 9–48, 22 zur Performativität, 36 zum Zitat, wo sie sich anlehnt an J. Derrida, Signatur Ereignis Kontext, in: Ders., Randgänge der Philosophie. Wien 1988 (1972), 291–314; vgl. für einen Überblick H. Stoff, Diskurse und Erfahrungen, in: 1999 14,2 (1999), 142–160.

21 M. Foucault, Die Ordnung der Dinge. Frankfurt/M. [12]1994 (1966), 15, zu präfigurierten Möglichkeiten der Wahrnehmung; Foucault, Was ist Kritik? (1978) Berlin 1992, 12, 15, 37; J. Fiske, Understanding Popular Culture. Boston, MA u.a. 1989, 26; M. de Certeau, Kunst des Handelns. Berlin 1988 (1980), 20f.; das Spannungsfeld von Handlungsfähigkeit und Diskursen ist einer der strittigsten Punkte der gegenwärtigen Debatte; vgl. Conrad/Kessel, Blickwechsel, 11f.; vgl. Mergel/Welskopp; vgl. zur Kausalität den Table ronde du 20 mai 1978 avec M. Foucault, in: Perrot, 40–56, 45. Der Vorwurf, Kausalität werde negiert, wird häufig formuliert; z.B. von P. Zagorin, Historiography and Postmodernism, in: History and Theory 29 (1990), 263–274, 266; vgl. dort auch F.R. Ankersmit, Reply to Professor Zagorin, 275–296; Hanisch, 213; vgl. im Gegensatz T. Mergel, Kulturgeschichte – die neue „große Erzählung"? In: Hardtwig/Wehler, 41–77, 69; Deleuze, 20 – Betonung im Original; vgl. zur wechselseitigen Bedingtheit diskursiver und nichtdiskursiver Elemente auch N. Finzsch, Conditions of Intolerance, in: HSR 22 (1997), 3–

28; S. Krasmann, Simultaneität von Körper und Sprache bei Michel Foucault, in: Leviathan 23,2 (1995), 240–262.

22 Vgl. Deleuze, 67ff.; Mahon, 12ff., 102ff.; es ist vor allem J. Derridas Äußerung „il n'y a pas de hors-texte", die in der Historiographie für große Aufregung gesorgt hat; siehe Derrida, Grammatologie. Frankfurt/M. ^{6}1996 (1967), 274; vgl. auch die Auszüge aus Derrida-Gesprächen in P. Engelmann, Jacques Derridas Randgänge der Philosophie, in: J. Bernard (Hg.), Semiotica Austriaca. Wien 1987, 96–110, insb. 107; Derrida, Die différance (1972), in: P. Engelmann (Hg.), Postmoderne und Dekonstruktion. Stuttgart 1990, 76–113; zum Zwist zwischen Derrida und Foucault über dessen, so Derrida, philosophische Inkonsequenz vgl. J. Miller, Die Leidenschaften des Michel Foucault. Köln 1995 (1993), 172ff.; vgl. zur Diskursivierung von Gewalt Krasmann, Andere Orte, 85–102; zur Notwendigkeit ihrer Historisierung vgl. Sofsky, 224, Lindenberger/Lüdtke, insb. 7, 28; Dinges, Gewalt, 78ff.; „Chimärenwelt" bei Miller/Soeffner, 12–27, insb. 18f.; „radikalkonstruktivistischer" bei W. Stender, Post Crimen, in: Krasmann/Scheerer, 65; vgl. dort auch Reemtsma, Freiheit, Macht, Gewalt, 35; vgl. Evans, Entgegnung, 128; Martschukat, Antwort, 250f.

23 Die Bedeutung eines individuellen Autoren und seiner Intentionen ist folglich minimiert. Vielmehr interessieren die Wirkungszusammenhänge von Texten. Der Autor ist lediglich Indikator für die mögliche Intensität der Rezeption, die freilich im Textkorpus selbst überprüft werden muss; vgl. M. Foucault, Was ist ein Autor? (1969) In: Ders., Schriften zur Literatur. Frankfurt/M. 1993, 7–31; Foucault, Ordnung des Diskurses, 20; hilfreich ist Poster, 143–159.

24 Vgl. F. Ranieri (Hg.), Juristische Dissertationen deutscher Universitäten – 17.–18. Jahrhundert. Frankfurt/M. 1986. Als Beispiele für interdisziplinär angelegte Fachzeitschriften seien das „(Neue) Archiv des Criminalrechts" (zwischen 1798 und 1856 unter wechselnden Namen) und die „Zeitschrift für Staatsarzneikunde" zu nennen; vgl. auch die Hinweise in G.W. Böhmer, Handbuch der Litteratur des Criminalrechts. Göttingen 1816.

25 Als Beispiele für zwei Aufklärungszeitschriften sei auf das „(Neue) Deutsche Museum" (1776–1791) und die „Berlinische Monatsschrift" (1783–1796, bis 1811 unter anderem Namen) verwiesen.

26 Vgl. R. Schenda, Volk ohne Buch. München 1977, 59–66; U. Im Hof, Das Europa der Aufklärung. München 1993, 136.

27 Vgl. zur Pressegeschichte Hamburgs immer noch F.R. Bertheau, Kleine Chronologie zur Geschichte des Zeitungswesens in Hamburg von 1616 bis 1913. Hamburg 1914; E. Baasch, Geschichte des Hamburgischen Zeitungswesens von den Anfängen bis 1914. Hamburg 1930.

28 Vgl. zu einer dementsprechenden Kritik an den Schriften Foucaults J. Léonard, L'historien et le philosophe, in: Perrot, 9–28; Wehler, Die Herausforderung, 77ff.

29 „Ordnung" bei R. van Dülmen, Die Entdeckung des Individuums. Frankfurt/M. 1997, 53; vgl. zu Hamburg A. Schulz, Weltbürger und Geldaristokraten, in: HZ 259 (1994), 637–670; F. Kopitzsch, Aufklärung und Reform – Hamburg als Beispiel, in: G. Frühsorge/H. Klueting/F. Kopitzsch (Hg.), Stadt und Bürger im 18. Jahrhundert. Marburg 1993, 56–65; F. Kopitzsch, Grundzüge einer Sozialgeschichte der Aufklärung in Hamburg und Altona. Hamburg 1982, Bd. 1, 190ff.; A. Herzig, Die Hamburger Unterschichten im Zeitalter der Spät-Aufklärung (1770–1800), in: I. Stephan/H.-G. Winter (Hg.), Hamburg im Zeitalter der Aufklärung. Berlin/Hamburg 1989, 398–419, insb. 401; A. Kraus, Die Unterschichten Hamburgs in der ersten Hälfte des 19. Jahrhunderts. Stuttgart 1965, 73ff.; P.E. Schramm, Hamburg, ein Sonderfall in der Geschichte Deutschlands. Hamburg 1964.

30 Untersucht wurden im Hamburger Staatsarchiv vor allem die Bestände 111–1, Senat, Cl. vii, Lit. Ma, Lit. Mb, Lit. Me und 331–2, Polizeibehörde-Kriminalwesen.

31 Vgl. vor allem D. Arasse, Die Guillotine. Reinbek bei Hamburg 1988 (1987).

32 Vgl. zur Geschichte der Psychiatrie u.a. K. Dörner, Bürger und Irre. Frankfurt/M. 1969; Foucault, Wahnsinn und Gesellschaft. Frankfurt/M. [11]1995; D. Kaufmann, Aufklärung, bürgerliche Selbsterfahrung und die „Erfindung" der Psychiatrie in Deutschland. Göttingen 1995; M. Lorenz, Kriminelle Körper – gestörte Gemüter. Hamburg 1999; V. Roelcke, Krankheit und Kulturkritik. Frankfurt/New York 1999.

33 Für den englischen Raum hat diese Entwicklung kürzlich Gatrell nachgezeichnet.

34 Vgl. die Literaturbesprechungen von J. Eibach, Neue historische Literatur, in: HZ 263 (1996), 681–715; P. Becker, Kriminelle Identitäten im 19. Jahrhundert, in: HistAnt 2 (1994), 142–157; G. Schwerhoff, Devianz in der alteuropäischen Gesellschaft, in: ZHF 19 (1992), 385–414; ders., Aktenkundig; D. Blasius, Kriminologie und Geschichtswissenschaft, in: GG 14 (1988), 136–149; ders., Kriminalität und Geschichtswissenschaft, in: HZ 233 (1981), 615–626. Aktiver in Hinblick auf die Geschichte der Todesstrafe präsentiert sich die britische Geschichtsschreibung. Ein Grund mag der exponierte Stellenwert der „death penalty" im britischen Justizwesen bis in das 19. und sogar 20. Jahrhundert hinein sein. Darüber hinaus markierte Douglas Hays „Albion's Fatal Tree" eine Initialzündung für eine weiterreichende Beschäftigung. Insbesondere die bereits erwähnte Arbeit Gatrells soll hier hervorgehoben werden, da sie die Todesstrafe und deren zeitgenössische Wahrnehmung im 18. und 19. Jahrhundert in vielfältigen kulturellen Verknüpfungen darlegt; vgl. aus der britischen Historiographie neben Hay W.B. Thesing (Hg.), Executions and the British Experience from the 17th to the 20th Century. Jefferson, NC/London 1990; P. Linebaugh, The London Hanged. Harmondsworth 1993; Laqueur, Crowds; R. McGowen, The Body and Punishment in 18th-Century England, in: The Journal of Modern History 59 (1987), 651–679; Lake/Questier, Agency; vgl. zur Geschichte der Todesstrafe in den USA vor allem L.P. Masur, Rites of Execution. Oxford/New York 1991 (1989).

35 Evans, Rituals, Vorwort und Einleitung.

36 Wehler, Herausforderung, 13; vgl. meine Rezension von „Rituals of Retribution" in 1999 12 (1997), 121–124, die Antwort von Evans, ebd., 124–129, sowie meine Rückantwort in 1999 13 (1998), 249–252; vgl. auch R.J. Evans, Öffentlichkeit und Autorität, in: H. Reif (Hg.), Räuber, Volk und Obrigkeit. Frankfurt/M. 1984, 185–258; ders., Die Todesstrafe in der Weimarer Republik, in: F. Bajohr/W. Johe/U. Lohalm (Hg.), Zivilisation und Barbarei. Hamburg 1991, 145–167. In Hinblick auf die weitere Literatur zur Todesstrafe in Deutschland verweise ich hier nur auf H.-H. Lewandowski, Die Todesstrafe in der Aufklärung. Diss. Jur. Bonn 1961, sowie B. Düsing, Die Geschichte der Abschaffung der Todesstrafe unter besonderer Berücksichtigung ihres parlamentarischen Zustandekommens. Schwenningen/Neckar 1952; weitere Texte u.a. mit regionalgeschichtlichem Akzent werden dort vorgestellt, wo ich sie im Rahmen meiner Untersuchung heranziehen werde.

37 Foucault, Was ist Kritik?; Foucault, What Is Enlightenment? In: P. Rabinow (Hg.), The Foucault Reader. New York 1984, 32–50; vgl. Deleuze, 86; Mahon, 180ff.; R.J. Bernstein, Foucault, in: Kelly (Hg.), 211–241, 217ff.

II. Das „Theatrum Poenarum" vom 16. bis zum 18. Jahrhundert

1 B. Carpzov, Peinlicher Sächsischer Inquisition- und Achts-Prozeß. Leipzig 1662 (1638), Vorrede.

2 Zitat aus dem vollständigen Titel von Carpzov, Peinlicher; ders., Practica Nova Imperialis Saxonica Rerum Criminalium von 1635; ich beziehe mich im Folgenden auf die zweite Aufl., Wittebergae 1646.

3 Zur Wirkungsmacht des carpzovschen Werkes soll hier beispielhaft auf vom Hamburger Obergericht angeforderte Gutachten der Juristenfakultäten aus Kiel oder Rostock verwiesen werden, die sich in ihrer Begründung auf die „Practica Nova Imperialis" beriefen; SUB, Cod. Hans., II, 146, 47: Responsum der Juristenfakultät zu Kiel, 31. Juli 1701, in Sachen der A.M. Koops: Kindsmord; 146, 59: Responsum der Juristen Facultät zu Rostock, 25. Nov. 1699, über einen Diebstahl zu Hamburg; 147, 82: Responsum einer Juristen-Fakultät, 1679. Die neuere Literatur zu Carpzov ist äußerst spärlich; vgl. daher: H. Baruch, Carpzows kulturelle Grundanschauungen. Jur. Diss. Hamburg 1924; P. Schneider, Die Rechtsquellen in Carpzovs Practica nova imperialis. Breslau-Neukirch 1940; R. Polley, Die Lehre vom gerechten Strafmaß bei Karl Ferdinand Hommel und Benedikt Carpzow. Darmstadt 1972; G. Kleinheyer/J. Schröder (Hg.), Deutsche Juristen aus fünf Jahrhunderten. Karlsruhe/Heidelberg 1976, 50–54, und E. Schmidt, Einführung in die Geschichte der deutschen Strafrechtspflege. Göttingen [3]1965, 153ff.

4 Carpzov, Practica, Pars I, Quaestio 1, Absatz 17, 3 (im Folgenden P. I, Q. 1, 17, 3); vgl. auch P. I, Q. 37, 49, 221 in teilweise dem gleichen Wortlaut, oder auch P. I, Q. 38, 39, 230; zum Verhältnis Obrigkeit-Gottheit-Verbrechen vgl. u.a. P. I, Q. 41, 2, 248.

5 „Princeps, *etiam summus*" bei Carpzov, Practica, P. III, Q. 150, 29–33, 399; zur Begründung der Strafe in religiösen Geboten siehe z.B. P. III, Q. 150, 40/41, 400. Zur synonymen Verwendung der Begriffe »Strafe« und »Rache« vgl. L. Günther, Die Idee der Wiedervergeltung in der Geschichte und Philosophie des Strafrechts. Erlangen 1889/1891, Bd. 2, 14; „der Obrigkeit das Schwert" bei G. P. Harsdörffer, Der Große Schau-Platz jämmerlicher Mord-Geschichte. Hildesheim/New York 1975 (Hamburg [3]1656), 52. Harsdörffers Schrift ist größtenteils aus dem Französischen übertragen und eine auf „wirklichen" Geschichten beruhende »Anthologie« von Missetaten sowie weltlichen und göttlichen Strafen; „Werckzeug" bei M.S. Hosmann, Fürtreffliches Denck-Mahl der Göttlichen Regierung. Braunschweig/Hamburg 1700, Zuschrift; M. Luther, Ob kriegsleute auch in seligem stande seyn künden (1526), in: Martin Luthers Werke, Bd. 19. Weimar 1897, 623–662, 626; vgl. van Dülmen, Theater, 6, und R. Lächele, ‚Maleficanten' und Pietisten auf dem Schafott, in: ZKG 107 (1996), 179–200, 179; vgl. auch P. Brandt, Die evangelische Strafgefangenenseelsorge. Göttingen 1985, 59ff., der über Kirchenordnungen des 16. Jahrhunderts zu den gleichen Ergebnissen kommt.

6 Carpzov, Practica, P. III, Q. 101, 8, 2 und 15, 3. Die im Text zitierte wie auch die folgenden Übersetzungen stammen (wenn nicht anders angegeben) vom Autor. Die Strafe zur Beschwichtigung göttlichen Zorns hebt auch im Kontext des Kindsmordes hervor: R. van Dülmen, Frauen vor Gericht. Frankfurt/M. 1991, 21f., 24, 26, 30. Eine gängige Konkretisierung der göttlichen Rache war die Missernte, wie auch van Dülmen, Volksfrömmigkeit und konfessionelles Christentum im 16. und 17. Jahrhundert (1986), in: Ders., Religion und Gesellschaft. Frankfurt/M. 1989, 50–69, insb. 55, erwähnt; Schmidt, Einführung, 162f.

7 Carpzov, Practica, P. III, Q. 101, 15, 3: „ne scilicet ob delictum *alterius* impunitum, gravius quid aliis, ejusdem *Civitatis hominibus* contingat"; „alter" verweist immer auf die/den/das spezifische »Andere«. „Satan" bei Harsdörffer, Zuschrift. Die satanische Verführung und die allgegenwärtige göttliche Gerechtigkeit sind zentral in dem umfassenden Werk; siehe zu Missetaten als Machwerk des Teufels z.B. 492 oder 511.

8 Zur Verwendung des Opfer-Begriffes vgl. Carpzov, Peinlicher, Vorrede; „major vicitima" bei Carpzov, Practica, P. III, Q. 148, 15, 386. Eine Strafkonzeption wie die hier in Anlehnung an Carpzov entwickelte war nicht auf das Alte Reich beschränkt; vgl. zu Frankreich J. McManners, Death and the Enlightenment. Oxford/New York 1981, S. 375f. Zur Hinrichtung als Fortführung des Opferkultes vgl. vor allem R. Girard, Das Heilige und die Gewalt. Frankfurt/M. 1992 (1972), 437ff., und M. Bée, Le Spectacle de l'exécution dans la France d'Ancien Régime, in: Annales ESC 38,4 (1983), 843–862; A. Farge, Fragile Lives. Cambridge, MA 1993 (1986), 179.

9 „Auf den hiesigen“ in: Der Bestraffte Mord. Hamburg 1702; zu den magischen Kräften vgl. den Artikel: Hingerichteter, Armsünder, Hinrichtung, in: Handwörterbuch des Deutschen Aberglaubens, hg. v. H. Bächtold-Stäubli/E. Hoffmann-Krayer, Bd. IV. Berlin/Leipzig 1931/32, 37–58, und den Artikel: Blut, in Bd. I (1927), S. 1434–1442; O. Beneke, Von unehrlichen Leuten. Berlin ^{2}1889 (1863), 195; H. von Hentig, Zur Genealogie des Scharfrichters, in: Schweizer Zeitschrift für Strafrecht 80 (1964), 198–209; ders., Die Strafe. Berlin/Göttingen/Heidelberg 1954/55, Bd. 1, 178ff. mit Beispielen zur Heilkraft des Blutes; Evans, Öffentlichkeit, 196ff.; ders., Rituals, 92ff.; J. Glenzdorf/F. Treichel, Henker, Schinder und arme Sünder. Bad Münder am Dreister 1970, hier Teil 1, Bd. 1, 113ff.; A. Keller, Der Scharfrichter in der deutschen Kulturgeschichte. Bonn/Leipzig 1921, 232; J. Nowosadtko, Wer Leben nimmt, kann auch Leben geben, in: MedGG 12 (1993), 43–74, 52f.; Ariès, Geschichte des Todes, 453ff.; H. Mattias, Die Entwicklung des Medizinalwesens im Lande Lippe. Diss. med. Münster 1947, 17f.

10 Carpzov, Practica, P. III, Q. 101, 13/14, 3; vgl. zur Notwendigkeit harter Strafen auch Practica, P. III, Q. 133, 21, 274.

11 Carpzov, Practica, P. III, Q. 101, 13ff., insb. 16, 3.

12 Carpzov, Peinlicher, Vorrede; Strafe als Buße für Schuld bei Carpzov, Practica, P. III, Q. 128, 3, 238f.; „zuförderst“ nach P. III, Q. 101, 11, 2. „Zorn und rach“ aus der 1554 von Landgraf Philipp von Hessen verordneten Rechtsordnung, nach van Dülmen, Frauen, 24; vgl. zur christlichen Heilslehre R. Toellner, Der Körper des Menschen in der philosophischen und theologischen Anthropologie des späten Mittelalters und der beginnenden Neuzeit, in: Schreiner/Schnitzler, 131–146, 139; E. Cohen, Towards a History of European Physical Sensibility, in: Science in Context 8,1 (1995), 47–74.

13 Vgl. Carpzov, Peinlicher, Vorrede; Carpzov, Practica, P. III, Q. 133, 21, 273f.; „Mnemonik“ bei F. Nietzsche, Zur Genealogie der Moral (1887), in: G. Colli/M. Montinari (Hg.), Friedrich Nietzsche. München 1980, Bd. 5, 245-412, 295; „Frieden und Fruchtbarkeit“ bei Girard, 142f.

14 Carpzov, Peinlicher, 163; vgl. zum Ritual und seiner Kontextgebundenheit V.W. Turner, Das Ritual. Frankfurt/M. 1989 (1969), 45f.; W. Kabuscha, Ritual und Fest, in: R. van Dülmen (Hg.), Dynamik der Tradition. Frankfurt/M. 1992, 240–267, 305f., insb. 248f.

15 Carpzov, Peinlicher, 175; W. Schild, Der ‚entliche Rechtstag' als Theater des Rechts, in: P. Landau/F. -C. Schroeder (Hg.), Strafrecht, Strafprozeß und Rezeption. Frankfurt/M. 1984, 119–144, insb. 120ff.

16 Carpzov, Peinlicher, 198f.

17 Carpzov, Peinlicher, 201f.; vgl. auch ders., Practica, P. III, Q. 137, 70, 311; vgl. allgemein van Dülmen, Theater, insb. 161ff.

18 Carpzov, Practica, P. III, Q. 131, 30, 259.

19 Vgl. insges. Schneider, Die Rechtsquellen; Schmidt, Einführung, 154; zur Priorität göttlichen Rechts und der Bibel als Rechtsquelle siehe Carpzov, Practica, P. II, Q. 77, 14, 218, wo Gott als „Summus Legislator“ bezeichnet wird; vgl. auch P. I, Q. 13, 35, 63 und P. II, Q. 53, 16, 20; vgl. P. III, Q. 122, 32, 196: „Prohibet autem scriptura judicium omne, quo DEUS tentatur“ – im Spätlateinischen bezeichnet „judicium“ sowohl die „Rechtsprechung“ als auch die „Gerechtigkeit“ als auch das „Jüngste Gericht“, was auf die Bedeutungsähnlichkeit der Termini hinweist.

20 „Wer gegen“ bei Carpzov, Practica, P. I, Q. 41, 2, 248; P. III, Q. 101, 37, 6; P. III, Q. 150, 29, 399 zu den Verstößen gegen den göttlichen Schöpfungsplan; den Sündenstatus betont auch Schmidt, Einführung, 163ff. Das „jus naturae“ Carpzovs beschreibt die Regeln menschlichen Zusammenlebens vor deren Kodifizierung in der Bibel, die »natürlich« ebenfalls gottgegeben sind; zudem rückte die kirchliche Lehre einer gottgewollten Ordnung in den Rang eines »natürlichen« Rechts. Insofern hat diese Konzeption recht wenig mit der Lehre von Naturzustand und Vertragsgesellschaft im Sinne von Rousseau oder Beccaria gemein, die vor allem die Möglichkeit eröffnete, den Menschen als Besitzer sei-

nerselbst zu denken; vgl. H. Hofmann, Zur Lehre vom Naturzustand in der Rechtsphilosophie der Aufklärung, in: R. Brandt (Hg.), Rechtsphilosophie der Aufklärung. Berlin/New York 1982, 12–46, insb. 15, 17ff.; C. Link, Zwischen Absolutismus und Revolution, in: H. Neuhaus (Hg.), Aufbruch aus dem Ancien régime. Köln/Weimar/Wien 1993, 185–209, insb. 186.

21 „Das carolinische" bei Carpzov, Practica, P. II, Q. 77, 25, 219; vgl. auch P. I, Q. 42, 32, 265; P. II, Q. 77, 17, 218; P. III, Q. 116, 23; in Carpzov, Peinlicher, wird „Kays. Carls deß V. und des heiligen Romischen Reichs Peinlichen Halßgerichts-Ordnung" im Titel als erste Quelle genannt.

22 PGO, Vorrede, 29f.; vgl. dort auch Radbruch, Zur Einführung in die Carolina, 5–23; siehe zur Carolina Landau/Schroeder (Hg.), und F.-C. Schroeder (Hg.), Die Carolina. Darmstadt 1986; dort insb. H. von Weber, Die Peinliche Gerichtsordnung Kaiser Karls V. (1960), 162–184; vgl. K. Kroeschell, Deutsche Rechtsgeschichte. Opladen [10]1992 (1972), insb. Bd. 2, 269ff.

23 PGO, Art. 104ff., 75ff., und zwischen Art. 192 und 193, 116ff.; F.-C. Schroeder, Die Peinliche Gerichtsordnung Kaiser Karls V. (Carolina) von 1532 (1980), in: Ders., 305–337, insb. 324ff.; G. Kleinheyer, Tradition und Reform in der Constitutio Criminalis Carolina, in: Landau/Schroeder, 7–27, insb. 17.

24 PGO, Vorrede, 30; vgl. G. Schmidt, Sinn und Bedeutung der Constitutio Criminalis Carolina als Ordnung des materiellen und prozessualen Rechts (1966), in: Schroeder, 185–204, insb. 196ff.; zur Rezeption der PGO vgl. H. Rüping, Die Carolina in der strafrechtlichen Kommentarliteratur, in: Schroeder/Landau, 161–176; aus den späteren Kommentaren sind hervorzuheben: J.P. Kreß, Commentatio succinta in Constitutionem Criminalem Caroli V. Imperatoris. Hanoverae 1721; J.S.F. Böhmer, Meditationes in Constitutionem Crimnalem Carolinam. Halae 1770; Arbeiten aus dem 16. Jahrhundert rezipierten die PGO i.d.R. als eine von mehreren gleichberechtigten Rechtsquellen, sofern sie nicht einfach Übersetzungen waren – siehe z.B. H. Rauchdorn, Practica und Proceß Peinlicher Halßgerichtsordnung aus keyserlichen, geistlichen, weltlichen und sechsischen Rechten. Budissin 1564; J.A. von Dorneck, Practica und Proceß Peinlicher Gerichtshandlung. Franckfurt/M. 1576. Zur salvatorischen Klausel vgl. H. Neuhaus, Der Augsburger Reichstag des Jahres 1530, in: ZHF 9 (1982), 167–211, 202ff.; die regionale Rezeption der Carolina beschreiben z.B. T. Krause, Die Strafrechtspflege im Kurfürstentum und Königreich Hannover. Aalen 1991, 17ff.; W. Behringer, Mörder, Diebe, Ehebrecher, in: R. van Dülmen (Hg.), Verbrechen, Strafen und soziale Kontrolle. Frankfurt/M. 1990, 85–132, insb. 94; M. Kunze, Der Fall der Bäuerin von Winden, in: Landau/Schroeder, 177–204.

25 Der Stadt Hamburg Statuten und Gerichts-Ordnung. Hamburg 1771 (1603), Epilog (im Folgenden Statuten, 1771).

26 Statuten, 1771, Epilog; vgl. auch J.K. Gries, Commentar zum Hamburgischen Stadtrecht von 1603. Hamburg 1837, Bd. 1, xviii; C. Brahmst, Das hamburgische Strafrecht im 17. Jahrhundert. Hamburg 1958, 9–21; Bilderhandschrift des hamburgischen Stadtrechts von 1497. Hamburg 1968; „‚damit Gottes Straffe'" aus einem Ratsdekret vom 20. Dez. 1697, nach Steltzner, Bd. 4 (1736), 223.

27 Ratsantrag an die Bürgerschaft, 3. Mai 1604, zit. n.: Der Stadt Hamburg Gerichts-Ordnung und Statuta. Hamburg 1842, xiv; vgl. F.A. Schacht, Die Bemühungen der hamburgischen Strafrechtsreform 1839–1869. Jur. Diss. Hamburg 1936.

28 SUB, Cod. Hans., II, 146: 50, 53, 60, mit weiteren Beispielen.

29 Vgl. H. Gade, Hamburgische Strafrechtspflege im 18. Jahrhundert. Diss. jur. Hamburg 1956, 11ff., 80ff.; Brahmst, 141ff., 209ff.; D.H. Jacobj, Geschichte des Hamburger Niedergerichts. Hamburg 1866; T. Hasche, Kurze Darstellung des Verfahrens im Hamburgischen Nieder-Gerichte. Hamburg 1802.

30 Gade, 89ff.; Brahmst, 161ff., 211f.

31 Bei Wosnik, Bd. 1,1, 24–51, sind die in Hamburg Exekutierten aufgeführt; Wosniks Arbeit basiert auf dem Verzeichnis Hamburgischer Delinquenten Ao. 1390-1734, in:

StAH, 111-1, Senat, Cl. vii, Lit. Mb, No. 3, Vol. 1, und auf dem bis in das frühe 19. Jahrhundert hinein mehrfach überarbeiteten Heft: Ausführlicher Bericht derer in Hamburg hingerichteten Missethäter; vgl. zum Status der öffentlichen Hinrichtung Martschukat, Die öffentliche Hinrichtung, insb. 189ff.; eine zumindest partielle Revision des frühneuzeitlichen Strafbildes als schafott-fixiert fordert G. Schwerhoff, Köln im Kreuzverhör. Bonn/Berlin 1991, 125; vgl. für die verschiedenen Strafen C. Hinckeldey (Hg.), Justiz in alter Zeit. Rothenburg o.d.T. 1989, 327–368.

32 Einen Anstoß zu der intensiven historiographischen Debatte über die »totale Institution« hat Foucaults „Überwachen und Strafen" gegeben. Für einen Überblick über die äußerst umfangreiche Forschung vgl. Finzsch/Jütte; dort auch den Beitrag von P. Spierenburg, Four Centuries of Prison History, 17–35, der die Geschichte der Gefängnisse im Gegensatz zu Foucault in Elias' Zivilisationstheorie einbettet; vgl. auch P. Spierenburg, Prisoners and Beggars in Holland and Hamburg, 1597–1752, in: HSR 15,4 (1990), 33–56, wo es ihm nicht gelingt, seine theoretischen Vorgaben zu untermauern; zu Hamburg siehe vor allem D. Brietzke, Arbeitsdisziplin und Armut in der Frühen Neuzeit. Phil. Diss. Hamburg 1997, 123 und 129f. der maschinenschriftlichen Fassung zu den Zitaten aus der Ordnung des Zucht- und Werkhauses.

33 Zu den Obergerichtsurteilen siehe SUB, Cod. Hans., II, 146: 37–44, 56, 60–62; 147: 66ff. Gruppiert man die Exekutierten nach den Haupthinrichtungsarten in Intervalle von ca. 20 Jahren, so ergibt sich folgendes Bild: 1603-20: 1 Rad/7 Galgen/6 Schwert; 21-40: 1R/9G/22S; 41-60: 2R/8G/24S; 61-80: 1R/20G/17S; 81-1700: 6R/8G/29S; 01-20: 8R/25G/28S; 21-40: 10R/25G/19S; 41-64: 4R/10G/11S; Wosnik, Bd. 1,1, 24–51; Evans, Rituals, 41ff. zu dem statistisch registrierbaren Rückgang von Hinrichtungen in anderen Städten.

34 Vgl.: Schreiben des Justizrathes Pielsticker in G. an die Redaktion, enthaltend eine Rezension von: A.E. Martens, Das Spinnhaus, und die übrigen Gefängnisse der Stadt Hamburg. Hamburg 1823, in: CrimBei 1,1 (1825), 80–112, hier 81; die zwischen 1825 und 1827 in Hamburg erschienen „Criminalistischen Beiträge" sind reich an Berichten über das Gefängnis und die Möglichkeiten der Reform; als einer der Initiatoren gilt der Engländer J. Howard, The State of Prisons. Abingdon 1977 (1777); siehe zur Reform des Pönitentiarsystems exemplarisch die Schriften von J.B. von Weveld, Freimüthige Gedanken üper die Verminderung der Criminal-Verbrechen. München 1810; E. Spangenberg, Über sittliche und bürgerliche Besserung der Verbrecher mittels des Pönitentiarsystems. Landshut 1821. Vgl. auch Brietzke, insb. 53f., 139ff., 375, 395, 559 und 563.

35 Wosnik, Bd. 1,1, 24–51; vgl. zur Ehre M. Dinges, Die Ehre als Thema der Stadtgeschichte, in: ZHF 16 (1989), 409–440, insb. 411, 419f., 430; K. Schreiner/G. Schwerhoff (Hg.), Verletzte Ehre. Köln/Weimar/Wien 1995, dort insb. Schreiner/Schwerhoff, Verletzte Ehre, 1–28, 11ff.; R. van Dülmen, Der ehrlose Mensch. Köln/Weimar/Wien 1999; F. Zunkel, Ehre, Reputation, in: O. Brunner/W. Conze/R. Koselleck (Hg.), Geschichtliche Grundbegriffe. Stuttgart 1972–1992, Bd. 2 (1975), 1–63.

36 Statuten, 1771, Art. 2, 3, 10, 17, 26, 27, 31; Carpzov, Practica, P. I, Q. 42, 15/16, 263 zur Feuerstrafe für Falschmünzer; in P. III, Q. 128, 35/36, 241, bezeichnete Carpzov die Enthauptung als die gewöhnliche Form der Todesstrafe; Wosnik, Bd. 1,1, 24–51; für das 16. Jahrhundert sind 29 Menschen verzeichnet, die in Hamburg u.a. wegen Falschmünzerei, zumeist aber wegen Hexerei oder Magie lebendig verbrannt wurden.

37 Die quantitativen Spitzen liegen zwischen 1690 und 1720 und nach 1740, als der Anteil der Frauen an den insgesamt Hingerichteten mit ca. 30% bzw. 38,5% (1741–60) deutlich überdurchschnittlich war. Insoweit entsprechen diese Ergebnisse weitestgehend denen, die van Dülmen, Frauen, 58–75, für Danzig, Nürnberg und das ländliche Württemberg ermittelt hat. Für Hamburg kann in diesem Zeitraum aber, zumindest anhand der Bestrafungen, nicht von einem „decline in crimes of violence" gespochen werden, wie Evans dies (unter Beachtung anderer Städte) tut. Für das sich phasenweise verändernde Männer-Frauen-Verhältnis scheint somit die überproportionale Zunahme der Verurteilungen

wegen Kindsmordes maßgeblich zu sein, worauf Evans ebenfalls hinweist; Evans, Rituals, 44f. Eine geschlechterspezifische Trennung innerhalb der Strafen – Rädern, Erhängen, Vierteilung als typische Männerstrafen, Ertränken, Lebendigbegraben, Verbrennen als typische Frauenstrafen – lässt sich für den betrachteten Zeitraum nicht herausarbeiten, scheint aber ohnehin problematisch zu sein, wie auch Schwerhoff anhand der Strafe des Ertränkens bis in das 16. Jahrhundert hinein zeigt; Schwerhoff, Köln, 160; im Gegensatz dazu van Dülmen, Theater, 109f.; vgl. zum Kindsmord O. Ulbricht, Kindsmord und Aufklärung in Deutschland. München 1990; ders., Kindsmord in der Frühen Neuzeit, in: U. Gerhard (Hg.), Frauen in der Geschichte des Rechts. München 1997, 235–247; K. Michalik, ‚Kindsmord'. Pfaffenweiler 1997; H. Rodegra/M. Lindemann/M. Ewald, Kindermord und verheimlichte Schwangerschaft in Hamburg im 18. Jahrhundert, in: Gesnerus 35, 3/4 (1975), 276-296.

38 PGO, Art. 150, 98ff., Art. 179, 112; Statuten, 1771, Art. 22; das Mündigkeitsalter war das vollendete 14. Lebensjahr. Die beiden Fälle finden sich bei J. Klefeker, Sammlung der Hamburgischen Gesetze und Verfassungen, Theil 5. Hamburg 1768, 447ff.; dort auf 450ff. auch der Abdruck der obergerichtlichen Urteilsbegründung vom 8. Dez. 1747: „*Votum in causa Criminali Wiegers fratricidae:* Abgestattet und approbiert *in Senatu*"; der Urteilsspruch vom 11. Dez. 1747 ist in SUB, Cod. Hans. II, 146: 53; hier wie in den Zitaten im Haupttext sind lateinische Buchstaben des Originaltextes kursiv gesetzt. Die „*vindictae publicae*" hebt auch hervor J.F. Eisenhart, Erzählungen von besonderen Rechtshändeln – 10 Bde. Halle/Helmstedt 1767–1779, Bd. 3 (1769), 161–179: Ein Mensch begehet eine Mordthat, und will selbige durch eine vorgeschützte Melancholey entschuldigen, insb. 179. Zur Nicht-Berücksichtigung der Tatmotive im Fall des Kindsmordes vgl. van Dülmen, Frauen, 15, 22, 42, 99.

39 Carpzov, Practica, P. III, Q. 131, 49, 261; vgl. zum Selbstmord auch P. I, Q. 2, vor allem 30, 13; zu Alldag siehe Steltzner, Bd. 4, 220ff.; zu Borchers: Anon., Wie können Bosheiten in einer großen Stadt verhindert werden? Hamburg 1783, 14; StAH, 111–1, Senat, Cl. vii, Lit. Ma, No. 5, Vol. 4, f. 10: Beschwerde des Niedergerichts, wegen des aufs Rad gelegten Mörders und Selbstmörders Borchers – 1783; hier werden Kompetenzstreitigkeiten von Ober- und Niedergericht ausgefochten, in deren Zuge es zu genauen Darlegungen über die Bestrafung von SelbstmörderInnen kommt; vgl. zum Selbstmord als Durchbrechung des souveränen Rechts, „sterben zu machen", vor allem H. Popitz, Gewalt, in: Mittelweg 36 4,5 (1995), 19–40, 26ff.; Foucault, Der Wille, 162, 165; zum schändlichen Begräbnis vgl. Ariès, Geschichte des Todes, 59ff.; „kalkulierte" bei Foucault, Überwachen, 19f.

40 Wosnik, Bd. 1,1, 24–51; zum Kirchendiebstahl siehe Statuten, 1771, Art. 9; vgl. auch Carpzov, Practica, P. II, Q. 89, 2, 325 und 18, 328, und PGO, Art. 171–175, 109ff.; *der* exemplarische Bericht über das Verfahren mit Kirchenräubern ist der Hosmanns aus dem Jahr 1700, bis 1718 in vier weiteren Auflagen.

41 Statuten, 1771, Art. 16, Art. 23; Bericht vom 6. May 1735 über die Exekutionen der Inquisiten Wichers und Dammann, in StAH, 111–1, Senat, Cl. vii, Lit. Mb, No. 3, Vol. 4a: Varia betr. die Exekutionen, 1675–1807; J.F. Dannreuther, Observationes de criminum quorundam poenis, et in iisdem puniendis observando processu ex anitquitatibus praecipue patriis erutae. Altorfii 1741, berichtet ebenfalls von langwierigen Räderungen; in Hamburg war die Strafe des Radebrechens, ebenso wie in zahlreichen anderen Regionen, keineswegs auf Männer beschränkt; vgl. auch Krause, 183f.; dort auf 188 auch ein längeres Zitat über eine ähnliche Räderung in Hannover aus dem Jahr 1728. Evans, Rituals, 27ff. zitiert den Reisebericht von J. Taylor, Three Weeks, three daies, and three houres Observations and travel, from London to Hamburgh. London 1617, Nachdruck in C. Hindley (Hg.), The Old Book Collector's Miscellany. London 1873, über eine Räderung »von unten« im August 1616; die Räderung »von unten« scheint danach erst wieder im 18. Jahrhundert vollzogen worden zu sein, als erstes an Johann Friedrich Jäners im Jahr 1702.

42 Carpzov, Practica, P. II, Q. 77, 216ff.; Statuten, 1771, Art. 33, 34; Sachsenspiegel zit. n. G.W. Böhmer, Ueber die Wahl der Todesstrafen, T. 2, in: NACr 4 (1820), 343–386, 349; Beneke, Von unehrlichen Leuten, 303ff.; SUB, Cod. Hans. II, 147, 79: Senats Urtheil in Sachen J.H. Lucas, alias H. Meyer, 11. Juni 1751; Steltzner, Bd. 5, 494; zum entehrenden Charakter des Hängens siehe auch J.C.H. Dreyer, Abhandlung von dem Nutzen des trefflichen Gedichts Reinke de Voß, in: Dreyer, Zur Erläuterung der teutschen Rechte, Rechtsalterthümer und Geschichten angewandte Nebenstunden. Bützow/Wismar 1768, 1–256, 184; van Dülmen, Theater, 19; Behringer, 111f.; Evans, Rituals, 87f.

43 Wosnik, Bd. 1,1, 24–51; K.F. Hommel, Des Herren Marquis von Beccaria unsterbliches Werk von Verbrechen und Strafen. Breslau 1778 (1764), 88, Anm. k.

44 Der Leichnam wurde i.d.R. als „entseelter" oder „verblichener Cörper" bezeichnet; siehe den Abdruck von vier Leichenzetteln von der Wende vom 17. zum 18. Jahrhundert, bei J. Geffcken, Die Leichenbegängnisse des 17. Jahrhunderts, in: ZVHG 1 (1841), 497–522, 501ff.

45 J. Whaley, Symbolism for the Survivors, in: Ders. (Hg.), Mirrors of Mortality. London 1981, 80–105, insb. 87ff.; auf 96f. findet sich die Auflistung der enormen Kosten zweier Begräbnisse aus dem Jahr 1686; Geffcken, Die Leichenbegängnisse; C. Koslofsky, Von der Schande zur Ehre, in: HistAnt 5 (1997), 350–369. Vgl. Dinges, Die Ehre, insb. 430; zum „sozialen Kapital" vgl. P. Bourdieu, Ökonomisches Kapital, kulturelles Kapital, soziales Kapital, in: R. Kreckel (Hg.), Soziale Ungleichheit. Göttingen 1983, 183–198, „unaufhörliche" auf 193; Bourdieu, Sozialer Raum und ‚Klassen'/Leçon sur la leçon. Frankfurt/M. [3]1995, 7–46; „hohe Zeit" nach U. Frevert, Weibliche Ehre – männliche Ehre, in: Dies., ‚Mann und Weib, und Weib und Mann'. München 1995, 168.

46 Letzte Rede des so genannten Baron Franckenbergs, sonst Ernst Werth, welche er Anno 1724, den 6. Martii, unter dem Gericht zu halten willens war; siehe auch: Ausführliche und Gründliche Nachricht von dem Leben, Uebelthaten, Inquisition, und Tod zweyer in Hamburg den 6ten Mart. 1724 aufgehenckten vornehmen Diebe. Hamburg 1724; siehe auch: Etwas Neues aus dem Reiche der Todten, Oder: Sichere Nachricht Von der Ankunft und curieusen Entrevue des B. Franckenbergs und C. Giseckens im Reiche der Todten. Hamburg 1724; siehe auch Steltzner, Bd. 5, 650ff.; der Raben-Vers stammt aus der „Nach-Schrift an statt der Grab-Schrift auff den Schiffer Jan Nobel und Nicolas Heu" aus dem Jahr 1717; vgl. zum „Rabenstein" auch Evans, Rituals, 77.

47 Carpzov, Practica, P. II, Q. 88, 43, 323f.; Wosnik, Bd. 1,1, 42, 44; weitere Beispiele u.a. bei Döbler, Bd. 2, 248.

48 Farge, 179ff.; de Certeau, 11ff.; vgl. auch A. Gestrich, Absolutismus und Öffentlichkeit. Göttingen 1994, vor allem 23ff. zur Herrschaftsrepräsentation als Kommunikationsprozess.

49 Glenzdorf/Treichel, Teil 2, wo 5800 Scharfrichter- und Abdeckerfamilien und deren Stammbäume aufgeführt werden; StAH, 111–1, Senat, Cl. vii, Lit. Mb, No. 1, Vol. 3, Fasc. 2c: Vertretungen des mit Leibesschwachheit befallenen hiesigen Frohns bei größeren Executionen durch seine Verwandten, die Scharfrichter zu Mölln und Glückstadt – 1750–1762, insb. das Senatsprotokoll vom 25. Juli 1753; zu den Geldsorgen ebd., Fasc. 2b: des hiesigen Scharff-Richters F.W. Hennings Supplicatum, die Beybehaltung seiner vormahligen Einkünfte betr. – 1760, wo auch Schreiben aus den frühen 1750er Jahren abgelegt sind, die dies dokumentieren; vgl. auch G. Wilbertz, Scharfrichter und Ab-dekker im Hochstift Osnabrück. Osnabrück 1979, 99, 107ff.; die Geschichte eines Scharfrichters, der trotz köperlicher Schwäche eine Exekution durchzuführen versucht hat, erzählt Eisenhart, Der wegen einer übel verrichteten Execution bestrafte Scharfrichter, Bd. 4 (1770), 558–573.

50 Wosnik, Bd. 1,1, 33; Beneke, Von unehrlichen, 204ff., wo der Malefikant „Körner" genannt wird; Glenzdorf/Treichel, T. 2, Bd. 1, 509.

51 PGO, Art. 97, 73; StAH, 111–1, Senat, Cl. vii, Lit. Mb, No. 1, Vol. 3, Fasc. 1b: Kontrakt des Scharfrichters I. Asmusen et varia – 1687, dort insb. das Schreiben der Witwe an den

Rat, wo sie die erhöhten Begräbniskosten einfordert; vgl. Beneke, Von unehrlichen, 178 zu den Reichsgesetzen und Anordnungen von 1731 und 1772, 213ff. zu den Beerdigungen; Whaley, Symbolism, 87; Glenzdorf/Treichel, Bd. 1, 16ff., 31f. zu den unehrenhaften Begräbnissen der Henker, 71–79 zu gelynchten Henkern und Fehlschlägen, Bd. 1, 195f. zur Familie Asmusen (Asthusen), 401–410 zu den Hennings; vgl. allgemein Wilbertz, Scharfrichter, 317ff.; J. Nowosadtko, ‚Scharfrichter' – ‚Hangman', in: AKG 74 (1992), 147–172; J. Gernhuber, Strafvollzug und Unehrlichkeit, in: ZRG (GA) 74 (1957), 119–177; Keller, Der Scharfrichter; C. Helfer, Henker-Studien, in: AKG 46 (1964), 334–359 und 47 (1965), 96–117; H. Schuhmann, Der Scharfrichter. Kempten 1964; W. Oppelt, Über die Unehrlichkeit des Scharfrichters. Lengfeld 1976; Evans, Rituals, 53ff.

52 Glenzdorf/Treichel, Bd. 1, 19f.; van Dülmen, Theater, 99ff.; Zitat bei Steltzner, Bd. 5, 494; PGO, Art. 215–217, 127f.; Beneke, Von unehrlichen, 296ff.; Keller, 213.

53 StAH, 111–1, Senat, Cl. vii, Lit. Ma, No. 9, Vol. 1b: Gassenrecht, darin insb.: Hamburgisches Straßen Recht oder zu Holstein gewöhnliches Bahn Recht, 1699; vgl. auch die Verordnungen bei Klefeker, T. 5, 273 und 563–578; Dreyer, Abhandlung, 72–94; Schild, 136ff.; M. Foucault, Macht-Wissen, in: F. Basaglia/F. Basaglia-Ongaro (Hg.), Befriedungsverbrechen. Frankfurt/M. 1980, 63–80, 64 spricht von einer „rituellen Bestimmung" des Siegers; vgl. auch L. Hölscher, Öffentlichkeit und Geheimnis. Stuttgart 1979, 15f.; Nowosadtko, Wer Leben, 44f.

54 Siehe den Vertrag Asmusens in StAH, 111–1, Senat, Cl. vii, Lit. Mb, No. 1, Vol. 3, Fasc. 1b, auch in Brahmst, Anhang C, 249f.; vgl. auch Nowosadtko, ‚Scharfrichter', 165.

55 Zitate aus: Eine Frauensperson macht sich eines Kindsmords verdächtig, in Eisenhart, Bd. 1 (1767), 91–105, insb. 93; vgl. allg. Nowosadtko, Wer Leben; van Dülmen, Theater, 95; Helfer, T. 2, 352f.; Beneke, Von unehrlichen, 196; Glenzdorf/Treichel geben für zahlreiche der bei ihnen aufgelisteten Scharfrichter auch „Chirurg" als Berufsbezeichnung an; F. Heinemann, Die Henker und Scharfrichter als Volks- und Viehärzte, in: Schweizerisches Archiv für Volkskunde 4 (1900), 1–16; R. Wittern, Medizin und Aufklärung, in: Neuhaus, 245–266, 262f.; Wilbertz, Scharfrichter, 67; dies., Der Nachlaß der Scharfrichterfamilie Clauss/Claussen in Lemgo, in: S. Urbanski/C. Lamschus/J. Ellermeyer (Hg.), Recht und Alltag im Hanseraum. Lüneburg 1993, 439–461, 454f.

56 J.L. von Heß, Beschreibung von Hamburg. Hamburg 1824, Bd. 1, 227ff.; Helfer, T. 2, 352ff.

57 Zentral ist nach wie vor A. Hahn, Zur Soziologie der Beichte und anderer institutionalisierter Bekenntnisse, in: Kölner Zeitschrift für Soziologie und Sozialpsychologie 34 (1982), 407–434; aus rechtshistorischer Perspektive seit dem 13. Jahrhundert vgl. G. Kleinheyer, Zur Rolle des Geständnisses im Strafverfahren des späten Mittelalters und der frühen Neuzeit, in: Ders./P. Mikat (Hg.), Beiträge zur Rechtsgeschichte. Paderborn u.a. 1979, 367–384.

58 R. van Dülmen, Die Entdeckung des Individuums, 1500–1800. Frankfurt/M. 1997, 18f., 40ff.; F. Guttandin, Genese und Kritk des Subjektbegriffs. Marburg/Lahn 1980, insb. 15ff., 32ff.; A.J. Gurjewitsch, Das Individuum im europäischen Mittelalter. München 1994; L. White Jr., Science and the Sense of the Self, in: Daedalus 107,2 (1978), 47–59, insb. 55; siehe zur Individualisierung überblicksartig auch P. Ariès, Einleitung: Zu einer Geschichte des privaten Lebens, in: Ders./G. Duby (Hg.), Geschichte des privaten Lebens, Bd. 3: Von der Renaissance zur Aufklärung, hg. v. P. Ariès/R. Chartier. Frankfurt/M. 1991 (1986), 7–19; A. Nassehi/G. Weber, Tod, Modernität und Gesellschaft. Opladen 1989, 151ff.

59 J. le Goff, Die Geburt des Fegefeuers. Stuttgart 1990 (1981), insb. 11ff.; J. le Goff, Die Zeit des Fegefeuers, in: Ders., Phantasie und Realität des Mittelalters. Stuttgart 1990 (1985), 106–120.

60 J.A. Aertsen/A. Speer (Hg.), Individuum und Individualität im Mittelalter. Berlin/New York 1996, darin insb. J.A. Aertsen, Einleitung: Die Entdeckung des Individuums, ix–xvii, mit weiterer Literatur; Gurjewitsch, insb. 142ff.; W. Ullmann, Individuum und

Gesellschaft im Mittelalter. Göttingen 1974 (1966), insb. 56ff.; van Dülmen, Die Entdekkung, 15ff., 33ff.; Foucault, Der Wille, insb. 75ff., 77 zum Geständnisbegriff; Guttandin, insb. 32ff., 53ff.; Foucault, Überwachen, 49ff., interpretiert das Geständnis als zentral, da hier die Angeklagten ein bis dahin geheimes, stilles Verfahren zum Sprechen bringen; vgl. zu Beichte, Protestantismus und Wahrheit B.S. Turner, The Rationalization of the Body, in: S. Lash/S. Whimster (Hg.), Max Weber, Rationality and Modernity. London 1987, 222–241, insb. 225, 228; zu Schmerz und Erlösung vgl. Cohen, insb. 60ff.; zur Bedeutung des »reuigen Sünders« im angelsächsischen Raum, wo die Tortur in der Frühen Neuzeit weniger institutionalisiert war als auf dem Kontinent, siehe vor allem J.A. Sharpe, „Last Dying Speeches", in: PP 107 (1985), 144–167; vgl. zur Prädestinationslehre Max Weber, Die protestantische Ethik und der ‚Geist' des Kapitalismus. Bodenheim 1993 (1904/05 – 1920).

61 PGO, Art. 33, 47, Art. 45, 52, Art. 70, 62; zur Institutionalisierung der Folter im europäischen Recht vgl. J.H. Langbein, Torture and the Law of Proof. Chicago/London 1977; daran angelehnt ist E. Peters, Folter. Hamburg 1991; vgl. R.J. Evans, Folter, in: 1999 8,3 (1992), 89–98.

62 PGO, Art. 56, 57f.; Carpzov, Peinlicher, 138–161, 144; Carpzov bezieht sich in den Ausführungen zur Tortur auf den Text J. Zangers, Tractatus de quaestionibus seu torturis reorum. Wittebergae 1593, der bis in das 18. Jahrhundert hinein vielfach aufgelegt wurde; zur Kodifizierung der Folter in der PGO vgl. Kleinheyer, Tradition, 23f.

63 PGO, Art. 59, 56; Carpzov, Peinlicher, insb. 150 und 152ff.; „den Leib" bei A. Hahn, Kann der Körper ehrlich sein? In: H.U. Gumbrecht/K.L. Pfeiffer (Hg.), Materialität der Kommunikation. Frankfurt/M. ^{2}1995, 666–679, insb. 677f.; siehe auch K. Schreiner/N. Schnitzler, Historisierung des Körpers, in: Dies., 5–22, insb. 10; E. Scarry, Der Körper im Schmerz. Frankfurt/M. 1992 (1985), 43–90 zur Folter, insb. 43, 49; „wirklichen" bei Foucault, Überwachen, 21; „bevor" bei Foucault, Wahnsinn, 136; auch bei Schild, Der ‚entliche Rechtstag', 138f., und Hölscher, 16.

64 Statuten, 1771, Art. 24; vgl. C. Trummer, Geschichte der Tortur in Hamburg, in: Vorträge über Tortur, Hexenverfolgungen, Vehmgerichte. Hamburg 1844–1850, Bd. 1 (1844), 1–95; Brahmst, 194–199.

65 „Informatiorum von Scharfrichter Hennings an den Rath über die Schritte der Tortur an der Wächtlerin, 1787", in: StAH, 111–1, Senat, Cl. vii, Lit. Me, No. 8, Vol. 10: Criminalia – Mord: Acta, Inquisition, Urtheil und dessen Vollstreckung wider M.C. Wächtler geb. Wunsch pcto. Ermordung ihres Ehemannes, 1786–1788; wenn es sich hier auch um einen der letzten Fälle handelte, in denen die Folter in Hamburg angewendet wurde, so beschreibt Hennings in seinem Brief an den Rat doch die traditionelle Prozedur; siehe auch StAH, 111–1, Senat, Cl. vii, Lit. Ma, No. 9, vol 1,f: Singularia von der Tortur; Carpzov, Peinlicher, 144; zur metallenen Birne siehe den Bericht des Oberalten Röding, abgedruckt in E. Hennings, Das hamburgische Strafrecht im 15. und 16. Jahrhundert und seine Verwirklichung. Hamburg 1940, 149. Vgl. zu den einzelnen Schritten der Folter die zeitgenössische Abbildungen in Hinckeldey, 251–257.

66 Hamburger Beispiele für die Anwendung der Tortur ohne Geständnis in: SUB, Cod. Hans., II, 146: 45; 147: 84; 148: 93; van Dülmen, Frauen, 41 für ein Beispiel aus Nürnberg, 1597.

67 Trummer, Geschichte der Tortur, in: Vorträge, 29f., 63ff.; Gade, 68ff.; SUB, Cod. Hans. II, 147: 83. Senats Beschluß in Sachen M.E. Ahrens, 24. Jan. 1749, als Beispiel einer formalen Anordnung.

68 U. Danker, Vom Malefikanten zum Zeugen Gottes, in: traverse Heft 1 (1995), 83–98; Lächele, ‚Maleficanten' und Pietisten; Brandt, Evangelische, 56ff.; G. Radbruch, Ars moriendi, in: Schweizer Zeitschrift für Strafrecht 59 (1945), 460–495.

69 Carpzov, Peinlicher, 191ff.; PGO, Art. 79, 66, Art. 102, 75; vgl. H.D. Kittsteiner, Die Entstehung des modernen Gewissens. Frankfurt/M. 1991, 345; zur möglichen Fristverlängerung im Hannöverschen vgl. Krause, 178f.

70 Lächele, 179ff. zum „erbaulichen Sterben“; „abscheulichsten Verbrechen“ bei J.J. Moser, Seelige Letzte Stunden Einiger dem zeitlichen Tode übergebener Missethäter. Jena 1742, Vorrede, 7, nach Lächele, 187; auf 180 auch „Versöhnung“, aus: Gedanken vom Schächer am Kreutz, in: Der Schächer am Kreutz. Bautzen/Görlitz ^{2}1761 (1753), Bd. 1, 9–27, hier 13; siehe zur Aufgabe des Predigers auch A. Schmid, Die erwiesene Göttliche Zorn-Macht, in Offenbarung und Heimsuchung heimlicher Sünden. Berlin 1719, 11; der Berliner Prediger Schmid ist Protagonist in Danker, Vom Malefikanten zum Zeugen Gottes.

71 R. Descartes, Von der Methode des richtigen Vernunftgebrauchs und der wissenschaftlichen Forschung. Hamburg 1978 (1637), 55; vgl. Nassehi/Weber, 120; G. Condrau, Der Mensch und sein Tod. Zürich 1984, 211.

72 Der Reim bei Harsdörffer, 530; siehe auch 52: „Wer auf der Welt kein Richter hat/Büsst in der Höll die Missethat/Doch besser ist in diesem Leben/Als sich der Höllenstraf ergeben“; „heimgesuchet“ ebd. auf 268. „Daß wo der Friede“ bei Moser, Vorrede, 31; den Tausch von Demut und Dankbarkeit gegen Seelenheil und ewiges Leben beschreibt Danker, Vom Malefikanten, 86, 90f., sowie ders., Räuberbanden im Alten Reich um 1700. Frankfurt/M. 1988, 196ff.; zu Ravaillac siehe P. de Brantôme, Mémoires de Mre Pierre de Boudeille, Seigneur de Brantôme. 1772 (1665), Bd. 2, 191f., zit. n. Foucault, Überwachen, 72.

73 „Lustig gelebt“ bei R.Z. Becker, Noth- und Hülfs-Büchlein für Bauersleute. Gotha/Leipzig 1788, 149; vgl. Kittsteiner, Die Entstehung, 349; Guttandin, 20f.; Popitz, 27f.; Foucault, Der Wille, 162; Ariès, Geschichte des Todes, 40ff.

74 Siehe J. Martschukat, Ein Freitod durch die Hand des Henkers, in: ZHF, sowie das folgende Kapitel dieser Arbeit zum Mord aus „Lebensüberdruß“.

75 Ariès, Geschichte des Todes, 22; zur Frühphase auch Brandt, Evangelische, 57, 59f., auch über die Kirchenordnung von 1529, 69ff. zu den Veränderungen der Betreuung in der Mitte des 18. Jahrhunderts; J.M. Goeze, Gewissenhafte Erinnerungen. Hamburg 1784, 7, 13; die Debatte um die Predigerbegleitung fand einen Ausgangspunkt in der Schrift G.S. Steinbarts, Ist es rathsam, durch Geistliche Missethäter zum Tode vorbereiten, und zur Hinrichtung begleiten zu lassen? Berlin 1769. Sie wurde in den 1780er Jahren in Hamburg aufgegriffen und weitergeführt. Vgl. Danker, Vom Malefikanten, 84, 91; „Seelenwohlfahrt“ in einem „Brief der Prediger von hamburgs Kirchen, an den Rat, 5. Juli 1784“, in: StAH, 111–1, Senat, Cl. vii, Lit. Mb, No. 3, Vol. 4b: Acta wegen Abstellung der bisherigen Gewohnheit: die Missethäter durch Prediger zur Gerichtsstädte begleiten zu lassen; siehe von Heß, Beschreibung, Bd. 1, 23.

76 StAH, 111–1, Senat, Cl. vii, Lit. Mb, No. 3, Vol. 4b: Ordnung bei Ausführung eines Delinquenten; dieser Bericht stammt zwar aus dem ausgehenden 18. Jahrhundert, beschreibt aber das traditionelle Verfahren; von Heß, Beschreibung, Bd. 1, 236; Carpzov, Peinlicher, 191; Brandt, Evangelische, 61ff. zur Betreuung gemäß von Kirchenordnungen des 16. Jahrhunderts.

77 StAH, 111–1, Senat, Cl. vii, Lit. Mb, No. 3, Vol. 4b: Ordnung bei Ausführung eines Delinquenten; zur Mitfahrt der Prediger auf dem Wagen sowie zu dem Lied „Nun bitten wir den Heiligen Geiste“ siehe den „Bericht vom 6. May 1735 über die Exekutionen der Inquisiten Wichers und Dammann“, in StAH, 111–1, Senat, Cl. vii, Lit. Mb, No. 3, Vol. 4a; die Prediger auf dem Schafott sind dokumentiert in: J.F. Blank, Sammlung der von E. Hochedlen Rathe der Stadt Hamburg ausgegangenen allgemeinen Mandate, bestimmten Befehle und Bescheide, auch beliebten Aufträge und verkündigten Anordnungen. Hamburg 1763–1774, Bd. 1, 161: Mandat vom 16. Jan. 1659; Bd. 2, 929: Mandat vom 6. Sept. 1720; Bd. 3, 1631: Mandat vom 13. Dec. 1747; der Vers ist aus: Der Bestraffte Mord.

78 Van Dülmen, Theater, 157 berichtet in Anlehnung an Beneke, Von unehrlichen, 255f., und Keller, 162f., von einem Fehlschlag in Hamburg im Jahr 1681, woraufhin die Freunde des Delinquenten diesen den Händen der Justiz entrissen, nach Hause führten und von einem Chirurgen heilen ließen; Schwerhoff, Köln, 165, sieht die Unruhen am

Schafott nicht als fundamentale Bedrohung der öffentlichen Ordnung, möchte diese eher als „partielle Nichtübereinstimmung zwischen Obrigkeit und Volk" lesen, „die aus der vermeintlichen Regelverletzung durch die Richter resultiert, nicht aus einem tiefgehenden Dissens über die Spielregeln"; dies ändert jedoch nichts an der obrigkeitlichen Furcht; Farge, 181f.

79 StAH, 111–1, Senat, Cl. vii, Lit. Mb, No. 3, Vol. 7: Acta, die in Criminal-Fällen bey der Vorführung der Gefangenen und auch bey der Execution von Todes- und anderen peinlichen Urtheilen zu beobachtende Formalitäten und zu erachtende Maaßregeln, auch abzugebende Commissaria betreffend. 1816, dort insb.: Wie es früher bey einem Bluturteil gehalten worden – von Schwieger, Capitan; StAH, 111–1, Senat, Cl. vii, Lit. Mb, No. 3, Vol. 4a: Varia betr. die Exekutionen, 1675–1807, insb. die Vorschrift: Wie es bey der Ausführung eines zum Tode verurtheilten Delinquenten gehalten und was für Mannschaft von der Garnison dabey commandirt wird, 16. Nov. 1780; sowie: Pro Memoria – Schreiben des Garnisonsvorstehers, 24. Nov. 1780; sowie: Senatsprotokoll, 8. Oct. 1723; vgl. auch die Anordnung über die Geleitung des Frohns zur Richtstätte und wieder zurück, 8. Okt. 1723, in: Blank, Bd. 2 (1764), 1025; zu St. Georg vgl. von Heß, Beschreibung, Bd. 3, 6.

80 J.L. von Heß, Topographisch-politisch-historische Beschreibung der Stadt Hamburg. Hamburg 1787–1796, Bd. 2 (1796), 9 zum Köppelberg; siehe auch StAH, 111–1, Senat, Cl. vii, Lit. Mb, No. 4, Vol. 4: Acten wegen Verlegung des Köpfelberges und der Abdeckerey auf das außerhalb gelegene Borgfeld, 1804–1805; Blank, Bd. 1, 161: Mandat vom 16. Jan. 1659; Bd. 2, 929: Mandat vom 6. Sept. 1720; Bd. 3, 1433f.: Senatsanordnung vom 4. Sept. 1743; 1631: Mandat vom 13. Dec. 1747. „Gebrochenen Augen" bei C.G. Porsch, Erörterung der Frage: Welche Strafe ist wirksamer und anhaltender: die Todesstrafe oder die ewige Gefängnisstrafe? Königsberg/Leipzig 1769, 10f.; auch der Pariser Henker Sanson spricht von der Gier des Publikums nach den „brechenden Augen" des Missetäters; bei H. Karasek, Die Vierteilung. Berlin 1994; Karasek bezieht sich auf H. Sanson, Die Henker von Paris. München 1964; siehe auch: Ders., Die Tagebücher der Henker von Paris. München [3]1989 (1862), die zumindest authentische Einsprengsel haben sollen.

81 Blank, Bd. 3, 1403: Mandat vom 27. Juli 1742; dort auch 1698f., 2153, 2298, Bd. 5, 2561; seit 1660 war regelmäßig versucht worden, die Leichenbegängnisse stärker zu reglementieren; Blank, Bd. 1, 167ff.: Mandat vom 20. Jan. 1660; Bd. 2, 1086: Mandat vom 10. Jan. 1729; Bd. 3, 1419: Mandat vom 13. März 1743; Whaley, Symbolism, 88, 99; zu „Tummelplatz" etc. siehe J. Heers, Vom Mummenschanz zum Machttheater. Frankfurt/M. 1986 (1983), 57ff., insb. 60; P. Ariès, Studien zur Geschichte des Todes im Abendland. München/Wien 1976 (1976), insb. 30; G. Kaiser (Hg.), Der tanzende Tod. Frankfurt/M. 1983, Einleitung, 9–69, 56ff.; van Dülmen, Volksfrömmigkeit, 62.

82 „‚Gemeiner Mann'" bei J.C. Crellius, Kurtzgefastes Sächsisches Kern-Chronicon. Leipzig 1732, V.51/52, 397, zit. n. U. Danker, Räuberbanden, 190; von Heß, Beschreibung, Bd. 1, 238f.; Beneke, Von unehrlichen, 250.

83 StAH, 111–1, Senat, Cl. vii, Lit. Mb, No. 3, Vol. 4a: Varia, die Beschreibung vom 16. Nov. 1780 und das Senatsprotokoll vom 8. Oct. 1723; StAH, 111–1, Senat, Cl. vii, Lit. Mb, No. 3, Vol. 7 über die Formalitäten bei „peinlichen Angelegenheiten", insb. das Schreiben von Schwieger; zwei Reiter hatten nach dem Ende der Exekution sofort den Rat und den Oberkommandierenden zu informieren. Zur Symbolik der militärischen Präsenz vgl. Foucault, Überwachen, 66; Evans, Rituals, 75.

84 Steltzner, Bd. 4, 217; das Nebengeschäft des Frons beschreibt Beneke, Von unehrlichen, 247.

85 Foucault, Überwachen, 47, 59, 63, 65: „Nicht die Gerechtigkeit, sondern die Macht wurde durch die Marter wieder hergestellt"; „untrüglicher Beweis" bei Popitz, 25; vgl. auch Nieraad, 14; vgl. zum Spektakel als Form der Kommunikation Gestrich, 23ff.

86 Aristoteles, Poetik. Stuttgart [2]1994, insb. 19; um den Begriff der »Katharsis« hat sich vor allem in der Altphilologie, den Literaturwissenschaften und der Psychologie eine zum Teil seit Jahrhunderten währende Debatte entzündet; vgl. M. Luserke (Hg.), Die Aristotelische Katharsis. Hildesheim u.a. 1991; W. Schadewaldt, Die Griechische Tragödie. Frankfurt/M. [2]1992; T. Wink, Zur kathartischen Wirksamkeit medialer Ereignisse. Phil. Diss. Bochum 1993; die Auseinandersetzung um die »Katharsis« bezieht sich zum einen auf die Übersetzung von „éleos" und „phóbos" als „Mitleid" und „Furcht" oder „Jammer" und „Schrecken", zum anderen auf die Frage, ob Aristoteles eine Reinigung der Affekte oder eine Reinigung von den Affekten meinte, und generell auf das Problem, ob »Katharsis« als medizinisches, moralisches, strukturelles oder intellektuelles Phänomen zu interpretieren sei; vgl. in Luserke insb. L. Golden, The Clarification Theory of Catharsis (1976), 386–401; C. Wagner, ‚Katharsis' in der Aristotelischen Tragödien-Definition (1984), 423–443; vgl. zusammenfassend Nieraad, 36ff. sowie die dort angegebene Literatur. Die hier dargelegte Interpretation des Begriffes »Katharsis« basiert primär auf Girard, insb. 420–441; zu den antiken Opferritualen J. Bremmer, Scapegoat Rituals in Ancient Greece, in: Harvard Studies in Classical Philology 87 (1983), 299–320; J. Wertheimer, Blutige Humanität, in: Gendolla/Zelle, 13–36, insb. 18f. Die Wirkung von medial präsentierten Gewalthandlungen sollte in den gesamten Debatten um die Todesstrafe präsent bleiben und ist gegenwärtig in Hinblick auf filmisch realisierte Gewalt ein vieldiskutiertes Thema; vgl. H. Zumkley, Aggression und Katharsis. Göttingen u.a. 1978; B. Rathmayr, Die Rückkehr der Gewalt. Wiesbaden 1996.

87 Farge verortet in „Fragile Lives", 177, Strafzeremonien und Straßentheater in einer Kategorie; vgl. zur Theatralität insb. E. Fischer-Lichte, Theater als kulturelles Modell, in: L. Jäger (Hg.), Germanistik. Weinheim 1995, 164–184, mit Hinweisen auf weitere Literatur; vgl. auch P. Rusterholz, Theatrum Vitae Humanae. Berlin 1970, 9ff., „Ort" auf 15, bei Fischer-Lichte auf 172.

88 Meine Darlegungen zum barocken Theater fußen primär auf R. Meyer-Kalkus, Wollust und Grausamkeit. Göttingen 1986; vgl. auch M. Meumann/D. Niefanger (Hg.), Ein Schauplatz derber Angst. Göttingen 1997, dort insb. den Beitrag von A. Beise, Verbrecherische und heilige Gewalt im deutschsprachigen Trauerspiel des 17. Jahrhunderts, 105–124; vgl. auch die Arbeit von Rusterholz und die kommentierte Materialsammlung von J. Wertheimer (Hg.), Ästhetik der Gewalt. Frankfurt/M. 1986; ders., ‚Im Blutstrom blättern', in: Gendolla/Zelle, 39–53; die obigen Zitate bei Mayer-Kalkus auf 173, Fußnote 2, 176f., 247. „Gerechter Richter" bei G.P. Harsdörffer, Poetischer Trichter. Darmstadt 1965 (1650), Teil 2, 83; „Laster", „Gemälde" von D.C. von Lohenstein in den Anm. zur Druckfassung von „Aggripina" (Breslau 1685), in: Römische Trauerspiele, hg. v. K.G. Just. Stuttgart 1955, 113. Die Aufzählung findet sich bei M. Opitz, Buch von der Deutschen Poeterey (1624), in: G. Witkowski (Hg.), Martin Opitzens Aristarchus sive de contemptu linguae Teutonicae und Buch von der Deutschen Poeterey. Leipzig 1888, 119–207, 154; vgl. Nieraad, 49; „alß ein bequemes" bei A. Gryphius, Leo Armenius, in: Gesamtausgabe der deutschsprachigen Werke, hg. v. M. Szyrocki/H. Powell, Bd. 5: Trauerspiele II. Tübingen 1965, 1–96, Vorrede 3.

89 Meyer-Kalkus, 181ff.; das Intentions- und Wirkungsspektrum barocker theatraler Gewaltpräsentation skizziert auch Beise in Meumann/Niefanger, 105–124; vgl. auch W. Flemming, Geschichte des Jesuitentheaters in den Landen deutscher Zunge. Berlin 1923, 168; R. Alewyn, Maske und Improvisation, in: Ders., Probleme und Gestalten. Frankfurt/M. 1974, 20–42, 23f.; als zeitgenössischen Fürsprecher der Gewaltpräsentation siehe z.B. Jacob Masen, Palaestra Eloquentiae Ligatae Dramatica. Köln 1664, T. 3, 18; zur barocken Rezeptionslehre vgl. Felix Thürlemann, Nicolas Poussin: ‚Die Mannalese', in: Ders., Vom Bild zum Raum. Köln 1990, 111–137, 119ff.

90 Meyer-Kalkus, 188, 190ff.; „Dunst" bei A. Gryphius, Carolus Stuardus, Anm. zu V 285, in: Gesamtausgabe der deutschsprachigen Werke, Bd. 4: Trauerspiele I, 1–159, 158; Die Schauspiele des Herzogs Heinrich Julius von Braunschweig. Amsterdam 1967, dort z.B.:

Von einem vngeratenen Sohn, welcher vnmenschliche und vnerhörte Mordthaten begangen, auch endlich neben seinen mit consorten ein erbaermlich schrecklich und grewlich Ende genommen hat (1590), 335–400; Alewyn, Maske, 24, 27.

91 „Aber damit" bei S. von Birken, Teutsche Rede-bind und Dicht-Kunst. Hildesheim/New York 1973 (1679), 335ff.; zu J.A. Stranitzkys Hanswurst vgl. Meyer-Kalkus, 194, und Alewyn, Maske, 27ff.

92 J.-B. Dubos, Kritische Betrachtungen über die Poesie und die Mahlerey. Kopenhagen 1760/61 (1719), T. 1, 2, 13–25; Dubos wurde im deutschsprachigen Raum vermehrt seit der Mitte des Jahrhunderts rezipiert; die folgenden Ausführungen orientieren sich vor allem an den Arbeiten Carsten Zelles, insb.: ‚Angenehmes Grauen'. Hamburg 1987, zu Dubos 139ff., 204ff.; vgl. McManners, 385.

93 T. Hobbes, Vom Menschen. Vom Bürger. Hamburg ^{3}1994 (1642/1658), 11.12, 26; E. Burke, Philosophische Untersuchung über den Ursprung unserer Ideen vom Erhabenen und Schönen. Hamburg ^{2}1989 (1757), 1.7, 72f., 1.14, 79f.; A. Smith, Theorie der ethischen Gefühle. Hamburg ^{2}1977 (1759), 3.3, 202; „Genuß" von R. Alewyn, Die Lust an der Angst, in: Ders., Probleme, 307–334, 316; vgl. auch T.W. Laqueur, Bodies, Details, and the Humanitarian Narrative, in: Hunt (Hg.), The New Cultural History, 176–204; C. Zelle, Über den Grund des Vergügens an schrecklichen Gegenständen in der Ästhetik des achtzehnten Jahrhunderts, in: Gendolla/Zelle, 55–91.

94 Burke, Philosophische, 1.15, 82.

95 J.W. Goethe, Wilhelm Meisters theatralische Sendung. Stuttgart 1986 (1786), 2.5, 91f., ähnlich bei Zelle, Angenehmes Grauen, 65, und K. Rossa, Todesstrafen. Bergisch Gladbach 1979 (1966); G.E. Lessing, Hamburgische Dramaturgie (1767/1768), in: Sämtliche Schriften, Bd. 9. Stuttgart ^{3}1893, 181–406, 7. Stück, 210; zu Lessing in Hamburg siehe Kopitzsch, Grundzüge, Bd. 1, 367ff.; ders., Lessing und Hamburg, in: Wolfenbütteler Studien zur Aufklärung 2 (1975), 47–120, 3 (1976), 273–325; ders., Gotthold Ephraim Lessing und Hamburgs Gelehrte, 1767–1781, in: H.-D. Loose (Hg.), Gelehrte in Hamburg im 18. und 19. Jahrhundert. Hamburg 1976, 9–55; vgl. allgemein auch Zelle, Strafen und Schrecken.

96 Zu der historiographischen Debatte über das Publikum am Schafott und das karnevaleske Element siehe Einleitung, Anm. 7; siehe zudem Evans, 103ff.; Heers, 280ff.; Kabuscha, 256ff., 265 auch zur Politik der Verbote und zum Volksfest als Störung der öffentlichen Lebens insb. seit dem ausgehenden 18. Jahrhundert; M. Bachtin, Rabelais und seine Welt. Frankfurt/M. 1995 (1965), insb. die Einleitung, 49–110; „Kunst des Handelns" von de Certeau; zu Macht und Bedeutung vgl. J.B. Thompson, Ideology and Modern Culture. Cambridge 1990, insb. die Einleitung; vgl. auch Laqueur, Crowds, 309.

97 F. Schiller, Zerstreute Betrachtungen über verschiedene ästhetische Gegenstände, in: Schillers Werke: Nationalausgabe, Bd. 20,1: Philosophische Schriften. Weimar 1962, 222–240, 227; vgl. Zelle, Über den Grund, 58; Zelle, Strafen und Schrecken, 81; vgl. zum „Erhabenen" u.a. F. Rötzer, Zur Genese des Erhabenen, in: D. Kamper/C. Wulf (Hg.), Der Schein des Schönen. Göttingen 1989, 71–99; W. Wehle, Das Erhabene, in: P. Geyer (Hg.), Das 18. Jahrhundert. Regensburg 1995, 9–22; H. Dieckmann, Das Abscheuliche und Schreckliche in der Kunsttheorie des 18. Jahrhunderts, in: H.R. Jauß (Hg.), Die nicht mehr schönen Künste. München 1968, 271–317; C. Pries (Hg.), Das Erhabene. Weinheim 1989; W. Teubert, Das Erhabene, in: D. Busse/F. Hermanns/W. Teubert (Hg.), Begriffsgeschichte und Diskursgeschichte. Opladen 1994, 212–258; vgl. zu dem Konzept in England u.a. A. Ashfield/P. de Bolla (Hg.), The Sublime. Cambridge/New York 1996, Einleitung, 1–16.

98 Farge, S. 183ff.; „gemeiner Mann" bei Steltzner, Bd. 4, 217; vgl. zu Damiens G. Casanova, Geschichte meines Lebens. Berlin 1965 (1822–28), Bd. 5, 77ff.; Sanson, Tagebücher, Bd. 1, 214; Martschukat, Die öffentliche Hinrichtung, 198ff.; Karasek, Die Vierteilung; P. Rétat, L'attentat de Damiens. Lyon 1979; D.K. van Kley, The Damiens Affair. Princeton, NJ 1984; Foucault, Überwachen, S. 9ff.

99 Vgl. M.-L. Angerer, Screening the Body, in: ÖZG 8,2 (1997), 231–248, insb. 237; Kittsteiner, insb. 355; „Der Patriot", nach der Originalausgabe Hamburg 1724–26. Berlin 1969; vgl. zum „Patriot" H.-G. Winter, ‚Leide, meide und hoffe nach Vorschrift der Vernunft', in: Stephan/Winter, 137–160; J. Rathje, ‚Der Patriot', in: ZVHG 65 (1979), 123–143, insb. 125ff.

100 E.F. Ockel, Ueber die Sittlichkeit der Wollust. Mietau u.a. 1772, 11f.; J.K. Wezel, Versuch über die Kenntnis des Menschen. Leipzig 1784/85, Th. 2, 4f.; S.H. Ewald, Ueber das menschliche Herz. Erfurt 1784, 3, auch bei G. Sauder, Empfindsamkeit – Bd. 1; 3. Stuttgart 1974/80; vgl. dort auch Bd. 1: Voraussetzungen und Elemente, S. 178ff. zur sinnlichen Wahrnehmung; siehe auch Wittern, 246f. zu Albrecht von Haller; vgl. R. Toellner, Medizin in der Mitte des 18. Jahrhunderts, in: R. Vierhaus (Hg.), Wissenschaften im Zeitalter der Aufklärung. Göttingen 1985, 194–217, insb. 194–205.

101 Zelle, Strafen und Schrecken, 81; Zelle, Über den Grund, 63; „angenehmes Grauen" bei anon., Abhandlung von den Ursachen des Vergnügens, in: Bemühungen zur Beförderung der Critik und des guten Geschmacks 1 (1743), 159–178, 163, „Denken", „Ausdehnung" bei R. Descartes, Die Prinzipien der Philosophie. Hamburg [8]1992 (1644), I.53ff., 18ff.; vgl. Nassehi/Weber, 118ff.; zur Veränderung der Körperkonzeption von Paracelsus bis zum späten 18. Jahrhundert vgl. H. Böhme, Der sprechende Leib, in: D. Kamper/C. Wulf (Hg.), Transfigurationen des Körpers. Berlin 1989, 144–181, 145ff. Zur Kritik an einer das gesamte Mittelalter nivellierenden, geraden Linie im Köper-Seele-Verhältnis von Platon zu Descartes siehe C. Bynum, Warum das ganze Theater mit dem Körper? In: HistAnt 4 (1996), 1–33; vgl. auch verschiedene Beiträge in G. Jüttemann/M. Sonntag/C. Wulf (Hg.), Die Seele. Weinheim 1991. Aus der umfangreichen Literatur zur Empfindsamkeit vgl. u.a.: N. Wegmann, Diskurse der Empfindsamkeit. Stuttgart 1988, insb. 39 zu Hutcheson; Sauder, Empfindsamkeit; K.P. Hansen (Hg.), Empfindsamkeiten. Passau 1990; W. Doktor/G. Sauder (Hg.), Empfindsamkeit. Stuttgart 1976; S. Moravia, From ‚Homme Machine' to ‚Homme Sensible', in: JHI 39 (1978), 45–60; G.J. Barker-Benfield, The Culture of Sensibility. Chicago 1992; J. Todd, Sensibility. London/NY 1986; T.L. Haskell, Capitalism and the Origins of the Humanitarian Sensibility, in: AHR 90 (1985), 339–361, 547–566; G.S. Rousseau/R. Porter, Introduction, in: G.S. Rousseau (Hg.), The Languages of Psyche. Berkeley, CA u.a. 1990, 3–44; G.S. Rousseau, Nerves, Spirits, and Fibres, in: The Blue Guitar 2 (1976), 125–153; Rousseau konstatiert eine paradigmatische Bedeutung von John Locke, Versuch über den menschlichen Verstand. Hamburg 1988 (1690); N.S. Fiering, Irresistable Compassion, in: JHI 37 (1976), 195–218; Gatrell, 225ff.

102 Butler, 35ff.; zur magisch-religiösen Lebenswelt als stabilisierte Ordnung siehe R. van Dülmen, Entzauberung der Welt, in: Ders., Religion, 204–214, insb. 205f.; zum Bruch mit der theokratischen Begründung vgl. Lewandowski, 39–84; zu verweisen wäre hier neben Hobbes insb. auf H. Grotius, De jure belli ac pacis (1625). Tübingen 1950; S. von Pufendorf, De jure naturae et gentium. Frankfurt/M. 1967 (1682), Buch 8, Cap. 3, in Bd. 2, 310ff.; C. Thomasius, Fundamenta juris naturae et gentium. Aalen 1979 (1705); C.L. B. de Wolff, Institutiones juris naturae et gentium. Halae 1750.

103 Zu Carpzov siehe G.A. Kleinschrod, Systematische Entwicklung der Grundbegriffe und Grundwahrheiten des peinlichen Rechts. Erlangen [3]1805 (1794/96), 28; C. Beccaria, Über Verbrechen und Strafen. Frankfurt/M. 1966 (1764), Vorrede Beccarias, 43; zu den 20.000 Todesurteilen siehe auch: Ueber die Todesstrafe der Diebe, in: HuA 5,4 (1806), 243–251, 257–260, hier 250; Schmidt, Einführung, 156f.; zur Blutrünstigkeit sowie dem „tyrannischen Gott" vgl. K.F. Hommel, Rhapsodia quaestionum. Byruthi [4]1783, obs. 710; ders., Litteratura juris. Lipsiae [2]1779, 125; C.W. Asher, Rhapsodische Bemerkungen über Criminal-Justiz. Hamburg 1828, 36; F. Noellner, Bemerkungen über die Strafart der körperlichen Züchtigung, in: ACr/NF (1843), 184–204, 203. Kleinheyer/Schröder, 53, betonen, Carpzovs Teilhabe an »lediglich« 300 Todesurteilen sei nachweisbar. Zum Barocktheater vgl. L. Tieck, Deutsches Theater. Berlin 1817, Bd. 2, xviii, xxi.

III. Vertragsgesellschaft und Todesstrafe

1 A.F. Cranz, Bemerkungen an das unbefangene und aufgeklärte Hamburgische Publikum. Hamburg 1793, 9; vgl. Altonaischer Mercurius 16 (28. Jan. 1793), 201; Cranz war einer der engagiertesten Aufklärer in Hamburg; vgl. Kopitzsch, Grundzüge, Bd. 2, 560, 601f., 510f., 696.

2 Vgl. StAH 111–1, Senat, Cl. vii, Lit. Me, No. 8, Vol. 11: Inquisition wider die Jüdin D. Traub, geb. Hirsch, wegen Vergiftung ihrer Schwiegerin und Schwiegermutter, 1790–1793; vgl. auch StAH, 111–1, Senat, Cl. vii, Lit. Ma, No. 5, Vol. 4f, 11: Incompl. Acta betr. die Bestaende des Niedergerichts wegen der Traub'schen Criminalsache 1791.

3 Zitat aus der Zeugenaussage des „Königlichen Commissarius" K.H. Beck im Schreiben des Anwalts J.H. Misler vom 1. September 1791, darin auch ein wiederholtes Gutachten des Hof-Medicus Boehr aus Berlin; siehe auch dessen Einbringung vom 23. März 1791 sowie die peinliche Anklageschrift, alles in StAH 111–1, Senat, Cl. vii, Lit. Me, No. 8, Vol. 11.

4 Defensionales in S. Fiscalis in Criminalibus entgegen und wider D. Traub gebohrne Hirsch, in StAH 111–1, Senat, Cl. vii, Lit. Me, No. 8, Vol. 11, 43, auch abgedruckt als: Defensionsschrift in Sachen der peinlich angeklagten Traub. Hamburg 1793; die Verteidigung durch den Anwalt ist öffentlich umfassend diskutiert worden, u.a. in: Anon., Auch ein Wort an das unpartheiische Hamburgische Publikum, das ohnlängst ausgestreute Pasquill in Sachen der Inquisitin Traub betreffend. Hamburg 1792; „Melancholie" bei Cranz, 15. Zu Lektüre und Melancholie vgl. E. Saurer, Religiöse Praxis und Sinnesverwirrung: in: van Dülmen (Hg.), Dynamik, 213–239, 301–305, insb. 236ff.; zu den Befürchtungen vor allem Joachim Heinrich Campes in Hamburg in Hinblick auf übermäßiges Lesen siehe Kopitzsch, Aufklärung, Bd. 1, 447ff.; vgl. zur Lesesucht Schenda, 59–66 mit Textbeispielen; vgl. auch anon., Hamburgs alte und neue Zeit, in: HuA 2,2 (1803), 21–40, dort auch „Lesewuth".

5 Vgl. StAH, 111–1, Senat, Cl. vii, Lit. Ma No. 9 Vol. 1 m: Acta wegen Abkürzung der Criminal Proceße – 1790; StAH, 111–1, Senat, Cl. vii, Lit. Ma, No. 9, vol 1, p: Acta die Abstellung der denen Inquisiten bisher geschehenen abermaligen Verlesung ihrer Aussagen und Befragung darüber im Obergericht betreffend – 1797; zum Fall Wächtler siehe StAH, 111–1, Senat, Cl. vii, Lit. Me, No. 8, Vol. 10: Criminalia – Mord: Acta, Inquisition, Urtheil und dessen Vollstreckung wider M.C. Wächtler pcto. Ermordung ihres Ehemannes, nebst diverser Nebenacten, 1786–1788; siehe aus den zahlreichen Schriften über den Fall Wächtler z.B. die als Fortsetzungsgeschichte konzipierten: Berichtigungen und Anmerkungen über den schrecklichen Mord an J.R. Wächteler. Hamburg 1788. „Murren" bei: Anon., Ein ruhiges Wort an das Hamburgische Publicum der unruhigen Stimme des Murrens entgegen gesetzt. Hamburg 1792; siehe auch: Anon., Noch Etwas der Inquisitin Traub wegen. Hamburg 1792.

6 Mitte der 1780er Jahre hatten J. Borchers, dessen Stieftochter A. Neumanns und seine Dienerin A. Lüders aus Aberglauben und Geldgier den jüdischen Jungen I. Benners in ihr Haus gelockt, seiner Handelswaren beraubt, erwürgt und in einen Kamin eingemauert. Tatmotiv war, einen Schatz zu heben, und – wie es in einem Bericht über die Mordtat hieß – „weil der Schatz mit Blut versiegelt wäre: so müßte ein Juden-Junge getötet werden". Zum Fall Borchers siehe u.a.: Richtige Auszüge aus den Akten der Inquisiten Namens Borchers (1785), Zitat auf 41; „Ungeheuer" bei anon., Appellation an das Publikum, in Sachen einer zu Hamburg inhaftirten Jüdin und Inquisitin. Hamburg 1792; „fleischgesinnter" bei Kneip, Dem Herrn Kriegsrath Kranz. Hamburg 1793, 5; zur jüdischen Bevölkerung vgl. Kopitzsch, Grundzüge, Bd. 2, 505ff.

7 Cranz, 12, 15ff.; ausführlicher zu Schuldfähigkeit und Todesstrafe in Kap. V.

8 Cranz, 3.

9 Cranz, 3ff.

10 Cranz, 9f.

11 Cranz, 28ff.; Kneip, Dem Herrn Kriegsrath Kranz.

12 StAH, Familie Beneke, 622–1, C 21: F. Beneke (1774–1848), Rechtstheoretische Manuskripte: „Ueber das Recht zu strafen", um 1790 (handschriftlich); Beneke hat diesen Aufsatz noch als Student in Halle verfasst; siehe zu Beneke A.-C. Trepp, Sanfte Männlichkeit und selbständige Weiblichkeit. Göttingen 1996, 103–124; Cranz, 7ff.; „sinnlich", „Gutes stiften" bei anon., Wie können Bosheiten, 13f.; das Bild der „mit Blut geschriebenen" drakonischen Gesetze wurde oft bemüht; siehe z.B. K.F. Hommel, Principis cura leges. Lipsiai 1765, 22; bei K.F. Hommel, Principis cura leges, oder: Des Fürsten höchste Sorgfalt, von Rainer Polley. Karlsruhe 1975, auf 35; „Drakon" auch bei A.C. Wolters, Ein Wort über Defensionen. Hamburg 1805, 10.

13 „Zauberformel" in StAH, Familie Beneke, 622–1, C 21: F. Beneke, Recht; „weg also" in: Ueber die Todesstrafe der Diebe, in: HuA 5,4 (1806), 259; die anderen Zitate aus Cranz, 7ff.; Beneke fokussiert die Aspekte, die Cattaneo als die Hauptstränge aufklärerischer Rechtsphilosophie bezeichnet: Trennung von göttlicher und weltlicher Gerechtigkeit, Strafe als Sicherheitsinstrument für die Gemeinschaft, Humanitätspostulat; vgl. M. A. Cattaneo, Menschenwürde und Strafrechtsphilosophie der Aufklärung, in: Brandt (Hg.), Rechtsphilosophie, 321–334, insb. 321. Beneke trat als Advokat für eine Reform des Strafsystems ein und verteidigte u.a. den Dieb Johann Gäthmann, der im Mai 1797 mit dem Strang gerichtet wurde; vgl. Kopitzsch, Grundzüge, Bd. 2, 694f.; Kopitzsch bezieht sich auf die Tagebücher Benekes; vgl. die Beiträge von V. Ferrone, Der Wissenschaftler, 169–209, und R. Chartier, Der Gelehrte, 122–168, beide in M. Vovelle (Hg.), Der Mensch der Aufklärung. Frankfurt/M./New York 1996 (1992); die Zahl der „hommes des lettres" hat sich in den deutschen Kleinstaaten zwischen zwischen 1766 und 1806 angeblich vervierfacht; vgl. R. Wittmann, Geschichte des deutschen Buchhandels. München 1991, 143–170.

14 Die Prinzipien hat er wenige Jahre nach der Rede in der Vorrede seiner Beccaria-Übersetzung formuliert, Hommel, Principis, 20ff.; vgl. auch K.F. Hommel/C.G. Rössig (Hg.), Philosophische Gedanken über das Criminalrecht. Breslau 1784.

15 Hommel, Beccaria, Vorwort, 4; J.E.F. Schall, Von Verbrechen und Strafen. Leipzig 1779, 2ff. betont, dass Beccarias Schrift nur eine unter vielen sei und die sprachliche Qualität ihren Erfolg ausmache.

16 T. Natale, Riflessioni politiche intorno all' efficacia a necessità delle pene. Palermo 1772, 1759 verfasst; F.V. Toussaint, Les moeurs. Amsterdam 1748; L. Günther, Tomaso Natale, in: Archiv für Strafrecht und Strafprozeß 48 (1901), 1–38; J.G. Gonne, Besondere Anmerckungen von dem Zweck der Straffen in bürgerlichen Gesellschaften, in: Erlangische Anzeigen 10 (3. Februar 1744), 73–78; J. von Sonnenfels, Grundsätze aus der Policey, Handlung und Finanz. Wien [5]1787 (1765), Theil 1, §§ 375–388, 482–511; Lewandowski, 85; zum „Aufklärungs"-Begriff, der in der Mitte des 18. Jahrhunderts beginnt, gesellschaftliche Breitenwirkung zu entfalten und eine gesamtkulturelle Entwicklung zu bezeichnen, vgl. P. Pütz, Die deutsche Aufklärung. Darmstadt [4]1991 (1978), 11ff.; H. Stuke, Aufklärung, in: GGr, Bd. 1 (1972), 243–342, insb. 247ff.; W. Hardtwig, Wie deutsch war die deutsche Aufklärung? In: Neuhaus, 157–184, insb. 159; ähnlich auch C. Link, Rechtswissenschaft, in: Vierhaus, 120–142; vgl. auch O. Ulbricht, The Debate About Capital Punishment and Skepticism in Late Enlightenment Germany, in: J. van der Zande/R.H. Popkin (Hg.), The Sceptical Tradition Around 1800. Dordrecht u.a. 1998, 315–328; vgl. zur Literatur M. Neugebauer-Wölk, Absolutismus und Aufklärung – Teil 1–3, in: GWU 49,9–11 (1998), 561–578, 625–646, 709–717.

17 Schall, 2; „tausend Rosen" in Hommel, Beccaria, 187; T. Würtenberger, Cesare Beccaria, in: Kriminalistik 26 (1972), 225f.; vgl. zur Rezeptionsgeschichte das Vorwort von W. Alff, in: Beccaria, Über Verbrechen (1966); M.T. Maestro, Cesare Beccaria and the Origins of Penal Reform. Philadelphia 1973, insb. 34–45, 68ff., 125–143; Maestro, Voltaire and Beccaria as Reformers of Criminal Law. New York 1972 (1942), 63ff.;

Maestro, A Pioneer for the Abolition of Capital Punishment, in: JHI 34 (1973), 463–468; B. Kreutziger, Argumente für und wider die Todesstrafe(n), in: Deimling, 99–125, und Kreutziger, Chronologische Bibliographie zur Rezeptionsgeschichte des Werkes Beccarias, ebd., 179–209, und G. Deimling, Cesare Beccaria, ebd., 11–35; Masur, 50–54; R. Bardolph (Hg.), The Civil Rights Record. New York 1970, 6–13, zur Rezeption Beccarias durch Thomas Jefferson.

18 Anon. [verm. A. Wittenberg], Rezension von ‚Dei Delitti e delle pene &c.', in: Altonaischer gelehrter Mercurius 3, 52 (Dez. 1765), 237f.; siehe zur Preisverleihung ebd., 241f.; auch in Bern ist Beccaria zwei Monate zuvor mit einem Preis geehrt worden; vgl. Deimling, Beccaria, 14; siehe auch C. Beccaria, Abhandlung von den Verbrechen und Strafen, übers. v. A. Wittenberg. Hamburg 1766; möglicherweise ist zuvor bereits eine deutsche Übersetzung in Prag erschienen; vgl. L. Reuter, Die Ansichten des Marchese von Beccaria zu den Strafgesetzen, Verbrechen und Strafen, in: Deimling, 55–77, 57; 1766 ist auch in Ulm eine Übersetzung von Jakob Schultes erschienen; vgl. Schall, 2; Maestro, Beccaria, 127; als Schlüsselereignisse für den »frischen Wind« der Hamburger Aufklärung werden meist die Gründung der »Patriotischen Gesellschaft« 1765 sowie der Abdruck des Neujahrsgedichtes „Der Patriot" von J.J. Eschenburg im „Correspondenten" Anfang 1766 genannt; vgl. Kopitzsch, Grundzüge, Bd. 1, 322ff., 344–346 zum „Patriot", Bd. 2, 455 zu Wittenberg.

19 C.G. Gmelin, Grundsäze der Gesezgebung über Verbrechen und Strafen. Tübingen 1785, Einleitung, iv; „Sokrates", „Altäre" bei Hommel, Beccaria, Vorrede, 23; F. Facchinei, Note ed osservazioni sul libro intitolato Dei delitti e delle pene. Venedig 1765, 42, 66, 130; vgl. die Replik von C. Beccaria, Risposta ad uno scritto. Lugano 1765, die bei Hommel auf 195ff. wiedergegeben ist; Auszüge auch bei Beccaria, Ueber Verbrechen und Strafen (M. Waldeck). Leipzig 1870, 93–100. Die Angriffe Facchineis sind bei Hommel, 187ff. widergegeben, die obigen Zitate dort entnommen; eine sachliche Kritik formulierte P.F. Muyart de Vouglans, Réfutation des principes hasardés dans le ‚Traité des délits et des peines'. Lausanne/Paris 1767; Beccarias Arbeit wurde von den Zeitgenossen als Grundstein einer neuen Strafrechtswissenschaft und Gesetzgebung gelesen, häufig aber auch in Zusammenhang mit Hommel und von Sonnenfels gestellt; vgl. z.B. F. von Siardi, Von dem Rechte der Todesstrafe, und der peinlichen Frage. Pappenheim 1781; von Siardi bezieht seinen Text über die Todesstrafe auf Beccaria, zitiert seitenlang aus der Beccaria-Übersetzung Hommels; vgl. auch die Arbeiten von Porsch oder Schall, der den Beccaria-Text annotiert und die bisherige Beccaria-Rezeption kritisch kommentiert; vgl. C.F. Schott, Observationes de delictis et poenis ad recentiorem libellum Italicum de hoc argumento. Tubingae 1767.

20 Hommel, Beccaria, Hommels Vorrede, 10; J.A. Bergk, Untersuchungen aus dem Natur, Staats- und Völkerrechte. Kronberg/Ts. 1975 (1796), 56; vgl. C. Link, Herrschaftsordnung und bürgerliche Freiheit. Wien u.a. 1979, insb. 232ff.

21 Beccaria, Vorwort, 46, § 2, 53, § 7, 64 nach der Alff-Ausgabe; „allgemeine Theorie", „Nordstern" aus Beccarias Antwort auf die Kritik Facchineis, bei Hommel, Beccaria, 202f.; Grotius, De jure belli ac pacis, Buch 2, Kap. 20, 325–365: Über die Strafen; Pufendorf, De jure naturae et gentium (1672) stellt die Sicherheit der Gesellschaft in den Vordergrund; Montesquieu, Persische Briefe. Frankfurt/M. 1964 (Paris 1721); vgl. Maestro, Voltaire, 14–33.

22 „Die Bestrafung", „unmöglich" bei Hommel, Beccaria, Vorrede, 2, § 8, 56f., Anm. t; ähnlich u.a. E.C. Wieland, Geist der peinlichen Gesetze. Leipzig 1783/1784, Bd. 1 (1783), 273; zur Differenzierung Sünde-Verbrechen siehe auch H. Hattenhauer, Von Christen, Juden und Menschen, in: Kleinheyer/Mikat, 246–269, 264ff.; Link, Rechtswissenschaft, 123; „Der Patriot" (Hamburg 1724–26); Zitate aus St. 4 v. 27. Jenner 1724, Bd. 1, 27, und St. 89 v. 11. Sept. 1725, Bd. 2, 305; vgl. W. Martens, Die Botschaft der Tugend. Stuttgart 1968, 172–184; Winter, 141ff.; J. Scheibe, Der ‚Patriot' (1724–1726) und sein Publikum. Göppingen 1973, 117ff., kommt zu dem Ergebnis, dass der Patriot in Hamburg von etwa

30.000 der insgesamt etwa 75.000 BewohnerInnen der Stadt rezipiert worden ist; den großen publizistischen Erfolg konstatiert auch Im Hof, Das Europa, 136.

23 Hommel, Beccaria, Vorrede, 2, § 8, 56f., Anm. t, Betonung im Original; vgl. Pütz, 15f.; sehr einführend mit Akzent auf Frankreich und England auch R. Porter, Kleine Geschichte der Aufklärung. Berlin 1991 (1990), 45ff.; Kittsteiner, 355, markiert für diesen Zeitraum den Wandel vom „religiösen" zum „moralischen" Gewissen.

24 Hommel, Beccaria, Hommels Vorrede, 10; J.D. Michaelis, Mosaisches Recht. Reutlingen ^{2}1793 (1775), Th. 1, Widmung, 1ff.; selten deutlich wurde die Konzeption göttlicher Gerechtigkeit vertreten in: Porsch, insb. 15f.; vgl. Link, Zwischen Absolutismus, 202f.; van Dülmen, Entzauberung, 212; Kittsteiner, 71; W. Sparn, Vernünftiges Christentum, in: Vierhaus (Hg.), Wissenschaften, 18–57.

25 „Staatskörper" bei Wieland, Bd. 1, 398; nur selten wurde die Staatsgründung auf einen göttlichen Befehl zurückgeführt, wie bei anon., Gründet sich das Recht der Monarchen, mit dem Tode zu straffen, in der Uebertragung der Menschen. O.O. o.J. (verm. Wien 1781), 10f.; der Autor wendet sich vor allem gegen von Sonnenfels und K. Häs, Worauf gründet sich das Recht des Monarchen, mit dem Tode zu strafen. Wien 1781; „keine festen Grundsätze" in: anon., Ueber die Todesstrafe der Diebe, 244; „unvermeidliches Band" und Gerechtigkeit als Konstruktion bei Beccaria, § 2, 53 (Alff-Ausgabe), Hommel, Beccaria, § 2, 39, Anm. f; zur Veränderlichkeit der Vorstellung Gottes siehe ebd., § 30, 131, § 7, 55, Anm. r, sowie Hommel, Rhapsodia, obs. 710 zu Gott als „Tyrann"; obs. 426 zu „grausame Strafdrohung", zit. nach Hattenhauer, 246f.; Konstruktion von „Tugend und Laster" bei Beccaria, § 41, 149; zur Historisierung auch Pütz, 25f, 37; „Gift und Gegengift" bei H.A. Spittler, Untersuchung der Frage: Sind scharfe Gesetze einem Staat verträglich? Stuttgart 1779, 7, 32 zur Arzt-Metapher, 5 zum Staat als Instrument zu Wohlfahrt und Schutz; vgl. auch J. von Soden, Geist der peinlichen Gesetzgebung Teutschlands. Frankfurt ^{2}1792, Bd. 1, 16; das größte Glück der größten Zahl ist eine der zentralen Forderungen Beccarias, Einleitung, 48ff.; er bildet hiermit das rechtliche Korrelat zu F. Hutcheson, Inquiry Concerning Moral Good and Evil (1725), in der 2. Aufl. 177f.: „‚This action is best, which procures the greatest happiness for the greatest numbers'"; nach Maestro, Beccaria, 21; vgl. auch Im Hof, Europa, 141; ders., Das gesellige Jahrhundert. München 1982, 75ff.; zum philosophischen Arzt vgl. Böhme, 148; „vorzüglich das Volk" bei E.F. Georgii, Versuch einer Beantwortung der Frage: Sind scharfe Gesetze einem Staat vorträglich? Stuttgart 1779, 1.

26 SUB, Cod. Hans. II, 146, 57: Senats Urtheil in Sachen J.D. Moll und J.C. Moll, 10. Oct. 1749; siehe die Beccaria-Rezension im „Altonaischen gelehrten Mercurius" im Dezember 1765, 237, sowie die Übersetzung von Wittenberg von 1766; zur „Blutschande" siehe Hommel, Beccaria, Hommels Vorwort, 14; zur Sodomiterei und „Unflat" siehe Hommel, Beccaria, § 31, 136, Anm. k; auch in der Theorie war die Trennung nicht ganz einhellig vollzogen; dies zeigt z.B. J.C. Quistorp, Grundsätze des teutschen peinlichen Rechts. Würzburg 1796 (1770), Bd. 1, 717–846, die er „der Befriedigung der unreinen und gesetzwidrigen Lueste" (717) widmet; zur Bekämpfung theologisch begründeter Talion vgl. Lewandowski, 38ff.; Spittler, 12, meint, das von Hommel als „Sünde" deklarierte Verhalten sei sehr wohl Angelegenheit bürgerlicher Gerichtsbarkeit; er begründet dies mit den Auswirkungen, die z.B. das Eheverhalten auf die Entwicklungsfähigkeit des Gemeinwesens hat; Hattenhauer, 267ff., betont, Hommel habe zwischen seinen theoretischen Erwägungen und seiner praktischen Tätigkeit differenziert; vgl. auch Cattaneo, 321.

27 „Milde Zeiten" bei Georgii, 36; die anderen Zitate bei J.M.G. Beseke, Versuch eines Entwurfs zu einem vollständigen Gesetzesplan für Verbrechen und Strafen. Dessau 1783, 30ff.; ähnlich in Hamburg z.B. in anon., Ueber die Todesstrafe der Diebe, 245.

28 „Spiegel" in anon., Ueber die Todesstrafe der Diebe, 244; „Barometer", „besondere Bestimmung" bei Georgii, 11, 14; vgl. auch P.J. von Schüren, Wann läßt sich in wohleingerichteten Staaten die Todesstrafe rechtfertigen? Köln/Bonn 1788, 3ff.; „Ehrfurcht"

bei Beseke, 33; zur „Menschlichkeit" von Strafen siehe Beccaria, Vorwort, 44; „geringstmögliche" dort in § 47, 158, Betonung im Original; auch bei Georgii, 5; Spittler, 7ff., legitimiert jedes Gesetz, das von Verbrechen abschreckt und die allgemeine Wohlfahrt erhöht; „Thränen" bei von Soden, Geist, 5f.

29 Beseke, 33, zu Beccaria im Vorwort, vi, ix, zur Strafe für Regentenmörder auf 99.

30 Beccaria, § 41, 148ff., „Beurtheilungskraft" bei von Soden, Geist, 45; „niemals anders" bei Wieland, Bd. 1, 23; Spittler, 22; G.H. Feder, Ueber die Todesstrafen, in: Deutsches Museum Nov. 1777, 465–471, 471; J.L.E. Püttmann, Ueber die öffentliche Vollstreckung der Peinlichen Strafen. Leipzig 1792, 10ff., „Physiognomik" auf 12; Martschukat, Von Seelenkrankheiten und Gewaltverbrechen im frühen 19. Jahrhundert, in: R. van Dülmen/E. Chvojka/V. Jung (Hg.), Neue Blicke. Wien/Köln/Weimar 1997, 223–247; vgl. dort auch M. Lorenz, ‚Er ließe doch nicht eher nach biß er was angefangen', 199–222; J.K. Lavater, Physiognomische Fragmente zur Beförderung der Menschenkenntnis und Menschenliebe. Leipzig/Winterthur 1775/78; zu Lavater van Dülmen, Entdeckung, 70ff.; N. Borrmann, Kunst und Physiognomik. Köln 1994, 121ff.; vgl. M. Hagner, Homo cerebralis. Berlin 1997, 89–129.

31 Beccaria, § 2, 52; „Thron" ebd., § 3, 54; V. Barkhausen, Ueber die Abschaffung der Todesstrafen, in: Deutsches Museum, August 1776, 667–694, 680; Hommel, Beccaria, § 1, 35, Anm. c; Spittler, 5, 32; zur Lektüre des „Deutschen Museums" vgl. F. Kopitzsch, Sozietäten und Literatur in der Hamburger Aufklärung, in: Stephan/Winter, 124–135, insb. 130.

32 Vgl. Hofmann, 12ff., 18ff.; die „Encyclopédie" ist zit. n. Vovelle, Der Mensch der Aufklärung, in: Ders. (Hg.), 9.

33 T. Hobbes, Leviathan. Stuttgart 1980 (1651), Kap. 17, 151ff.; vgl. Link, Herrschaftsordnung, 25ff.; Beccaria, § 1, 51; § 2, 53, § 28, 110, 115; Beseke, 1ff.; von Soden, Geist, 8f.; J.-J. Rousseau, Gesellschaftsvertrag oder Grundsätze des Staatsrechts. Stuttgart 1996 (1762), I.6, 17; vgl. F. Baker, Eternal Vigilance, in: R. Wokler (Hg.), Rousseau and Liberty. Manchester 1995, 152–185; vgl. zur zeitgenössischen Rousseau-Rezeption I. Fetscher, Rousseaus politische Philosophie. Frankfurt/M. ^{2}1968; V. Barkhausen, Ueber die Abschaffung, 681.

34 „Biedermann" bei H.P. Sturz, Ueber Linguets Vertheidigung der Todesstrafen, in: Deutsches Museum, Dezember 1776, 1063–1068, hier 1063; „Rachschwerdt" bei Porsch, 20; H.L.W. Barkhausen, Abgekürzte Reflexionen über den Nuzen oder Schaden der Todesstrafen, in: Deutsches Museum, Okt. 1776, 947–953, 947; J.F. Runde, Die Rechtmässigkeit der Todesstrafen aus Grundsätzen des allgemeinen Staatsrechts, in: Deutsches Museum, April 1777, 309–331, 316ff.; Beseke, 36; Georgii, 6, 19f.; Feder, 465ff.; der Staat sei mit einer „moralischen Person" gleichzusetzen und stelle das kollektive Selbstverteidigungsrecht dar, meint Schall, 47; I. Kant, Die Metaphysik der Sitten, Th. 1: Metaphysische Anfangsgründe der Rechtslehre (1797), in: Kant's gesammelte Schriften, 1. Abt., Bd. 6. Berlin 1907, 203–493, 334f.; vgl. I. Primorac, Kant und Beccaria, in: Kant-Studien 69 (1978), 403–421; vgl. O. Höffe, Kants Begründung des Rechtszwangs und der Kriminalstrafe, in: Brandt, 335–375.

35 Auch Beccaria hatte der Todesstrafe in wenigen Ausnahmefällen zugestimmt, nämlich wenn von MissetäterInnen sogar im Fall der Inhaftierung eine unabänderliche Gefahr für das Gemeinwesen ausgehe (wie von den Anführern eines Aufstandes), oder wenn Todesstrafen und deren Vollzug der einzige Weg waren, von Verbrechen abzuhalten – eine Möglichkeit, die er aber sogleich verwarf; Beccaria, § 28, 110f.; von Sonnenfels, Grundsätze, §§ 376ff., 484ff. konzedierte das Recht zu töten, bestritt aber den Nutzen der Todesstrafe.

36 Schueren, 19f. argumentiert für eine Rechtmäßigkeit der Tötung durch den Staat nur bis zu dem Punkt, an dem dieser der MissetäterInnen habhaft geworden ist; ebenso V. Barkhausen, Vermischte Anmerkungen und Erläuterungen über die Todesstrafen und verwandte Materien, in: Deutsches Museum, Aug. 1777, 154–185, Okt. 1777, 328–352, insb. 163; Vezin, Das Recht, 317; Wieland, Bd. 1, 404ff., „gelinderes Mittel" auf 413; Wieland

spricht dort von „Menschen, die den Trieb zum Bösen über das Bewußtsein ihrer Pflichten siegen lassen"; von Soden, Geist, 71ff., „kollektives Leben" auf 75; „Tiegern" bei Püttmann, 37; Siardi, 41ff. spricht von der Todesstrafe als schlichte „Nothwendigkeit"; das Bild des wilden Tieres findet sich u.a. auch bei H. Würzer, Ueber die Rechtmäßigkeit der Todesstrafen, in: HuA 5,3 (1806), 129–153, 132.

37 Rousseau, 2.5, 37; „zwingt" in 1.7, 21; im Sinne der Vertragsaufhebung argumentiert u.a. von Soden, Geist, 71ff.; ähnlich auch T. Schmalz, Das natürliche Staatsrecht. Königsberg 1794, 96ff.: „Wenn ein Staatsbürger ein Verbrechen begeht, [...]: so zerreißst er die Bande mit dem Staat, hört auf Staatsbürger zu seyn, und wird ein Feind desselben"; J.G. Fichte, Grundlage des Naturrechts nach Prinzipien der Wissenschaftslehre. Hamburg 1979 (1797), § 20, 253–279, insb. 271ff., 278 – Betonungen im Original; vgl. auch J. Gruner, Versuch über Strafen. Göttingen 1799; Gmelin, 137.

38 Fichte, 273f. – Betonungen im Original; Schmalz, 98; „,töte um zu Leben'" bei Foucault, Der Wille, 164; Rousseau, 2.5, 37.

39 Vgl. von Sonnenfels, Grundsätze, §§ 385f., 507f., der der Todesstrafe vor allem den Nutzen absprach; „ungerecht" bei Spittler, 7; vgl. auch Würzer, 134. Zur Problematik dieser Konzeption und den somit legitimierten »exemplarischen« Strafen vgl. Cattaneo, 324ff.; vgl. auch W. Naucke, Generalprävention und Grundrechte der Person, in: W. Hassemer/K. Lüderssen/W. Naucke (Hg.), Hauptprobleme der Generalprävention. Frankfurt/M. 1979, 9–28, insb. 12–19.

40 „Politische", „Schwere" bei Beccaria, § 6, 61, siehe auch § 4, 57; § 5, 58f.; „böse Folgen" bei Wieland, Bd. 1, 397; von Sonnenfels, Grundsätze, § 359, 464f.; von Soden, Geist, 60ff.; Gmelin, 27, „Gegengewicht" auf 83; „das vorhandene Verbrechen" bei Porsch, 6; vgl. auch W. Blackstone, Von der Beschaffenheit der Verbrechen, und ihrer Strafen, in: Ders., Vermischte Abhandlungen über verschiedne Rechtsmaterien. Bremen 1779 (1769), 87–124, insb. 97; H.E. von Globig/J.G. Huster, Abhandlung von der Criminal-Gesetzgebung. Frankfurt/M. 1969 (1783), 52; „Arzt" bei Spittler, 32, 17 zum Beispiel des Raubes und des Mordes.

41 Vgl. Beccaria, § 27, 108, „Schaustück" in § 19, 94f., dort auch zur Korrelation; vgl. auch Montesquieu, Des Herrn von Montesquieu Werk vom Geist der Gesetze. Wien 1799, Buch 6, Kap. 16, 151ff.; von Sonnenfels, Grundsätze, § 356, 459, § 360, 466, § 382, 502f. zum Teil mit explizitem Bezug auf Montesquieu; Gewissheit statt Schärfe der Strafe fordert u.a. Spittler, 33.

42 Hommel, Beccaria, Hommels Vorrede, 10ff.; Hommel/Rössig, § 54, 109.

43 Püttmann, 15; Schüren, 62; „wird der" bei V. Barkhausen, Ueber die Abschaffung, 685f.

44 Vgl. zu diesem Konzept Foucault, Der Wille, 165ff., insb. 165, 166, 171; M. Foucault, Leben machen und sterben lassen (1976), in: S. Reinfeldt/R. Schwarz/M. Foucault, Bio-Macht. Duisburg ^{2}1993, 27–50; vgl. auch C. Gordon, The Soul of the Citizen, in: Lash/Whimster, 293–316, insb. 297ff.

45 Schüren, 80; Beseke, 17, 64ff., „zum Guten" auf 28; zu Prävention, Erziehung und Tugendförderung z.B. Beccaria, § 45, 155ff., von Soden, Geist, 113ff., Gmelin, 5f., Spittler, 6; Sturz, 1065; anon., Ueber Leibes- und Lebensstrafen überhaupt, besonders in Republiken, in: HuA 1,3 (1802), 156–164, 163; V. Barkhausen, Vermischte Anmerkungen, 336ff.

46 „Schlechterdings" sowie der »Arbeitstier«-Gedanke aus der Antwort Beccarias an Facchinei, nach Hommel, Beccaria, 213f.; vgl. auch von Sonnenfels, Grundsätze, § 376, 484, § 385, 507, oder Voltaire, Commentaire sur le livre des délits et des peines. Genf 1766, 47–51; „Glied" bei Schüren, 26, 45, 54f.; Hommel, Principis, 23; V. Barkhausen, Vermischte Anmerkungen, 335f.

47 Blackstone, 119; Wieland, Bd. 1, 30.

48 „Die große", „in dieser" bei B. Rush, Untersuchung der Wirkungen öffentlicher Strafen auf die Verbrecher und auf die Gesellschaft. Leipzig 1792 (1787), 53; vgl. auch Blackstone, 121, und Wieland, Bd. 1, 30; Amputationsmetaphern im Stil Benedikt Carpzovs wurden seltener, starben jedoch nicht aus; vgl. Porsch, 40; Runde, 331.

49 „Werkzeuge“ bei Wieland, Bd. 1, 401; „menschliche Begierden“ bei Hommel, Beccaria, § 2, 37, Anm. d; „asiatische Seelen“ ebd., § 46, 182, Anm. i.

50 „Ein Vergnügen“ bei J.J. Cella, Ueber Todesstrafen. Giessen 1794, 38f., 44 zitiert er Montesquieu, Vom Geist, 6.9, 136ff.; Gmelin, 100; Hommel, Beccaria, § 2, 37, Anm. d, bezieht sich auf Grotius, De jure belli ac pacis, 2.20.4, 327f. als autoritätsstiftendes Vorbild; „Glieder zerstümmeln“ bei Schüren, 31; vgl. Püttmann, 18; vgl. auch V. Barkhausen, Ueber die Abschaffung, 691.

51 Gmelin, 30ff., „Modeempfindelei“ auf 35; Gruner, 38, der auf die Geschlechterstereotypisierung als Taktik verweist; Spittler, 7ff.; Schall, 40; zu »Empfindsamkeit« und »Empfindelei« vgl. Sauder, Bd. 1, 6, auf 13 „Nervenfieber“ von F.C. Schlosser, Geschichte des 18. Jahrhunderts und des 19. bis zum Sturz des französischen Kaiserreiches. Heidelberg [4]1854, Bd. 4, 146; J.C. König, Versuch eines populairen Lehrbuchs des guten Geschmacks für Mädchen und Jünglinge. Nürnberg 1780, 28, zit. n. Sauder, Bd. 3, 90; dort, 29–37: anon., Das in Deutschland so sehr überhand genommene Uebel der sogenannten Empfindsamkeit oder Empfindeley. Freiberg 1782, 9, 19 zum weiblichen Stigma; vgl. auch G. Sauder, Empfindsamkeit – sublimierte Sexualität, in: Hansen, 167–177; Sauder, Bd. 1, zit. auf 155 auch J.H. Campe, Ueber Empfindsamkeit und Empfindelei in pädagogischer Hinsicht. Hamburg 1779, 13f., Auszüge in Sauder, Bd. 3, 3–13, „ächzen und jammern“ etc. auf 6f., „Weib“, „Man“ auf 11; vgl. auch G. Jäger, Empfindsamkeit und Roman. Stuttgart 1969, 33f.

52 Quistorp, Bd. 1, § 71, 89; Püttmann, 84; vgl. auch J.L. Püttman, De poenis exemplaribus. Lipsiae 1787; „Härte, Zwang“ bei Schüren, 76; vgl. auch: Ueber Leibes- und Lebensstrafen überhaupt, 162.

53 Von Soden, Geist, 312f.

54 Vgl. z.B. Vezin, 319f.; „in eure Häuser“ bei Püttmann, 23f.

55 „Geist der Barbarei“ bei Beccaria, § 27, 107; § 28, 116; Schüren, 37, „Kinder“ auf 43; „ausgemachte Wahrheit“ bei anon., Ueber Leibes- und Lebensstrafen überhaupt, 162; vgl. Rush, 13, 26; Vezin, 340f.; Spittler, 33.

56 „Gesezze“ bei Beseke, 61f.; „Sitten, Klima“ bei von Soden, Geist, 63, 111; siehe auch Georgii, 1f.; Wieland, Bd. 1, 26ff.; „Carpzov“ bei Hommel, Beccaria, § 14, 74, Anm. d.

57 Hommel, Beccaria, § 14, 74, Anm. d; Fessel bei Cranz, 7.

58 „Als der erste“ in anon., Ueber Leibes- und Lebensstrafen überhaupt, 163; „Körper“ bei Beccaria, § 27, 107; „Blut fließen“ bei Vezin, 340f.; V. Barkhausen, Vermischte Anmerkungen, 336ff. kritisierte, die Wirkung der Abschreckung sei nicht zu kalkulieren, da sie von den individuellen Bestimmungen der einzelnen ZuschauerInnen abhänge; vgl. auch Spittler, 16, 21ff.

59 Vezin, 340f.; „beim Zerschmettern“ in anon., Ueber Leibes- und Lebensstrafe, besonders in Republiken, in: HuA 1,4 (1802), 319–326, 321.

60 „Taschen zuzuknöpfen“ bei Hommel, Beccaria, § 27, 110, Anm. v; siehe auch § 27, 112, Anm. x, § 28, 117, Anm. a; vgl. u.a. auch Sonnenfels, Grundsätze, § 384, 505f.; Schueren, 36f.; Rush, 30; Vezin, 334ff.; anon., Ueber Leibes- und Lebensstrafe, 326.

61 Georgii, 7ff.; H.L.W. Barkhausen, 949ff.; „*das fürchterlichste*“ bei Porsch, 10 (Betonung im Original), „siechender“ auf 5; „unwidersprechliche“ bei Püttmann, 49; Würzer, 130f.; „Studierstuben“ bei Gmelin, 89; siehe auch Runde, 322f.; von Soden, Geist, 77ff., „vollkommenste“ auf 85; „die elendsten“ bei Siardi, 48f.

62 „Spectaculum poenarum“ bei Hommel, Principis, 20; Beseke, 28; von Soden, Geist, 92; Feder, 465ff.; Porsch, 10f.

63 „Dürftige“ bei H.L.W. Barkhausen, 949f.; Schüren, 62, betont differierende Todesängste; Porsch, 5, bezeichnet die Kritik als „Modemeynung“, die vor allem „durch ihre Neuheit und durch den falschen Schimmer einer unzeitigen Menschenliebe und Gelindigkeit“ populär geworden sei; „ausgemachteste Wahrheiten“ etc. bei Schall, 63.

64 Sonnenfels, Grundsätze, §§ 385f., 507f.; Schüren, 40; Sturz, 1065; „andauerndes Beispiel“ bei Beccaria, § 28, 115, siehe auch 113 und § 27, 109 für „Wuthausbruch“, „beständiges

System". Siehe zur Kritik an den religiösen Zeremonien und Verheißungen auf dem Schafott Feder, 470; Gmelin, 394; Hommel, Beccaria, § 32, 139, Anm. m, 145ff., Anm. p; Sturz, 1065.

65 Von Soden, Geist, 81ff.; Runde, 323; H.L.W. Barkhausen, 949f.; Porsch, 7f., 25; Gmelin, 88; Schall, 60ff., „Genuß" auf 160.

66 Porsch, 19ff., 22f., „Anblick" auf 13; siehe u.a. auch Gmelin, 81; Schall, 193.

67 „In dunklen" bei Porsch, 13; „menschliche und bedauernswürdige" bei von Soden, Geist, 92; „für den Leib" bei Beccaria, § 12, 74; die anderen Zitate bei Wieland, Bd. 1, 413.

68 Eine größere Wirksamkeit geheimer Exekutionen behauptet H. Fielding, An Enquiry into the Causes of the Late Increase of Robbers. Oxford 1988 (1751), 61-172, 169f.; vgl. zur Gegenposition u.a. Globig/Huster, 60, Gmelin, 393, Püttmann, 31.

69 Beseke, 39; vgl. Porsch, 13, Zitat auf 32; Runde, 323; „gemeiner Haufen" bei Runde, 323, auch bei Püttmann, 85, „geschlachtet", „Saamen", „fremdes Menschenblut" auf 31; vgl. auch Georgii, 30ff.

70 „Die Auflegung" bei von Soden, Geist, 92; vgl. auch Gmelin, 101, 393; Püttmann, 32; im Gegensatz dazu z.B. F. von Manger, Die Todesstrafe. Mannheim 1796, 87f.

71 „Scheusale" etc. bei Hommel, Beccaria, § 28, 116f., Anm. a; „weiser" etc. bei Beccaria, § 28, 116; Rush, 22f.; vgl. u.a. auch V. Barkhausen, Ueber die Abschaffung, 690f.; anon., Ueber Leibes- und Lebensstrafe, 320; anon., Ueber Verstandeszerrüttung, ihre Folgen und ihre Bestrafung, in: HuA 2,4 (1803), 129–140, insb. 138.

72 „Behagliche Unterhaltung", „Classe" bei Cella, 39; „Pöbel" bei Beseke, 28; „Schauspiel", „Verachtung", „mit denselben Sinnen" bei Beccaria, § 27, 109, § 28, 112; die Diskreditierung der Obrigkeit wird u.a. aufgegriffen von J.A. Bergk, Des Marchese Beccaria's Abhandlung über Verbrechen und Strafen. Leipzig 1798, T. 1, 76, Anm.; vgl. auch Porsch, 11, Sturz, 1064f., dort auf 1065 auch „Pöbel" und ein Hinweis auf „so manchen feinen Mann", der bei Exekutionen eine „Erholungsstunde" zubringe; vgl. zur Kurzweiligkeit auch anon., Ueber Verstandeszerrüttung, ihre Folgen und ihre Bestrafung, 138.

73 Zum Giftmord als weibliche Domäne vgl. E. Fischer-Homberger, Medizin vor Gericht. Bern u.a. 1983, 364–376; vgl. als zeitgenössischen Text J.C.G. Schaumann, Ideen zu einer Kriminalpsychologie. Halle 1792.

74 StAH, 111–1, Senat, Cl. vii, Lit. Me, No. 8, Vol. 1b: Mandate gegen Kindesmord (1744, 1753, 1767) und gegen andere Mordtaten (1777); zur Bestrafung siehe StAH, 111–1, Senat, Cl. vii, Lit. Me, No. 8, Vol. 2b: Kinder Mord; siehe allgemein van Dülmen, Frauen, 98ff.; StAH, Familie Beneke, 622–1, C 21: F. Beneke, Recht; „Quelle" bei Schüren, 80.

75 StAH, 111–1, Senat, Cl. vii, Lit. Me, No. 8, Vol. 1b: Bekanntmachung des Rats, 29. Okt. 1777. Am 11. April 1784 forderte der Prätor, Leibesstrafen künftig wieder exakt gemäß der Rechtssätze zu vollstrecken; StAH, 111–1, Senat, Cl. vii, Lit. Mb, No. 3, Vol. 4a: Varia betr. die Exekutionen, 1675–1807.

76 Wosnik, Bd. 1,1, 46ff.; der einzig signifikante und nahezu „exekutionsfreie" Zeitabschnitt kann zwischen Februar 1793 und März 1804 festgemacht werden; unterbrochen wurde er durch die Exekution des Diebes J. Gäthmann im Mai 1797. Siehe zur geheimen Strangulierung StAH, 111–1, Senat, Cl. vii, Lit. Me, No. 8, Vol. 10: Criminalia – Mord: Acta, Inquisition, Urtheil und dessen Vollstreckung wider M.C. Wächtler: Conclusum & Commissum Domino Praetori, Anlage, 14. Nov. 1788, Betonung hinzugefügt; vgl. auch die Anordnung: Ulterioir Relatio In S. Fiscalis Ctra M.C., des ermordeten J.A. Wächtler Ehefrau, wo die heimliche Strangulierung befohlen wird; vgl. auch StAH, 111–1, Senat, Cl. vii, Lit. Me, No. 8, Vol. 15: Criminalia: Relation ex actis betr. den wider H.F. Fick verübten Raubmord nebst Urtheile wider den Thäter J.J. Wallgrün, welcher zum Rade verurtheilt – 1807; vgl. den Erlass Friedrichs II., 11. Dez. 1749, zit. n. Evans, Öffentlichkeit, 187; in Frankreich scheint dieses Verfahren bereits seit dem frühen 18. Jahrhundert üblich gewesen zu sein, so McManners, 389. „Ohnedem" in StAH, 111–1, Senat, Cl. vii, Lit. Me, No. 8, Vol. 2b: Kinder Mord, Fasc. 6: Votum in Causa Criminale Fiscalis ctra A.L. Ammon, pto. infantic., 15. Sept. 1786.

77 Beccaria, § 28, 115; Sonnenfels, Grundsätze, § 384, 505; Hommel, Beccaria, § 32, 139, Anm. m, 145ff., Anm. p; Sturz, 1065; J.C. Heimburg, Programma de taedio vitae poenam homicidii non mitigante. Ienae 1757; J.M.G. Beseke, De homicidio ex vitae taedio. Halae 1772; nach Hommel gab es bereits in den 1770er Jahren in Dänemark ein Gesetz, das MörderInnen aus Lebensüberdruss die Todesstrafe versagte; die Verdammung des Selbstmordes wurde zuweilen bereits seit dem frühen 17. Jahrhundert kritisiert; vgl. Rush, 16; Püttmann, 54; Schall, 86ff.; vgl. auch anon., Ueber Verstandeszerrüttung, 139f.; „bußfertiges Herz" in Eisenhart, Bd. 3 (1769): Ein Mensch, 166. Zur »religiösen Schwärmerei« vgl. Saurer, 213f.; vgl. H.J. Schings, Melancholie und Aufklärung. Stuttgart 1977; der mittelbare Selbstmord hat in der Literatur bislang kaum Beachtung gefunden; vgl. J. Martschukat, Ein Freitod; Lorenz, Kriminelle Körper, 270ff., widmet ihm wenige Seiten; zahlreiche Mörder und Mörderinnen aus „Lebens-Überdruß" sind jedoch keineswegs als melancholisch klassifiziert und sehr wohl hingerichtet worden; Kaufmann, Aufklärung, 55–78, betrachtet das Phänomen in der zeitgenössischen Literatur; vgl. zum Selbstmord vor allem den Band von Gabriela Signori (Hg.), Trauer, Verzweiflung und Anfechtung. Tübingen 1994, und Georges Minois, Geschichte des Selbstmords. Düsseldorf/Zürich 1996 (1995).

78 Steinbart, 7; gegen das Seligsprechen der DelinquentInnen hat sich Feder, 470, ausgesprochen, gegen deren Begleitung zur Richtsstätte durch Geistliche Gmelin, 394; siehe zu den Anfängen der Debatte auch A.E. Renthe, Unpartheiische Prüfung der berlinischen Schrift: Ist es rathsam, Missethäter durch Geistliche zum Tode vorbereiten und zur Hinrichtung begleiten zu lassen? Frankfurt/M./Leipzig 1769; J.C. Rasche, Es ist nöthig, jeden Missethäter durch Geistliche zum Tode vorbereiten und zur Hinrichtung begleiten zu lassen. Hildburghausen 1770.

79 Steinbart, 12f.; „wenn der" bei C.C. Sturm, Ueber die Gewohnheit, Missethäter durch Prediger zur Hinrichtung begleiten zu lassen. Hamburg 1784, 14; vgl. auch: Ueber Verstandeszerrüttung, 139, wo es heißt, „der Schwärmer freut sich auf seinen Todestag wie auf eine Bräutigamsnacht".

80 Steinbart, 14ff.; „Minen" bei Sturm, 6, „diejenigen" 12f.; „schwärmerische" bei anon., Was sind J.M. Goezen Gewissenhafte Erinnerungen? Hamburg 1784, 6; ebenfalls im Sinne Sturms ist anon., Auch etwas über die Gewohnheit, Missethäter durch Prediger zur Hinrichtung begleiten zu lassen. Hamburg 1784. Hier halten konfessionsabhängige Aussagen Einzug in den Diskurs; vgl. Danker, Vom Malefikanten, insb. 84, 91.

81 „Unter uns" bei Sturm, 16; Goeze, Gewissenhafte, insb. 20; die anderen Zitate bei W.F. Schiffer, Revision der Streitsache des Herrn Hauptpastor Sturm mit dem Herrn Hauptpastor Goeze. Hamburg 1785, 5, 15. Zu Goeze siehe Kopitzsch, Grundzüge, Bd. 1, 99, 357, 371; H. Schultze, Toleranz und Orthodoxie, in: Neue Zeitschrift für systematische Theologie 4 (1962), 197–219.

82 Gegen Ende der 1780er Jahre lebten etwa 10.000 der 100.000 HamburgerInnen unterhalb der Armutsgrenze. Die Existenz von etwa der Hälfte der StadtbewohnerInnen war dauerhaft oder periodisch nicht gesichert; vgl. Kopitzsch, Grundzüge, Bd. 1, 190ff.; Herzig, Die Hamburger Unterschichten, in: Stephan/Winter, 401; ähnliche Ergebnisse ermittelt Kraus, 73ff.

83 Wosnik, Bd. 1,1, 46ff.; StAH, 111–1, Senat, Cl. vii, Lit. Mb, No. 3, vol. 5: Acta über den Gebrauch vor der Hinrichtung eines Delinquenten, das über denselben gesprochene Todesurtheil dem jedesmaligen Herren Seniori Reverendi Ministerii durch den Herren Praetorem zuschicken zu lassen, 1760, 1804–6; darin die Ratsurteile gegen Bey und Kuhls; StAH, 111–1, Senat, Cl. vii, Lit. Me, No. 8, Vol. 2b: Kinder Mord, insb. Fasc. 5 und Fasc. 6: Votum in Causa Criminale Fiscalis contra A.L. Ammon, pto. infantic., 15. Sept. 1786; StAH, 331–2, P–K, 1786, No. 2B: Untersuchung und Strafprozeß gegen den Krautkrämergesellen A.L. Ammon wegen Mord an seiner 8 Tage alten Tochter – Urteil: Todesstrafe, insb. die Vernehmung „ad articulos" nach Senatsbeschluss vom 26. Juni 1786. Das Protokoll des summarischen Verhörs war immer in der dritten Person

formuliert und gab nie die exakten Worte der Befragten wieder. Zu den Geschlechterstereotypen vgl. insb. K. Hausen, Die Polarisierung der „Geschlechtscharaktere", in: W. Conze (Hg.), Sozialgeschichte der Familie in der Neuzeit Europas. Stuttgart 1976, 363–393, 367ff.; T. Kühne, Männergeschichte als Geschlechtergeschichte, in: Ders. (Hg.), Männergeschichte – Geschlechtergeschichte. Frankfurt/M./New York 1996, 7–30, 11; vgl. spezieller V. Lind, Aus der Rolle gefallen, in: van Dülmen/Chvojka/Jung, 183–197.

84 StAH, 331–2, P–K, 1786, No. 2B; vgl. K. Gröwer, ‚Wilde Ehen'. Diss. Hamburg 1997.

85 StAH, 111–1, Senat, Cl. vii, Lit. Mb, No. 3, Vol. 4b: Acta wegen Abstellung der bisherigen Gewohnheit: die Missethäter durch Prediger zur Gerichtsstädte begleiten zu lassen; insb. die Senatsprotokolle vom 14., 23. und 25. Juni sowie die Zustimmung der Oberalten vom 16. Juni 1784 – Betonungen im Original.

86 Brief der Prediger von Hamburgs Kirchen an den Rat, 5. Juli 1784, in StAH, 111–1, Senat, Cl. vii, Lit. Mb, No. 3, Vol. 4b. Hommel gibt zu bedenken (Hommel, Beccaria, § 15, 77f., Anm. f), dass die Prediger durch ihre Teilhabe am Justizverfahren zu „Wölfen" würden, statt „Hirten" zu sein, da sie letztlich das Beichtgeheimnis durchbrächen und „ihr böses Herz, ihre Schadensfreude durch Anklagen an den Tag legen, unter der nichtswürdigen Entschuldigung, weil man es ihnen nicht im Beichtstuhl, sondern auf der Studierstube entdeckt habe".

87 StAH, 111–1, Senat, Cl. vii, Lit. Me, No. 8, Vol. 2b: Kinder Mord, Fasc. 6; StAH, 111–1, Senat, Cl. vii, Lit. Me, No. 8, Vol. 10: Criminalia – Mord: Acta, Inquisition, Urtheil und dessen Vollstreckung wider M.C. Wächtler: Senatsprotokoll, 14. Nov. 1788; StAH, 111–1, Senat, Cl. vii, Lit. Mb, No. 3, Vol. 4a: Varia betr. die Exekutionen, 1675–1807: Senatsprotokoll, 19. Mai 1797; StAH, 111–1, Senat, Cl. vii, Lit. Ma, No. 9, Vol. 1b: Gassenrecht, insb. den Text vom 17. Sept. 1784: Die obrigkeitliche Bemühung, das Schaugepränge der Strafjustiz zu reduzieren und somit ihren Aktivitäten einen Anstrich der Vernunft zu verleihen, zeigte sich nicht nur am Ende des Verfahrens, sondern auch an dessen Beginn. Etwa zur gleichen Zeit wie die Predigerbegleitung wurde das Gassenrecht weitgehend abgeschafft. Es hieß, die Zeremonie sei ohnehin antiquiert, für die meisten Menschen unverständlich und somit wirkungslos.

88 StAH, 111–1, Senat, Cl. vii, Lit. Mb, No. 1, Vol. 3, Fasc. 8: Die ad Supp. des Frohns G.P.W. Hennings geschehene Adjungierung seines Sohnes W.H.M. Hennings – 1799; zur Amtsübernahme ebd., Fasc. 3: Des J.M.M. Hennings Substitution zum Frohn für F.W. Hennings und nach dessen Tode geschehene Substitution des H.J. Hennings – 1765, 1767.

89 Zu den Geldsorgen vgl. insb. StAH, 111–1, Senat, Cl. vii, Lit. Mb, No. 1, Vol. 3, Fasc. 2b: des hiesigen Scharff-Richters F.W. Hennings Supplicatum, die Beybehaltung seiner vormahligen Einkünfte betr. – 1760; StAH, 111–1, Senat, Cl. vii, Lit. Mb, No. 4, Vol. 3: Acta die Erweiterung des Platzes um den Köpfelberg, und den mit dem Frohn Hennings über das Feld um den Köpfelberg im Jahr 1793 geschlossenen Contract betreffend – 1793 et 1794, insb. den Bericht an die Senatoren Poppe und Hudtwalcker vom 27. Jan. 1794.

90 StAH, 111–1, Senat, Cl. vii, Lit. Mb, No. 4, Vol. 3: Pro Memoria, an den Commandirenden Herrn Major, das am 4ten Februar a.C. zur Execution commandirte Dragoner Commando betreffend.

91 StAH, 111–1, Senat, Cl. vii Lit. Mb No. 4, Vol. 3, das Schreiben des Generals und Commandanten vom 2. August 1793.

92 StAH, 111–1, Senat, Cl. vii, Lit Mb, No. 1, Vol. 3, Fasc. 8: Die ad Supp. des Frohns G.P.W. Hennings geschehene Adjungierung seines Sohnes W.H.M. Hennings, insb. das Senatsprotokoll vom 1. Feb. 1793; vgl. Glenzdorf/Treichel, Bd. 1, 409; zu dem Zwischenfall siehe StAH, 111–1, Senat, Cl. vii, Lit. Mb, No. 1, Vol. 3, Fasc. 1a: Varia betreffend den Frohn oder Scharfrichter, insb. den Brief des commandierenden Majors vom 7. Feb. 1793.

93 StAH, 111–1, Senat, Cl. vii Lit. Mb No. 4, Vol. 3, Senatsprotokoll vom 3. Dez. 1794.

94 StAH, 111–1, Senat, Cl. vii, Lit. Mb, No. 4, Vol. 4: Acten wegen Verlegung des Köpfelberges und der Abdeckerey auf das außerhalb No. 4 gelegene Borgfeld, 1804–1805; StAH, 111–1, Senat, Cl. vii, Lit. Me, No. 8, Vol. 15: Criminalia: Relation ex actis betr. den wider H.F. Fick verübten Raubmord nebst Urtheile wider den Thäter J.J. Wallgrün.

95 Beccaria, § 14, 79, § 15, 80f., § 16, 81ff., dort auch „Prüfstein" etc. Zur Anwendung der Folter in Hamburg um die Jahrhundertmitte siehe SUB, Cod. Hans., II, 146: 35, 45, 49; 147: 72, 83; 148: 93; von den dort aufgeführten sechs Fällen, in denen die Folter zwischen April 1746 und April 1753 in Anwendung kam, ist in vier Fällen von einer Reinigung der Gemarterten die Rede. Friedrich II. hat am 3. Juni 1740 – drei Tage nach seinem Amtsantritt – die Folter drastisch eingeschränkt; erlaubt war sie nur noch in Fällen des Hochverrates und des Attentates; vgl. Maestro, Voltaire, 28. Vgl. zur Kritik J. von Sonnenfels, Ueber die Abschaffung der Tortur. Zürich 1775. Schon zur Zeit Carpzovs war Ähnliches formuliert worden, die manglende Dichte solcher Äußerungen betont auch die Rezension von: Vues de la justice criminelle, par Mr. Le Trosne, 1777, in: Ephemeriden der Menschheit, Dez. 1778, 44–45; für die frühen Kritiken vgl. u.a. J. Grevius, Tribunal reformatum. Hamburg 1624; der niederländische Theologe hatte die Schrift im Gefängnis in Amsterdam mit dem Ziel verfasst, die Unchristlichkeit und Fälschlichkeit der Folter nachzuweisen; siehe auch F. von Spee, Cautio Criminalis. Weimar 1939 (1631); C. Thomasius, De tortura ex foris christianorum proscribenda. Halae 1705 (Thomasius, Ueber die Folter. Weimar 1960); L.-A. de Lahontan, Dialogues curieux entre l'auteur et un sauvage de bon sens. Baltimore 1931 (1703), beschreibt auf 182ff. einen fiktiven Dialog mit einem amerikanischen Ureinwohner, der die Häufigkeit von Fehlurteilen, die Grausamkeit der Tortur, die Absurdität vieler Todesurteile, die Brutalität des Strafsystems und dessen Aberglauben betont; ein Hamburger Kritiker des frühen 18. Jahrhunderts war der Anwalt H. Wrangel; vgl. Trummer, Vorträge, Bd. 1, 68f.; vgl. Kopitzsch, Grundzüge, Bd. 2, 692.

96 Die Zitate stammen alle von von Sonnenfels, Abschaffung, 11–33.

97 Von Sonnenfels, Abschaffung, insb. 49 („Schwärze"), 67 („Götzen"). Die Folter wurde zumeist aus den genannten Gründen weitestgehend einhellig abgelehnt; vgl. Wieland, Bd. 2, 271ff.; C.T. von Dalberg, Entwurf eines Gesetzbuchs in Criminalsachen. Frankfurt/Leipzig 1792, 73ff.; anon., Gedanken über Verbrechen, Zurechnung und Strafen, in: Kriminalfälle für Rechtskundige und Psychologen. Frankfurt/Leipzig 1794, 4. Sogar ein Traditionalist wie Quistorp beurteilte sie skeptisch; Quistorp, Bd. 2, § 722ff., 328ff.; auch wenn noch im Jahr 1818 in einer anonymen Schrift mit dem Titel: Practische Anleitung über das Verfahren in peinlichen Untersuchungen. Hadamar/Koblenz 1818, auf über 180 Seiten die Vorgehensweise der peinlichen Befragung erläutert wurde (vgl. die Rezension im NACr 3 (1820), 689f.), waren Befürworter einer »aufgeklärten«, umsichtig gestalteten Tortur (wie Gmelin, 395ff. oder Siardi, 75ff.) die Ausnahme. Für gewöhnlich wurde die Folter um die Wende vom 18. zum 19. Jahrhundert als *„Erregung körperlicher Schmerzen, um eine bestimmte Aussage des Angeschuldigten zu erpressen"* (Betonung im Original) definiert, und: „Die Vernunft verwirft sie, Gesetze haben sie sanktioniert, und der Gebrauch oder Partikulargesetze haben sie entweder aufgehoben oder gemildert", wie P.J.A. Feuerbach, Lehrbuch des gemeinen in Deutschland geltenden Peinlichen Rechts. Giessen 1801, § 613, 482ff. schrieb.

98 „Unwißenheit" bei von Soden, Geist, 276; von Soden erachtete die Folter als legitim, um Mitschuldige zu ermitteln, wenn bereits Verbrechen erwiesen waren, die eine Bestrafung nach sich zogen, die das Leid der Tortur übertrafen, oder eine die Gesellschaft gefährdende Missetat drohte, die durch die Ermittlung der »TäterInnen« in der peinlichen Frage verhindert werden könne. Zur letzten Folter in Hamburg: In StAH, 111–1, Senat, Cl. vii, Lit. Ma, No. 9, vol 1, f: Singularia von der Tortur, findet sich ein Senatsprotokoll vom 19. Dezember 1788, das die Tortur an dem mutmaßlichen Dieb Petersen anordnet; siehe auch: Anon., Lebensgeschichte des Jochim Hinrich Petersen, in: Inquisitenblätter für Juristen und Nichtjuristen, 1. Stück (1788), 8–16; vgl. Trummer, Vorträge, Bd. 1, 93; vgl. Peters, 106f., 126f. zur Abschaffung der Folter als Bestandteil des Verfahrens in Europa.

99 Vgl. V.F. Hofmann, Ist das eigene Geständnis eines Delinquenten, zu seiner Hinrichtung, nach der carolinischen peinlichen Halsgerichtsordnung, und nach unseren Statuten durchaus, erforderlich? Hamburg 1789, „affectirtes" auf 19, „haufenweise" 20; Haupt-Auszüge aus der Defension der Inquisitin M.C. Wächtlern. Hamburg 1786; die Fortsetzungsserie beginnt mit: Anon., Berichtigungen und Anmerkungen über den schrecklichen Mord, der an J.A. Wächteler, einem Bürger in Hamburg, im Februar 1786 begangen wurde. Hamburg 1786; siehe auch die wöchentlichen Berichte über Zeugenverhöre etc.: Aechte und vollständige Acten der berüchtigten Inquisitin Wächtler zu Hamburg. Hamburg 1787; StAH, 111–1, Senat, Cl. vii, Lit. Me, No. 8, Vol. 10: Criminalia – Mord: Acta, Inquisition, Urtheil und dessen Vollstreckung wider M.C. Wächtler; dort unter anderem die Anzeige des Kutschers. Zur »Lesesucht« vgl. Schenda, 59–66, 444, zu Hamburg Kopitzsch, Grundzüge, Bd. 1, 447ff.; einen Ende des 18. Jahrhunderts verbreiteten „cult of horror" im nordamerikanischen Raum beschreibt K. Halttunen, Early American Murder Narratives, in: R.W. Fox/T.J.J. Lears (Hg.), The Power of Culture. Chicago, IL/London 1993, 67–101.

100 Haupt-Auszüge aus der Defension; anon., Berichtigungen und Anmerkungen über den schrecklichen Mord; „feurig" und „Aussschweifungen" bei: Anon., Ausführliche Lebensbeschreibung der Wächtlerin. O.O. o.J., insb. 11, 23.

101 Notizen vom 23. März („Pöbels"), 25. März, 27. April 1786, Relation In Sachen Fiscalis Acta M.C. Wächtler, 7. Dez. 1787 („zum näheren Geständniße"), in StAH, 111–1, Senat, Cl. vii, Lit. Me, No. 8, Vol. 10; „in Hamburg" in anon., Aussage der Inquisitinn Wächtlern in Hamburg bey dem am 25ten Januar 1788 erhaltenen Ersten Grade der Tortur. Hamburg 1788, 4.

102 Anon., Aussage der Inquisitinn Wächtlern, 6, 12.

103 „Neugierde" bei anon., Bekenntniß der Inquisitinn Wächtlern in Hamburg. Hamburg 1788, Vorbemerkung des Herausgebers; „Düsterheit", „verstümmelte" auf 6; siehe auch anon., Wahrhafte Aussagen der Inquisitin Wächtlern, als sie den 4ten März auf die Folter gebracht werden sollte. Hamburg 1788, sowie anon., Unverfälschte Nachricht von dem Betragen der Wächtlern in der Frohnerey. Hamburg 1788; anon., Wahre Aussagen der in der Frohnerey zu Hamburg sitzenden Inquisitin Wächtler als dieselbe den 11ten Julius 1788 nach dem Hamburgischen Niedergericht gebracht wurde. Hamburg 1788; „in den Strassen", „freche Miene" etc. bei anon., Abermalig wahrhafte Aussagen der Inquisitin Wächtlern als Dieselbe den 10. October wiederum zum Verhör in der Raths-Stube geführet wurde. Hamburg 1788; „Mannsmordthat" bei Hofmann, 4; „gerührt" in anon., Ueber die letzte Defension der Inquisitin Wächtlern in Hamburg, in: Inquisitenblätter für Juristen und Nichtjuristen 1. Stück (1788), 3–8; siehe zudem die Publikationen des Niedergerichts- und des Obergerichtsurteils: Merc. den 3 Sept. 1788; Urtel in Sachen Fiscalis &c.c. Wächtlern publicirt Veneris d. 14. Nov. 1788. Hamburg 1788.

104 StAH, 111–1, Senat, Cl. vii, Lit. Me, No. 8, Vol. 10, Obergerichts-Urteil, 14. Nov. 1788; Senatsprotokoll, 19. Nov. 1788; siehe auch Hofmann, 40; C.E. Pastoret, Patorets Betrachtungen über die Strafgesetze. Leipzig 1792, Bd. 1, 2.1, 136–197, 191.

105 Ulterioir Relatio In S. Fiscalis Ctra M.C. Wächtler, in StAH, 111–1, Senat, Cl. vii, Lit. Me, No. 8, Vol. 10; StAH, 111–1, Senat, Cl. vii, Lit. Me, No. 8, Vol. 7: Intercession des Amtsmanns Braun zu Wilhelmsburg für die Verwandten des hieselbst Hingerichteten Mörders H. Wöllmer, um dessen aufs Rad geflochtenen Körper in die Erde scharren zu lassen – 1781. „Kannibale" von Beccaria, nach Bergk, Des Marchese, 132; „nur das abschreckende" in Brief des preußischen Minister von Carmer an J. Cella vom 14. April 1787, abgedruckt in Cella, 6f.

106 „Unsanfte", „seit einer gewissen Epoche", „in genauen Augenschein" bei Hofmann, 4, 33, 40; „Billigkeit" in: Anon., Aussage, 4; „Laster", „Blutschuld", „geil", „goldene Uhr" in anon., Berichtigungen und Anmerkungen, 4ff.; „feurig" in anon., Ausführliche Lebensbeschreibung, 11. 1844 erfolgte die Anfrage, den Fall Wächtler in den „Neuen

Pitaval" aufnehmen zu dürfen, 1875 war ein gewisser Sahlmann bemüht, die Wächtler-Akten einzusehen, um sie in einem Roman zu verarbeiten, was abgeschlagen wurde; vgl. StAH, 111–1, Senat, Cl. vii, Lit. Me, No. 8, Vol. 10.

107 „Das, was wir Seele nennen" bei A.C. Wolters, Ein Wort über Defensionen. Hamburg 1805, 61; Gruner, insb. 9, 39, 75f.; „Mörder" bei J.G. Heynig, Die gerettete Rechtmässigkeit der Todesstrafen. [Altenburg] 1797, 210f.

108 „Äußerlich" etc. bei Foucault, Archäologie, 100, zur Strategie 94–103; „von der man" bei M. Foucault, Ein Spiel um die Psychoanalyse, in: Ders., Dispositive der Macht. Berlin 1978, 118–175, 132ff.; Foucault, Der Wille, 116; vgl. zur Strategie Dreyfus/Rabinow, 97ff.; Deleuze, 99ff.

109 „Zankapfel" bei Gruner, 9; E.F. Klein, Grundsätze der natürlichen Rechtswissenschaft. Halle 1797; K.A. Tittmann, Grundlinien der Strafrechtswissenschaft und der deutschen Strafgesetzkunde. Aalen 1978 (1800). Es handelte sich hier um eine Kurzversion von K.A. Tittmann, Handbuch der Strafrechtswissenschaft und der deutschen Strafgesetzkunde. Halle 1986 (1806–10); vgl. auch K.A. Tittmann, Handbuch des gemeinen deutschen peinlichen Rechts. Halle 1806–10; Feuerbach, Lehrbuch des gemeinen Peinlichen Rechts.

110 Tittmann, Grundlinien, 1–7, „sinnliches Übel" auf 33; Feuerbach, Lehrbuch (1801), § 9, 12. Zu Staatsgründung, Macht und Strafe siehe aus dem Wächtler-Umfeld z.B. Hofmann, 4; vgl. auch J.H. Abicht, Die Lehre von Belohnung und Strafe. Erlangen 1796/1797, Bd. 2, 52f.; von Dalberg, 102; vgl. auch Kleinschrod, T. 3, 15ff.; K.H. Heydenreich, Grundsätze des natürlichen Staatsrechts und seiner Anwendung. Leipzig 1795, T. 1, 181; K.A. Tittmann, Allgemeiner Unterricht über die Rechte und Verbindlichkeiten der Unterthanen in wohleingerichteten Staaten. Leipzig 1800, 7, 10; vgl. auch J.F. Claßen, Gesetzkatechismus für die Stadt- und Landschulen in den Herzogthümern Schleswig und Holstein. Altona 1805, 12, ein an etwa 15-jährige Schüler gerichtetes Werk; vgl. zum Allgemeinen Landrecht A. Kaiser, Preußisches und französisches Recht der Revolutionszeit, in: A. Herzig/I. Stephan/H.G. Winter (Hg.), „Sie, und nicht Wir". Hamburg 1989, Bd. 2, 743–762, insb. 744ff.; Evans, Rituals, 133ff.

111 „Ein Recht" bei Tittmann, Grundlinien, 40f.; zum minimalen Übel auch Wieland, Bd. 1, 419; Abicht, Bd. 2, 283f., 291; vgl. von Dalberg, 3, 10f.; „Erhaltung des Lebens" bei J.A. Kühn, Vom Recht über Leben und Tod. Leipzig 1788, 25; Kühn bezeichnet sich selber als gefühlsmäßigen Gegner der Todesstrafe; so auch Schall, 39; Tittmann, Allgemeiner, 24 zur Todesstrafe. Ähnlich war der Tenor auch außerhalb Deutschlands (aufklärerischer Impetus bei gleichzeitiger Befürwortung der Todesstrafe); vgl. für Italien G. Filangieri, Scienza della legislazione. Neapel 1780–85; auf Deutsch: System der Gesetzgebung. Anspach 1784–93, insb. Bd. 4, Kap. 29, 26ff.; vgl. die Textauszüge französischer und italienischer Provenienz bei Pastoret, 136–197, deutscher Provenienz im Anhang, 269–332; den aufklärerischen Diskurs in Frankreich »nach Beccaria« stellt u.a. dar McManners, 392ff.; Kant, Metaphysik, 333; Lewandowski, 156f. ist zuzustimmen, dass Kant hier die vielleichst reinste Formulierung des Talionsprinzips leistet; letztendlich ist dies jedoch weniger ein kulturgeschichtlicher Bruch, als vielmehr die Formulierung einer im strafrechtlichen Diskurs nie verschütteten Aussage.

112 „Unter der Losung", „eine beinahe" in: Gedanken über Verbrechen, Zurechnung und Strafen, in: Kriminalfälle für Rechtskundige und Psychologen, 1, 4; Hofmann, 4f.; auch »Hardliner« wie Porsch, 38, bedienten sich des Sicherheitsargumentes; zur Todesstrafe aus Notwendigkeit vgl. Püttmann, 18, Siardi, 41; Kleinschrod, T. 3, 18; K. Grolmann, Grundsätze der Criminalrechtswissenschaft. Giessen 1798, 52f.; Heydenreich, 135.

113 Wieland, Bd. 1, 420ff., „Pflicht" 424; „Rebellion" bei Rush, 50, Kommentar des Übersetzers; zu „Menschlichkeit" in Abgrenzung zu „weichlicher Milde" siehe Hofmann, 6; zur aktiven Teilhabe Beccarias und der Rezeption seiner Texte in den konkreten Reformen siehe u.a. das „Gutachten der unterzeichnenden Mitglieder der zur Reform des Kriminalsystems in der österreichischen Lombardei eingesetzten Kommission über

die Todesstrafe, 22. Jan. 1792", abgedruckt in: K. Esselborn, Über Verbrechen und Strafen. Leipzig 1905, 190–199, darin auf 193 ein langes Zitat aus der „Legislazione della Toscana". Wien 1790, 29f.

114 „Jenes traurige" bei Wieland, Bd. 1, 427; Kleinschrod, T. 3, 26; zur Todesstrafe als Schauspiel auch Bergk, Beccaria, 178f.

115 Vgl. Bergk, Beccaria, Vorrede, xx, 16; Tittmann, Grundlinien, 85, zu Zivilisiertheit und Strafsystem.

116 Vgl. z.B. Dalberg, 140ff., der z.B. das Aufstecken von Köpfen auf Pfähle empfiehlt. Ein Hauptvertreter der Abschreckungstheorie war P.J.A. Feuerbach, Der Tod ist das größte Übel und die abschreckendste Strafe, in: BpRG 2 (1800), 244–282; vgl. Feuerbach, Lehrbuch, Aufl. 11 (1832), §§ 145f., 102f., dort „Menschlichkeit", mit Bezug auf manche Arten der Todesstrafe; in Aufl. 1 (1801) bezieht er sich nur auf verstümmelnde Strafen, die außer Gebrauch gekommen seien; Feuerbach, Ist Sicherung vor dem Verbrecher Zweck der Strafe und ist Strafrecht Präventionsrecht? In: BpRG 1 (1798), 3–43; vgl. Heydenreich, Th. I, 129, 139ff. zu Todesstrafe und sparsamer Dosierung.

117 Cella, 31ff.; ähnlich Wieland, Bd. 1, 427; Siardi, 59ff.; Blackstone, 107ff.; Püttmann, 54, 62.

118 Montesquieu, Vom Geist, 6.9, 137; Beccaria, § 47, 157f.; „dem menschlichen Gemüthe" etc. in Bergk, Beccaria, Vorrede, xviii; „Charakter" etc. ebd., Th. II, 246f., Th. II, 223: es zeige den „höchsten Grad von Verderbtheit, *das Unrecht gesetzlich zu machen*" – Betonung im Original; Beseke, 64, betont die Zivilisiertheit, ist aber Befürworter der Todesstrafe in verschiedenen Arten ihres Vollzugs; vgl. Georgii, 21; „*andere* fröhlich" bei Abicht, Bd. II, 73ff. – Betonung im Original; vgl. dort 298ff., wo er gegen „ein auf Abschreckung anderer ausgerichtetes Schauspiel" von zweifelhafter Wirkung auf die ZuschauerInnen plädiert; Heydenreich, Th. I, 137.

119 „Etwas Schandhaftes" bei Hommel, Beccaria, Vorwort, 12; J.J. Eschenburg, Entwurf einer Theorie und Literatur der schönen Wissenschaften. Berlin/Stettin 1789 (1783), 245; J.M. Goeze, Theologische Untersuchung der Sittlichkeit der heutigen deutschen Schaubühne. Hamburg 1770, zit. n. J. Geffcken, Der Streit über die Sittlichkeit des Schauspiels im Jahr 1769, in: ZVHG 3 (1851), 56–77, 69ff.; T. Koebner, Zum Streit für und wider die Schaubühne, in: B. Fabian (Hg.), Festschrift für Rainer Gruenter. Heidelberg 1978, 26–57; Kant, Das Ende aller Dinge, in: Gesammelte Schriften: Werke, Bd. 8. Berlin 1912, 325–339, 327; vgl. Rötzer, in: Kamper/Wulf, 71–99; F. Nicolai, Beschreibungen einer Reise durch Deutschland und die Schweiz, im Jahr 1781. Berlin/Stettin 1783–96, Bd. 6, 762f., Bd. 4, 630f., nach Zelle, Strafen und Schrecken, 81; „allgemeine Erscheinung" etc. bei F. Schiller, Über die tragische Kunst, in: Werke, Nationalausgabe, Bd. 20,1, 148–170, 148; „schauerliche Lust" bei Schiller, Zerstreute Betrachtungen über verschiedene ästhetische Gegenstände, 227; vgl. auch Schiller, Vom Erhabenen, 171–195; Ewald, Bd. 3, 124, nach Sauder, Empfindsamkeit, Bd. 1, 192; Zelle, Über den Grund, 58; vgl. allgemein auch Zelle, Angenehmes Grauen; Nassehi/Weber, 271.

120 Anon., Auch Etwas über den am 14ten April in Hamburg vom Leben zum Tode gebrachten Delinquenten, in: HuA 5,2 (1806), 92–94; Kant, Das Ende aller Dinge; vgl. auch J.N. Shklar, Ordinary Vices. Cambridge, MA 1984, 7–44; Todd, 139ff.

121 Die Darlegungen zu Schmerz, Gewalt und Lust sind vor allem inspiriert durch K. Halttunen, Humanitarianism and the Pornography of Pain in Anglo-American Culture, in: AHR 100 (1995), 303–334; vgl. auch K. Halttunen, Murder Most Foul. Cambridge, MA/London 1998; ähnlich zu dem Bild des „suffering slave" auch E.B. Clark, ‚The Sacred Rights of the Weak', in: JAH 82,2 (1995), 463–493; vgl. auch Wertheimer, Ästhetik, 191; Laqueur, Bodies, dort auch zum Hang zum Detail seit der Mitte des 18. Jahrhunderts, insb. 177f., 190ff.; Kant, Das Ende, 327; „das Feld" bei anon., Ueber die öffentlichen Hinrichtungen, in: Neues Hannöverisches Magazin 75–79 (1800), Sp. 1393–1464, Sp. 1413; „plötzlich gewahrt' ich" bei anon., Beispiel einer mehr als unmenschlichen Grau-

samkeit, in: Ephemeriden der Menschheit, Nov. 1784, 634–636, 634f.; der Originaltext stammt von H. St. J. de Crèvecoeur, Letters from an American Farmer. London/New York 1951 (1782), 172.

122 Anon., Ueber Leibes- und Lebensstrafen überhaupt, 156–164; anon., Eine Mordscene aus der Vorzeit, in: HuA 2,4 (1803), 78–81.

123 Foucault, Bio-Macht, 29; zur »Erfindung« der Pornographie und den mehr oder minder kontroversen Forschungsmeinungen vgl. L. Hunt, Obscenity and the Origins of Modernity, 1500–1800, in: Dies. (Hg.), The Invention of Pornography. New York 1993, 9–45, 341–345, 43 zur neuen »politischen« Gefährlichkeit pornographischer Schriften; W. Kendrick, The Secret Museum. New York 1988; P. Wagner, Eros Revived. London 1988; zu Sexualität und Aufklärung siehe M. Praz, Liebe, Tod und Teufel. München 1963 (1930), Kap. 3, 76–131; R. Porter/G.S. Rousseau (Hg.), Sexual Underworlds of the Enlightenment. Chapel Hill, NC 1988, dort P. Wagner, The Discourse on Sex – or Sex as Discourse, 46–68, „flagellomania" auf 52; Wagner betont das Volumen sexuell expliziter Literatur im gesamten 18. Jahrhundert, sieht jedoch eine sich verändernde Qualität der Texte. Zur Intimität und dem Brief als Kommunikationsmittel siehe Wegmann, 73ff.; vgl. auch Trepp, Sanfte Männlichkeit, 33ff.; van Dülmen, Entdeckung, 138f.; J.W. Goethe, Die Leiden des jungen Werther. München [8]1987 (1774); S. von LaRoche, Geschichte der Fräulein von Sternheim. Leipzig 1771; S. Richardson, Pamela. Dublin 1741/42 (1740; dt.: 1743); ders., Clarissa. London 1751 (1748; dt.: 1749).

124 Zu de Sade, Richardson und der Suche nach „Situtationen trüber Sinnlichkeit" vgl. Praz, 82ff.; Wagner, Eros, 7; Hunt, Obscenity, 7, und Halttunen, Pornography, 318 beziehen sich auf Wagners Definition; „bekannt ist es" in: Ueber die Todesstrafe der Diebe, 258; D.-A.-F. de Sade, Justine. Köln 1995 (1791), T. 4, 551.

125 De Sade, Justine, T. 2, 180ff.; vgl. D.B. Morris, The Marquis de Sade and the Discourses of Pain, in: Rousseau (Hg.), 291–330, 323f.; Morris, Geschichte, Kap. 7, 309–337; Bergk, Untersuchungen, 174; C.F. Pockels, Ueber die Verschiedenheit und die Mischung der Charactere, in: Pockels, Beiträge zur Beförderung der Menschenkenntniß. Berlin 1788, 3–50, 41f., zit. n. Sauder, Empfindsamkeit, Bd. I, 152; vgl. auch Rousseau, Nerves, Spirits, and Fibres, 143, 147f.; de Sade repräsentiert keineswegs die Destruktion der »Empfindsamkeit«, solange diese nicht auf einen Wertekanon reduziert wird, wie F. Baasner, Der Begriff ‚sensibilité' im 18. Jahrhundert. Heidelberg 1988, 356–367, es tut.

126 Die Darlegungen fußen weitgehend auf H. Soltau, Verteufelt, verschiegen und reglementiert, in: Stephan/Winter, 373–397; Heß, Topographie, Bd. 2, 409; anon., Klage der Sittlichkeit über die zunehmende Anzahl und Frechheit der feilen Mädchen in Hamburg, in: HuA 1,4 (1802), 292–299, „Schamlosen" etc. auf 296; J.J. Rambach, Versuch einer physisch-medicinischen Beschreibung von Hamburg. Hamburg 1801, 211, 225ff. zu Geschlechtstrieb und „einige Gegenden".

127 J.L. Meyer, Skizzen zu einem Gemälde Hamburgs. Hamburg 1801–1804, Bd. 2, 172f. („pariser Civilisation"); G. Merkel, Briefe über Hamburg und Lübeck. Leipzig 1801, 48f., zur Prostitution auf dem Jungfernstieg; siehe auch C.W. Ritter, Ueber die schlechte Verfassung der Bordelle in Hamburg, in: HuA 3,3 (1804), 41–56; anon., Ueber das Sittenverderbniß unserer und der Vorzeit, in: HuA 4,1 (1805), 326–336; anon., Hamburgische Freudenhäuser, in: 4,3 (1805), 47–58, „Klein-Paris" auf 49; anon., Hamburg vor und nach der Französischen Revolution, in: 1,1 (1801), 33–37, „denn für jeden" auf 34; „denn schließlich" bei J.L. Gries, Sind die gehäuften Klagen neuerer Schriftsteller über Hamburg gerecht? Hamburg 1800, 5, er zitiert aus: Eine Reisegeschichte. Berlin 1799; vgl. zum Pariser Flair auch P. Jeannin, Hamburg und die französische Revolution, in: Ders. (Hg.), Gekräuselt, gepudert, mit untadeliger Anmut. Hamburg 1977, 7–36, 27ff.; „es ist überhaupt" bei anon., Ueber Leibes- und Lebensstrafen überhaupt, 159; zur Rute Halttunen, Pornography, 315ff.

128 „Menschengeschlecht" bei Beseke, Vorwort, xii; „Übergewicht" bei E.F. Klein, Kurze Darstellung meiner Meinung über den Werth und Unwerth der körperlichen Züchti-

gungen als Strafmittel, in: ACr 1,3 (1798), 113–118, 115; M. Aschenbrenner, Ueber die sittliche Zulässigkeit der Todesstrafe im peinlichen Recht, in: NACr 4 (1802), 1–33, 19; zur Konzeption des Menschen siehe Vovelle, 7–41; „Menschenblut" bei Kühn, 39; zur Prävention siehe Abicht, T. II, 303; Dalberg, 150, 186ff.; „Stärke des Körpers" bei Heydenreich, Th. II, 56f.; Dalberg verweist auch auf die in diesem Kontext fundamentale Bedeutung der Statistik – was im deutschsprachigen Raum außergewöhnlich früh ist; vgl. H. Reinke, Kriminalität als ‚zweite' Wirklichkeit von Tätigkeitsnachweisen der Justizverwaltung, in: G. Smaus (Hg.), Kriminologie und Geschichte. Weinheim 1987, 176–184; zur Prävention siehe anon., Gedanken über Verbrechen, Zurechnung und Strafen, in: Kriminalfälle für Rechtskundige und Psychologen, 24; „Lackmustest" bei Link, Zwischen Absolutismus, 193.

129 Püttmann, 92; eine mangelnde Praktikabilität „so mancher bezaubernder Theorie" sieht anon., Die Todesstrafen betreffend, in: Ephemeriden der Menschheit, Mai 1784, 518–523.

130 Krasmann, Simultaneität, 240.

131 „Tieger" bei Püttmann, 37; zur Umgestaltung der Strafjustiz als Programm siehe z.B. anon., Wünsche und Vorschläge zur Verbesserung der Criminaljustiz in Teutschland, in: NACr 3 (1801), 1–17.

IV. Die Technisierung des Tötens

1 Hamburgische Chronik von 1706 bis 1730, SUB, Cod. Hans. I:062:1.

2 PGO, Art. 97, 73; Wosnik, Bd. 1,1, 33; Beneke, Von unehrlichen, 204ff.; Mandate vom 16. Jan. 1659, in Blank, Bd. 1, 161; 6. Sept. 1720, Bd. 2, 929; 13. Dez. 1747, Bd. 3, 1631; „Menschenblut" bei J.C. Fritsch, Ob eine Idiosyncrasia, so in Abscheu vor Menschen-Blut bestehet, einen Inquisiten von der Tortur befreyen könne, in: Ders., Seltsame, jedoch wahrhaftige theologische, juristische, medicinische und physikalische Geschichte. Leipzig 1730, 17–103, 23.

3 StAH, 111-1, Senat, Cl. vii, Lit. Mb, No. 1, Vol. 3, Fasc. 2c: Vertretungen des mit Leibesschwachheit befallenen hiesigen Frohns bei größeren Executionen durch seine Verwandten, die Scharfrichter zu Mölln und Glückstadt – 1750–1762.

4 StAH, 111-1, Senat, Cl. vii, Lit. Mb, No. 1, Vol. 3, Fasc. 3: Des J.M.M. Hennings Substitution zum Frohn für F.W. Hennings und nach dessen Tode geschehene Substitution des H.J. Hennings – 1765, 1767.

5 Eisenhart, Bd. 4 (1770), 568; Porsch, 32; „Schlachtopfer", „Menschlichkeit" bei Cranz, 7.

6 C. Meiners, Betrachtungen über die Hinrichtung mit dem Schwerdte, in: Berlinische Monatsschrift, Mai 1784, 410f.

7 Meiners, Betrachtungen, 418; „Scene" bei von Soden, Geist, 94; G.W. Böhmer, Ueber die Wahl der Todesstrafen, T. 3, in: NACr 5 (1822), 559–624, insb. 608ff.

8 Meiners, Betrachtungen, 419ff.

9 Siehe allg. Arasse, Die Guillotine; A. Kershaw, Die Guillotine. Hamburg 1959 (1958); D. Gerould, Guillotine. New York 1992; D. Outram, The Body and the French Revolution. New Haven, CT/London 1989; R. Janes, Beheadings, in: Representations 35 (1991), 21–51; L. Jordanova, Medical Mediations, in: History Workshop 28 (1989), 39–52; Martschukat, Ein schneller Schnitt, ein sanfter Tod? In: A. Conrad/A. Herzig/F. Kopitzsch (Hg.), Das Volk im Visier der Aufklärung. Hamburg 1998, 121–142.

10 Vgl. zur Wirkungsmacht materialisierter Ideen u.a. die Arbeit von A. Norton, Republic of Signs. Chicago/London 1993; „handgreifliche" bei Kershaw, 25; Deleuze, 20, 97.

11 Die Texte der französischen Debatte werde ich nur dann dezidiert berücksichtigen, wenn sie auch im deutschsprachigen Raum rezipiert wurden. Ansonsten verweise ich vor allem auf die Arbeiten von Arasse, Kershaw und die Magisterarbeit von K. Sören-

sen, Die Debatte um den Zeitpunkt des Todes bei Hinrichtungen gegen Ende des 18. Jahrhunderts. Univ. Hamburg 1997; siehe zur Rede Guillotins Arasse, 20, 26f.; Gazette nationale ou le Moniteur universel 101 (1. Dez. 1789), und einen Kommentar in 118 (18. Dez. 1789), in: Réimpression de l'ancien Moniteur, Bd. 2. Paris 1859, 280, 410; A. Soubiran/J. Théoridès, Guillotin et la rage, in: Histoire des sciences médicales 16,4 (1982), 227–236; Guillotin schien mit seinen Erörterungen zum medizinischen Nutzen Krimineller im Trend der Zeit zu liegen, wie von Barkhausen oder auch die Enzyklopädie (Livorno 1770, Bd. I, 402) zeigen, wo es unter dem Stichwort »Anatomie« hieß: „'Was die Verbrecher angeht, so ist niemand unter ihnen, der nicht einer schmerzhaften Operation gegenüber dem sicheren Tod den Vorzug gäbe.'“ – vgl. Arasse, 11.

12 Foucault, Überwachen, 19; Montesquieu, Vom Geist, 6.9, 137; Code Pénal, Tit. I.3 nach E.F. Klein, Von den Strafen, welche in der französischen Republik stattfinden, in: ACr 1,3 (1798), 89–95, 90; der gesamte Band der Zeitschrift ist eine Art Sonderband zur Französischen Revolution.

13 Louis in der Nationalversammlung am 7. März 1792, in: Moniteur universel 82 (22. März 1792), in: Réimpression, Bd. 11 (Paris 1862), 689, auch in G.W. Böhmer, Kritische Geschichte der Guillotine. Göttingen 1821, 58f., Arasse, Anhang, Text 2, 216–218, Kershaw, 49–51, Zitat auf 51.

14 Sanson an den Justizminister, abgedruckt in Arasse, Anhang, Text 1, 215f.; Kershaw, 45f.

15 Vgl. zum Bau der Guillotine W. Zirges (Hg.), Die Guillotine und deren Entstehung. Leipzig 1853; Sanson, Tagebücher, Bd. I, 348ff.; A. Dumas, Le Drame de Quatre-Vingt-Treize. Paris o.J., Bd. 1, 43; siehe zu den Tests auch die Darstellung des anwesenden Arztes P.J.G. Cabanis, Bemerkungen über die Meinung des Herrn Sömmering, Oelsner, und des Bürgers Sue über die Enthauptung, in: J.J. Sue, Physiologische Untersuchungen und Erfahrungen über die Vitalität. Nürnberg 1799 (1797), 117–135, 126; zu den Bedenken der Nationalversammlung vgl. Sörensen, 97ff.; Janes, 33; Sörensen wie G. Mann, Soemmerring, Lichtenberg und die Ärzte im Streit um die Guillotine, in: Lichtenberg-Jahrbuch 1 (1989), 7–29, 7, zitieren aus dem Brief Lichtenbergs an Reuß vom 19. Juli 1793, hier nach: Lichtenberg, Schriften und Briefe, Bd. 4, 2. Frankfurt/M. 1983, 623ff.; ähnlich äußert sich Lichtenberg in: Ein Wort über das Alter der Guillotine, in: Göttinger Taschenkalender 1795, 157–165, 160ff.

16 Arasse, 23, 39; zum Sicherheitsaufgebot bei der Hinrichtung Pelletiers siehe den Brief an Lafayette, General-Commandant der Nationalgarde, von Syndicus-General-Procurator Roederer, in Zirges, 17; die Reaktionen der Bevölkerung beschreibt die „Chronique de Paris“, 21. April 1792, zit. n. Outram, 114; „des habitudes“ im Moniteur universel 118 (18. Dez. 1789), in: Réimpression, Bd. 2, 410; „kein auf Abschreckung“, „bloßes Instrument“ bei Abicht, T. 2, 283f., 298ff.; vgl. Outram, 123, und Janes, 31, zum Schritt der Hinrichtungen aus der Öffentlichkeit durch die Guillotine.

17 „Ohne die Leichtigkeit“ bei anon., Ueber die öffentlichen Hinrichtungen, Sp. 1461; Gerould, 65, schreibt ohne Quellenhinweis von 38 Girondisten; Zitate bei G.C.G. Wedekind, Ueber den Tod durch die Guillotine, in: Humaniora 3 (1797), 63–78, 77; vgl. Sörensen, 100, 105; Zirges, 18ff., 24f., dokumentiert die Anfangsschwierigkeiten: Bericht von Gibaut vom 5. Juni 1792 über die Enthauptungsmaschine; Brief des Syndicus-General-Prokurators Roederer an den Minister der öffentlichen Bauten vom 28. Juli 1792; insgesamt wurden zwischen März 1793 und Oktober 1794 14.080 Todesurteile vollstreckt; Outram, 110; Vovelle, 19.

18 Gerould, 38f.; Janes, 38f.; vgl. auch die Abbildung einer Guillotinen-Mausefalle, nach dem Ausstellungskatalog von M. Akermann (Hg.), Hall in der Napoleonzeit. Sigmaringen 1987, 55, 117.

19 J. Sédillot, Reflexions historiques et physiologiques sur le supplice de la guillotine. Paris 1795, 24ff., beschreibt die Exekution mit der Guillotine bis zum Fall der Klinge sehr ausführlich, setzt dann aber lediglich einen „.“; nach Arasse, 51; Janes, 36 zur „patriotic razor“; R.G. Gastellier, Que penser enfin du supplice de la guillotine? Paris 1795, 19f.

zum Blitzstrahl; Foucault, Überwachen, 21, übernimmt das Bild des „Blitzstrahls"; Kittsteiner, 33ff. zum Erhabenen des Gewitters. Dezidierte Ausführungen über Fallgeschwindigkeit etc. bei Wedekind, Ueber den Tod, 75f. Siehe zum Konzept des Erhabenen vor allem Kap. III dieser Arbeit „Die Lust an der Gewalt – Teil 2"; vgl. K. Bartels, Über das Technisch-Erhabene, in: Pries (Hg.), 295–316; weitere Erläuterungen bei Wehle, 9–22; Dieckmann, 293ff.; Dubos, insb. T. 1.2, 13–25; I. Kant, Kritik der Urteilskraft (1790), in: Gesammelte Schriften, Werke: Bd. 5. Berlin 1913, 165–485, 260ff.

20 Vgl. den zeitgenössischen Kupferstich im Abbildungsteil, vermutlich aus dem Jahr 1793 nach einer Originalzeichnung aus Paris in Lübeck gefertigt, in Böhmer, Kritische Geschichte, Tafel II, Figur 7 und 8; Erläuterung auf 64.

21 F.J.L. Meyer, Briefe aus der Hauptstadt und dem Innern Frankreichs. Th. 1, Tübingen 1802, 224ff.; Janes, 21, schreibt von der „technological perfection of impersonal violence".

22 Danton am 10. März 1793 im Konvent, in: P. Fischer (Hg.), Reden der Französischen Revolution. München 1974, 279; Brief des Syndicus-General-Procurators an Guidau vom 13. Mai 1793, in: Zirges, 26; Sanson, Bd. II, 165ff.; Gastellier, 10f.; Meyer, T. 1, 224; Arasse, 48ff.; Sörensen, 107f. Vgl. zur Schreckensherrschaft z.B. A. Soboul, Die Große Französische Revolution. Darmstadt [4]1983, 349ff.; R.E. Reichardt, Das Blut der Freiheit. Frankfurt/M. 1998, 52f., 156ff. zur Terreur in Paris und der Provinz; der Brief und der Augenzeugenbericht finden sich in O. Blanc, Der letzte Brief. Wien/Darmstadt 1988 (1984), 63ff., 111ff., 212f.; die Vorstellung von Föten, die infolge von Gewalteindrücken ihrer Mütter geschädigt werden, bestand schon länger; es kursierte die Geschichte, Guillotin sei zu früh geboren, da seine Mutter von dem Stöhnen eines Geräderten geschockt war; N. Malebranche, Erforschung der Wahrheit. München 1914 (1688), Buch 2, Kap. 7, 200f. berichtet folgendes: „Ungefähr vor sieben oder acht Jahren lebte [...] zu Paris ein junger Mensch, der von Jugend auf irre war und dessen Körper an den Orten gerade gebrochen war, an denen man die Missetäter zu rädern pflegt. [...] Die Ursache hiervon war die, dass die Mutter des Unglücklichen, mit dem sie eben schwanger ging, einen Missetäter rädern sah".

23 Anon. [G.C. Lichtenberg], Die Guillotine, verglichen mit andern, zur Bewürkung der Todesstrafen gebräuchlichen Instrumenten, in: BpRG 1,1 (1797), 387–395, 387; „daß doch noch niemand" aus: Brief an Johann D. Ramberg, 10. Juli 1794, in Lichtenberg, Schriften und Briefe, Bd. 4, 2, 651; Cella, 41, beschrieb bereits 1794 die Schreckensherrschaft als Stigma einer an sich positiven Guillotine; „daß wir jetzt die Todesstrafen" bei Kühn, 39; Kleinschrod, T. 3, 26, 30ff.; „Menschlichkeit" bei Feuerbach, Lehrbuch, Aufl. 11 (1832), §§ 146f., 103; Gewalt als Verirrung u.a. bei Janes, 22; vgl. Shklar, 7–44.

24 Von Soden, Geist, 312; Lichtenberg, Ein Wort, 163; Auszüge in anon. [Lichtenberg], Die Guillotine.

25 Lichtenberg, Ein Wort, 162. Als erste meldeten sich in dieser Debatte der deutsche Anatom Samuel Thomas von Soemmerring und der französische Arzt Jean-Joseph Sue zu Wort; Soemmerring, Lettre de M. Soemmering à M. Oelsner sur le supplice de la guillotine, in: Moniteur universel 48 (9. Nov. 1795), in: Réimpression, Bd. 26 (Paris 1862), 378f.; auch in R. Wagner, Samuel Thomas von Soemmerrings Leben und Verkehr mit seinen Zeitgenossen. Stuttgart/New York 1987 (1844), 273–279; eine deutsche Fassung des Soemmerring-Textes findet sich in: Klio 1795, Heft 9, 61–72 – auch als Einzelschrift, Leipzig 1796; J.J. Sue, Über den Schmerz, der nach der Enthauptung fortdauert, in: Sue, Physiologische, 73–116, zuvor im Magasin encyclopédique 4 (1795) und als Einzelschrift (Opinion sur le supplice de la guillotine et sur la douleur qui survit à la décollation. Paris 1796) publiziert. Neben medizinischen und humanitären hatte diese Frage bedeutende philosophische und staatstheoretische Implikationen, da sich der französische Staat nach einer organizistischen Staatstheorie und zeitgenössischer Metaphern durch die Enthauptung Ludwigs XVI. gerade seines Kopfes entledigt hatte; vgl. insb. Janes und Arasse, 14, 67ff., Reichardt, 150.

26 Sue, Sur le supplice, zit. n. Kershaw, 98; vgl. zur Enthauptung Cordays Sanson, Bd. 1, 431–437; C. Naish, Death Comes to the Maiden. London/New York 1991, 110ff.; Blanc, 37ff.; Outram, 119ff.; J. von Uthmann, La Belle et la Bête, in: Ders., Attentat. Berlin 1996, 49–57.

27 Ariès, Geschichte, 451ff.; P. Zacchia, Totius Ecclesiastici protomedici generalis quaestionum medicolegalium. Lyon 1674; L.C.F. Garmann, De miraculis mortuorum. Dresdae/ Lipsiae 1709; Kershaw verweist auf den Text von Gautier, La tête d'un décollé, conserve-t-elle, plusieurs instants après sa décollation du tronc, la faculté de sentir? Paris 1776; J.J. Bruhier, Abhandlung von der Ungewißheit der Kennzeichen des Todes. Leipzig/ Copenhagen 1754 (1742/49), 167; Arasse, 184, Fußnote 58, zitiert Auberive, Anecdotes sur les décapités. Paris 1796, 7f., der über die Wiedervereinigung von Kopf und Körper im frühen 18. Jahrhundert berichtet.

28 Oelsner aux rédacteurs du Magasin encyclopédique, I. Thermidor, Jahr 3 der Republik, abgedruckt in: Wagner, Samuel Thomas Soemmerrings, 270ff.; das Begleitschreiben zu einem entsprechenden Artikel Soemmerrings wurde ebenfalls publiziert; Cabanis verwies die errötenden Wangen in das Reich der Legenden; er bemerkte, seine Freunde hätten die Exekution der Corday beobachtet und dergleichen nicht gesehen; Cabanis, Bemerkungen, 126f.; vgl. Outram, 119; Sörensen, 66f.

29 Siehe Anm. 25 zu den Soemmerring-Publikationen; I. Stephan, ‚Die erhabne Männin Corday', in: Herzig/Stephan/Winter, Bd. 1, 177–205, das Klopstock-Zitat auf 190; C. Westphalen, Charlotte Corday. Hamburg 1804, 5.2, 219, 5.3, 226; vgl. auch die Titelabbildung im Abbildungsteil; ein Abdruck des Corday-Frontispiz in „Klio" findet sich bei Mann, Soemmerring, 15.

30 Soemmerring, Sur le supplice, 274, 275, 279; „Feuchtigkeit" in S.T. von Soemmering, Ueber das Organ der Seele. Königsberg 1796, 30ff., nach: H. Schott (Hg.), Der sympathetische Arzt. München 1998, 20f.; „ächte Physiologen" aus: Brief an Oelsner, 27. Okt. 1795, in: H.-R. Wiedemann/F. Dumont/S. Grus, ‚Ein schönes Schneiden!', in: Medizinhistorisches Journal 27 (1992), 126–137, 129. Soemmerrings Kritik an der Republik lässt sich im Kontext von Lynn Hunts Darlegungen zur Selbstwahrnehmung der Revolutionäre als „neue Spezies" einschätzen; L. Hunt, Symbole der Macht – Macht der Symbole. Frankfurt/M. 1989 (1984), 75; vgl. allgemein auch Reichardt, 246.

31 F. Lepelletier, Au Rédacteur, in: Moniteur universel 54 (15. Nov. 1795), in: Réimpression, Bd. 26, 426; J.B.F. Léveillé, Wird die Empfindung in dem Augenblick gänzlich vernichtet, in dem der Kopf vom Rumpfe getrennt wird (1795), in: Sue, Physiologische, 136–148; dort auch Cabanis, Bemerkungen; J. Sédillot, Réflexions historiques et physiologiques sur le supplice de la guillotine. Paris 1795; Soemmerring, Cabanis und Léveillé wurden gemeinsam abgedruckt in: Mémoires de la Société médicale d'Émulation de Paris 1 (1798), 266–277, 278–293 (Cabanis), 293–301 (Léveillé).

32 Wedekind, Ueber den Tod (1797), 63, 65, 67, 78; Wedekind, Sur le supplice de la guillotine, in: Moniteur universel 50 (11. Nov. 1795), in: Réimpression, Bd. 26, 395f.; zum Kontakt Soemmerring-Lichtenberg vgl. Mann, Soemmerring, insb. 12ff.

33 Die Zitate stammen von C.F. Clossius, Über die Enthauptung. Tübingen 1797, der im Sinne Soemmerings sprach, und C.A. Eschenmayer, Ueber die Enthauptung gegen die Sömmeringsche Meinung. Tübingen 1797; siehe im Sinne Wedekinds/Eschenmeyers P.S. Erman, Ueber die Todesstrafe durch die Guillotine, in: Neues Magazin für Ärzte 20,1 (1798), 64–82.

34 Gatrell, 45ff.; die Abbildung des Newgate-Gerüstes und die dazugehörige Beschreibung auf 52f.; für das Erhängen sprach sich Sue, Über den Schmerz, 91f. (Fußnote), aus; ebendies tat aufgrund eines Gesprächs mit einem gescheiterten Selbstmörder und eigener Erfahrung infolge eines Turnunfalls C.J.L. Steltzer, Kritik über des Freiherrn von Eggers Entwurf eines peinlichen Gesetzbuches für die Herzogthümer Schleswig und Holstein. Altona 1811, 83f., dort auch „den angenehmen Zustand".

35 Clossius, 27f.; Eschenmayer, 39ff.; auch Cabanis, 131f., regte an, das Kleinhirn, das verlängerte Rückenmark, den Hinterkopf oder den Hirnwirbel zu zerstören, da er mit Sicherheit zu wissen meinte, dass dann sofort das Bewußtsein aussetze; vgl. Sörensen, 91. Der Kontext der Hirnforschungen Franz Joseph Galls ist unverkennbar; vgl. Hagner, 89–129.

36 F.P. von Gruithuisen, Ueber die Existenz der Empfindung in den Köpfen und Rümpfen der Geköpften und von der Art sich darüber zu belehren. Augsburg 1808, 28f.

37 J. Wendt, Ueber Enthauptung im Allgemeinen, und über die Hinrichtung Troer's insbesondere. Breslau 1803, Vorwort. Die Indizien schmerzhafter Reizung entsprachen offensichtlich den stereotypen zeitgenössischen Vorstellungen. Burke, Philosophische, 4.3 hatte 1757 geschrieben: „Ein Mensch, der unter einem heftigen körperlichen Schmerz leidet [...]: Ein solcher Mensch preßt die Zähne aufeinander, zieht die Augenbrauen krampfhaft zusammen, runzelt die Stirn, rollt heftig die Augen und kehrt sie nach innen; [...] die Stimme preßt kurze Schreie und Seufzer aus, und der ganze Körper zittert".

38 Wendt, Ueber Enthauptung, 9f., 11, 29, 32; J. Wendt, Apologie der vorhergehenden Schrift. Berlin 1803; E.F. Klein, Ueber die Hinrichtung der Verbrecher, mit Rücksicht auf den von Troerschen Fall, in: NACr 5 (1804), 1–19; bei Böhmer, Ueber die Wahl, T. 1, in: NACr 4 (1821), 56–75, 74 findet sich der Hinweis auf einen Text von M--r, Ist fortdauerndes Bewußtseyn an einem vom Kopfe getrennten Körper zu verkennen? Leipzig 1804; A.T. Zadig, Beweis, daß ein vom Rumpf getrennter Kopf sogleich das Bewußtseyn verliere. Breslau 1803.

39 Wendt, Ueber Enthauptung, Zitat auf 27.

40 Wendt, Ueber Enthauptung, 28, 30f.; vgl. auch Sue, Über den Schmerz, 95ff.

41 Von Gruithuisen, 2f., 37f.; vgl. zu Jean Bückler: Galvanische und elektrische Versuche an Menschen- und an Thierkörpern. Frankfurt/M. 1804; vgl. auch G. Mann, Schinderhannes, Galvanisumus und die experimentelle Medizin in Mainz um 1800, in: Medizinhistorisches Journal 12 (1977), 21–80; M. Franke, Schinderhannes. Düsseldorf 1984, insb. 299ff.

42 Klein, Ueber die Hinrichtung, 14; E.F. Klein, Nachtrag zu dem im 2ten Stück des Vten Bandes enthaltenen Aufsatz über die Hinrichtung der Verbrecher, in: NACr 5 (1804), 152–155; E.F. Klein, Warum müssen die Criminalgesetze menschlich seyn?, in: NACr 6 (1805), 48–57; Sue, Ueber Vitalität; von Gruithuisen, 4–25; Soemmerring, Sur le supplice, 275f.

43 Von Gruithuisen, 34 mit explizitem Bezug auf den Vorschlag Kleins.

44 Siehe allg. Gerould, 115ff.; P. Becker (Hg.), Georg Büchner: Dantons Tod (1835). Frankfurt/M. 1980, IV.7, 71; V. Hugo, Die letzten Tage eines Verurteilten. Berlin 1925 (1832), 66; P.A. Villiers de L'Isle-Adam, Das Geheimnis um das Schafott, in: Ders., Grausame Geschichten. Frankfurt 1978, 187–200, bei Wertheimer (Hg.), Ästhetik, 244–251; vgl. Arasse, 53f., 184f., FN 59; C. Geertz, Dichte Beschreibung, in: Ders., Dichte Beschreibung. Frankfurt/M. 1983 (1973), 7–43, 12, erörtert seine Methode am Beispiel des »Zwinkerns«; W. Irving, Tales of a Traveller, darin: The Adventure of the German Student, in: W. Irving, Bacebridge Hall/Tales of a Traveller/The Alhambra. New York 1991, 379–717, 418–424; E. Sue, Pariser Mysterien. Stuttgart 1843/44; P. Pinel, Philosophisch-Medicinische Abhandlung über Geistesverwirrungen oder Manie. Wien 1801, 71ff.; vgl. D.B. Weiner, Mind and Body in the Clinic, in: Rousseau (Hg.), 331–402, insb. 348; G.H. Masius, Handbuch der gerichtlichen Arzneiwissenschaft. Stendal 1821–1832, Bd. 1, Abth. 3 (1823), 921; M. Shelley, Frankenstein. Köln 1995 (1818).

45 A. Wiertz, Une tête coupée (1855), Öl auf Leinwand, 43x57 cm, und: Pensées et visions d'une tête coupée (1859), Öl auf Leinwand, 264x170 cm, beide im Musée Wiertz in Brüssel, auch abgedruckt in: Antoine Wiertz, 1806–1865. Paris/Brüssel 1974, 81, 99.

46 C.W. Ritter, Ueber die Seele und ihren Sitz, in: HuA 5,2 (1806), 65–76, insb. 72f.

47 Anon., Ueber Verstandeszerrüttung, 138.

48 Zur Französischen Revolution und Hamburg vgl. vor allem Herzig/Stephan/Winter (Hg.), „Sie, und nicht Wir", Bd. 1: Norddeutschland; dort A. Herzig, Zwischen Reich

und Revolution, 153–176; dort auch Stephan, ‚Die erhabne Männin Corday', 184; vgl. zum »Harvestehuder Freiheitsfest« Trepp, Sanfte Männlichkeit, 26f.

49 Vgl. J.G. Gallois, Hamburgische Chronik. Hamburg ^{2}1863, Bd. IV, 235–258, Zitat 236; A. Herzig, Sozialprotest zur Zeit der Französischen Revolution, in: Ders. (Hg.), Das alte Hamburg (1500–1848/49). Berlin/Hamburg 1989, 113–133; dort auch R. Postel, Vom Hauptrezeß zur Franzosenzeit, 97–112; Herzig, Zwischen Reich und Revolution, 154; Herzig, Die Hamburger Unterschichten, 413f.; B. Mehnke, Anpassung und Widerstand, in: Herzig/Stephan/Winter, 333–349, 334; vgl. allg. Jeannin, Gekräuselt; D. Zunker, Die Franzosenzeit in Hamburg, 1806–1814, in: Ergebnisse 23 (1983), 15–168, 25–33; Kraus, 69f.; vgl. auch G. Ahrens, Von der Franzosenzeit bis zur Verabschiedung der neuen Verfassung, 1806–1860, in: H.-D. Loose (Hg.), Hamburg. Hamburg 1982, Bd. 1, 415ff.

50 Gallois, Bd. IV, 258–308, Zitat auf 258; Zunker, 33ff.

51 Gallois, Bd. IV, 308–342, „die Anhäufung" auf 315; zur Einquartierung auch vor 1813 siehe die Dokumentensammlung: Anhang zu den Belegen welche zur Erzählung jener Begebenheiten gehören die sich im unglücklichen Hamburg vom 30sten May 1813 bis zum 31sten May 1814 ereignet haben. Hamburg 1814, „Sclave", „Joch" 19, 24.

52 „Senatoren" bei H.E. Lloyd, Darstellung der Ereignisse in Hamburg während der ersten sechs Monate des Jahres 1813. Leipzig 1814, 28, nach Zunker, 46, „Schleichhandel" auf 37.

53 Gallois, Bd. IV, 344ff.; zur Integration in das Kaiserreich siehe vor allem A.C. Wedekind (Hg.), Jahrbuch für die Hanseatischen Departements, insbesondere für das Departement der Elb-Mündungen. Hamburg 1812; vgl.: Anhang zu den Belegen, „die wildesten Thiere" auf 17, „mit feilen" 25, „corsisch-französischer" 26; Mehnke, 339ff.; Zunker, 46ff.

54 Details bei W.-R. Osburg, Die Verwaltung Hamburgs in der Franzosenzeit, 1811–1814. Frankfurt/M. u.a. 1988; siehe auch A. Wohlwill, Zur Geschichte des Justizwesens in Hamburg während der Franzosenzeit, in: ZVHG 14 (1909), 333–354; „das den Hamburgern" bei K.J. Hübbe/J.C. Plath, Ansichten der Freien Hansestadt Hamburg und ihrer Umgebung. Frankfurt/M. 1824/28, Bd. 1, 153.

55 Gallois, Bd. IV, 353, 359, 360; Zunker, 60ff.; A.H. von Post, Marie Sophie Dahlern und Gottlieb Homann vor dem Assisenhofe zu Bremen. Bremen 1812; weiterhin wurde während der „Franzosenzeit" „der berüchtigte Hermann" in einem Kriminalprozess zum Tode verurteilt und am 30. Juni 1813 guillotiniert; vgl. Wosnik, Bd. 1,1, 49.

56 Von Post, 3ff.; C. Kosegarten, Vorschläge für die Rechts-Pflege in Hamburg. Hamburg 1813, 18.

57 Von Post, 8ff., 18 (Visum repertum), 22.

58 M.H. Hudtwalcker, Gedanken über die Einführung von Geschworenengerichten in Criminalsachen in Hamburg. Hamburg 1848, 6; C.J.A. Mittermaier, Die Mündlichkeit, das Anklageprinzip, die Oeffentlichkeit und das Geschworenengericht. Stuttgart/Tübingen 1845, 372f.; Mittermaier schreibt, der wahre Täter sei einige Jahre später gefunden worden; Hübbe/Plath, Bd. 1, 153ff.; vgl. auch den Artikel im Freischütz, Nr. 110, 14. Sept. 1854; Gallois, Bd. IV, 359; von Post, 40.

59 Vgl. v.a. Kap. VI zur Guillotine in den 1850er Jahren. Die Zitate zur französischen Herrschaft stammen von J.A. Michaelis, Hamburg's denkwürdige Schicksale in den Jahren 1813 und 1814. Hamburg 1838, iii, 12f., 23, 114, 129, 132, 135; die Historiografie zur »Franzosenzeit« sollte sich vor allem aus Anlass der verschiedenen »Jubelfeiern« in ähnlich national-chauvinistischem Ton fortsetzen; siehe z.B. das etwas distanziertere Werk von C. Mönckeberg, Hamburg, unter dem Drucke der Franzosen, 1806–1814. Hamburg 1863; L.C. Aegidi, Zur Feier des 18ten März. Hamburg 1863; A. Heskel, Hamburgs Schicksale während der Jahre 1813 und 1814, in: ZVHG 18 (1914), 245–279; der ganze Band behandelt den Befreiungskrieg; detaillierter bei Zunker, 18ff.; zur Reformmüdigkeit vgl. H[udtwalcke]-r, Neue Criminalgesetzgebung in Hamburg, in: NACr 6 (1824), 403–435, 403ff., 418ff., und die auswärtige Rezension von Martens' ‚Das Spinnhaus', in: CrimBei 1 (1825), 81. In der Forschung herrscht Einigkeit über die traumatische Erfah-

rung der »Franzosenzeit« als Motor für die Restitution der alten Ordnung; Herzig, Zwischen Reich und Revolution, 171; Herzig, Sozialprotest, 130; Postel, 107f.; P. Borowsky, „Wünsche bey Hamburgs Wiedergeburt im Jahre 1814", in: Herzig/Stephan/Winter, Bd. 1, 351–368; P. Borowsky, Die Restauration der Verfassungen in Hamburg und in den anderen Hansestädten nach 1813, in: Herzig (Hg.), Das alte Hamburg, 155–175; vgl. Evans, Rituals, 221ff. zur Guillotine in den deutschen, ehemals französisch besetzten Gebieten.

60 StAH, 331–2, P–K, 1816 No. 191: Untersuchungsakten gegen Seeps, C.S. geb. Suhr, Wittwe, betr. Ermordung der Wittwe A. Engel, verw. Karstens geb. Seeps – Todesurteil, insb. der Bericht des untersuchenden Arztes vom 18. Okt. 1815, der Bericht über den Gemütszustand, von Dr. C. Steitz und Dr. A. Heinrich, die peinliche Klage vom 20. Juni 1816, das Niedergerichts-Urteil vom 12. Juli und die obergerichtliche Bestätigung vom 30. August 1816.

61 StAH, 111–1, Senat, Cl. vii, Lit. Ma, No. 9, Vol. 1b: Gassenrecht, insb. der Text vom 17. Sept. 1784; StAH, 331–2, P–K, 1816 No. 191: Untersuchungsakten gegen Seeps; StAH, 111–1, Senat, Cl. vii, Lit. Ma, No. 10, Vol. 2a, Fasc. 9, Inv. 2: Verschiedene Conclusa und Commissoria betr. die Installierung und Vorführung der Delinquenten – 1815–1816; StAH, 111–1, Senat, Cl. vii, Lit. Mb, No. 3, Vol. 4a: Varia betr. die Exekutionen, 1675–1807, insb. No. 14: 28. Aug. 1816: Verordnung von Bartels über Gestaltung des Zuges; StAH, 111–1, Senat, Cl. vii, Lit. Mb, No. 3, Vol. 7: Acta, die in Criminal-Fällen bey der Vorführung der Gefangenen und auch bey der Execution von Todes- und anderen peinlichen Urtheilen zu beobachtende Formalitäten und zu erachtende Maaßregeln betreffend – 1816; „Mängel" bei E.P.J. Spangenberg, Ueber die Nothwendigkeit einer Justizreform. Hamburg 1813, 8; siehe zur Debatte um eine umfassende Justizreform u.a. A.F. Ebert, Soll man in diesem Augenblick reformieren? Hamburg 1813; N. von Graffen, Bemerkungen veranlaßt durch die veränderte Rechtspflege in Hamburg. Hamburg 1816; E. Baasch, Geschichte Hamburgs 1814–1918. Gotha/Stuttgart 1924/25, Bd. 1, 2, zit. n. Ahrens, in: Loose (Hg.), Bd. 1, 433; vgl. T. Stieve, Der Kampf um die Reform in Hamburg, 1789–1842. Hamburg 1993, 159ff.

62 StAH, 111–1, Senat, Cl. vii, Lit. Mb, No. 3, Vol. 7; StAH, 111–1, Senat, Cl. vii, Lit. Mb, No. 4, Vol. 5: Senats-Commissorium betreffend Errichtung eines Galgens, Protokoll vom 11. Dezember 1816.

63 Böhmer, Ueber die Wahl, T. 1, 56ff. – Betonungen hinzugefügt; „Unglücklichen" in T. 2 in: NACr 4 (1821), 366; T. 3 in 5 (1822), 559–624, insb. 574ff.; T. 4 in 6 (1824), 65–112; vgl. auch Böhmer, Kritische Geschichte; „ohne Leiden" bei Foucault, Überwachen, 19.

64 Böhmer, Ueber die Wahl, T. 1, 56ff., „Metzeln", „langsam" 60, „Peinigung" 61, „Nachgiebigkeit" 63, „physische Folgen" 72, „das Warnende" bei Steltzer, 390; G.E. Schulze, Leitfaden der Entwicklung der philosophischen Prinzipien des peinlichen und bürgerlichen Rechts. Göttingen 1813, 421; Klein, Warum müssen die Criminalgesetze menschlich seyn? 57.

65 „Um einen Fehlgriff" bei Böhmer, Ueber die Wahl, T. 2, 617, vgl. auch 623 und 621f.: „Welche fast heldenmäßige Resignation und Standhaftigkeit gehört nicht für ihn [den Scharfrichter] dazu, um nicht in dem entscheidenden Augenblicke erschüttert zu werden durch die Gegenwart einer unübersehbaren Volksmenge, die im Fall des Mißlingens bereit steht, sich mit Verletzung aller Gebote des Rechts und der Sittlichkeit das Scharfrichter=Amt gegen ihn selbst anzumaßen"; vgl. auch T. 2, 578, auf 591–614 viele Beispiele von Fehlschlägen der Scharfrichter; „mathematische Gewißheit" in T. 1, 60.

66 „Ueberverfeinerung" bei Böhmer, Ueber die Wahl, T. 4, 81; G.C.G. Wedekind, Ueber Hinrichtungen, in: ZSak 19,2 (1830), 402–411.

67 „Leidenschaftliche", „in ausgezeichnetem" bei Böhmer, Ueber die Wahl, T. 4, 82, 74 zu „Eifer" und zum Missbrauch, „Kenner" auf 67; „sein Vaterland" in Böhmer, Kritische Geschichte, 55, „menschenfreundlicher Wärme" auf 56 – Betonung im Original, „immer weiter" auf 67; siehe den ganzen Text zur Historisierung; zur Verbreitung in Italien 36ff.,

in England 45ff., in Frankreich 52ff.; vgl. auch anon., Die Guillotine, eine alte schottländische Erfindung, in: Neues Hannöverisches Magazin 70 (1795), Sp. 1115–1118, „Schnörkeleien" in Sp. 1115 – Betonung im Original; vgl. dort auch F. Ehrhart, Nicht alles ist neu, was für neu ausgegeben oder gehalten wird, in 42 (1795), Sp. 667–672; F.D. Gräter, Etwas über die altteutsche Guillotine, in: Bragur 4,2 (1796), 55–67; zum Einsatz in Norddeutschland und anderen Regionen vgl. J.C.H. Dreyer, Antiquarische Anmerkungen über einige in dem mittleren Zeitalter in Teutschland und im Norden üblich gewesene Lebens=, Leibes= und Ehrenstrafen. Lübeck 1792, 92–97; den franz. Revolutionären war der Text von J.B. Labat, Voyage du P. Labat en Espagne et en Italie. Amsterdam 1731, bekannt, der eine guillotinen-ähnliche Maschine beschreibt, die er im Jahr 1715 in Italien gesehen haben will; Louis verweist in seinem Gutachten für die Nationalversammlung auf das englische Vorbild.

68 Böhmer, Ueber die Wahl, T. 4, 86; Lichtenberg, Brief an Reuß, in: Schriften, Bd. 4, 2, 624; zur Strategie vgl. Foucault, Archäologie, 94–103; Foucault, Ein Spiel, 133, und Kap. III dieser Arbeit.

69 Schulze, Leitfaden, 421; die anderen Zitate bei Böhmer, Ueber die Wahl, T. 4, 86.

70 StAH, 331–2, P–K: 1822, No. 371: Untersuchungsakten, Hennings, H.J. Theodor betr. Vergebung der Stelle des Scharfrichters (Exekution des Pingel), insb. Bewerbungsschreiben des H.J. Theodor Hennings betr. die Execution des Pingel vom 13. Dez. 1822; StAH, 111–1, Senat, Cl. vii, Lit Mb, No. 1, Vol. 3, Fasc. 13: Akte betreffend die Verleihung der Stelle des Frohnes an H.J.T. Hennings, Abänderung seines Kontraktes und Verlegung der Wache aus dem Wachthause am Berge in die Frohnerey – 1822–1823, insb. No. 5: Bewerbungsschreiben des Hennings um die Scharfrichterstelle vom 8. Jan. 1823; siehe zu Pingel Kap. V dieser Arbeit sowie Martschukat, Von Seelenkrankheiten.

71 StAH, 111–1, Senat, Cl. vii, Lit. Mb, No. 3, Vol. 8: Criminal-Urtheile und Executionen: Acta betr. das Criminal-Urtheil Senatus, i.S. Pfleging, Inquis. pcto. Raubmordes, insb. No. 5: Senatsprotokoll vom 22. Okt. 1841; siehe zum Fall Pfleging auch StAH, 111–1, Senat, Cl. vii, Lit. Ma, No. 9, Vol. 18a, Unterakte 11: Untersuchungssachen wider J.C. Pfleging wg. Raubmordes – 1840–41; zur Nachfolge von Hennings siehe StAH, 111–1, Senat, Cl. vii, Lit Mb, No. 1, Vol. 3, Fasc. 14: Acta betreffend die nach des Frohnes H.J.T. Hennings Tode vorgenommene Regulierung dieses Dienstes; Erwählung des hiesigen Bürgers R.G. Voigt, 1830.

72 StAH, 111–1, Senat, Cl. vii, Lit. Mb, No. 3, Vol. 8, insb. das Senatsprotokoll vom 3. Nov. 1841 und das von 48 Hamburger Bürgern und Einwohnern unterzeichnete „Supplicat"; siehe auch das Gutachten vom 8. April 1842.

73 StAH, 111–1, Senat, Cl. vii, Lit. Mb, No. 3, Vol. 8, dort insb. No. 9: Senatsprotokoll vom 12. Nov. 1841 zur Umwandlung der Strafe; No. 10f: Gutachten vom 8. April 1842; No. 10g: Stellungnahme des Obergerichts vom 8. April 1842; No. 10h: Senatsprotokoll vom 11. April 1842.

74 StAH, 111–1, Senat, Cl. vii, Lit. Mb, No. 3, Vol. 8, dort insb. 10f: Gutachten vom 8. April 1842; „Kopfschneidemaschine" und „Erbschaft" in StAH Timm, darin die Verteidigung des Timm vom 9. März 1855, Blatt 594f., Blatt 602, in Auszügen auch in Wosnik, Bd. 1, 2 (1926), 74–187, Zitate auf 156, 160; zu den Presseberichten vgl.: Der Freischütz, Nr. 110, 14. Sept. 1854, und ebd., Der Mensch ohne Kopf, Nr. 124, 17. Oct. 1854.

V. Die Todesstrafe und das (un)vernünftige Individuum

1 Zu Sander siehe anon., Auch Etwas über den am 14ten April dieses Jahres in Hamburg vom Leben zum Tode gebrachten Delinquenten, in: HuA 5,2 (1806), 92–94; siehe auch E.A. v. Eggers, Beyträge zu neuen Erfahrungen der Rechts- und Gesetzkunde bey den Holsteinischen Obergerichten – Jg. 1795. Altona 1797, wo in Bd. 2, 9–110 zwar zahl-

reiche, auch schwere Diebstähle notiert sind, keiner aber mit dem Tod bestraft wurde; vor allem gegen die Todesstrafe von Dieben spricht sich aus anon., Ueber Leibes- und Lebensstrafe, besonders in Republiken, in: HuA 1,4 (1802), 319–326; vgl. zur Bestrafung des Diebstahls auch anon., Die neueste königlich dänische Verordnung über die Bestrafung des dritten Diebstahls, für die Herzogthümer Schleswig und Holstein, in: CrimBei 1 (1825), 453–458; StAH, 331–2, P–K, 1818, No. 218: Untersuchungsakten gegen Köster, Balthasar Friedrich (mehrfach vorbestraft) wegen fünf zum Teil bedeutender Diebstähle.

2 „Von einem sich" aus dem Urteil gegen L. Wiegers, 8. Dez. 1747, in Klefeker, T. 5, 453; ähnlich z.B. V. Barkhausen, Ueber die Abschaffung, 678; „zu unnatürlich" bei Bergk, Beccaria, T. 2, 192f.

3 PGO, Art. 179, 112; Statuten, 1771, Art. 22; van Dülmen, Die Entdeckung, zum Rechtswesen 52ff.; Guttandin, 52ff.; Foucault, Der Wille, 77ff.; Gurjewitsch, Das Individuum im europäischen Mittelalter; Paul Zacchia, Quaestiones medico-legales. Lyon 1674, 1624–50 redigiert; siehe zu Zacchia u.a. Foucault, Wahnsinn, 117, 122; Ariès, Geschichte, 451ff.; Fischer-Homberger, 26, 153, 170; zur Begutachtung im 18. Jahrhundert vgl. Lorenz, Kriminelle Körper.

4 Vgl. die Fallbeispiele bei Klefeker, T. 5, 447ff.; auf 460 „des Gebrauchs" aus der Stellungnahme des Anklägers im Fall N. Lipstorp von 1737; auf 453 aus dem Obergerichts-Urteil gegen L. Wiegers vom 8. Dez. 1747; zum geringen Stellenwert der Tatmotive am Beispiel des Kindsmordes vgl. u.a. van Dülmen, Frauen, 15, 22, 42, 99.

5 Feuerbach, Lehrbuch (1801), § 9, 12; vgl. zum »natürlichen« Verhalten des rationalen Menschen Porsch, 6, von Soden, 107f.; vgl. G. Kleinheyer, Wandlungen des Delinquentenbildes in den Strafrechtsordnungen des 18. Jahrhunderts, in: B. Fabian/W. Schmidt-Biggemann/R. Vierhaus (Hg.), Deutschlands kulturelle Entfaltung. München 1980, 227–246; R. Castel, Die psychiatrische Ordnung. Frankfurt/M. 1979 (1976), 21.

6 „Freilich [sei] jedes" in anon., Eine Mordscene, 81.

7 Kleinheyer, Wandlungen, 235f.

8 Verteidigungsschriften für D. Traub, in StAH, 111–1, Senat, Cl. vii, Lit. Me, No. 8, Vol. 11: Inquisition wider die Jüdin D. Traub; siehe auch: anon., Defensionales in Sachen Fiscalis in Criminalibus. Hamburg 1793, 43.

9 StAH, 111–1, Senat, Cl. vii, Lit. Me, No. 8, Vol. 11, die Einbringungen des Anwaltes vom 2. und 23. März 1791 sowie vom 1. Sept. 1791 mit einem ärztlichen Gutachten und der Stellungnahme des Berliner Nachbarn – Betonung hinzugefügt; die von Fischer-Homberger, 364–376, erörterte Relation von „Frau und Gift" ist für die hier akzentuierte Thematik von geringer Bedeutung; zudem lockert sich nach Fischer-Homberger, 376, die Assoziation im Zuge des 18. und 19. Jahrhunderts.

10 StAH, 111–1, Senat, Cl. vii, Lit. Me, No. 8, Vol. 11, No. 10: Obergerichts-Urteil, 1. Feb. 1793; Schaumann, 60; vgl. D. von Engelhardt, Kriminalität zwischen Krankheit und Abnormität im wissenschaftlichen Denken des 19. Jahrhunderts, in: H.-J. Kerner/ H. Göppinger/F. Streng (Hg.), Kriminologie – Psychiatrie – Strafrecht. Heidelberg 1983, 261–278, 264.

11 StAH, 111–1, Senat, Cl. vii, Lit. Me, No. 8, Vol. 2b: Kinder Mord, Fasc. 5, N.C. Carstens – 1781; Fasc. 6: A.L. Ammon – 15. Sept. 1786; siehe auch das Plädoyer des Anwalts vom 5. Juli 1786 in StAH, 331–2, P–K, 1786, No. 2 B. Die Texte, die in besagten Fällen nachweislich zur gerichtlichen Urteilsfindung herangezogen wurden, waren: H.F. Teichmeyer, Institutiones Medicinae legalis vel forensis. Jena 1723; Carpzov, Practica, P. I, Q. 18, 37, 84; Quistorp, Bd. 2, 59; die Arbeit Quistorps war zwar neueren Datums (1770), allerdings für ihre Traditionsgebundenheit bekannt. Fischer-Homberger, 155, bezeichnet den Text Teichmeyers als exemplarisch für den geringen Stellenwert der Seelenkunde in der gerichtsmedizinischen Literatur des frühen 18. Jahrhunderts.

12 StAH, 111–1, Senat, Cl. vii, Lit. Me, No. 8, Vol. 2b: Kinder Mord, Fasc. 6: Votum des Herrn Senator Schulte, in peinlichen Sachen der E. Jentzen wegen verübten Kinder

Mords, im Obergericht, den 15. März 1790; Schaumann, 19, fordert 1792 vom Richter den „*wohlmeynenden* Blick des *väterlichen Beobachters*".

13 Zu den Klassifikationen im 17. und 18. Jahrhundert siehe Foucault, Wahnsinn, Kap. 2.1, 170–345, insb. 186ff.; T. Arnold, Beobachtungen über die Natur, Arten, Ursachen und Verhütung des Wahnsinns oder der Tollheit. Leipzig 1784/1788 (1782), insb. Th. 1, 65 und 102.

14 E. Platner, Quaestiones medicinae forensis. Lipsiae 1797, 3–18, 3f.; Übersetzung nach E. Platner, Untersuchungen über einige Hauptcapitel der gerichtlichen Arznei-Wissenschaft. Leipzig 1820, 15f. – Betonung hinzugefügt.

15 J.B. Friedreich, Ueber die Zurechnung im lucido intervallo eines Wahnsinnigen, in: NACr 14 (1833/34), 258–272, 264f.; vgl. zum langlebigen Kompetenzstreit zwischen Medizinern und Juristen z.B. E. Kuesch, Prolusio XVIII qua, medicos de insanis et furiosis audiendos esse, ostendit (1740), in: J.Z. Platner, Opusculorum, Tomus II: Prolusiones. Lipsiae 1749, 146–165; vgl. Fischer-Homberger, 161ff.; siehe aus der dichten Literatur des frühen 19. Jahrhunderts u.a. A. Henke, Ueber das amtliche Verhältnis des Gerichtsarztes zum Richter bei gerichtlich-medicinischen Untersuchungen in strafrechtlichen Fällen, in: ZSak 4,4 (1822), 231–260; ders., Zur Lehre von der s.g. Wuth ohne Verstandeszerrüttung, in: ZSak 17,2 (1829), 237–295; J.F. Küttlinger, Zur Lehre über die Beurtheilung versteckter Seelenkrankheiten, in: ZSak 17,1 (1829), 114–154; ähnlich einflussreich wie Platner, jedoch die Somatologie betonend war J.D. Metzger, Kurzgefasstes System der gerichtlichen Arzneiwissenschaft. Königsberg/Leipzig 1793.

16 Pinel, Philosophisch-medicinische, iii; J.C. Grohmann, Giebt es denn Gründe, welche das Recht des Staates, Todesstrafen zu verhängen, zweifelhaft machen? In: NACr 8 (1826), 470–530, 493f.; zum gefährlichen Wesen vgl. M. Foucault, The Dangerous Individual (1978), in: L.D. Kritzman, Michel Foucault. New York/London 1988, 125–151; Martschukat, Von Seelenkrankheiten, insb. 236ff.

17 Zur »Erfindung« der Psychiatrie vgl. Kaufmann, Aufklärung, bürgerliche Selbsterfahrung und die ‚Erfindung' der Psychiatrie in Deutschland; Roelcke, Krankheit; Dörner, Bürger und Irre; D. Blasius, ‚Einfache Seelenstörung'. Frankfurt/M. 1994; J.C. Mohr, Doctors and the Law. Baltimore/London 1993; Castel, Die psychiatrische Ordnung; Weiner, Mind and Body in the Clinic.

18 Pinel, Philosophisch-medicinische, 89, 160f.

19 J.C. Reil, Ueber die Erkenntniß und Kur der Fieber. Bd. 4: Nervenkrankheiten. Halle ^{3}1823 (1802), 396; Reil, Rhapsodieen über die Anwendung der psychischen Kurmethode auf Geisteszerrüttungen. Halle ^{2}1818 (1803), 387f.; es heißt, Reil habe die Arbeit Pinels in weiten Zügen kopiert; vgl. M. Schrenk, Über den Umgang mit Geisteskranken. Berlin 1973, Einleitung; vgl. auch Weiner, 382; siehe im Sinne Reils und Pinels auch J.C. Hoffbauer, Die Psychologie in ihren Hauptanwendungen auf die Rechtspflege. Halle 1808, 17; Hoffbauer, Untersuchungen über die Krankheiten der Seele. Halle 1802–1807, Bd. 3: Psychologische Untersuchungen über den Wahnsinn. Halle 1807; G.H. Masius, Lehrbuch der gerichtlichen Arzneikunde für Rechtsgelehrte. Altona ^{2}1812 (1811), insb. T. 1, 118–122, und T. 2, Abt. 6, 80–109. Auch von Engelhardt, 271, betont, dass sich der unkontrollierbare Wille als gemeinsamer Nenner dieser Auseinandersetzung herauskristallisierte.

20 A. Henke, Lehrbuch gerichtlicher Medizin. Berlin ^{7}1832 (1816), §§ 266f., 190f.; Henke, Abhandlungen aus dem Gebiet der gerichtlichen Medicin. Bamberg/Leipzig 1815–1834, Bd. 2 (1816), T. 4, 163–315, Abschn. 2, 215–224, insb. 215f.; vgl. J.C. Grohmann, Historische Gründe, welche den Schluß in den gerichtsärztlichen Gutachten auf die Freiheit des Willens und das Territionssystem der Todesstrafen sehr in Zweifel setzen, in: Zeitschrift für die Anthropologie 1,2 (1823), 316–330, 320; J.C. Heinroth, Lehrbuch der Störungen des Seelenlebens. Leipzig 1818, Faltblatt zwischen 370/371.

21 „Bedürfnis" bei J.C. Heinroth, System der psychisch-gerichtlichen Medicin. Leipzig 1825, Vorwort ix, 271; „Jurisprudenz" bei Masius, Handbuch, Bd. 1 (1822), 453, 691–711 zum „verborgenen Wahnsinn"; „die mehr verborgenen" in anon., Rezension von Adolph

Henke, Abhandlungen aus dem Gebiet der gerichtlichen Medicin, Bd. 4 (1820), in: ZSak 1,2 (1821), 435–450, 436.

22 Wolters, 74 – Betonung im Original.

23 „Schaudern", „in den verschiedenen", „darf in" in anon., Der Mörder Rüsau, in: HuA 2,3 (1803), 364–371, 364, 365; „mit vollem" in anon., Rüsaus Leben, in: HuA 2,4 (1803), 204–213, 211; der Bericht über die Tötung der Kinder erstreckt sich über zwei Seiten; fast das gesamte Heft 11 ist Rüsau gewidmet. Siehe auch R. Brachmann, Ein Beitrag zur Geschichte der forensischen Psychiatrie. Med. Diss. Hamburg 1921.

24 Zur Spektakularität siehe anon., Kurze jedoch richtige Darstellung der traurigen Geschichte des unglücklichen Johann Georg Rüsau. Hamburg 1804, 5f.; „die hochgerühmten" in der angepriesenen Schrift von J.K.D. Curio, Rüsau's Leben und Hinrichtung. Hamburg 1804, 56, angekündigt in HuA 3,1 (1804), 379, 3,2 (1804), 217ff.; auch „Hamburg und Altona" erschien bei Nestler; der andere Kupferstich stammt aus anon., Rüsaus Familienmord. Altona 1803; „*dieser* Mann" in anon., Der Mörder Rüsau, 367 – Betonung im Original.

25 Die Zitate stammen aus anon., Rüsaus Familienmord, nicht paginiert; der Reim ist aus anon., Leben, Ende und Thaten Johann Georg Rüsau's. Hamburg 1804; siehe auch das Handbuch von Abicht, T. 2, 283ff.; zum Konzept des »wilden Tieres« im anglo-amerikanischen Raum seit dem 18. Jahrhundert vgl. A.M. Platt/B.L. Diamond, The Origins and Development of the ‚Wild Beast' Concept of Mental Illness, in: Journal of the History of Behavioral Sciences 1 (1965), 355–367.

26 StAH, 111–1, Senat, Cl. vii, Lit. Me, No. 8, Vol. 13: Untersuchung gegen J.G. Rüsau, 1803–1804, dort insb. Rüsaus Vernehmung am 15. Aug. 1803, die seines Geschäftspartners C. Kunst am 17. Aug. 1803, das Gutachten der Ärzte J.G. Schultze und J.J. Rambach vom 3. Sept. 1803, die vier Mal mit Rüsau gesprochen haben, sowie die Verteidigung des Anwaltes Schleiden, ohne Datum; zur Angst vor Armut und Wahnsinn vgl. D. Kaufmann, ‚Irre und Wahnsinnige', in: van Dülmen (Hg.), Verbrechen, Strafen, 178–214, 296–300, insb. 191.

27 StAH, 111–1, Senat, Cl. vii, Lit. Me, No. 8, Vol. 13, Senatsprotokoll, 17. Aug. 1803; ärztliches Gutachten, 3. Sept. 1803; Appellation des Anwalts, 17. Feb. 1804; „die Symptome" in anon., Ueber Verstandeszerrüttung, ihre Folgen und ihre Bestrafung, in: HuA 2,4 (1803), 129–140, 130.

28 StAH, 111–1, Senat, Cl. vii, Lit. Me, No. 8, Vol. 13, Protokoll der großen niedergerichtlichen Vernehmung Rüsaus, 29. Okt. bis 8. Nov. 1803; Niedergerichtsbeschluss, 10. Feb. 1804; Ratsurteil, 16. März 1804; anon., Der Familienmord von Hamburg, in: Der Neue Pitaval, Bd. 5. München/Wien/Basel 1964 (1861), 123–162.

29 „Handwerk" etc. bei Kneip, 6; das Schreiben von Rambach an Bartels ist zitiert nach F. Clamann, Der medizinische Sachverständige im hamburgischen Strafverfahren. Hamburg 1940, 45; dort auf 61ff. zum institutionellen Wandel.

30 Zu „Menschenfreund" vs. „Kriminalrichter" siehe Curio, 5; siehe auch anon., Der Mörder Rüsau, 364–371; Curio betont auf 70, der Senat habe sogar die Werbung für Schriften über Rüsau untersagt; „vor, in und nach" auf 80; „sind nicht fast" bei anonym, Noten, 14; siehe dort auch 6.

31 Anon., Noten, 15; in fast gleichem Wortlaut in anon., Ueber Verstandeszerrüttung, 135ff.; Feuerbach, Lehrbuch, nach Aufl. 11 (1832), § 90, Anm. f., 69f.; Feuerbach forderte nachdrücklich, moralische oder metaphysische Freiheit dürfe niemals Prinzip der bürgerlichen Strafgerichtsbarkeit sein; vgl. Feuerbach, Diss. inaug. de causis mitigandi ex capite impeditae libertatis. Jena 1799; Feuerbach, Revision der Grundsätze und Grundbegriffe des positiven peinlichen Rechts. Aalen 1966 (1799/1800), Vorrede, x; vgl. gegen Feuerbach E.F. Klein, Vorläufige Bemerkungen über die Zurechnung der Verbrechen zur Strafe, in: NACr 2,4 (1800), 51–103; ders., Von der Zurechnung der Verbrechen zur Strafe, in: NACr 4,3 (1802), 6–26; ders., Ueber die Schätzung des Menschen und seiner Handlungen, in: NACr 4,4 (1802), 33–62.

32 Wolters, 60, 72, 83; sogar Skeptiker erkannten in dieser Zeit die Relevanz der Gallschen Studien an; vgl. E.F. Klein, Ueber den Unterschied des physischen und geistigen Charakters des Menschen, in: NACr 7 (1807), 1–8, 7f.; ohnehin scheint ein organisches Substrat durch die Neurophysiologie Albrecht von Hallers oder die Studien Lavaters, Spurzheims und Galls der medizinischen Psychologie in den Augen der Zeitgenossen eine stärkere Berechtigung gegeben zu haben; vgl. Fischer-Homberger, 160; zur Physiognomik van Dülmen, Entdeckung, 70ff.; Hagner, 89ff.

33 „Rüsaus blutige", „und alle" bei Wolters, 50; G.E. Schulze, Psychische Anthropologie. Göttingen 1816, 531–598, 580ff.; P. Bopp, Uebersicht der neueren Rechtsliteratur in Bezug auf Staatsarzneikunde, in: ZSak 34,3 (1837), 213–236, 227.

34 J.J. Rambach, Versuch einer physisch-medizinischen Beschreibung von Hamburg. Hamburg 1801, 412f.; vgl. H.J. Rodegra, Die Anfänge der stationären Behandlung von Geisteskranken in Hamburg zu Anfang des 19. Jahrhunderts, in: Historia Hospitalium 11 (1976), 149–178; „das Vorkommen" bei J.F. Küttlinger, Gerichtsärztliches Gutachten über einen in Erlangen vorgekommenen merkwürdigen Fall von Mordmonomanie, in: ZSak 32,3 (1836), 1–36, 29f.

35 StAH, 331–2, P–K, 1802, No. 81: Untersuchung und Strafprozeß gegen den Schiffszimmermann J.W. Köhrse wegen Mordversuch an dem 8jährigen J.M.H. Lembcke, 1802–1803.

36 StAH, 111–1, Senat, Cl. vii, Lit. Me, No. 8, Vol. 16: Relation, Urtheil wider C.M. Koenig.

37 StAH, 331–2, P–K, 1816 No. 191: Untersuchungsakten gegen Seeps, C.S.

38 StAH, 331–2, P–K, 1818, No. 199: Untersuchungsakten gegen Levien, C.L. betr. Todschlag seiner Tochter; StAH, 331–2, P–K, 1818, No. 196: Untersuchungsakten gegen Wulff, J.D.S. betr. heimliche Geburt und Kindesmord.

39 StAH, 331–2, P–K, 1822, No. 125: Untersuchungsakten gegen Hammann, H.H.P. betr. Ermordung seines Kindes; P. Pinel, Nosographie philosophique. Paris 1798 (1829 auf dt.); Dictionnaire des sciences médicales. Paris 1812–22; StAH, 331–2, P–K, 1818, No. 124: Untersuchungsakten gegen Cruset, G.F., betr. Mord und Selbstmord; genaue Instruktionen zur Bestimmung von Geistes- und Gemütskranken gibt z.B. Masius, Lehrbuch, T. 2, 107.

40 StAH, 331–2, P–K, 1822, No. 338: C.M. Pingel, 1821/22, insb. die Befragung Pingels, 23. März 1821, und die Befragung Pingels „ad articulos", 21. Mai 1821.

41 StAH, 331–2, P–K, 1822, No. 338, die Befragung anderer Häftlinge sowie die „Confrontation des Gefangenen Pingel mit dem verstorbenen Speisemeister Keems im Spinnhause", 7. April, „Sectionsprotocoll vom 8. April", „Summarische Vernehmung des Pingel vom 13. April 1821".

42 StAH, 331–2, P–K, 1822, No. 338, Medizinisches Gutachten auf Antrag des Herrn Senatoris Wolters über C.M. Pingel, Mai 1821.

43 StAH, 331–2, P–K, 1822, No. 338, das Schreiben des Anwaltes an das Gericht vom 26. Sept. 1821 sowie die erste Defensionsschrift.

44 StAH, 331–2, P–K, 1822, No. 338, erste Defensionsschrift, insb. 75, 111, 119, 125, 128.

45 StAH, 331–2, P–K, 1822, No. 338, erste Defensionsschrift, insb. 145ff., mit Bezug auf Henke, Lehrbuch, 2. Ausg., § 261ff.; im Text ist nach Ausg. 7, § 266f. zitiert.

46 StAH, 331–2, P–K, 1822, No. 338, das Schreiben des Niedergerichts vom 14. Dez. 1821 in No. 25; die ärztlichen Stellungnahmen in No. 29, No. 30 und No. 32: Gutachten über den Gemüthszustand des Inquisiten C.M. Pingel, von Dr. Fricke und Dr. Schleiden, 10. April 1822.

47 StAH, 331–2, P–K, 1822, No. 338, Gutachen unter No. 32; die Gutachter beziehen sich auf neuere Literatur von Pinel oder Reil, aber auch auf ältere Texte wie Z. Brendel, De melancholia. Jena 1618; G.W. Wedel, De melancholia. Jena 1685; M. Alberti, De melancholia vera et simulata. Halae 1743.

48 StAH, 331–2, P–K, 1822, No. 338, zweite Verteidigungsschrift aus dem Aug. 1822, insb. 63; J.C. Spurzheim, Beobachtungen über den Wahnsinn. Hamburg 1818; A. Crichton,

An Enquiry Into the Nature and Origin of Mental Derangement. London 1798; Hartung zitiert aus E. Horn, Gutachten über den Gemüthszustand des Tobacksspinnergesellen Daniel Schmolling, in: Archiv für medicinische Erfahrung (1820), 292–367, 343f.

49 StAH, 331–2, P–K, 1822, No. 338, zweite Verteidigungsschrift, August 1822, insb. 82, 91, 97; vgl. Platner, Untersuchungen, 15, eingangs dieses Kapitels zitiert.

50 StAH, 331–2, P–K, 1822, No. 338, zweite Verteidigungsschrift, August 1822, insb. 133; Eintrag vom 14. Okt. 1822; Senatsprotokoll vom 11. Dez. 1822.

51 C. Trummer, Merkwürdiger Criminalfall, in: CrimBei 1 (1825), 113–155; vgl. die Rezension der „Criminalistischen Beiträge" in: NACr 7 (1825), 199–203, insb. 203; Grohmann, Giebt es denn Gründe, 503; die Darlegungen des Hamburgers Grohmann beziehen sich zweifelsohne auf Pingel, auch wenn dieser nicht namentlich genannt wird; Bopp, 223–236; siehe auch C. Trummer, Vorträge, Bd. 1: Die Lehre von der Zurechnung, 339–461.

52 J.C. Grohmann, Ueber eine unerwiesene und unerweißliche Voraussetzung der gerichtlichen Medizin, in: Zeitschrift für psychische Aerzte 4,4 (1821), 54–74, „selbst schon" auf 62; Grohmann, Historische Gründe, 322, bemerkt, die Zahl der Gutachten sei um 400–600% gestiegen; Gerichtlich medicinisches Gutachten der medicinischen Facultät zu Erlangen, über einen, in einem Anfall periodischer Manie begangenen, Todtschlag, in: ZSak 13,1 (1827), 159–190; Hopf, Notizen und Reflexionen über die vorwaltende Neigung zur Gemüthszerrüttung in gewissen Zeitperioden, in: ZSak 6,4 (1823), 429–442; Küttlinger, Zur Lehre, 116; siehe zu Cornier z.B J.B. Friedreich, Systematisches Handbuch der gerichtlichen Psychologie. Leipzig 1835, 566; E.F. Souchay, Caspar Roth, ein geisteskranker Brudermörder, in: NACr 10,2 (1828), 298–345; J.C.A. Clarus, Die Zurechnungsfähigkeit des Mörders Johann Christian Woyzeck. Leipzig 1824; G. Büchner, Woyzeck (1836). München 1991.

53 E. Henke, Handbuch des Criminalrechts und der Criminalpolitik. Berlin/Stettin 1823–1826, T. 1 (1823), 290; so auch von Weber, Von der Freiheit des Willens und von der davon abhängenden Zurechnung der Handlungen, in: NACr 10,3 (1828), 430–452, 442; „nicht bloß Symptom" etc. bei Grohmann, Historische Gründe, 320; „*jedes* Verbrechen" bei Clarus, 49 – Betonung hinzugefügt; die Warnung war schon bei Johannes Platner 1740 zu vernehmen, nach Fischer-Homberger, 161; ähnlich A. von Haller, Vorlesungen über die gerichtliche Arzneiwissenschaft. Bern 1782/1784, Bd. 2, T. 1, 14f.; „die Handlung" bei Grohmann, Giebt es denn Gründe, 487; „rasenden Hundes" bei Grohmann, Ueber eine unerwiesene, 61.

54 Zu Vernunft, Staat, Strafe siehe J.C. Grohmann, Ueber die in der Criminalgesetzgebung namhaft zu machenden psychologischen Momente, in: NACr 9,2 (1827), 195–216, insb. 195, 204 („ein weit größeres"); „echte Humanität", „wahre Verbrechen", „wie leicht" bei F. Amelung, Betrachtungen über die Grenzen der Zurechnungsfähigkeit, in: ZSak 13,1 (1827), 47–120, 63, 84; ein Ziel der Debattierenden war, den neuen Status der Forensik zu sichern; vgl. Henke, Abhandlungen, Bd. 2, 215–224; Masius, Handbuch, Bd. 1, Abt. 2, 693.

55 Zum Hauptaspekt siehe von Weber, Fußnote; Henke, Zur Lehre, 237–295, „die Strafrechtspflege" auf 294f.; hier auch zur Veränderung der StGBs; C.J. Mittermaier, Ueber den neuesten Zustand der Criminalgesetzgebung in Deutschland. Heidelberg 1825, insb. 32ff., 47f.; C.J. Mittermaier, Der neue Entwurf des Strafgesetzbuches für das Königreich Baiern, in: NACr 6 (1824), 351–377; C.J. Mittermaier, Der neue Entwurf eines Strafgesetzbuches für das Großherzogtum Sachsen-Weimar-Eisenach, in: NACr 6 (1824), 378–402; zu Hamburg siehe Clamann, 68ff.; C.D. Anderson, Sammlung der Verordnungen der freien Hanse-Stadt Hamburg, Bd. 5. Hamburg 1818, 44: Medizinal-Ordnung vom 20. Feb. 1818; J.M. Lappenberg, Sammlung der Verordnungen der freyen Hanse-Stadt Hamburg seit 1814, Bd. 11. Hamburg 1832, 205ff.: Bekanntmachung, 28. Juli 1830; 380: Nachträgliche Bekanntmachung in Bezug auf § 9 der Medizinal-Ordnung, 17. Juni 1831.

56 Henke, Zur Lehre, „Verbrecher“ auf 294; Küttlinger, Zur Lehre, 114ff.; Küttlinger, Gerichtsärztliches Gutachten, 1–36; D. Esquirol, Notes médico-légale sur la monomanie-homicide. Paris 1827 (auf dt. 1831).

57 M.J. Bluff, Ueber Mord-Monomanie, in: ZSak 29,2 (1835), 366–385, Zitat Henkes auf 383, „krankhafte Erscheinung“ auf 374.

58 „Elender“, „das Individuum“ bei Friedreich, Systematisches, Einleitung, 309, 310 zur Furcht der Justiz vor Kompetenzverlust; 566–580 zur Mordmonomanie, insb. 566, 577f.; siehe die Rezension der zweit. Aufl. im ACr/NF 1842, 469ff.; Aufl. eins war dort 1835 rezensiert worden; siehe zu den Kompetenzforderungen Friedreich, Ueber die Zurechnung im lucido intervallo der Wahnsinnigen, in: NACr 14 (1833/34), 258–272; ders., Ueber die Competenz, in zweifelhaft psychischen Zuständen eines Angeklagten über die Frage der Zurechnung zu entscheiden, in: ACr/NF 1834, 34–54; ders., Gerichtsärztliche Bemerkungen auf dem Gebiete des Criminalrechts, in: ACr/NF 1843, 486–511; vgl. G. Rutz, Johann Baptist Friedreich. Med. Diss. Würzburg 1974, insb. 1–45; „räsonierende“ bei A. Schnitzer, Die Lehre von der Zurechnungsfähigkeit. Berlin 1840, 257.

59 A. Henke, Abhandlungen, Bd. 5 (1834), 209–319; Thema ist „die sogenannte Mania sine delirio in Bezug auf Psychologie, gerichtliche Medicin und Rechtspflege“, doch gewalttätige Ausbrüche und die Mordmonomanie stehen im Zentrum der Betrachtungen, wie Henke auf 265f. auch expliziert; Henke, Gutachten über die von der Strafgesetzgebung zu erlassenden Bestimmungen wegen aufgehobener Zurechnung aus Mangel der Vernunftthätigkeit, in: ZSak 17,2 (1829), 296–313.

60 „So fest“ bei Vollmer, Beiträge zur Berichtigung und Feststellung der Lehre von der Zurechnungsfähigkeit, in: ZSak 52,3 (1846), 182–225, 221f.; „Pseudomonomanieenmanie“ bei H. Damerow, Bemerkungen über die Stehlsucht bei Seelenkranken, in: Allgemeine Zeitschrift für Psychiatrie und psychisch-gerichtliche Medizin 1 (1844), 445–456, 456; vgl. von Engelhardt, 271ff.; Feuerbach, Lehrbuch, Vorrede zur 9. Aufl. (1825), xii, 69f. (Fußnote) in der 11. Aufl. (1832), in der 14. Aufl. (1847), § 90, 163; C.J. Mittermaier, Ueber den neuesten Zustand der gerichtlichen Medizin und der Benutzung naturwissenschaftlicher Forschungen in gerichtlichen Fällen, in: ACr/NF (1845), 295–328, 479–492, 651–661, insb. 304; vgl. Mittermaier, De principio imputationis alientationum mentis in jure criminali recte constituendo. Heidelberg 1838; Mittermaier, Ueber den gegenwärtigen Standpunkt der Strafgesetzgebung mit Prüfung der Fortschritte derselben nach den neuesten Gesetzen und Entwürfen, in: ACr/NF 1851, 589–624, 613ff. zur Zurechung und der Rolle der Mediziner im juristischen Verfahren; siehe zu Mittermaier auch Bluff, 383; zur ehemals kritischen Haltung Mittermaiers gegenüber Platner u.a. vgl. Trummer, Merkwürdiger Criminalfall, 154.

61 Zum beweglichen Feld vgl. u.a. den Beitrag eines Arztes der Modellanstalt Siegburg, F. Bird, Ueber Classification und Ausgänge der psychischen Krankheiten, in: ZSak 27,1 (1834), 144–185; zu Siegburg vgl. Blasius, ‚Einfache Seelenstörung'; J. Löhr, Die Lehre von den lichten Zwischenzeiten in gerichtlich-medizinischer Beziehung, in: ZSak 56,3 (1848), 40–78, der den Diskussionsstand zusammenfasst; 78 zur Bedeutung des medizinischen Urteils; zu den immer noch vernehmbaren kritischen Stimmen siehe z.B.: Beiträge zur Berichtigung der Lehre von der Zurechnungsfähigkeit, in: ZSak 48,3 (1844), 55–74, 55ff.

62 C.A. Schlüter, Bemerkungen zum hamburgischen Criminal-Gesetzbuch. Wiesbaden 1851, Vorwort, 21.

63 Vgl. die Defensionen für den 1856 hingerichteten Johann Timm für die vermeintlich todeswürdigen Fälle, in denen kein Todesurteil gefällt wurde; in StAH Timm, Bd. 2, No. 5, Bl. 485–555.

64 StAH, 331–2, P–K, 1824, No. 108: M. Fischer: Ermordung des E. Lieders.

65 StAH, 331–2, P–K, 1828, No. 172: Untersuchungsakten gegen de Jongh, A., betr. Ermordung der C.M.E. Lange.

66 StAH, 331–2, P–K, 1829, No. 491: Untersuchungsakten gegen Warre, F.W., Engländer, betr. Ermordung der H.R. Mendez genannt Hannchen Meyer und versuchter Selbstmord.

67 StAH, 331–2, P–K, 1831, No. 545: Untersuchungsakten gegen J.G. Elsässer, betr. Mord.

68 StAH, 331–2, P–K, 1836, No. 1721: Untersuchungsakten gegen Wiemann, H.A.G., betr. Raubmord; Statuten, 1771, Teil IV, Art. 22.

69 StAH, 331–2, P–K, 1835, No. 710: Untersuchungsakten gegen Thomaschewsky, J.S., betr. Raubmord an der Wwe. A.C. Flöge, geb. Möller: Gutachten der Universität Berlin – Betonung im Original; Articuliertes Verhör aus dem April 1835; Einwand des Anwaltes; Gutachten von Dr. Schleiden, 3. Okt. 1835; „gesetzliche Verhängung" bei P.F. Schmidt, Beitrag zu den Kopfverletzungen, veranlasst durch die Ermordung der Anna Catharina Flöge. Hamburg 1838, 4.

70 Die einsehbaren Untersuchungsakten im StAH, 331–2, P–K, nehmen nach 1843 merklich ab. Siehe zur Auflistung einzelner Fälle die bereits erwähnte Verteidigung des Raubmörders Timm sowie für einen Überblick: Verzeichnis der in Hamburg vom 1. Januar 1834 bis zum 31. Dezember 1849 in Verhaft gewesenen und mit Zucht- oder Spinnhaus bestraften Verbrecher, in der Bibliothek des StAH, insb. die Eintragungen März 1837, No. 11/Juli 38, 2/März 40, 11/Sep. 40, 65/Feb. 41, 1/Nov. 41, 2/März 44, 20/Jan. 49.

71 C. Trummer, Entwurf eines Criminalgesetzbuches für die Hansestädte Hamburg, Lübeck und Bremen. Hamburg 1848, 2, Tit. 2, Art. 8, Anm., 5f. (3.20f.), 17 (6.53); straffrei bleiben bei Trummer Kinder unter 14 Jahren, Jugendliche unter 20 Jahren werden »milder« beurteilt; Schlüter, 3, 4, 20f., 23f.

72 „Zeitmesser" bei Grohmann, Ueber die in der Criminalgesetzgebung, 195; „nicht mehr Handlung" bei Grohmann, Giebt es, 487; vgl. Henke, Zur Lehre, 268; „nicht von einem" bei J.C. Althof, Über die Verwerflichkeit der Todesstrafe. Lemgo 1843, 54; „abstracte" bei G. Mehring, Die Zukunft der peinlichen Rechtspflege aus dem Standpuncte der Seelenlehre betrachtet. Schwäbisch Hall 1848, 8; „abnormer" bei König, Mordmonomanie bei einem Mädchen von zwanzig Jahren, in: ZSak 47,2 (1844), 329–346, 341.

73 „Nur auf" etc. bei Mehring, 39; „die Strafrechtswissenschaft" bei F. Noellner, Die Todesstrafe und die Formen ihrer Vollziehung, in: M. Carriere, Wissenschaft und Leben in Beziehung auf die Todesstrafe. Darmstadt 1845, 22–95, 54; „Bedürfnis" bei Heinroth, System, Vorwort, ix; vgl. hierzu: Ueber die neuesten criminalistischen Schriften: L.J.C. Mende, Ausführliches Handbuch der gerichtlichen Medizin. Leipzig 1826, in: NACr 9 (1827), 325–330; „die Lehre" bei Schnitzer, Titel; zur Relevanz von Sprecher und Position im Diskurs vgl. Foucault, Archäologie, 75–82.

74 Mittermaier, Ueber den neuesten Zustand der gerichtlichen Medizin (1845), 299; vgl. D. Kaufmann, Psychiatrie und Strafjustiz im 19. Jahrhundert, in: MedGG 10 (1991), 23–39; Kaufmann, Aufklärung, insb. 293ff.; vgl. J. Geyer-Kordesch, Medizinische Fallbeschreibungen, in: MedGG 9 (1990), 8–19.

75 Grohmann, Ueber die in der Criminalgesetzgebung, 208.

76 „Subjectiver Seite" bei Mehring, 6; „psychologische" bei K.W. Ideler, Verbrechen und Wahnsinn, in: Annalen des Charitè-Krankenhauses 6,1 (1855), 67–125, 75; „die ganze Individualität" bei Noellner, Die Todesstrafe, 50. Explizit fordert dies u.a. J.C. Grohmann, Psychologie der Verbrecher aus Geisteskrankheiten, in: Zeitschrift für psychische Aerzte 1,2 (1818), 174–200, 199f.

77 „Um es einfach", „das tiefe", „mit der Frage" bei Mehring, 7, 20, 36; „psychischgenetischen" bei Noellner, Die Todesstrafe, 54; „einen absolut sicheren" bei H. Zöpfl, Denkschrift über die Rechtmäßigkeit und Zweckmäßigkeit der Todesstrafe. Heidelberg 1839, 33, siehe auch 48; „psychologische Statthaftigkeit" bei Grohmann, Historische Gründe, 316; vgl. auch J.C. Grohmann, Ueber das Princip des Strafrechts. Karlsruhe 1832, 43ff.; kritisch zur verbreiteten Tendenz, mittlerweile grundsätzlich von eingeschränkter Zurechnungsfähigkeit auszugehen, u.a. J.F. Abegg, Lehrbuch der Strafrechts-Wissenschaft. Neustadt an der Orla 1836, 146ff.

VI. Zur Öffentlichkeit der Hinrichtungen im 19. Jahrhundert

1 Siehe zu Wiegers Klefeker, 450ff. sowie Kap. II und V dieser Arbeit.
2 „Im Herzen" bei Eisenhart, Bd. 3 (1769): Ein Mensch, 179; zu Buncke etc. siehe: Der Bestraffte Mord; zu Wehr und Giesecke siehe Kap. II; zu Rüsau Kap. V, das Zitat stammt aus anon., Kurze jedoch richtige Darstellung, 23.
3 Vgl. Kap. II und IV; Carpzov, Practica, P. III, Q. 137, Abs. 66, 311 nennt es sogar einen „sächsischen Brauch", den Scharfrichter zu attackieren, sollte er nicht beim ersten Schlag erfolgreich sein; „Ordnung" in einem Schreiben des Oberleutnants Sternberg, 5. Feb. 1793, in StAH, 111-1, Senat, Cl. vii, Lit. Mb, No. 4, Vol. 3.
4 Siehe vor allem Kap. II, „Das Justizschauspiel und die Lust an der Gewalt – Teil 1"; de Certeau, Kunst; Thompson, Ideology; Fiske, Understanding Popular Culture; ähnlich auch Gestrich, 14; zur Umdeutung im Fall von Strafdemonstrationen vgl. Farge, 181; Heers, 280ff.; Evans, Rituals, 103ff.
5 Schwerhoff, Köln, 165.
6 Vgl. die entsprechenden Passagen in Kap. II u. III dieser Arbeit; zum barocken Theater Meyer-Kalkus, Wollust, Wertheimer, Ästhetik, 179, sowie Meumann/Niefanger (Hg.), Ein Schauplatz.
7 Vgl. K.M. Coleman, Fatal Charades, in: The Journal of Roman Studies 80 (1990), 44–73; Wertheimer, Blutige Humanität, 32ff.; P. Veyne, Brot und Spiele. Frankfurt/M./New York 1988 (1976); „die exzessive" bei Wertheimer, Ästhetik, 100f.; 110–117 (Zitat auf 116) beschreibt er die Dramen des Seneca als den Ort, an dem die Gewalt von den Rändern in das Zentrum rückt und der Schritt von der möglichen Reinigung der Affekte zur bewussten und systematischen Erregung und Steigerung derselben vollzogen wird; Auszüge aus Augustinus, Bekenntnisse (397/398). München 1983, Bd. 2, 146–152; vgl. Nieraad, 46ff.
8 D. Baraz, Seneca, Ethics, and the Body, in: JHI 59,2 (1998), 195–215.
9 Vgl. zum Erhabenen die vorangehenden Kapitel dieser Arbeit.
10 Anon., Ueber die öffentlichen Hinrichtungen, Sp. 1401f., 1413; Lessing an Mendelsohn, 2. Febr. 1757, in K. Lachmann/F. Muncker (Hg.), Gotthold Ephraim Lessings sämtliche Schriften. Leipzig [3]1904, Bd. 17: Briefe, 89–93; aus Hamburger Feder auch Eschenburg, Entwurf einer Theorie; Kant, Das Ende aller Dinge, vgl. dazu Rötzer; I. Kant, Kritik der Urteilskraft (1790), in: Gesammelte Schriften, Werke: Bd. 5. Berlin 1913, 165–485, 260ff.; vgl. Kittsteiner, Die Entstehung, 85; Nieraad, 68–97; Dieckmann, 308f.
11 Anon., Ueber die öffentlichen Hinrichtungen, Sp. 1405; Hommel, Beccaria, Vorwort, 12; siehe in Kap. III und IV die Abschnitte über die „Lust an der Gewalt" und das „Erhabene der Guillotine".
12 Vgl. zum Fall Traub die Texte von Cranz und Kneip; vgl. auch anon., Wie können Bosheiten? Zum überregionalen Diskurs vgl. anon., Ueber die öffentlichen Hinrichtungen, „Straßenbuben" in Sp. 1411f.; vgl. z.B. auch von Sonnenfels, Grundsätze, § 384, 506; Bergk, Beccaria, Vorrede, xviii, oder Th. II, 246f.
13 Vgl. die Ausführungen in Kap. III.
14 Vgl. Sturm, 12; vgl. StAH, 111-1, Senat, Cl. vii, Lit. Mb, No. 3, Vol. 4b, dort u.a. den Brief der Prediger vom Juli 1784; „ohnedem" in StAH, 111-1, Senat, Cl. vii, Lit. Me, No. 8, Vol. 2b: Kinder Mord, Fasc. 6: A.L. Ammon, pto. infantic., 15. Sept. 1786; Schreiben des Generals und Commandanten, 2. August 1793, in StAH, 111-1, Senat, Cl. vii Lit. Mb No. 4, Vol. 3; zum Wissen des Publikums über die »heimlichen« Strafmilderungen siehe z.B. Klein, Ueber die Hinrichtung, 14; Abegg, 188.
15 „Kappzaum" bei Beseke, 61; „Barbarei" bei Hommel, Beccaria, § 28, 116f.; von Soden, Geist, 111; „was sind" in anon., Ueber Leibes- und Lebensstrafen ueberhaupt, 162; ähnlich z.B. Vezin, 340f.; Schueren, 36f.; Rush, 30; V. Barkhausen, 690f.

16 Meiners, Betrachtungen, 418; „ihnen das Zuschauen", „Classe" bei Cella, 39; „Pöbel" bei Beseke, 28; vgl. Beccaria, § 27f., 109ff.; Schüren, 36; Bergk, Beccaria, Th. 1, 76, Anm.; Porsch, 11; Sturz, 1064; anon., Ueber die Todesstrafe für Diebe, 259; Rush, Untersuchung, 26; J.T. Werner, Ueber die Theorie der Strafrechtsbegründung, in: NACr 5 (1804), 105–120, 114; E.F. Klein, Kurze Darstellung meiner Meinung über den Werth und Unwerth der körperlichen Züchtigungen, in: ACr 1,3 (1798), 113–118, „an grausame" auf 115 – interessant ist, dass auch Autoren wie Klein, die nicht prinzipielle Gegner öffentlicher Körperstrafen waren, deren negative Wirkungen betonten und eine gezielte Kontrolle der jeweiligen Strafumstände forderten; ähnlich z.B. Püttmann, 60 u. 92.

17 „Gemischtes" in anon., Auch Etwas über den am 14ten April, 93; ähnlich z.B. Holst, 17f.; A. Freih. v. Knigge, Ueber den Umgang mit Menschen. Nendeln, Liechtenstein 1978 (1788), 358, ähnlich bei U. Döcker, Die Ordnung der bürgerlichen Welt. Frankfurt/M./New York 1994, 224; »nippte sie« von W. Goodwin in der Zeitschrift „The Watchman", 1796, nach Halttunen, Humanitarianism, 308; auch bei Todd, 139ff.; vgl. auch Schiller, Ueber den Grund (1792), 138ff.

18 Anon., Auch Etwas über den am 14ten April, 93; anon. Ueber Leibes- und Lebensstrafen überhaupt, 157; Sturz, 1065.

19 Wieland, Bd. 1, 427; „gerechter Menschenfreund" vs. „ungebildete Menge" bei Wolters, 70f.; Schulz, insb. 667f.; „unreinen Mund" bei: Regeln der Höflichkeit und einer feinen Lebensart. Wien [5]1804, 38, zit. n. Döcker, 105, dort auf 15 auch zur Selbstdefinition der Bürgerlichen über die Abgrenzung vom »Pöbel«; vgl. auch M. Frey, Der reinliche Bürger. Göttingen 1997, 14ff.; vgl. zum »Pöbel« v.a. S. Blättler, Der Pöbel, die Frauen etc. Berlin 1995, 14ff.; vgl. W. Conze, Proletariat, Pöbel, Pauperismus, in: GGr, Bd. 5 (1984), 27–68; vgl. R. Siegert, Volk/Gemeiner Mann/Pöbel, in: Lexikon der Aufklärung. München 1995, 432–434; A. Herzig, Der Einfluß der Französischen Revolution auf den Unterschichtenprotest in Deutschland, in: H. Berding (Hg.), Soziale Unruhen in Deutschland während der Französischen Revolution. Göttingen 1988, 202–217, 204.

20 Hölscher, 83–91; Habermas, Strukturwandel; Gestrich, insb. 23ff.

21 Hobbes, Leviathan, 2.22, 199ff., insb. 210f.; vgl. H. König, Zivilisation und Leidenschaften. Reinbek bei Hamburg 1992, dort auf 100 auch Friedrich Wilhelm III., in: Klassenbuch. Darmstadt/Neuwied 1972, 92; Blättler, 7ff.; M. Ozouf, Festivals and the French Revolution. Cambridge, MA/London 1988, 2ff., 27ff.; vgl. E. Burke, Betrachtungen über die Französische Revolution. Frankfurt/M. 1967 (1790; 1793 auf dt.); U. Vogel, Konservative Kritik an der bürgerlichen Revolution. Darmstadt/Neuwied 1972, 184, 350f.; vgl. zur Masse auch S. Moscovici, Das Zeitalter der Massen. Frankfurt/M. 1986.

22 Zum Sozialprotest in Deutschland vgl. Berding (Hg.), dort insb. Herzig, Der Einfluß, und R. Reichardt, Deutsche Volksbewegungen im Zeichen des Pariser Bastillesturms, 10–27, 10 für die Zitate von J.M. Hoscher, Beyträge zur neuesten Geschichte der Empörung deutscher Unterthanen wider ihre Landesherrschaft. Giessen 1790; vgl. allgemein A. Herzig, Unterschichtenprotest in Deutschland 1790–1870. Göttingen 1988; zu den bürgerlichen Idealen vgl. W. Ruppert, Bürgerlicher Wandel. Frankfurt/M. 1984; König, 14, 55f.; S. Hesper, Wir können auch anders, in: kultuRRevolution 36 (1998), 56–60; kritisch auch zur neueren Literatur über die Massen ist vor allem J. Link, Massendynamik und As-Sociation, in: kultuRRevolution 36 (1998), 3–12.

23 Die Schafottzitate stammen aus anon., Noten zum Text, oder freymüthige Gedanken über die gerichtliche Vertheidigungsschrift des Inquisiten Rüsau. Hamburg 1804, 15f.; Schreiben des Justizrathes Pielsticker, in: CrimBei 1,1 (1825), 80–112, insb. die Anm. Hudtwalckers, 88; Holst, 9; E.F. Klein, Ueber den Unterschied des physischen und geistigen Charakters des Menschen, in: NACr 7 (1807), 1–8, 6f.; Herzig, Sozialprotest, 116ff.; A. Herzig, Die norddeutschen Subsistenzproteste der 1790er Jahre, in: M. Gailus/H. Volkmann (Hg.), Der Kampf um das tägliche Brot. Opladen 1994, 135–150, 146.

24 G. Le Bon, Psychologie der Massen. Leipzig [6]1935 (1895), insb. 5, 18–22; zu Sighele und Tarde siehe König, 144; Link, Massendynamik, 6 schreibt, bei Le Bons Psychologie der

Massen handele es sich um eine essayistische Zusammenfassung von Literatur aus dem 19. Jahrhundert; G. Lefèbvre, Etudes sur la Révolution française. Paris 1954, 271, nach Moscovici, 82.

25 Mein Anliegen ist es folglich weniger, die Konstruktion der sozialen Geschlechter herauszuarbeiten. Wenn diskursive Produktion und Reproduktion auch nur schwerlich auseinander differenziert werden können, so soll das Augenmerk meiner Darlegungen dennoch auf der Reproduktion der Geschlechterdichotomie liegen. Die Geschlechterdichotomie selber wird somit als Strukturprinzip der bürgerlichen Gesellschaft vorausgesetzt. Ich werde folglich vernachlässigen, wie und auf welchen Ebenen die Dichotomisierung weiblich-männlich durch die Dichotomisierung Masse-Staat vorangetrieben worden ist. Ich beziehe mich in den folgenden Darlegungen v.a. auf U. Frevert, ‚Unser Staat ist männlichen Geschlechts', in: Dies., ‚Mann und Weib, und Weib und Mann', 61–132; vgl. für eine kritische Perspektive A.-C. Trepp, Anders als sein ‚Geschlechtscharakter': Der bürgerliche Mann um 1800, in: HistAnt 4 (1996), 57–77; siehe auch Trepp, Sanfte Männlichkeit.

26 König, 157ff.; Link, Massendynamik, 6; S. Sighele, Psychologie des Auflaufs und der Massenverbrechen. Dresden 1897, 214; G. Tarde, Foules et Sectes au point de vue criminel, in: Revue des deux mondes 120 (1893), 369, zit. n. König, 165f.; Le Bon, 24, 141: „Das unausgebildete Gewissen der Masse ist auf diese Weise befriedigt, sie kann rechtmäßig an die Abschlachtung gehen und den Instinkten der Grausamkeit, [...] die die Gesamtheiten stets in hohem Maße entfalten können, freien Lauf lassen. Sie stehen übrigens – das ist die Regel bei den Massen – einer gleichzeitigen Offenbarung entgegengesetzter Gefühle *nicht* im Wege, so z.B. der Empfindsamkeit, die oft, ebenso wie ihre Grausamkeit, bis zum äußersten geht" – Betonung im Original.

27 W.H. Riehl, Naturgeschichte des Volkes, Bd. 3: Die Familie. Stuttgart [11]1897 (1855), zit. n. Frevert, ‚Unser Staat', 61; fiktiver Dialog zwischen E. Reimarus und einer Freundin, um 1780, im Nachlass E. Reimarus, StAH 622–1 Reimarus, F 4, zit. n. K. Sträter, Frauenbriefe als Medium bürgerlicher Öffentlichkeit. Frankfurt/M. u.a. 1991, 113ff., 29; Kopitzsch, Grundzüge, Bd. 1, 121.

28 Frevert, ‚Unser Staat', 85ff., 115ff., dort Zitate von Bluntschli, Staatswörterbuch, Bd. 11, 1870, 130; R. von Mohl, Politik. Tübingen 1869, 302f.; H. von Sybel, Ueber die Emancipation der Frauen. Bonn 1870, 16f.; H. von Treitschke, Politik – Vorlesungen, Bd. 1. Leipzig [4]1918, 252f.; dort wie bei Blättler auch der Verweis auf Kant, Metaphysik, 314f.; dagegen spricht J.A. Bergk, Briefe über Immanuel Kants Metaphysische Anfangsgründe der Rechtslehre. Leipzig 1797, 186; C. Meiners, Geschichte des weiblichen Geschlechts. Hannover 1788–1800, T. 4 (1800), 170, zit. n. U. Frevert, Bürgerliche Meisterdenker und das Geschlechterverhältnis, in: Dies. (Hg.), Bürgerinnen und Bürger. Göttingen 1988, 17–48, 38; vgl. O. Dann, Gleichheit und Gleichberechtigung. Berlin 1980, 236ff., 243; „Reizung" aus Knigge, 370f.; vgl. Döcker, 221ff.

29 Trepp, Anders, insb. 61f.; siehe auch B. Rang, Zur Geschichte des dualistischen Denkens über Mann und Frau, in: J. Dalhof/U. Frey/I. Schöll (Hg.), Frauenmacht in der Geschichte. Düsseldorf 1986, 194–204; vgl. für einen Forschungsüberblick Kühne, 12.

30 Le Bon, 25, 35, 36, 42, 51, 54, 136f., 141; zur Entladung der Masse siehe E. Canetti, Masse und Macht. Frankfurt/M. 1993 (1960).

31 Ueber die Todesstrafe der Diebe, 258; „Charakter" in Bergk, Beccaria, Th. II, 246f.; „wie fürchterlich" bei Holst, 13; die anderen Zitate aus anon., Ueber Verstandeszerrüttung, 138.

32 Meiners, Betrachtungen, 408, 418; Klein, Warum müssen die Criminalgesetze? 51, 57; zur gescheiterten Abschreckung siehe Kapitel III dieser Arbeit und Werner, 114f.

33 „Eine gebildete Nation" bei Klein, Ueber die Hinrichtung, 13; „reizende" auf 12; „den Augen", „nur die kurze Zeit" auf 16; „besser" auf 14; „wohl genug" bei Klein, Ueber die Ungerechtigkeit der Zuchthausstrafe, in: NACr 6 (1805), 78–88, 79; nicht-öffentliche Hinrichtungen werden auch vorgeschlagen in anon., Ueber die öffentlichen Hinrichtungen, Sp. 1433f.

34 Fielding, 167ff.

35 Globig/Huster, 60; Gmelin, 393; C.F. Roßhirt, Lehrbuch des Criminalrechts. Heidelberg 1821, 20ff.; W. Kosegarten, Noch einige Worte über die Zulässigkeit der Todesstrafen, in: CrimBei 3 (1827), 4–28, 19f., 22ff.; zur Rezeption Roßhirts siehe u.a. C. Trummer, Auch einige Worte über die Zulässigkeit der Todesstrafen, in: CrimBei 2 (1826), 187–203, 191ff.

36 Vgl. Gruner, 32; „Cultur-Zustand", „in der That" bei Böhmer, Ueber die Wahl, T. 1, 69; siehe z.B. auch Wedekind, Ueber den Tod, 64; A.F. Berner, Abschaffung der Todesstrafe. Dresden 1861, 13.

37 Fichte, 273f.

38 Fichte, 273f.

39 „Verunedlung" bei Heydenreich, Th. I, 137.

40 Böhmer, Über die Wahl, T. 4, 82, 85f.; Kleinschrod, T. 3, 26; ähnlich z.B. Schulze, Leitfaden, 421.

41 Böhmer, Ueber die Wahl, T. 1, 67, siehe auch T. 4, 106.

42 Wedekind, Ueber den Tod, 65, 78; Wedekind, Ueber Hinrichtungen, 405f.

43 Böhmer, Ueber die Wahl, T. 2, 621f., 623; T. 4, 86; Schulze, Leitfaden, 416; siehe z.B. auch Abicht, Bd. 2, 303, oder Klein, Warum müssen die Criminalgesetze? 57.

44 Gestrich; Habermas, Strukturwandel; Hölscher, 104ff.; Outram, 123, Janes, 31.

45 Diese Ansicht vertraten u.a. C.F.T. Hepp, Ueber den gegenwärtigen Stand der Streitfrage über die Zulässigkeit der Todesstrafe. Tübingen 1836, 3, 31; C.J.A. Mittermaier, Ueber den neuesten Stand der Ansichten in England, Nordamerika, Frankreich, Italien und Deutschland, betreffend die Aufhebung der Todesstrafe – T. 1, in: ACr/NF 1834, 1–33, „irrig", „und von einer gewissen" auf 3; zur Kritik an der Vertragstheorie und der daher rührenden Schwäche der Abolitionisten siehe auch Mittermaier, Ueber den neuesten Stand betreffend die Todesstrafe – T. 2, 195–227, 215, 200 auch lobend zu einer praxisnahen Literatur zur Todesstrafe; die Statik der Debatte seit über drei Jahrzehnten konstatiert auch G.F. Schlatter, Das Unrecht der Todesstrafe. Erlangen 1857, 5; „aus dem Gebiete" bei Berner, 41; ähnlich u.a. A. Bauer, Vergleichung des ursprünglichen Entwurfs eines Strafgesetzbuches für das Königreich Hannover mit dem revidierten Entwurfe. Göttingen 1831, 62; C.P. Reidel, Die Rechtmäßigkeit der Todesstrafe. Heidelberg 1839, 5; zur Sentimentalität und „durch wenig" bei Abegg, 188f.; vgl. auch Grohmann, Ueber das Princip, 63.

46 Die Beharrlichkeit der Todesstrafe konstatiert u.a. Mittermaier, Ueber den neuesten Stand betreffend die Todesstrafe – T. 2, 209; vgl. auch C.J.A. Mittermaier, Die Todesstrafe nach dem neuesten Stande der Ansichten in England, Nordamerika, Frankreich, Belgien, Dänemark, Schweden, Rußland, Italien und Deutschland über die Aufhebung dieser Strafart, in: ACr/NF (1841), 311–348, 344ff.; vgl. auch Carriere, iv; anon. (vemutl. C.J.A. Mittermaier), Beurtheilung der neuesten criminalistischen Schriften, in: NACr 10 (1828), 346–366, 347 („in klarer Erwägung"); Berner, 19 („Rechtsansichten"); Althof, 3 („der Todesstrafe kräftigste Stütze"); Zöpfl, 1, 7 („Maasstab", „der Mensch gewöhnet"); zur Macht der Tradition vgl. C. Samhaber, Die Abschaffung der Todesstrafe aus rechtlichen, politischen und religiösen Gründen gerechtfertigt. Augsburg 1831, 17; vgl. auch Grohmann, Ueber das Princip, 1f.; zur meistdiskutierten Frage siehe u.a. Hepp, Ueber den gegenwärtigen, 3.

47 „Wo der Täther" bei Mittermaier, Die Todesstrafe nach dem neuesten Stande, in: ACr/NF (1840), 583–610, 584; auch Hepp, Ueber den gegenwärtigen, 5ff., 17ff., 28f., „veredelte" 35f., „dieser Größe" 78; C.F.T. Hepp, Ueber den Mißbrauch der Todesstrafe, in: ACr/NF (1847), 461–520, 490; in der Fortsetzung in ACr/NF (1848), 130–179, erläutert er die Missbrauchskriterien; ähnlich u.a. C.L. Fritzsche, Ueber die Todesstrafe. Colditz 1835; vgl. auch Mittermaier, Ueber den neuesten Stand, in: Acr/NF (1834), 13; F.J. Stahl, Die Philosophie des Rechts nach geschichtlicher Ansicht. Heidelberg 1837, Bd. II, 392; J. von Soden, Die Todes-Strafe. Nürnberg 1831, 18 („die Empfindung");

Abegg, 190; Reidel, 4, 7; Bauer, 65, 90; zur Todesstrafe als Rache siehe Schlatter, 27, 44; die Konjunktur der Vergeltungstheorie skizziert auch Mittermaier, Die Todesstrafe. Heidelberg 1862, 127ff. (mit Verweisen auf Literatur), oder C. Trummer, Das Verhältniß der heutigen Strafgesetzgebung zum Christenthum. Frankfurt/M. 1856, 22, oder auch Althof, 38; siehe auch Kosegarten, Noch einige Worte; siehe auch C.J.A. Mittermaier, Ueber die neusten Fortschritte der Gesetzgebung und Wissenschaft in Europa und Amerika, die Aufhebung der Todesstrafe betreffend, in: ACr/NF (1836), 1–30, 23.

48 A. Quételet, Recherches statistiques sur le Royaume des Pay-Bas, zit. n. Gay, 571; Gay bezieht sich auf T.M. Porter, The Rise of Statistical Thinking, 1820–1900. Princeton, NJ 1986, 45; zu Mittermaier und Statistik vgl. Evans, Rituals, 254f.; siehe von Mittermaier die oben zitierte Artikel-Serie im ACr/NF zwischen 1834 und 1841, dort „überall bemerkt man" in 1836, 23; zur Programmatik in 1834, 3f., in 1841, 340 auch zur Priorität der Zweckmäßigkeitsfrage in der Debatte; vgl. auch Mittermaier, Ueber den gegenwärtigen Standpunkt der Strafgesetzgebung mit Prüfung der Fortschritte derselben nach den neuesten Entwürfen für Nordamerika, England, Belgien, Toskana, Preußen, Mecklenburg, Hamburg, in: Acr/NF (1851), 125–162, insb. 126, wo er in aller Deutlichkeit eine empirisch arbeitende Rechtswissenschaft fordert; vgl. die gesamte Artikelserie Mittermaiers, Ueber den gegenwärtigen Standpunkt der Strafgesetzgebung, im ACr/NF zwischen 1851 und 1857.

49 „Volksschauspiele" sowohl bei C. Trummer, Einige fernere Bemerkungen über die Zulässigkeit der Todesstrafen, in: CrimBei 3 (1827), 29–69, 63 als auch bei Hepp, Ueber Mißbrauch, 164.

50 „Unter ausgearteten", „ein vielverbreiteter" bei Trummer, Auch einige Worte, 197; „Krone" bei Samhaber, 28; siehe auch E. Ducpetiaux, De la peine de mort. Brüssel 1827, 62; Ducpetiauxs Arbeit wurde in Deutschland umfassend rezipiert; vgl. deren Rezension: Beurtheilung der neuesten criminalistischen Schriften, 346–366; „der Verbrecher" bei J.C. Grohmann, Läuft der Staat Gefahr, wenn er die Todesstrafen wenigstens auf eine Zeit versuchsweise suspendiert, in: Zeitschrift für die Anthropologie 1823 (Heft 4), 273–321, 286; „das seltene Schauspiel" bei Mittermaier, Die Todesstrafe nach den Ergebnissen, 105, „selbst gebildete" auf 151; „gerade der sinnlichste" bei Grohmann, Giebt es denn Gründe, 494; vgl. in diesem Sinne Althof, 18ff.; das Schuljungenbeispiel bei Mittermaier, Ueber den neuesten Stand (1834), 20, in Anlehnung an einen nicht genauer bezeichneten Artikel in „The Jurist: Journal of Jurisprudence and Legislation", Heft 10, 44.

51 „Eine Art", „sich mit dem Blute" bei Trummer, Auch einige Worte, 197; „gesunde, geläuterte" etc. bei Trummer, Einige fernere, 63, 67; „das Gericht" bei Grohmann, Läuft der Staat Gefahr, 286.

52 „Eine krankhafte" und „wahre, gesunde" bei Trummer, Einige fernere Bemerkungen, 63, 67; zu dem Blumenbeispiel siehe Grohmann, Historische Gründe, 324; ähnlich auch Noellner, Die Todesstrafe, 67; Samhaber, 18.

53 „Masse des Volkes", „in vollem Drängen" bei Grohmann, Läuft der Staat Gefahr, 286; „der meiste Theil" bei C. v. Eschenmayer, Ueber die Abschaffung der Todesstrafen. Tübingen 1831, 41; „sind gaffendes Publikum" bei Grohmann, Historische Gründe, 324; „in der blinden Erwartung" bei Grohmann, Ueber das Princip, 42; „die Mehrzahl" bei Noellner, Die Todesstrafe, 67; „wie in einem Schauspiele" bei Mittermaier, Die Todesstrafe nach den Ergebnissen, 105, „Hinzudrängen", „dadurch der Eindruck" auf 151; siehe auch Hepp, Ueber Mißbrauch, 164; „gaffenden" bei Schlatter, 87; „thierische" bei F. Noellner, Criminal-psychologische Denkwürdigkeiten. Stuttgart/Augsburg 1858, 113; „sein Gefühl" bei H.A. Zachariä, Betrachtungen eines französischen Juristen über die Todesstrafe, in: ACr/NF (1837), 200–214, 200; „daß das menschliche" bei C.J. Mittermaier, Die Todesstrafe nach dem neuesten Stande der Ansichten in England, Nordamerika, Frankreich, Belgien, Dänemark, Schweden, Rußland, Italien und Deutschland über die Aufhebung dieser Strafart, in: ACr/NF (1840), 442–463, 443f.

54 „Ob die Todesstrafe“ bei Hopf, 441; Grohmann, Läuft der Staat Gefahr, 289; Grohmann, Historische Gründe, 329; „die wilde Gier“ bei Carriere, 20f.; „Unempfindsamkeit“, „bürgerliche Achtung“, „Rost“ bei Grohmann, Giebt es denn Gründe, 494f., 513f.; „vom Brandweine“ bei Noellner, Die Todesstrafe, 65; „Straßen“ bei Noellner, Criminal-psychologische, 107; „in den Wirtshäusern“ bei Mittermaier, Die Todesstrafe, 105; „daß der häufige“ bei Hepp, Ueben den gegenwärtigen, 14; Althof, 40f.; das „Rottieren“ als Kennzeichen des »Pöbels« bei I. Kant, Anthropologie in pragmatischer Hinsicht (1798), in: Gesammelte Schriften, Werke, Bd. 7, 117–333, 311; „alles verläßt“, „man bewirthet“ bei anon., Ueber die öffentlichen Hirnichtungen, Sp. 1411f.

55 C.J. Mittermaier, Rundschau über die neuesten Fortschritte in Bezug auf die Strafgesetzgebung, Geschichte des Strafrechts, Strafrechtswissenschaft, Criminalstatistik, gerichtliche Medizin, Rechtssprüche der obersten Gerichtshöfe über merkwürdige Fragen des Rechts, in: ACr/NF (1855), 124–147, 134 zum entstellten Sinn von Strafe; er verweist auf A. du Boys, Histoire du droit criminel des peuples modernes. Paris 1854; „in dem Augenblicke“ bei Holst, 9; „das entsittlichende“ bei Berner, 10ff.; „um dem Volke“ bei W. Roscoe/E. Spangenberg, Ueber die sittliche und bürgerliche Besserung der Verbrecher mittelst des Pönitentiarsystems. Landshut 1821, 37; „das amtliche Blutvergießen“ bei Mittermaier, Die Todesstrafe, 106; von einem durch Blut gereizten Tiger spricht auch Eschenmayer, 41; siehe auch Hepp, Ueber den gegenwärtigen, 51; Grohmann, Ueber das Princip, 14, 43; C.J.M. Lucas, Von dem Strafsystem und der Abhaltungstheorie im Allgemeinen, von der Todesstrafe insbesondere. Darmstadt 1830 (1827), 32, 240ff; „blutige Gräuel“, „sinnlich-sittlich“, „daß fast immer“, „mit dem *leiblichen*“ bei Schlatter, 52, 86 – Betonung im Original; „Wuthausbruch“ etc. bei Berner, 10; siehe auch Zöpfl, 62; aus J.H. Pestalozzi, Werke, Th. 2, nach Hepp, Ueber Mißbrauch, 163f.

56 Samhaber, 14; Mittermaier, Die Todesstrafe, 105, 109; Hepp, Ueber den gegenwärtigen, 13; „schwärmerische Köpfe“ bei Hopf, 441; skeptisch ist W.M. Schaffrath, Grundwissenschaft des Rechts und insbesondere des Strafrechts. Leipzig 1841, 116; Ducpetiaux, 93 mahnt an, öffentliche Hinrichtungen trügen zur Verbreitung der Mordmonomanie bei.

57 Ducpetiaux, 138: „un ivrogne sort d'un cabaret, place de Grève“; die ersten Zitate ansonsten bei Zöpfl, 3, 49; „mit zunehmender Cultur“ etc. sowie „alle Erscheinungen“ bei Trummer, Einige fernere Bemerkungen, 67; „wo dasjenige“ bei Zachariä, Betrachtungen, 206; die Steuerung von oben skizziert auch Althof, 93; zur pädagogischen Aufgabe des Staates und den gegenteiligen Wirkungen der Strafexempel auch Eschenmayer, 29; vgl. auch Mehring, 80.

58 Hopf, 441; „wilde Lust“ etc. bei Holst, 13; „zur Vermeidung“ bei Hepp, Ueber den gegenwärtigen, 14 – Betonung im Original; dort auch zu den USA; „gerade in unsern“ bei Hepp, Ueber Mißbrauch, 165; Mittermaier, Ueber den neuesten Stand (1834), 20, mit Bezug auf R. Whately, Thoughts on Secondary Punishments. London 1832, und F.A. Silvela, Du maintien de la peine de mort. Paris 1832; zu den USA siehe ebenfalls Mittermaier (1834), 197, sowie Mittermaier, Ueber die Fortschritte (1836), 6; siehe zu den USA auch Noellner, Die Todesstrafe, 68; Berner, 13.

59 „Abschlagszahlungen“, „Princip“ bei Carriere, 20f.; „gewisse Abhülfe“, „die Nicht-Öffentlichkeit“ bei Berner, 13; auch die Argumentation Hepps, Ueber den gegenwärtigen, 15, 57, legt Intramuram-Exekutionen nahe, wenn er sich auch explizit gegen diese Lösung wendet; vgl. Hepp, Ueber Mißbrauch, 165, wo es heißt, die „beschränkte Oeffentlichkeit“ sei „weder tauglich, noch auch nur ausführbar“; „im Geheimen“, „Mißtrauen“, „durch die Heimlichkeit“ bei Mittermaier, Ueber den neuesten Stand (1834), 224f.; vgl. auch Mittermaier, Ueber die neusten Fortschritte (1836), 25ff., sowie J.C. Grohmann, Christentum und Vernunft. Berlin 1835.

60 Berner, 4; „von der Nachtheiligkeit“ bei Schlatter, 92; „in einem geschlossenen“ bei H.A. Zachariä, Bemerkungen über den neuesten baierischen Strafgesetz-Entwurf, in: ACr/NF

1856, 91–127, 102f.; Mittermaier, Todesstrafe, 49ff., 164ff. zur Skepsis; „trotzdem“ auf 166; dort auch zur intensiven Berichterstattung; ebenso bei Schlatter, 92, Berner, 13; vgl. Mittermaier, Ueber den gegenwärtigen Standpunkt (1851), 160, 303 („ein viel höherer Grad“), 306 („Unwirksamkeit“); „aus den verschiedenen Volksclassen“ bei Mittermaier, Rundschau über die neuesten Fortschritte (1855), 308, 293–308 zu den anderen Gesetzen; C.G. Wächter, Das Königlich Sächsische und das Thüringische Strafrecht. Stuttgart 1857, 177–183; vgl. C.J. Mittermaier, Kritische Uebersicht der Fortschritte des Strafrechts in Beziehung auf Gesetzgebung, Strafsystem, Rechtsübung, Criminalstatistik, gerichtliche Medien, Psychiatrie und Strafrechtswissenschaft, in: ACr/NF (1857), 1–41, 18ff. zu England, 163–211, 325–370 zur (inter)nationalen Literatur; vgl. zu England auch Gatrell, insb. 589ff.; vgl. bei Thesing (Hg.) insb. D.B. Cooper, Public Executions in Victorian England, 149–164; B. Faulk, The Public Execution, 77–91; F.S. Schwarzbach, All the Hidden Appartus of Death: Dickens and Executions, 93–110.

61 Notizen zu den Senatssitzungen im Sommer 1816, in StAH, 111–1, Senat, Cl. vii, Lit. Mb, No. 3, Vol. 7: Acta, die in Criminal-Fällen bey der Vorführung der Gefangenen und auch bey der Execution zu beobachtende Formalitäten – 1816; StAH, 111–1, Senat, Cl. vii, Lit. Me, No. 8, Vol. 15: Criminalia: Relation ex actis betr. den wider H.F. Fick verübten Raubmord nebst Urtheile wider den Thäter J.J. Wallgrün – 1807.

62 StAH, 331–2, P–K, 1816 No. 191: Untersuchungsakten gegen Seeps, insb. das Senatsprotokoll, 19. Okt. 1815 und das Obergerichts-Urteil, 30. Aug. 1816; Notizen zu den Senatssitzungen im Sommer 1816 und das Protokoll vom 28. Aug. 1816, in StAH, 111–1, Senat, Cl. vii, Lit. Mb, No. 3, Vol. 7.

63 StAH, 331–2, P–K: 1822, No. 371: Untersuchungsakten, Hennings, H.J.T., insb. dessen Schreiben vom 13. Dez. 1822; siehe auch StAH, 331–2, P–K, C Jahrgang 1822, No. 338: C.M. Pingel, insb. Senatsprotokoll vom 11. Dez. 1822; StAH, 111–1, Senat, Cl. vii, Lit Mb, No. 1, Vol. 3, Fasc. 14: Acta betreffend die nach des Frohnes H.J.T. Hennings Tode vorgenommene Regulierung dieses Dienstes; Erwählung des hiesigen Bürgers R.G. Voigt, 1830.

64 C.W. Asher, Rhapsodische Bemerkungen über Criminal-Justiz. Hamburg 1828, 6, 33, 35, 44; C.W. Asher, Einige Worte der Zurechtweisung auf die Gegenschrift der rhapsodischen Bemerkungen über Criminal-Justiz. Hamburg 1828, 5; C. Trummer, Fremdes Gesetzbuch? Oeffentlichkeit? Geschworenengericht? Todesstrafe? Hamburg 1828, 9, 12, 16, 34 („als eine verzweifelte“); vgl. im Sinne Trumers: anon., Rezension der ‚Rhapsodischen Bemerkungen’ und von ‚Fremdes Gesetzbuch? Oeffentlichkeit? Geschwornengerichte? Todesstrafe?’ und von ‚Beyträge ...’, in: Privilegirte wöchentliche gemeinnützige Nachrichten von und für Hamburg, Nr. 271, Donnerstag, den 13ten November 1828, Titelseite.; vgl. in Hinblick auf Ashers Position S. Romilly, Bemerkungen über Englands Criminalgesetze in Bezug auf Todesstrafen und über die Art ihrer Ausübung, mitgeteilt von C.W. Asher, in: NACr 6 (1824), 113–137; zu den Reformen dieser Jahre vgl. C.J. Mittermaier, Ueber die Fortschritte der Criminalgesetzgebung in Deutschland, in: NACr 6 (1824), 1–44, sowie Mittermaiers andere Beiträge in diesem Band; zur Situation in Hamburg siehe [M.H.] H[udtwalcke]r, Neue Criminalgesetzgebung in Hamburg, in: NACr 6 (1824), 403–435.

65 StAH, 111–1, Senat, Cl. vii, Lit Mb, No. 1,Vol. 3, Fasc. 15: Aufhebung der Frohnerey nach deren Einäscherung im Mai 1842 – 1843.

66 StAH, 111–1, Senat, Cl. vii, Lit. Mb, No. 3, Vol. 8: Criminal-Urtheile und Executionen: Acta betr. das Criminal-Urtheil Senatus, i.S. Pfleging, Inquis. pcto. Raubmordes, insb. die Senatsprotokolle vom 3. und 12. Nov. 1841.

67 Ebd., 3. Nov. 1841; siehe zur Eindeutigkeit des Falles StAH, 111–1, Senat, Cl. vii, Lit. Ma, No. 9, Vol. 18a, Unterakte 11: Untersuchungssachen wider J.C. Pfleging wg. Raubmordes – 1840–41, insb. Votum coreferentis in Sachen Fiscalis in criminalibus ex off. inquirentis und peinl. Anklägers wider J.C. Pfleging, Arrestaten, Inquisiten und peinl. Angeklagten pto. Raubmordes – Niedergerichtliche Findung qua 13. July 1840.

68 Vgl. Kap. IV; StAH, 111–1, Senat, Cl. vii, Lit. Mb, No. 3, Vol. 8, Senatsprotokolle vom 20. und 22. Okt. 1841.
69 StAH, 111–1, Senat, Cl. vii, Lit Mb, No. 4, Vol. 4, Schreiben von Ober-Ingenieur Heinrich, 28. Okt. 1841.
70 StAH, 111–1, Senat, Cl. vii, Lit. Mb, No. 3, Vol. 8, Senatsprotokoll vom 3. Nov. 1841 mit den beiden Eingaben.
71 Ebd., Senatsprotokolle vom 8. und 15. Nov. 1841, Gutachten vom 8. April 1842, obergerichtliche Stellungnahme und Senatsprotokoll, 8. und 11. April 1842.
72 Vgl. grundsätzlich Schacht, Die Bemühungen der hamburgischen Strafrechtsreform 1839–1869; StAH 111–1, Senat, Cl. vii, Lit. Ma, No. 10, Vol. 1, Fasc. 12b, Inv. 1, Conv. I: Justizreform Generalia: Abschriftliche Protokolle der Rat- und Bürgerdeputation vom 23. November 1843, No. 1–99 v. 23. Nov. 1843 bis 23. Okt. 1847, und Cl. vii, Lit. Ma, No. 10, Vol. 1, Fasc. 12b, Inv. 1, Conv. IV und V: Beilagen zum Protokolle der Rat- und Bürgerdeputation vom 23. Nov. 1843, und Cl. vii, Lit. Ma, No. 10, Vol. 1, Fasc. 12b, Inv. 6, Conv. II: Originalprotokolle der abseiten der Rat- und Bürgerdeputation vom 23. November 1843 bedurfs Entwerfung eines Kriminal-Gesetzbuchs niedergesetzten Subkommission, No. 17–17.
73 StAH, 111–1, Senat, Cl. vii, Lit. Ma, No. 10, Vol. 1, Fasc. 12b, Inv. 1, Conv. IV, darin: Erster Bericht der Subcommission die Titel 1 und 2 im allgemeinen Theile des Braunschweigischen Criminalgesetzbuches umfassend, 62f.; vgl. auch Conv. V., Anl. 98, zur „Verbindlichkeit" der gesetzlichen Verankerung in Verbindung mit dem Begnadigungsrecht des Rates; „abermalen" und „in unserm Criminalkodex" in Cl. vii, Lit. Ma, No. 10, Vol. 1, Fasc. 12b, Inv. 6, Conv. II: Originalprotokolle der abseiten der Rat- und Bürgerdeputation vom 23. November 1843 bedurfs Entwerfung eines Kriminal-Gesetzbuchs niedergesetzten Subkommission, 11. Sitzung, Dienstag, den 12. November 1844, mit Anlagen.
74 StAH, 111–1, Senat, Cl. vii, Lit. Ma, No. 10, Vol. 1, Fasc. 12b, Inv. 1, Conv. I, Protokoll der 51. Sitzung, 18. November 1845.
75 Evans, Rituals, 266–84; Evans bezieht sich hauptsächlich auf F. Wigard (Hg.), Stenographische Berichte über die Verhandlungen der deutschen constituirenden Nationalversammlung zu Frankfurt am Main, Bd. 1. Leipzig 1848, sowie auf Düsing, 29–53, 73–80.
76 Trummer, Entwurf, Tit. 2, Art. 8, 2; Criminalgesetzbuch für den Freistaat Hamburg. Hamburg 1849, 8, 14; von einer de facto-Abschaffung spricht auch Zöpfl, 61.
77 Evans, Rituals, 279ff.; Düsing, 73ff.; W.H. Riehl, Die bürgerliche Gesellschaft. Frankfurt/M/Berlin/Wien 1976 (1851), insb. 213; Schlüter, Vorwort, 4ff., 32ff.; die reaktionären Stimmen skizzierte bereits 1848 C.J. Mittermaier, Die Todesstrafe in ihrem Verhältniß zur Begnadigung und zur Vollziehung der Strafe, in: ACr/NF (1848), 408–419.
78 StAH Timm; Wosnik, Bd. 1,2, 74–187 mit Abdruck von Quellen, 74ff. für eine Zusammenfassung.
79 StAH Timm, Bd. 1, Act. 2, Bericht des obersten Polizei-Beamten Krohn vom 8. Mai 1854; Act. 3, Besichtigung in loco und Aufnahme des objectiven Thatbestandes durch Actuarius in criminalibus Dr. Gobert, durch Physikus Dr. Buck, durch Polizeiarzt Dr. Mayer; Act. 17 u. 27, „Hamburgischer Correspondent", 11., 15. Mai 1854; Act. 43, 24. Mai 1854 inkl. Anlage; Act. 53, 8. Juni 1854; Act. 59, 10. Juni 1854; Act. 98, Senatsprotokoll, vom 3. Juli 1854; Act. 100, Articuliertes Verhör des Inquisiten J.W.A. Timm, 6. Juli 1854; Act. 111, Senatsprotokoll vom 21. Juli 1854.
80 Vgl. die Berichterstattung im „Freischütz", insb. vom 9.–23. Mai, 13.–27. Juni, 17. Aug.–2. Sept., 9.–12. Dez. 1854, 20.–25. Jan., 23.–27. Okt. 1855; siehe auch die Berichte der „Hamburger Nachrichten" und der „Reform" („zersprengte Schädel", „geheimnisvoller Doppelmord" aus Nr. 38, 13. Mai 1854) in denselben Zeiträumen; „Hamburgischer Correspondent", insb. 10. Mai, 12., 14. Juni 1854; die anderen Zitate stammen aus dem „Freischütz".

81 StAH, 111–1, Senat, Cl. vii, Lit Mb, No. 3, Vol. 9: Criminal-Urtheile und Executionen: Acta, betr. die Abschaffung der Oeffentlichkeit bey den Hinrichtungen, und die Einführung des Fallbeils, dort die Notizen vom 5. Juli 1854; Schreiben aus Berlin und Braunschweig vom 5. Juli 1854; Senatsprotokoll vom 5. Juli 1854; Kommissionsempfehlungen vom 26. Juli 1854; StAH, 111–1, Senat, Cl. vii, Lit Mb, No. 1, Vol. 3, Fasc. 16: Raths Prot. Extracta betr. die Wiederbesetzung der durch den Tod von R.G. Voigt erledigten Stelle eines Frohns, Senatsprotokoll vom 22. Sept. 1852.

82 StAH, 111–1, Senat, Cl. vii, Lit Mb, No. 3, Vol. 9, Brief aus Köln, am 6. Sept. 1854 im Senat prod.

83 Ebd., Schreiben des Oberbauaufsehers, 31. Aug. 1854, 5. Sept. 1854; Zustimmung der Oberalten, 11. Sept. 1854, der Sechziger, 15. Sept. 1854, der Bürgerschaft, 19. Okt. 1854, Senatsprotokoll, 19. Okt. 1854; StAH, 111–1, Senat, Cl. vii, Lit. Mb, No. 3, Vol. 8, Verordnung über die Vollziehung von Todesstrafen, publicirt den 20. October 1854, plus Anlage; auch in Lappenberg, Bd. 24, 275f.

84 Ebd.; siehe auch StAH, 111–1, Senat, Cl. vii, Lit. Mb, No. 3, Vol. 9, Brief des „Senior, Pastores und sämtlicher Prediger des hamburgischen Ministerii“, 30. Aug. 1854; Canetti, 54 bezeichnet auch die Summe der ZeitungsleserInnen als Form der Masse, die sich aber anders konstituiert und aufgrund ihrer Distanz zu den Ereignissen zu Entladung und Zerfall nicht fähig ist.

85 StAH, 111–1, Senat, Cl. vii, Lit. Mb, No. 3, Vol. 9: Bericht des Baumeisters G. Forsmann an die Bau-Deputation, 6. Januar 1855; Extractus Protocolli der Bau-Deputation, 18. Januar und 1. März 1855; Brief an Hudtwalcker, 21. Jan. 1855; StAH Timm, Bd. 2, Bl. 485–555, Verteidigungssschrift, am 11. Dez. 1854 verlesen; siehe dort auch Bl. 464, 26. Jan. 1855: Das Obergericht gibt Gallois sechs Wochen Zeit zur Anfertigung einer weiteren Verteidigungsschrift, um gegen die Urteilsfindung des Niedergerichtes zu protestieren; siehe zu den Presseberichten den Hamburgischen Correspondenten, 22. Januar 1855; Freischütz, 23. Dec. 1854, 23., 25. Jan. 1855.

86 Anklageschrift in StAH Timm, Bd. 2, Bl. 470ff.; Verteidigungsschrift, Bd. 2, 11. Dez. 1854, Bl. 456f.; Gnadengesuch, Bd. 2, Bl. 676 – Betonungen im Original.

87 StAH Timm, Bd. 2: Anklageschrift, Bl. 470ff.; Urteil vom 19. Jan. 1855, Bl. 571; Verteidigung, 11. Dez. 1854, Bl. 457; zweite Verteidigung, 9. März 1855, Bl. 589, 594f., 602; Urteilsbestätigung durch das Obergericht sowie Stellungnahme des Anklägers, Bl. 604ff.; Schlatter, 94, bezeichnet die mechanisierte Tötung als „würdelos“; alle Betonungen in diesem Absatz in den Originalen.

88 StAH Timm, Bd. 1, Act. 68, Bl. 272f., 14. Juni 1854: Physikatsgutachten von Dr. Buck über J.W.A. Timm; Bd. 2, erste Verteidigungsschrift, Bl. 488ff., 492, 497, 500.

89 StAH Timm, Bd. 2, erste Verteidigung, Bl. 501ff., 515, 523, 526; er beruft sich auf Heinroth, Lehrbuch, Bd. II, 272, und Hoffbauer, Die Psychologie, 190f.; Bl. 531 – Betonungen im Original.

90 StAH, Timm, Urteil vom 19. Jan. 1855, Bl. 570; Obergerichtsurteil in Wosnik, Bd. 1,2, 162f.; vgl. auch StAH, Timm, Bd. 2, Bl. 620ff., dazu auch Bl. 633, 640ff. (letzte Entscheidung vom 26. März 1856) zur Zurechnungsfähigkeit Timms.

91 Ebd., Bd. 2, erste Verteidigung, Bl. 516; 540ff.; 547; 576; Gallois bezieht sich auf C.R. Köstlin, Neue Revision der Grundbegriffe des Criminalrechts. Tübingen 1845, 661; bei Köstlin heisst es „einer Nation“ statt „des betreffenden Volkes“; siehe zu den Verurteilungen auch das „Verzeichnis der in Hamburg vom 1. Januar 1834 bis zum 31. Dezember 1849 in Verhaft gewesenen und mit Zucht- oder Spinnhaus bestraften Verbrecher“ im StAH.

92 StAH, Timm, Bd. 2, Bl. 588ff.; Köstlin, 750ff.

93 StAH, Timm, Bd. 2, Bl. 470ff.; 552; 594ff., 599ff. – Betonungen im Original; auch Hudtwalcker sah den Fall Timm als treibende Kraft der neuen Verordnung an; siehe StAH, 622–1, Familienarchive, Archiv der Familie Hudtwalcker, II.1–II.11, 1848–1860.

94 Siehe oben und StAH, Timm, Bd. 2, erste Verteidigung, Bl. 508; zweite Verteidigung, Bl. 596ff.; J.W. Christern (Baron von Rosenburg), Die hamburgische Prostitution: Hamburgs galante Häuser bei Nacht und Nebel. Neustadt [7]1860, 37f.; vgl. Soltau, 373.
95 Philateles, Offener Brief an Herrn Doctor Gallois. Hamburg 1855, 2f.
96 Philateles, 7; StAH Timm, Bd. 2, Bl. 656, Gnadengesuch vom 23. Okt. 1855.
97 StAH Timm, Begnadigungsgesuch der Mutter, Bl. 678; Physikats-Gutachten vom 8. April 1856, Bl. 699; StAH, 111–1, Senat, Cl. vii, Lit. Mb, No. 3, Vol. 10: Kriminalurteile und Executiones; Wosnik, Bd. 1,2, 76; Freischütz, Nr. 43, 8. April 1856.
98 StAH, 111–1, Senat, Cl. vii, Lit. Mb, No. 3, Vol. 10: Kriminalurteile und Executiones, insb. den Bericht über die letzten Stunden Timms von Polizei-serg. Böhler und den Brief des Ober-Polizei-Vogtes zur Sicherheit während der Hinrichtung, 4. April 1856.
99 Ebd., Bericht des Polizei-serg. Böhler; Bericht über die Hinrichtung Timms, handschriftlich von Hudtwalcker, 10. April 1856.
100 Ebd., Bericht des Polizei-serg. Böhler; „Hamburgischer Correspondent“, 11. April 1856, 11; Reform, Nr. 44, 12. April 1856; siehe zudem die Hamburger Nachrichten, Nr. 87, 11. April 1856, den Freischütz, Nr. 44, 11. April 1856.

VII. Schlussbemerkungen

1 Link, Zwischen Absolutismus, 193.
2 Kant, Metaphysik, 333.
3 Noellner, Die Todesstrafe, 54; Der Mörder Timm und die Todesstrafe, in: Freischütz Nr. 100, 22. Aug. 1854.
4 Vovelle, 19.
5 Schiller, Über die tragische Kunst, 148; vgl. auch Schiller, Vom Erhabenen, 171–195; Böhmer, Ueber die Wahl, T. 2, 623.
6 Berner, 19; Mittermaier, Todesstrafe, 166.
7 Freischütz, Nr. 55, 9. Mai 1854; vgl. auch die späteren Ausgaben, insb. Nr. 69, 10. Juni 1854, Nr. 70, 13. Juni 1854, Nr. 105, 2. Sept. 1854; Zelle, ‚Angenehmes Grauen'.
8 Elias, Bd. 1, 163; Krasmann, Andere Orte; M. Foucault, Andere Räume, in: Journal für Ästhetik und Politik 7 (1990), 4–15, 10ff.; Der Mörder Timm und die Todesstrafe, in: Freischütz, Nr. 98, 17. Aug. 1854; siehe auch: Die Hinrichtungen mit Ausschluß der Öffentlichkeit, in: Freischütz, Nr. 114, 23. Sept. 1854; „die fortgeschrittene“ in Freischütz, Nr. 43, 8. April 1856.
9 StAH, 111–1, Senat, Cl. vii, Lit. Mb, No. 3, Vol. 11: Criminal-Urtheile und Executionen: Acta, betreffend die am 13. December 1860 vollzogene Hinrichtung des Raubmörders J.L.A. Parent – 1860; siehe auch Wosnik, Bd. 1,1, 63–115.
10 „Beseelt“ aus der ersten Verteidigung, in Wosnik, Bd. 1,1, 74, 93; „eine wehrlose“ aus dem Urteil des Obergerichts, 7. Dez. 1860, „freilich“ aus dem Urteil des Niedergerichts, 16. Juli 1860, in Wosnik, Bd. 1,1, 101, 112.
11 Gnadengesuch vom 10. Dez. 1860 in StAH, 111–1, Senat, Cl. vii, Lit. Mb, No. 3, Vol. 11; Verteidigung in Wosnik, Bd. 1,1, insb. 110f.
12 Verteidigung in Wosnik, Bd. 1,1, 93.
13 Gnadengesuch vom 10. Dez. 1860, in StAH, 111–1, Senat, Cl. vii, Lit. Mb, No. 3, Vol. 11.
14 Ebd.
15 Gnadengesuch, 23. Okt. 1855, in StAH, Timm, Bd. 2, Bl. 656; Wosnik, Bd. 1,1, 114; S. Regener, Totenmasken, in: Ethnologia Europaea 23 (1993), 153–170; Schacht, 92; Foucault, Andere Räume, 14.
16 Thomas A. Edison Inc., Execution of Czolgosz with Panorama of Auburn Prison. 9. Nov. 1901; vgl. zu Ruth Snyder S.S. Phillips/M. Haworth-Booth/C. Squiers (Hg.),

Police Pictures. San Francisco 1997, 102; vgl. zum Elektrischen Stuhl R. Neustadter, „The „Deadly Current", in: Journal of American Culture 12 (1989), 79–87; C. Brandon, The Electic Chair. Jefferson, NC/London 1999; vgl. zur tödlichen Injektion F.E. Zimring/G. Hawkins, Capital Punishment and the American Agenda. Cambridge u.a. 1986, 107ff.; vgl. allg. auch P.S. Adolf, Killing Me Softly, in: Hastings Constitutional Law Quarterly 22 (1995), 815–866; anonym, Todesstrafe, in: Spiegel vom 26. Okt. 1999.

17 Vgl.: M. Hilbk, Da hauste ein Monster in mir, in: Die Zeit Nr. 45, 28. Okt. 1999 mit Verweis auf die Emnid-Umfrage, sowie: R.D. Gerste, Gnadenloses Amerika, in: Die Zeit Nr. 47, 18. Nov. 1999.

Abkürzungsverzeichnis

ACr:	Archiv des Criminalrechts
ACr/NF:	Archiv des Criminalrechts, Neue Folge
AHR:	American Historical Review
AKG:	Archiv für Kulturgeschichte
BpRG:	Bibliothek für die peinliche Rechtswissenschaft und Gesetzkunde
Cod. Hans.:	Codex Hanseaticus
CrimBei:	Criminalistische Beiträge: Eine Zeitschrift in zwanglosen Heften
GG:	Geschichte & Gesellschaft: Zeitschrift für Historische Sozialwissenschaft
GGr:	Geschichtliche Grundbegriffe
GWU:	Geschichte in Wissenschaft und Unterricht
HistAnt:	Historische Anthropologie: Kultur-Gesellschaft-Alltag
HSR:	Historical Social Research - Historische Sozialforschung
HuA:	Hamburg und Altona: Eine Zeitschrift zur Geschichte der Zeit, der Sitten und des Geschmacks
HZ:	Historische Zeitschrift
JAH:	Journal of American History
JHI:	Journal of the History of Ideas
KrimJ:	Kriminologisches Journal
MedGG:	Medizin, Gesellschaft und Geschichte
NACr:	Neues Archiv des Criminalrechts
ÖZG:	Österreichische Zeitschrift für Geschichtswissenschaft
PGO:	Peinliche Gerichts-Ordnung Karls V. von 1532
P-K:	Polizeibehörde-Kriminalwesen
PP:	Past & Present
StAH:	Staatsarchiv Hamburg
Statuten, 1771:	Der Stadt Hamburg Statuten und Gerichts-Ordnung von 1603
SUB:	Staats- und Universitätsbibliothek Hamburg
ZHF:	Zeitschrift für Historische Forschung
ZKG:	Zeitschrift für Kirchengeschichte
ZRG (GA):	Zeitschrift für Rechtsgeschichte (Germanistische Abteilung)
ZSak:	Zeitschrift für Staatsarzneikunde
ZVHG:	Zeitschrift des Vereins für Hamburgische Geschichte

Quellenverzeichnis

Archivquellen

Staatsarchiv der Freien und Hansestadt Hamburg

Senatsakten:

StAH, 111–1, Senat, Cl. vii, Lit. Ma, No. 10, Vol. 1, Fasc. 12 b, Inv. 1, Conv. I: Justizreform Generalia: Abschriftliche Protokolle der Rat- und Bürgerdeputation vom 23. November 1843, No. 1–99 v. 23. Nov. 1843 bis 23. Okt. 1847.

StAH, 111–1, Senat, Cl. vii, Lit. Ma, No. 10, Vol. 1, Fasc. 12 b, Inv. 1, Conv. IV: Beilagen zum Protokolle der Rat- und Bürgerdeputation vom 23. Nov. 1843.

StAH, 111–1, Senat, Cl. vii, Lit. Ma, No. 10, Vol. 1, Fasc. 12 b, Inv. 1, Conv. V: Beilagen zum Protokolle der Rat- und Bürgerdeputation vom 23. Nov. 1843.

StAH, 111–1, Senat, Cl. vii, Lit. Ma, No. 10, Vol. 1, Fasc. 12 b, Inv. 6, Conv. II: Originalprotokolle der abseiten der Rat- und Bürgerdeputation vom 23. November 1843 bedurfs Entwerfung eines Kriminal-Gesetzbuchs niedergesetzten Subkommission, No. 1–17.

StAH, 111–1, Senat, Cl. vii, Lit. Ma, No. 10, Vol. 2 a, Fasc. 9, Inv. 2: Verschiedene Conclusa und Commissoria betr. die Installierung und Vorführung der Delinquenten, gegen welche der fiscalische Proceß erkannt worden – 1815–1816.

StAH, 111–1, Senat, Cl. vii, Lit. Ma, No. 5, Vol. 4, Fasc. 10: Beschwerde des Niedergerichts, wegen des aufs Rad gelegten Mörders und Selbstmörders Borchers – 1783.

StAH, 111–1, Senat, Cl. vii, Lit. Ma, No. 5, Vol. 4 f, 11: Incompl. Acta betr. die Bestaende des Niedergerichts wegen der Traub'schen Criminalsache 1791.

StAH, 111–1, Senat, Cl. vii, Lit. Ma, No. 9, Vol. 1 b: Gassenrecht.

StAH, 111–1, Senat, Cl. vii, Lit. Ma, No. 9, Vol. 1 f: Singularia von der Tortur.

StAH, 111–1, Senat, Cl. vii, Lit. Ma, No. 9, Vol. 1 m: Acta wegen Abkürzung der Criminal Proceße – 1790.

StAH, 111–1, Senat, Cl. vii, Lit. Ma, No. 9, Vol. 1 p: Acta die Abstellung der denen Inquisiten bisher geschehenen abermaligen Verlesung ihrer Aussagen und Befragung darüber im Obergericht bey der vor selbigem geschehenen Introductione appellationes betreffend – 1797.

StAH, 111–1, Senat, Cl. vii, Lit. Ma, No. 9, Vol. 18 a, Unterakte 11: Untersuchungssachen wider Johann Christoph Pfleging wg. Raubmordes – 1840–41.

StAH, 111–1, Senat, Cl. vii, Lit. Mb, No. 1, Vol. 3, Fasc. 1 a: Varia betreffend den Frohn oder Scharfrichter.

StAH, 111–1, Senat, Cl. vii, Lit. Mb, No. 1, Vol. 3, Fasc. 1 b: Kontrakt des Scharfrichters Ismael Asmusen et varia – 1687.

StAH, 111–1, Senat, Cl. vii, Lit. Mb, No. 1, Vol. 3, Fasc. 2 b: des hiesigen Scharff-Richters Franz Wilhelm Hennings Supplicatum, die Beybehaltung seiner vormahligen Einkünfte betr. – 1760.

StAH, 111–1, Senat, Cl. vii, Lit. Mb, No. 1, Vol. 3, Fasc. 2 c: Vertretungen des mit Leibesschwachheit befallenen hiesigen Frohns bei größeren Executionen durch seine Verwandten, die Scharfrichter zu Mölln und Glückstadt – 1750–1762.

StAH, 111–1, Senat, Cl. vii, Lit. Mb, No. 1, Vol. 3, Fasc. 3: Des Johann Michael Marquard Hennings Substitution zum Frohn für Franz Wilhelm Hennings und nach dessen Tode geschehene Substitution des Hans Jürgen Hennings – 1765, 1767.

StAH, 111–1, Senat, Cl. vii, Lit. Mb, No. 1, Vol. 3, Fasc. 8: Die ad Supp. des Frohns Georg Philipp Wilhelm Hennings geschehene Adjungierung seines Sohnes Wilhelm Heinrich Martin Hennings ad dies vitae patris, jedoch absque spe succedendi – 1799.

StAH, 111–1, Senat, Cl. vii, Lit. Mb, No. 1, Vol. 3, Fasc. 13: Akte betreffend die Verleihung der Stelle des Frohnes an H.J.T. Hennings, Abänderung seines Kontraktes und Verlegung der Wache aus dem Wachthause am Berge in die Frohnerey – 1822–1823.

StAH, 111–1, Senat, Cl. vii, Lit. Mb, No. 1, Vol. 3, Fasc. 14: Acta betreffend die nach des Frohnes H.J.T. Hennings Tode vorgenommene Regulierung dieses Dienstes; Erwählung des hiesigen Bürgers Raphael Georg Voigt, 1830.

StAH, 111–1, Senat, Cl. vii, Lit. Mb, No. 1,Vol. 3, Fasc. 15: Aufhebung der Frohnerey nach deren Einäscherung im Mai 1842 und Bestimmungen wegen Entschädigung des Frohnes oder Nachrichters und in Betreff etwaiger Hinrichtungen und Execution von Staupenschlag – 1843.

StAH, 111–1, Senat, Cl. vii, Lit. Mb, No. 1, Vol. 3, Fasc. 16: Raths Prot. Extracta betr. die Wiederbesetzung der durch den Tod von Raphael Georg Voigt erledigten Stelle eines Frohns und Wahl des Sohnes des Verstorbenen Georg Eduard Voigt zum Frohn unter Feststellung des jährlichen Gehaltes auf 1500 Mark Courant, Beliebung der Instructionen und der Contractbedingungen unter Mitgenehmingung der Ehrb. Oberalten – 1852–1853.

StAH, 111–1, Senat, Cl. vii, Lit. Mb, No. 3, Vol. 4 a: Varia betr. die Exekutionen, 1675–1807.

StAH, 111–1, Senat, Cl. vii, Lit. Mb, No. 3, Vol. 4 b: Acta wegen Abstellung der bisherigen Gewohnheit: die Missethäter durch Prediger zur Gerichtsstädte begleiten zu lassen.

StAH, 111–1, Senat, Cl. vii, Lit. Mb, No. 3, Vol. 5: Acta über den Gebrauch vor der Hinrichtung eines Delinquenten, das über denselben gesprochene Todesurtheil dem jedesmaligen Herren Seniori Reverendi Ministerii durch den Herren Praetorem zuschicken zu lassen, 1760, 1804–6.

StAH, 111–1, Senat, Cl. vii, Lit. Mb, No. 3, Vol. 7: Acta, die in Criminal-Fällen bey der Vorführung der Gefangenen und auch bey der Execution von Todes- und anderen peinlichen Urtheilen zu beobachtende Formalitäten und zu erachtende Maaßregeln, auch abzugebende Commissaria betreffend – 1816.

StAH, 111–1, Senat, Cl. vii, Lit. Mb, No. 3, Vol. 8: Acta betr. das Criminal-Urtheil Senatus, i.S. Pfleging, Inquis. pcto. Raubmordes – 1841.

StAH, 111–1, Senat, Cl. vii, Lit. Mb, No. 3, Vol. 9: Acta betreffend die Öffentlichkeit bei den Hinrichtungen, sowie die Einführung des Fallbeils, statt aller bsiherigen Arten der, nunmehr binnen 8 Tagen nach rechtskräftiger Erkenntnis zu vollstreckenden Todesstrafe; beliebt durch Rat- und Bürgerbeschluß vom 19., publ. den 20. Oktober 1854.

StAH, 111–1, Senat, Cl. vii, Lit. Mb, No. 3, Vol. 10: Acta betr. die Einrichtungen und das Verfahren bei einer nach Maßgabe der Verordnung vom 20. Oktober 1854 vorzunehmenden Hinrichtung, worauf der Raubmörder Timm den 10. April 1856 indieser Weise durch das Fallbeil hingerichtet worden ist – 1855, 1856.

StAH, 111–1, Senat, Cl. vii, Lit. Mb, No. 3, Vol. 11: Criminal-Urtheile und Executionen: Acta, betreffend die am 13. December 1860 vollzogene Hinrichtung des Raubmörders Johann Ludwig August Parent, nebst dem Gnadengesuche abseiten des Parent und mehrerer Bürger – 1860.

StAH, 111–1, Senat, Cl. vii, Lit. Mb, No. 4, Vol. 3: Acta die Erweiterung des Platzes um den Köpfelberg, und den mit dem Frohn Hennings über das Feld um den Köpfelberg im Jahr 1793 geschlossenen Contract betreffend – 1793 et 1794.

StAH, 111–1, Senat, Cl. vii, Lit. Mb, No. 4, Vol. 4: Acten wegen Verlegung des Köpfelberges und der Abdeckerey auf das außerhalb No. 4 gelegene Borgfeld, 1804–1805.

StAH, 111–1, Senat, Cl. vii, Lit. Mb, No. 4, Vol. 5: Senats-Commissorium betreffend Errichtung eines Galgens 1816.

StAH, 111–1, Senat, Cl. vii, Lit. Me, No. 8, Vol. 1 b: Mandate gegen Kindesmord (1744, 1753, 1767) und gegen andere Mordtaten (1777).
StAH, 111–1, Senat, Cl. vii, Lit. Me, No. 8, Vol. 2 b: Kinder Mord.
StAH, 111–1, Senat, Cl. vii, Lit. Me, No. 8, Vol. 2 b, Fasc. 5, Nicolaus Christian Carstens – 1781.
StAH, 111–1, Senat, Cl. vii, Lit. Me, No. 8, Vol. 2 b, Fasc. 6: Anton Lorenz Ammon – 15. Sept. 1786.
StAH, 111–1, Senat, Cl. vii, Lit. Me, No. 8, Vol. 7: Intercession des Amtsmanns Braun zu Wilhelmsburg für die Verwandten des hieselbst Hingerichteten Mörders Henning Wöllmer, um dessen aufs Rad geflochtenen Körper in die Erde scharren zu lassen – 1781.
StAH, 111–1, Senat, Cl. vii, Lit. Me, No. 8, Vol. 10: Criminalia – Mord: Acta, Inquisition, Urtheil und dessen Vollstreckung wider Maria Catharina Wächtler geb. Wunsch pcto. Ermordung ihres Ehemannes, nebst diverser Nebenacten, 1786–1788.
StAH, 111–1, Senat, Cl. vii, Lit. Me, No. 8, Vol. 11: Inquisition wider die Jüdin Debora Traub, geb. Hirsch, wegen Vergiftung ihrer Schwiegerin und Schwiegermutter, 1790–1793.
StAH, 111–1, Senat, Cl. vii, Lit. Me, No. 8, Vol. 13: Untersuchung gegen Johann Georg Rüsau – enthält auch: Messer, 1803–1804.
StAH, 111–1, Senat, Cl. vii, Lit. Me, No. 8, Vol. 15: Criminalia: Relation ex actis betr. den wider Hinr. Friedr. Fick verübten Raubmord nebst Urtheile wider den Thäter Joh. Joach. Wallgrün, welcher zum Rade verurtheilt, und wider Joh. Andr. Gerloff, welcher vom Verdacht der Theilnahme freigesprochen worden – 1807.
StAH, 111–1, Senat, Cl. vii, Lit. Me, No. 8, Vol. 16: Relation, Urtheil pto. in peinl. Sachen wider Cath. Maria Koenig geb. Hartung, wegen Ermordung eines Kindes zum Schwerte verurtheilt – 1809.

Polizeibehörde-Kriminalwesen:
StAH, 331–2, P-K, 1786, No. 2 B: Untersuchung und Strafprozeß gegen den Krautkrämergesellen Anton Lorenz Ammon wegen Mord an seiner 8 Tage alten Tochter – Urteil: Todesstrafe (durch das Schwert).
StAH, 331–2, P-K, 1802, No. 81: Untersuchung und Strafprozeß gegen den Schiffszimmermann Johann Wilhelm Köhrse wegen Mordversuch an dem 8jährigen Johann Martin Heinrich Lembcke, 1802–1803.
StAH, 331–2, P-K, 1816, No. 191: Untersuchungsakten gegen Seeps, Catharina Susanne geb. Suhr, Wittwe, betr. Ermordung der Wittwe Agneta Engel, verw. Karstens geb. Seeps – Todesurteil.
StAH, 331–2, P-K, 1816, No. 218: Balthasar Friedrich Köster: (mehrfach vorbestraft): Fünf zum Teil bedeutende Diebstähle.
StAH, 331–2, P-K, 1818, No. 124: Untersuchungsakten gegen Cruset, Georg Friedr., betr. Mord und Selbstmord.
StAH, 331–2, P-K, 1818, No. 196: Untersuchungsakten gegen Wulff, Johanna Dorothea Sophia betr. heimliche Geburt und Kindesmord.
StAH, 331–2, P-K, 1818, No. 199: Untersuchungsakten gegen Levien, Conrad Ludwig betr. Todschlag seiner Tochter.
StAH, 331–2, P-K, 1818, No. 218: Untersuchungsakten gegen Köster, Balthasar Friedrich (mehrfach vorbestraft) wegen fünf zum Teil bedeutender Diebstähle.
StAH, 331–2, P-K, 1822, No. 125: Untersuchungsakten gegen Hammann, Hans Hinrich Peter betr. Ermordung seines Kindes.
StAH, 331–2, P-K, 1822, No. 338: Christian Mathias Pingel, 1821/22.
StAH, 331–2, P-K, 1822, No. 371: Untersuchungsakten, Hennings, H.J. Theodor betr. Vergebung der Stelle des Scharfrichters (Exekution des Pingel).
StAH, 331–2, P-K, 1824, No. 108: Meinert Fischer: Ermordung des Ernst Lieders.
StAH, 331–2, P-K, 1828, No. 172: Untersuchungsakten gegen de Jongh, Aries, betr. Ermordung der Catharina Maria Elisabeth Lange.

StAH, 331–2, P-K, 1829, No. 491: Untersuchungsakten gegen Warre, Francis Whitehead, Engländer, betr. Ermordung der Hanna Rodriguez Mendez genannt Hannchen Meyer und versuchter Selbstmord.

StAH, 331–2, P-K, 1831, No. 545: Untersuchungsakten gegen Johann Gottlieb Elsässer, betr. Mord.

StAH, 331–2, P-K, 1835, No. 710: Untersuchungsakten gegen Thomaschewsky, Johann Samuel, betr. Raubmord an der Wwe. Anne Catharina Flöge, geb. Möller.

StAH, 331–2, P-K, 1836, No. 1721: Untersuchungsakten gegen Wiemann, Hieronymus Anton Georg, betr. Raubmord.

StAH, 331–2, P-K, Serie Vii, Lit. AA (1854), No. 460: Johann Wilhelm Arnold Timm: Zweifacher Raubmord; 2 Bde.

Familienarchive:

StAH, Familienarchive, 622–1, Archiv der Familie Beneke, C 21: Ferdinand Beneke (1774–1848), Rechtstheoretische Manuskripte: „Ueber das Recht zu strafen", um 1790 (handschriftlich).

StAH, Familienarchive, 622–1, Archiv der Familie Hudtwalcker, II.1–II.11, 1848–1860.

Bibliothek:

Verzeichnis der in Hamburg vom 1. Januar 1834 bis zum 31. Dezember 1849 in Verhaft gewesenen und mit Zucht- oder Spinnhaus bestraften Verbrecher, mit der aufgenommenen summarischen Beschreibung, sowie einer Angabe ihres Verbrechens und der erfolgten Bestrafung.

Staats- und Universitätsbibliothek Hamburg, Handschriftenlesesaal

SUB, Cod. Hans. I:062:1: Hamburgische Chronik von 1706 bis 1730.

SUB, Cod. Hans., II, 146.

SUB, Cod. Hans., II, 147.

SUB, Hsl. Porträtkatalog.

Publizierte Quellen

Abegg, Julius F., Lehrbuch der Strafrechts-Wissenschaft. Neustadt an der Orla 1836.

Abicht, Johann H., Die Lehre von Belohnung und Strafe in ihrer Anwendung auf die bürgerliche Vergeltungsgerechtigkeit überhaupt, und auf die Criminal-Gesetzgebung insbesondere, wie auch auf Moral, Theologie und Erziehungswissenschaft, nach kritischen Principien neu bearbeitet – 2 Bde. Erlangen 1796/1797.

Aechte und vollständige Acten der berüchtigten Inquisitin Wächtler zu Hamburg. Hamburg 1787.

Aegidi, Ludwig C., Zur Feier des 18ten März: Rede im Namen und Auftrag des Akademischen Gymnasiums und der Gelehrten- und Realschule des Johanneums. Hamburg 1863.

Alberti, Michael, De melancholia vera et simulata. Halae 1743.

Althof, Johann C., Über die Verwerflichkeit der Todesstrafe und was für jetzt in Deutschland an deren Stelle zu setzen. Lemgo 1843.

Amelung, Franz, Betrachtungen über die Grenzen der Zurechnungsfähigkeit, in: ZSak 13,1 (1827), 47–120.

Anderson, Christian Daniel, Sammlung der Verordnungen der freien Hanse-Stadt Hamburg, seit deren Wiederbefreiung im Jahre 1814, Bd. 5. Hamburg 1818.
Anhang zu den Belegen welche zur Erzählung jener Begebenheiten gehören die sich im unglücklichen Hamburg vom 30sten May 1813 bis zum 31sten May 1814 ereignet haben und welcher Anhang wichtige Dokumente über das Betragen schändlicher Franzosen und tief gesunkener Hamburgischer Bürger liefert. Hamburg 1814.
Anonym [Carl J.A. Mittermaier], Beurtheilung der neuesten criminalistischen Schriften, insbesondere der über Todesstrafen erschienen Werke, in: NACr 10 (1828), 346–366.
Anonym [Georg C. Lichtenberg], Die Guillotine, verglichen mit andern, zur Bewürkung der Todesstrafen gebräuchlichen Instrumenten, in: BpRG 1,1 (1797), 387–395.
Anonym [verm. Albrecht Wittenberg], Rezension von ‚Dei Delitti e delle pene &c.', in: Altonaischer gelehrter Mercurius 3, 52 (Dez. 1765), 237f.
Anonym, Abermalig wahrhafte Aussagen der Inquisitin Wächtlern als Dieselbe den 10. October wiederum zum Verhör in der Raths-Stube geführet wurde. Hamburg 1788.
Anonym, Abhandlung von den Ursachen des Vergnügens, welches uns die Beschreibungen unvollkommener Dinge bey den Rednern und Dichtern geben, in: Bemühungen zur Beförderung der Critik und des guten Geschmacks 1 (1743), 159-178.
Anonym, Appellation an das Publikum, in Sachen einer zu Hamburg inhaftirten Jüdin und Inquisitin. Hamburg 1792.
Anonym, Auch ein Wort an das unpartheiische Hamburgische Publikum, das ohnlängst ausgestreute Pasquill in Sachen der Inquisitin Debora Traub betreffend – Ne futor ultra crepidam. Hamburg 1792.
Anonym, Auch Etwas über den am 14ten April dieses Jahres in Hamburg vom Leben zum Tode gebrachten Delinquenten, in: HuA 5,2 (1806), 92–94.
Anonym, Auch etwas über die Gewohnheit, Missethäter durch Prediger zur Hinrichtung begleiten zu lassen. Hamburg 1784.
Anonym, Ausführliche Lebensbeschreibung der Wächtlerin geborne Wunschin, Inquisitin zu Hamburg, worinne deren Erziehung und merkwürdigsten Lebensumstände von ihrer Geburt an erzählet werden. O.O. o.J.
Anonym, Ausführliche und Gründliche Nachricht von dem Leben, Uebelthaten, Inquisition, und Tod zweyer in Hamburg den 6ten Mart. 1724 aufgehenckten vornehmen Diebe, Ernsts von Werth, oder so genannten Baron von Franckenbergs; und Hinrichs Giesekens, oder insgemein so genannten Capitans. Hamburg 1724.
Anonym, Ausführlicher Bericht, der in Hamburg hingerichteten Missethäter, welche durch die Justiz mit dem Schwerdt, Strange, Feuer, Rad und arquebusiret, vom Leben zum Tode gebracht sind. Hamburg 1823.
Anonym, Aussage der Inquisitinn Wächtlern in Hamburg bey dem am 25ten Januar 1788 erhaltenen Ersten Grade der Tortur: nebst Bermerkungen über die Zulässigkeit dieses Beweismittels. Hamburg 1788.
Anonym, Beispiel einer mehr als unmenschlichen Grausamkeit, in: Ephemeriden der Menschheit, Nov. 1784, 634–636.
Anonym, Bekenntniß der Inquisitinn Wächtlern in Hamburg: nebst fortgesetzten Bemerkungen über die Tortur und diesen Kriminalprozeß – eingesandt dem Herausgeber des Archivs der Schwärmerey. Hamburg 1788.
Anonym, Berichtigungen und Anmerkungen über den schrecklichen Mord, der an J. A. Wächteler, einem Bürger in Hamburg, im Februar 1786 begangen wurde. Hamburg 1786.
Anonym, Das in Deutschland so sehr überhand genommene Uebel der sogenannten Empfindsamkeit oder Empfindeley, nach seinem Ursprung, Kennzeichen und Wirkungen, wie auch die sicherste Verwahrung dagegen. Freiberg 1782.
Anonym, Der Bestraffte Mord, um alle fromme Christen und Kinder Gottes, zuvorderst aber die liebe Jugend, nicht allein vor grossen, sondern auch vor den allerkleinsten Sünden zu warnen, hat man nicht undienlich befunden, derer drey Gott-vergessenen und erz-boßhafftigen, verruchten und Gottlosen Mörder, welche am 23 Januarii dieses jetzt

lauffenden 1702. Jahres, in Hamburg, bey Anschauung vieler tausend Menschen, durch eine solche Execution vom Leben zum Todt gebracht worden, wie sei mit ihren bösen Thaten verdienet hatten; Ihr vor Gericht gethane Aussage und Uhr-Gicht durch den Druck bekannt zu machen. Wobey auch angefügt die Execution dieser drey Mörder und einer alten Diebin; nebst einiger Lieder, die am Tage der Execution verkaufft worden. Hamburg 1702.

Anonym, Der Familienmord von Hamburg: Der Fall des Kandidaten Rüsau, in: Der Neue Pitaval, hg. v. Hermann Mostar/Robert A. Stemmle, Bd. 5: Betrug. München/Wien/Basel 1964 (Leipzig 1861), 123–162.

Anonym, Der Mörder Rüsau, in: HuA 2,3 (1803), 364–371.

Anonym, Die Guillotine, eine alte schottländische Erfindung, in: Neues Hannöverisches Magazin 70 (1795), Sp. 1115–1118.

Anonym, Die neueste königlich dänische Verordnung über die Bestrafung des dritten Diebstahls, für die Herzogthümer Schleswig und Holstein, in: CrimBei 1 (1825), 453–458.

Anonym, Die Todesstrafen betreffend – aus einem Briefe, in: Ephemeriden der Menschheit, Mai 1784, 518–523.

Anonym, Ein ruhiges Wort an das Hamburgische Publicum der unruhigen Stimme des Murrens in Sache der peinlich angeklagten Jüdin entgegen gesetzt. Hamburg 1792.

Anonym, Eine Mordscene aus der Vorzeit, in: HuA 2,4 (1803), 78–81.

Anonym, Etwas Neues aus dem Reiche der Todten, Oder: Sichere Nachricht Von der Ankunft und curieusen Entrevue des B. Franckenbergs und C. Giseckens im Reiche der Todten, Durch den Todten-Reichs-Post-Rueter eben itzo rapportiret. Hamburg 1724.

Anonym, Gründet sich das Recht der Monarchen, mit dem Tode zu straffen, in der Uebertragung der Menschen, von einem Freunde der Wahrheit beantwortet. Ohne Ort, ohne Jahr (vermutlich Wien 1781).

Anonym, Hamburg vor und nach der Französischen Revolution, in: HuA 1,1 (1801), 33–37.

Anonym, Hamburgische Freudenhäuser, in: HuA 4,3 (1805), 47–58.

Anonym, Hamburgs alte und neue Zeit: eine Parallele, in: HuA 2,2 (1803), 21–40.

Anonym, Klage der Sittlichkeit über die zunehmende Anzahl und Frechheit der feilen Mädchen in Hamburg, in: HuA 1,4 (1802), 292–299.

Anonym, Kurze jedoch richtige Darstellung der traurigen Geschichte des unglücklichen Johann Georg Rüsau: Seine sechsfache Mordthat, den darüber entstandenen Criminal-Proceß und dessen gerichtlichen Entscheidung betreffend: Aus authentischen Quellen zusammengetragen. Hamburg 1804.

Anonym, Leben, Ende und Thaten Johann Georg Rüsau's, weiland Handelsmann und Candidaten, wie er sich selbst viel Qual, Noth und Schande erwarb und zuletzt als Familienmörder den 19ten März 1804 unterm Rade auf dem Köppelberge starb – mit des Hingerichteten sehr ähnlichen Schattenrisse. Hamburg 1804.

Anonym, Lebensgeschichte des Jochim Hinrich Petersen, in: Inquisitenblätter für Juristen und Nichtjuristen, 1. Stück (1788), 8–16.

Anonym, Nach-Schrift an statt der Grab-Schrift auff den Schiffer Jan Nobel und Nicolas Heu. Hamburg 1717.

Anonym, Noch Etwas der Inquisitin Traub wegen; besonders in Rücksicht des fliegenden Blattes: ‚Appellation an das Publikum, in Sachen einer zu Hamburg inhaftierten Jüdin und Inquisitin'. Hamburg 1792.

Anonym, Noten zum Text, oder freymüthige Gedanken über die gerichtliche Vertheidigungsschrift des Inquisiten Rüsau. Hamburg 1804.

Anonym, Practische Anleitung über das Verfahren in peinlichen Untersuchungen. Hadamar/Koblenz 1818.

Anonym, Rezension der ‚Rhapsodischen Bemerkungen' und von ‚Fremdes Gesetzbuch? Oeffentlichkeit? Geschwornengerichte? Todesstrafe?' und von ‚Beyträge ...', in: Privilegirte wöchentliche gemeinnützige Nachrichten von und für Hamburg, Nr. 271, Donnerstag, den 13ten November 1828, Titelseite.

Anonym, Rezension von Adolph Henke, Abhandlungen aus dem Gebiet der gerichtlichen Medicin, Bd. 4 (1820), in: ZSak 1,2 (1821), 435–450.
Anonym, Rüsaus Familienmord: Am Morgen des 15ten August 1803: Mit einem Titelkupfer. Altona 1803.
Anonym, Rüsaus Leben, in: HuA 2,4 (1803), 204–213.
Anonym, Todesstrafe: Gericht zeigt Horrorbilder im Netz, in: Spiegel, 26. Okt. 1999.
Anonym, Ueber das Sittenverderbniß unserer und der Vorzeit: Eine Debatte, in: HuA 4,1 (1805), 326–336.
Anonym, Ueber die letzte Defension der Inquisitin Wächtlern in Hamburg, in: Inquisitenblätter für Juristen und Nichtjuristen 1. Stück (1788), 3–8.
Anonym, Ueber die öffentlichen Hinrichtungen und den Einfluß, den sie auf die Moralität des Volks haben, in: Neues Hannöverisches Magazin 75–79 (1800), Sp. 1393–1464.
Anonym, Ueber die Todesstrafe der Diebe, in: HuA 5,4 (1806), 243–251, 257–260.
Anonym, Ueber Leibes- und Lebensstrafe, besonders in Republiken, in: HuA 1,4 (1802), 319–326.
Anonym, Ueber Leibes- und Lebensstrafen überhaupt, besonders in Republiken, in: HuA 1,3 (1802), 156–164.
Anonym, Ueber Verstandeszerrüttung, ihre Folgen und ihre Bestrafung, in: HuA 2,4 (1803), 129–140.
Anonym, Unverfälschte Nachricht von dem Betragen der Wächtlern in der Frohnerey nebst dem letzten Urtheile des Obergerichts. Hamburg 1788.
Anonym, Was sind Joh. Melchior Goezen Gewissenhafte Erinnerungen? Zu der Schrift: Ueber die Gewohnheit, Missethäter durch Prediger zur Hinrichtung begleiten zu lassen. Hamburg 1784.
Anonym, Wie können Bosheiten in einer großen Stadt verhindert werden? Bey Gelegenheit des berüchtigten Judenmordes beantwortet vom Verfasser der Nahrung für alle Temperamente. Hamburg 1783.
Anonym, Wünsche und Vorschläge zur Verbesserung der Criminaljustiz in Teutschland, in: NACr 3 (1801), 1–17.
Aristoteles, Poetik (Universal-Bibliothek ; 7828). Stuttgart ^{2}1994.
Arnold, Thomas, Beobachtungen über die Natur, Arten, Ursachen und Verhütung des Wahnsinns oder der Tollheit: aus dem Englischen von Johann Gottlieb Ackermann – zwei Theile. Leipzig 1784/1788 (Leicester 1782).
Aschenbrenner, Martin, Ueber die rechtliche und sittliche Zulässigkeit der Todesstrafe im peinlichen Rechte, Abhandlung 2: Ueber die sittliche Zulässigkeit der Todesstrafe im peinlichen Recht, in: NACr 4 (1802), 1–33.
Asher, Carl W., Einige Worte der Zurechtweisung auf die Gegenschrift der rhapsodischen Bemerkungen über Criminal-Justiz. Hamburg 1828.
Asher, Carl W., Rhapsodische Bemerkungen über Criminal-Justiz: Zum Theil mit besonderer Beziehung auf Hamburg. Hamburg 1828.
Augustinus, Bekenntnisse (397/398). München 1983.
Barkhausen, Heinrich L.W., Abgekürzte Reflexionen über den Nuzen oder Schaden der Todesstrafen, in: Deutsches Museum, Oktober 1776, 947–953.
Barkhausen, Viktor, Ueber die Abschaffung der Todesstrafen: Probe eines Kommentars über den Beccaria nebst Ankündigung einer neuen Uebersetzung desselben, in: Deutsches Museum, August 1776, 667–694.
Barkhausen, Viktor, Vermischte Anmerkungen und Erläuterungen über die Todesstrafen und verwandte Materien, in: Deutsches Museum, August 1777, 154–185, Oktober 1777, 328–352.
Bauer, Anton, Vergleichung des ursprünglichen Entwurfs eines Strafgesetzbuches für das Königreich Hannover mit dem revidierten Entwurfe, wie solcher den Ständen des Königreichs mitgetheilt worden. Göttingen 1831.

Beccaria, Cesare, Abhandlung von den Verbrechen und Strafen nach der französischen Ausgabe übersetzt, mit einigen Zusätzen des Verfassers, die in der Italienischen nicht befindlich sind; übers. v. Albrecht Wittenberg. Hamburg 1766.

Beccaria, Cesare, Risposta ad uno scritto che s'intitula: Note ed osservazioni sul libro intitolato Dei delitti e delle pene. Lugano 1765.

Beccaria, Cesare, Über Verbrechen und Strafen: Nach der Ausgabe von 1766 übersetzt und hg. v. Wilhelm Alff. Frankfurt/M. 1966.

Beccaria, Cesare, Ueber Verbrechen und Strafen nebst Anmerkungen und einem Anhange: Graf Röderer, Ueber die Abschaffung der Todesstrafe – uebersetzt und mit Vorwort und Biographie Beccaria's versehen von M. Waldeck. Leipzig 1870.

Becker, Rudolph Z., Noth- und Hülfs-Büchlein für Bauersleute, oder lehrreiche Freuden- und Trauer-Geschichte des Dorfs Mildheim, für Junge und Alte beschrieben. Gotha/ Leipzig 1788.

Beiträge zur Berichtigung der Lehre von der Zurechnungsfähigkeit, in: ZSak 48,3 (1844), 55–74.

Bergk, Johann Adam, Briefe über Immanuel Kants Metaphysische Anfangsgründe der Rechtslehre. Leipzig 1797.

Bergk, Johann Adam, Des Marchese Beccaria's Abhandlung über Verbrechen und Strafen – von neuem aus dem Italiänischen übersetzt: Mit Anmerkungen von Didérot, mit Noten und Abhandlungen vom Uebersetzer, mit den Meinungen der berühmtesten Schriftsteller über die Todesstrafe nebst einer Kritik derselben, und mit einem Anhange über die Nothwendigkeit des Geschwonengerichts und über die Beschaffenheit und die Vortheile desselben in England, Nordamerika und Frankreich – 2 Theile. Leipzig 1798.

Bergk, Johann Adam, Untersuchungen aus dem Natur-, Staats- und Völkerrechte mit einer Kritk der neuesten Konstitution der französischen Republik. Kronberg/Ts. 1975 (1796).

Berner, Albert F., Abschaffung der Todesstrafe. Dresden 1861.

Beseke, Johann M.G., De homicidio ex vitae taedio ad oppetendam mortem commisso, non mortis poena sed carceribus puniendo brevis commentatio. Halae 1772.

Beseke, Johann M.G., Versuch eines Entwurfs zu einem vollständigen Gesetzesplan für Verbrechen und Strafen, als ein Beitrag zur Preisaufgabe der ökonomischen Gesellschaft zu Bern mit dem Wahlspruch: O! quisquis volet impias/caedes, et rabiem tollere civicam, auf öffentliches Verlangen der ökonomischen Gesellschaft zu Bern zum Druck befördert. Dessau 1783.

Bilderhandschrift des hamburgischen Stadtrechts von 1497, erläut. v. Heinrich Reincke, hg. v. Jürgen Bolland. Hamburg 1968.

Bird, Friedrich, Ueber Classification und Ausgänge der psychischen Krankheiten, mit besonderer Rücksicht auf das Wesen der fixen Ideen, und den Werth jener Zustände überhaupt, in Bezug auf die Rechtspflege, in: ZSak 27,1 (1834), 144–185.

Birken, Sigmund von, Teutsche Rede-bind und Dicht-Kunst. Hildesheim/New York 1973 (Nachdruck Nürnberg 1679).

Blackstone, William, Vermischte Abhandlungen über verschiedne Rechtsmaterien. Bremen 1779 (Oxford 1769).

Blackstone, William, Von der Beschaffenheit der Verbrechen, und ihrer Strafen, in: Ders., Vermischte Abhandlungen über verschiedne Rechtsmaterien. Bremen 1779 (Oxford 1769), 87–124.

Blanc, Olivier, Der letzte Brief: Die Schreckensherrschaft der Französischen Revolution in Augenzeugenberichten. Wien/Darmstadt 1988 (Paris 1984).

Blank, Johann Friedrich, Sammlung der von E. Hochedlen Rathe der Stadt Hamburg so wol zur Handhabung der Gesetze und Verfassungen als bey besonderen Eräugnissen in Bürger- und Kirchlichen, auch Cammer-Handlungs- und übrigen Policey-Angelegenheiten und Geschäften vom Anfange des siebenzehnten Jahr-Hunderts bis auf die itzige Zeit ausgegangenen allgemeinen Mandate, bestimmten Befehle und Bescheide, auch beliebten Aufträge und verkündigten Anordnungen – 6 Bde. Hamburg 1763–1774.

Bluff, Mathias J., Ueber Mord-Monomanie; mit einer Nachschrift vom Herausgeber (Adolph Henke), in: ZSak 29,2 (1835), 366–385.
Böhmer, Georg W., Handbuch der Litteratur des Criminalrechts in seinen allgemeinen Beziehungen, mit besondrer Rücksicht auf Criminalpolitik nebst wissenschaftlichen Bemerkungen. Göttingen 1816.
Böhmer, Georg W., Kritische Geschichte der Guillotine. Göttingen 1821.
Böhmer, Georg W., Ueber die Wahl der Todesstrafen, Teil 1–4, in: NACr 4 (1821), 56–75, 4 (1821), 343–386, 5 (1822), 559–624, 6 (1824), 65–112.
Böhmer, Johann S.F., Meditationes in Constitutionem Crimnalem Carolinam. Halae 1770.
Bopp, Philipp, Uebersicht der neueren Rechtsliteratur in Bezug auf Staatsarzneikunde, besonders in Relation zur gerichtlichen Medicin: Criminalistische Beiträge, in: ZSak 34,3 (1837), 213–236.
Boys, Albert du, Histoire du droit criminel des peuples modernes considerée dans ses rapports avec les progrès de la civilisation. Paris 1854.
Brantôme, Pierre de, Mémoires de Mre Pierre de Boudeille, Seigneur de Brantôme: Contenants les vies des hommes illustres et grand Capitaines etrangers de son temps. 1772 (Leyden 1665).
Brendel, Zacharias, De melancholia. Jena 1618.
Bruhier, Jacques J., Abhandlung von der Ungewißheit der Kennzeichen des Todes und dem Mißbrauche, der mit übereilten Beerdigungen und Einbalsamierungen vorgeht; aus dem Französischen übersetzet und mit Anm. und Zus. vermehret hg. v. Johann G. Jancke. Leipzig/Copenhagen 1754 (Paris 1742/49).
Büchner, Georg, Dantons Tod (1835): Die Trauerarbeit im Schönen: Ein Theaterlesebuch, hg. v. Peter Becker. Frankfurt/M. 1980.
Büchner, Georg, Woyzeck (1836): Nach den Handschriften neu hergestellt von Henri Poschmann, mit Bildern von Alfred Hrdlicka. München 1991.
Burke, Edmund, Betrachtungen über die Französische Revolution (übers. v. Friedrich Gentz). Frankfurt/M. 1967 (1790; dt.: 1793).
Burke, Edmund, Philosophische Untersuchung über den Ursprung unserer Ideen vom Erhabenen und Schönen (Philosophische Bibliothek ; 324). Hamburg [2]1989 (1757).
Cabanis, Pierre Jean Georges, Bemerkungen über die Meinung des Herrn Sömmering, Oelsner, und des Bürgers Sue über die Enthauptung, in: Sue, Jean Joseph, Physiologische Untersuchungen und Erfahrungen über die Vitalität; nebst dessen Abhandlung über den Schmerz nach der Enthauptung und der Abhandlungen der Bürger Cabanis und Léveillé über den selben Gegenstand. Aus dem Französischen mit Anmerkungen und Zusätzen von Johann Christoph Friedrich Harleß; mit Kupfern. Nürnberg 1799 (Paris 1797), 117–135.
Campe, Joachim H., Ueber Empfindsamkeit und Empfindelei in pädagogischer Hinsicht. Hamburg 1779.
Carpzov, Benedikt, Peinlicher Sächsischer Inquisition- und Achts-Prozeß, daraus zu vernehmen, wann, wie, und welcher gestalt von der Obrigkeit ex officio wider die Delinquenten und Verbrechere zu inquiriren, so wol auch wider die Flüchtigen mit der Acht zu verfahren. Aus Kays. Carls deß V. und des heiligen Romischen Reichs Peinlichen Halßgerichts-Ordnung, gemeinen und sächsischen Rechtern, Churf. Edictis und Constitutionen, auch in dieser Lande Gerichten, hergebrachten, zuförderst in Churfürstl. Sächs. Schöppenstul zu Leipzig üblicher bewerteter Observantz und Büchern der Rechtsgelährten, meißtentheils aber ex parte tertia Practicae Criminalis D. Benedicti Carpzovii ordentlichen zusammen getragen. Allen Adelichen Gerichts-Herrn, Amptleuten, Schöffern, Richtern, Notariis, Gerichtsverwaltern, und andern, welchen das Richterliche Ampt auffgetragen, und ihrer hohen Pflicht nach wider die Übelthäter zu inquiriren oblieget, ganz nötig und nützlich. Leipzig 1662 (1638).
Carpzov, Benedikt, Practica Nova Imperialis Saxonica Rerum Criminalium in partes III Divisa. Editio Secunda Wittebergae 1646 (1635).

Carriere, Moriz, Wissenschaft und Leben in Beziehung auf die Todesstrafe: Ein philosophisches Votum; mit einem strafrechtlichen und vom Standpunkte der Erfahrung abgegebenen Gutachten von Friedrich Noellner. Darmstadt 1845.
Casanova, Giacomo, Geschichte meines Lebens – 5 Bde. Berlin 1965 (1822–28).
Cella, Johann J., Ueber Todesstrafen und ob es zweckmässig ist, selbige durch qualvolle Arten der Hinrichtung zu schärfen? Giessen 1794.
Christern, Johann W. (Baron von Rosenburg), Die hamburgische Prostitution, dargestellt in Biographien, Skizzen u. Genrebildern – mit einem Portrait in Farbendruck: Hamburgs galante Häuser bei Nacht und Nebel. Neustadt [7]1860.
Clarus, Johann Christian August, Die Zurechnungsfähigkeit des Mörders Johann Christian Woyzeck, nach Grundsätzen der Staatsarzneikunde aktenmäßig erwiesen. Leipzig 1824.
Claßen, J.F., Gesetzkatechismus für die Stadt- und Landschulen in den Herzogthümern Schleswig und Holstein. Altona 1805.
Clossius, Carl F., Über die Enthauptung. Tübingen 1797.
Cranz, August F., Bemerkungen an das unbefangene und aufgeklärte Hamburgische Publikum – Bey Gelegenheit des Criminal-Prozesses gegen die unglückliche Jüdin Debora Traub. Hamburg 1793.
Crèvecoeur, Hector St. John de, Letters from an American Farmer. London/New York 1951 (1782).
Crichton, Alexander, An Enquiry Into the Nature and Origin of Mental Derangement, Comprehending a Concise System of Physiology and Pathology of the Human Mind, and History of the Passions and their Effect. London 1798.
Criminalgesetzbuch für den Freistaat Hamburg: Entwurf des Justiz-Ausschusses der constituirenden Versammlung. Hamburg 1849.
Curio, Johann Karl D., Rüsau's Leben und Hinrichtung in pragmatischer, moralischer und psychologischer Hinsicht: nebst einem sehr gut getroffenen Bildnisse desselben. Hamburg 1804.
Dalberg, Carl T. von, Entwurf eines Gesetzbuchs in Criminalsachen. Frankfurt/Leipzig 1792.
Damerow, Heinrich, Bemerkungen über die Stehlsucht bei Seelenkranken, in: Allgemeine Zeitschrift für Psychiatrie und psychisch-gerichtliche Medizin 1 (1844), 445–456.
Dannreuther, Johann F., Observationes de criminum quorundam poenis, et in iisdem puniendis observando processu ex anitquitatibus praecipue patriis erutae. Altorfii 1741.
Defensionales in Sachen Fiscalis in Criminalibus, ex officio inquirentis und peinlichen Anklägers, entgegen und wider Debora Traub, gebohrne Hirsch, Gefangene, Inquisitin und peinlich Angeklagte. Hamburg 1793.
Defensionsschrift in Sachen der peinlich angeklagten Debora Traub, gebohrnen Hirsch, verlesen im Hamburgischen Wohllöblichen Niedergerichte den 7ten November 1792, mit nöthigem Vorberichte über einige darin ungleich gedeutete Stellen. Hamburg 1793.
Der Freischütz, 1854–1856.
Der Neue Pitaval, hg. v. Hermann Mostar/Robert A. Stemmle, Bd. 5: Betrug. München/Wien/Basel 1964 (Leipzig 1861).
Der Patriot, nach der Originalausgabe Hamburg 1724–26 in drei Textbänden und einem Kommentarband kritisch hg. v. Wolfgang Martens. Berlin 1969.
Der Schächer am Kreutz. Das ist, vollständige Nachrichten von der Bekehrung und seligem Ende hingerichteter Missetäter, gesammlet und mit Anmerkungen begleitet von Ernst Gottlieb Woltersdorf, Evangel. Prediger zu Bunzlau in Schlesien. Bautzen/Görlitz [2]1761 (1753).
Der Stadt Hamburg Gerichts-Ordnung und Statuta, hg. auf Veranlassung des Vereins für Hamburgische Geschichte. Hamburg 1842.
Der Stadt Hamburg Statuten und Gerichts-Ordnung – neue unveränderte Auflage. Hamburg 1771 (1603).
Descartes, René, Die Prinzipien der Philosophie (Philosophische Bibliothek ; 28). Hamburg [8]1992 (1644).

Descartes, René, Von der Methode des richtigen Vernunftgebrauchs und der wissenschaftlichen Forschung (Philosophische Bibliothek ; 26a). Hamburg 1978 (1637).
Dictionnaire des sciences médicales par une société de médicins et de chirurgiens – 61 Bde. Paris 1812–22.
Die Reform, 1854–1856.
Die Schauspiele des Herzogs Heinrich Julius von Braunschweig: Nach alten Drucken und neuen Handschriften hg. v. Wilhelm L. Holland. Amsterdam 1967 (Nachdr. Stuttgart 1855).
Döbler, Jacob, Theatrum Poenarum suppliciorum et executionum criminalium; oder Schauplatz derer Leibes- und Lebens-Strafen, welche nicht allein vor Alters bei allerhand Nationen und Völkern in Gebrauch gewesen, sondern auch noch heut zu Tage in allen vier Welttheilen üblich sind, mit vielen autoritatibus, decisionibus und Urtheln der vornehmsten Criminalisten, Schöppenstühle und Facultäten bekräftigt – 2 Bde. Sondershausen/Leipzig 1693–1697.
Dorneck, Johann A. von, Practica und Proceß Peinlicher Gerichtshandlung: Wie peinliche Uebelthaten nach iren Umbstenden, beyde der That und Personen, verfolgt und gerechtfertigt werden sollen. Mit sonderem Fleyß aus gemeinen bäpstlichen, keyserlichen und sächsischen Rechten, Sowol auch des heil. Röm. Reichs sonderbaren Constitutionibus, Ordnungen und Abschieden, auch sonst andern bewährten Rechtslehrern, so ober peinl. Sachen geschrieben, mit eynführung des herrlichen Tractats peinlicher Fragen Herrn Guidonis de Susaria. Franckfurt/M. 1576.
Dreyer, Johann C.H., Abhandlung von dem Nutzen des trefflichen Gedichts Reinke de Voß in Erklärung der teutschen Rechtsalterthümer, insbesondere des ehemaligen Gerichtswesen, in: Dreyer, Johann C.H., Zur Erläuterung der teutschen Rechte, Rechtsalterthümer und Geschichten angewandte Nebenstunden. Bützow/Wismar 1768, 1–256.
Dreyer, Johann C.H., Antiquarische Anmerkungen über einige in dem mittleren Zeitalter in Teutschland und im Norden üblich gewesene Lebens=, Leibes= und Ehrenstrafen. Lübeck 1792.
Dreyer, Johann C.H., Zur Erläuterung der teutschen Rechte, Rechtsalterthümer und Geschichten angewandte Nebenstunden. Bützow/Wismar 1768.
Dubos, Jean-Baptiste, Kritische Betrachtungen über die Poesie und die Mahlerey – 3 Teile. Kopenhagen 1760/61 (Paris 1719).
Ducpetiaux, Edouard, De la peine de mort. Brüssel 1827.
Dumas, Alexandre, Le Drame de Quatre-Vingt-Treize – 3 Bde. Paris o.J.
Ebert, August F., Soll man in diesem Augenblick reformieren? Einige Gedanken über den Gegenstand der von einem ungenannten Ausländer erschienenen Schrift: Ueber die Nothwendigkeit einer Justizfreform [...]. Hamburg 1813.
Edison, Thomas A. Inc., Execution of Czolgosz with Panorama of Auburn Prison. 9. Nov. 1901.
Eggers, Emil A. von, Beyträge zu neuen Erfahrungen der Rechts- und Gesetzkunde, oder Jahrgänge der Rechtspflege bey den Holsteinischen Obergerichten – Jg. 1795, 3 Bde. Altona 1797.
Ehrhart, F., Nicht alles ist neu, was für neu ausgegeben oder gehalten wird, in: Neues Hannöverisches Magazin 42 (1795), Sp. 667–672.
Eisenhart, Johann F., Erzählungen von besonderen Rechtshändeln – 10 Bde. Halle/Helmstedt 1767–1779.
Erman, Paul S., Ueber die Todesstrafe durch die Guillotine, in: Neues Magazin für Ärzte 20,1 (1798), 64–82.
Eschenburg, Johann J., Entwurf einer Theorie und Literatur der schönen Wissenschaften: zur Grundlage bei Vorlesungen. Berlin/Stettin 1789 (1783).
Eschenmayer, Carl A., Ueber die Enthauptung gegen die Sömmeringsche Meinung. Tübingen 1797.

Eschenmayer, Carl von, Ueber die Abschaffung der Todesstrafen aus Veranlassung des Antrags der Kammer der Abgeordneten von Frankreich. Tübingen 1831.
Esquirol, Dominique, Esquirol's Beobachtungen über Mord-Monomanie, mit Zusätzen von Mathias Joseph Bluff. Nürnberg 1831.
Esquirol, Dominique, Notes médico-légale sur la monomanie-homicide. Paris 1827.
Esselborn, Karl, Über Verbrechen und Strafen, von Cesare Beccaria. Leipzig 1905.
Ewald, Schack Hermann, Ueber das menschliche Herz, ein Beytrag zur Charakteristik der Menschheit. Erfurt 1784.
Facchinei, Ferdinando, Note ed osservazioni sul libro intitolato Dei delitti e delle pene. Venedig 1765.
Faust, Bernhard C./Hunold, Philipp, Abhandlung über die Anwendbarkeit und den Nutzen des Oels und der Wärme bey chirurgischen Operationen. Leipzig 1806.
Feder, Georg H., Ueber die Todesstrafen: Anmerkungen zur Erläuterung des Streites und zur nähern Bestimmung des Ziels der Untersuchungen, in: Deutsches Museum Nov. 1777, 465–471.
Feuerbach, Paul Johann Anselm, Der Tod ist das größte Übel und die abschreckendste Strafe, in: BpRG 2 (1800), 244–282.
Feuerbach, Paul Johann Anselm, Diss. inaug. de causis mitigandi ex capite impeditae libertatis. Jena 1799.
Feuerbach, Paul Johann Anselm, Ist Sicherung vor dem Verbrecher Zweck der Strafe und ist Strafrecht Präventionsrecht? In: BpRG 1 (1798), 3–43.
Feuerbach, Paul Johann Anselm, Lehrbuch des gemeinen in Deutschland geltenden Peinlichen Rechts. Giessen 1801ff. (in mehreren Auflagen).
Feuerbach, Paul Johann Anselm, Lehrbuch des gemeinen in Deutschland geltenden Peinlichen Rechts, 14. Aufl.: Mit vielen Anmerkungen und Zusatzparagraphen und mit einer vergleichenden Fortbildung des Strafrechts durch die neuen Gesetzgebungen hg. v. Karl J.A. Mittermaier. Aalen 1986 (2. Neudruck der 14. Aufl. Giessen 1847).
Feuerbach, Paul Johann Anselm, Revision der Grundsätze und Grundbegriffe des positiven peinlichen Rechts – 2 Teile. Aalen 1966 (Erfurt/Chemnitz 1799/1800).
Fichte, Johann G., Grundlage des Naturrechts nach Prinzipien der Wissenschaftslehre. 3. Nachdruck Hamburg 1979 (1797).
Fielding, Henry, An Enquiry into the Causes of the Late Increase of Robbers and Related Writings, hg. und mit einem Vorwort v. Malvin R. Zirker. Oxford 1988, 61–172.
Filangieri, Gaetano, Scienza della legislazione – 7 Bde. Neapel 1780–85.
Filangieri, Gaetano, System der Gesetzgebung – 8 Bde. Anspach 1784–93.
Fischer, Peter (Hg.), Reden der Französischen Revolution. München 1974.
Friedreich, Johann B., Gerichtsärztliche Bemerkungen auf dem Gebiete des Criminalrechts, in: ACr/NF 1843, 486–511.
Friedreich, Johann B., Systematisches Handbuch der gerichtlichen Psychologie für Medicinalbeamte, Richter und Vertheidiger. Leipzig 1835.
Friedreich, Johann B., Ueber die Competenz, in zweifelhaft psychischen Zuständen eines Angeklagten über die Frage der Zurechnung zu entscheiden, in: ACr/NF 1834, 34–54.
Friedreich, Johann B., Ueber die Zurechnung im lucido intervallo eines Wahnsinnigen, in: NACr 14 (1833/34), 258–272.
Fritsch, Johann C., Ob eine Idiosyncrasia, so in Abscheu vor Menschen-Blut bestehet, einen Inquisiten, so einer Mordthat beschuldiget, von der Tortur befreyen könne, in: Ders., Seltsame, jedoch wahrhaftige theologische, juristische, medicinische und physikalische Geschichte. Leipzig 1730, 17–103.
Fritsch, Johann C., Seltsame, jedoch wahrhaftige theologische, juristische, medicinische und physikalische Geschichte. Leipzig 1730.
Fritzsche, Christian L., Ueber die Todesstrafe: Ein Versuch zur Vertheidigung derselben gegen die Ansichten von Beccaria und Grohmann. Colditz 1835.

Galvanische und elektrische Versuche an Menschen- und an Thierkörpern; angestellt von der medizinischen Privatgesellschaft zu Mainz. Frankfurt/M. 1804.

Garmann, L. Christian F., De miraculis mortuorum libri 3: Quibus praemissa Dissertatio de cadavere et miraculis in genere – opus physico-medicum. Dresdae/Lipsiae 1709.

Gastellier, René Georges, Que penser enfin du supplice de la guillotine? Nouvel examen de cette question. Paris 1795.

Gautier, Pierre, La tête d'un décollé, conserve-t-elle, plusieurs instants après sa décollation du tronc, la faculté de sentir? Paris 1776.

Georgii, Eberhard Friderich, Versuch einer Beantwortung der Frage: Sind scharfe Gesetze einem Staat vorträglich? Aus was für einem Gesichtspunct sind solche gegen einen jeden unterschiedenen Stand desselben, sowohl in Rücksicht ihrer Ausführung als Würkung zu betrachten? Stuttgard 1779.

Gerichtlich medicinisches Gutachten der medicinischen Facultät zu Erlangen, über einen, in einem Anfall periodischer Manie begangenen, Todtschlag, in: ZSak 13,1 (1827), 159–190.

Globig, Hans Ernst von/Huster, Johann Georg, Abhandlung von der Criminal-Gesetzgebung: Eine von der ökonomischen Gesellschaft in Bern gekrönte Preisschrift. Frankfurt/M. 1969 (Zürich 1783).

Gmelin, Christian G., Grundsäze der Gesezgebung über Verbrechen und Strafen, eine der oekonomischen Gesellschaft in Bern zugeschikte, und von ihr des Druks würdig erkannte Abhandlung. Tübingen 1785.

Goethe, Johann Wolfgang, Die Leiden des jungen Werther. München ^{8}1987 (Leipzig 1774).

Goethe, Johann Wolfgang, Wilhelm Meisters theatralische Sendung (Universal-Bibliothek ; 8343[5]). Stuttgart 1986 (1786).

Goeze, Johann Melchior, Gewissenhafte Erinnerungen zu der Schrift: Ueber die Gewohnheit, Missethäter durch Prediger zur Hinrichtung begleiten zu lassen. Hamburg 1784.

Goeze, Johann Melchior, Theologische Untersuchung der Sittlichkeit der heutigen deutschen Schaubühne. Hamburg 1770.

Gonne, Johann G., Besondere Anmerckungen von dem Zweck der Straffen in bürgerlichen Gesellschaften, in: Erlangische Anzeigen 10 (3. Februar 1744), 73–78.

Graffen, N. von, Bemerkungen veranlaßt durch die veränderte Rechtspflege in Hamburg. Hamburg 1816.

Gräter, Fr. Dav., Etwas über die altteutsche Guillotine, und eine vorgebliche zu Hall am Kocher, in: Bragur: Ein literarisches Magazin der Deutschen und Nordischen Vorzeit 4,2 (1796), 55–67.

Grevius, Johannes, Tribunal reformatum, in quo sanioris et tutioris justitiae via judici Christiano in processu criminali commonstratur, rejecta et fugata tortura, cujus iniquitatem, mulitplicem fallaciam atque illicitum inter Cristianos usum libera et necessaria dissertatione aperuit Johannes Grevius Clivensis. Hamburg 1624.

Gries, J.K., Commentar zum Hamburgischen Stadtrecht von 1603: Aus dem handschriftlichen Nachlasse, hg. v. R.A. Westphalen – 2 Bde. Hamburg 1837.

Gries, Johann L., Sind die gehäuften Klagen neuerer Schriftsteller über Hamburg gerecht? Auch Skizzen zu einem Sittengemälde in Hamburg. Hamburg 1800.

Grohmann, Johann C., Giebt es denn Gründe, welche das Recht des Staates, Todesstrafen zu verhängen, zweifelhaft machen? In: NACr 8 (1826), 470–530.

Grohmann, Johann C., Historische Gründe, welche den Schluß in den gerichtsärztlichen Gutachten auf die Freiheit des Willens und das Territionssystem der Todesstrafen sehr in Zweifel setzen, in: Zeitschrift für die Anthropologie 1,2 (1823), 316–330.

Grohmann, Johann C., Psychologie der Verbrecher aus Geisteskrankheiten oder Desorganisationen: Ein Versuch, in: Zeitschrift für psychische Aerzte 1,2 (1818), 174–200.

Grohmann, Johann C., Ueber das Princip des Strafrechts: Der Staat hat kein Recht, am Leben zu strafen: Zur Begründung einer philosophischen und christlichen Strafrechtslehre. Karlsruhe 1832.

Grohmann, Johann C., Ueber die in der Criminalgesetzgebung namhaft zu machenden psychologischen Momente, welche eine Milderung oder Aufhebung der Zurechnung bedingen, in: NACr 9,2 (1827), 195–216.

Grohmann, Johann C., Ueber eine unerwiesene und unerweißliche Voraussetzung der gerichtlichen Medizin, in: Zeitschrift für psychische Aerzte 4,4 (1821), 54–74.

Grolmann, Karl, Grundsätze der Criminalrechtswissenschaft nebst einer systematischen Darstellung des Geistes der deutschen Criminalgesetze. Giessen 1798.

Grotius, Hugo, De jure belli ac pacis – libri tres. Drei Bücher vom Recht des Krieges und des Friedens, Paris 1625, neuer deutscher Text und Einleitung von Walter Schätzel (Die Klassiker des Völkerrechts in modernen deutschen Übersetzungen ; 1). Tübingen 1950.

Gruithuisen, Franz Paula von, Ueber die Existenz der Empfindung in den Köpfen und Rümpfen der Geköpften und von der Art sich darüber zu belehren. Augsburg 1808.

Gruner, Justus, Versuch über Strafen: In vorzüglicher Hinsicht auf Todes- und Gefängnisstrafen – nebst einer, aus dem Englischen angehängten Nachricht über die Strafgesetze und Gefängnisse Pennsylvaniens. Göttingen 1799.

Gryphius, Andreas, Carolus Stuardus, in: Gesamtausgabe der deutschsprachigen Werke, hg. v. Szyrocki, Marian/Powell, Hugh, Bd. 4: Trauerspiele I. Tübingen 1965, 1–159.

Gryphius, Andreas, Leo Armenius, oder Fürsten-Mord, in: Gesamtausgabe der deutschsprachigen Werke, hg. v. Szyrocki, Marian/Powell, Hugh, Bd. 5: Trauerspiele II. Tübingen 1965, 1–96.

Haller, Albrecht von, Vorlesungen über die gerichtliche Arzneiwissenschaft – aus einer nachgelassenen lateinischen Handschrift übersetzt – 2 Bde. Bern 1782/1784.

Hamburger Nachrichten, 1854–1856.

Harsdörffer, Georg Philipp, Der Große Schau-Platz jämmerlicher Mord-Geschichte: bestehend in CC. traurigen Begebenheiten, mit vielen merkwürdigen Erzehlungen, neu üblichen Gedichten, Lehrreichen Sprüchen, scharffsinningen, artigen, Scherzfragen und Antworten, verdölmetscht und mit einem Bericht von den Sinnbildern wie auch hundert Exempeln derselben als einer Zugabe, aus den berühmten Autoribus, durch ein Mitglied der hochlöblichen Fruchtbringenden Gesellschaft. Hildesheim/New York 1975 (Hamburg ^{3}1656).

Harsdörffer, Georg Philipp, Poetischer Trichter: Die Teutsche Dicht-und Reim-Kunst. Darmstadt 1965 (Nürnberg 1650).

Häs, Karl, Worauf gründet sich das Recht des Monarchen, mit dem Tode zu strafen, und sind die Strafen allemal die wirksamsten, die aus dem Geist der Verbrechen genommen sind? Wider den Herrn von Sonnenfels. Wien 1781.

Hasche, Theodor, Kurze Darstellung des Verfahrens im Hamburgischen Nieder-Gerichte. Hamburg 1802.

Heimburg, Johann C., Programma de taedio vitae poenam homicidii non mitigante. Ienae 1757.

Heinroth, Johann C., Lehrbuch der Störungen des Seelenlebens oder der Seelenstörungen und ihrer Behandlung: vom rationalen Standpunkt aus entworfen. Leipzig 1818.

Heinroth, Johann C., System der psychisch-gerichtlichen Medicin. Leipzig 1825.

Henke, Adolph, Abhandlungen aus dem Gebiet der gerichtlichen Medicin: Als Erläuterungen zu dem Lehrbuche der gerichtlichen Medcin – 5 Bde. Bamberg/Leipzig 1815–1834.

Henke, Adolph, Gutachten, vom Gesichtspunkte der gerichtlichen Medicin aus, über die von der Strafgesetzgebung zu erlassenden Bestimmungen wegen aufgehobener Zurechnung aus Mangel der Vernunftthätigkeit, in: ZSak 17,2 (1829), 296–313.

Henke, Adolph, Lehrbuch der gerichtlichen Medizin. Bamberg 1812 (in mehreren Auflagen).

Henke, Adolph, Lehrbuch gerichtlicher Medizin: Zum Behuf akademischer Vorlesungen und zum Gebrauch für gerichtliche Ärzte und Rechtsgelehrte. Berlin ^{7}1832 (Berlin 1816).

Henke, Adolph, Ueber das amtliche Verhältnis des Gerichtsarztes zum Richter bei gerichtlichmedicinischen Untersuchungen in strafrechtlichen Fällen: Ansichten von Ärzten und Rechtsgelehrten, mit Zusätzen und Erläuterungen, in: ZSak 4,4 (1822), 231–260.

Henke, Adolph, Zur Lehre von der s.g. Wuth ohne Verstandeszerrüttung (Wuth ohne Wahnsinn, *Mania sine delirio*) in Bezug auf Psychologie, gerichtliche Medicin und Gesetzgebung, in: ZSak 17,2 (1829), 237–295.
Henke, Eduard, Handbuch des Criminalrechts und der Criminalpolitik. Berlin/Stettin 1823–1826.
Hepp, Carl F.T., Ueber den gegenwärtigen Stand der Streitfrage über die Zulässigkeit der Todesstrafe. Tübingen 1836.
Hepp, Carl F.T., Ueber den Mißbrauch der Todesstrafe, in: ACr/NF (1847), 461–520, (1848), 130–179.
Heskel, Alex, Hamburgs Schicksale während der Jahre 1813 und 1814, in: ZVHG 18 (1914), 245–279.
Heß, Jonas Ludwig von, Beschreibung von Hamburg – 3 Bde. Unveränderte, wohlfeilere Ausgabe, Hamburg 1824.
Heß, Jonas Ludwig von, Topographisch-politisch-historische Beschreibung der Stadt Hamburg – 3 Bde. Hamburg 1787–1796.
Heydenreich, Karl H., Grundsätze des natürlichen Staatsrechts und seiner Anwendung nebst einem Anhange staatsrechlicher Abhandlungen und einer kritischen Revision der berühmtesten Meynungen über die Rechtmäßigkeit der Todesstrafe in der bürgerlichen Gesellschaft – 2 Theile. Leipzig 1795.
Heynig, Johann G., Die gerettete Rechtmässigkeit der Todesstrafen. [Altenburg] 1797.
Hobbes, Thomas, Leviathan (Universal Bibliothek ; 8348). Stuttgart 1980 (1651).
Hobbes, Thomas, Vom Menschen. Vom Bürger: Elemente der Philosophie II/III (Philosophische Bibliothek ; 158). Hamburg ^{3}1994 (1642/1658)
Hoffbauer, Johann C., Die Psychologie in ihren Hauptanwendungen auf die Rechtspflege nach den allgemeinen Gesichtspunkten der Gesetzgebung, oder die sogenannte gerichtliche Arzneywissenschaft nach ihrem psychologischen Theile. Halle 1808.
Hoffbauer, Johann C., Untersuchungen über die Krankheiten der Seele und die damit verwandten Zustände – 3 Bde. Halle 1802–1807.
Hofmann, Valentin Friedrich, Ist das eigene Geständnis eines Delinquenten, zu seiner Hinrichtung, nach der carolinischen peinlichen Halsgerichtsordnung, und nach unseren Statuten durchaus, erforderlich? Bey Gelegenheit der Sache der berüchtigten Mannsmörderin, Wächtlern, zu beantworten versucht, und mit einer kurzen actenmäßigen und wahrhaften Darstellung derselben begleitet. Zwote, mit dem wiederholten Geständnisse der Wächtlern, gegen den Geistlichen in der Frohnerey, vermehrte und verbesserte Auflage. Hamburg 1789.
Holst, August F., Die Todesstrafe aus dem Standpunkte der Vernunft und des Christentums betrachtet: Briefe an einen Freund. Berlin 1837.
Hommel, Karl Ferdinand, Des Herren Marquis von Beccaria unsterbliches Werk von Verbrechen und Strafen (1764). Auf das Neue selbst aus dem Italienischen übersezet mit durchgängigen Anmerkungen des Ordinarius zu Leipzig Herren Hofrath Hommels. Breslau 1778.
Hommel, Karl Ferdinand, Litteratura juris. Lipsiae ^{2}1779.
Hommel, Karl Ferdinand, Principis cura leges, dissertatio extemporanea praescripti argvmenti praesente Serenissimo Saxoniae Electore Domino Friderici Augusto Principe Optimo die XXX. Aprilis 1765 defenda. Lipsiai 1765.
Hommel, Karl Ferdinand, Principis cura leges, oder: Des Fürsten hächste Sorgfalt: Die Gesetze – aus dem Lateinischen neu übersetzt und mit kurzen Erläuterungen begleitet von Rainer Polley (Studien und Quellen zur Geschichte des deutschen Verfassungrechts, Reihe B: Quellen ; 2). Karlsruhe 1975.
Hommel, Karl Ferdinand, Rhapsodia quaestionum in foro quotidie obvenientium neque tamen legibus decisarum – 4 vols. Byruthi ^{4}1783.

Hommel, Karl Ferdinand/Rössig, Karl G. (Hg.), Philosophische Gedanken über das Criminalrecht, aus den Hommelschen Handschriften, als Einleitung zu dem Hommelschen Beccaria; herausgegeben und mit einer Vorerinnerung und eignen Anmerkungen begleitet von Karl Gottlob Rössig. Breslau 1784.

Hopf, Notizen und Reflexionen über die vorwaltende Neigung zur Gemüthszerrüttung in gewissen Zeitperioden, in: ZSak 6,4 (1823), 429–442.

Horn, Ernst, Gutachten über den Gemüthszustand des Tobacksspinnergesellen Daniel Schmolling, welcher den 25sten September 1817 seine Geliebte tödtete, in: Archiv für medicinische Erfahrung im Gebiete der praktischen Medizin und Staatsarzneikunde (1820), 292–367.

Hoscher, Johann M., Beyträge zur neuesten Geschichte der Empörung deutscher Unterthanen wider ihre Landesherrschaft. Giessen 1790.

Hosmann, M. Sigismund, Fürtreffliches Denck-Mahl der Göttlichen Regierung bewiesen an der uhralten höchst-berühmten Antiquität des Klosters zu S. Michaelis in Lüneburg, der in hohen Altar daselbst gestandenen Güldenen Taffel, und anderer Kostbarkeiten, wie der gerechte Gott Dero Räuber gantz wunderbarlich entdecket, zugleich viele begangene zuvor gantz unerforschliche Kirchen-Räubereyen und Diebstähle ans Licht gebracht, und eine fast durch gantz Teutschland zertrennete höchst-schädliche und gefährliche Diebes-Bande zum Theil der Hoch-Fürstl. Zellischen Regierung zur gerechten Straffe in die Hände geliefert [...]. Braunschweig/Hamburg 1700.

Howard, John, The State of Prisons. Abingdon 1977 (Warrington 1777).

Hübbe, Karl J./Plath, Johann C., Ansichten der Freien Hansestadt Hamburg und ihrer Umgebung – 2 Bde. Frankfurt/M. 1824/1828.

Hudtwalcker, Martin, Gedanken über die Einführung von Geschworenengerichten in Criminalsachen in Hamburg. Hamburg 1848.

Hudtwalcker, Martin, Neue Criminalgesetzgebung in Hamburg, in: NACr 6 (1824), 403–435.

Hugo, Victor, Die letzten Tage eines Verurteilten. Berlin 1925 (Paris 1832).

Ideler, Karl W., Verbrechen und Wahnsinn, in: Annalen des Charitè-Krankenhauses und der übrigen Königlichen medicinisch-chirurgischen Lehr- und Kranken-Anstalten zu Berlin 6,1 (1855), 67–125.

Irving, Washington, Tales of a Traveller, in: Ders., Bacebridge Hall/Tales of a Traveller/The Alhambra (The Library of America ; 52). New York 1991, 379–717.

Kant, Immanuel, Anthropologie in pragmatischer Hinsicht (1798), in: Kant's gesammelte Schriften, hg. v. der Königl. Preuß. Akad. d. Wissenschaften, 1. Abteilung: Werke, Bd. 7. Berlin 1913, 117–333.

Kant, Immanuel, Das Ende aller Dinge, in: Kant's gesammelte Schriften, hg. v. der Königl. Preuß. Akad. d. Wissenschaften, 1. Abteilung: Werke, Bd. 8: Abhandlungen nach 1781. Berlin 1912, 325–339.

Kant, Immanuel, Die Metaphysik der Sitten, Th. 1: Metaphysische Anfangsgründe der Rechtslehre (1797), in: Kant's gesammelte Schriften, hg. v. der Königl. Preuß. Akad. d. Wissenschaften, 1. Abteilung: Werke, Bd. 6. Berlin 1907, 203–493.

Kant, Immanuel, Kritik der Urteilskraft (1790), in: Kant's gesammelte Schriften, hg. v. der Königl. Preuß. Akad. d. Wissenschaften, 1. Abteilung: Werke, Bd. 5. Berlin 1913, 165–485.

Klefeker, Johann, Sammlung der Hamburgischen Gesetze und Verfassungen in Bürger- und Kirchlichen, auch Cammer- Handlungs und übrigen Policey-Angelegenheiten und Geschäften samt historischen Einleitungen. Der Fünfte Theil, in welchem die Fortsetzung der dritten Abtheilung von Rechten der Sachen, und die vierte von peinlichen Rechten, enthalten sind. Hamburg 1768.

Klein, Ernst F., Grundsätze der natürlichen Rechtswissenschaft nebst einer Geschichte derselben. Halle 1797.

Klein, Ernst F., Kurze Darstellung meiner Meinung über den Werth und Unwerth der körperlichen Züchtigungen als Strafmittel, in: ACr 1,3 (1798), 113–118.

Klein, Ernst F., Nachtrag zu dem im 2ten Stück des Vten Bandes enthaltenen Aufsatz über die Hinrichtung der Verbrecher, in: NACr 5 (1804), 152–155.
Klein, Ernst F., Ueber den Unterschied des physischen und geistigen Charakters des Menschen, in: NACr 7 (1807), 1–8.
Klein, Ernst F., Ueber die Hinrichtung der Verbrecher, mit Rücksicht auf den von Troerschen Fall, in: NACr 5 (1804), 1–19.
Klein, Ernst F., Ueber die Schätzung des Menschen und seiner Handlungen in politischer, moralischer und rechtlicher Hinsicht, als Einleitung in die Lehre von der rechtlichen Zurechnung: eine in der königlichen Akademie der Wissenschaften zu Berlin gehaltene Vorlesung, in: NACr 4,4 (1802), 33–62.
Klein, Ernst F., Ueber die Ungerechtigkeit der Zuchthausstrafe bey der jetzt noch bestehenden Beschaffenheit und Einrichtung der Zuchthäuser, in: NACr 6 (1805), 78–88.
Klein, Ernst F., Von den Strafen, welche in der französischen Republik, zufolge des peinlichen Gesetzbuches vom 25sten Sept. bis 6ten Oct. 1791 und nach dem Anhange zu dem Gesetzbuch von Verbrechen und Strafen vom 3ten Brumair stattfinden, in: ACr 1,3 (1798), 89–95.
Klein, Ernst F., Von der Zurechnung der Verbrechen zur Strafe, nach dem gesunden Menschenverstande, in: NACr 4,3 (1802), 6–26.
Klein, Ernst F., Vorläufige Bemerkungen über die Zurechnung der Verbrechen zur Strafe, in: NACr 2,4 (1800), 51–103.
Klein, Ernst F., Warum müssen die Criminalgesetze menschlich seyn? Beantwortet mit Rücksicht auf den Vorschlag, die Schmerzen der Enthauptung zu mildern, in: [Bernhard C.] Faustes und [Philipp] Hunolds Abhandlung über die Anwendbarkeit und den Nutzen des Oels und der Wärme bey chirurgischen Operationen. Leipzig 1806, in: NACr 6 (1805), 48–57.
Kleinschrod, Gallus A., Systematische Entwicklung der Grundbegriffe und Grundwahrheiten des peinlichen Rechts nach der Natur der Sache und der positiven Gesetzgebung. Erlangen ^{3}1805 (1794/96).
Kneip, Dem Herrn Kriegsrath Kranz, gegenwärtig in Hamburg, zu selbst seinen Händen. Hamburg 1793.
Knigge, Adolph Freiherr von, Sämtliche Werke, hg. v. Paul Raabe. Nendeln, Liechtenstein 1978.
Knigge, Adolph Freiherr von, Ueber den Umgang mit Menschen. Hannover ^{5}1796 (1788), in: Sämtliche Werke, hg. v. Paul Raabe, Bd. 10. Nendeln, Liechtenstein 1978.
König, Johann C., Versuch eines populairen Lehrbuchs des guten Geschmacks für Mädchen und Jünglinge. Nürnberg 1780.
König, Mordmonomanie bei einem Mädchen von zwanzig Jahren, in: ZSak 47,2 (1844), 329–346.
Kosegarten, Christian, Vorschläge für die Rechts-Pflege in Hamburg. Hamburg 1813.
Kosegarten, Wilhelm, Noch einige Worte über die Zulässigkeit der Todesstrafen, in: CrimBei 3 (1827), 4–28.
Köstlin, Christian R., Neue Revision der Grundbegriffe des Criminalrechts. Tübingen 1845.
K---r, C---r, Regeln der Höflichkeit und einer feinen Lebensart für diejenigen so nach Kenntnis der Welt und der Menschen fragen, sich beliebt zu machen suchen, und gerne glücklich wären. Wien ^{5}1804.
Kreß, Johann P., Commentatio succinta in Constitutionem Criminalem Caroli V. Imperatoris. Hanoverae 1721.
Kuesch, Eric, Prolusio XVIII qua, medicos de insanis et furiosis audiendos esse, ostendit (1740), in: Platner, Johannes Z., Opusculorum, Tomus II: Prolusiones. Lipsiae 1749, 146–165.
Kühn, Johann A., Vom Recht über Leben und Tod, ob und in wiefern es dem Staat über einzelne Bürger und Unterthanen zustehe: Ein Versuch. Leipzig 1788.
Küttlinger, Johann F., Gerichtsärztliches Gutachten über einen in Erlangen vorgekommenen merkwürdigen Fall von Mordmonomanie, nebst einem darüber, in der Sitzung der phy-

sicalisch-medicinischen Societät daselbst, am 12. März d.J. gehaltenen Vortrage, in: ZSak 32,3 (1836), 1–36.

Küttlinger, Johann F., Zur Lehre über die Beurtheilung versteckter Seelenkrankheiten und insbesondere über die Dauerhaftigkeit der Genesung früher an Geisteszerrüttung erkrankter Personen in medicinisch-gerichtlicher Hinsicht, in: ZSak 17,1 (1829), 114–154.

Labat, Jean Baptiste, Voyage du P. Labat en Espagne et en Italie – 8 Bde. Amsterdam 1731.

Lahontan, Louis-Armand de, Dialogues curieux entre l'auteur et un sauvage de bon sens qui a voyagé et Memoires de l'Amérique septentionale. Baltimore 1931 (Den Haag 1703).

Lappenberg, J.M., Sammlung der Verordnungen der freyen Hanse-Stadt Hamburg seit 1814, Bd. 11. Hamburg 1832.

LaRoche, Sophie von, Geschichte der Fräulein von Sternheim: von einer Freundin derselben aus Original-Papieren und andern zuverlässigen Quellen gezogen. Leipzig 1771.

Lavater, Johann K., Physiognomische Fragmente zur Beförderung der Menschenkenntnis und Menschenliebe – 4 Bde. Leipzig/Winterthur 1775/78.

LeBon, Gustave, Psychologie der Massen (Kröners Taschenbuch ; 99). Leipzig ^{6}1935 (Paris 1895).

Lepelletier, Felix, Au Rédacteur, in: Moniteur universel 54 (15. Nov. 1795), in: Réimpression de l'ancien Moniteur: Seule histoire authentique et inaltérée de la Révolution française, Bd. 26. Paris 1862, 426.

Lessing, Gotthold E., Gotthold Ephraim Lessings sämtliche Schriften, hg. v. Karl Lachmann/ Franz Muncker, Bd. 17: Briefe von und an Gotthold Ephraim Lessing. Leipzig ^{3}1904.

Lessing, Gotthold E., Hamburgische Dramaturgie (1767/1768), in: Sämtliche Schriften, Bd. 9. Stuttgart ^{3}1893, 181–406.

Letzte Rede des so genannten Baron Franckenbergs, sonst Ernst Werth, welche er Anno 1724, den 6. Martii, unter dem Gericht zu halten willens war: Aus seinem hinterlassenen Papier auf Verlangen publicirt. Hamburg 1724.

Léveillé, Jean Baptiste François, Wird die Empfindung in dem Augenblick gänzlich vernichtet, in dem der Kopf vom Rumpfe getrennt wird (1795), in: Sue, Jean Joseph, Physiologische Untersuchungen und Erfahrungen über die Vitalität; nebst dessen Abhandlung über den Schmerz nach der Enthauptung und der Abhandlungen der Bürger Cabanis und Léveillé über den selben Gegenstand. Aus dem Französischen mit Anmerkungen und Zusätzen von Johann Christoph Friedrich Harleß; mit Kupfern. Nürnberg 1799 (Paris 1797), 136–148.

Lichtenberg, Georg Christoph, Ein Wort über das Alter der Guillotine, in: Göttinger Taschenkalender 1795, 157–165.

Lichtenberg, Georg Christoph, Lichtenberg, Schriften und Briefe, hg. von Franz H. Mautner, Bd. 4, 2: Briefe. Frankfurt/M. 1983.

Lloyd, Hanibal E., Darstellung der Ereignisse in Hamburg während der ersten sechs Monate des Jahres 1813, nebst einer Ansicht des vormaligen Zustandes und des Verfahrens der Franzosen daselbst nach der Vereinigung dieser Stadt mit dem Französischen Reiche. Leipzig 1814.

Locke, John, Versuch über den menschlichen Verstand: in 4 Büchern (Philosophische Bibliothek ; 76). Hamburg 1988 (1690).

Lohenstein, Daniel Caspar von, Aggripina (Breslau 1685), in: Römische Trauerspiele: Agrippina – Epicharis, hg. v. K.G. Just (Bibl. d. lit. Vereins ; 293). Stuttgart 1955.

Löhr, J., Die Lehre von den lichten Zwischenzeiten in gerichtlich-medizinischer Beziehung, in: ZSak 56,3 (1848), 40–78.

Lucas, Charles Jean M., Von dem Strafsystem und der Abhaltungstheorie im Allgemeinen, von der Todesstrafe insbesondere: eine zu Genf und Paris gekrönte Preisschrift. Darmstadt 1830 (Paris 1827).

Luther, Martin, Ob kriegsleute auch in seligem stande seyn künden (1526), in: Martin Luthers Werke: Kritische Gesammtausgabe, Bd. 19. Weimar 1897, 623–662.

Malebranche, Nicole, Erforschung der Wahrheit, in drei Bänden hg. v. Artur Buchenau. München 1914 (Amsterdam 1688).
Manger, Friedrich von, Die Todesstrafe, oder: Der gesetzliche Tod: Einige Betrachtungen für Philosophen und Criminalisten. Mannheim 1796.
Martens, Andreas E., Das Spinnhaus, und die übrigen Gefängnisse der Stadt Hamburg, nach ihrer innern Beschaffenheit und Einrichtung beschrieben, nebst einigen Ansichten und Ideen über Verbesserungen ähnlicher Anstalten überhaupt. Hamburg 1823.
Masen, Jacob, Palaestra Eloquentiae Ligatae Dramatica. Köln 1664.
Masius, Georg H., Handbuch der gerichtlichen Arzneiwissenschaft: Zum Gebrauche für gerichtliche Ärzte und Rechtsgelehrte – 2 Bde. Stendal 1821–1832.
Masius, Georg H., Lehrbuch der gerichtlichen Arzneikunde für Rechtsgelehrte – 2 Theile. Altona ^{2}1812 (1811).
Mehring, Gebhard, Die Zukunft der peinlichen Rechtspflege aus dem Standpuncte der Seelenlehre betrachtet. Schwäbisch Hall 1848.
Meiners, Christoph, Betrachtungen über die Hinrichtung mit dem Schwerdte, in: Berlinische Monatsschrift, Mai 1784, 408–422.
Meiners, Christoph, Geschichte des weiblichen Geschlechts – 4 Teile. Hannover 1788–1800.
Mende, L.J.C., Ausführliches Handbuch der gerichtlichen Medizin, für Gesetzgeber, Rechtsgelehrte, Aerzte und Wundaerzte. Leipzig 1826.
Merc. den 3 Sept. 1788; Urtel in Sachen Fiscalis &c.c. Wächtlern publicirt Veneris d. 14. Nov. 1788. Hamburg 1788.
Merkel, Garlieb, Briefe über Hamburg und Lübeck. Leipzig 1801.
Metzger, Johann D., Kurzgefasstes System der gerichtlichen Arzneiwissenschaft. Königsberg/Leipzig 1793.
Meyer, F.J.L., Briefe aus der Hauptstadt und dem Innern Frankreichs. Tübingen 1802.
Meyer, Johann L., Skizzen zu einem Gemälde Hamburgs – 6 Bde. Hamburg 1801–1804.
Michaelis, Johann A., Hamburg's denkwürdige Schicksale in den Jahren 1813 und 1814: Eine aus authentischen Quellen bearbeitete und mit Aktenbelegen versehene Denkschrift zur 25jährigen Jubelfeier der Befreiung Hamburg's von französischer Zwingherrschaft. Hamburg 1838.
Michaelis, Johann D., Mosaisches Recht – 3 Theile. Reutlingen ^{2}1793 (Frankfurt/M. 1775).
Mittermaier, Carl J.A., De principio imputationis alientationum mentis in jure criminali recte constituendo. Heidelberg 1838.
Mittermaier, Carl J.A., Der neue Entwurf des Strafgesetzbuches für das Königreich Baiern, mit Bemerkungen von Mittermaier, in: NACr 6 (1824), 351–377.
Mittermaier, Carl J.A., Der neue Entwurf eines Strafgesetzbuches für das Großherzogtum Sachsen-Weimar-Eisenach, mit Bemerkungen von Mittermaier, in: NACr 6 (1824), 378–402.
Mittermaier, Carl J.A., Die Mündlichkeit, das Anklageprinzip, die Oeffentlichkeit und das Geschworenengericht in ihrer Durchführung in den verschiedenen Gesetzgebungen, dargestellt und nach den Forderungen des Rechts und der Zweckmässigkeit mit Rücksicht auf die Erfahrungen der verschiedenen Länder. Stuttgart/Tübingen 1845.
Mittermaier, Carl J.A., Die Todesstrafe in ihrem Verhältniß zur Begnadigung und zur Vollziehung der Strafe, in: ACr/NF (1848), 408–419.
Mittermaier, Carl J.A., Die Todesstrafe nach dem neuesten Stande der Ansichten in England, Nordamerika, Frankreich, Belgien, Dänemark, Schweden, Rußland, Italien und Deutschland über die Aufhebung dieser Strafart, in: ACr/NF (1840), 442–463, 583–610, (1841), 311–348.
Mittermaier, Carl J.A., Die Todesstrafe nach den Ergebnissen der wissenschaftlichen Forschungen, der Fortschritte der Gesetzgebung und der Erfahrungen. Heidelberg 1862.
Mittermaier, Carl J.A., Kritische Uebersicht der Fortschritte des Strafrechts in Beziehung auf Gesetzgebung, Strafsystem, Rechtsübung, Criminalstatistik, gerichtliche Medien, Psychiatrie und Strafrechtswissenschaft, in: ACr/NF (1857), 1–41.

Mittermaier, Carl J.A., Rundschau über die neuesten Fortschritte in Bezug auf die Strafgesetzgebung, Geschichte des Strafrechts, Strafrechtswissenschaft, Criminalstatistik, gerichtliche Medizin, Rechtssprüche der obersten Gerichtshöfe über merkwürdige Fragen des Rechts, in: ACr/NF (1855), 124–147.
Mittermaier, Carl J.A., Ueber den gegenwärtigen Standpunkt der Strafgesetzgebung mit Prüfung der Fortschritte derselben nach den neuesten Gesetzen und Entwürfen für Nordamerika, England, Belgien, Frankreich, Preußen, Baiern, Mecklenburg, Hamburg, Bremen, in: ACr/NF 1851, 589–624.
Mittermaier, Carl J.A., Ueber den gegenwärtigen Standpunkt der Strafgesetzgebung mit Prüfung der Fortschritte derselben nach den neuesten Entwürfen für Nordamerika, England, Belgien, Toskana, Preußen, Mecklenburg, Hamburg, in: Acr/NF (1851), 125–162.
Mittermaier, Carl J.A., Ueber den neuesten Stand der Ansichten in England, Nordamerika, Frankreich, Italien und Deutschland, betreffend die Aufhebung der Todesstrafe, in: ACr/NF 1834, 1–33, 195–227.
Mittermaier, Carl J.A., Ueber den neuesten Zustand der Criminalgesetzgebung in Deutschland: mit Prüfung der neuen Entwürfe für die Königreiche Hannover und Sachen. Heidelberg 1825.
Mittermaier, Carl J.A., Ueber den neuesten Zustand der gerichtlichen Medizin und der Benutzung naturwissenschaftlicher Forschungen in gerichtlichen Fällen, und über die richtige Stellung des Sachverständigen zum Scharfrichter, in: ACr/NF (1845), 295–328, 479–492, 651–661.
Mittermaier, Carl J.A., Ueber die Fortschritte der Criminalgesetzgebung in Deutschland, mit besonderer Beziehung auf die neuesten Strafgesetzbücher für Basel und St. Gallen, in: NACr 6 (1824), 1–44.
Mittermaier, Carl J.A., Ueber die neusten Fortschritte der Gesetzgebung und Wissenschaft in Europa und Amerika, die Aufhebung der Todesstrafe betreffend, in: ACr/NF (1836), 1–30.
Mohl, Robert von, Politik (Monographien ; 2). Tübingen 1869.
Mönckeberg, Carl, Hamburg, unter dem Drucke der Franzosen, 1806–1814: Historische Erinnerungen. Hamburg 1863.
Montesquieu, Charles-Louis de Secondat, Baron de, Des Herrn von Montesquieu Werk vom Geist der Gesetze – 4 Bde. Wien 1799 (1748).
Montesquieu, Charles-Louis de Secondat, Baron de, Persische Briefe. Frankfurt/M. 1964 (Paris 1721).
Moser, Johann Jacob, Seelige Letzte Stunden Einiger dem zeitlichen Tode übergebener Missethäter; Mit einer Vorrede. Jena 1742.
M--r, Ist fortdauerndes Bewußtseyn an einem vom Kopfe getrennten Körper zu verkennen? Verneinend durch die Recension sämmtlicher über diesen Gegenstand (zu Breslau) erschienen Schriften (von Wendt, Zadig und Lachel) und durch Anführung eigner Beobachtungen beantwortet. Leipzig 1804.
Natale, Tomaso, Riflessioni politiche intorno all' efficacia a necessità delle pene. Palermo 1772.
Nicolai, Friedrich, Beschreibungen einer Reise durch Deutschland und die Schweiz, im Jahr 1781 – 12 Bde. Berlin/Stettin 1783–1796.
Noellner, Friedrich, Bemerkungen über die Strafart der körperlichen Züchtigung, in: ACr/NF (1843), 184–204.
Noellner, Friedrich, Criminal-psychologische Denkwürdigkeiten: Für Gebildete aller Stände. Stuttgart/Augsburg 1858.
Noellner, Friedrich, Die Todesstrafe und die Formen ihrer Vollziehung vom strafrechtlichen und practischen Standpunkte betrachtet, in: Carriere, Moriz, Wissenschaft und Leben in Beziehung auf die Todesstrafe: Ein philsophisches Votum; mit einem strafrechtlichen

und vom Standpunkte der Erfahrung abgegebenen Gutachten von Friedrich Noellner. Darmstadt 1845, 22–95.
Ockel, Ernst Friedrich, Ueber die Sittlichkeit der Wollust. Mietau/Hasenpoth/Leipzig 1772.
Opitz, Martin, Buch von der Deutschen Poeterey (Breslau 1624), in: Witkowski, Georg (Hg.), Martin Opitzens Aristarchus sive de contemptu linguae Teutonicae und Buch von der Deutschen Poeterey. Leipzig 1888, 119–207.
Pastoret, Claude E., Patorets Betrachtungen über die Strafgesetze, aus dem Französischen hg. und mit einem erläuternden und berichtigenden Commentar auch einigen Anmerkungen versehen von Christian Daniel Erhard – 4 Bde. Leipzig 1792.
Peinliche Gerichts-Ordnung Karls V. von 1532 (Carolina), hg. v. Gustav Radbruch (Universal-Bibliothek ; 2990). Stuttgart ^{6}1996.
Philateles, Offener Brief an Herrn Doctor Gallois über seine Vertheidigung und Lebensrettung des zum Tode Verurtheilten Wilhelm Timm. Hamburg 1855.
Phillips, Sandra S./Haworth-Booth, Mark/Squiers, Carol (Hg.), Police Pictures: The Photograph as Evidence. San Francisco 1997.
Pielsticker, Schreiben des Justizrathes Pielsticker in G. an die Redaktion, enthaltend eine Rezension von: Andreas E. Martens, Das Spinnhaus, und die übrigen Gefängnisse der Stadt Hamburg, [...]. Hamburg 1823, mit einzelnen Anmerkungen von Hudtwalcker, in: CrimBei 1,1 (1825), 80–112.
Pinel, Philippe, Nosographie philosophique. Paris 1798.
Pinel, Philippe, Ph. Pinel's philosophische Nosographie, oder: die Anwendung der analytischen Methode auf die Heilkunst, aus dem Französischen übersetzt und mit Anmerkungen von Dr. Ludwig Pfeiffer. Kassel 1829.
Pinel, Philippe, Philosophisch-Medicinische Abhandlung über Geistesverwirrungen oder Manie – uebers. von Wagner. Wien 1801.
Platner, Ernst, Quaestiones medicinae forensis et medicinae studium octo semestribus descriptum. Lipsiae 1797.
Platner, Ernst, Untersuchungen über einige Hauptcapitel der gerichtlichen Arznei-Wissenschaft durch beigefügte zahlreiche Gutachten der Leipziger medicinischen Facultät erleutert – aus dem Lateinischen von Carl Ernst Hedrich. Leipzig 1820.
Platner, Johannes Z., Opusculorum, Tomus II: Prolusiones. Lipsiae 1749.
Pockels, Carl F., Beiträge zur Beförderung der Menschenkenntniß, besonders in Rücksicht unserer moralischen Natur. Berlin 1788.
Pockels, Carl F., Ueber die Verschiedenheit und die Mischung der Charactere, in: Ders., Beiträge zur Beförderung der Menschenkenntniß, besonders in Rücksicht unserer moralischen Natur. Berlin 1788, 3–50.
Porsch, Christian G., Erörterung der Frage: Welche Strafe ist wirksamer und anhaltender: die Todesstrafe oder die ewige Gefängnisstrafe? Nebst einer Widerlegung derer Gründe des Herrn Marquis von Beccaria wider die Todesstrafe. Königsberg/Leipzig 1769.
Post, A.H. von, Marie Sophie Dahlern und Gottlieb Homann vor dem Assisenhofe zu Bremen, oder: Erzählung der öffentlichen Verhandlungen daselbst, worauf Beide am 8ten August 1812 zum Tode verurtheilt wurden. Bremen 1812.
Pufendorf, Samuel von, De jure naturae et gentium, hg. v. G. Macovius – 2 Bde. Frankfurt/M. 1967 (nach d. Ausg. Frankfurt/Leipzig 1759, 1. Aufl. 1682).
Püttmann, Josias L., De poenis exemplaribus. Lipsiae 1787.
Püttmann, Josias L., Ueber die öffentliche Vollstreckung der Peinlichen Strafen: Ein Sendschreiben an Herrn Benjamin Rush. Leipzig 1792.
Quistorp, Johann C., Grundsätze des teutschen peinlichen Rechts – 2 Bde. Würzburg 1796 (Rostock/Leipzig 1770).
Rambach, Johann J., Versuch einer physisch-medicinischen Beschreibung von Hamburg. Hamburg 1801.

Rasche, Johann C., Es ist nöthig, jeden Missethäter durch Geistliche zum Tode vorbereiten und zur Hinrichtung begleiten zu lassen: dem Widerspruch eines Berliners entgegengesetzt. Hildburghausen 1770.

Rauchdorn, Heinrich, Practica und Proceß Peinlicher Halßgerichtsordnung aus keyserlichen, geistlichen, weltlichen und sechsischen Rechten: allen Richtern und Gerichtspersonen fast nützlich, mit gantzem fleiß in vier Theil vorfaßt, und in Truck vorodnet. Budissin 1564.

Reidel, Carl P., Die Rechtmäßigkeit der Todesstrafe als Antwort auf H. Zöpfls Denkschrift. Heidelberg 1839.

Reil, Johann C., Rhapsodieen über die Anwendung der psychischen Kurmethode auf Geisteszerrüttungen. Halle ²1818 (Halle 1803).

Reil, Johann C., Ueber die Erkenntniß und Kur der Fieber: Besondere Fieberlehre. Bd. 4: Nervenkrankheiten. Halle ³1823 (Halle 1802).

Réimpression de l'ancien Moniteur: Seule histoire authentique et inaltérée de la Révolution française, Bde. 2/11/26. Paris 1859/1862.

Renthe, August E., Unpartheiische Prüfung der berlinischen Schrift: Ist es rathsam, Missethäter durch Geistliche zum Tode vorbereiten und zur Hinrichtung begleiten zu lassen? Frankfurt/M./Leipzig 1769.

Rezension der „Criminalistischen Beiträge" in: NACr 7 (1825), 199–203.

Rezension von: Vues de la justice criminelle. Discours prononcé au Baillage d'Orleans par Mr. Le Trosne Avocat du Roi &c. à Paris ches les Frères Debure 1777, in: Ephemeriden der Menschheit, Dezember 1778, 44f.

Richardson, Samuel, Clarissa, or: The History of a Young Lady: Comprehending the Most Important Concerns of Private Life – 7 Bde. London 1751 (1748; dt.: Göttingen 1749).

Richardson, Samuel, Pamela, or Virtue Rewarded: In a Series of Familiar Letters From a Beautiful Young Damsel To Her Parents, in Order to Cultivate the Principles of Virtue and Religion in the Minds of Youths of Both Sexes; a Narrative Which Has Its Foundation in Truth and Nature – 4 Bde. Dublin 1741/42 (1740; dt.: Leipzig 1743).

Riehl, Wilhelm H., Die bürgerliche Gesellschaft, hg. u. eingel. v. Peter Steinbach. Frankfurt/M./Berlin/Wien 1976 (1851).

Riehl, Wilhelm H., Naturgeschichte des Volkes, Bd. 3: Die Familie. Stuttgart ¹¹1897 (1855).

Ritter, Christian W., Ueber die schlechte Verfassung der Bordelle in Hamburg und dem Gebiete dieser Stadt und Vorschläge zu einer bessern Organisation derselben: Ein Beitrag zur Verminderung des menschlichen Elends, in: HuA 3,3 (1804), 41–56.

Ritter, Christian W., Ueber die Seele und ihren Sitz: Ein Anhang zu Dr. Gall's Gehirn- und Schädellehre, in: HuA 5,2 (1806), 65–76.

Romilly, Samuel, Bemerkungen über Englands Criminalgesetze in Bezug auf Todesstrafen und über die Art ihrer Ausübung, mitgeteilt von C.W. Asher, in: NACr 6 (1824), 113–137.

Roscoe, William/Spangenberg, Ernst, Ueber die sittliche und bürgerliche Besserung der Verbrecher mittelst des Pönitentiarsystems, als den einzigen zulässigen Zweck jeder Strafe, und über die Unzweckmäßigkeit der früheren Straftheorien, namentlich der Abschreckungstheorie in ihrer praktischen Anwendung. Landshut 1821.

Roßhirt, Conrad F., Lehrbuch des Criminalrechts nach den Quellen des gemeinen deutschen Rechts und mit besonderer Rücksicht auf die Darstellung des römischen Criminalrechts. Heidelberg 1821.

Rousseau, Jean-Jacques, Gesellschaftsvertrag oder Grundsätze des Staatsrechts (Universal-Bibliothek ; 1769). Stuttgart 1996 (1762).

Runde, Justus F., Die Rechtmässigkeit der Todesstrafen aus Grundsätzen des allgemeinen Staatsrechts, in: Deutsches Museum, April 1777, 309–331.

Rush, Benjamin, Untersuchung der Wirkungen öffentlicher Strafen auf die Verbrecher und auf die Gesellschaft. Leipzig 1792 (Philadelphia/London 1787).

Sade, Donatien Alphonse François de, Werke in fünf Bänden, Bd. 2: Justine, oder: Die Leiden der Tugend (1791). Köln 1995.

Samhaber, Conrad, Die Abschaffung der Todesstrafe aus rechtlichen, politischen und religiösen Gründen gerechtfertigt, mit besonderer Rücksicht auf die neueste Schrift des Verfassers des Geistes der peinlichen Gesetzgebung Deutschlands: Die Todes-Strafe (Nürnberg, 1831). Augsburg 1831.

Sanson, Henri, Die Henker von Paris. München 1964.

Sanson, Henri, Die Tagebücher der Henker von Paris, 1685–1847 – 2 Bde. München [3]1989 (Paris 1862).

Schaffrath, Wilhelm M., Grundwissenschaft des Rechts und insbesondere des Strafrechts nach gemeinem deutschen Rechte und den neuen Strafgesetzbüchern. Leipzig 1841.

Schall, J.E.F., Von Verbrechen und Strafen: Eine Nachlese und Berichtigung zu dem Buche des Markese Beccaria eben dieses Inhalts. Nebst einem Anhange ueber einige neuere deutsche Schriften von dieser Materie, insofern sie sich auf das Buch des Markese beziehen: besonders ueber Herrn Barkhausens Bestreitung der Todesstrafen. Leipzig 1779.

Schaumann, Johann C.G., Ideen zu einer Kriminalpsychologie. Halle 1792.

Schiffer, Wilhelm F., Revision der Streitsache des Herrn Hauptpastor Sturm mit dem Herrn Hauptpastor Goeze in Hamburg, oder Prüfung der Frage: Ist die Gewohnheit, Missethäter durch Prediger zur Vollziehung ihrer Todesstrafe begleiten zu lassen, nützlich oder schädlich? Nebst einer gelegentlichen Anfrage über die vernünftige und moralische Freyheit der Menschen. Hamburg 1785.

Schiller, Friedrich, Über die tragische Kunst, in: Schillers Werke: Nationalausgabe, Bd. 20,1: Philosophische Schriften, hg. v. Wiese, Benno von/Koopmann, Helmut. Weimar 1962, 148–170.

Schiller, Friedrich, Vom Erhabenen, in: Schillers Werke: Nationalausgabe, Bd. 20,1: Philosophische Schriften, hg. v. Wiese, Benno von/Koopmann, Helmut. Weimar 1962, 171–195.

Schiller, Friedrich, Zerstreute Betrachtungen über verschiedene ästhetische Gegenstände, in: Schillers Werke: Nationalausgabe, Bd. 20,1: Philosophische Schriften, hg. v. Wiese, Benno von/Koopmann, Helmut. Weimar 1962, 222–240.

Schlatter, Georg F., Das Unrecht der Todesstrafe. Erlangen 1857.

Schlosser, Friedrich C., Geschichte des 18. Jahrhunderts und des 19. bis zum Sturz des französischen Kaiserreiches – mit besonderer Rücksicht auf geistige Bildung. Heidelberg [4]1854.

Schlüter, Carl A., Bemerkungen zum hamburgischen Criminal-Gesetzbuch. Wiesbaden 1851.

Schmalz, Theodor, Das natürliche Staatsrecht. Königsberg 1794.

Schmid, Andreas, Die erwiesene Göttliche Zorn-Macht, in Offenbarung und Heimsuchung heimlicher Sünden [...]. Berlin 1719.

Schmidt, Philipp F., Beitrag zu den Kopfverletzungen, veranlasst durch die Ermordung der Anna Catharina Flöge, nach actenmässigen Berichten nebst einem Anhange. Hamburg 1838.

Schnitzer, Adolph, Die Lehre von der Zurechnungsfähigkeit bei zweifelhaften Gemüthszuständen: für Aerzte und Juristen praktisch dargestellt. Berlin 1840.

Schott, Christoph F., Observationes de delictis et poenis ad recentiorem libellum Italicum de hoc argumento. Tubingae 1767.

Schott, Heinz (Hg.), Der sympathetische Arzt: Texte zur Medizin im 18. Jahrhundert. München 1998.

Schulze, Gottlob E., Leitfaden der Entwicklung der philosophischen Prinzipien des peinlichen und bürgerlichen Rechts. Göttingen 1813.

Schüren, Peter J. von, Wann läßt sich in wohleingerichteten Staaten die Todesstrafe rechtfertigen? Eine Inauguralfrage bei Gelegenheit einer ertheilten Doktorwürde. Köln/Bonn 1788.

Sédillot, Jean, Reflexions historiques et physiologiques sur le supplice de la Guillotine. Paris 1795.

Shakespeare, William, Maß für Maß (1604) (Universal-Bibliothek ; 196). Stuttgart 1992.

Shelley, Mary, Frankenstein, or: The Modern Prometheus (1818). Köln 1995.
Siardi, Franz von, Von dem Rechte der Todesstrafe, und der peinlichen Frage – mit vier Kupfern. Pappenheim 1781.
Sighele, Scipio, Psychologie des Auflaufs und der Massenverbrechen. Dresden 1897.
Silvela, Francisco A., Du maintien de la peine de mort. Paris 1832.
Smith, Adam, Theorie der ethischen Gefühle (Philosophische Bibliothek 200 a/b). Hamburg ²1977 (1759).
Soden, Julius von, Die Todes-Strafe. Nürnberg 1831.
Soden, Julius von, Geist der peinlichen Gesetzgebung Teutschlands – 4 Bde. 2. erw. Aufl. Frankfurt 1792.
Soemmerring, Samuel Thomas von, Lettre de M. Soemmering à M. Oelsner sur le supplice de la guillotine, in: Moniteur universel 48 (9. Nov. 1795), in: Réimpression de l'ancien Moniteur: Seule histoire authentique et inaltérée de la Révolution française, Bd. 26. Paris 1862, 378f.
Soemmerring, Samuel Thomas von, Lettre de M. Soemmering à M. Oelsner sur le supplice de la guillotine, in: Wagner, Rudolph, Samuel Thomas von Soemmerrings Leben und Verkehr mit seinen Zeitgenossen. Nachdr. d. Ausg. v. 1844, hg. v. Franz Dumont. Stuttgart/New York 1987, 273–279.
Soemmering, Samuel Thomas von, Ueber das Organ der Seele. Königsberg 1796.
Soemmerring, Samuel Thomas von, Ueber den Tod durch die Guillotine, in: Klio: Monatsschrift für die franz. Zeitgeschichte, Heft 9, 1795, 61–72.
Soemmerring, Samuel Thomas von, Ueber den Tod durch die Guillotine. Leipzig 1796.
Soemmerring, Samuel Thomas von/Cabanis, Pierre Jean Georges/Léveillé, Jean Baptiste François, in: Mémoires de la Société médicale d'Émulation de Paris 1 (1798), 266–277 (Soemmering), 278–293 (Cabanis), 293–301 (Léveillé).
Sonnenfels, Joseph von, Grundsätze aus der Policey, Handlung und Finanz. Wien ⁵1787 (Wien 1765).
Sonnenfels, Joseph von, Ueber die Abschaffung der Tortur. Zürich 1775.
Souchay, E.F., Caspar Roth, ein geisteskranker Brudermörder: Rechtsfall, als Beitrag zur Lehre von den Seelenstörungen, in: NACr 10,2 (1828), 298–345.
Spangenberg, Ernst, Ueber die Nothwendigkeit einer Justizreform im Allgemeinen, und besonders über die Nothwendigkeit einer neuen Organisation der Hamburgischen Gerichte und über die Art und Weise, wie diese Organisation einzurichten wäre: Eine Skizze. Hamburg 1813.
Spangenberg, Ernst, Über sittliche und bürgerliche Besserung der Verbrecher mittels des Pönitentiarsystems. Landshut 1821.
Spee, Friedrich von, Cautio Criminalis. Weimar 1939 (1631).
Spittler, Heinrich A., Untersuchung der Fragen: Sind scharfe Gesetze einem Staat verträglich? Aus was für einem Gesichtspunkt sind solche gegen jeden unterschiedenen Stand desselben sowohl in Rücksicht ihrer Ausführung als Wirkung zu beachten? Stuttgart 1779.
Spurzheim, Johann C., Beobachtungen über den Wahnsinn und die damit verwandten Gemüthskrankheiten. Hamburg 1818.
Staats- und Gelehrte Zeitung des Hamburgischen Correspondenten, 1854–1856.
Stahl, Friedrich J., Die Philosophie des Rechts nach geschichtlicher Ansicht. Heidelberg 1837.
Steinbart, Gotthilf S., Ist es rathsam, durch Geistliche Missethäter zum Tode vorbereiten, und zur Hinrichtung begleiten zu lassen? Berlin 1769.
Steltzer, Christian J.L., Kritik über des Freiherrn von Eggers Entwurf eines peinlichen Gesetzbuches für die Herzogthümer Schleswig und Holstein: mit eingewebten Urtheilen über verschiedene Materien des Kriminalrechts. Altona 1811.
Steltzner, Michael G., Beschluß des Versuchs einer zuverlässigen Nachricht von dem kirchlichen und politischen Zustande der Stadt Hamburg in den allerneusten Zeiten, Nehmlich von Kayser Josephs des I. biß auf die Zeiten Kayser Carls des VI. – 7 Bde. Hamburg 1731–39.

Sturm, Christoph C., Ueber die Gewohnheit, Missethäter durch Prediger zur Hinrichtung begleiten zu lassen. Hamburg 1784.
Sturz, Helfrich Peter, Ueber Linguets Vertheidigung der Todesstrafen, in: Deutsches Museum, Dezember 1776, 1063–1068.
Sue, Eugene, Pariser Mysterien: ein Sittengemälde aus der neuesten Zeit. Stuttgart 1843/44.
Sue, Jean Joseph, Opinion sur le supplice de la guillotine et sur la douleur qui survit à la décollation. Paris 1796.
Sue, Jean Joseph, Physiologische Untersuchungen und Erfahrungen über die Vitalität; nebst dessen Abhandlung über den Schmerz nach der Enthauptung und der Abhandlungen der Bürger Cabanis und Léveillé über den selben Gegenstand. Aus dem Französischen mit Anmerkungen und Zusätzen von Johann Christoph Friedrich Harleß; mit Kupfern. Nürnberg 1799 (Paris 1797).
Sue, Jean Joseph, Über den Schmerz, der nach der Enthauptung fortdauert, in: Sue, Jean Joseph, Physiologische Untersuchungen und Erfahrungen über die Vitalität; nebst dessen Abhandlung über den Schmerz nach der Enthauptung und der Abhandlungen der Bürger Cabanis und Léveillé über den selben Gegenstand. Aus dem Französischen mit Anmerkungen und Zusätzen von Johann Christoph Friedrich Harleß; mit Kupfern. Nürnberg 1799 (Paris 1797), 73–116.
Sybel, Heinrich von, Ueber die Emancipation der Frauen. Bonn 1870.
Taylor, John, Three Weeks, three daies, and three houres Observations and travel, from London to Hamburgh. London 1617, Nachdruck in Hindley, C. (Hg.), The Old Book Collector's Miscellany. London 1873.
Teichmeyer, Hermann F., Institutiones Medicinae legalis vel forensis: in quibus praecipuae materiae civiles, criminales et consistoriales, secundum principia medicorum decidendae, ex recentissimis atque optimis eorum hypothesibus erutae traduntur; in usum auditorii sui. Jena 1723.
Thomasius, Christian, De tortura ex foris christianorum proscribenda. Halae 1705.
Thomasius, Christian, Fundamenta juris naturae et gentium. Aalen 1979 (2. Neudr. d. 4. Aufl. Halle 1718; 1. Aufl. 1705).
Thomasius, Christian, Ueber die Folter: Untersuchungen zur Geschichte der Folter. Weimar 1960 (1705).
Tieck, Ludewig, Deutsches Theater – 2 Bde. Berlin 1817.
Tittmann, Karl A., Allgemeiner Unterricht über die Rechte und Verbindlichkeiten der Unterthanen in wohleingerichteten Staaten: Zum Gebrauch für Schulen in Städten und auf dem Lande. Leipzig 1800.
Tittmann, Karl A., Grundlinien der Strafrechtswissenschaft und der deutschen Strafgesetzkunde. Aalen 1978 (Leipzig 1800).
Tittmann, Karl A., Handbuch der Strafrechtswissenschaft und der deutschen Strafgesetzkunde – 4 Bde. Halle 1986 (Leipzig 1806–10).
Tittmann, Karl A., Handbuch des gemeinen deutschen peinlichen Rechts. Halle 1806–10.
Toussaint, François V., Les moeurs. Amsterdam 1748.
Treitschke, Heinrich von, Politik – Vorlesungen, hg. v. Max Cornicelius, Bd. 1. Leipzig ^{4}1918.
Trummer, Carl, Auch einige Worte über die Zulässigkeit der Todesstrafen, in: CrimBei 2 (1826), 187–203.
Trummer, Carl, Das Verhältniß der heutigen Strafgesetzgebung zum Christenthum. Frankfurt/M. 1856.
Trummer, Carl, Einige fernere Bemerkungen über die Zulässigkeit der Todesstrafen, veranlaßt zunächst durch Hrn. Dr. W. Kosegartens ‚einige Worte', in: CrimBei 3 (1827), 29–69.
Trummer, Carl, Entwurf eines Criminalgesetzbuches für die Hansestädte Hamburg, Lübeck und Bremen. Zugleich als Vorläufer des Entwurfes zu einem allgemeinen Deutschen Criminalgesetzbuche. Hamburg 1848.

Trummer, Carl, Fremdes Gesetzbuch? Oeffentlichkeit? Geschworenengericht? Todesstrafe? Beiträge zur Strafgesetzgebung unserer neuesten Zeit; auch in besonderer Beziehung auf Hamburg. Zugleich als Gegenschrift der ‚rhapsodischen Bemerkungen über Criminal-Justiz'. Hamburg 1828.
Trummer, Carl, Merkwürdiger Criminalfall, in: CrimBei 1 (1825), 113–155.
Trummer, Carl, Vorträge über Tortur, Hexenverfolgungen, Vehmgerichte, und andere merkwürdige Erscheinungen in der hamburgischen Rechtsgeschichte: gehalten in der juristischen Section des geschichtlichen Vereins in Hamburg – 3 Bde. Hamburg 1844–1850.
Verzeichnis Hamburgischer Delinquenten Ao. 1390–1734.
Vezin, Heinrich A., Das peinliche Halsgericht der Teneriffaner: ein Mährchen wie es mehrere gibt – mit Anmerkungen. Osnabrück 1783.
Vezin, Heinrich A., Das Recht am Leben zu strafen, systematisch erwogen, in: Berlinische Monatsschrift, Oktober 1795, 312–346.
Villiers de L'Isle-Adam, Philippe A., Das Geheimnis um das Schafott, in: Ders., Grausame Geschichten. Frankfurt 1978, 187–200.
Vollmer, Beiträge zur Berichtigung und Feststellung der Lehre von der Zurechnungsfähigkeit: Gutachten über den Gemüthszustand des Schlossers Ernst Freitag, Mörder seiner Gattin, in: ZSak 52,3 (1846), 182–225.
Voltaire, François Marie Arouet, Commentaire sur le livre des délits et des peines, par un avocat de province. Genf 1766.
Vouglans, Pierre F. Muyart de, Réfutation des principes hasardés dans le ‚Traité des délits et des peines'. Lausanne/Paris 1767.
Wächter, Carl G., Das Königlich Sächsische und das Thüringische Strafrecht: Ein Handbuch. Stuttgart 1857.
Wahre Aussagen der in der Frohnerey zu Hamburg sitzenden Inquisitin Wächtler als dieselbe den 11ten Julius 1788 nach dem Hamburgischen Niedergericht gebracht wurde und daselbst die sogenannte Bürgerfindung erhielt. Hamburg 1788.
Wahrhafte Aussagen der Inquisitin Wächtlern, als sie den 4ten März auf die Folter gebracht werden sollte. Hamburg 1788.
Weber, von, Von der Freiheit des Willens und von der davon abhängenden Zurechnung der Handlungen, besonders der verbrecherischen, in: NACr 10,3 (1828), 430–452.
Wedekind, Georg C.G., Sur le supplice de la guillotine, in: Moniteur universel 50 (11. Nov. 1795), in: Réimpression de l'ancien Moniteur: Seule histoire authentique et inaltérée de la Révolution française, Bd. 26. Paris 1862, 395f.
Wedekind, Georg C.G., Ueber den Tod durch die Guillotine, wieder die Behauptungen der Hrn. Sömmering und Sue (aus dem Französischen übersetzt), in: Humaniora 3 (1797), 63–78.
Wedekind, Georg C.G., Ueber Hinrichtungen, in: ZSak 19,2 (1830), 402–411.
Wedel, Georg W., De melancholia. Jena 1685.
Wendt, Johann, Apologie der vorhergehenden Schrift, oder über die wahrscheinliche Fortdauer des Bewußtseyns in einem vom Rumpf getrennten Kopfe. Berlin 1803.
Wendt, Johann, Ueber Enthauptung im Allgemeinen, und über die Hinrichtung Troer's insbesondere. Ein Beytrag zur Physiologie und Psychologie. Breslau 1803.
Werner, J.T., Ueber die Theorie der Strafrechtsbegründung, in: NACr 5 (1804), 105–120.
Westphalen, Christine, Charlotte Corday: Tragödie in fünf Akten mit Chören – mit einem Kupfer. Hamburg 1804.
Weveld, Johann B. von, Freimüthige Gedanken über die Verminderung der Criminal-Verbrechen. München 1810.
Wezel, Johann Karl, Versuch über die Kenntnis des Menschen – 2 Theile. Frankfurt/M. 1971 (Leipzig 1784/85).
Whately, Richard, Thoughts on Secondary Punishments in a Letter to Earl Grey. London 1832.
Wieland, Ernst C., Geist der peinlichen Gesetze – 2 Bde. Leipzig 1783/1784.

Wiertz, Antoine, Antoine Wiertz, 1806–1865. Paris/Brüssel 1974.
Wigard, Franz (Hg.), Stenographische Berichte über die Verhandlungen der deutschen constituirenden Nationalversammlung zu Frankfurt am Main. Leipzig 1848.
Wolff, Christian L.B. de, Institutiones juris naturae et gentium: in quibus ex ipsa hominis natura continuo nexu omnes obligationes et iura omnia deducuntur. Halae 1750.
Wolters, Andreas C., Ein Wort über Defensionen nebst einem Bemerkungen über Rüsaus Criminalfall und drei gerichtliche Vertheidigungen enthaltenden Anhange. Hamburg 1805.
Würzer, Heinrich, Ueber die Rechtmäßigkeit der Todesstrafen, in: HuA 5,3 (1806), 129–153.
Zacchia, Paul, Quaestiones medico-legales: In quibus eae materiae medicae, quae ad legales facultates videntur pertinere, proponuntur, pertractantur, resolvuntur. Opus, iurisperitis apprime necessarium, medicis perutile, caeteris non injucundum. Lyon 1674.
Zacchia, Paul, Totius Ecclesiastici protomedici generalis quaestionum medicolegalium libri tres. Lyon 1674.
Zachariä, H.A., Bemerkungen über den neuesten baierischen Strafgesetz-Entwurf, in: ACr/NF (1856), 91–127.
Zachariä, H.A., Betrachtungen eines französischen Juristen über die Todesstrafe, nebst einigen einleitenden Bemerkungen, in: ACr/NF (1837), 200–214.
Zadig, August T., Beweis, daß ein vom Rumpf getrennter Kopf sogleich das Bewußtseyn verliere, nebst einer Erklärung der an dem Kopfe des enthaupteten v. Troer wahrgenommenen Erscheinungen. Breslau 1803.
Zanger, Johann, Tractatus de quaestionibus seu torturis reorum. Wittebergae 1593.
Zirges, Wilhelm (Hg.), Die Guillotine und deren Entstehung: Geschichtliche Documente über die Herstellung und Einführung dieses Hinrichtungsinstruments in Frankreich. Leipzig 1853.
Zöpfl, Heinrich, Denkschrift über die Rechtmäßigkeit und Zweckmäßigkeit der Todesstrafe und deren Abschaffung. Heidelberg 1839.

Literaturverzeichnis

Adolf, Peter S., Killing Me Softly: Is the Gas Chamber, or Any Other Method of Execution, ‚Cruel and Unusual Punishment', in: Hastings Constitutional Law Quarterly 22 (1995), 815–866.
Aertsen, Jan A./Speer, Andreas (Hg.), Individuum und Individualität im Mittelalter (Miscellanea Mediavalia ; 24). Berlin/New York 1996.
Ahrens, Gerhard, Von der Franzosenzeit bis zur Verabschiedung der neuen Verfassung, 1806–1860, in: Loose, Hans-Dieter (Hg.), Hamburg: Geschichte der Stadt und ihrer Bewohner – 2 Bde. Hamburg 1982, Bd. 1: Von den Anfängen bis zur Reichsgründung, 415–490.
Akermann, Manfred (Hg.), Hall in der Napoleonzeit: Eine Reichsstadt wird württembergisch. Sigmaringen 1987.
Alewyn, Richard, Die Lust an der Angst, in: Ders., Probleme und Gestalten: Essays. Frankfurt/M. 1974, 307–334.
Alewyn, Richard, Maske und Improvisation, in: Ders., Probleme und Gestalten: Essays. Frankfurt/M. 1974, 20–42.
Alewyn, Richard, Probleme und Gestalten: Essays. Frankfurt/M. 1974.
Angerer, Marie-Luise, Screening the Body: Zur medialen Materialität des Körpers, in: Österreichische Zeitschrift für Geschichtswissenschaft 8,2 (1997), 231–248.
Ankersmit, F.R., Reply to Professor Zagorin, in: History and Theory 29 (1990), 275–296.
Arasse, Daniel, Die Guillotine: Die Macht der Maschine und das Schauspiel der Gerechtigkeit. Reinbek bei Hamburg 1988 (Paris 1987).

Ariès, Philippe, Geschichte des Todes. München [7]1995 (Paris 1978).
Ariès, Philippe, Studien zur Geschichte des Todes im Abendland. München/Wien 1976 (Paris 1976).
Ariès, Philippe/Duby, Georges (Hg.), Geschichte des privaten Lebens, Bd. 3: Von der Renaissance zur Aufklärung, hg. v. Ariès, Philippe/Chartier, Roger. Frankfurt/M. 1991 (Paris 1986).
Ashfield, Andrew/de Bolla, Peter (Hg.), The Sublime: A Reader in British Eighteenth-Century Aesthetic Theory. Cambridge/New York 1996.
Baasch, Ernst, Geschichte des Hamburgischen Zeitungswesens von den Anfängen bis 1914. Hamburg 1930.
Baasch, Ernst, Geschichte Hamburgs 1814–1918 – 2 Bde. Gotha/Stuttgart 1924/25.
Baasner, Frank, Der Begriff ‚sensibilité' im 18. Jahrhundert: Aufstieg und Niedergang eines Ideals (Studia Romanica ; 69). Heidelberg 1988.
Bachtin, Michael, Rabelais und seine Welt: Volkskultur als Gegenkultur (stw 1187). Frankfurt/M. 1995 (1965).
Bajohr, Frank/Johe, Werner/Lohalm, Uwe (Hg.), Zivilisation und Barbarei: Die widersprüchlichen Potentiale der Moderne – Detlev Peukert zum Gedenken (Hamburger Beiträge zur Sozial- und Zeitgeschichte ; 26). Hamburg 1991.
Baker, Felicity, Eternal Vigilance: Rousseau's Death Penalty, in: Wokler, Robert (Hg.), Rousseau and Liberty. Manchester 1995, 152–185.
Baraz, Daniel, Seneca, Ethics, and the Body: The Treatment of Cruelty in Medieval Thought, in: JHI 59,2 (1998), 195–215.
Bardolph, Richard (Hg.), The Civil Rights Record. New York 1970.
Barker-Benfield, G.J., The Culture of Sensibility: Sex and Society in Eighteenth-Century Britain. Chicago, IL. 1992.
Bartels, Klaus, Über das Technisch-Erhabene, in: Pries, Christine (Hg.), Das Erhabene: Zwischen Grenzerfahrung und Größenwahn. Weinheim 1989, 295–316.
Baruch, Hilde, Carpzows kulturelle Grundanschauungen: Untersucht an Hand der Practica Nova Rerum Criminalium. Jur. Diss. Hamburg 1924.
Basaglia, Franco/Basaglia-Ongaro, Franca (Hg.), Befriedungsverbrechen: Über die Dienstbarkeit der Intellektuellen. Frankfurt/M. 1980.
Baumann, Zygmunt, Gewalt – modern und postmodern, in: Miller, Max/Soeffner, Hans-Georg (Hg.), Modernität und Barbarei: Soziologische Zeitdiagnose am Ende des 20. Jahrhunderts (stw 1243). Frankfurt/M. [2]1996, 36–67.
Becker, Peter, Kriminelle Identitäten im 19. Jahrhundert: Neue Entwicklungen in der historischen Kriminalitätsforschung, in: HistAnt 2 (1994), 142–157.
Bée, Michel, Le Spectacle de l'exécution dans la France d'Ancien Régime, in: Annales ESC 38,4 (1983), 843–862.
Behringer, Wolfgang, Mörder, Diebe, Ehebrecher: Verbrechen und Strafen in Kurbayern vom 16. bis 18. Jahrhundert, in: Dülmen, Richard van (Hg.), Verbrechen, Strafen und soziale Kontrolle (Studien zur historischen Kulturforschung ; 3). Frankfurt/M. 1990, 85–132.
Beier, A.L. u.a. (Hg.), The First Modern Society: Essays in English History in Honour of Lawrence Stone. Cambridge 1989.
Beise, Arnd, Verbrecherische und heilige Gewalt im deutschsprachigen Trauerspiel des 17. Jahrhunderts, in: Meumann, Markus/Niefanger, Dirk (Hg.), Ein Schauplatz derber Angst: Wahrnehmung und Darstellung von Gewalt im 17. Jahrhundert. Göttingen 1997, 105–124.
Beneke, Otto, Von unehrlichen Leuten: Culturhistorische Studien und Geschichten aus vergangenen Tagen deutscher Gewerbe und Dienste mit besonderer Rücksicht auf Hamburg. Berlin [2]1889 (1863).
Berding, Helmut (Hg.), Soziale Unruhen in Deutschland während der Französischen Revolution (GG ; Sonderheft 12). Göttingen 1988.

Bernard, Jeff (Hg.), Semiotica Austriaca. Wien 1987.
Bernstein, Richard J., Foucault: Critique as a Philosophical Ethos, in: Kelly, Michael (Hg.), Critique and Power: Recasting the Foucault/Habermas Debate. Cambridge, MA/ London ^{2}1995 (1994), 211–241.
Bertheau, Franz R., Kleine Chronologie zur Geschichte des Zeitungswesens in Hamburg von 1616 bis 1913: Mit einer Einleitung über die Vorläufer der Zeitungen und die Handhabung der Zensur in Hamburg. Hamburg 1914.
Blasius, Dirk, ‚Einfache Seelenstörung': Geschichte der deutschen Psychiatrie 1800–1945. Frankfurt/M. 1994.
Blasius, Dirk, Kriminalität und Geschichtswissenschaft: Perspektiven der neueren Forschung, in: HZ 233 (1981), 615–626.
Blasius, Dirk, Kriminologie und Geschichtswissenschaft: Bilanz und Perspektiven interdisziplinärer Forschung, in: GG 14 (1988), 136–149.
Blättler, Sidonia, Der Pöbel, die Frauen etc.: Die Massen in der politischen Philosophie des 19. Jahrhunderts (Politische Ideen ; 3). Berlin 1995.
Böhme, Hartmut, Der sprechende Leib: Die Semiotiken des Körpers am Ende des 18. Jahrhunderts und ihre hermetische Tradition, in: Kamper, Dietmar/Wulf, Christoph (Hg.), Transfigurationen des Körpers: Spuren der Gewalt in der Geschichte (Reihe Historische Anthropologie ; 6). Berlin 1989, 144–181.
Bonß, Wolfgang, Gewalt als gesellschaftliches Problem, in: Miller, Max/Soeffner, Hans-Georg (Hg.), Modernität und Barbarei: Soziologische Zeitdiagnose am Ende des 20. Jahrhunderts (stw 1243). Frankfurt/M. ^{2}1996, 68–80.
Borowsky, Peter, „Wünsche bey Hamburgs Wiedergeburt im Jahre 1814" – und was daraus wurde: Die Diskussion über die Reform der Hamburger Verfassung seit 1813, in: Herzig, Arno/Stephan, Inge/Winter, Hans G. (Hg.), „Sie, und nicht Wir": Die Französische Revolution und ihre Wirkung auf Norddeutschland und das Reich – 2 Bde. Hamburg 1989, Bd. 1, 351–368.
Borowsky, Peter, Die Restauration der Verfassungen in Hamburg und in den anderen Hansestädten nach 1813, in: Herzig, Arno, (Hg.), Das alte Hamburg (1500–1848/49): Vergleiche – Beziehungen (Hamburger Beiträge zur öffentlichen Wissenschaft ; 5). Berlin/Hamburg 1989, 155–175.
Borrmann, Norbert, Kunst und Physiognomik: Menschendeutung und Menschendarstellung im Abendland. Köln 1994.
Bourdieu, Pierre, Ökonomisches Kapital, kulturelles Kapital, soziales Kapital, in: Kreckel, Reinhart (Hg.), Soziale Ungleichheit (Soziale Welt ; SB 2). Göttingen 1983, 183–198.
Bourdieu, Pierre, Sozialer Raum und ‚Klassen'/Leçon sur la leçon: Zwei Vorlesungen (stw 500). Frankfurt/M. ^{3}1995.
Brachmann, Rudolf, Ein Beitrag zur Geschichte der forensischen Psychiatrie: Der Fall Rüsau. Med. Diss. Hamburg 1921.
Brahmst, Claus, Das hamburgische Strafrecht im 17. Jahrhundert: Der Übergang vom städtischen zum gemeinen Strafrecht. Hamburg 1958.
Brandon, Craig, The Electric Chair: An Unnatural American History. Jefferson, NC/ London 1999.
Brandt, Peter, Die evangelische Strafgefangenseelsorge: Geschichte – Theorie – Praxis (Arbeiten zur Pastoraltheologie ; 21). Göttingen 1985.
Brandt, Reinhard (Hg.), Rechtsphilosophie der Aufklärung: Symposium Wolfenbüttel 1981. Berlin/New York 1982.
Bremmer, Jan, Scapegoat Rituals in Ancient Greece, in: Harvard Studies in Classical Philology 87 (1983), 299–320.
Brieler, Ulrich, Foucaults Geschichte, in: GG 24 (1998), 248–282.
Brietzke, Dirk, Arbeitsdisziplin und Armut in der Frühen Neuzeit: Die Zucht- und Arbeitshäuser in den Hansestädten Bremen, Hamburg und Lübeck und die Durch-

setzung bürgerlicher Arbeitsmoral im 17. und 18. Jahrhundert. Phil. Diss. Hamburg 1997.
Bublitz, Hannelore, Foucaults Archäologie des kulturellen Unbewußten: Zum Wissensarchiv und Wissensbegehren moderner Gesellschaften. Frankfurt/M./New York 1999.
Busse, Dietrich/Hermanns, Fritz/Teubert, Wolfgang (Hg.), Begriffsgeschichte und Diskursgeschichte: Methodenfragen und Forschungsergebnisse der historischen Semantik. Opladen 1994.
Butler, Judith, Körper von Gewicht: Die diskursiven Grenzen des Geschlechts. Berlin 1995 (New York 1993).
Bynum, Caroline, Warum das ganze Theater mit dem Körper? Die Sicht einer Mediävistin, in: HistAnt 4 (1996), 1–33.
Canetti, Elias, Masse und Macht. Frankfurt/M. 1993 (Düsseldorf 1960).
Castel, Robert, Die psychiatrische Ordnung: Das goldene Zeitalter des Irrenwesens. Frankfurt/M. 1979 (Paris 1976).
Cattaneo, Mario A., Menschenwürde und Strafrechtsphilosophie der Aufklärung, in: Brandt, Reinhard (Hg.), Rechtsphilosophie der Aufklärung: Symposium Wolfenbüttel 1981. Berlin/New York 1982, 321–334.
Certeau, Michel de, Kunst des Handelns. Berlin 1988 (Paris 1980).
Chartier, Roger, Der Gelehrte, in: Vovelle, Michel (Hg.), Der Mensch der Aufklärung. Frankfurt/M./New York 1996 (Rom 1992), 122–168.
Chartier, Roger, Geistesgeschichte oder histoire des mentalités? In: LaCapra, Dominick/Kaplan, Steven L. (Hg.), Geschichte denken: Neubestimmungen und Perspektiven moderner europäischer Geistesgeschichte. Frankfurt/M. 1989 (Ithaca, NY 1982), 11–44.
Clamann, Fritz, Der medizinische Sachverständige im hamburgischen Strafverfahren: Ein geschichtlicher Überblick bis zu den Reformen am Anfang des 19. Jahrhunderts (Hamburger Rechtsstudien ; Heft 39). Hamburg 1940.
Clark, Elizabeth B., ‚The Sacred Rights of the Weak': Pain, Sympathy, and the Culture of Individual Rights in Antebellum America, in: Journal of American History 82,2 (1995), S. 463–493.
Cohen, Esther, Towards a History of European Physical Sensibility: Pain in the Later Middle Ages, in: Science in Context 8,1 (1995), 47–74.
Coleman, K.M., Fatal Charades: Roman Executions Staged as Mythological Enactments, in: The Journal of Roman Studies 80 (1990), 44–73.
Condrau, Gion, Der Mensch und sein Tod: Certa moriendi conditio. Zürich 1984.
Conrad, Anne/Herzig, Arno/Kopitzsch, Franklin (Hg.), Das Volk im Visier der Aufklärung: Studien zur Popularisierung der Aufklärung im späten 18. Jahrhundert. Hamburg 1998.
Conrad, Christoph/Kessel, Martina, Blickwechsel: Moderne – Kultur – Geschichte, in: Dies. (Hg.), Kultur & Geschichte: Neue Einblicke in eine alte Beziehung (Universal-Bibliothek ; 9638). Stuttgart 1998, 9–40.
Conrad, Christoph/Kessel, Martina (Hg.), Geschichte schreiben in der Postmoderne: Beiträge zur aktuellen Diskussion (Universal-Bibliothek ; 9318). Stuttgart 1994.
Conrad, Christoph/Kessel, Martina, Kultur & Geschichte: Neue Einblicke in eine alte Beziehung (Universal-Bibliothek ; 9638). Stuttgart 1998.
Conze, Werner (Hg.), Sozialgeschichte der Familie in der Neuzeit Europas. Stuttgart 1976.
Conze, Werner, Proletariat, Pöbel, Pauperismus, in: Brunner, Otto/Conze, Werner/Koselleck, Reinhart (Hg.), Geschichtliche Grundbegriffe: Historisches Lexikon zur politisch-sozialen Sprache in Deutschland – 7 Bde. Stuttgart 1972–1992, Bd. 5 (1984), 27–68.
Cooper, David B., Public Executions in Victorian England: A Reform Adrift, in: Thesing, William B. (Hg.), Executions and the British Experience from the 17th to the 20th Century: A Collection of Essays. Jefferson, NC/London 1990, 149–164.
Dalhof, Jutta/Frey, Uschi/Schöll, Ingrid (Hg.), Frauenmacht in der Geschichte: Beiträge des Historikerinnentreffens zur Frauengeschichtsforschung (Geschichtsdidaktik: Studien, Materialien ; 41). Düsseldorf 1986.

Daniel, Ute, Clio unter Kulturschock: Zu den aktuellen Debatten der Geschichtswissenschaft – 2 Teile, in: GWU 48,4 (1997), 195–219, 48,5/6 (1997), 259–278.
Danker, Uwe, Räuberbanden im Alten Reich um 1700: Ein Beitrag zur Geschichte von Herrschaft und Kriminalität in der Frühen Neuzeit – 2 Bde. (stw 707). Frankfurt/M. 1988.
Danker, Uwe, Vom Malefikanten zum Zeugen Gottes: Zum christlichen Fest der staatlichen Strafgewalt im frühen 18. Jahrhundert, in: traverse Heft 1 (1995), 83–98.
Dann, Otto, Gleichheit und Gleichberechtigung: Das Gleichheitspostulat in der alteuropäischen Tradition und in Deutschland bis zum ausgehenden 19. Jahrhundert. Berlin 1980.
Deimling, Gerhard (Hg.), Cesare Beccaria: Die Anfänge moderner Strafrechtspflege in Europa (Kriminologische Schriftenreihe ; 100). Heidelberg 1989.
Deimling, Gerhard, Cesare Beccaria: Werk und Wirkung, in: Ders. (Hg.), Cesare Beccaria: Die Anfänge moderner Strafrechtspflege in Europa (Kriminologische Schriftenreihe ; 100). Heidelberg 1989, 11–35.
Deleuze, Gilles, Foucault (stw 1023). Frankfurt/M. ²1995 (Paris 1986).
Derrida, Jacques, Die différance (1972), in: Engelmann, Peter (Hg.), Postmoderne und Dekonstruktion: Texte französischer Philosophen der Gegenwart (Universal-Bibliothek ; 8668). Stuttgart 1990, 76–113.
Derrida, Jacques, Grammatologie. Frankfurt/M. ⁶1996 (Paris 1967).
Derrida, Jacques, Randgänge der Philosophie. Frankfurt/M./Berlin/Wien 1976 (Paris 1972).
Derrida, Jacques, Signatur Ereignis Kontext, in: Ders., Randgänge der Philosophie. Wien 1988 (Paris 1972), 291–314.
Dieckmann, Herbert, Das Abscheuliche und Schreckliche in der Kunsttheorie des 18. Jahrhunderts, in: Jauß, Hans Robert (Hg.), Die nicht mehr schönen Künste: Grenzphänomene des Ästhetischen. München 1968, 271–317.
Dinges, Martin, Die Ehre als Thema der Stadtgeschichte: Eine Semantik am Übergang vom Ancien Régime zur Moderne, in: ZHF 16 (1989), 409–440.
Dinges, Martin, Gewalt und Zivilisationsprozeß, in: traverse Heft 1 (1995), 70–82.
Dinges, Martin, Michel Foucault's Impact on the German Historiography of Criminal Justice, Social Discipline, and Medicalization, in: Finzsch, Norbert/Jütte, Robert (Hg.), Institutions of Confinement: Hospitals, Asylums, and Prisons in Western Europe and America, 1500–1900. Oxford/New York 1997, 155–174.
Dinges, Martin, The Reception of Michel Foucault's Ideas on Social Discipline, Mental Asylums, Hospitals and the Medical Profession in German Historiography, in: Jones, Colin/Porter, Roy (Hg.), Reassessing Foucault: Power, Medicine, and Body. London 1994, 181–212.
Döcker, Ulrike, Die Ordnung der bürgerlichen Welt: Verhaltensideale und soziale Praktiken im 19. Jahrhundert (Historische Studien ; 13). Frankfurt/M./New York 1994.
Doktor, Wolfgang/Sauder, Gerhard (Hg.), Empfindsamkeit: Theoretische und kritische Texte (Universal-Bibliothek ; 9835). Stuttgart 1976.
Dörner, Klaus, Bürger und Irre: Zur Sozialgeschichte und Wissenschaftssoziologie der Psychiatrie. Frankfurt/M. 1969.
Dreyfus, Hubert L./Rabinow, Paul, Michel Foucault: Jenseits von Strukturalismus und Hermeneutik – mit einem Nachwort von und einem Interview mit Michel Foucault. Weinheim ²1994 (Chicago 1982).
Duerr, Hans Peter, Der Mythos vom Zivilisationsprozeß – 3 Bde. Frankfurt/M. ²1993.
Dülmen, Richard van (Hg.), Dynamik der Tradition (Studien zur historischen Kulturforschung ; 4). Frankfurt/M. 1992.
Dülmen, Richard van (Hg.), Verbrechen, Strafen und soziale Kontrolle (Studien zur historischen Kulturforschung ; 3). Frankfurt/M. 1990.
Dülmen, Richard van, Das Schauspiel des Todes: Hinrichtungsrituale in der frühen Neuzeit, in: Ders./Schindler, Norbert (Hg.), Volkskultur: Zur Wiederentdeckung des vergessenen Alltags, 16.–20. Jahrhundert. Frankfurt/M. 1984, 203–245.

Dülmen, Richard van, Der ehrlose Mensch: Soziale Ausgrenzung in der Frühen Neuzeit. Köln/Weimar/Wien 1999.

Dülmen, Richard van, Die Entdeckung des Individuums, 1500–1800 (Europäische Geschichte ; 60122). Frankfurt/M. 1997.

Dülmen, Richard van, Entzauberung der Welt: Christentum, Aufklärung und Magie, in: Ders., Religion und Gesellschaft: Beiträge zu einer Religionsgeschichte der Neuzeit. Frankfurt/M. 1989, 204–214.

Dülmen, Richard van, Frauen vor Gericht: Kindsmord in der Frühen Neuzeit. Frankfurt/M. 1991.

Dülmen, Richard van, Religion und Gesellschaft: Beiträge zu einer Religionsgeschichte der Neuzeit. Frankfurt/M. 1989.

Dülmen, Richard van, Theater des Schreckens: Gerichtspraxis und Strafrituale in der frühen Neuzeit (BsR 349). München ^{3}1988 (1985).

Dülmen, Richard van, Volksfrömmigkeit und konfessionelles Christentum im 16. und 17. Jahrhundert (1986), in: Ders., Religion und Gesellschaft: Beiträge zu einer Religionsgeschichte der Neuzeit. Frankfurt/M. 1989, 50–69.

Dülmen, Richard van/Chvojka, Erhard/Jung, Vera (Hg.), Neue Blicke: Historische Anthropologie in der Praxis. Wien/Köln/Weimar 1997.

Dülmen, Richard van/Schindler, Norbert (Hg.), Volkskultur: Zur Wiederentdeckung des vergessenen Alltags, 16.–20. Jahrhundert. Frankfurt/M. 1984.

Düsing, Bernhard, Die Geschichte der Abschaffung der Todesstrafe in der Bundesrepublik Deutschland unter besonderer Berücksichtigung ihres parlamentarischen Zustandekommens. Schwenningen/Neckar 1952.

Eco, Umberto, Über Gewalt, Semiotiker und Onanisten, in: kultuRRevolution: Zeitschrift für angewandte Diskurstheorie 31 (1995), 10–13.

Eibach, Joachim, Neue historische Literatur: Kriminalitätsgeschichte zwischen Sozialgeschichte und Historischer Kulturforschung, in: HZ 263 (1996), 681–715.

Elias, Norbert, Über den Prozeß der Zivilisation: Soziogenetische und psychogenetische Untersuchungen – 2 Bde. (stw 158). Frankfurt/M. ^{19}1995 (Bern ^{2}1969).

Engelhardt, Dietrich von, Kriminalität zwischen Krankheit und Abnormität im wissenschaftlichen Denken des 19. Jahrhunderts, in: Kerner, Hans-Jürgen/Göppinger, Hans/Streng, Franz (Hg.), Kriminologie – Psychiatrie – Strafrecht: Festschrift für Heinz Leferenz zum 70. Geburtstag. Heidelberg 1983, 261–278.

Engelmann, Peter (Hg.), Postmoderne und Dekonstruktion: Texte französischer Philosophen der Gegenwart (Universal-Bibliothek ; 8668). Stuttgart 1990.

Engelmann, Peter, Jacques Derridas Randgänge der Philosophie, in: Bernard, Jeff (Hg.), Semiotica Austriaca. Wien 1987, 96–110.

Evans, Richard J., Die Todesstrafe in der Weimarer Republik, in: Bajohr, Frank/Johe, Werner/Lohalm, Uwe (Hg.), Zivilisation und Barbarei: Die widersprüchlichen Potentiale der Moderne – Detlev Peukert zum Gedenken (Hamburger Beiträge zur Sozial- und Zeitgeschichte ; 26). Hamburg 1991, 145–167.

Evans, Richard J., Entgegnung: Reply to Jürgen Martschukat, in: 1999 – Zeitschrift für Sozialgeschichte des 20. und 21. Jahrhunderts 12,4 (1997), 124–129.

Evans, Richard J., Folter: Geschichte und Gegenwart, in: 1999 – Zeitschrift für Sozialgeschichte des 20. und 21. Jahrhunderts 8,3 (1992), 89–98.

Evans, Richard J., In Defence of History. London 1997.

Evans, Richard J., Öffentlichkeit und Autorität: Zur Geschichte der Hinrichtungen in Deutschland vom allgemeinen Landrecht bis zum Dritten Reich, in: Reif, Heinz (Hg.), Räuber, Volk und Obrigkeit: Studien zur Geschichte der Kriminalität in Deutschland seit dem 18. Jahrhundert (stw 453). Frankfurt/M. 1984, 185–258.

Evans, Richard J., Rituals of Retribution: Capital Punishment in Germany, 1600–1987. Oxford/New York 1996.

Ewald, François/Waldenfels, Bernhard (Hg.), Spiele der Wahrheit: Michel Foucaults Denken (es 1640). Frankfurt/M. 1991.
Fabian, Bernhard (Hg.), Festschrift für Rainer Gruenter. Heidelberg 1978.
Fabian, Bernhard/Schmidt-Biggemann, Wilhelm/Vierhaus, Rudolf (Hg.), Deutschlands kulturelle Entfaltung – die Neubestimmung des Menschen (Studien zum 18. Jahrhundert ; 2/3). München 1980.
Farge, Arlette, Fragile Lives: Violence, Power and Solidarity in Eighteenth-Century Paris. Cambridge, MA 1993 (Paris 1986).
Faulk, Berry, The Public Execution: Urban Rhetoric and the Victorian Crowds, in: Thesing, William B. (Hg.), Executions and the British Experience from the 17th to the 20th Century: A Collection of Essays. Jefferson, NC/London 1990, 77–91.
Febvre, Lucien, Combats pour l'Histoire. Paris [2]1965 (1953).
Febvre, Lucien, Leur histoire et la nôtre (1938), in: Ders., Combats pour l'Histoire. Paris [2]1965 (1953), 276–283.
Ferrone, Vincenzo, Der Wissenschaftler, in: Vovelle, Michel (Hg.), Der Mensch der Aufklärung. Frankfurt/M./New York 1996 (Rom 1992), 169–209.
Fetscher, Iring, Rousseaus politische Philosophie: Zur Geschichte des demokratischen Freiheitsbegriffes (Politica ; 1). Frankfurt/M. [2]1968.
Fiering, Norman S., Irresistable Compassion: An Aspect of Eighteenth-Century Sympathy and Humanitarianism, in: JHI 37 (1976), 195–218.
Finzsch, Norbert, Conditions of Intolerance: Racism and the Construction of Social Reality, in: HSR 22 (1997), 3–28.
Finzsch, Norbert, Elias, Foucault, Oestreich: On a Historical Theory of Confinement, in: Finzsch, Norbert/Jütte, Robert (Hg.), Institutions of Confinement: Hospitals, Asylums, and Prisons in Western Europe and America, 1500–1900. Oxford/New York 1997, 3–16.
Finzsch, Norbert/Jütte, Robert (Hg.), Institutions of Confinement: Hospitals, Asylums, and Prisons in Western Europe and America, 1500–1900. Oxford/New York 1997.
Fischer-Homberger, Esther, Medizin vor Gericht: Gerichtsmedizin von der Renaissance bis zur Aufklärung. Bern/Stuttgart/Wien 1983.
Fischer-Lichte, Erika, Theater als kulturelles Modell, in: Jäger, Ludwig (Hg.), Germanistik: Disziplinäre Identität und kulturelle Leistung – Vorträge des deutschen Germanistentages 1994. Weinheim 1995, 164–184.
Fiske, John, Understanding Popular Culture. Boston, MA u.a. 1989.
Flemming, Willi, Geschichte des Jesuitentheaters in den Landen deutscher Zunge. Berlin 1923.
Foucault, Michel, Andere Räume, in: Journal für Ästhetik und Politik 7 (1990), 4–15.
Foucault, Michel, Archäologie des Wissens (stw 356). Frankfurt/M. [6]1994 (Paris 1969).
Foucault, Michel, Das Subjekt und die Macht: Nachwort, in: Dreyfus, Hubert L./Rabinow, Paul, Michel Foucault: Jenseits von Strukturalismus und Hermeneutik – mit einem Nachwort von und einem Interview mit Michel Foucault. Weinheim [2]1994 (Chicago, IL 1982), 243–261.
Foucault, Michel, Der Fall Rivière: Materialien zum Verhältnis von Psychiatrie und Strafjustiz (stw 128). Frankfurt/M. 1975 (Paris 1973).
Foucault, Michel, Die Ordnung der Dinge: Eine Archäologie der Humanwissenschaften (stw 96). Frankfurt/M. [12]1994 (Paris 1966).
Foucault, Michel, Die Ordnung des Diskurses: Inauguralvorlesung am Collège de France – 2. Dezember 1970. München 1974 (Paris 1972).
Foucault, Michel, Dispositive der Macht: Michel Foucault über Sexualität, Wissen und Wahrheit. Berlin 1978.
Foucault, Michel, Ein Spiel um die Psychoanalyse: Gespräch mit Angehörigen des Departement de Psychoanalyse der Universität Paris/Vincennes, in: Ders., Dispositive der Macht: Michel Foucault über Sexualität, Wissen und Wahrheit. Berlin 1978, 118–175.

Foucault, Michel, Historisches Wissen der Kämpfe und Macht, Vorlesung vom 14. Januar 1976, in: Ders., Dispositive der Macht: Michel Foucault über Sexualität, Wissen und Wahrheit. Berlin 1978, 55–74.
Foucault, Michel, La poussière et le nuage, in: Perrot, Michelle (Hg.), L'impossible prison: recherches sur le système pénitentiaire au xixe siècle – débat avec Michel Foucault. Paris 1980, 29–39.
Foucault, Michel, Leben machen und sterben lassen: Die Geburt des Rassismus (1976), in: Reinfeldt, Sebastian/Schwarz, Richard/Foucault, Michel, Bio-Macht (DISS-Texte ; 28). Duisburg [2]1993, 27–50.
Foucault, Michel, Macht-Wissen, in: Basaglia, Franco/Basaglia-Ongaro, Franca (Hg.), Befriedungsverbrechen: Über die Dienstbarkeit der Intellektuellen. Frankfurt/M. 1980, 63–80.
Foucault, Michel, Nietzsche, die Genealogie, die Historie (1971), in: Seitter, Walter (Hg.), Michel Foucault: Von der Subversion des Wissens. Frankfurt/M. [2]1987, 69–90.
Foucault, Michel, Schriften zur Literatur. Frankfurt/M. 1993.
Foucault, Michel, Sexualität und Wahrheit, Bd. 1: Der Wille zum Wissen (stw 716). Frankfurt/M. 1983 (Paris 1976).
Foucault, Michel, Table ronde du 20 mai 1978, avec Michel Foucault, in: Perrot, Michelle (Hg.), L'impossible prison: recherches sur le système pénitentiaire au xixe siècle – débat avec Michel Foucault. Paris 1980, 40–56.
Foucault, Michel, The Dangerous Individual (1978), in: Kritzman, Lawrence D. (Hg.), Michel Foucault: Politics, Philosophy, and Culture: Interviews and Other Writings, 1977–1984. New York/London 1988, 125–151.
Foucault, Michel, Überwachen und Strafen: Die Geburt des Gefängnisses (st 2271). Frankfurt/M. 1994 (Paris 1975).
Foucault, Michel, Wahnsinn und Gesellschaft: Eine Geschichte des Wahns im Zeitalter der Vernunft (stw 39). Frankfurt/M. [11]1995.
Foucault, Michel, Wahrheit und Macht – Interview von Alessandro Fontana und Pasquale Pasquino, in: Ders., Dispositive der Macht: Michel Foucault über Sexualität, Wissen und Wahrheit. Berlin 1978 , 21–54.
Foucault, Michel, Was ist ein Autor? (1969) In: Ders., Schriften zur Literatur. Frankfurt/M. 1993, 7–31.
Foucault, Michel, Was ist Kritik? (1978) Berlin 1992 (1990).
Foucault, Michel, What Is Enlightenment? In: Rabinow, Paul (Hg.), The Foucault Reader. New York 1984, 32–50.
Fox, Richard W./Lears T.J. Jackson (Hg.), The Power of Culture: Critical Essays in American History. Chicago, IL/London 1993.
Franke, Manfred, Schinderhannes: Das kurze wilde Leben des Johannes Bückler, neu erzählt nach alten Protokollen, Briefen und Zeitungsberichten. Düsseldorf 1984.
Frevert, Ute (Hg.), Bürgerinnen und Bürger: Geschlechterverhältnisse im 19. Jahrhundert (Kritische Studien zur Geschichtswissenschaft ; 77). Göttingen 1988.
Frevert, Ute, ‚Mann und Weib, und Weib und Mann': Geschlechter-Differenzen in der Moderne (BsR ; 1100). München 1995.
Frevert, Ute, Bürgerliche Meisterdenker und das Geschlechterverhältnis: Konzepte, Erfahrungen, Visionen an der Wende vom 18. zum 19. Jahrhundert, in: Dies. (Hg.), Bürgerinnen und Bürger: Geschlechterverhältnisse im 19. Jahrhundert (Kritische Studien zur Geschichtswissenschaft ; 77). Göttingen 1988, 17–48.
Frey, Manuel, Der reinliche Bürger: Entstehung und Verbreitung bürgerlicher Tugenden in Deutschland, 1760–1860 (Kritische Studien zur Geschichtswissenschaft ; 119). Göttingen 1997.
Frühsorge, Gotthard/Klueting, Harm/Kopitzsch, Franklin (Hg.), Stadt und Bürger im 18. Jahrhundert (Das achtzehnte Jahrhundert: Supplementa ; 2). Marburg 1993.

Gade, Helmut, Hamburgische Strafrechtspflege im 18. Jahrhundert unter Berücksichtigung der Gerichtsverfassung, des Strafprozesses und der Strafvollstreckung. Diss. jur. Hamburg 1956.
Gailus, Manfred/Volkmann, Heinrich (Hg.), Der Kampf um das tägliche Brot: Nahrungsmangel, Versorgungpolitik und Protest 1770–1990. Opladen 1994.
Gallois, Johann Gustav, Hamburgische Chronik von den ältesten Zeiten bis auf die Jetztzeit. Hamburg, zweite Ausg. 1863, Bd. IV: 1713 bis 1842.
Garland, David, Punishment and Modern Society: A Study in Social Theory. Chicago, IL 1990.
Gatrell, V.A.C., The Hanging Tree: Execution and the English People, 1770-1868. Oxford 1994.
Gay, Peter, Kult der Gewalt: Aggression im bürgerlichen Zeitalter. München 1996 (London 1993).
Geertz, Clifford, Dichte Beschreibung: Beiträge zum Verstehen kultureller Systeme (stw 696). Frankfurt/M. 1983 (New York 1973).
Geertz, Clifford, Dichte Beschreibung: Bemerkungen zu einer deutenden Theorie von Kultur, in: Ders., Dichte Beschreibung: Beiträge zum Verstehen kultureller Systeme (stw 696). Frankfurt/M. 1983 (New York 1973), 7–43.
Geffcken, Johannes, Der Streit über die Sittlichkeit des Schauspiels im Jahr 1769, in: ZVHG 3 (1851), 56–77.
Geffcken, Johannes, Die Leichenbegängnisse des 17. Jahrhunderts, in: ZVHG 1 (1841), 497–522.
Gendolla, Peter/Zelle, Carsten (Hg.), Schönheit und Schrecken: Entsetzen, Gewalt und Tod in alten und neuen Medien (Reihe Siegen ; 72). Heidelberg 1990.
Gerhard, Ute (Hg.), Frauen in der Geschichte des Rechts: Von der frühen Neuzeit bis zur Gegenwart. München 1997.
Gernhuber, Joachim, Strafvollzug und Unehrlichkeit, in: Zeitschrift für Rechtsgeschichte (Germanistische Abteilung) 74 (1957), 119–177.
Gerould, Daniel, Guillotine: Its Legend and Lore. New York 1992.
Gerste, Ronald D., Gnadenloses Amerika, in: Die Zeit Nr. 47, 18. Nov. 1999.
Gestrich, Andreas, Absolutismus und Öffentlichkeit: Politische Kommunikation in Deutschland zu Beginn des 18. Jahrhunderts (Kritische Studien zur Geschichtswissenschaft ; 103). Göttingen 1994.
Geyer, Paul (Hg.), Das 18. Jahrhundert: Aufklärung. Regensburg 1995.
Geyer-Kordesch, Johanna, Medizinische Fallbeschreibungen und ihre Bedeutung in der Wissensreform des 17. und 18. Jahrhunderts, in: MedGG 9 (1990), 8–19.
Girard, René, Das Heilige und die Gewalt. Frankfurt/M. 1992 (Paris 1972).
Glenzdorf, Johann/Treichel, Fritz, Henker, Schinder und arme Sünder – 2 Teile, 2 Bde. Bad Münder am Dreister 1970.
Goff, Jacques le, Die Geburt des Fegefeuers: Vom Wandel des Weltbildes im Mittelalter. Stuttgart 1990 (Paris 1981).
Goff, Jacques le, Die Zeit des Fegefeuers (3.–13. Jahrhundert), in: Ders., Phantasie und Realität des Mittelalters. Stuttgart 1990 (Paris 1985), 106–120.
Goff, Jacques le, Phantasie und Realität des Mittelalters. Stuttgart 1990 (Paris 1985).
Golden, Leon, The Clarification Theory of Catharsis (1976), in: Luserke, Matthias (Hg.), Die Aristotelische Katharsis: Dokumente ihrer Deutung im 19. und 20. Jahrhundert. Hildesheim/Zürich/New York 1991, 386–401.
Gordon, Colin, The Soul of the Citizen: Max Weber and Michel Foucault on Rationality and Government, in: Lash, Scott/Whimster, Sam (Hg.), Max Weber, Rationality and Modernity. London 1987, 293–316.
Gröwer, Karin, ‚Wilde Ehen': Zur Lebensweise der Unterschichten zwischen städtischer Bevölkerungspolitik und polizeilicher Repression: Die freie Hansestadt Hamburg und ihre Schwesterstädte Bremen und Lübeck, 1814–1871. Diss. Hamburg 1997.

Gumbrecht, Hans U./Pfeiffer, Karl L. (Hg.), Materialität der Kommunikation (stw 750). Frankfurt/M. ²1995.
Günther, Louis, Die Idee der Wiedervergeltung in der Geschichte und Philosophie des Strafrechts: Ein Beitrag zur universal-historischen Entwicklung desselben – 2 Bde. Erlangen 1889/1891.
Günther, Louis, Tomaso Natale, Marchese di Monterossato, ein in Deutschland vergessener Vorläufer Beccarias, in: Archiv für Strafrecht und Strafprozeß 48 (1901), 1–38.
Gurjewitsch, Aaron J., Das Individuum im europäischen Mittelalter. München 1994.
Guttandin, Friedhelm, Genese und Kritk des Subjektbegriffs: Zur Selbstthematisierung der Menschen als Subjekte (Reihe Metro ; 5). Marburg/Lahn 1980.
Habermas, Jürgen, Der philosophische Diskurs der Moderne. Frankfurt/M. 1985.
Habermas, Jürgen, Erläuterungen zur Diskursethik. Frankfurt/M. 1991.
Habermas, Jürgen, Faktizität und Geltung: Beiträge zu einer Diskurstheorie des Rechts und des demokratischen Rechtsstaats. Frankfurt/M. 1992.
Habermas, Jürgen, Strukturwandel der Öffentlichkeit: Untersuchungen zu einer Kategorie der bürgerlichen Gesellschaft (stw 891). Frankfurt/M. ³1993 (1962).
Habermas, Jürgen, Theorie des kommunikativen Handelns. Frankfurt/M. ⁴1987 (1981).
Hagner, Michael, Homo cerebralis: Der Wandel vom Seelenorgan zum Gehirn. Berlin 1997.
Hahn, Alois, Kann der Körper ehrlich sein? In: Gumbrecht, Hans U./Pfeiffer, Karl L. (Hg.), Materialität der Kommunikation (stw 750). Frankfurt/M. ²1995, 666–679.
Hahn, Alois, Zur Soziologie der Beichte und anderer institutionalisierter Bekenntnisse: Selbstthematisierung und Zivilisationsprozeß, in: Kölner Zeitschrift für Soziologie und Sozialpsychologie 34 (1982), 407–434.
Halttunen, Karen, Early American Murder Narratives: The Birth of Horror, in: Fox, Richard W./Lears, T.J. Jackson (Hg.), The Power of Culture: Critical Essays in American History. Chicago, IL/London 1993, 67–101.
Halttunen, Karen, Humanitarianism and the Pornography of Pain in Anglo-American Culture, in: AHR 100 (1995), 303–334.
Halttunen, Karen, Murder Most Foul: The Killer and the American Gothic Imagination. Cambridge, MA/London 1998.
Handwörterbuch des Deutschen Aberglaubens, hg. v. Bächtold-Stäubli, Hanns/Hoffmann-Krayer, E. Berlin/Leipzig 1927–1932.
Hanisch, Ernst, Die linguistische Wende: Geschichtswissenschaft und Literatur, in: Hardtwig, Wolfgang/Wehler, Hans-Ulrich (Hg.), Kulturgeschichte Heute (GG; Sonderheft 16). Göttingen 1996, 212–230.
Hansen, Klaus P. (Hg.), Empfindsamkeiten. Passau 1990.
Hardtwig, Wolfgang, Wie deutsch war die deutsche Aufklärung? In: Neuhaus, Helmut (Hg.), Aufbruch aus dem Ancien régime: Beiträge zur Geschichte des 18. Jahrhunderts. Köln/Weimar/Wien 1993, 157–184.
Hardtwig, Wolfgang/Wehler, Hans-Ulrich (Hg.), Kulturgeschichte Heute (GG ; Sonderheft 16). Göttingen 1996.
Haskell, Thomas L., Capitalism and the Origins of the Humanitarian Sensibility, in: AHR 90 (1985), 339–361, 547–566.
Hassemer, Winfried/Lüderssen, Klaus/Naucke, Wolfgang (Hg.), Hauptprobleme der Generalprävention. Frankfurt/M. 1979.
Hattenhauer, Hans, Von Christen, Juden und Menschen: Zum Strafrecht der Aufklärung, in: Kleinheyer, Gerd/Mikat, Paul (Hg.), Beiträge zur Rechtsgeschichte: Gedächtnisschrift für Hermann Conrad (Rechts- und Staatswissenschaftliche Veröffentlichungen der Görres-Gesellschaft ; Neue Folge 34). Paderborn/München/Wien/Zürich 1979, 245–269.
Hausen, Karin, Die Polarisierung der „Geschlechtscharaktere“: Eine Spiegelung der Dissoziation von Erwerbs- und Familienleben, in: Conze, Werner (Hg.), Sozialgeschichte der Familie in der Neuzeit Europas. Stuttgart 1976, 363–393.

Hay, Douglas u.a. (Hg.), Albion's Fatal Tree: Crime and Society in Eighteenth-Century England. Norwich 1975.
Heers, Jacques, Vom Mummenschanz zum Machttheater: Europäische Festkultur im Mittelalter. Frankfurt/M. 1986 (Paris 1983).
Heinemann, Franz, Die Henker und Scharfrichter als Volks- und Viehärzte seit Ausgang des Mittelalters, in: Schweizerisches Archiv für Volkskunde 4 (1900), 1–16.
Helfer, Christian, Henker-Studien, in: AKG 46 (1964), 334–359, 47 (1965), 96–117.
Hennings, Elsa, Das hamburgische Strafrecht im 15. und 16. Jahrhundert und seine Verwirklichung. Hamburg 1940.
Hentig, Hans von, Die Strafe – 2 Bde. Berlin/Göttingen/Heidelberg 1954/55.
Hentig, Hans von, Zur Genealogie des Scharfrichters, in: Schweizer Zeitschrift für Strafrecht 80 (1964), 198–209.
Herzig, Arno (Hg.), Das alte Hamburg (1500–1848/49): Vergleiche – Beziehungen (Hamburger Beiträge zur öffentlichen Wissenschaft ; 5). Berlin/Hamburg 1989.
Herzig, Arno, Der Einfluß der Französischen Revolution auf den Unterschichtenprotest in Deutschland während der 1790er Jahre, in: Berding, Helmut (Hg.), Soziale Unruhen in Deutschland während der Französischen Revolution (GG ; Sonderheft 12). Göttingen 1988, 202–217.
Herzig, Arno, Die Hamburger Unterschichten im Zeitalter der Spät-Aufklärung (1770–1800), in: Stephan, Inge/Winter, Hans-Gerd (Hg.), Hamburg im Zeitalter der Aufklärung (Hamburger Beiträge zur öffentlichen Wissenschaft ; 6). Berlin/Hamburg 1989, 398–419.
Herzig, Arno, Die norddeutschen Subsistenzproteste der 1790er Jahre, in: Gailus, Manfred/Volkmann, Heinrich (Hg.), Der Kampf um das tägliche Brot: Nahrungsmangel, Versorgungpolitik und Protest 1770–1990. Opladen 1994, 135–150.
Herzig, Arno, Sozialprotest zur Zeit der Französischen Revolution in Hamburg und in anderen deutschen Städten, in: Ders. (Hg.), Das alte Hamburg (1500–1848/49): Vergleiche – Beziehungen (Hamburger Beiträge zur öffentlichen Wissenschaft ; 5). Berlin/Hamburg 1989, 113–133.
Herzig, Arno, Unterschichtenprotest in Deutschland 1790–1870 (Kleine Vandenhoeck-Reihe ; 1534). Göttingen 1988.
Herzig, Arno, Zwischen Reich und Revolution: Hamburg in den 1790er Jahren, in: Herzig, Arno/Stephan, Inge/Winter, Hans G. (Hg.), „Sie, und nicht Wir": Die Französische Revolution und ihre Wirkung auf Norddeutschland und das Reich – 2 Bde. Hamburg 1989, Bd. 1, 153–176.
Herzig, Arno/Stephan, Inge/Winter, Hans G. (Hg.), „Sie, und nicht Wir": Die Französische Revolution und ihre Wirkung auf Norddeutschland und das Reich – 2 Bde. Hamburg 1989.
Hesper, Stefan, Wir können auch anders – Massen als Ordnungen der Ungewißheit, in: kultuRRevolution 36 (1998), 56–60.
Hilbk, Merle, Da hauste ein Monster in mir, in: Die Zeit Nr. 45, 28. Okt. 1999.
Hinckeldey, Ch. (Hg.), Justiz in alter Zeit (Schriftenreihe des Mittelalterlichen Kriminalmuseums Rothenburg ob der Tauber ; VI c). Rothenburg o.d.T. 1989.
Höffe, Otfried, Kants Begründung des Rechtszwangs und der Kriminalstrafe, in: Brandt, Reinhard (Hg.), Rechtsphilosophie der Aufklärung: Symposium Wolfenbüttel 1981. Berlin/New York 1982, 335–375.
Hofmann, Hasso, Zur Lehre vom Naturzustand in der Rechtsphilosophie der Aufklärung, in: Brandt, Reinhard (Hg.), Rechtsphilosophie der Aufklärung: Symposium Wolfenbüttel 1981. Berlin/New York 1982, 12–46.
Hölscher, Lucian, Öffentlichkeit und Geheimnis: Eine begriffsgeschichtliche Untersuchung zur Entstehung der Öffentlichkeit in der frühen Neuzeit (Sprache und Geschichte ; 4). Stuttgart 1979.
Hunt, Lynn (Hg.), The Invention of Pornography. New York 1993.
Hunt, Lynn (Hg.), The New Cultural History. Berkeley, CA/Los Angeles 1989.

Hunt, Lynn, Obscenity and the Origins of Modernity, 1500–1800, in: Dies. (Hg.), The Invention of Pornography. New York 1993, 9–45, 341–345.
Hunt, Lynn, Symbole der Macht – Macht der Symbole: Die Französische Revolution und der Entwurf einer politischen Kultur. Frankfurt/M. 1989 (Berkeley, CA 1984).
Im Hof, Ulrich, Das Europa der Aufklärung. München 1993.
Im Hof, Ulrich, Das gesellige Jahrhundert: Gesellschaft und Gesellschaften im Zeitalter der Aufklärung. München 1982.
Jacobj, D.H., Geschichte des Hamburger Niedergerichts. Hamburg 1866.
Jäger, Georg, Empfindsamkeit und Roman: Wortgeschichte, Theorie und Kritik im 18. und frühen 19. Jahrhundert. Stuttgart 1969.
Jäger, Ludwig (Hg.), Germanistik: Disziplinäre Identität und kulturelle Leistung – Vorträge des deutschen Germanistentages 1994. Weinheim 1995.
Janes, Regina, Beheadings, in: Representations 35 (1991), 21–51.
Jauß, Hans Robert (Hg.), Die nicht mehr schönen Künste: Grenzphänomene des Ästhetischen. München 1968.
Jeannin, Pierre (Hg.), Gekräuselt, gepudert, mit untadeliger Anmut: Hamburg und die französische Revolution. Hamburg 1977.
Jeannin, Pierre, Hamburg und die französische Revolution – Auswirkungen auf den Alltag der Stadt vor der ‚Franzosenzeit', in: Ders. (Hg.), Gekräuselt, gepudert, mit untadeliger Anmut: Hamburg und die französische Revolution. Hamburg 1977, 7–36.
Jones, Colin/Porter, Roy (Hg.), Reassessing Foucault: Power, Medicine, and Body. London 1994.
Jordanova, Ludmilla, Medical Mediations: Mind, Body, and Guillotine, in: History Workshop: A Journal of Socialist and Feminist Historians 28 (1989), 39–52.
Joyce, Patrick, The End of Social History? A Brief Reply to Eley and Nield, in: Social History 21 (1996), 96–98.
Joyce, Patrick, History and Post-Modernism, in: PP 133 (1991), 204–209.
Jütte, Robert, Anmerkungen zu einer Semiotik der Nacktheit, in: Schreiner, Klaus/ Schnitzler, Norbert (Hg.), Gepeinigt, begehrt, vergessen: Symbolik und Sozialbezug des Körpers im späten Mittelalter und der frühen Neuzeit. München 1992, 109–129.
Jüttemann, Gerd/Sonntag, Michael/Wulf, Christoph (Hg.), Die Seele: Ihre Geschichte im Abendland. Weinheim 1991.
Kabuscha, Wolfgang, Ritual und Fest: Das Volk auf der Straße, in: Dülmen, Richard van (Hg.), Dynamik der Tradition (Studien zur historischen Kulturforschung ; 4). Frankfurt/ M. 1992, 240–267, 305f.
Kaiser, Andreas, Preußisches und französisches Recht der Revolutionszeit: Zur Genese der bürgerlichen Gesellschaft im Spiegel von Allgemeinem Landrecht (1794) und Code Civil (1804), in: Herzig, Arno/Stephan, Inge/Winter, Hans G. (Hg.), „Sie, und nicht Wir": Die Französische Revolution und ihre Wirkung auf Norddeutschland und das Reich – 2 Bde. Bd. 2: Das Reich. Hamburg 1989, 743–762.
Kaiser, Gert (Hg.), Der tanzende Tod: Mittelalterliche Totentänze. Frankfurt/M. 1983.
Kamper, Dietmar/Wulf, Christoph (Hg.), Der Schein des Schönen. Göttingen 1989.
Kamper, Dietmar/Wulf, Christoph (Hg.), Transfigurationen des Körpers: Spuren der Gewalt in der Geschichte (Reihe Historische Anthropologie ; 6). Berlin 1989.
Karasek, Horst, Die Vierteilung: Wie dem Königsmörder Damiens 1757 in Paris der Prozeß gemacht wurde. Berlin 1994.
Kaufmann, Doris, Aufklärung, bürgerliche Selbsterfahrung und die „Erfindung" der Psychiatrie in Deutschland. Göttingen 1995.
Kaufmann, Doris, ‚Irre und Wahnsinnige': Zum Problem der sozialen Ausgrenzung von Geisteskranken in der ländlichen Gesellschaft des frühen 19. Jahrhunderts, in: Dülmen, Richard van (Hg.), Verbrechen, Strafen und soziale Kontrolle (Studien zur historischen Kulturforschung ; 3). Frankfurt/M. 1990, 178–214, 296–300.
Kaufmann, Doris, Psychiatrie und Strafjustiz im 19. Jahrhundert: Die gerichtsmedizinischen Gutachten der Medizinischen Fakultät der Universität Tübingen 1770–1860, in: MedGG 10 (1991), 23–39.

Keller, Albrecht, Der Scharfrichter in der deutschen Kulturgeschichte (Bücherei der Kultur und Geschichte ; 21). Bonn/Leipzig 1921.
Kelly, Catriona, History and Post-Modernism, in: PP 133 (1991), 209–213.
Kelly, Michael (Hg.), Critique and Power: Recasting the Foucault/Habermas Debate. Cambridge, MA/London ²1995 (1994).
Kendrick, Walter, The Secret Museum: Pornography in Modern Culture. New York 1988.
Kerner, Hans-Jürgen/Göppinger, Hans/Streng, Franz (Hg.), Kriminologie – Psychiatrie – Strafrecht: Festschrift für Heinz Leferenz zum 70. Geburtstag. Heidelberg 1983.
Kershaw, Alister, Die Guillotine: Eine Geschichte des mechanischen Fallbeils. Hamburg 1959 (London 1958).
Kittsteiner, Heinz D., Die Entstehung des modernen Gewissens. Frankfurt/M. 1991.
Kleinheyer, Gerd, Tradition und Reform in der Constitutio Criminalis Carolina, in: Landau, Peter/Schroeder, Friedrich-Christian (Hg.), Strafrecht, Strafprozeß und Rezeption: Grundlagen, Entwicklung und Wirkung der Constitutio Criminalis Carolina (Juristische Abhandlungen ; 19). Frankfurt/M. 1984, 7–27.
Kleinheyer, Gerd, Wandlungen des Delinquentenbildes in den Strafrechtsordnungen des 18. Jahrhunderts, in: Fabian, Bernhard/Schmidt-Biggemann, Wilhelm/Vierhaus, Rudolf (Hg.), Deutschlands kulturelle Entfaltung – die Neubestimmung des Menschen (Studien zum 18. Jahrhundert ; 2/3). München 1980, 227–246.
Kleinheyer, Gerd, Zur Rolle des Geständnisses im Strafverfahren des späten Mittelalters und der frühen Neuzeit, in: Ders./Mikat, Paul (Hg.), Beiträge zur Rechtsgeschichte: Gedächtnisschrift für Hermann Conrad (Rechts- und Staatswissenschaftliche Veröffentlichungen der Görres-Gesellschaft ; Neue Folge 34). Paderborn/München/Wien/Zürich 1979, 367–384.
Kleinheyer, Gerd/Mikat, Paul (Hg.), Beiträge zur Rechtsgeschichte: Gedächtnisschrift für Hermann Conrad (Rechts- und Staatswissenschaftliche Veröffentlichungen der Görres-Gesellschaft ; Neue Folge 34). Paderborn/München/Wien/Zürich 1979.
Kleinheyer, Gerd/Schröder, Jan (Hg.), Deutsche Juristen aus fünf Jahrhunderten: Eine biographische Einführung in die Rechtswissenschaft. Karlsruhe/Heidelberg 1976.
Kley, D.K. van, The Damiens Affair and the Unraveling of the Ancien Regime. Princeton, NJ 1984.
Koebner, Thomas, Zum Streit für und wider die Schaubühne, in: Fabian, Bernhard (Hg.), Festschrift für Rainer Gruenter. Heidelberg 1978, 26–57.
König, Helmut, Zivilisation und Leidenschaften: Die Masse im bürgerlichen Zeitalter (re ; 513). Reinbek bei Hamburg 1992.
Kopitzsch, Franklin, Aufklärung und Reform – Hamburg als Beispiel, in: Frühsorge, Gotthard/Klueting, Harm/Kopitzsch, Franklin (Hg.), Stadt und Bürger im 18. Jahrhundert (Das achtzehnte Jahrhundert: Supplementa ; 2). Marburg 1993, 56–65.
Kopitzsch, Franklin, Gotthold Ephraim Lessing und Hamburgs Gelehrte, 1767–1781, in: Loose, Hans-Dieter (Hg.), Gelehrte in Hamburg im 18. und 19. Jahrhundert (Beiträge zur Geschichte Hamburgs ; 12). Hamburg 1976, 9–55.
Kopitzsch, Franklin, Grundzüge einer Sozialgeschichte der Aufklärung in Hamburg und Altona – 2 Bde. (Beiträge zur Geschichte Hamburgs ; 21). Hamburg 1982.
Kopitzsch, Franklin, Lessing und Hamburg: Aspekte und Aufgaben der Forschung, in: Wolfenbütteler Studien zur Aufklärung 2 (1975), 47–120, 3 (1976), 273–325.
Kopitzsch, Franklin, Sozietäten und Literatur in der Hamburger Aufklärung, in: Stephan, Inge/Winter, Hans-Gerd (Hg.), Hamburg im Zeitalter der Aufklärung (Hamburger Beiträge zur öffentlichen Wissenschaft ; 6). Berlin/Hamburg 1989, 124–135.
Koslofsky, Craig, Von der Schande zur Ehre: Nächtliche Begräbnisse im lutherischen Deutschland (1650–1700), in: HistAnt 5 (1997), 350–369.
Krasmann, Susanne, Andere Orte der Gewalt, in: Dies./Scheerer, Sebastian (Hg.), Die Gewalt in der Kriminologie (KrimJ; 6. Beiheft). Weinheim 1997, 85–102.

Krasmann, Susanne, Simultaneität von Körper und Sprache bei Michel Foucault, in: Leviathan 23,2 (1995), 240–262.

Krasmann, Susanne/Scheerer, Sebastian (Hg.), Die Gewalt in der Kriminologie (KrimJ; 6. Beiheft). Weinheim 1997.

Kraus, Antje, Die Unterschichten Hamburgs in der ersten Hälfte des 19. Jahrhunderts: Entstehung, Struktur und Lebensverhältnisse – eine historisch-statistische Untersuchung (Sozialwissenschaftliche Studien: Schriftenreihe des Sem. f. Sozialwiss. d. Univ. Hamburg ; 9). Stuttgart 1965.

Krause, Thomas, Die Strafrechtspflege im Kurfürstentum und Königreich Hannover: Vom Ende des 17. bis zum ersten Drittel des 19. Jahrhunderts (Untersuchungen zur deutschen Staats- und Rechtsgeschichte – neue Folge ; 28). Aalen 1991.

Kreckel, Reinhart (Hg.), Soziale Ungleichheit (Soziale Welt ; SB 2). Göttingen 1983.

Kreutziger, Bernd, Argumente für und wider die Todesstrafe(n): Ein Beitrag zur Beccaria-Rezeption im deutschsprachigen Raum des 18. Jahrhunderts, in: Deimling, Gerhard (Hg.), Cesare Beccaria: Die Anfänge moderner Strafrechtspflege in Europa (Kriminologische Schriftenreihe ; 100). Heidelberg 1989, 99–125.

Kreutziger, Bernd, Chronologische Bibliographie zur Rezeptionsgeschichte des Werkes Beccarias, in: Deimling, Gerhard (Hg.), Cesare Beccaria: Die Anfänge moderner Strafrechtspflege in Europa (Kriminologische Schriftenreihe ; 100). Heidelberg 1989, 179–209.

Krieken, Robert van, Violence, Self-Discipline and Modernity: Beyond the ‚Civilizing Process', in: The Sociological Review 37 (1989), 193–218.

Kritzman, Lawrence D. (Hg.), Michel Foucault: Politics, Philosophy, Culture: Interviews and Other Writings. New York/London 1988.

Kroeschell, Karl, Deutsche Rechtsgeschichte – 3 Bde. Opladen ^{10}1992 (1972).

Kühne, Thomas (Hg.), Männergeschichte – Geschlechtergeschichte: Männlichkeit im Wandel der Moderne (Geschichte und Geschlechter ; 14). Frankfurt/M./New York 1996.

Kühne, Thomas, Männergeschichte als Geschlechtergeschichte, in: Ders. (Hg.), Männergeschichte – Geschlechtergeschichte: Männlichkeit im Wandel der Moderne (Geschichte und Geschlechter ; 14). Frankfurt/M./New York 1996, 7–30.

Kunze, Michael, Der Fall der Bäuerin von Winden: Zum Einfluß der Carolina auf die Praxis des Münchner Hofgerichts im 17. Jahrhundert, in: Landau, Peter/Schroeder, Friedrich-Christian (Hg.), Strafrecht, Strafprozeß und Rezeption: Grundlagen, Entwicklung und Wirkung der Constitutio Criminalis Carolina (Juristische Abhandlungen; 19). Frankfurt/M. 1984, 177–204.

LaCapra, Dominick/Kaplan, Steven L. (Hg.), Geschichte denken: Neubestimmungen und Perspektiven moderner europäischer Geistesgeschichte. Frankfurt/M. 1989 (Ithaca, NY 1982).

Lächele, Rainer, ‚Maleficanten' und Pietisten auf dem Schafott: Historische Überlegungen zur Delinquentenseelsorge im 18. Jahrhundert, in: ZKG 107 (1996), 179–200.

Lake, Peter/Questier, Michael, Agency, Appropriation and Rhetoric under the Gallows: Puritans, Romanists and the State in Early Modern England, in: PP 153 (1996), 64–107.

Landau, Peter/Schroeder, Friedrich-Christian (Hg.), Strafrecht, Strafprozeß und Rezeption: Grundlagen, Entwicklung und Wirkung der Constitutio Criminalis Carolina (Juristische Abhandlungen ; 19). Frankfurt/M. 1984.

Langbein, John H., Torture and the Law of Proof: Europe and England in the Ancien Régime. Chicago/London 1977.

Laqueur, Thomas W., Bodies, Details, and the Humanitarian Narrative, in: Hunt, Lynn (Hg.), The New Cultural History. Berkeley, CA/Los Angeles 1989, 176–204.

Laqueur, Thomas W., Crowds, Carnival and the State in English Executions, 1604–1868, in: Beier, A.L. u.a. (Hg.), The First Modern Society: Essays in English History in Honour of Lawrence Stone. Cambridge 1989, 305–355.

Lash, Scott/Whimster, Sam (Hg.), Max Weber, Rationality and Modernity. London 1987.
Lefèbvre, Georges, Etudes sur la Révolution française. Paris 1954.
Léonard, Jacques, L'historien et le philosophe: A propos de: ‚Surveiller et punir; naissance de la prison', in: Perrot, Michelle (Hg.), L'impossible prison: recherches sur le système pénitentiaire au xixe siècle – débat avec Michel Foucault. Paris 1980, 9–28.
Lewandowski, Horst-Harald, Die Todesstrafe in der Aufklärung. Diss. Jur. Bonn 1961.
Lind, Vera, Aus der Rolle gefallen: Männliche Emotionen mit (fast) tödlichem Ausgang, in: Dülmen, Richard van/Chvojka, Erhard/Jung, Vera (Hg.), Neue Blicke: Historische Anthropologie in der Praxis. Wien/Köln/Weimar 1997, 183–197.
Lindemann, Mary, Die Jungfer Heinrich: Transvestitin, Bigamistin, Lesbierin, Diebin, Mörderin, in: Ulbricht, Otto (Hg.), Von Huren und Rabenmüttern: Weibliche Kriminalität in der Frühen Neuzeit. Köln/Weimar/Wien 1995, 259–279.
Lindenberger, Thomas/Lüdtke, Alf (Hg.), Physische Gewalt: Studien zur Geschichte der Neuzeit (stw 1190). Frankfurt/M. 1995.
Lindenberger, Thomas/Lüdtke, Alf, Physische Gewalt – eine Kontinuität der Moderne, in: Dies. (Hg.), Physische Gewalt: Studien zur Geschichte der Neuzeit (stw 1190). Frankfurt/M. 1995, 7–38.
Linebaugh, Peter, The London Hanged: Crime and Civil Society in the Eighteenth Century. Harmondsworth 1993.
Link, Christoph, Herrschaftsordnung und bürgerliche Freiheit: Grenzen der Staatsgewalt in der älteren deutschen Staatstheorie (Wiener rechtsgeschichtliche Arbeiten ; 12). Wien/Köln/Graz 1979.
Link, Christoph, Rechtswissenschaft, in: Vierhaus, Rudolf (Hg.), Wissenschaften im Zeitalter der Aufklärung. Göttingen 1985, 120–142.
Link, Christoph, Zwischen Absolutismus und Revolution: Aufgeklärtes Denken über Recht und Staat in der Mitte des 18. Jahrhunderts, in: Neuhaus, Helmut (Hg.), Aufbruch aus dem Ancien régime: Beiträge zur Geschichte des 18. Jahrhunderts. Köln/Weimar/Wien 1993, 185–209.
Link, Jürgen, Massendynamik und As-Sociation, in: kultuRRevolution 36 (1998), 3–12.
Loose, Hans-Dieter (Hg.), Gelehrte in Hamburg im 18. und 19. Jahrhundert (Beiträge zur Geschichte Hamburgs ; 12). Hamburg 1976.
Loose, Hans-Dieter (Hg.), Hamburg: Geschichte der Stadt und ihrer Bewohner – 2 Bde. Hamburg 1982.
Lorenz, Maren, ‚Er ließe doch nicht eher nach biß er was angefangen': Zu den Anfängen gerichtspsychiatrischer Gutachtung im 18. Jahrhundert, in: Dülmen, Richard van/Chvojka, Erhard/Jung, Vera (Hg.), Neue Blicke: Historische Anthropologie in der Praxis. Wien/Köln/Weimar 1997, 199–222.
Lorenz, Maren, Kriminelle Körper – gestörte Gemüter: Die Normierung des Individuums in Gerichtsmedizin und Psychiatrie der Aufklärung. Hamburg 1999.
Luserke, Matthias (Hg.), Die Aristotelische Katharsis: Dokumente ihrer Deutung im 19. und 20. Jahrhundert. Hildesheim/Zürich/New York 1991.
Maestro, Marecello T., A Pioneer for the Abolition of Capital Punishment: Cesare Beccaria, in: JHI 34 (1973), 463–468.
Maestro, Marecello T., Cesare Beccaria and the Origins of Penal Reform. Philadelphia 1973.
Maestro, Marecello T., Voltaire and Beccaria as Reformers of Criminal Law. New York 1972 (1942).
Mahon, Michael, Foucault's Nitzschean Genealogy: Truth, Power, and the Subject. Albany, NY 1992.
Mann, Gunter, Schinderhannes, Galvanisumus und die experimentelle Medizin in Mainz um 1800, in: Medizinhistorisches Journal 12 (1977), 21–80.
Mann, Gunter, Soemmering, Lichtenberg und die Ärzte im Streit um die Guillotine, in: Lichtenberg-Jahrbuch 1 (1989), 7–29.

Martschukat, Jürgen, Antwort an Richard Evans: Anmerkungen zu einer Geschichtsschreibung nach Michel Foucault, in: 1999 – Zeitschrift für Sozialgeschichte des 20. und 21. Jahrhunderts 13,2 (1998), 249–252.

Martschukat, Jürgen, Die öffentliche Hinrichtung: Ein „Theater des Schreckens"? In: KrimJ 27,3 (1995), 186–208.

Martschukat, Jürgen, Ein Freitod durch die Hand des Henkers: Erörterungen zur Komplementarität von Diskursen und Praktiken am Beispiel von ‚Mord aus Lebens-Überdruß' und Todesstrafe im 18. Jahrhundert, in: ZHF 27 (2000).

Martschukat, Jürgen, Ein schneller Schnitt, ein sanfter Tod? Die Guillotine als Symbol der Aufklärung, in: Conrad, Anne/Herzig, Arno/Kopitzsch, Franklin (Hg.), Das Volk im Visier der Aufklärung: Studien zur Popularisierung der Aufklärung im späten 18. Jahrhundert. Hamburg 1998, 121–142.

Martschukat, Jürgen, Ein schneller Schnitt, ein sanfter Tod? Die Guillotine als Symbol der Aufklärung, in: Krasmann, Susanne/Scheerer, Sebastian (Hg.), Die Gewalt in der Kriminologie (KrimJ; 6. Beiheft). Weinheim 1997, 45–63.

Martschukat, Jürgen, Rezension von Richard J. Evans, Rituals of Retribution: Capital Punishment in Germany, 1600–1987. Oxford/New York 1996, in: 1999 – Zeitschrift für Sozialgeschichte des 20. und 21. Jahrhunderts 12,4 (1997), 121–124.

Martschukat, Jürgen, Von Seelenkrankheiten und Gewaltverbrechen im frühen 19. Jahrhundert, in: Dülmen, Richard van/Chvojka, Erhard/Jung, Vera (Hg.), Neue Blicke: Historische Anthropologie in der Praxis. Wien/Köln/Weimar 1997, 223–247.

Masur, Louis P., Rites of Execution: Capital Punishment and the Transformation of American Culture, 1776–1865. Oxford/New York 1991 (1989).

Mattias, Horst, Die Entwicklung des Medizinalwesens im Lande Lippe unter besonderer Berücksichtigung des Scharfrichterwesens und seiner Stellung in der Heilbehandlung. Diss. med. Münster 1947.

McGowen, Randall, A Powerful Sympathy: Terror, the Prison, and Humanitarian Reform in Early Nineteenth-Century Britain, in: Journal of British Studies 25 (1986), 312–334.

McGowen, Randall, The Body and Punishment in 18th-Century England, in: The Journal of Modern History 59 (1987), 651–679.

McManners, John, Death and the Enlightenment: Changing Attitudes to Death Among Christians and Unbelievers in Eighteenth-century France. Oxford/New York 1981.

Mehnke, Bernhard, Anpassung und Widerstand: Hamburg in der Franzosenzeit von 1806 bis 1814, in: Herzig, Arno/Stephan, Inge/Winter, Hans G. (Hg.), „Sie, und nicht Wir": Die Französische Revolution und ihre Wirkung auf Norddeutschland und das Reich – 2 Bde. Hamburg 1989, Bd. 1, 333–349.

Mergel, Thomas, Kulturgeschichte – die neue „große Erzählung"? Wissensoziologische Bemerkungen zur Konzeptualisierung sozialer Wirklichkeit in der Geschichtswissenschaft, in: Hardtwig, Wolfgang/Wehler, Hans-Ulrich (Hg.), Kulturgeschichte Heute (GG ; Sonderheft 16). Göttingen 1996, 41–77.

Mergel, Thomas/Welskopp, Thomas (Hg.), Geschichte zwischen Kultur und Gesellschaft: Beiträge zur Theoriedebatte (BsR ; 1211). München 1997.

Meumann, Markus/Niefanger, Dirk (Hg.), Ein Schauplatz derber Angst: Wahrnehmung und Darstellung von Gewalt im 17. Jahrhundert. Göttingen 1997.

Meyer-Kalkus, Reinhart, Wollust und Grausamkeit: Affektenlehre und Affektdarstellung in Lohensteins Dramatik am Beispiel von ‚Aggripina' (Palaestra ; 279). Göttingen 1986.

Michalik, Kerstin, ‚Kindsmord': Zur Sozial- und Rechtsgeschichte der Kindstötung im 18. und beginnenden 19. Jahrhundert am Beispiel Preußen. Pfaffenweiler 1997.

Miller, James, Die Leidenschaften des Michel Foucault: Eine Biographie. Köln 1995 (London 1993).

Miller, Max/Soeffner, Hans-Georg (Hg.), Modernität und Barbarei: Soziologische Zeitdiagnose am Ende des 20. Jahrhunderts (stw 1243). Frankfurt/M. ^{2}1996.

Minois, Georges, Geschichte des Selbstmords. Düsseldorf/Zürich 1996 (Paris 1995).
Mohr, James C., Doctors and the Law: Medical Jurisprudence in Nineteenth-Century America. Baltimore/London 1993.
Moravia, Sergio, From ‚Homme Machine' to ‚Homme Sensible': Changing Eighteenth-Century Models of Man's Image, in: JHI 39 (1978), 45–60.
Morris, David B., Geschichte des Schmerzes (st 2529). Frankfurt/M. 1996 (Berkeley, CA 1991).
Morris, David B., The Marquis de Sade and the Discourses of Pain: Literature and Medicine at the Revolution, in: Rousseau, George S. (Hg.), The Languages of Psyche: Mind and Body in Enlightenment Thought (Clark Library Lectures 1985–1986). Berkeley, CA/ Los Angeles, CA/Oxford 1990, 291–330.
Moscovici, Serge, Das Zeitalter der Massen: Eine historische Abhandlung über die Massenpsychologie (Fischer Wissenschaft ; 7372). Frankfurt/M. 1986.
Naish, Camille, Death Comes to the Maiden: Sex and Execution 1431–1933. London/ New York 1991.
Nassehi, Armin/Weber, Georg, Tod, Modernität und Gesellschaft: Entwurf einer Theorie der Todesverdrängung. Opladen 1989.
Naucke, Wolfgang, Die Modernisierung des Strafrechts durch Beccaria, in: Deimling, Gerhard (Hg.), Cesare Beccaria: Die Anfänge moderner Strafrechtspflege in Europa (Kriminologische Schriftenreihe ; 100). Heidelberg 1989, 37–53.
Naucke, Wolfgang, Generalprävention und Grundrechte der Person, in: Hassemer, Winfried/Lüderssen, Klaus/Naucke, Wolfgang (Hg.), Hauptprobleme der Generalprävention. Frankfurt/M. 1979, 9–28.
Neugebauer-Wölk, Monika, Absolutismus und Aufklärung – Teil 1–3, in: GWU 49, 9–11 (1998), 561–578, 625–646, 709–717.
Neuhaus, Helmut (Hg.), Aufbruch aus dem Ancien régime: Beiträge zur Geschichte des 18. Jahrhunderts. Köln/Weimar/Wien 1993.
Neuhaus, Helmut, Der Augsburger Reichstag des Jahres 1530: Ein Forschungsbericht, in: ZHF 9 (1982), 167–211.
Neustadter, Roger, „The „Deadly Current“: The Death Penalty in the Industrial Age, in: Journal of American Culture 12 (1989), 79–87.
Nieraad, Jürgen, Die Spur der Gewalt: Zur Geschichte des Schrecklichen in der Literatur und ihrer Theorie. Lüneburg 1994.
Nietzsche, Friedrich, Zur Genealogie der Moral: Eine Streitschrift (1887), in: Colli, Giorgio/ Montinari, Massimo (Hg.), Friedrich Nietzsche: Sämtliche Werke. München 1980, Bd. 5, 245-412.
Norton, Anne, Republic of Signs: Liberal Theory and American Popular Culture. Chicago/ London 1993.
Nowosadtko, Jutta, ‚Scharfrichter' – ‚Hangman': Zwei soziokulturelle Varianten im Umgang mit dem Vollzug der Todesstrafe, in: AKG 74 (1992), 147–172.
Nowosadtko, Jutta, Wer Leben nimmt, kann auch Leben geben – Scharfrichter und Wasenmeister als Heilkundige in der Frühen Neuzeit, in: MedGG 12 (1993), 43–74.
O'Brien, Patricia, Michel Foucault's History of Culture, in: Hunt, Lynn (Hg.), The New Cultural History. Berkeley, CA/Los Angeles 1989, 25–46.
Oppelt, Wolfgang, Über die Unehrlichkeit des Scharfrichters: unter bevorzugter Verwendung von Ansbacher Quellen. Lengfeld 1976.
Osburg, Wolf-Rüdiger, Die Verwaltung Hamburgs in der Franzosenzeit, 1811–1814 (Rechtshistorische Studien ; 66). Frankfurt/M. u.a. 1988.
Outram, Dorinda, The Body and the French Revolution: Sex, Class and Political Culture. New Haven, CT/London 1989.
Ozouf, Mona, Festivals and the French Revolution. Cambridge, MA/London 1988.

Perrot, Michelle (Hg.), L'impossible prison: recherches sur le système pénitentiaire au xixe siècle – débat avec Michel Foucault. Paris 1980.

Peters, Edward, Folter: Geschichte der Peinlichen Befragung. Hamburg 1991.

Peukert, Detlef J.K., Die Unordnung der Dinge: Michel Foucault und die deutsche Geschichtswissenschaft, in: Ewald, François/Waldenfels, Bernhard (Hg.), Spiele der Wahrheit: Michel Foucaults Denken (es 1640). Frankfurt/M. 1991, 320–333.

Platt, Anthony M./Diamond, Bernard L., The Origins and Development of the ‚Wild Beast' Concept of Mental Illness and Its Relation to Theories of Criminal Responsibility, in: Journal of the History of Behavioral Sciences 1 (1965), 355–367.

Polley, Rainer, Die Lehre vom gerechten Strafmaß bei Karl Ferdinand Hommel (AD 1722–1781) und Benedikt Carpzow (AD 1595–1666). Darmstadt 1972.

Popitz, Heinrich, Gewalt, in: Mittelweg 36: Zeitschrift des Hamburger Instituts für Sozialforschung 4,5 (1995), 19–40.

Porter, Roy, Kleine Geschichte der Aufklärung. Berlin 1991 (London 1990).

Porter, Roy/Rousseau, George S. (Hg.), Sexual Underworlds of the Enlightenment. Chapel Hill, NC 1988.

Porter, Theodore M., The Rise of Statistical Thinking, 1820–1900. Princeton, NJ 1986.

Postel, Rainer, Vom Hauptrezeß zur Franzosenzeit: Hamburgs Verfassung im Vergleich mit der Hansestädtischen Entwicklung des 18. Jahrhunderts, in: Herzig, Arno (Hg.), Das alte Hamburg (1500–1848/49): Vergleiche – Beziehungen (Hamburger Beiträge zur öffentlichen Wissenschaft ; 5). Berlin/Hamburg 1989, 97–112.

Poster, Mark, Die Zukunft nach Foucault: Archäologie des Wissens und Geistesgeschichte, in: LaCapra, Dominick/Kaplan, Steven L. (Hg.), Geschichte denken: Neubestimmungen und Perspektiven moderner europäischer Geistesgeschichte. Frankfurt/M. 1989 (Ithaca, NY 1982), 143–159.

Praz, Mario, Liebe, Tod und Teufel: Die schwarze Romantik. München 1963 (Florenz 1930).

Pries, Christine (Hg.), Das Erhabene: Zwischen Grenzerfahrung und Größenwahn. Weinheim 1989.

Primorac, Igor, Kant und Beccaria, in: Kant-Studien 69 (1978), 403–421.

Pütz, Peter, Die deutsche Aufklärung (Erträge der Forschung ; 81). Darmstadt ⁴1991 (1978).

Rabinow, Paul (Hg.), The Foucault Reader. New York 1984.

Radbruch, Gustav, Ars moriendi: Scharfrichter-Seelsorger-Armesünder-Volk, in: Schweizer Zeitschrift für Strafrecht 59 (1945), 460–495.

Radbruch, Gustav, Zur Einführung in die Carolina, in: Peinliche Gerichts-Ordnung Karls V. von 1532 (Carolina), hg. v. Gustav Radbruch (Universal-Bibliothek ; 2990). Stuttgart ⁶1996, 5–23.

Rang, Brita, Zur Geschichte des dualistischen Denkens über Mann und Frau: Kritische Anmerkungen zu den Thesen von Karin Hausen zur Herausbildung der Geschlechtscharaktere im 18. und 19. Jahrhundert, in: Dalhof, Jutta/Frey, Uschi/Schöll, Ingrid (Hg.), Frauenmacht in der Geschichte: Beiträge des Historikerinnentreffens zur Frauengeschichtsforschung (Geschichtsdidaktik: Studien, Materialien ; 41). Düsseldorf 1986, 194–204.

Ranieri, Filippo (Hg.), Juristische Dissertationen deutscher Universitäten – 17.–18. Jahrhundert: Dokumentation zsgst. von einer Arbeitsgruppe unter der Leitung von Filippo Ranieri (jus commune ; Sonderheft 27). Frankfurt/M. 1986.

Rathje, Jürgen, ‚Der Patriot': Eine Hamburgische Zeitschrift der ersten Hälfte des 18. Jahrhunderts, in: ZVHG 65 (1979), 123–143.

Rathmayr, Bernhard, Die Rückkehr der Gewalt: Faszination und Wirkung medialer Gewaltdarstellung. Wiesbaden 1996.

Reemtsma, Jan Philipp, Freiheit, Macht, Gewalt, in: Krasmann, Susanne/Scheerer, Sebastian (Hg.), Die Gewalt in der Kriminologie (KrimJ; 6. Beiheft). Weinheim 1997, 31–44.

Regener, Susanne, Totenmasken, in: Ethnologia Europaea 23 (1993), 153–170.

Reichardt, Rolf E., Das Blut der Freiheit: Französische Revolution und demokratische Kultur (Europäische Geschichte ; 60135). Frankfurt/M. 1998.

Reichardt, Rolf E., Deutsche Volksbewegungen im Zeichen des Pariser Bastillesturms: Ein Beitrag zum sozio-kulturellen Transfer der Französischen Revolution, in: Berding, Helmut (Hg.), Soziale Unruhen in Deutschland während der Französischen Revolution (GG ; Sonderheft 12). Göttingen 1988, 10–27.

Reif, Heinz (Hg.), Räuber, Volk und Obrigkeit: Studien zur Geschichte der Kriminalität in Deutschland seit dem 18. Jahrhundert (stw 453). Frankfurt/M. 1984.

Reinfeldt, Sebastian/Schwarz, Richard/Foucault, Michel, Bio-Macht (DISS-Texte ; 28). Duisburg ^{2}1993.

Reinke, Herbert, Kriminalität als ‚zweite' Wirklichkeit von Tätigkeitsnachweisen der Justizverwaltung: Bemerkungen zu Kriminalstatistiken des 19. Jahrhunderts als Materialien einer historisch orientierten Kriminologie, in: Smaus, Gerlinda (Hg.), Kriminologie und Geschichte (KrimJ ; 2. Beiheft). Weinheim 1987, 176–184.

Rétat, Pierre, L'attentat de Damiens: Discours sur l'événement du XVIIIe siècle. Lyon 1979.

Reuter, Lothar, Die Ansichten des Marchese von Beccaria zu den Strafgesetzen, Verbrechen und Strafen – Strafgesetze, Strafjustiz und strafrechtliches Denken im 18. Jahrhundert, in: Deimling, Gerhard (Hg.), Cesare Beccaria: Die Anfänge moderner Strafrechtspflege in Europa (Kriminologische Schriftenreihe ; 100). Heidelberg 1989, 55–77.

Rodegra, Heinrich J., Die Anfänge der stationären Behandlung von Geisteskranken in Hamburg zu Anfang des 19. Jahrhunderts, in: Historia Hospitalium: Zeitschrift der Deutschen Gesellschaft für Krankenhausgeschichte 11 (1976), 149–178.

Rodegra, Heinrich/Lindemann, Mary/Ewald, Martin, Kindermord und verheimlichte Schwangerschaft in Hamburg im 18. Jahrhundert: Versuch einer soziologischen und sozialmedizinischen Analyse, in: Gesnerus: Vierteljahresschrift hg. v.d. Schweizerischen Gesellschaft für Geschichte der Medizin 35,3/4 (1975), 276-296.

Rossa, Kurt, Todesstrafen: Ihre Wirklichkeit in drei Jahrtausenden. Bergisch Gladbach 1979 (1966).

Roelcke, Frank, Krankheit und Kulturkritik: Psychiatrische Gesellschaftsdeutungen im bürgerlichen Zeitalter (1790–1914). Frankfurt/New York 1999.

Rötzer, Florian, Zur Genese des Erhabenen, in: Kamper, Dietmar/Wulf, Christoph (Hg.), Der Schein des Schönen. Göttingen 1989, 71–99.

Rousseau, George S. (Hg.), The Languages of Psyche: Mind and Body in Enlightenment Thought (Clark Library Lectures 1985–1986). Berkeley, CA/Los Angeles, CA/Oxford 1990.

Rousseau, George S., Nerves, Spirits, and Fibres: Towards Defining the Origins of Sensibility, in: The Blue Guitar 2 (1976), 125–153.

Rousseau, George S./Porter, Roy, Introduction: Toward a Natural History of Mind and Body, in: Rousseau, George S. (Hg.), The Languages of Psyche: Mind and Body in Enlightenment Thought (Clark Library Lectures 1985–1986). Berkeley, CA/Los Angeles, CA/Oxford 1990, 3–44.

Rüping, Hinrich, Die Carolina in der strafrechtlichen Kommentarliteratur: Zum Verhältnis von Gesetz und Wissenschaft im gemeinen deutschen Strafrecht, in: Landau, Peter/Schroeder, Friedrich-Christian (Hg.), Strafrecht, Strafprozeß und Rezeption: Grundlagen, Entwicklung und Wirkung der Constitutio Criminalis Carolina (Juristische Abhandlungen ; 19). Frankfurt/M. 1984, 161–176.

Ruppert, Wolfgang, Bürgerlicher Wandel: Die Geburt der modernen deutschen Gesellschaft im 18. Jahrhundert. Frankfurt/M. 1984.

Rusterholz, Peter, Theatrum Vitae Humanae: Funktion und Bedeutungswandel eines politischen Bildes: Studien zu den Dichtungen von Andreas Gryphius, Christian Hofmann von Hofmannswaldau und Daniel Caspar von Lohenstein (Philologische Studien und Quellen ; 51). Berlin 1970.

Rutz, Godehard, Johann Baptist Friedreich: Sein Leben und sein Einfluß auf die Gerichtsmedizin seiner Zeit. Med. Diss. Würzburg 1974.
Sarasin, Philipp, Subjekte, Diskurse, Körper: Überlegungen zu einer diskursanalytischen Kulturgeschichte, in: Hardtwig, Wolfgang/Wehler, Hans-Ulrich (Hg.), Kulturgeschichte Heute (GG ; Sonderheft 16). Göttingen 1996, 131–164.
Sauder, Gerhard, Empfindsamkeit – Bd. 1; 3. Stuttgart 1974/80.
Sauder, Gerhard, Empfindsamkeit – sublimierte Sexualität, in: Hansen, Klaus P. (Hg.), Empfindsamkeiten. Passau 1990, 167–177.
Saurer, Edith, Religiöse Praxis und Sinnesverwirrung: Kommentare zur religiösen Melancholiediskussion, in: Dülmen, Richard van (Hg.), Dynamik der Tradition (Studien zur historischen Kulturforschung ; 4). Frankfurt/M. 1992, 213–239, 301–305.
Scarry, Elaine, Der Körper im Schmerz: Die Chiffren der Verletzlichkeit und die Erfindung der Kultur. Frankfurt/M. 1992 (New York 1985).
Schacht, Fritz A., Die Bemühungen der hamburgischen Strafrechtsreform 1839–1869. Jur. Diss. Hamburg 1936.
Schadewaldt, Wolfgang, Die Griechische Tragödie: Tübinger Vorlesungen, Bd. 4 (stw 948). Frankfurt/M. ^{2}1992.
Scheibe, Jörg, Der ‚Patriot' (1724–1726) und sein Publikum: Untersuchungen über die Verfassergesellschaft und die Leserschaft einer Zeitschrift der frühen Aufklärung (Göppinger Arbeiten zur Germanistik ; 109). Göppingen 1973.
Schenda, Rudolf, Volk ohne Buch: Studien zur Sozialgeschichte der populären Lesestoffe 1770–1910. München 1977.
Schild, Wolfgang, Der ‚entliche Rechtstag' als Theater des Rechts, in: Landau, Peter/Schroeder, Friedrich-Christian (Hg.), Strafrecht, Strafprozeß und Rezeption: Grundlagen, Entwicklung und Wirkung der Constitutio Criminalis Carolina (Juristische Abhandlungen; 19). Frankfurt/M. 1984, 119–144.
Schings, Hans Jürgen, Melancholie und Aufklärung: Melancholie und ihre Kritiker in Erfahrungsseelenkunde und Literatur des 18. Jahrhunderts. Stuttgart 1977.
Schmidt, Eberhart, Einführung in die Geschichte der deutschen Strafrechtspflege. Göttingen ^{3}1965.
Schmidt, Gerhard, Sinn und Bedeutung der Constitutio Criminalis Carolina als Ordnung des materiellen und prozessualen Rechts (1966), in: Schroeder, Friedrich-Christian (Hg.), Die Carolina: Die Peinliche Gerichtsordnung Kaiser Karls V. von 1532 (Wege der Forschung ; 626). Darmstadt 1986, 185–204.
Schneider, Paul, Die Rechtsquellen in Carpzovs Practica nova imperialis Saxonica rerum criminalium unter besonderer Berücksichtigung des Einflusses und der Bedeutung der Carolina (Strafrechtliche Abhandlungen ; 408). Breslau-Neukirch 1940.
Schneiders, Werner (Hg.), Lexikon der Aufklärung: Deutschland und Europa. München 1995.
Schöttler, Peter, Wer hat Angst vor dem „linguistic turn"? In: GG 23 (1997), 134–151.
Schramm, Percy E., Hamburg, ein Sonderfall in der Geschichte Deutschlands (Vorträge und Aufsätze, hg. vom Verein für Hamburgische Geschichte ; 13). Hamburg 1964.
Schreiner, Klaus/Schnitzler, Norbert (Hg.), Gepeinigt, begehrt, vergessen: Symbolik und Sozialbezug des Körpers im späten Mittelalter und der frühen Neuzeit. München 1992.
Schreiner, Klaus/Schnitzler, Norbert, Historisierung des Körpers: Vorbemerkungen zur Thematik, in: Dies. (Hg.), Gepeinigt, begehrt, vergessen: Symbolik und Sozialbezug des Körpers im späten Mittelalter und der frühen Neuzeit. München 1992, 5–22.
Schreiner, Klaus/Schwerhoff, Gerd (Hg.), Verletzte Ehre: Ehrkonflikte in Gesellschaften des Mittelalters und der Frühen Neuzeit (Norm und Struktur ; 5). Köln/Weimar/Wien 1995.
Schreiner, Klaus/Schwerhoff, Gerd, Verletzte Ehre: Überlegungen zu einem Forschungskonzept, in: Dies. (Hg.), Verletzte Ehre: Ehrkonflikte in Gesellschaften des Mittelalters und der Frühen Neuzeit (Norm und Struktur ; 5). Köln/Weimar/Wien 1995, 1–28.

Schrenk, Martin, Über den Umgang mit Geisteskranken: die Entwicklung der psychiatrischen Therapie vom ‚moralischen Regime' in England und Frankreich zu den ‚psychischen Curmethoden' in Deutschland. Berlin 1973.

Schroeder, Friedrich-Christian (Hg.), Die Carolina: Die Peinliche Gerichtsordnung Kaiser Karls V. von 1532 (Wege der Forschung ; 626). Darmstadt 1986.

Schroeder, Friedrich-Christian, Die Peinliche Gerichtsordnung Kaiser Karls V. (Carolina) von 1532 (1980), in: Ders. (Hg.), Die Carolina: Die Peinliche Gerichtsordnung Kaiser Karls V. von 1532 (Wege der Forschung ; 626). Darmstadt 1986, 305–337.

Schuhmann, Helmut, Der Scharfrichter: seine Gestalt, seine Funktion. Kempten 1964.

Schultze, Harald, Toleranz und Orthodoxie: Johann Melchior Goeze in seiner Auseinandersetzung mit der Theologie der Aufklärung, in: Neue Zeitschrift für systematische Theologie 4 (1962), 197–219.

Schulz, Andreas, Weltbürger und Geldaristokraten: Hanseatisches Bürgertum im 19. Jahrhundert, in: HZ 259 (1994), 637–670.

Schwarzbach, F.S., All the Hidden Appartus of Death: Dickens and Executions, in: Thesing, William B. (Hg.), Executions and the British Experience from the 17th to the 20th Century: A Collection of Essays. Jefferson, NC/London 1990, 93–110.

Schwerhoff, Gerd, Aktenkundig und gerichtsnotorisch: Einführung in die Historische Kriminalitätsforschung (Historische Einführungen ; 3). Tübingen 1999.

Schwerhoff, Gerd, Devianz in der alteuropäischen Gesellschaft: Umrisse einer historischen Kriminalitätsforschung, in: ZHF 19 (1992), 385–414.

Schwerhoff, Gerd, Köln im Kreuzverhör: Kriminalität, Herrschaft und Gesellschaft in einer frühneuzeitlichen Stadt. Bonn/Berlin 1991.

Schwerhoff, Gerd, Zivilisationsprozeß und Geschichtswissenschaft: Norbert Elias' Forschungsparadigma in historischer Sicht, in: HZ 266 (1998), 561–605.

Sharpe, J.A., „Last Dying Speeches": Religion, Ideology and Public Execution in Seventeenth-Century England, in: PP 107 (1985), 144–167.

Shklar, Judith N., Ordinary Vices. Cambridge, MA 1984.

Siegert, Reinhart, Volk/Gemeiner Mann/Pöbel, in: Schneiders, Werner (Hg.), Lexikon der Aufklärung: Deutschland und Europa. München 1995, 432–434.

Signori, Gabriela (Hg.), Trauer, Verzweiflung und Anfechtung: Selbstmord und Selbstmordversuche in mittelalterlichen und frühneuzeitlichen Gesellschaften. Tübingen 1994.

Simon, Jonathan, Gewalt, Rache und Risiko: Die Todesstrafe im neoliberalen Staat, in: Trotha, Trutz von (Hg.), Soziologie der Gewalt (Kölner Zeitschrift für Soziologie und Sozialpsychologie ; Sonderheft 37). Opladen/Wiesbaden 1997, 279–301.

Soboul, Albert, Die Große Französische Revolution. Darmstadt [4]1983.

Sofsky, Wolfgang, Traktat über die Gewalt. Frankfurt/M. 1996.

Soltau, Heide, Verteufelt, verschwiegen und reglementiert: Über den Umgang der Hanseaten mit der Prostitution, in: Stephan, Inge/Winter, Hans-Gerd (Hg.), Hamburg im Zeitalter der Aufklärung (Hamburger Beiträge zur öffentlichen Wissenschaft; 6). Berlin/Hamburg 1989, 373–397.

Sörensen, Kerstin, Die Debatte um den Zeitpunkt des Todes bei Hinrichtungen gegen Ende des 18. Jahrhunderts. Magisterarbeit Universität Hamburg 1997.

Soubiran, A./Théoridès, J., Guillotin et la rage: un mémoire inédit, in: Histoire des sciences médicales 16,4 (1982), 227–236.

Sparn, Walter, Vernünftiges Christentum: Über die geschichtliche Aufgabe der theologischen Aufklärung im 18. Jahrhundert in Deutschland, in: Vierhaus, Rudolf (Hg.), Wissenschaften im Zeitalter der Aufklärung. Göttingen 1985, 18–57.

Spiegel, Gabrielle M., Geschichte, Historizität und die soziale Logik von mittelalterlichen Texten, in: Conrad, Christoph/Kessel, Martina (Hg.), Geschichte schreiben in der Postmoderne: Beiträge zur aktuellen Diskussion (Universal-Bibliothek ; 9318). Stuttgart 1994, 161–202.

Spiegel, Gabrielle M., History and Post-Modernism, in: PP 135 (1992), 194–208.

Spiegel, Gabrielle M., History, Historicism, and Social Logic of the Text in the Middle Ages, in: Speculum 65 (1990), 59–86.

Spierenburg, Pieter (Hg.), The Emergence of Carcerel Institutions: Prisons, Galleys and Lunatic Asylums 1550–1900. Rotterdam 1984.

Spierenburg, Pieter, Faces of Violence, in: Journal of Social History (1994), 701–716.

Spierenburg, Pieter, Four Centuries of Prison History: Punishment, Suffering, the Body, and Power, in: Finzsch, Norbert/Jütte, Robert (Hg.), Institutions of Confinement: Hospitals, Asylums, and Prisons in Western Europe and America, 1500–1900. Oxford/New York 1997, 17–35.

Spierenburg, Pieter, Prisoners and Beggars: Quantitative Data on Imprisonment in Holland and Hamburg, 1597–1752, in: HSR 15,4 (1990), 33–56.

Stender, Wolfram, Post Crimen: Kritische Kriminologie, Kritische Theorie und ‚das Jahrhundert der Gewalt', in: Krasmann, Susanne/Scheerer, Sebastian (Hg.), Die Gewalt in der Kriminologie (KrimJ; 6. Beiheft). Weinheim 1997, 64–84.

Stephan, Inge, ‚Die erhabne Männin Corday': Christine Westphalens Drama ‚Charlotte Corday' (1804) und der Corday-Kult am Ende des 18. Jahrhunderts, in: Herzig, Arno/Stephan, Inge/Winter, Hans G. (Hg.), „Sie, und nicht Wir": Die Französische Revolution und ihre Wirkung auf Norddeutschland und das Reich – 2 Bde. Hamburg 1989, Bd. 1, 177–205.

Stephan, Inge/Winter, Hans-Gerd (Hg.), Hamburg im Zeitalter der Aufklärung (Hamburger Beiträge zur öffentlichen Wissenschaft ; 6). Berlin/Hamburg 1989.

Stieve, Tilman, Der Kampf um die Reform in Hamburg, 1789–1842 (Beiträge zur Geschichte Hamburgs ; 44). Hamburg 1993.

Stoff, Heiko, Diskurse und Erfahrungen: Ein Rückblick auf die Körpergeschichte der 90er Jahre, in: 1999 – Zeitschrift für Sozialgeschichte des 20. und 21. Jahrhunderts 14,2 (1999), 142–161.

Stone, Lawrence, History and Post-Modernism, in: PP 131 (1991), 217f., 135 (1992), 189–194.

Sträter, Karin, Frauenbriefe als Medium bürgerlicher Öffentlichkeit: Eine Untersuchung anhand von Quellen aus dem Hamburger Raum in der zweiten Hälfte des 18. Jahrhunderts (Europäische Hochschulschriften, Reihe III: Geschichte und ihre Hilfswissenschaften ; 474). Frankfurt/M. u.a. 1991.

Stuke, Horst, Aufklärung, in: Brunner, Otto/Conze, Werner/Koselleck, Reinhart (Hg.), Geschichtliche Grundbegriffe: Historisches Lexikon zur politisch-sozialen Sprache in Deutschland – 7 Bde. Stuttgart 1972–1992, Bd. 1 (1972), 243–342.

Tanner, Jakob, Körpererfahrung, Schmerz und die Konstruktion des Kulturellen, in: HistAnt 2 (1994), 489–502.

Teubert, Wolfgang, Das Erhabene: Aufstieg und Niedergang eines Konzepts, in: Busse, Dietrich/Hermanns, Fritz/Teubert, Wolfgang (Hg.), Begriffsgeschichte und Diskursgeschichte: Methodenfragen und Forschungsergebnisse der historischen Semantik. Opladen 1994, 212–258

Thesing, William B. (Hg.), Executions and the British Experience from the 17th to the 20th Century: A Collection of Essays. Jefferson, NC/London 1990.

Thompson, John B., Ideology and Modern Culture: Critical Theory in the Era of Mass Communication. Cambridge 1990.

Thürlemann, Felix, Nicolas Poussin: ‚Die Mannalese': Staunen als Leidenschaft des Sehens, in: Ders. (Hg.), Vom Bild zum Raum. Köln 1990, 111–137.

Thürlemann, Felix (Hg.), Vom Bild zum Raum. Köln 1990.

Todd, Janet, Sensibility: An Introduction. London/NY 1986.

Toellner, Richard, Der Körper des Menschen in der philosophischen und theologischen Anthropologie des späten Mittelalters und der beginnenden Neuzeit, in: Schreiner, Klaus/Schnitzler, Norbert (Hg.), Gepeinigt, begehrt, vergessen: Symbolik und Sozialbezug des Körpers im späten Mittelalter und der frühen Neuzeit. München 1992, 131–146.

Toellner, Richard, Medizin in der Mitte des 18. Jahrhunderts, in: Vierhaus, Rudolf (Hg.), Wissenschaften im Zeitalter der Aufklärung. Göttingen 1985, 194–217.
Trepp, Anne-Charlotte, Anders als sein ‚Geschlechtscharakter': Der bürgerliche Mann um 1800 – Ferdinand Beneke (1774–1848), in: HistAnt 4 (1996), 57–77.
Trepp, Anne-Charlotte, Sanfte Männlichkeit und selbständige Weiblichkeit: Frauen und Männer im Hamburger Bürgertum zwischen 1770 und 1840 (Veröffentlichungen des Max-Planck-Instituts für Geschichte ; 123). Göttingen 1996.
Trotha, Trutz von (Hg.), Soziologie der Gewalt (Kölner Zeitschrift für Soziologie und Sozialpsychologie ; Sonderheft 37). Opladen/Wiesbaden 1997.
Trotha, Trutz von/Schwab-Trapp, Michael, Logiken der Gewalt, in: Mittelweg 36: Zeitschrift des Hamburger Instituts für Sozialforschung 5,6 (1996), 56–64.
Turner, Bryan S., The Rationalization of the Body: Reflections on Modernity and Discipline, in: Lash, Scott/Whimster, Sam (Hg.), Max Weber, Rationality and Modernity. London 1987, 222–241.
Turner, Victor W., Das Ritual: Struktur und Anti-Struktur. Frankfurt/M. 1989 (London 1969).
Ulbricht, Otto (Hg.), Von Huren und Rabenmüttern: Weibliche Kriminalität in der Frühen Neuzeit. Köln/Weimar/Wien 1995.
Ulbricht, Otto, Kindsmord in der Frühen Neuzeit, in: Gerhard, Ute (Hg.), Frauen in der Geschichte des Rechts: Von der frühen Neuzeit bis zur Gegenwart. München 1997, 235–247.
Ulbricht, Otto, Kindsmord und Aufklärung in Deutschland. München 1990.
Ulbricht, Otto, The Debate About Capital Punishment and Skepticism in Late Enlightenment Germany, in: Zande, Johan van der/Popkin, Richard H. (Hg.), The Sceptical Tradition Around 1800 (Archives internationales d'histoire des idees ; 155). Dordrecht u.a. 1998, 315–328.
Ullmann, Walter, Individuum und Gesellschaft im Mittelalter (Kleine Vandenhoeck Reihe ; 1370). Göttingen 1974 (Baltimore, MD 1966).
Urbanski, Silke/Lamschus, Christian/Ellermeyer, Jürgen (Hg.), Recht und Alltag im Hanseraum: Gerd Theuerkauf zum 60. Geburtstag. Lüneburg 1993.
Uthmann, Jörg von, Attentat: Mord mit gutem Gewissen. Berlin 1996.
Veyne, Paul, Brot und Spiele: Gesellschaftliche Macht und politische Herrschaft in der Antike (Theorie und Gesellschaft ; 11). Frankfurt/M./New York 1988 (Paris 1976).
Veyne, Paul, Foucault: Die Revolutionierung der Geschichte (es 1702; neue Folge 702). Frankfurt/M. 1992 (Paris 1978).
Vierhaus, Rudolf (Hg.), Wissenschaften im Zeitalter der Aufklärung. Göttingen 1985.
Vogel, Ursula, Konservative Kritik an der bürgerlichen Revolution. Darmstadt/Neuwied 1972.
Vovelle, Michel, Der Mensch der Aufklärung. Frankfurt/M./New York 1996 (Rom 1992).
Vovelle, Michel, Der Mensch der Aufklärung, in: Ders. (Hg.), Der Mensch der Aufklärung. Frankfurt/M./New York 1996 (Rom 1992), 7–41.
Wagner, Christian, ‚Katharsis' in der Aristotelischen Tragödien-Definition (1984), in: Luserke, Matthias (Hg.), Die Aristotelische Katharsis: Dokumente ihrer Deutung im 19. und 20. Jahrhundert. Hildesheim/Zürich/New York 1991, 423–443.
Wagner, Peter, Eros Revived: Erotica of the Enlightenment in England and America. London 1988.
Wagner, Peter, The Discourse on Sex – or Sex as Discourse: Eighteenth-Century Medical and Paramedical Erotica, in: Porter, Roy/Rousseau, George S. (Hg.), Sexual Underworlds of the Enlightenment. Chapel Hill, NC 1988, 46–68.
Wagner, Rudolph, Samuel Thomas von Soemmerrings Leben und Verkehr mit seinen Zeitgenossen. Nachdr. d. Ausg. v. 1844, hg. v. Franz Dumont. Stuttgart/New York 1987.
Weber, Hellmuth von, Die Peinliche Gerichtsordnung Kaiser Karls V. (1960), in: Schroeder, Friedrich-Christian (Hg.), Die Carolina: Die Peinliche Gerichtsordnung Kaiser Karls V. von 1532 (Wege der Forschung ; 626). Darmstadt 1986, 162–184.

Weber, Max, Die protestantische Ethik und der ‚Geist' des Kapitalismus. Bodenheim 1993 (1904/05–1920).

Weber, Max, Wirtschaft und Gesellschaft: Grundriß der verstehenden Soziologie. Tübingen [5]1980 (1922).

Wegmann, Nikolaus, Diskurse der Empfindsamkeit: Zur Geschichte eines Gefühls in der Literatur des 18. Jahrhunderts. Stuttgart 1988.

Wehle, Winfried, Das Erhabene: Aufklärung durch Aufregung, in: Geyer, Paul (Hg.), Das 18. Jahrhundert: Aufklärung. Regensburg 1995, 9–22.

Wehler, Hans-Ulrich, Deutsche Gesellschaftsgeschichte, Bd. 1: Vom Feudalismus des Alten Reiches bis zur defensiven Modernisierung der Reformära, 1700–1815. München [2]1989.

Wehler, Hans-Ulrich, Die Herausforderung der Kulturgeschichte (BsR 1276). München 1998.

Weiner, Dora B., Mind and Body in the Clinic: Philippe Pinel, Alexander Crichton, Dominique Esquirol, and the Birth of Psychiatry, in: Rousseau, George S. (Hg.), The Languages of Psyche: Mind and Body in Enlightenment Thought (Clark Library Lectures 1985–1986). Berkeley, CA/Los Angeles, CA/Oxford 1990, 331–402.

Wertheimer, Jürgen (Hg.), Ästhetik der Gewalt: Ihre Darstellung in Literatur und Kunst. Frankfurt/M. 1986.

Wertheimer, Jürgen, ‚Im Blutstrom blättern': Zum elisabethanischen Theater der Grausamkeit, in: Gendolla, Peter/Zelle, Carsten (Hg.), Schönheit und Schrecken: Entsetzen, Gewalt und Tod in alten und neuen Medien (Reihe Siegen ; 72). Heidelberg 1990, 39–53.

Wertheimer, Jürgen, Blutige Humanität: Terror und Gewalt im antiken Mythos, in: Gendolla, Peter/Zelle, Carsten (Hg.), Schönheit und Schrecken: Entsetzen, Gewalt und Tod in alten und neuen Medien (Reihe Siegen ; 72). Heidelberg 1990, 13–36.

Whaley, Joachim (Hg.), Mirrors of Mortality: Studies in the Social History of Death. London 1981.

Whaley, Joachim, Symbolism for the Survivors: The Disposal of the Dead in Hamburg in the Late Seventeenth and Eighteenth Centuries, in: Ders. (Hg.), Mirrors of Mortality: Studies in the Social History of Death. London 1981, 80–105.

White, Lynn Jr., Science and the Sense of the Self: The Medieval Background of a Modern Confrontation, in: Daedalus 107,2 (1978), 47–59.

Wiedemann, Hans-Rudolf/Dumont, Franz/Grus, Stefan, ‚Ein schönes Schneiden!': Ein unbekannter Brief Soemmerrings über die Guillotine, in: Medizinhistorisches Journal 27 (1992), 126–137.

Wilbertz, Gisela, Der Nachlaß der Scharfrichterfamilie Clauss/Claussen in Lemgo, in: Urbanski, Silke/Lamschus, Christian/Ellermeyer, Jürgen (Hg.), Recht und Alltag im Hanseraum: Gerd Theuerkauf zum 60. Geburtstag. Lüneburg 1993, 439–461.

Wilbertz, Gisela, Scharfrichter und Abdecker im Hochstift Osnabrück: Untersuchungen zur Sozialgeschichte zweier ‚unehrlicher' Berufe im nordwestdeutschen Raum vom 16. bis zum 19. Jahrhundert (Osnabrücker Geschichtsquellen und Forschungen ; 22). Osnabrück 1979.

Wink, Thomas, Zur kathartischen Wirksamkeit medialer Ereignisse. Phil. Diss. Bochum 1993.

Winter, Hans-Gerd, ‚Leide, meide und hoffe nach Vorschrift der Vernunft': Aufklärung und Disziplinierung als Programm in der moralischen Wochenschrift ‚Der Patriot' (1724–1726), in: Stephan, Inge/Winter, Hans-Gerd (Hg.), Hamburg im Zeitalter der Aufklärung (Hamburger Beiträge zur öffentlichen Wissenschaft ; 6). Berlin/Hamburg 1989, 137–160.

Wittern, Renate, Medizin und Aufklärung, in: Neuhaus, Helmut (Hg.), Aufbruch aus dem Ancien régime: Beiträge zur Geschichte des 18. Jahrhunderts. Köln/Weimar/Wien 1993, 245–266.

Wittmann, Reinhard, Geschichte des deutschen Buchhandels. München 1991.

Wohlwill, Adolf, Zur Geschichte des Justizwesens in Hamburg während der Franzosenzeit, mit besonderer Berücksichtigung des Präsidenten de Serre, in: ZVHG 14 (1909), 333–354.

Wokler, Robert (Hg.), Rousseau and Liberty. Manchester 1995.

Wosnik, Richard, Beiträge zur Hamburgischen Kriminalgeschichte unter besonderer Berücksichtigung des Kriminal-Museums nach Quellen und Urkunden – 2 Bde. Hamburg 1926.

Würtenberger, Thomas, Cesare Beccaria, oder: Wegbereiter moderner Kriminalpolitik im 18. Jahrhundert, in: Kriminalistik – Zeitschrift für die gesamte kriminalistische Wissenschaft und Praxis 26 (1972), 225f.

Zagorin, Perez, Historiography and Postmodernism: Reconsiderations, in: History and Theory 29 (1990), 263–274.

Zande, Johan van der/Popkin, Richard H. (Hg.), The Sceptical Tradition Around 1800 (Archives internationales d'histoire des idees ; 155). Dordrecht u.a. 1998.

Zelle, Carsten, ‚Angenehmes Grauen': Literaturhistorische Beiträge zur Ästhetik des Schrecklichen im achtzehnten Jahrhundert (Studien zum achtzehnten Jahrhundert ; 10). Hamburg 1987.

Zelle, Carsten, Strafen und Schrecken: Einführende Bemerkungen zur Parallele zwischen dem Schauspiel der Tragödie und der Tragödie der Hinrichtung, in: Jahrbuch der Schiller Gesellschaft 28 (1984), 76–103.

Zelle, Carsten, Über den Grund des Vergnügens an schrecklichen Gegenständen in der Ästhetik des achtzehnten Jahrhunderts (mit einem bibliographischen Anhang), in: Gendolla, Peter/Zelle, Carsten (Hg.), Schönheit und Schrecken: Entsetzen, Gewalt und Tod in alten und neuen Medien (Reihe Siegen ; 72). Heidelberg 1990, 55–91.

Zimring, Franklin E./Hawkins, Gordon, Capital Punishment and the American Agenda. Cambridge u.a. 1986.

Zumkley, Horst, Aggression und Katharsis (Motivationsforschung ; 7). Göttingen/Toronto/Zürich 1978.

Zunkel, Friedrich, Ehre, Reputation, in: Brunner, Otto/Conze, Werner/Koselleck, Reinhart (Hg.), Geschichtliche Grundbegriffe: Historisches Lexikon zur politisch-sozialen Sprache in Deutschland – 7 Bde. Stuttgart 1972–1992, Bd. 2 (1975), 1–63.

Zunker, Detlef, Die Franzosenzeit in Hamburg, 1806–1814: Volkskultur und Volksprotest in einer besetzten Stadt, in: Ergebnisse: Zeitschrift für demokratische Geschichtswissenschaft 23 (1983), 15–168.

Abbildungsnachweis

Die „Mannsmörderin" Maria Catharina Wächtler (1786), unbekannt, aus: SUB, Hsl. Porträtkatalog.

Abbildungen von Enthauptungsmaschinen vom frühen 16. Jahrhundert bis zur Guillotine der Revolutionszeit, aus Georg W. Böhmer, Kritische Geschichte der Guillotine. Göttingen 1821.

Charlotte Corday mit leicht erröteten Wangen, aus: Christine Westphalen, Charlotte Corday: Tragödie in fünf Akten mit Chören – mit einem Kupfer. Hamburg 1804.

„Du sollst nicht stehlen": die Guillotine als Mausefalle, aus: Manfred Akermann/Harald Siebenmorgen (Hg.), Hall in der Napoleonzeit: Eine Reichsstadt wird württembergisch (Kataloge des Hällisch-Fränkischen Museums Schwäbisch Hall; Bd. 1). Sigmaringen 1987.

Abgeschlagener Kopf – Une tête coupée, Antoine Wiertz (1855), Öl auf Leinwand, 43 x 57 cm, Musée Wiertz, Brüssel.

Gedanken und Visionen im Kopf eines Enthaupteten: Minute eins, zwei und drei – Pensées et visions d' une tête coupée: minute une, deux, trois, Triptychon, Antoine Wiertz (1859), Öl auf Leinwand, 264 x 170 cm, Musée Wiertz, Brüssel.

Der „Familienmörder" Johann Georg Rüsau: die ersten Käufer der Schrift Curios erhielten einen Kupferstich als Geschenk, aus: Johann Karl D. Curio, Rüsau's Leben und Hinrichtung in pragmatischer, moralischer und psychologischer Hinsicht: nebst einem sehr gut getroffenen Bildnisse desselben. Hamburg 1804 (auch in SUB, Hsl. Portätkatalog).

Johann Georg Rüsau und Familie: „Ich werde Euch bald sehr glücklich machen", aus Anonym, Rüsaus Familienmord: Am Morgen des 15ten August 1803: Mit einem Titelkupfer. Altona 1803.

Der Doppelmörder Johann Arnold Wilhelm Timm, „Von der Persönlichkeit des Mörders giebt unsere Illustration eine gelungene Zeichnung", aus: Die Reform, Nr. 47, 14. Juni 1854.

Wilhelm Timm vor der Enthauptung, zeitgenössische Illustration eines Presseartikels, Museum für Hamburgische Geschichte.

Wilhelm Timm vor dem Niedergericht in Hamburg, zeitgenössische Illustration eines Presseartikels, Staatsarchiv Hamburg.

Die Totenmaske Wilhelm Timms, aus: Richard Wosik, Beiträge zur Hamburgischen Kriminalgeschichte unter besonderer Berücksichtigung des Kriminal-Museums nach Quellen und Urkunden – 2 Bde. Hamburg 1926.

Index

Alexander Demandt
Hände in Unschuld
Pontius Pilatus in der Geschichte

1999. X, 290 Seiten. 10 s/w-Abbildungen im Text. Gebunden mit Schutzumschlag.
ISBN 3-412-01799-X

Pontius Pilatus ist eine Schlüsselfigur der Weltgeschichte. Am Kreuzweg von Römertum, Judentum und Christentum hat er ohne Wissen und Willen durch eine Routine-Entscheidung eine Bewegung ausgelöst, die – unbemerkt von den Zeitgenossen – das Bild der Menschheit verändert hat. Pilatus gehört damit nicht weniger der theologischen als der historischen Wissenschaft an. Um die Voraussetzung und die unmittelbare Wirkung seines Urteils zu verstehen, ist die Erinnerung der Juden an das Davidsreich und ihre Messiaserwartung zu bedenken, das Ausgreifen der Römer nach Osten und das System ihrer Provinzialherrschaft, die Eigenart der biblischen und nichtbiblischen Quellen, unter ihnen die sensationelle Pilatus-Inschrift aus Caesarea, gefunden 1961, sowie die Ereignisfolge von Golgatha bis zur Zerstörung Jerusalems 70 n. Chr. Die Frage, was wäre geschehen, wenn Pilatus Jesus verschont hätte, fordert von der historischen Phantasie Alternativen zum Verlauf der Geschichte. Ein Ausblick auf die Rolle des Pilatus im christlichen Glaubensbekenntnis, in der Legende, der Literatur und der Kunst runden das Bild eines Mannes ab, von dem Nietzsche bemerkte, er sei die einzige Gestalt im Neuen Testament, die Respekt verdiene.